Copyright © Benedetto Croce Estate. Todos os direitos reservados.
Controlado por Agenzia Letteraria Internazionale, Milan, Italy.
Publicado na Itália por Adelphi Edizioni, Milano.
Copyright desta edição © 2016 É Realizações
Título original: *Estetica come Scienza dell'Espressione e Linguistica Generale*

Editor
Edson Manoel de Oliveira Filho

Produção editorial e projeto gráfico
É Realizações Editora

Diagramação
Mauricio Nisi Gonçalves

Preparação
Catarina Ruggeri

Revisão de texto
Huendel Viana

Capa
Pedro Lima

Reservados todos os direitos desta obra. Proibida toda e qualquer reprodução desta edição por qualquer meio ou forma, seja ela eletrônica ou mecânica, fotocópia, gravação ou qualquer outro meio de reprodução, sem permissão expressa do editor.

CIP-BRASIL. CATALOGAÇÃO-NA-FONTE
SINDICATO NACIONAL DOS EDITORES DE LIVROS, RJ

C954e

Croce, Benedetto, 1866-1952
    Estética como ciência da expressão e linguística geral : teoria e história / Benedetto Croce ; organização Giuseppe Galasso ; tradução Omayr José de Moraes Júnior. - 1. ed. - São Paulo : É Realizações, 2016.
    544 p. ; 23 cm.

Tradução de: Estetica come scienza dell'espressione e linguistica generale
Apêndice
ISBN 978-85-8033-237-7

1. Arte - Filosofia. 2. Estética. I.Título.

16-34287
                                                                        CDD: 701
                                                                        CDU: 7.01

É Realizações Editora, Livraria e Distribuidora Ltda.
Rua França Pinto, 498 · São Paulo SP · 04016-002
Caixa Postal: 45321 · 04010-970 · Telefax: (5511) 5572 5363
atendimento@erealizacoes.com.br · www.erealizacoes.com.br

Este livro foi impresso pela Intergraf Indústria Gráfica em julho de 2016. Os tipos são da família Sabon Light Std e Frutiger Light. O papel do miolo é o Lux Cream 70 g, e o da capa, cartão Ningbo Gloss 300 g.

BENEDETTO CROCE

ESTÉTICA
COMO CIÊNCIA DA EXPRESSÃO E LINGUÍSTICA GERAL

Teoria e História

ORGANIZAÇÃO
GIUSEPPE GALASSO

TRADUÇÃO E POSFÁCIO
OMAYR JOSÉ DE MORAES JÚNIOR

APRESENTAÇÃO À EDIÇÃO BRASILEIRA
RODRIGO LEMOS

*Em memória de meus pais,
PASQUALE e LUISA SIPARI,
e de minha irmã MARIA*

SUMÁRIO

Apresentação à edição brasileira
  Por Rodrigo Lemos 9
Advertência 17

PARTE I – TEORIA

Capítulo 1 | Intuição e expressão 27
Capítulo 2 | Intuição e arte 37
Capítulo 3 | A arte e a filosofia 45
Capítulo 4 | Historicismo e intelectualismo na estética 55
Capítulo 5 | Erros análogos na teoria da história e da lógica 61
Capítulo 6 | A atividade teórica e a atividade prática 67
Capítulo 7 | Analogia entre o teórico e o prático 73
Capítulo 8 | Exclusão de outras formas espirituais 79
Capítulo 9 | Indivisibilidade de expressão em modos ou graus e
  crítica da retórica 85
Capítulo 10 | Sentimentos estéticos e a distinção entre o belo e o feio 91
Capítulo 11 | Crítica do hedonismo estético 97
Capítulo 12 | A estética do simpático e os conceitos pseudoestéticos 101
Capítulo 13 | A "beleza física" na natureza e na arte 107
Capítulo 14 | Erros que nascem da confusão entre física e estética 115
Capítulo 15 | A atividade de exteriorização. A técnica e a teoria das artes. 121
Capítulo 16 | Gosto e reprodução da arte 127
Capítulo 17 | A história da literatura e da arte 135
Capítulo 18 | Conclusão: identidade de linguística e estética 145

PARTE II – HISTÓRIA

Capítulo 1 | Ideias estéticas na Antiguidade greco-romana 157
Capítulo 2 | Ideias estéticas na Idade Média e no Renascimento................ 173
Capítulo 3 | Fermentos de pensamento no século XVII 185
Capítulo 4 | As ideias estéticas no cartesianismo e no leibnizianismo e a
Aesthetica de Baumgarten... 199
Capítulo 5 | Giambattista Vico 215
Capítulo 6 | Doutrinas estéticas menores do século XVIII 229
Capítulo 7 | Outras doutrinas estéticas do mesmo período......................... 249
Capítulo 8 | Immanuel Kant 263
Capítulo 9 | A estética do idealismo. Schiller, Schelling, Solger, Hegel 273
Capítulo 10 | Schopenhauer e Herbart 291
Capítulo 11 | Friedrich Schleiermacher... 299
Capítulo 12 | A filosofia da linguagem. Humboldt e Steinthal 309
Capítulo 13 | Estéticas menores alemãs 317
Capítulo 14 | A estética na França, na Inglaterra e na Itália na primeira
metade do século XIX... 331
Capítulo 15 | Francesco de Sanctis 339
Capítulo 16 | A estética dos epígonos 349
Capítulo 17 | Positivismo e naturalismo estéticos 365
Capítulo 18 | Psicologismo estético e outras tendências recentes 379
Capítulo 19 | Um relance na história de algumas doutrinas particulares....... 393

Apêndice bibliográfico... 443
Nota do editor 461
Apêndice I... 493
Apêndice II.. 495
Apêndice III... 505
Posfácio do tradutor
Por Omayr José de Moraes Júnior... 513
Índice onomástico da "História" 531

Apresentação à edição brasileira

POR RODRIGO LEMOS[1]

No sé con qué decirlo,
porque aún no está hecha
mi palabra.
Juan Ramón Jiménez

Apesar de estudo crucial na história da disciplina, é difícil não sentir que os mais de cem anos que nos separam da *Estetica come Scienza dell'Espressione e Linguistica Generale* (1902), de Benedetto Croce (1866--1952), não deixam de lhe pesar. Nada que em si a desabone; a teoria estética, com suas modas, com seus gurus, *change plus vite que le coeur d'un mortel*, e nada é mais velho do que o jornal (e o manual de teoria literária) de ontem. Em meados do século XX, o pensamento de Croce encontra eco no de um filósofo como R. G. Collingwood (1889-1943), interessado nas relações entre arte, filosofia e religião, ou na crítica de um Clement Greenberg (1909-1994), ironicamente, chefe de fila de uma pintura abstrata à qual Croce sempre professou mais do que reservas. No Brasil, sua ascendência foi também considerável, e nomes influentes da crítica nacional (Guilhermino César, Antonio Candido, Alfredo Bosi) comentaram seu pensamento. Ainda assim, a partir dos anos 1960, é como se houvesse um refluxo. A lição croceana do caráter espiritual da arte parece ultrapassada pela maré montante das estéticas objetivistas, quer elas se debrucem sobre a imanência formal do objeto (versões do formalismo e do estruturalismo), quer elas o abordem de pontos de vista outros, como expressão de visadas morais ou políticas (caso mais flagrante sendo as estéticas marxistas, de corte realista, como a de Lukács, ou a de um Adorno, de feitio filovanguardista, além das teorias engajadas nas diversas causas do novo progressismo). Mesmo entre

---

[1] Rodrigo Lemos é doutor em literatura pela UFRGS, com tese sobre a poesia de Paul Claudel. Atualmente é professor na UFCSPA. O autor agradece a leitura e os comentários de Eduardo Wolf.

as estéticas de matriz subjetivista, a fenomenologia, em sua aliança com o existencialismo, parece ter sido, no seu auge, aquela que arrebanhou um séquito, se não maior, ao menos mais estrepitoso. Nesse cenário, a *estética* deteve, por certo, e ainda conserva, direitos de cidade; no entanto, sua raiz no idealismo, pela qual discrimina na atividade subjetiva o terreno próprio ao fato estético, bem como sua diligência em conferir a este último autonomia, confrontaram-se, nesse período, com contestações e, na crista da vaga pós-moderna de crítica ao sujeito, com algum descrédito.

O pensamento de Croce segue dois caminhos, opostos, mas complementares, para formular essa teoria. O primeiro tem a ver com o caráter mais ou menos recente da disciplina (cuja denominação remonta ao século XVIII); ele se espelha em linhas gerais na própria estrutura do tratado. Trata-se de um afinco em demarcar o mais inequivocamente o conceito central da estética, para então desbastá-la de tudo aquilo que se lhe assemelha, que lhe é por vezes contíguo, mas que não se identifica a esse núcleo duro; traçados esses limites, com as exclusões deles decorrentes, esse conceito central, em suas consequências, leva o filósofo a fazer englobar pela estética domínios que lhe seriam, à primeira vista, alheios. Os três primeiros capítulos correspondem ao primeiro momento, estabelecendo a tese de base: a estética como ciência de um tipo de conhecimento, expressivo ou intuitivo (ambos são o mesmo), que se define pela representação de individuais.

Os trezes capítulos seguintes empreendem o minucioso desembaraço da estética de conceitos ou de abordagens que lhe são vizinhos, mas que a história da disciplina (como o mostrará a segunda parte do livro) teria indevidamente feito abarcar pelo campo. Croce afirmara, num primeiro momento, a autonomia da estética em relação à lógica (domínio do conhecimento conceitual, logo não dos individuais mas de suas relações); essa autonomia serve à crítica do intelectualismo em arte. Ao mesmo tempo, distintas das atividades práticas (econômicas e morais, pertencentes à esfera da ação e movidas pela vontade), estética e lógica, por outro lado, irmanam-se enquanto atividades teoréticas (ou seja, de conhecimento). Com isso, fica excluído da estética o belo natural, carente que é de valor epistêmico: um vale florido ou a majestade oceânica não são por certo manifestações da atividade humana, e Croce situa-se desde o início em um imanentismo radical que o impede de fazer de uma flor ou de uma paisagem testemunho de um espírito absoluto que transcenderia a esfera do homem. Ao contrário dos

Salmos, de um certo romantismo ou de um Paul Claudel, para Croce, não tem por que testemunhar a visão do céu estrelado.

Das abordagens da estética recusadas por Croce, o elenco é vário. Algumas corresponderiam a um erro quanto à *natureza* da atividade estética: o intelectualismo compreenderia a arte como alegoria, como veículo sensível de conceitos, sendo o terreno destes, como já vimos, mais propício à lógica; o hedonismo, a crítica dos sentimentos estéticos, o pedagogismo, as teorias da sexualidade e a estética do simpático confundiriam a situação espiritual da estética, tratando o objeto artístico do ponto de vista utilitário ou moral, próprio às atividades práticas.

Por outro lado, a negação de outros tratamentos da arte deve-se, para Croce, a um problema na *forma* de abordagem; é o caso da teoria da divisão (ou da união) das artes, das modificações do belo, da retórica, dos gêneros literários; quando essas teorias não pertencem simplesmente à psicologia (caso das modificações do belo), elas sofrem de empirismo, repousando sobre questões de quantidade ou de convenção (Qual é o limite entre o teatro e o cinema? Em que diferem o sublime e o grotesco? E como classificar uma dada figura de linguagem?). Seriam, portanto, secundárias do ponto de vista filosófico: elas nada esclareceriam sobre o conceito definidor da estética, a expressão, cume que se pode atingir independentemente do gênero da obra ou do uso de tal ou qual procedimento retórico. Daí não se segue que essas noções não teriam valor didático ou comunicativo; apenas não serviriam para fundar uma ciência primeira da arte.

Finalmente, no último par de capítulos, Croce dedica-se aos dois novos domínios englobados por sua estética: a linguística e a história. Em ambos, faz-se observar sua intenção polêmica. Comecemos pelo último a ser apresentado por Croce: no caso da linguística (como anuncia o subtítulo do tratado), Croce tenta subtrair o estudo da linguagem das matrizes formalista e logicista em favor de uma linguística estética, porque da expressão, o que, por sua ênfase no caráter holístico da linguagem (ela se renova a cada fala), não deixa de lembrar os desenvolvimentos da teoria linguística na segunda metade do século XX, interessada pelos fenômenos discursivos; como o próprio Croce afirma, "não existe um sentido verdadeiro (lógico) das palavras: o verdadeiro sentido das palavras é aquele dado, em cada ocasião, por quem forma o conceito". Ainda assim, é de crer que Croce repugnaria conceber a linguagem *em uso* (termo caro a certo pragmatismo comum nos estudos linguísticos da segunda metade do século XX); a linguagem, ele a vê *em expressão*: expressão, ela se caracteriza como um fazer, mas um fazer que não é ação, que não se resolve num fim econômico ou mesmo moral; antes, como atividade teorética e intuitiva, ela se define como um *conhecer fazendo*; o espírito só é capaz de intuir aquilo que pode exprimir, e a linguagem é atividade privilegiada (mas não única) para tanto.

Quanto à história, é sua intenção (como ele afirma no capítulo III) furtá-la ao intelectualismo e à sua busca tanto por leis históricas quanto pelo conceito por trás do evento ou personagem histórico. Para Croce, o conhecimento histórico é intuitivo, pois é igualmente representação de individuais. No capítulo XVII, ele volta a essa noção da história, em especial ao conceito de progresso (atividade humana que subjuga a matéria a seus fins) e distingue na atividade cognitiva do historiador, nas suas concepções, o elemento formalizador da massa dos dados em um todo coerente e progressivo. A segunda parte do volume é, na verdade, uma ilustração desse princípio, aplicado à própria constituição histórica da ciência estética a partir de um fio de Ariadne dado de saída pelo autor. Distanciando-se de Alexander Gottlieb Baumgarten (1714-1762), a quem a história da disciplina atribuiu sua denominação, Croce examina a história do pensamento estético (campo disperso da Antiguidade ao alvorecer da Modernidade) para traçar uma linha evolutiva que perpassa Giambattista Vico (1668-1744), com sua concepção da estética como campo autônomo diante do intelecto; Friedrich Schleiermacher (1768-1834), o qual situa na consciência imediata a região por excelência do fato estético; e, finalmente, o crítico italiano Francesco De Sanctis (1817-1883), que distingue uma imaginação que recolhe singularidades materiais e uma fantasia criadora, sintetizadora de formas, ambas operantes na atividade estética; desses três nomes, a linha que conduz ao próprio Croce é evidente. Kant e Hegel, os grandes mestres a quem o filósofo napolitano aparece associado em enciclopédias de filosofia e cujas obras são tidas por incontornáveis nessa ciência, são mais contrapontos do que predecessores: apesar de suas importantes contribuições, reconhecidas em boa e devida forma, ambos ainda não teriam se purgado de traços intelectualistas. Em suma, seriam alheios ao fio narrativo da história croceana, o da descoberta, progressiva e tateante, da autonomia da estética.

A esse movimento de distinção minuciosa, de *nettoyage de la situation verbale*, responde um outro, em direção oposta mas complementar, cuja consideração é necessária para que não se perca uma dimensão fundamental do pensamento de Croce: seu cuidado com uma visão de conjunto do espírito. O holismo de Croce traduz-se na maneira mesma de compor sua obra filosófica maior; parte privilegiada do sistema, a estética, uma vez delimitada escrupulosamente, está longe de constituir um fim em si; antes, é chamada a compor, ao lado da lógica, da economia, da ética e da história (província, sabemos, da estética), um painel mais amplo, a *Filosofia dello Spirito*, de que fazem parte, além da *Estetica*, uma *Logica come Scienza del Concetto Puro* (1909), que se debruça sobre o conceito como juízo definitório; uma *Filosofia della Pratica: Economica ed Etica* (1908), que versa sobre as noções de volição com finalidade particular (economia) e de volição com finalidade universal (moral); e, finalmente, uma *Teoria e Storia della Storiografia* (1917), cuja tese principal é a da identificação, de matriz idealista e viqueana, entre realidade, espírito e história. A esse edifício, que encerra todas as dimensões do espírito (Croce exclui o sentimento, a religião e a metafísica de seus alicerces), a estética, seu primeiro grau, serve de pedra fundamental.

Categoria de 2º Grau - Prático (ação)
Subcategoria de 2º Grau – Ético (volição, fim universal): bom/mau
Subcategoria de 1º Grau – Econômico (volição, fim particular): útil/danoso
Categoria de 1º Grau - Teórico (conhecimento)
Subcategoria de 2º Grau – Intelectual (geral, conceitual): verdadeiro/falso
Subcategoria de 1º Grau – Estético (particular, intuição): belo/feio

Se o espírito dispõe, na visão de Croce, de tal nível de coesão interna, sua exteriorização não obedece a um movimento menos integrador. Certamente, as atividades de segundo grau pressupõem as de primeiro quando de sua realização: as práticas requerem as teoréticas, pois só se age a partir de um conhecimento, intuitivo ou conceitual; as subcategorias de teoria e de prática são, por sua vez, ligadas por relações analógicas: assim como o estético é base do intelectual, pois os conceitos, em sua generalidade, assentam-se no conhecimento intuitivo dos particulares, assim também a volição do fim universal pressupõe a volição de um fim particular (pode-se querer o puro útil sem ser bom, mas o fim bom só pode ser útil).

Ao mesmo tempo, as atividades de primeiro grau, em sua manifestação concreta, podem não ser elas próprias perfeitamente autônomas em relação às de segundo, apesar da autonomia conceitual que Croce lhes atribui. Uma coisa é advogar a independência do estético *enquanto atividade espiritual*; outra, bem diversa, é reclamar-se da *existência concreta* de uma arte de todo autônoma, alheia a injunções econômicas e morais; desde que o estético se exterioriza, ele se faz também ato prático. Daí a veemência com que Croce condena, por exemplo, ao fim do capítulo XV, "a arte imoral, os hipócritas, os ingênuos e os desperdiçadores de tempo"; a independência espiritual do estético não subtrai a arte da jurisdição dos tribunais. A *estética* de Croce não teria sido chamada para compor peça de defesa para Flaubert ou Baudelaire.

Resta interrogarmo-nos, finalmente, sobre a relação da *estética* com a crítica. Bem entendido, o texto não comporta um exercício de crítica, tampouco uma teoria da crítica; talvez aquilo em que ele melhor possa contribuir para aquele que se interessa pela explicação e pelo julgamento de obras de arte é a tomada de consciência quanto ao domínio que lhe é próprio (a estética, e não a política ou a moralidade tomadas em si), e, com isso, talvez o conhecimento do seu próprio gosto e o aguçamento do próprio julgamento. Nada disso é pouco, mas uma abordagem diretamente relacionada ao *métier* crítico aparecerá, sobretudo, em *La Poesia: Introduzione alla Critica e Storia della Poesia e della Letteratura* (1936).

Nesse ensaio, Croce traça a famosa distinção entre poesia e literatura: a primeira, fusão de conteúdo e de forma que dá a conhecer o universal no individual, o infinito no finito; a segunda, forma de expressão dotada, por certo, de algum valor estético, mas movida por um objetivo não epistêmico, antes prático, retórico ou sentimental. Introduz, ainda, uma teoria da leitura poética, que compreende uma leitura filológica e uma leitura de reevocação. Sistematizadas em *La Poesia*, essas ideias deitam raízes na *estética*. Veja-se a atribuição de um caráter epistêmico à poesia, à imagem do que Croce fizera com o próprio fato estético. Da mesma forma, a teoria da leitura retoma em seus traços básicos a distinção do capítulo XVII da *estética* entre o erudito e o homem de gosto (sintetizados e superados pelo historiador), entre aquele capaz de entender a obra em suas circunstâncias, em suas condições de feitura, e aquele capaz de reproduzi-la em si e apreciá-la a partir desse conhecimento erudito. Por fim, a própria ideia de reevocação faz eco ao conceito de reprodução na *estética*; porém, três décadas de reflexão hão de ter contribuído ao refinamento da noção, o que se vê já pela mudança terminológica: aquilo que havia de talvez um tanto mecânico no termo "*riproduzione*" de 1902 dilui-se na "*rievocazione*" do texto mais tardio, caracterizada como "*ripercorrimento del processo creativo*" – uma maneira de pôr em primeiro plano a dimensão ativa e criativa do leitor, que deve "evocar", "chamar novamente" a intuição original do poema e, com isso, lançar uma ponte até seu autor; toda a teoria de Croce se funda na possibilidade de o autor responder de volta. Não é uma confiança semelhante em uma *presença real* desse outro e do mundo para além da linguagem que afirma George Steiner no findar do século XX (*Real Presences*)? Que essa possibilidade em Steiner se assuma como aposta, como contrato, é indicativo do longo caminho trilhado pelas objeções céticas nos departamentos de humanidades na última centúria.

Não esqueçamos, por fim, a própria crítica de Croce, vertente muito longe de ser secundária em sua obra (ele publicou a revista *La Critica* entre 1903 e 1944, em companhia de Giovani Gentile até 1923). O arco de seus interesses vai dos autores antigos aos modernos, dos oriundos da sua Itália natal aos franceses, ingleses e alemães. Como em todo grande crítico, a escolha de seus autores não é acidental. Na literatura italiana de seu tempo, as razões de sua apreciação pelo poeta Giosuè Carducci (1835-1907) ou por alguns veristas podem parecer moralizantes; elas são as mesmas que o levam a negar Gabriele d'Annunzio (1863-1938) e os decadentistas. Da mesma forma, Valéry e Ungaretti, a *poésie pure* e o *ermetismo*, são objeto de um tanto mais do que desconfiança. Devemos, para entender o porquê desses gostos e desgostos, voltar, em primeiro lugar, à concepção de forma na *estética*. Por certo, a forma tem, em Croce, uma função por assim dizer purificante, e ele pode parecer, à primeira vista, não muito distante do *l'art pour l'art*. Porém, a metáfora que define sua concepção da forma não é a de um cristal perfeito, refúgio ao caos da sensação, às urgências da vida, sempre a ponto de turvar-se pelo toque maculador do corpo e do instante, como na *Jeune Parque*, de Valéry; antes, ela é transfiguração da vida num grau mais alto do que a vida, uma espécie de filtro em que se espiritualiza a matéria, o sentimento – em suma, ela é a modulação espiritual do grito, do riso, do suspiro. O erro da *poésie pure* e do *ermetismo* teria sido o de pretender uma poesia feita somente de fragmentos de poesia (o "Mattina: M'illumino /

d'imenso" vale a Ungaretti os mais acerbos sarcasmos de Croce): poesia *senza legami e aggiunte estranee* (*La Poesia*), purgada, como pensa Valéry, de tudo o que não é a sua própria delícia (da moral, da história, da filosofia). Aspirando a um estado mineral como a "Hérodiade" de Mallarmé, a *poésie pure* atentaria, na visão de Croce, à própria dialética entre forma e conteúdo constitutiva do fato estético, afirmando uma intuição sem estado d'alma, e portanto vazia, húbris do espírito que não vale mais do que o seu contrário, o de um estado d'alma sem intuição, confinado por isso à cegueira da vida deixada a si mesma (é o que ele expõe no artigo "La Poesia Pura"). Tal como para os românticos heroicos que ele admirava, a poesia não é em Croce um líquido reservado num frasco ao consumo de poucos; antes, como atividade fundamental do espírito (e não apanágio de alguns espíritos), ela é um bálsamo que embebe – e, com isso, torna cognoscíveis por nós mesmos – os elementos esparsos de nossa experiência.

O segundo motivo da falta de entusiasmo de Croce por certas tendências da arte moderna arrima-se no seu sistema holístico do espírito. O espírito é total em suas quatro dimensões; isso não impede que haja, para Croce, uma inclinação inquietante à hipertrofia de uma delas: o intelecto pode degenerar em intelectualismo; o útil, em utilitarismo; a moral, em moralismo. *Poésie pure, ermetismo* – sinais de uma deriva da estética em esteticismo. Para Croce, os eventos terríveis na Europa da sua época teriam decorrido dessas taras do espírito, que ele considerava uma tendência ao irracionalismo, ao embrutecimento. A comunicabilidade por meio da arte, a busca por uma visão total e harmônica do espírito – para além da girândola das modas nos chapéus e nas teorias literárias, que ressonâncias podem ter para os filhos da modernidade tardia que somos esses dados essenciais ao pensamento crociano?

Advertência

Este volume é composto por uma parte teórica e por uma parte histórica, ou seja, por dois livros independentes, mas complementares entre si.

O núcleo da parte teórica é uma dissertação que se intitula *Tesi Fondamentali di un'Estetica come Scienza dell'Espressione e Linguistica Generale*, que foi lida na Academia Pontaniana de Nápoles nas sessões de 18 de fevereiro, 18 de março e 6 de maio de 1900, e consta no vol. XXX dos *Atos* da mesma Academia. O autor, na revisão do livro, introduziu poucas variações substanciais, mas não poucas adições e aprofundamentos, bem como uma ligeira alteração na ordem dos assuntos a fim de tornar mais fácil e direta a exposição. Os cinco primeiros capítulos da parte histórica foram inseridos como ensaio na revista *Flegrea* (Nápoles, abril de 1901), com o título: "Giambattista Vico Primo Scopritore della Scienza Estetica"; esses capítulos foram ampliados e harmonizados com o resto.

O autor deteve-se, especialmente na parte teórica, em questões gerais que são acessórias em relação ao tema por ele tratado. Isso, porém, não parecerá uma divagação a quem se lembrar de que, estritamente falando, não há ciências filosóficas particulares que se sustentem por si mesmas. Filosofia é unidade, e quando se trata de estética, de lógica ou de ética, trata-se sempre da filosofia como um todo, embora ilustrando, por conveniência didática, algum aspecto particular daquela unidade indivisível. Analogamente, por força dessa íntima conexão de todas as partes que compõem a filosofia, a incerteza e o equívoco que reinam em torno da atividade estética, da imaginação representativa e produtiva, a essa primogênita dentre as atividades espirituais e esteio das demais, geram por toda parte – na psicologia como na lógica, na história como na filosofia da prática – os equívocos, as incertezas e os erros. Se a linguagem é a primeira manifestação espiritual, e se a forma estética nada mais é que a própria linguagem entendida em sua genuína natureza e em toda a sua verdadeira e científica amplitude, não se pode esperar o bom entendimento das formas posteriores e mais complexas da vida do espírito quando a primeira continua sendo mal conhecida, mutilada e desfigurada. A partir de um conceito mais preciso da atividade estética, deve-se esperar a correção de outros conceitos filosóficos, bem como a solução de certos problemas que, por outro caminho, parece quase impossível. Tal é, precisamente, o espírito que anima o presente trabalho. Se a tentativa teórica aqui exposta e a ilustração histórica que a secundou forem úteis na conquista de amigos que se dediquem a tais estudos, aplanando obstáculos e indicando caminhos a serem seguidos, e se isso acontecer especialmente na Itália, cujas tradições de ciência estética (como já foi oportunamente demonstrado) são nobilíssimas, o autor terá assim satisfeito um dos seus mais vivos anseios.

Nápoles, dezembro de 1901

Além de uma cuidadosa revisão literária, na qual, assim como na revisão tipográfica, recebi valiosa ajuda de meu bom amigo Fausto Nicolini, fiz, nesta terceira edição, algumas alterações conceituais, especialmente nos capítulos X e XII da primeira parte, conforme me aconselharam a reflexão e a autocrítica ulteriores.

Abstive-me, no entanto, de introduzir correções ou adições tais que alterassem o plano original de livro, que era, ou pretendia ser, uma teoria estética, completa, mas breve, inserida em um quadro geral da filosofia do espírito.

Quem quiser maiores esclarecimentos e determinações mais precisas de doutrinas filosóficas gerais ou específicas, ou daquelas relativas à estética que exigem uma exposição mais detalhada de outras partes da filosofia (por exemplo, a da natureza lírica da arte), recomendo a leitura da minha *Logica* e da *Filosofia della Pratica*, os quais, com o presente trabalho, perfazem um todo, e juntos compõem a *Filosofia dello Spirito*, em que, na minha opinião, deve estar contido inteiramente o campo da filosofia.

É verdade que os três volumes não foram concebidos e escritos de uma só vez; se assim tivesse sido, teriam outra ordem e disposição de assuntos. Quando escrevi o primeiro, não pensava em redigir os outros dois que o acompanham, e, por isso, pensei-o completo em si mesmo, conforme o descrevi acima. Por outro lado, as condições em que então se encontravam os estudos de estética me persuadiram a completar a exposição teórica com uma história abrangente dessa ciência, ao passo que, para as outras partes da filosofia, pude restringir-me a breves notas históricas, indicando, de preferência, de que modo aquelas doutrinas poderiam ter sido conduzidas ou modificadas. Enfim, depois de ter exposto singularmente as várias ciências filosóficas, vejo muitas coisas com mais clareza e nexo, ou ao menos de forma diferente, de modo que certa hesitação e mesmo algum conceito inexato que surgem em alguns pontos da *estética*, especialmente onde se abordam questões não propriamente estéticas, não teriam mais lugar se fossem reescritos. Por todas essas razões, os três volumes, apesar da substancial unidade doutrinal que os anima e do fim a que se propõem, têm cada um a sua própria fisionomia, e exibem as marcas dos diferentes períodos de vida em que foram escritos; eles se dispõem em ordem progressiva segundo as respectivas datas de publicação, devendo assim ser interpretados.

No que concerne aos problemas, por assim dizer, menores, da estética, as objeções que foram ou possam ser interpostas contra a minha doutrina, foram e têm sido tratadas em ensaios específicos. Desses ensaios, publicarei em breve uma coletânea que servirá como um apêndice explicativo e apologético ao presente volume.

Novembro de 1907

A grande tiragem da quarta edição (1912) deste livro permitiu-me adiar, por uma década, outra edição. Nesta, que é a quinta, como na anterior, não introduzi alterações substanciais, mas apenas pequenos esclarecimentos e muitos retoques a fim de tornar mais puro e límpido o texto. Confirmando as advertências que precedem à terceira edição, acima referidas, direi que, naquilo que concerne ao pensamento filosófico *in genere*, reenvio o leitor ao quarto volume da *Filosofia dello Spirito*, que é a *Teoria e Storia della Storiografia*, e, naquilo que concerne mais estritamente à estética, remeto-o aos *Problemi di Estetica* (1911), aos *Nuovi Saggi di Estetica*, reunidos em um volume no ano passado, e que contêm a forma última e mais madura do meu pensamento sobre o assunto, esclarecendo ou retificando os pontos que no presente livro estão ainda incertos, não aprofundados ou mesmo incorretos. Os *Nuovi Saggi* não cancelam ou anulam essa primeira discussão, pelo contrário, a pressupõem, comentam e reordenam em alguns pontos, e a levam a termo.

O núcleo desse primeiro estudo consistia, por um lado, na crítica da estética fisiológica, psicológica e naturalista sob todas as suas formas, e, por outro, da estética metafísica, com a consequente destruição de falsos conceitos, por ela formados ou corroborados, na teoria e na crítica de arte, contra os quais fiz triunfar o simples conceito de que a arte é expressão, expressão, é claro, não imediata e prática, mas teorética, ou seja, intuição. Em torno desse conceito claramente estabelecido, e que não tive razão alguma para abandonar, porque me pareceu sempre válido e flexível, não deixei de trabalhar, desde então e depois, a fim de determiná-lo de modo mais exato; e os dois principais aprofundamentos que lhe dei são os seguintes: 1) demonstração do caráter lírico da intuição pura (1908); 2) demonstração do seu caráter universal ou cósmico (1918). Poder-se-ia dizer que o primeiro se volta contra todo o tipo de falsa arte, de natureza imitativa ou realista, e o segundo contra a arte não menos falsa de efusão passional desenfreada ou "romântica", como queiram. De ambas as doutrinas, os inícios ou as sementes estavam, decerto, neste livro, mas apenas como sementes e inícios.

Da parte histórica, se encontrará também uma retificação em *Nuovi Saggi*. Essa parte está polarizada pelo pensamento, que em mim ficava cada vez mais claro, de que a história da filosofia (e da estética enquanto filosofia) não se pode tratar como a história de um problema único de cujo estudo os filósofos se cansaram ao longo dos séculos – e até hoje se cansam –, mas sim como uma multiplicidade de problemas particulares e sempre novos, resolvidos pouco a pouco e sempre prolíficos de novos e diferentes problemas. Desse assunto tinha eu uma inquieta, mas obscura consciência ao terminar de escrever a primeira história, conduzida sobre o esquema habitual que ainda prevalece na historiografia da filosofia; tal insatisfação me levou a acrescentar o longo capítulo (XIX) sobre a "história de doutrinas particulares". Sem conseguir, no entanto, eliminar certa aberração prospéctica, que, como disse, tentei corrigir. De resto, o fim da parte histórica era mais polêmico que histórico, e de uma polêmica que facilmente se coloria de sátira: ao lê-la, Antonio Labriola chamou-a, jocosamente, de "cemitério", mas não sem um fundo de verdade. Serei agora mais justo, como já tentei sê-lo, com os pensadores que me precederam, em relação aos quais cresceu a minha simpatia, e darei mais ênfase às legítimas exigências que, por vezes, agem ocultamente até mesmo nas arbitrariedades mais pedantes e nas mais curiosas extravagâncias dos velhos estetas, especialmente os alemães. Nos últimos anos, estão em voga o desprezo e o escárnio do modo científico alemão; não obstante, ao compor minha crítica e a minha sátira vinte anos atrás, quando era moda a humilde genuflexão, posso agora dizer-me livre do "louvor servil" e da "covardia ultrajante", e sou levado a dizer uma vez mais: que cabe ao esforço dos eruditos alemães, tanto no campo de estética como em tantos outros, o mérito de ter arado o terreno, plantando ali as mais variadas sementes, que deram origem às mais diversas culturas, fazendo isso com tenacidade heroica, mesmo que, por vezes, se tratasse de um heroico pedantismo, de maneira que quem acha que alcançou as verdades a que eles não chegaram, deve honestamente reconhecer o grande estímulo e ajuda que deles recebeu e recebe. A mentalidade de outros povos mantém-se mais facilmente no âmbito do senso comum e, portanto, brilha com clareza, mas também facilmente se engolfa no superficial, no tradicional e no convencional; por isso, para o incremento dos estudos, espera-se que não se negligencie o modo peculiar de pesquisa dos eruditos alemães, o qual passa a enriquecer o de outros países na mesma medida em que é integrado.

Reconhecia, no entanto, já nessas primeiras abordagens (embora com alguma hesitação devida, sobretudo, à autoridade que sobre mim exerce a tradição filosófica do idealismo) o caráter individualista da história da poesia e da arte, que não pode reduzir-se ao progresso e à dialética de ideias e sentimentos sem deixar de ser história da poesia e da arte para transformar-se em história política, social e filosófica. Percorri este caminho bem antes, como se pode notar, entre outros, no ensaio "Riforma della Storia Artistica e Letteraria" (em *Nuovi Saggi*), e em muitos trabalhos meus de crítica e história da poesia, sobre Dante, Ariosto, Shakespeare, Corneille, Goethe e muitos outros autores antigos e recentes. Esse reconhecimento cada vez mais seguro, e a noção da natureza lírica da arte, fizeram também com que me afastasse de De Sanctis em vários pontos importantes, tanto na teoria como na prática da crítica e história literária; agora, não repetiria sem reservas o que disse neste livro, a saber, que, em De Sanctis, a teoria é imperfeita, mas a crítica é perfeita; diria, ao contrário, que a sua crítica tem uma exata relação com a sua teoria, da qual retira muita força e também certa fraqueza, cabendo-lhe ser emendada e ampliada pela correção e a ampliação da teoria em si. De Sanctis foi meu mestre ideal; o meu aprendizado junto a ele, atento e respeitoso, durou mais de trinta anos; e só depois de ter me deixado instruir por tanto tempo e tão sabiamente por ele, só depois desses mais de trinta anos de servidão voluntária como aprendiz, é que adquiri a consciência de ir adiante sem ele. Repito e insisto, portanto, nas palavras com as quais encerrei o capítulo a ele dedicado neste livro: que a sua filosofia é um "pensamento vivo, que se dirige a homens cheios de vida, dispostos a elaborá-lo e continuá-lo".

Certas teses desse primeiro Tratado, que se refletem no subtítulo e são delineadas no último capítulo (XVIII) da *Teoria* – a identificação da filosofia da arte com a filosofia da linguagem, da história da arte com a história da linguagem – não foram de novo abordadas, exceto em breves escritos que foram reunidos em *Problemi di Estetica* e *Conversazioni Critiche*. Se tiver oportunidade, voltarei, talvez, a tais assuntos, mas, desde agora, seja-me permitido alegrar-me com o novo encaminhamento que, desde 1900, tentava imprimir aos estudos sobre a linguagem, e que agora estão em pleno vigor, em parte pelo efeito direto de meu pensamento, em parte pela necessidade lógica que se fez valer espontaneamente junto a pesquisadores de diferentes procedências, confirmando o que então me parecia certo.

Queiram os leitores perdoar-me por essas observações e autocríticas, inspiradas pelo desejo de facilitar-lhes a avaliação e o uso do livro que ora é reeditado.

Pescasseroli (Aquila), 15 de setembro de 1921

Em relação a esta sétima edição, que reproduz inalterada a anterior de 1928, exceto a correção de raros erros tipográficos e o acréscimo de algumas pequenas notas, convém mencionar, para informação do leitor, os meus trabalhos tanto de estética como de história da estética, posteriores àquela data. Os primeiros dos quais estão (para mencionar apenas os principais, deixando de lado as páginas que tratam desses assuntos em *Conversazioni Critiche* e nos livros de história e crítica de poesia) nos quatro ensaios *Aesthetica in Nuce, Le Due Scienze Mondane, Difesa della Poesia*, e *Contro la Teoria del Comico*, recolhidos em *Ultimi Saggi* (Bari, 1935), sobretudo no livro *La Poesia* (Bari, 1936), no qual está particularmente elaborada a distinção entre poesia e literatura com as consequências que daí se seguem.[1] Os demais consistem principalmente em uma série de escritos, também inclusos em *Ultimi Saggi*, que, à luz de novas pesquisas, tratam da estética do século XVIII – idade em que essa ciência realmente nasceu com uma espontaneidade e vigor que mais tarde raramente se encontram, formulando seus

---

[1] [Veja: *Discorsi di Varia Filosofia*, Bari, 1945; *Letture di Poeti e Riflessioni sulla Teoria e la Critica della Poesia*, Bari, 1950; *Indagini su Hegel e Schiarimenti Filosofici*, Bari, 1952.]

principais problemas e conceitos – bem como de certos pontos dignos de consideração da estética do século XIX.

Desde o tempo desses estudos, passados agora quarenta anos, nunca me afastei da teoria da arte, e dos copiosos frutos que daí auferi, olhando retrospectivamente para o meu livro de 1901, sou tomado por um duplo sentimento, misto de desapontamento pelo que de insuficiente ele me parece hoje, e de afeto por aquilo que então ele foi para mim: como que um reencontro comigo mesmo e minha primeira orientação no mundo do pensamento.

Nápoles, janeiro de 1941
B. C.

PARTE I

TEORIA

1. INTUIÇÃO E EXPRESSÃO

Duas formas tem o conhecimento: conhecimento intuitivo ou conhecimento lógico; conhecimento pela imaginação ou conhecimento pelo intelecto; conhecimento do individual ou do universal; conhecimento das coisas singulares ou das relações entre elas: em suma, conhecimento que produz imagens ou que produz conceitos.

No dia a dia, continuamente, faz-se apelo ao conhecimento intuitivo. Diz-se que não é possível dar a definição de certas verdades; que elas não são demonstráveis por silogismos; que convém aprendê-las intuitivamente. O político critica o pensador abstrato, que não possui a intuição viva das condições reais; o pedagogo insiste na necessidade de desenvolver, antes de tudo, a faculdade intuitiva; ante uma obra de arte, o crítico considera um ponto de honra deixar de lado as teorias e as abstrações a fim de julgá-las por intuição direta; enfim, o homem prático professa viver mais de intuições que de raciocínios.

Mas a esse amplo reconhecimento concedido ao conhecimento intuitivo na vida comum não corresponde um igual e adequado reconhecimento no campo da teoria e da filosofia. Do conhecimento intelectual há uma ciência muito antiga, admitida sem discussão por todos, a saber, a lógica; mas poucos admitem, e timidamente, que haja alguma ciência do conhecimento intuitivo. O conhecimento lógico apropriou-se da melhor parte; e, quando não devora de imediato o seu companheiro, cede-lhe apenas o lugar humilde de empregado ou de porteiro. – O que seria do conhecimento intuitivo sem o lume do conhecimento intelectual? É um empregado sem patrão; e, embora o empregado seja útil ao patrão, para o empregado o patrão é uma necessidade, já que ele é quem lhe garante o ganha-pão. A intuição é cega; o intelecto lhe empresta seus olhos.

Ora, o primeiro ponto que deve estar bem estabelecido na mente é que o conhecimento intuitivo não precisa de um patrão; nem tem necessidade de se apoiar em nada; não precisa pedir emprestados os olhos dos outros, pois tem olhos próprios, excelentes. E se é indiscutível que em muitas intuições podem-se encontrar conceitos misturados, em outras não há qualquer vestígio de tal mistura, o que vem provar que ela não é necessária. A impressão de um luar, retratado por um pintor; o contorno de um país, delineado por um cartógrafo; um tema musical, suave ou enérgico; as palavras de uma lírica suspirante, ou aquelas com as quais pedimos, mandamos e nos lamentamos na vida diária, podem muito bem ser todos fatos intuitivos sem sombra de referências intelectuais. Seja o que for que se pense desses exemplos, e admitindo também que se queira e deva sustentar que a maior parte das intuições do homem civilizado está impregnada de conceitos, resta algo ainda mais importante e conclusivo a ser observado. Os conceitos que se acham mesclados e fundidos nas intuições, na medida em que estão realmente mesclados e fundidos, deixam de ser conceitos, pois perderam toda a sua independência e autonomia. Eles foram conceitos, mas por ora tornaram-se simples elementos de intuição. As máximas filosóficas, postas na boca de um personagem de tragédia ou de comédia, realizam aí a função, não de conceitos, mas de características daqueles personagens; da mesma maneira como, em uma figura pintada, o vermelho não está como conceito da cor vermelha dos físicos, mas como elemento caracterizante daquela figura. O todo determina a qualidade das partes. Uma obra de arte pode estar cheia de conceitos filosóficos, pode tê-los em maior abundância, e mesmo de modo mais profundo do que em uma dissertação filosófica, a qual, por sua vez, poderá ser rica e transbordante de descrições e intuições. Mas, apesar de todos esses conceitos, o efeito total da obra de arte é uma intuição; e, apesar de todas essas intuições, o efeito total da dissertação filosófica é um conceito. *Os Noivos*, de Alessandro Manzoni, contém copiosas observações e distinções éticas, mas nem por isso perde, em seu conjunto, sua característica de simples romance ou de intuição. De maneira semelhante, as anedotas e efusões satíricas que podem ser encontradas nos livros de um filósofo como Schopenhauer não privam essas obras de seu caráter de tratados intelectuais. A diferença entre um trabalho científico e uma obra de arte, isto é, entre um ato intelectivo e um ato intuitivo, está no resultado, no distinto efeito total pretendido em cada uma delas, e tal resultado determina as partes desse conjunto, e não apenas as partes separadas e consideradas abstratamente em si mesmas.

    No entanto, para se ter uma ideia verdadeira e exata da intuição, não basta reconhecê-la como independente do conceito. Dentre os que assim pensam ou que ao menos não fazem com que a intuição dependa explicitamente da intelecção, surge outro erro que ofusca e confunde a sua própria índole. Por intuição, frequentemente se entende a percepção, ou o conhecimento da realidade, a apreensão de algo enquanto real.

Certamente, a percepção é intuição: as percepções da sala em que estou escrevendo, do tinteiro e do papel que estão diante de mim, da pena de que me sirvo, dos objetos que toco e faço uso como instrumentos de minha pessoa, a qual, se escreve, portanto, existe, são todas intuições. Da mesma maneira, porém, a imagem, que agora me passa pela cabeça, de um eu que escreve em outra sala, em outra cidade, com outro papel, pena e tinta, também é intuição. Isso quer dizer que a distinção entre realidade e não realidade é estranha e secundária à verdadeira índole da intuição. Supondo uma mente humana que intui pela primeira vez, parece que ela não pode intuir senão a realidade efetiva, tendo, portanto, apenas intuições do real. Mas já que o conhecimento da realidade baseia-se na distinção entre imagens reais e imagens irreais, e uma vez que tal distinção não existe no primeiro momento, essas intuições não seriam, em verdade, intuições do real nem do irreal, não seriam percepções, mas puras intuições. Onde tudo é real, nada é real. Certa ideia, bastante vaga e bem de longe aproximativa desse estado ingênuo, pode ser encontrada na criança, com a sua dificuldade de distinguir o real do imaginário, a história da fábula, que para ela são uma coisa só. A intuição é a unidade indiferenciada da percepção do real e da imagem simples do possível. Nas intuições, não nos contrapomos, enquanto seres empíricos, à realidade externa, mas simplesmente objetivamos nossas impressões, sejam quais forem.

Parece, portanto, que chegam mais perto da verdade os que consideram a intuição como sensação formada e ordenada simplesmente de acordo com as categorias de espaço e tempo. Espaço e tempo, dizem eles, são as formas da intuição; intuir é inserir no espaço e na série temporal. A atividade intuitiva, então, consistiria nessa dupla função concorrente da espacialidade e da temporalidade. Para essas duas categorias, no entanto, deve-se repetir o que foi dito sobre as distinções intelectuais, que se acham mescladas nas intuições. Temos intuições sem espaço e sem tempo: a cor do céu e a cor de um sentimento, um grito de dor e um esforço da vontade objetivados na consciência são intuições que possuímos e cuja formação nada deve ao espaço nem ao tempo. Em algumas intuições, pode-se encontrar a espacialidade e não a temporalidade; em outras, vice-versa; mas mesmo quando se encontram as duas, percebê-las é uma reflexão posterior: elas podem se fundir na intuição da mesma maneira que todos os seus outros elementos, isto é, eles estarão *materialiter* e não *formaliter*, como ingredientes e não como ordenamento. Diante de um retrato ou uma paisagem, quem conseguiria se dar conta do espaço sem um ato de reflexão que por um momento interrompa sua contemplação? Sem um semelhante ato de reflexão e suspensão, quem conseguiria perceber uma série temporal ao ouvir uma história ou uma peça musical?

O que se intui, em uma obra de arte, não é o espaço ou o tempo, mas o caráter ou a fisionomia individual. De resto, semelhantes tentativas que se notam na filosofia moderna praticamente confirmam os pontos de vista aqui expostos. Espaço e tempo, longe de serem formas maximamente simples e primitivas, têm se mostrado construções intelectuais assaz complicadas. Por outro lado, mesmo entre os que não recusam completamente, ao espaço e ao tempo, a qualidade de princípios formativos ou de categorias e funções, nota-se o esforço para unificá-los e entendê-los de uma maneira diferente do conceito que comumente se tem dessas categorias. Há quem reduza a intuição à única categoria da espacialidade, sustentando que também o tempo só pode ser intuído em termos de espaço. Outros abandonam as três dimensões do espaço como filosoficamente não necessárias, e concebem a função da espacialidade destituída de toda particular determinação espacial. E o que poderia ser tal função espacial, mero preceito que ordenaria até mesmo o tempo? Não seria ela, talvez, um resíduo de crítica e de negação, da qual se conclui apenas a exigência de supor uma atividade genericamente intuitiva? E tal atividade não é realmente determinada, quando se lhe atribui única categoria ou função, não espacializante nem temporalizante, mas caracterizante? Ou melhor, quando é concebida ela mesma como categoria ou função que nos dá o conhecimento das coisas em sua fisionomia individual?

Libertado, assim, o conhecimento intuitivo de qualquer sugestão intelectualista e de cada adição posterior e externa, devemos esclarecê-lo e determinar seus limites sob outro ângulo a fim de defendê-lo de um tipo diferente de invasão e confusão. Aquém do limite inferior está a sensação, está a matéria sem forma que, enquanto tal, não pode ser apreendida em si mesma pelo espírito, mas se desvela apenas com a forma e na forma, da qual postula o conceito como mero limite. Em sua abstração, a matéria é mecanismo, é passividade, ou seja, é aquilo que a mente humana recebe, mas não produz. Sem ela, é impossível qualquer conhecimento ou atividade humana; mas a mera matéria produz animalidade, o que há de brutal e impulsivo no homem, não o domínio espiritual, que é a humanidade. Quantas vezes nos esforçamos para entender claramente o que se passa dentro de nós! Entrevemos algo, mas não o temos objetivado e formado ante o espírito. Nesses momentos é que melhor percebemos a profunda diferença entre matéria e forma, as quais já não são dois atos nossos que se opõem um ao outro, mas um está fora de nós e nos assalta e nos transporta, enquanto o outro está dentro de nós e tende a abraçar aquele de fora de modo a torná-lo seu. Investida e vencida pela forma, a matéria cede lugar à forma concreta. É a matéria, é o conteúdo que diferencia nossas intuições umas das outras: a forma é constante, é atividade espiritual; a matéria é mutável, e sem ela a atividade espiritual não sairia de sua abstração para tornar-se atividade concreta e real, ou seja, este ou aquele conteúdo espiritual, esta ou aquela intuição determinada.

É algo curioso e característico da condição de nossos tempos que justamente essa forma, justamente a atividade do espírito, justamente o que está em nós mesmos, seja facilmente ignorada ou negada. Alguns confundem a atividade espiritual do homem com a metafórica e mitológica atividade da assim dita natureza, que é mecanismo e não tem nenhuma semelhança com a atividade humana, exceto quando imaginamos, como nas fábulas de Esopo, que *"arbores loquantur non tantum ferae"* [as árvores falem, e não somente os animais]. Outros asseveram que nunca observaram em si mesmos essa atividade "miraculosa", como se não houvesse diferença entre suar e pensar, entre sentir frio e a energia da vontade, ou se tratasse apenas de diferença quantitativa. Outros, decerto com maior razão, querem unificar, em um conceito mais geral, a atividade e o mecanismo, embora sejam especificamente distintos. Deixemos, por ora, de examinar se essa unificação suprema é possível, e em que sentido, admitindo porém que tal tentativa pode ser levada adiante. É claro que unificar dois conceitos num terceiro implica aceitar, antes de tudo, uma diferença entre ambos; eis aí a diferença que realmente nos importa e é a essa que damos destaque.

Por vezes, a intuição foi confundida com a simples sensação. Visto, porém, que essa confusão ofende até mesmo o senso comum, com mais frequência ela tem sido atenuada ou velada à custa de uma fraseologia que, aparentemente, quer confundir e distinguir ao mesmo tempo. Assim, dizem que a intuição é a sensação, não enquanto simples sensação, mas enquanto associação de sensações; aqui, o equívoco nasce justamente da palavra "associação". Esta é entendida ou como memória, associação mnemônica, lembrança consciente – e, nesse caso, parece inconcebível a pretensão de se unir na memória elementos que não são intuídos, distintos, possuídos de alguma maneira pelo espírito e produzidos pela consciência –, ou é entendida como associação de elementos inconscientes – e, nesse segundo caso, permanecemos no âmbito da sensação e da naturalidade. Se, como sustentam certos associacionistas, estamos falando de uma associação que não é nem memória nem o fluxo das sensações, mas associação produtiva (formativa, construtiva, distintiva), então concordamos com essa tese, embora discordemos no uso do termo. De fato, associação não se entende no sentido que os sensualistas dão ao termo, mas enquanto síntese, isto é, a atividade espiritual. Que se chame associação à síntese, tendo-se em mente, porém, que com o conceito de produtividade já está suposta a distinção entre passividade e atividade, entre sensação e intuição.

Outros psicólogos estão dispostos a distinguir, da sensação, algo que é não mais sensação, mas que ainda não é conceito intelectivo: a representação ou imagem. Que diferença há entre a sua representação ou imagem e nosso conhecimento intuitivo? Toda e nenhuma: de fato, mesmo "representação" é uma palavra muito ambígua. Se por representação entende-se algo cortado e jogado para fora do fundo psíquico das sensações, então a representação é a intuição. Se, porém, por representação se entende uma sensação complexa, reencontramos uma vez mais a simples sensação, que não varia de qualidade por ser rica ou pobre, efetuando-se em um organismo rudimentar ou um organismo desenvolvido e cheio de vestígios de sensações passadas. Essa ambiguidade não é remediada com a definição de representação como produto psíquico de segundo grau, em relação à sensação que seria de primeiro grau. O que significa, aqui, segundo grau? Diferença qualitativa, formal? Nesse caso, a representação seria uma elaboração da sensação e, portanto, intuição. Ou significa maior complexidade e complicação, uma diferença quantitativa e material? Nesse outro caso, porém, a intuição seria mais uma vez confundida com a simples sensação.

Há ainda um método seguro de distinguir a verdadeira intuição, a verdadeira representação, do que lhe é inferior: ato espiritual do fato mecânico, passivo, natural. Toda verdadeira intuição ou representação é também expressão. Aquilo que não se objetiva em uma expressão não é intuição ou representação, mas sensação e naturalidade. O espírito não intui senão ao fazer, ao formar, ao expressar. Quem separa a intuição da expressão nunca mais conseguirá reuni-las.

 A atividade intuitiva intui o tanto que exprime. Se essa proposição soa paradoxal, uma das causas disso está, decerto, no hábito de dar ao termo "expressão" um significado muito restrito, reduzindo-o somente ao âmbito das expressões verbais; mas existem também expressões não verbais, como, por exemplo, linhas, cores e tons: todas essas devem ser incluídas no conceito de expressão, que abrange, portanto, todo tipo de manifestação humana, como orador, músico, pintor ou qualquer outra. Seja pictórica ou verbal, musical ou descrita e denominada sob qualquer outra manifestação, a expressão não pode faltar à intuição, da qual é, propriamente, inseparável. Como podemos intuir de fato uma figura geométrica, se não tivermos clara a imagem a ponto de traçá-la imediatamente no papel ou no quadro-negro? Como podemos intuir de fato o contorno de uma região, por exemplo, da ilha da Sicília, se não formos capazes de desenhá-la como ela é em todos os seus meandros? A cada um é dado experimentar a luz interior que se apresenta quando consegue formular para si mesmo, no mesmo momento em que o consegue, suas impressões e seus sentimentos. Sentimentos e impressões passam, então, por força das palavras, da região obscura da psique à clareza do espírito que contempla. É impossível distinguir, nesse processo cognitivo, a intuição da expressão. Ambas surgem no mesmo instante, porque não são dois, mas um só ato.

 O principal motivo que faz parecer paradoxal a tese por nós afirmada é a ilusão ou preconceito de que intuímos da realidade mais do que aquilo que efetivamente intuímos. Alguns dizem que têm muitos e importantes pensamentos em suas mentes, mas não são capazes de expressá-los. Na verdade, se os tivessem realmente, seriam capazes de cunhá-los em muitas palavras belas e sonoras, expressando-os assim. Se, no ato de expressar esses pensamentos, eles parecem desaparecer ou se tornam escassos e pobres, é porque ou eles não existiam ou eram realmente escassos e pobres. De modo semelhante, pensa-se que todos nós, homens comuns, somos capazes de intuir e imaginar países, figuras e cenas, como os pintores, e corpos, como os escultores; e que os pintores e escultores sabem pintar e esculpir essas imagens, mas nós as trazemos inexpressas em nossas almas. Acredita-se que uma Madonna de Rafael poderia ter sido imaginada por qualquer um; mas Rafael foi Rafael apenas por conta da sua capacidade técnica de fixar tal imagem sobre a tela. Nada pode ser mais falso. O mundo que intuímos ordinariamente é pouco, e se traduz em pequenas expressões, que gradualmente se tornam maiores e mais amplas com a crescente concentração espiritual em momentos particulares. São as palavras interiores que dizemos a nós mesmos, nossos julgamentos expressos tacitamente: "Eis um homem, eis um cavalo, isso é pesado, isso é áspero, isso me agrada, etc.". Na verdade, tudo isso não passa de uma mistura de luz e cores, sem valor pictórico superior ao que teria um borrão de cores misturadas ao acaso, no qual seria difícil se perceber traços distintivos particulares. Isso, e nada mais, é o que possuímos em nossa vida cotidiana, essa é a base de nossa ação no dia a dia. É o índice de um livro; são, como se disse, os rótulos que impusemos às coisas e que tomam o lugar das coisas em si. Esse índice e esses rótulos (estes também expressões) são suficientes às pequenas necessidades e pequenas ações. Mas, de vez em quando, passamos do índice ao livro, do rótulo à coisa, das pequenas intuições às grandes, e destas às muito maiores e excelsas. E, por vezes, essa passagem não é nada fácil. Aqueles que melhor investigaram a psicologia de artistas observaram que estes, ao darem uma rápida olhada em alguém, dispostos a obter uma real intuição dele a fim de, por exemplo, pintar um retrato, teriam essa visão comum, que parecia tão vivaz e clara, revelada como sendo pouco menos que o nada: o que resta daquela olhadela é quando muito um traço superficial, que não seria suficiente nem para uma caricatura. A pessoa a ser pintada está diante do artista como um mundo a descobrir. Michelangelo sentenciou: "Não se pinta com as mãos, mas com o cérebro"; e Leonardo escandalizou o prior do convento *delle Grazie* por ficar dias olhando para a *Última Ceia* sem tocá-la com o pincel; o motivo, segundo ele, era que "os homens de talento elevado são mais ativos na invenção quando estão finalizando a obra". O pintor é pintor porque vê o que os outros apenas sentem, ou vislumbram, mas não veem. Imaginamos ver um sorriso, mas na realidade temos dele apenas uma vaga impressão, isto é, não percebemos todos os traços característicos de que ele resulta, como, depois de os ter trabalhado, o pintor descobre que assim é capaz de fixá-los completamente na tela. Mesmo do nosso mais íntimo amigo, daquele que está conosco todos os dias e todas as horas, possuímos intuitivamente apenas certos traços de fisionomia que nos permitem distingui-lo dos outros. Menos fácil ainda é a ilusão para as expressões musicais; porque pareceria estranho dizer que o compositor apenas acrescente ou amontoe notas para um tema que já estava na mente de quem não é o compositor, como se a intuição de Beethoven não fosse, por exemplo, a sua *Nona Sinfonia* e a sua *Nona Sinfonia* a sua intuição. Ora, assim como alguém que se ilude quanto ao montante de suas riquezas materiais é desmentido pela aritmética, que lhe diz exatamente quanto possui, quem se ilude quanto à riqueza de seus próprios pensamentos e imagens é reconduzido à realidade, quando se vê obrigado a atravessar a *pons asinorum*[1] da expressão. Ao rico, diríamos: "Vá contar o seu dinheiro"; ao outro: "Eis aqui um lápis, desenhe e se expresse".

Cada um de nós, em suma, tem um pouco de pintor, de escultor, de músico, de poeta, de prosador; mas quão pouco temos em relação àqueles que são chamados assim justamente pelo elevado grau com que têm tais disposições mais universais e energias humanas; e quão pouco um pintor possui das intuições ou representações de um poeta, ou mesmo as de um outro pintor! No entanto, esse pouco é todo o nosso patrimônio atual de intuições ou representações. Além destas, existem apenas impressões, sensações, sentimentos, impulsos, emoções ou qualquer outra coisa que ainda esteja aquém do espírito e não é assimilada pelo homem, algo postulado para a conveniência de exposição, mas na verdade inexistente, uma vez que existir é também um ato do espírito.

Às variantes verbais indicadas no princípio, com as quais se designa o conhecimento intuitivo, podemos ainda acrescentar que o conhecimento intuitivo é o conhecimento expressivo. Ele é independente e autônomo em relação à intelecção; indiferente às discriminações posteriores de realidade e irrealidade e às formações e percepções, também posteriores, de espaço e de tempo; a intuição ou representação distingue-se do que se sente e recebe, da onda ou fluxo sensitivo, da matéria psíquica, como forma; e essa forma, essa tomada de posse, é a expressão. Intuir é exprimir, e nada mais que exprimir (nada a mais e nada a menos).

---

[1] "Ponte dos asnos" é uma metáfora para um desafio que testa a capacidade e a maneira de alguém pensar: se é ágil ou lento; determinado ou hesitante, etc. (N. T.)

2. INTUIÇÃO E ARTE

Antes de prosseguir, parece oportuno tirar certas conclusões do que foi estabelecido e acrescentar alguns esclarecimentos.

Identificamos abertamente o conhecimento intuitivo ou expressivo com o fato estético ou artístico, tomando as obras de arte como exemplos de conhecimento intuitivo e atribuindo a este as características daquelas. Mas nossa identificação tem contra si uma opinião defendida por muitos filósofos, a qual considera a arte como um tipo de intuição muito particular. Vamos admitir, dizem eles, que a arte seja uma intuição; mas nem toda intuição é sempre arte: a intuição artística é uma espécie particular, que se distingue, por algo mais, da intuição em geral.

No entanto, ninguém jamais foi capaz de indicar em que se distingue e no que consiste esse algo mais. Pensou-se, por vezes, que a arte não seria uma simples intuição, mas quase que a intuição de uma intuição, da mesma forma que o conceito científico seria não um conceito comum, mas o conceito de um conceito. O homem, em suma, se elevaria ao plano da arte ao objetivar não as sensações, como acontece com a intuição comum, mas a própria intuição. Porém, esse processo de elevação a uma segunda potência não existe; e a comparação com o conceito comum e com o científico não prova o que se pretende dizer, e isso pela simples razão de que não é verdade que o conceito científico seja o conceito de um conceito. Quando muito, essa comparação prova justamente o contrário. O conceito comum, se é realmente um conceito e não uma simples representação, é um conceito perfeito, ainda que pobre e limitado. A ciência substitui as representações pelos conceitos, acrescenta e sobrepõe conceitos maiores e mais abrangentes aos conceitos pobres e limitados, descobrindo sempre novas relações. O método da ciência, no entanto, não difere daquele que forma o mais simples conceito universal na mente do mais simples dos homens. O que se pode comumente chamar de arte, por antonomásia, recolhe intuições mais amplas e complexas do que as que geralmente se experimentam, mas o que se intui são sempre sensações e impressões: arte é a expressão de impressões, não expressão da expressão.

Pela mesma razão, não se pode admitir que a intuição a que chamamos de artística seja distinta da intuição comum pelo fato de ser uma intuição intensiva. Seria assim se operasse de forma diferente sobre a mesma matéria. Visto, porém, que a função artística se estende a campos mais amplos, mas não se serve de método distinto da intuição comum, a diferença entre ambas não é intensiva, mas extensiva. A intuição da mais simples canção popular de amor, que diz a mesma coisa, ou quase, que uma declaração de amor que brota a cada momento dos lábios de milhares de homens comuns, pode ser intensamente perfeita em sua pobre simplicidade, embora, extensivamente, seja muito mais limitada que a complexa intuição existente num poema de amor de Giacomo Leopardi.

Toda a diferença, então, é quantitativa, e, como tal, indiferente à filosofia, *scientia qualitatum*. Há pessoas que têm maior aptidão, uma disposição mais frequente, para exprimir plenamente certos estados complexos da alma. Na linguagem corrente, tais pessoas são chamadas de artistas: algumas expressões, assaz complexas e difíceis, não são sempre alcançadas, e estas se chamam obras de arte. É impossível definir os limites das expressões-intuições que são chamadas de arte, ao contrário das que vulgarmente se chamam não arte: eles são empíricos. Se um epigrama é arte, por que não o seria uma simples palavra? Se uma história é arte, por que não o seriam as anotações de uma crônica jornalística? Se uma paisagem é arte, por que não um esboço topográfico? Estava certo o professor de filosofia da comédia de Molière: "Sempre que falamos, fazemos prosa". Mas sempre haverá eruditos, como Monsieur Jourdain, que ficarão espantados por terem feito prosa durante quarenta anos sem o saber, e que terão dificuldade em se convencer de que, ao chamar o servo João para que traga os seus chinelos, também isso deve ser considerado nada menos do que "prosa".

Devemos defender firmemente a nossa identificação, pois entre as principais razões que impediram a estética, que é a ciência da arte, de revelar a verdadeira natureza e as verdadeiras raízes da arte na natureza humana, estava justamente sua separação da vida espiritual comum, inscrevendo-a em um tipo de círculo aristocrático ou atividade especial. Ninguém se surpreende quando a fisiologia ensina que cada célula é um organismo e cada organismo é uma célula ou síntese de células. Ninguém se surpreende ao encontrar em uma rocha imensa os mesmos elementos químicos que estão em uma pedrinha. Não há uma fisiologia dos animais de pequeno porte e outra dos grandes animais, nem uma teoria química de pedrinhas e outra das montanhas. Da mesma forma, não há uma ciência de menor intuição e outra de maior intuição, uma da intuição comum e outra da intuição artística. Há apenas uma só estética, a ciência do conhecimento intuitivo ou expressivo, que é o fato estético ou artístico. E essa estética é o verdadeiro análogo da lógica, que inclui, como elementos de mesma natureza, a formação do menor e mais comum dos conceitos e a construção do mais complicado sistema científico e filosófico.

Ao determinar o significado da palavra "gênio", ou "gênio artístico", enquanto ideia distinta do não gênio, do homem comum, não podemos admitir nada além de uma diferença quantitativa. Diz-se que grandes artistas são capazes de nos revelar a nós mesmos. Mas como isso seria possível se não houvesse identidade de natureza entre a sua imaginação e a nossa, e se a diferença não fosse apenas uma quantidade? Melhor que dizer *poeta nascitur*, seria *homo nascitur poeta*; uns nascem pequenos poetas, outros grandes. O culto ao gênio, com todas as superstições que o acompanham, surgiu ao se fazer dessa diferença quantitativa uma diferença qualitativa. Esqueceu-se de que a genialidade não é algo caído do céu, mas a própria humanidade. O homem de gênio que se coloca ou é representado como alguém distante da humanidade encontrará a sua punição ao se tornar ou parecer um ridículo. Exemplos disso são o gênio do período romântico e o super-homem do nosso tempo.

Convém notar que os que sustentam ser a inconsciência a principal qualidade do gênio artístico são os mesmos que o precipitam no abismo depois de o terem elevado muito acima da humanidade. A genialidade artística, como toda forma de atividade humana, é sempre consciente; caso contrário, seria um mecanismo cego. A única coisa que pode faltar ao gênio artístico é a consciência reflexiva, a consciência própria do historiador ou do crítico, que não lhe é essencial.

Um dos problemas mais debatidos na estética é a relação entre matéria e forma, ou, como geralmente se diz, conteúdo e forma. O fato estético consiste apenas no conteúdo ou apenas na forma, ou em ambos conjuntamente? Essa questão assumiu vários significados, que serão mencionados oportunamente. Mas quando essas palavras são tomadas segundo o significado definido acima, sempre que por matéria se entenda a emotividade não elaborada esteticamente, ou as impressões, e por forma se entenda a elaboração, ou seja, a atividade espiritual da expressão, então não pode haver dúvida no que pensamos. Devemos, portanto, rejeitar a tese de que o ato estético consiste apenas no conteúdo, isto é, nas simples impressões, bem como a outra que o faz consistir na adjunção da forma ao conteúdo, ou seja, nas impressões somadas às expressões. No ato estético, a atividade expressiva não se soma ao fato das impressões, mas estas são formadas e elaboradas por tal atividade. As impressões reaparecem, por assim dizer, nas expressões como água que, despejada num filtro, reaparece a mesma, e ao mesmo tempo diferente, do outro lado. O ato estético, portanto, é forma, nada mais do que forma.

Disso não se conclui que o conteúdo é algo supérfluo, mas, pelo contrário, que é o ponto de partida necessário do fato expressivo; e que não existe qualquer comunicação entre as qualidades do conteúdo e as da forma. Tem-se pensado, por vezes, que o conteúdo, para ser estético, isto é, transformável em forma, deve possuir algumas qualidades determinadas ou determináveis. Mas, se fosse assim, então a forma seria o mesmo que a matéria, a expressão, o mesmo que a impressão. O conteúdo é, sim, transformável em forma, mas na medida em que não foi transformado, não tem qualidade determinável; nada sabemos sobre isso. Torna-se conteúdo estético não antes, mas apenas depois de se ter efetivamente transformado. O conteúdo estético também foi definido como "interessante": isso é verdade, mas não tem sentido. De fato, o que quer dizer interessante? A atividade expressiva? Certamente, pois se a atividade expressiva não fosse interessante, não elevaria o conteúdo à dignidade de forma. O seu interessar-se é precisamente essa elevação do conteúdo à forma. Mas a palavra "interessante" também tem sido usada em sentido ilegítimo, que explicaremos mais adiante.

Como a proposição anterior, a tese de que a arte é imitação da natureza possui vários sentidos. Ora essas palavras expressam ou, pelo menos, prefiguram certas verdades, ora sustentam certos erros e, mais frequentemente, não representam nada de preciso. Um dos significados legítimos ocorre quando a "imitação" se entende como representação ou intuição da natureza, uma forma de conhecimento. E quando se pretende afirmar isso, enfatizando o caráter espiritual do processo, outra proposição também se legitima, a saber, a de que a arte é a idealização ou imitação idealizadora da natureza. Mas se por imitação da natureza se entende que a arte produz cópias mecânicas, duplicatas mais ou menos perfeitas de objetos naturais, ante os quais se reproduza o próprio tumulto de impressões dos objetos naturais, então a proposição é evidentemente falsa. As estátuas de cera pintadas, que imitam seres vivos, ante as quais ficamos atônitos nos museus onde estão expostas, não nos dão intuições estéticas. A ilusão e a alucinação não têm a ver com o calmo domínio da intuição artística. Quando um artista retrata o espetáculo de um museu de cera; quando, no palco, um ator imita burlescamente um homem-estátua, então temos de novo uma obra de caráter espiritual e uma intuição artística. Finalmente, quando uma fotografia tem algo de artístico, o tem na medida em que transmite, ao menos em parte, a intuição do fotógrafo, o seu ponto de vista, a posição e o momento que se esforçou para tirar a foto. E se a fotografia não é toda arte, isso se dá precisamente porque o elemento natural permanece mais ou menos não eliminável e insubordinado. De fato, qual fotografia, mesmo dentre as melhores, nos dá uma satisfação completa? A qual delas um artista não faria uma ou muitas variações e retoques, não lhes removeria ou acrescentaria algo?

Por não se reconhecer exatamente o caráter teorético da simples intuição, que é distinta tanto do conhecimento intelectual como da percepção; por acreditar-se que apenas o conhecimento intelectual, ou, mais ainda, que também a percepção é conhecimento, surgiu a afirmação, tantas vezes repetida, de que a arte não é conhecimento, que não nos dá a conhecer a verdade, que ela não pertence ao mundo teorético, mas ao sentimental e outros semelhantes. Vimos que a intuição é conhecimento, livre de conceitos e mais simples do que a chamada percepção do real; portanto, arte é conhecimento, é forma, não pertence ao sentimento e à matéria psíquica. E, se tantas vezes se insistiu e tantos teóricos da estética realçaram que a arte é aparência (*Schein*), isso se deve precisamente porque se sentia a necessidade de distingui-la do mais complicado ato perceptivo, sustentando assim a sua pura intuitividade. Se, ainda, insistiu-se em dizer que a arte é sentimento, isso se dá pelo mesmo motivo: afastado, de fato, o conceito como conteúdo da arte, e excluída a realidade histórica enquanto tal, não resta outro conteúdo que a realidade apreendida em sua ingenuidade e imediatismo, no impulso vital, como sentimento, ou seja, de novo, pura intuição.

A teoria dos sentidos estéticos surgiu da incapacidade de se estabelecer corretamente, ou por se ter ignorado, que a expressão é distinta da impressão, que a forma é distinta da matéria.

Essa teoria se reduz ao erro ora indicado, a saber, de querer encontrar uma passagem das qualidades do conteúdo às da forma. Indagar, de fato, quais são os sentidos estéticos implica em perguntar quais impressões sensíveis podem entrar nas expressões estéticas, e quais devem entrar por necessidade. A isso, devemos responder imediatamente que todas as impressões podem entrar nas expressões ou formações estéticas, mas nenhuma deve fazê-lo por necessidade.

Dante eleva à condição de forma não apenas as impressões visuais de "a doce cor de safira oriental", mas também as impressões táteis ou térmicas, como o "ar denso" e os "frescos regatos" que dessedentam. É, de fato, uma curiosa ilusão crer que uma pintura produza apenas impressões visuais. O aveludado de um rosto, o calor de um corpo juvenil, a doçura e o frescor de uma fruta, o gume de uma faca afiada, e assim outros exemplos, não são impressões que também obtemos de uma pintura? São, por acaso, visuais? O que seria uma pintura para um homem imaginário, o qual, privado de todos ou muitos de seus sentidos, adquirisse, em um instante, apenas o órgão da visão? O quadro que estamos olhando e cremos ver apenas com nossos olhos não pareceria, aos seus olhos, pouco mais que uma paleta manchada de um pintor.

Alguns que sustentam com firmeza o caráter estético de certos grupos de impressões (por exemplo, as visuais e auditivas), e excluem outras, estão prontos para admitir que, se as impressões visuais e auditivas pertencem diretamente ao fato estético, as que são percebidas pelos outros sentidos também, mas apenas como associadas. E mesmo essa distinção é completamente arbitrária. A expressão estética é síntese, na qual é impossível distinguir o direto do indireto. Todas as impressões são nela niveladas, na medida em que são estetizadas. Quem recebe em si a imagem de um quadro ou de uma poesia não tem essa imagem como uma série de impressões, das quais algumas têm prerrogativa ou precedência sobre as outras. Nada se sabe sobre o que aconteceu antes de ter recebido tal imagem; por outro lado, as distinções feitas a seguir, ao se refletir sobre ela, nada têm a ver com a arte como tal.

A doutrina dos sentidos estéticos tem sido apresentada também de outro modo: como tentativa de estabelecer quais órgãos fisiológicos são necessários para o fato estético. O órgão ou aparelho fisiológico não é senão um grupo de células, agrupadas e dispostas de maneira particular, isto é, um fato ou conceito meramente físico e natural. Mas a expressão não conhece fatos fisiológicos; ela tem seu ponto de partida nas impressões, e o percurso fisiológico pelo qual estas chegaram à mente lhe é completamente indiferente. Tanto faz o caminho, basta que sejam impressões.

É verdade que a falta de órgãos, isto é, de certos grupos de células, impede a formação de certas impressões (exceto quando, por uma espécie de compensação orgânica, as mesmas são obtidas de outro modo). O cego de nascença não pode intuir e expressar a luz. Contudo, as impressões não são condicionadas apenas pelo órgão, mas também pelos estímulos que atuam sobre ele. Quem nunca teve a impressão do mar não saberá exprimi-lo; quem não teve a impressão da vida da alta sociedade ou da arena política nunca será capaz de expressá-las. Isso, entretanto, não estabelece que a função expressiva dependa do estímulo ou do órgão, mas apenas repete o que já sabemos: a expressão pressupõe a impressão; as expressões particulares, as impressões particulares. Para o resto, cada impressão exclui as demais no momento em que ela domina; e assim também cada expressão.

Outro corolário da concepção de expressão como atividade é a indivisibilidade da obra de arte. Cada expressão é uma expressão única. A atividade estética é a fusão das impressões em um todo orgânico. Eis o que se quis notar quando se disse que a obra de arte deve ter unidade, ou, e isso quer dizer a mesma coisa, deve ter unidade na variedade. A expressão é uma síntese do vário, do múltiplo, no uno.

A essa afirmação parece opor-se o fato de dividirmos uma obra de arte em suas partes – um poema em cenas, episódios, semelhanças, sentenças; um quadro em figuras e objetos isolados em primeiro plano, fundo, etc. Mas tal divisão aniquila a obra, assim como a divisão em coração, cérebro, nervos, músculos, etc., transforma o ser vivo em cadáver. É verdade que existem organismos nos quais a divisão dá origem a outros seres vivos, mas, nesse caso, deve-se concluir que, transportando a analogia ao fato estético, também se verificam inúmeros germes de vida e rápidas reelaborações das partes individuais em novas expressões únicas.

Alguém poderia dizer que, por vezes, a expressão surge a partir de outras expressões: que há expressões simples e há expressões compostas; que é preciso reconhecer alguma diferença entre o *eureka*, com o qual Arquimedes expressou o seu júbilo por sua descoberta, e o ato expressivo – na verdade, todos os cinco atos – de uma tragédia clássica. Isso, porém, não é assim: a expressão surge sempre diretamente a partir das impressões. Quem concebe uma tragédia deposita, por assim dizer, em um cadinho uma grande quantidade de impressões: as próprias expressões, concebidas em outras ocasiões, são refundidas com as novas em uma única massa; do mesmo modo, como em um forno de fundição, podemos lançar pedaços informes de bronze e estatuetas preciosíssimas. Para se fazer uma nova estátua, é preciso que as estatuetas sejam derretidas do mesmo modo que os pedaços de bronze. As expressões antigas devem novamente descer ao nível das impressões, a fim de serem sintetizadas com as outras em uma nova expressão única.

Ao elaborar as impressões, o homem se liberta delas. Ao objetivá-las, remove-as de si e torna-se superior a elas. A função libertadora e purificadora da arte é outro aspecto e outra fórmula de seu caráter como atividade. A atividade é libertadora, precisamente porque afasta a passividade.

Isso também explica por que é costume atribuir aos artistas tanto o máximo de sensibilidade ou paixão, como o máximo de insensibilidade ou serenidade olímpica. As suas qualificações, no entanto, se conciliam, porque não se referem ao mesmo objeto. A sensibilidade ou paixão relaciona-se à rica matéria que o artista absorve em sua aparelhagem psíquica; a insensibilidade ou serenidade, à forma com que ele subjuga e domina o tumulto das sensações e paixões.

3. A ARTE E A FILOSOFIA

As duas formas de conhecimento, a estética e a intelectiva ou conceitual, são realmente distintas, mas não atuam separadas e desconexas, como duas forças que agissem em sua própria direção. Se demonstramos que a forma estética é totalmente independente da intelectiva e a si mesma basta sem qualquer apoio externo, não dissemos, todavia, que a forma intelectiva possa se manter sem a forma estética, isto é, não há reciprocidade nesse quesito da independência.

O que é o conhecimento por conceitos? É o conhecimento das relações entre as coisas, e as coisas são intuições. Sem as intuições, os conceitos não são possíveis, assim como sem a matéria das impressões não é possível a própria intuição. As intuições são: este rio, este lago, este riacho, esta chuva, este copo d'água; o conceito é: a água, não esta ou aquela aparência e exemplo particular de água, mas a água em geral, em qualquer tempo ou lugar possível; matéria de intuições infinitas, mas de um único e permanente conceito.

No entanto, se o conceito, o universal, sob um aspecto já não é intuição, sob outro aspecto é e não pode deixar de ser intuição. De fato, também alguém que pensa, na medida em que pensa, tem impressões e emoções: suas impressões e seus afetos não serão os de um não filósofo, tampouco serão de ódio ou de amor por certos objetos e pessoas, mas o próprio esforço de pensamento, com a dor e a alegria, o amor e o ódio que se juntou a ele; para se tornar objetivo ante o espírito, esse esforço não pode não assumir forma intuitiva. Falar não é pensar logicamente, mas pensar logicamente é, ao mesmo tempo, falar.

Admite-se geralmente como verdade que o pensamento não pode existir sem o discurso. As negações dessa tese se baseiam todas em equívocos e erros.

O primeiro equívoco é o daqueles que acham ser possível pensar da mesma forma com figuras geométricas, cifras algébricas, sinais ideográficos, ideogramas, isto é, sem palavra alguma, ainda que pronunciada de maneira tácita e quase insensível dentro de si; observam, ainda, que há línguas em que a palavra, o sinal fonético, não expressa nada a não ser que se examine também o sinal escrito, e assim por diante. Mas quando se disse "falar", pretendíamos empregar uma sinédoque e dar a entender, em sentido genérico, "expressão", a qual, como observamos, não é apenas a expressão dita verbal. Talvez seja verdade, ou não, que alguns conceitos podem ser pensados sem manifestações fonéticas, mas os próprios exemplos aduzidos em sentido contrário provam que esses conceitos não podem existir sem expressões.

Outros sustentam que os animais, ou certos animais, pensam e raciocinam sem falar. Ora, se os animais pensam, como pensam e o que pensam, se eles são uma espécie de homens rudimentares e, como os selvagens, resistentes ao processo civilizatório, ou se ao contrário são apenas máquinas fisiológicas, como pretendiam os antigos espiritualistas, todas essas são questões que não nos dizem respeito agora. Quando o filósofo fala da natureza animal, brutal, impulsiva, instintiva e outras semelhantes, ele não se baseia em conjecturas que dizem respeito a cães ou gatos, leões ou formigas, mas em observações do que no ser humano há de animalesco e brutal: do limite ou da base animalesca que percebemos em nós mesmos. Se os animais individuais, cães ou gatos, leões ou formigas, têm algo da atividade humana, tanto melhor ou tanto pior para eles. Isso significa que, em relação a eles, também não é preciso falar de "natureza" como um todo, mas de sua base de animal, maior e mais ampla, talvez, do que a do homem. E suposto que também os animais pensem e formem conceitos, que tipo de conjectura justificaria a afirmação de que eles o fazem sem expressões correspondentes? A analogia com o conhecimento humano – o conhecimento do espírito e a psicologia humana –, que serve de instrumento a todas as conjecturas sobre a psicologia animal, nos obrigaria, por outro lado, a supor que, se os animais pensam de alguma forma, então eles também falam de alguma maneira.

Da psicologia humana, como da literária, deriva-se outra objeção no sentido de que o conceito pode existir sem a palavra, pois, de fato, todos conhecemos livros bem pensados e mal escritos, isto é, pensamentos que subsistem além da expressão ou apesar da expressão imperfeita. Quando, porém, falamos de livros bem pensados e mal escritos, não podemos entender senão que em tais obras há partes, páginas, períodos ou proposições bem pensadas e bem escritas, e outras, talvez menos importantes, mal pensadas e mal escritas, realmente não pensadas e, portanto, realmente não expressas. Onde a *Scienza Nuova* de Vico está realmente mal escrita está também mal pensada. Se passarmos das grandes obras a uma breve frase, o caráter errôneo ou a imprecisão de tal alegação salta aos olhos. Como pode uma única frase ser claramente pensada e confusamente escrita?

O que se pode admitir é que, por vezes, temos pensamentos (conceitos) de uma forma intuitiva, em uma expressão abreviada ou, melhor dizendo, peculiar e suficiente para nós, mas não o bastante para ser facilmente comunicada a outra pessoa ou grupo de pessoas determinadas. Por isso, é incorreto dizer que temos o pensamento sem expressão; deveríamos antes dizer que temos de fato a expressão, mas que esta não é ainda facilmente comunicável aos outros. Isso, contudo, é algo assaz mutável e relativo. Há sempre quem capte voando o nosso pensamento e o prefira dessa forma abreviada, e ficaria entediado com uma forma mais desenvolvida, esperada por outros. Vale dizer que o pensamento, considerado abstrata e logicamente, será o mesmo, mas esteticamente compõe-se de duas intuições ou expressões diferentes, em que entram diferentes elementos psicológicos. O mesmo argumento é suficiente para destruir, ou para interpretar corretamente, a distinção totalmente empírica entre linguagem interna e linguagem externa.

Como sabemos, arte e ciência são os cumes do conhecimento intuitivo e do conhecimento intelectual, os cumes que de mais longe brilham. Arte e ciência são, portanto, distintas e ao mesmo tempo ligadas entre si: coincidem por um lado, que é o lado estético. Todo trabalho científico é também uma obra de arte. O lado estético poderá permanecer pouco notado quando nossa mente estiver completamente ocupada com o esforço de entender o pensamento do homem de ciência, examinando o que ele obtém de verdade. Mas isso não ficará despercebido quando da atividade do entendimento passarmos à da contemplação, e virmos que o pensamento se desenvolve ante nós, límpido, claro, com contornos precisos, sem palavras supérfluas ou inadequadas, com ritmo e entonação apropriados; ou então que é confuso, roto, desajeitado e descuidado. Por vezes, grandes pensadores são admirados como grandes escritores, enquanto outros pensadores igualmente grandiosos permanecem escritores mais ou menos fragmentários, mesmo que os seus fragmentos tenham o valor de obras harmoniosas, coerentes e perfeitas.

Perdoam-se os pensadores e homens de ciência por serem escritores medíocres: os fragmentos, as fulgurações consolam-nos inteiramente, porque é muito mais fácil recuperar a composição bem ordenada a partir do fragmento genial de gênio, da centelha fazer a chama, que não alcançar a descoberta genial. Mas como perdoar a expressão medíocre em puros artistas? *"Mediocribus esse poetis non dii, non homines, non concessere columnae"* [Nem os deuses, nem os homens, nem as colunas permitem que poetas sejam medíocres]. Ao poeta ou pintor a quem falta a forma, falta-lhe tudo, porque não tem a si mesmo. A matéria poética permeia a alma de todos: a expressão por si só, isto é, a forma, faz o poeta. E aqui se acha a verdade do ponto de vista que nega todo o conteúdo à arte, por conteúdo entendendo-se justamente o conceito intelectual. Nesse sentido, se "conteúdo" é igual a "conceito", então é mais do que exato dizer que a arte não consiste no conteúdo, mas também que esta não tem conteúdo.

A distinção entre poesia e prosa também não pode ser justificada, senão segundo a distinção entre arte e ciência. Desde a Antiguidade, entendeu-se que tal distinção não poderia ser baseada em elementos exteriores, tais como ritmo e métrica, ou em forma rimada ou livre, concluindo-se, ao contrário, que era totalmente interna. A poesia é a linguagem do sentimento: a prosa, a do intelecto, mas uma vez que o intelecto, em sua concretude e realidade, é também sentimento, então toda prosa tem seu lado de poesia.

A relação entre o conhecimento intuitivo, ou expressão, e conhecimento intelectual, ou conceito, entre arte e ciência, entre poesia e prosa, não pode ser definida de outra maneira senão afirmando que tal relação possui dois graus. O primeiro grau é a expressão; o segundo, o conceito: o primeiro pode existir sem o segundo, mas o segundo não pode existir sem o primeiro. Há poesia sem prosa, mas não prosa sem poesia. A expressão, aliás, é a primeira afirmação da atividade humana. A poesia é "a língua materna do gênero humano", os primeiros seres humanos "foram, por natureza, sublimes poetas". Isso é reconhecido também de outro modo, por quantos notaram que a passagem da psique ao espírito, da sensibilidade animal à atividade humana, se perfaz por meio da linguagem, e o mesmo se deveria dizer da intuição ou expressão em geral. Parece-nos pouco preciso, como se costuma afirmar, que a linguagem ou expressão seja o elo entre a natureza e a humanidade, como se fosse uma mistura de ambas. Onde aparece a humanidade, a natureza já desaparece; assim, o homem que é capaz de se expressar sai imediatamente do estado de natureza: ele realmente sai desse estado; não está meio dentro e meio fora, como indicaria a metáfora do elo intermediário.

O espírito cognitivo não tem nenhuma outra forma além dessas duas. Intuição e conceito exaurem-no completamente. Toda a vida teorética do ser humano se resume em passar de uma forma a outra e desta retornar à primeira.

A historicidade é incorretamente considerada como a terceira forma teorética. A historicidade não é forma, mas conteúdo: como forma, não é nada mais que a intuição ou fato estético. A história não procura leis, nem forja conceitos; não emprega a indução nem a dedução, é dirigida *ad narrandum, non ad demonstrandum*; não constrói universais e abstrações, mas pressupõe intuições. Este, o *individuum omnimode determinatum*, é o seu domínio, como deve ser o domínio da arte. A história, por conseguinte, está incluída no conceito universal de arte.

Em vista da impossibilidade de se conceber uma terceira forma de conhecimento, surgiram contra essa tese objeções que pretendiam inscrever a história no rol do conhecimento intelectual ou científico. Por um lado, tais objeções foram movidas pelo preconceito de que, ao se negar o caráter de ciência (natural) à história, se lhe subtrai algo de seu valor e dignidade; por outro lado, tais objeções foram movidas por uma falsa ideia de arte, concebida não como forma teorética essencial, mas como uma diversão, algo supérfluo e frívolo. Sem reabrir um longo e debatido processo, que para nós está encerrado, mencionaremos aqui apenas um sofisma, amplamente repetido, cuja finalidade é provar a índole lógica e científica da história. O sofisma consiste em admitir que o conhecimento histórico tenha por objeto o individual, mas não a representação. De onde se conclui que a história é também conhecimento lógico ou científico. A história, em suma, elaboraria o conceito de um personagem, Carlos Magno ou Napoleão; de uma época, o Renascimento ou a Reforma; de um acontecimento, a Revolução Francesa ou a Unificação da Itália, do mesmo modo que a geometria elabora os conceitos das formas espaciais, ou a estética os da expressão. Mas nada disso é verdade: a história não pode fazer outra coisa senão representar Napoleão e Carlos Magno, o Renascimento e a Reforma, a Revolução Francesa e a Unificação da Itália, fatos individuais, na sua fisionomia individual, a saber, justamente no sentido em que os lógicos dizem não ser possível ter conceito do individual, mas apenas representação. O chamado conceito do individual é sempre conceito universal ou geral; é rico de notas peculiares, extremamente rico se quiserem, mas por mais rico que seja, é incapaz de alcançar a individualidade que o conhecimento histórico, por ser conhecimento estético, alcança sozinho.

Para entender de que modo, no âmbito da arte *in genere*, o conhecimento da história se distingue do da arte em sentido estrito, é preciso lembrar o que já foi observado acerca do caráter ideal da intuição ou primeira percepção, em que tudo é real e, portanto, nada é real. Só em um estágio posterior é que o espírito forma os conceitos de externo e interno, de acontecido e de desejado, de objeto e de sujeito e coisas semelhantes, ou seja, distingue a intuição histórica da não histórica, a real da irreal, a imaginação real da imaginação pura. Mesmo os fatos internos, isto é, o que se deseja e imagina, os castelos no ar e os países de Cocanha, têm a sua realidade; também a psique tem a sua história. Também as ilusões entram na biografia de alguém como fatos reais. Mas a história de uma psique individual é história, porque nela sempre opera a distinção entre o real e o irreal, mesmo quando o real são as próprias ilusões. Contudo, esses conceitos distintivos não aparecem na história como os conceitos na ciência, mas sim como aqueles que vimos dissolvidos e mesclados nas intuições estéticas, embora na história se destaquem de modo totalmente singular. A história não constrói os conceitos de real e de irreal, mas faz uso deles. A história, em suma, não é a teoria da história. Não basta a mera análise conceitual para reconhecer se um fato de nossa vida foi real ou imaginário: é preciso antes reproduzir mentalmente, da forma mais completa, as intuições tais quais eram no momento em que se produziram. A historicidade se distingue *in concreto* da pura imaginação como uma intuição qualquer de outra intuição qualquer: na memória.

Quando isso não é possível, onde os tons das intuições reais e das irreais são tão delicados e fugazes que uns se misturam com os outros, é preciso renunciar, ao menos provisoriamente, ao conhecimento do que realmente aconteceu, renúncia esta que fazemos muitas vezes, ou convém recorrer à conjectura, à verossimilhança, à probabilidade. O princípio de verossimilhança e de probabilidade domina, de fato, toda a crítica histórica. O exame das fontes e das autoridades é dedicado a estabelecer os testemunhos mais credíveis. E quais seriam os testemunhos de maior crédito senão os dos melhores observadores, ou seja, daqueles que melhor se lembram, e – entenda-se bem – não quiseram nem tinham interesse em falsificar a verdade das coisas?

De onde se segue que o cético intelectualista acha fácil negar a certeza de qualquer história, pois a certeza da história difere da certeza da ciência. É a certeza de memória e de autoridade, não de análise e demonstração. Quem fala de indução ou demonstração histórica e coisas semelhantes faz uso metafórico dessas expressões, que assumem um sentido bem diferente do que a ciência tem. A convicção do historiador é a convicção indemonstrável do jurado, que ouviu as testemunhas, seguiu atentamente o processo e pediu aos céus para que o inspirassem. Sem dúvida, às vezes ele se engana, mas os enganos representam uma insignificante minoria em comparação aos casos em que colhe a verdade. É por isso que o bom senso, ao dar crédito à história, tem razão contra os intelectualistas; a história não é uma "fábula" à qual se dá crédito, mas é o que o indivíduo e a humanidade se lembram de seu passado. Com grande esforço procura-se ampliar e tornar o mais preciso possível esse registro, que em alguns lugares é fraco, em outros claríssimo; mas não podemos desdenhar tal esforço, que, tomado como um todo, é rico de verdade. Apenas por amor aos paradoxos é que se poderia duvidar de que já houve uma Grécia ou uma Roma, que houve um Alexandre Magno ou um César, uma Europa feudal derrubada por uma série de revoluções, que em 1º de novembro de 1517 as teses de Lutero foram fixadas na porta da igreja de Wittemberg, ou que a Bastilha foi tomada pelo povo de Paris no dia 14 de julho de 1789. "Que prova tens de tudo isso?", pergunta ironicamente o sofista. A humanidade responde: "Eu me lembro".

O mundo do acontecimento, do concreto, do fato histórico, é o que se chama mundo real e natural, incluindo nessa definição tanto a realidade física como a que se diz espiritual e humana. Todo este mundo é intuição: intuição histórica, se for apresentado realisticamente como tal; intuição imaginária ou artística em sentido estrito, se for apresentado sob o aspecto do possível, isto é, do imaginável.

A ciência, a verdadeira ciência, que não é intuição, mas conceito, que não é individualidade, mas universalidade, só pode ser ciência do espírito, isto é, daquilo que a realidade tem de universal: filosofia. Se, além da filosofia, se fala de ciências naturais, é preciso notar que estas não são ciências em sentido próprio, ou seja, são agregados de conhecimentos, arbitrariamente abstraídos e fixados. As chamadas ciências naturais, de fato, reconhecem-se sempre cercadas por limites: esses limites nada mais são que os dados históricos e intuitivos. Eles calculam, medem, supõem igualdades e estabelecem regularidades, criam classes e tipos, formulam leis, e a seu modo mostram como um fato nasce de outros fatos; no entanto, todos os seus progressos se chocam sempre com os fatos que são apreendidos intuitiva e historicamente. Mesmo a geometria agora afirma repousar totalmente em hipóteses, já que o espaço tridimensional ou euclidiano é apenas um dos espaços possíveis, estudado preferencialmente por questão de comodidade. O que de verdade há nas ciências naturais é filosofia ou fato histórico; o que propriamente há de caráter naturalista é abstração e arbítrio. Quando as ciências naturais querem se constituir como ciências perfeitas, devem deixar o seu âmbito próprio e entrar no da filosofia. Isso elas fazem quando postulam conceitos que estão longe de ser naturalistas, tais como o de átomo inextenso, de éter ou de vibração, de força vital, de espaço não intuitivo, e assim por diante: tais conceitos, quando não são meras palavras sem sentido, são verdadeiras e próprias vomições filosóficas. Os conceitos da ciência natural são, sem dúvida, deveras úteis, mas a partir deles não se pode obter aquele sistema que pertence apenas ao espírito.

Esses dados históricos e intuitivos, que não podem ser eliminados das ciências naturais, explicam, ademais, não apenas como, com o avanço do conhecimento, o que antes era considerado verdade, gradualmente resvala para o nível da crença mitológica e da ilusão fantástica, mas também como entre pesquisadores das ciências naturais podem ser encontrados alguns que chamam de fatos míticos, expedientes verbais, convenções a tudo aquilo que em suas disciplinas serve como fundamento de todos os raciocínios. Os cientistas naturais e matemáticos que, sem preparação, abordam o estudo das energias do espírito facilmente transportam para lá esses hábitos mentais, e falam, em filosofia, de tais e tais convenções como "decretadas pelo homem". Estabelecem convenções da verdade e da moralidade, e mesmo uma convenção suprema do espírito em si mesmo! Se, porém, deve haver convenções, é necessário que exista algo que não seja objeto de convenção, mas que seja o próprio agente da convenção: a atividade espiritual do homem. A limitação das ciências naturais postula o caráter ilimitado da filosofia.

Essas explicações estabelecem firmemente que duas são as formas puras ou fundamentais do conhecimento: a intuição e o conceito; a arte e a ciência, ou filosofia; nelas deve ser incluída a história, que é, por assim dizer, a resultante da intuição colocada em contato com o conceito, isto é, da arte que, recebendo em si as distinções filosóficas, permanece, porém, concretude e individualidade. Todas as outras formas (ciências naturais e matemáticas) são impuras: mescla de elementos estranhos e de origem prática. A intuição nos dá o mundo, o fenômeno; o conceito nos dá o noúmeno, o espírito.

4. HISTORICISMO E INTELECTUALISMO NA ESTÉTICA

As relações claramente estabelecidas entre o conhecimento intuitivo ou estético e as outras formas fundamentais ou derivadas de conhecimento nos colocam em condição de revelar onde estão os erros de uma série de teorias que foram ou costumam ser apresentadas como teorias da estética.

Da contradição entre as exigências da arte em geral e as demandas específicas da história resultou a teoria (que ora perdeu terreno, mas que já foi dominante no passado) do verossímil como objeto de arte. Sem dúvida, como costuma acontecer no uso de proposições errôneas, a intenção de quem usava o termo verossímil era, muitas vezes, mais razoável do que a definição que se dava da palavra. Por verossimilhança se entendia, no fundo, a coerência artística da representação, isto é, a sua plenitude e eficácia, a sua efetiva presença. Se "verossímil" é traduzido por "coerente", muitas vezes se encontrará um sentido bastante estreito nas discussões, nos exemplos e nos juízos dos críticos que empregam essa palavra. Um personagem inverossímil e um final inverossímil de uma comédia são realmente personagens mal pensados, finais malfeitos, acontecimentos artisticamente sem motivo. Diz-se, com razão, que até mesmo as fadas e os duendes devem ter algo de verossímil, isto é, devem ser realmente duendes e fadas, coerentes intuições artísticas. Por vezes, "possível" tem sido usado no lugar de "verossímil". Mas, já se disse de passagem, possível é sinônimo do intuitivo ou imaginável: tudo o que se imagina verdadeiramente, isto é, coerentemente, é possível, mas também, para um bom número de críticos e tratadistas, por verossímil se entende o caráter de credibilidade histórica, isto é, aquela verdade histórica que não é demonstrável, mas conjecturável, que não é verdadeira, mas verossímil; esse foi o caráter que tais teóricos procuraram impor à arte. Quem não se lembra, na história da literatura, o grande papel que tiveram as censuras do verossímil, por exemplo, a censura de *Jerusalém Libertada*,[1] baseado na história das

---

[1] *Jerusalém Libertada* (*Gerusalemme Liberata*) é um poema épico do poeta italiano Torquato Tasso, publicado em 1581. (N. T.)

Cruzadas, ou dos poemas de Homero, baseados nos costumes verossímeis dos imperadores e reis?

Por vezes, ainda, exigiu-se da arte a reprodução da realidade natural, ou seja, historicamente existente. Esse é mais um dos significados errôneos que assume a teoria da imitação da natureza. O verismo e o naturalismo deram, pois, o exemplo de uma confusão do fato estético mesmo com os processos das ciências naturais, ansiando por não se sabe que tipo de drama ou romance experimental.

Muito mais frequentes, porém, têm sido as confusões entre os métodos da arte e os das ciências filosóficas. Assim, muitas vezes se considera que a tarefa da arte é expor conceitos, unir um inteligível a um sensível, representar as ideias ou os universais; colocando a arte no lugar da ciência, isto é, confundindo a atividade artística em geral com o caso particular em que esta se torna estético-lógica.

Ao mesmo erro se reduz a teoria da arte entendida como defensora de teses, isto é, como algo cujo escopo consiste em uma representação individual que exemplifique leis científicas. O exemplo, enquanto exemplo, existe pela coisa exemplificada, e pertence, portanto, aos modos de exposição científica de caráter mais ou menos popular ou divulgador.

O mesmo se diga da teoria estética do típico, quando por tipo se entende, como de costume, a abstração ou o conceito, e afirma-se que a arte deve fazer resplandecer a espécie no indivíduo. Se por típico, enfim, se entende o individual, de novo aqui se faz uma mera variação de palavras. Tipificar significaria, neste caso, caracterizar, isto é, determinar e representar o indivíduo. Dom Quixote é um tipo, mas de que ele é tipo senão de todos os Dom Quixotes? É um tipo, por assim dizer, de si mesmo? Certamente, ele não é um tipo de conceitos abstratos, como a perda do sentido do real ou da fome de glória. Sob esses conceitos podem ser pensados infinitos personagens, que não são Dom Quixote. Em outras palavras, descobrimos nossas próprias impressões plenamente determinadas e realizadas na expressão de um poeta (por exemplo, de um personagem poético). Dizemos que tal expressão é típica, que poderíamos chamar simplesmente de estética. Assim também se falou de universais poéticos ou artísticos: algumas vezes, por essas palavras se entendia a busca do típico na arte; outras vezes, se pretendia ressaltar o caráter espiritual e ideal da obra de arte, que os imitacionistas, realistas e veristas ignoravam ou negavam.

Continuando a corrigir esses erros ou esclarecer os equívocos, devemos também notar que o símbolo tem sido considerado a essência da arte. Mas se o símbolo é concebido como inseparável da intuição artística, será sinônimo da própria intuição, que sempre tem caráter ideal. Não há, pois, um duplo fundo para a arte, mas um só, e na arte tudo é simbólico, porque tudo é ideal. Se o símbolo, enfim, é concebido como separável, isto é, se por um lado é possível exprimir o símbolo, e por outro, a coisa simbolizada, recai-se no erro intelectualista: esse pretenso símbolo é a exposição de um conceito abstrato, é uma alegoria; é a ciência, ou a arte que imita a ciência. Mas é preciso sermos justos também em relação ao alegórico e notar que, em certos casos, este é completamente inócuo. Dada a *Jerusalém Libertada*, a alegoria foi imaginada depois; dado o *Adônis*, de Marino,[2] o poeta da lascívia insinuou que ele tenha sido escrito para mostrar que "a imoderada indulgência termina em dor"; dada uma estátua de uma bela mulher, o escultor pode afixar uma placa dizendo que ela representa a "clemência" ou a "bondade". Essa alegoria que se soma *post festum* a uma obra terminada não muda a obra de arte. O que é, então? É uma expressão adicionada extrinsecamente a outra expressão. Acrescentam-se algumas linhas de prosa ao poema da *Jerusalém Libertada*, expressando assim outro pensamento do poeta; acrescenta-se um verso ou uma estrofe ao *Adônis*, expressando algo que o poeta gostaria de dizer a certa parte de seu público; pendura-se na estátua uma placa onde se lê uma única palavra: "clemência" ou "bondade".

Mas o maior triunfo do erro intelectualista reside na teoria dos gêneros artísticos e literários, que ainda estão em voga nos tratados e perturbam os críticos e historiadores da arte. Vejamos a sua gênese.

A mente humana pode passar do estético ao lógico, justamente porque aquele é um primeiro grau em relação a este; ao pensar no universal, a mente pode destruir a expressão, isto é, o pensamento do individual; ela pode ainda reunir fatos expressivos em relações lógicas. Já mostramos que essa operação torna-se concreta, por sua vez, em uma expressão, mas isso não quer dizer que as primeiras expressões não foram destruídas: elas cederam lugar às novas expressões estético-lógicas. Quando estamos no segundo passo, o primeiro é deixado de lado.

---

[2] *Adônis*, poema de Giambattista Marino publicado em 1623. (N. T.)

Quem entra numa galeria de quadros, ou quem se põe a ler uma série de poemas, pode, após ter olhado e lido, ir ainda mais longe investigando a natureza e as relações das coisas lá expressas. Assim, aqueles quadros e aquelas composições, dos quais cada um é um indivíduo inefável em termos lógicos, gradualmente se resolvem em universais e abstrações, tais como os trajes, as paisagens, os retratos, a vida doméstica, as batalhas, os animais, as flores, os frutos, as marinhas, os campos, os lagos, os desertos, os fatos trágicos, cômicos, piedosos, cruéis, líricos, épicos, dramáticos, cavalheirescos, idílicos e outros semelhantes. Muitas vezes se resolvem em categorias meramente quantitativas, como miniatura, quadro, estatueta, grupo, madrigal, balada, soneto, série de sonetos, poesia, poema, novela, romance, etc.

Quando pensamos o conceito de vida doméstica, ou cavalaria, ou idílio, ou crueldade, ou um dos conceitos quantitativos acima mencionados, o fato expressivo individual do qual partimos foi abandonado. Passamos da estética à lógica; da contemplação ao raciocínio. Decerto, nenhuma objeção pode ser feita a tal passagem. De que outro modo nasceria a ciência, que, embora pressuponha as expressões estéticas, deve ir além destas para atingir o seu próprio fim? A forma lógica ou científica, enquanto tal, exclui a forma estética. Quem começa a pensar cientificamente já deixou de contemplar esteticamente, embora, por sua vez, o seu pensamento assuma necessariamente uma forma estética, como já afirmamos, e como seria supérfluo repetir agora.

O erro começa quando se quer deduzir a expressão a partir do conceito, e se pretende encontrar no fato substituto as leis do fato substituído; quando não se observa a diferença entre a segunda e a primeira etapa, e, consequentemente, estando de fato na segunda, insistimos em afirmar que estamos na primeira. Esse erro é conhecido por teoria dos gêneros artísticos e literários.

"Qual é a forma estética da vida doméstica, da cavalaria, do idílio, da crueldade, e assim por diante? Como esses conteúdos devem ser representados?" Tal é o problema absurdo, implícito na teoria dos gêneros artísticos e literários, quando desnudado e reduzido à sua formulação mais simples; nisso consiste toda a pesquisa de leis ou regras de gêneros. Vida doméstica, cavalaria, idílio, crueldade e outros não são impressões, mas conceitos. Não são conteúdos, mas formas lógico-estéticas. A forma não pode ser expressa, pois ela mesma já é expressão. O que são então as palavras "crueldade", "idílio", "cavalaria", "vida doméstica" e assim por diante, senão a respectiva expressão desses conceitos?

Mesmo as mais refinadas de tais distinções, as que têm aspecto mais filosófico, não resistem à crítica; assim como se dá quando as obras de arte são divididas em gênero subjetivo e objetivo, em lírica e épica, em obras onde domina o sentimento ou obras meramente figurativas. É impossível, na análise estética, separar o lado subjetivo do objetivo, o lírico do épico, a imagem do sentimento daquela das coisas.

A partir da teoria dos gêneros artísticos e literários derivam certos modos errôneos de julgamento e de crítica, graças aos quais, em vez de perguntar se uma obra de arte é de fato expressiva e o que ela exprime, se ela fala, balbucia ou se cala, pergunta-se então: "Ela obedece às leis do poema épico ou da tragédia, às leis da pintura histórica ou às da paisagem?". Embora pareçam obedecer e aceitar tais regras de gêneros, os artistas, na verdade, sempre as desconsideram. Toda verdadeira obra de arte violou algum gênero estabelecido, perturbando as ideias dos críticos, que foram, assim, obrigados a ampliar os gêneros, sem poder impedir que até mesmo o gênero que foi ampliado não se revelasse demasiado estreito devido ao aparecimento de novas obras de arte, seguidas, naturalmente, por novos escândalos, novos tumultos e novos horizontes.

Da mesma teoria provêm certos preconceitos que eram lamentados outrora – se é que esse tempo realmente passou – de que a Itália não produzira tragédias (até que surgisse alguém que lhe outorgasse tal ornamento, único que faltava à sua gloriosa cabeleira), nem a França o poema épico (até que *La Henriade*[3] saciasse a sede dos críticos). E acompanhando tais preconceitos vêm os elogios aos inventores dos novos gêneros, tanto assim que, no século XVII, pareceu um grande feito a invenção do poema heróico-cômico e a honra da invenção foi disputada, como se se tratasse da descoberta da América, embora as obras adornadas com este nome (*La Sechia Rapita* e o *Scherno degli Dei*)[4] fossem natimortas, porque seus autores (eis um pequeno inconveniente) nada tivessem de novo ou de original a dizer. Os medíocres atormentavam seus cérebros para inventar artificialmente novos gêneros: à écloga pastoral se somou a écloga piscatória e, finalmente, a écloga militar. Entrou

---

[3] Poema épico escrito por Voltaire em 1723. (N. T.)

[4] Poemas de Alessandro Tassoni (publicado em 1622) e de Francesco Bracciolini (1618), respectivamente. (N. T.)

na água como *Aminta*[5] e virou *Alceu*,[6] um drama sobre coisas do mar. Houve, enfim, historiadores da arte e da literatura tão fascinados por essa ideia de gênero que se pensou em escrever a história não das obras literárias e artísticas, tomadas em sua singular e efetiva realidade, mas desses fantasmas vazios que são os seus gêneros. Passaram a retratar não a evolução do espírito artístico, mas a evolução dos gêneros.

A condenação filosófica dos gêneros artísticos e literários é a demonstração e formulação rigorosa daquilo que a atividade artística sempre fez, assim como do bom gosto sempre reconhecido. O que devemos fazer se o bom gosto e o fato real, quando reduzidos a fórmulas, assumem, por vezes, o aspecto de paradoxos?

Não é incorreto discorrer sobre tragédias, comédias, dramas, romances, imagens do cotidiano, quadros de batalhas, paisagens, ambientes marinhos, poemas e poemetos. Não é cientificamente incorreto falar de lírica e coisas afins, se for apenas para se fazer entender, genérica e aproximadamente, e chamar a atenção, por um motivo ou outro, para certos grupos de obras; não resta dúvida de que nada diz de cientificamente errôneo, pois empregar vocábulos e frases não é estabelecer leis e definições. O erro surge apenas quando se dá a uma palavra o peso de uma definição científica; quando, em suma, ingenuamente, se cai nas malhas que aquela fraseologia costuma oferecer. Ora, permita-me uma comparação. Os livros em uma biblioteca devem ser organizados de algum modo. No passado, isso era geralmente feito mediante uma classificação grosseira por assuntos (sem esquecer-se das miscelâneas e das obras que não cabiam em classificação alguma); atualmente, os livros são geralmente organizados por série de editores ou tamanho. Quem poderia negar a utilidade e a necessidade de tais divisões? Mas o que se diria se alguém se pusesse a indagar seriamente acerca das leis literárias das miscelâneas e das obras que não se encaixam em classificação alguma, isto é, acerca daqueles agrupamentos completamente arbitrários, cuja única justificativa seria a mera necessidade prática de acomodação? No entanto, quem se entregasse a essa empreitada ridícula faria exatamente o mesmo que os pesquisadores das leis estéticas, que, segundo eles, deveriam governar os gêneros artísticos e literários.

---

[5] Drama de Torquato Tasso (1573). (N. T.)
[6] Drama de Antonio Ongaro (1582). (N. T.)

5. ERROS ANÁLOGOS NA TEORIA DA HISTÓRIA E DA LÓGICA

Para melhor confirmar as críticas ora apresentadas, será oportuno lançar um rápido olhar sobre erros opostos e análogos, nascidos da ignorância quanto à verdadeira índole da arte e sua posição em relação à história e à ciência. Esses erros têm prejudicado tanto a teoria da história como a da ciência, isto é, tanto a historiologia como a lógica.

O intelectualismo histórico abriu caminho às muitas tentativas, feitas especialmente nos últimos dois séculos e que continuam ainda hoje, de descobrir uma filosofia da história, uma história ideal, uma sociologia, uma psicologia histórica, ou qualquer outro nome que designe uma ciência cujo escopo seja extrair leis e conceitos universais da história. De que natureza devem ser tais leis e tais universais? Leis históricas e conceitos históricos? Nesse caso, é suficiente uma crítica elementar da teoria do conhecimento para mostrar o absurdo dessa tentativa. Expressões tais como "lei histórica" e "conceito histórico", quando não são simples metáforas e usos linguísticos, são verdadeiras contradições nos termos: o adjetivo é impróprio ao substantivo, e o é também em expressões como "quantidade qualitativa" ou "monismo pluralista". A história implica concretude e individualidade; a lei e o conceito, abstração e universalidade. Se, pois, for abandonada a tentativa de obter leis e conceitos históricos, e se quiser apenas restringir a investigação às leis e conceitos, então a tentativa certamente não é frívola; no entanto, a ciência assim obtida não será uma filosofia da história; será, em vez disso, conforme o caso, ou a própria filosofia em sua unidade e em suas várias formas de especificação (ética, lógica, etc.), ou então será a ciência empírica em suas infinitas divisões e subdivisões. Na verdade, ou se pesquisam os conceitos filosóficos, que, como se observou, são a base de toda a construção histórica e diferenciam a percepção da intuição, a intuição histórica da pura intuição, a história da arte; ou então as intuições históricas já formadas são coletadas e reduzidas a tipos e classes, que é exatamente o método das ciências naturais. Grandes pensadores têm, por vezes, vestido a veste mal ajustada da filosofia da história, um manto falaz que não lhes impediu, porém, de alcançar verdades filosóficas de suma importância. Descartado o manto, a verdade permaneceu. E a reserva a se fazer aos sociólogos modernos não se deve tanto à ilusão em que se envolvem ao falarem de uma impossível ciência filosófica da sociologia, mas sim à falta de fecundidade que quase sempre acompanha essa sua ilusão. Pouco importa que a estética seja chamada de "estética sociológica", ou a lógica de "lógica sociológica". O grande mal é que tal estética seja uma antiquada expressão sensualista, e que tal lógica seja verbalista e incoerente. No entanto, do movimento filosófico a que nos referimos nasceram dois bons frutos no que diz respeito à história. Antes de tudo, uma pungente necessidade de construir uma teoria da historiografia, isto é, uma teoria sobre a natureza e os limites da história: teoria que, de acordo com a análise feita anteriormente, não pode ser satisfeita fora de uma ciência geral da intuição, numa estética em que a teoria da história estaria em um capítulo à parte, onde se estuda a função dos universais. Além disso, sob o manto enganador e presunçoso de uma filosofia da história, sustentaram-se muitas vezes verdades concretas relacionadas a certos acontecimentos históricos, e cânones e advertências têm sido formulados, de natureza empírica sem dúvida, mas nem por isso inúteis aos pesquisadores e críticos. Não parece possível negar essa utilidade nem mesmo à mais recente das filosofias da história, ao chamado materialismo histórico, que lançou uma luz muito viva sobre muitos aspectos da vida social anteriormente pouco observados ou mal compreendidos.

O princípio da autoridade, do *ipse dixit*, é uma intrusão da historicidade nos domínios da ciência e da filosofia; esse princípio tem dominado as escolas e substitui a introspecção e análise filosófica por esta ou aquela declaração, documento, afirmação de autoridade que decerto não podem faltar à história. Mas a lógica, a ciência do pensamento e do conhecimento intelectual, sofreu a mais grave e destrutiva de todas as perturbações e erros oriundos da compreensão imperfeita do fato estético. Como poderia ser de outra forma, se a atividade lógica vem depois da atividade estética, e a contém em si? É necessário que uma estética inexata arraste consigo uma lógica inexata.

Quem abrir os tratados de lógica, do *Órganon* de Aristóteles às obras modernas sobre o assunto, deve concordar que todos contêm uma mistura aleatória de fatos verbais e fatos de pensamento, de formas gramaticais e de formas conceituais, de estética e de lógica. Não que tenham faltado tentativas que pretendessem escapar da expressão verbal e apreender o pensamento em sua verdadeira natureza. A própria lógica aristotélica não se tornou mera silogística e verbalismo sem alguma hesitação e indecisão. O problema propriamente lógico foi muitas vezes abordado nas disputas medievais dos nominalistas, realistas e conceitualistas. Com Galileu e Bacon, as ciências naturais deram lugar de honra à indução. Vico combateu a lógica formalista e matemática procurando favorecer métodos criativos. Kant chamou a atenção para a síntese *a priori*. O idealismo absoluto desprezou a lógica aristotélica. Os seguidores de Herbart, embora fossem fiéis a Aristóteles, enfatizaram os julgamentos que chamavam de narrativos e que têm caráter completamente diferente dos outros juízos lógicos. Finalmente, os linguistas insistiram na irracionalidade da palavra em relação ao conceito. Mas um movimento de reforma consciente, seguro e radical, não pode encontrar nenhuma base ou ponto de partida senão na ciência estética.

Em uma lógica adequadamente reformada nessa base, será preciso, em primeiro lugar, estabelecer essa verdade, dela tirando todas as consequências: o fato lógico, o único fato lógico, é o conceito, o universal, o espírito que forma, e na medida em que forma, o universal. Se por indução se entende, como por vezes se entendeu, a formação de universais, e por dedução se entende o seu desenvolvimento verbal, então é claro que a lógica verdadeira não pode ser senão a lógica indutiva. Mas, uma vez que a palavra "dedução" é mais frequentemente usada no âmbito dos procedimentos próprios da matemática, e a palavra "indução" no das ciências naturais, será melhor evitar ambas as palavras e dizer que a lógica verdadeira é a lógica do conceito. Esta, de fato, ao empregar um método que é, ao mesmo tempo, indutivo e dedutivo, não empregará nem uma nem outra exclusivamente, ou seja, empregará o método que é lhe é intrínseco, a saber, o especulativo ou o dialético.

O conceito, o universal, considerado abstratamente em si, é inexprimível; nenhuma palavra lhe convém. Tanto é assim, que o conceito lógico permanece sempre o mesmo, apesar da variação das formas verbais. No que diz respeito ao conceito, a expressão é simples sinal ou indicação: deve ser uma expressão, que não pode estar ausente; mas a expressão, seja qual for, é determinada pelas condições históricas e psicológicas do indivíduo que está falando: a qualidade da expressão não se deduz a partir da natureza do conceito. Não existe um sentido verdadeiro (lógico) das palavras: o verdadeiro sentido das palavras é aquele dado, em cada ocasião, por quem forma o conceito.

Isto posto, as únicas proposições verdadeiramente lógicas (isto é, estético-lógicas), os únicos juízos rigorosamente lógicos devem ser aqueles cujo conteúdo próprio e exclusivo é a determinação de um conceito. Essas proposições ou juízos são definições. A própria ciência nada mais é que uma coleção de definições, unificadas em uma suprema definição: um sistema de conceitos, ou o mais elevado conceito.

É necessário, portanto, ao menos preliminarmente, excluir da lógica todas aquelas proposições que não afirmam universais. Os juízos narrativos e os chamados por Aristóteles de não enunciativos, tais como as expressões de desejos, não são propriamente juízos lógicos: eles são ou proposições puramente estéticas, ou proposições históricas. "Pedro caminha; está chovendo hoje; estou com sono; quero ler": essas e uma infinidade de proposições do mesmo gênero nada mais são que um mero circunscrever, em palavras, a impressão do fato de Pedro que caminha, da chuva que cai, do meu organismo que pede sono e da minha vontade que se dirige à leitura, ou uma afirmação existencial sobre esses fatos. Elas são expressões do real ou do irreal, histórico-imaginativas ou puro-imaginativas; certamente não são definições de universais.

Mas o que se deve fazer com toda aquela parte do pensamento humano que chamam de silogística, e que consiste em juízos e raciocínios baseados em conceitos? O que é silogística? Deve ela ser encarada do alto e com desprezo, como algo inútil, como se fez tantas vezes pelos humanistas em sua reação contra a escolástica, pelo idealismo absoluto, pela entusiasta admiração de nossos tempos pelos métodos de observação e experimentação das ciências naturais? A silogística, o raciocínio em forma, não é a descoberta da verdade: é a arte de expor, debater, disputando consigo mesmo e com os outros. Partindo de conceitos já formados, de fatos já observados, apelando à constância da verdade ou do pensamento (tal é o significado do princípio de identidade e de contradição), ela infere consequências desses dados, isto é, reapresenta o que já foi descoberto. Por conseguinte, se sob o aspecto inventivo é um *idem per idem*, pedagógica e expositivamente é eficacíssima. Reduzir afirmações ao esquematismo silogístico é uma maneira de controlar o próprio pensamento e de criticar o pensamento de outros. É fácil rir dos silogizantes, mas, se a silogística nasceu e se manteve, ela deve ter lá as suas razões. A sátira que lhe fazem atinge apenas os abusos, como, por exemplo, a tentativa de provar silogisticamente questões que são de fato, de observações e intuições ou negligenciar, mediante a exterioridade silogística, a meditação profunda e a investigação imparcial dos problemas. E se a assim chamada lógica matemática pode, por vezes, nos socorrer em nosso propósito de recordar com facilidade e de manejar rapidamente os dados de nosso próprio pensamento, vamos acolher também essa forma de silogística, antecipada, entre tantos, por Leibniz, e mais uma vez tentada por alguns em nossos dias.

Mas, precisamente porque a silogística é a arte da exposição e do debate, a sua teoria não pode ocupar o primeiro lugar em uma lógica filosófica, usurpando assim o lugar que pertence à doutrina do conceito, que é a doutrina central e dominante, à qual tudo o que há de lógico na silogística se reduz, sem deixar resíduo (relações de conceitos, subordinação, coordenação, identificação, e assim por diante). Nem se deve nunca esquecer que conceito, juízo (lógico) e silogismo não estão na mesma linha. Só o primeiro é o verdadeiro ato lógico: o segundo e o terceiro são as formas em que o primeiro se manifesta. Estes, portanto, enquanto formas, só podem ser examinados esteticamente (gramaticalmente), e na medida em que possuem conteúdo lógico, ignorando as próprias formas e passando à doutrina do conceito.

Isso confirma de novo a verdade da observação comum: quem raciocina mal, também fala e escreve mal, ou seja, a exata análise lógica é o fundamento do bem exprimir-se. Verdade esta que é uma tautologia: raciocinar bem é, de fato, expressar-se bem, porque a expressão é a posse intuitiva do próprio pensamento lógico. No fundo, o princípio de contradição nada mais é que o princípio estético da coerência. Poder-se-ia dizer que é possível escrever e falar muito bem, que é possível raciocinar muito bem a partir de conceitos errôneos, que pesquisadores pouco sagazes podem ser escritores extremamente claros; porque escrever bem depende de se ter uma intuição clara do próprio pensamento, mesmo que errôneo: não depende, pois, da verdade do pensamento, mas de sua verdade estética, a qual, de fato, é a mesma coisa que escrever bem. Um filósofo pode imaginar, como Schopenhauer, que a arte é uma representação das ideias platônicas, mas essa noção é cientificamente falsa, embora falsa ciência possa ser desenvolvida em uma prosa excelente e esteticamente verdadeira. Mas já respondemos a essas objeções ao observar que no preciso ponto em que o falante ou o escritor enuncia um conceito mal pensado, ele é, ao mesmo tempo, um mau falante e um mau escritor, embora possa, depois, ter êxito em muitas outras partes de sua argumentação, as quais contêm proposições verdadeiras não relacionadas com o erro anterior e expressões claras, que se seguem às confusas.

Todas as investigações sobre as formas de juízos e de silogismos, sua convertibilidade e suas várias relações, que ainda oneram os tratados de lógica, são, portanto, destinadas a diminuir, a ser transformadas e reduzidas a outra coisa. A doutrina do conceito e do organismo dos conceitos, da definição, do sistema, da filosofia e das várias ciências, e assuntos semelhantes, irão ganhar espaço e constituir a verdadeira lógica propriamente dita.

Os que primeiro perceberam a íntima ligação entre estética e lógica e conceberam a estética como uma lógica do conhecimento sensível tenderam particularmente a aplicar as categorias lógicas à nova ciência, falando de conceitos estéticos, juízos estéticos, silogismos estéticos, e assim por diante. Nós, menos supersticiosos quanto à permanência da lógica tradicional ou das escolas, e mais bem informados sobre a natureza da estética, não recomendamos a aplicação da lógica à estética, mas a libertação da lógica de formas estéticas, as quais, seguindo distinções completamente arbitrárias e irrefletidas, deram lugar às inexistentes formas ou categorias lógicas.

A lógica, assim reformada, será sempre lógica formal, que irá estudar a verdadeira forma ou atividade do pensamento, o conceito, prescindindo de conceitos individuais e particulares. É impróprio chamar de formal a antiga lógica; melhor seria chamá-la verbal ou formalista. A lógica formal dará cabo da lógica formalista. Para atingir esse fim não será necessário recorrer, como alguns têm feito, a uma lógica real ou material, que já não é mais uma ciência do pensamento, mas o próprio pensamento em ato: não será apenas de lógica, mas toda a filosofia, em que a lógica está inclusa. A ciência do pensamento (lógica) é a do conceito, tal como a ciência da imaginação (estética) é a de expressão. A salvação dessas duas ciências[1] consiste em se distinguir exatamente, em cada ponto particular, o distinto domínio de ambas.

---

[1] As observações contidas neste capítulo sobre lógica, que não são todas claras ou precisas, devem ser esclarecidas e corrigidas no segundo volume da *Filosofia do Espírito*, dedicado à lógica, onde se examina novamente a distinção entre proposições lógicas e proposições históricas e se demonstra a sua unidade sintética (Nota à quarta edição).

6. A ATIVIDADE TEORÉTICA E A ATIVIDADE PRÁTICA

Como dissemos, as formas intuitiva e intelectual exaurem todo o domínio teorético do espírito. Mas não é possível conhecê-las completamente, nem criticar outra série de teorias estéticas errôneas, sem antes estabelecer claramente as relações do espírito teorético com o espírito prático.

A forma ou atividade prática é a vontade. Essa palavra não é empregada no sentido de algum sistema filosófico, em que a vontade é o fundamento do universo, o princípio das coisas, a verdadeira realidade; também não a empregaremos no sentido amplo de outros sistemas, que entendem a vontade como energia do espírito, espírito ou atividade *in genere*, fazendo de cada ato do espírito humano um ato de vontade; tampouco a usaremos em sentido metafísico ou metafórico. Para nós, segundo a acepção comum da palavra, a vontade é a atividade do espírito que difere da mera teoria ou contemplação das coisas, e é capaz de produzir ações e não conhecimento. A ação é realmente a ação, na medida em que é voluntária. Não é necessário ressaltar que na vontade de fazer está incluso, em sentido científico, também o que comumente é chamado de não fazer: a vontade de resistir, de rejeitar, a vontade prometeica, que também é ação.

Com a forma teorética, o homem entende as coisas; com a forma prática, ele as transforma; com uma, se apropria do universo; com a outra, o cria. Mas a primeira forma é a base da segunda; entre ambas repete-se, em escala maior, a relação de duplo grau existente entre a atividade estética e a lógica. É possível, ao menos em certo sentido, admitir um conhecimento independente da vontade; mas uma vontade independente do conhecimento é impensável. A vontade cega não é vontade; a vontade verdadeira tem olhos.

Como se pode querer sem se ter diante de nós intuições históricas de objetos (percepções) e conhecimentos de relações (lógicas), que nos iluminam acerca da qualidade desses objetos? Como podemos querer realmente, se não conhecemos o mundo que nos rodeia, e o modo de transformar as coisas, agindo sobre elas?

Tem-se objetado que os homens de ação, os homens práticos por excelência, são os menos dispostos a contemplar e teorizar: a sua energia não se detém na contemplação, mas precipita-se logo sobre a vontade; inversamente, os homens contemplativos e os filósofos são frequentemente muito medíocres em questões práticas, de fraca vontade, sendo por isso esquecidos e postos de lado nas lutas da vida. É fácil perceber que essas distinções são meramente empíricas e quantitativas. Certamente, o homem prático não tem necessidade de um elaborado sistema filosófico para agir, mas, na esfera onde atua, move-se a partir de intuições e conceitos que lhe são evidentíssimos. Caso contrário, as ações mais comuns não poderiam ser desejadas. Não seria possível nem mesmo alimentar-se voluntariamente, se não tivesse conhecimento dos alimentos e do liame de causa e efeito entre certos movimentos e satisfações. Se pensarmos em formas mais complexas de ação, por exemplo, a ação política, como poderíamos desejar algo politicamente conveniente sem conhecer as reais condições da sociedade e, consequentemente, os meios e expedientes a serem adotados? Quando o homem prático se dá conta de que lhe falta luz sobre esses assuntos, ou quando é assaltado pela dúvida, então a ação ou não se inicia ou se detém. O momento teorético, que dificilmente é notado e rapidamente esquecido na rápida sucessão das ações humanas, torna-se importante e ocupa a consciência por um tempo mais longo. E se esse momento prolonga-se ainda mais, o homem prático pode tornar-se um Hamlet, dividido entre o desejo de ação e a pouca clareza teorética no que se refere à situação e os meios a serem empregados. E se ele, tomando o gosto pela contemplação e a meditação, abandona os demais, em maior ou menor medida, o querer e o agir, forma-se nele a calma disposição do artista, do homem da ciência, ou do filósofo, que na prática são, por vezes, ineptos ou simplesmente desastrados. Todas essas observações são óbvias, e sua pertinência não pode ser negada. Vamos repetir, porém, que elas se fundamentam em distinções quantitativas e não destroem, mas antes confirmam o fato de que uma ação, por menor que seja, não pode realmente ser ação, isto é, ação intencional, a menos que precedida por atividade cognitiva.

Certos psicólogos, por outro lado, fazem com que a ação prática seja precedida por um tipo todo especial de juízo que chamam de juízos práticos ou de valor. Dizem eles que para resolver agir, é necessário que se tenha julgado e declarado: "Esta ação é útil, esta ação é boa". À primeira vista, essa teoria parece contar com o testemunho da consciência. Mas quem observasse melhor e mais sutilmente analisasse essa questão, se daria conta de que tais juízos, em vez de precederem, seguem a afirmação da vontade, e nada mais são que a expressão do ato volitivo já exercido. Uma ação útil ou boa é uma ação intencionada: será sempre impossível destilar uma única gota de utilidade ou bondade a partir do exame objetivo das coisas. Não queremos as coisas porque sabemos que são boas ou úteis, mas sabemos que são úteis e boas porque as queremos. Aqui também, a rapidez com que se sucedem os fatos de consciência é causa de ilusão. A ação prática é precedida pelo conhecimento, mas não pelo conhecimento prático, ou melhor, conhecimento do prático: para obtê-lo, é necessário que antes se tenha a ação prática. Entre os dois momentos ou graus, teórico e prático, não se interpõe, portanto, um terceiro momento, totalmente imaginário, de juízos práticos ou de valor. Por outro lado, e de modo geral, não existem ciências normativas, regulativas ou imperativas que descubram e indiquem valores à atividade prática; elas não existem, na verdade, para qualquer tipo de atividade, uma vez que cada ciência pressupõe que tal atividade já tenha sido realizada e desenvolvida, justamente porque a ciência a assume como objeto.

Estabelecidas essas distinções, devemos condenar como errônea toda a teoria que vincula a atividade estética à prática, ou introduza as leis da segunda no âmbito da primeira. De fato, muitas vezes se tem afirmado que a ciência é teoria, e a arte, prática. Os que sustentam essa doutrina não o fazem por capricho ou porque tateiam no vazio, mas porque estão de olho em algo que é realmente prático. No entanto, o prático que visam não é o estético, nem está dentro do âmbito do estético, mas fora e ao lado deste; e embora frequentemente se achem unidos, não estão unidos necessariamente, ou seja, pela identidade da natureza.

O fato estético se exaure completamente na elaboração expressiva das impressões. Quando conquistamos a palavra interior, quando concebemos clara e vivamente uma figura ou uma estátua, ou quando se encontra um motivo musical, a expressão nasceu e está completa, não há necessidade de mais nada. Se após isso abrimos e queremos abrir a boca para falar, ou encher os pulmões para cantar, isto é, dizemos em voz alta e melodia audível aquilo que já dissemos e cantamos em voz baixa a nós mesmos; ou estendemos e queremos estender as mãos para tocar piano, ou nos servimos do pincel e do cinzel. Fazendo, por assim dizer, em larga escala os movimentos que já fizemos em pequeno ponto e rapidamente, traduzindo-os em um material em que deixamos traços mais ou menos duráveis, isso será um fato que se adiciona e obedece a leis muito diferentes que não correspondem às leis do primeiro, com o qual não estamos preocupados no momento, apesar de reconhecermos que, doravante, este segundo movimento é uma produção de coisas, um fato prático ou de vontade.

É usual distinguir a obra de arte interna da externa: a terminologia nos parece infeliz, porque a obra de arte (a obra estética) é sempre interna, e a que se diz externa não é mais uma obra de arte. Outros distinguem entre fato estético e fato artístico, ou seja, entendendo por segundo o estágio externo ou prático, que pode seguir, como de fato geralmente segue, ao primeiro. Mas, nesse caso, trata-se de mera questão de uso linguístico, lícito sem dúvida, embora talvez não aconselhável. Pelas mesmas razões é absurdo se pensar numa indagação sobre o fim da arte, quando se fala da arte enquanto arte. E porque estabelecer um fim é escolher, uma variante do mesmo erro é a teoria de que o conteúdo da arte deve ser selecionado. A seleção entre impressões e sensações supõe que estas já são expressões, caso contrário, como seria possível se fazer uma escolha no que é contínuo e indistinto? Escolher é querer: querer uma coisa e não outra: ambas as opções devem estar expressas diante de nós. O prático segue, não precede o teorético; a expressão é livre inspiração.

O verdadeiro artista, de fato, está grávido de seu tema e não sabe como ficou assim; ele sente o parto se aproximar, mas não o pode querer ou não o quer. Se quisesse agir em sentido contrário à sua inspiração, se quisesse escolhê-la arbitrariamente, se, nascido Anacreonte, quisesse bancar Atreu ou Alcides, sua lira o avisaria de seu engano, ao soar, apesar de seus esforços contrários, apenas para Vênus e Amor.

O tema ou conteúdo não pode, portanto, ser praticamente e moralmente sobrecarregado de adjetivos de louvor ou culpa. Quando os críticos de arte notam que um tema é mal selecionado, nos casos em que a observação é pertinente e tem fundamento justo, essa reprovação não diz respeito propriamente à escolha do tema, mas à maneira com que o artista o tratou, ao fracasso da expressão devido às contradições que ele contém. E quando os mesmos críticos protestam contra o tema ou conteúdo das obras, considerando-os como algo censurável e indigno da arte, pois julgam essas obras apenas sob o aspecto da perfeição artística;

se tais obras, pois, são realmente perfeitas, não resta nada a ser feito senão exortar esses críticos a deixarem em paz os artistas, uma vez que estes derivam sua inspiração necessariamente do que lhes moveu a mente; eles deviam, sim, direcionar sua atenção no sentido de efetuar mudanças na natureza que os circunda ou na sociedade, a fim de que tais impressões e estados de alma não se repetissem. Se a feiura desaparecesse, se a virtude e felicidade universais se estabelecessem no mundo, que seria dos artistas? Talvez deixassem de representar sentimentos perversos ou cheios de pessimismo, mas apenas sentimentos calmos, inocentes e alegres, verdadeiros árcades de uma Arcádia de verdade. Enquanto, porém, a feiura e a torpeza existirem na natureza e se impuserem ao artista, será impossível evitar que surjam também suas correspondentes expressões; e, quando estas realmente surgem, *factum infectum fieri nequit* [o que está feito não pode ser tido como não feito]. Quando muito se conseguirá impedir a divulgação dessa ou daquela obra de arte dentro de condições bastante específicas, mas tudo isso não diz respeito à arte e pertence a outro discurso, como se verá mais adiante.

Não nos cabe aqui avaliar os danos que a crítica dita de "escolha" faz à produção artística, os preconceitos que produz ou incentiva entre os próprios artistas, os conflitos que surgem entre o impulso artístico e demandas da crítica. É verdade que, às vezes, tal crítica parece fazer algum bem, ajudando os artistas a descobrirem a si mesmos, isto é, suas próprias impressões e inspiração, adquirindo consciência do ofício que lhes é, por assim dizer, confiado pelo momento histórico em que vivem, e também pelo seu temperamento individual. Nesses casos, embora acredite que esteja gestando algo, a crítica dita da "escolha" apenas reconhece e ajuda as expressões que já estão em via de formação. Ela se pensa mãe, mas, na maioria dos casos, é apenas a parteira.

A impossibilidade de escolha de conteúdo completa o teorema da independência da arte, e é também o único significado legítimo da expressão: a arte pela arte. A arte é independente tanto da ciência como do útil e da moral. Não se nutra o temor de que se deve justificar a arte frívola ou fria, porque o que é verdadeiramente frívolo ou frio é assim apenas porque não elevado à expressão; ou em outras palavras, frivolidade e frigidez nascem sempre da forma da elaboração estética, da incapacidade de compreender um conteúdo, e não das qualidades materiais do próprio conteúdo.

A conhecida sentença: "o estilo é o homem", também não pode ser completamente examinada e criticada, salvo a partir da distinção entre o teorético e o prático, e do caráter teorético da atividade estética. O homem não é simplesmente conhecimento e contemplação: ele é vontade, a qual contém em si o momento cognitivo. Daí essa sentença ou é completamente vazia, como nos casos em que se entende que o estilo é o homem *qua* estilo, isto é o homem, sim, mas apenas na medida em que ele é uma atividade expressiva; ou a sentença é errônea, quando se pretende deduzir o que um homem fez ou quis a partir do que ele viu e expressou, afirmando-se, assim, que há um liame de consequência lógica entre o saber e o querer. Muitas lendas biográficas de artistas surgiram a partir dessa identificação errônea, uma vez que parecia impossível um homem que expresse sentimentos generosos não ser alguém nobre e generoso na vida prática, ou que o dramaturgo cujas peças estão cheias de esfaqueamentos não tivesse ele mesmo estocado alguém na vida real. Em vão protestam os artistas: *lasciva est nobis pagina, vita proba* [minha página é lasciva, minha vida é honesta]. Além disso, eles são taxados de mentirosos e hipócritas. Quão prudentes sois, pobres mulheres de Verona, que reforçastes a vossa crença de que Dante tinha realmente descido ao inferno, ao virdes seu rosto enegrecido! Ao menos, essa vossa conjectura era de cunho histórico.

Finalmente, a sinceridade imposta como obrigação ao artista (uma lei ética que é também uma lei de estética) repousa sobre outro duplo significado. Pois, ou por sinceridade se entende, em primeiro lugar, dever moral de não enganar o próximo, e, nesse caso, isso não diz respeito ao artista, o qual, na verdade, não engana ninguém, uma vez que ele dá forma ao que já está em sua alma, mas engana apenas se trair o seu dever de artista. Se em sua alma há engano e mentira, então a forma que ele dá a esses fatos não pode ser engano ou mentira, precisamente porque é estética. Se o artista é charlatão, mentiroso, ou mau caráter, ele purifica esse seu outro eu ao representá-lo artisticamente. Se por sinceridade se entende, em segundo lugar, a plenitude e verdade da expressão, é claro que este segundo sentido não tem relação alguma com o conceito ético. A lei, que se diz ética e estética ao mesmo tempo, revela-se nesse caso, nada mais que uma palavra usada tanto pela ética como pela estética.

7. ANALOGIA ENTRE O TEORÉTICO E O PRÁTICO

O duplo grau da atividade teorética, estética e lógica tem um importante paralelo na atividade prática, que ainda não foi posto em relevo como se devia. Também a atividade prática se divide em primeiro e segundo grau, o segundo implicando o primeiro. O primeiro grau prático é a atividade meramente útil ou econômica; o segundo, a atividade moral. A economia é, por assim dizer, a estética da vida prática; a moral, sua lógica.

Se isso não foi visto claramente pelos filósofos, se ao conceito de atividade econômica não foi atribuído um lugar adequado no sistema do espírito, e ele foi deixado vagando, muitas vezes incerto e pouco elaborado, nos prólogos dos tratados de economia política, isso se deve, entre outros motivos, ao fato de que o útil ou o econômico tem sido confundido, ora com o conceito do técnico, ora com o do egoísta.

A tecnicidade não é, certamente, uma atividade especial do espírito. Técnica é conhecimento, ou melhor, é o conhecimento mesmo *in genere* que leva esse nome quando serve de base, como já vimos, à ação prática. Chama-se "puro" ao conhecimento que não é seguido, ou se supõe que não possa ser facilmente seguido, por uma ação prática; chama-se "aplicado" ao conhecimento que foi efetivamente seguido pela ação; caso se suponha que ele possa ser facilmente seguido por uma ação específica, é chamado de "aplicável" ou "técnico". Essa palavra indica, portanto, uma situação em que o conhecimento já não é mais – ou pode facilmente não ser – uma forma especial de conhecimento. Tanto isso é verdade que seria completamente impossível determinar se certa ordem de conhecimento é, intrinsecamente, pura ou aplicável. Todo o conhecimento, por abstrato e filosófico que se queira dizer, pode ser um guia de ações práticas: um erro teórico nos princípios últimos da moralidade pode refletir-se, e sempre se reflete de algum modo, na vida prática. Só aproximativamente, e em chave não científica, é possível se considerar certas verdades como "puras" e outras como "aplicáveis".

O próprio conhecimento chamado técnico também pode ser chamado útil. Mas a palavra "útil", em conformidade com a crítica de juízos de valor feita acima, deve ser entendida aqui em sentido linguístico ou metafórico. Quando dizemos que a água é útil para apagar o fogo, a palavra "útil" aqui é usada em um sentido não científico. A água jogada no fogo irá apagá-lo: eis o conhecimento que serve de base à ação, por exemplo, dos bombeiros. Há liame não da natureza, mas de simples sucessão, entre a ação útil de quem apaga o incêndio e esse conhecimento. A técnica dos efeitos da água é a atividade teorética que vem antes; útil, propriamente, é apenas a ação de quem apaga o fogo.

Alguns economistas identificam a utilidade, ou seja, a ação ou vontade meramente econômica, com o que é proveitoso ao indivíduo enquanto indivíduo, sem levar em conta e, na verdade, em plena oposição à lei moral: identificam a utilidade com o egoístico. O egoístico é o imoral. Nesse caso, a economia seria uma ciência muito estranha: não estaria ao lado da ética, mas em oposição a esta, como o diabo está em oposição a Deus, ou, ao menos seria como o *advocatus diaboli* nos processos de canonização. Tal conceito é totalmente inadmissível: a ciência da imoralidade está implícita na da moralidade, como a ciência do falso está implícita na lógica, que é a ciência do verdadeiro, e a ciência da expressão mal sucedida, na estética, que é a ciência da expressão bem-sucedida. Se, portanto, a economia fosse o tratado científico do egoísmo, esta seria um capítulo da ética ou mesmo a ética em si, porque cada determinação moral implica, ao mesmo tempo, uma negação de seu contrário.

Por outro lado, a consciência nos diz que conduzir-se economicamente não é conduzir-se egoisticamente; que mesmo o homem moralmente mais escrupuloso deve conduzir-se de modo útil (economicamente), se não deseja agir a esmo e, consequentemente, de modo pouco moral. Se a utilidade fosse egoísmo, o altruísta deveria comportar-se como egoísta?

A dificuldade se resolve, caso não nos enganemos de uma maneira perfeitamente análoga àquela com que se resolve o problema das relações entre expressão e conceito, entre estética e lógica.

Querer algo economicamente é querer uma finalidade; querer moralmente é querer uma finalidade racional. Mas justamente quem quer e age moralmente não pode não querer e agir de modo útil (economicamente). Como poderia querer a finalidade racional, se não a quisesse também como sua finalidade particular?

A recíproca não é verdadeira, como também não é verdade, na ciência estética, que o fato expressivo deve, necessariamente, estar vinculado ao fato lógico. É possível querer economicamente, sem querer moralmente; e é possível que alguém se conduza com perfeita coerência econômica buscando uma finalidade que é objetivamente irracional (imoral), ou melhor, que será julgada por um grau mais elevado de consciência.

Exemplos de caráter econômico dissociado da moral é o herói de Maquiavel, César Borgia, ou o Iago, de Shakespeare. Quem não lhes admira a força de vontade, embora suas atividades sejam apenas econômicas e se desenrolem em oposição ao que consideramos moral? Quem não admira o "Ser Ciappelletto" de Boccaccio, que em seu leito de morte persegue e realiza em ato o seu ideal de perfeito malandro, fazendo com que os pequenos e tímidos ladrõezinhos que assistem à sua burlesca confissão exclamem: "Que homem é esse que nem a velhice, nem a doença, nem o medo da morte que se aproxima, nem o temor de Deus, diante de cujo tribunal deve comparecer em pouco tempo, conseguiram afastar da sua perversidade nem fazer com que não quisesse morrer do mesmo jeito como viveu?".

À pertinácia e ao destemor de um César Borgia, de um Iago ou de um Ser Ciappelletto, o homem moral une a boa vontade do santo ou do herói. Ou, melhor, a boa vontade não seria vontade, e, consequentemente, nem sequer poderia ser boa, caso não tivesse, além daquilo que a torna boa, o que a faz ser vontade. Assim, um pensamento lógico que não consegue se expressar não é pensamento, mas, no máximo, um pressentimento confuso de um pensamento que ainda está por vir.

Não é exato, portanto, conceber o homem amoral como sendo também antieconômico, ou fazer da moral um elemento de coerência nos atos da vida, e, portanto, de economicidade. Nada nos impede de supor – hipótese que se verifica ao menos em certos períodos e momentos, se não pela vida inteira e em sentido eminente senão em sentido total e absoluto – um homem completamente privado de consciência moral. Em um homem assim formado, o que para nós é imoralidade, para ele não o é, porque não a sente como tal. Nele não pode nascer a consciência da contradição entre o que se quer como finalidade racional e o que se persegue egoisticamente: essa contradição é antieconomicidade. A conduta imoral torna-se antieconômica somente no homem dotado de consciência moral. O remorso moral, que é o índice desta, também é remorso econômico, isto é, a tristeza por não ter sabido querer completamente, a ponto de atingir o ideal moral que foi desejado de início em vez de deixar se levar pelas paixões. *Video meliora proboque, deteriora sequor* [Vejo o que é melhor e aprovo, mas sigo o pior]. Esse *video* e esse *probo* são aqui um *volo* inicial imediatamente desmentido e derrubado. No homem sem senso moral, em lugar do remorso moral deve-se admitir um remorso meramente econômico; como seria o de um ladrão ou de um assassino que, no momento exato de roubar ou de assassinar, abstenha-se de fazê-lo, não por uma conversão de seu ser, mas por nervosismo e confusão, ou mesmo por um momentâneo despertar da consciência moral. Caído em si, esse ladrão ou assassino terá vergonha e remorso da sua incoerência: remorso não de ter feito o mal, mas de o não ter feito; remorso, portanto, econômico e não moral, uma vez que este está excluído por hipótese. Podemos permitir que a moralidade coincida com a economicidade na condução da vida, visto que uma viva consciência moral se acha entre a maioria dos homens e sua total ausência é rara e, talvez, seja uma monstruosidade inexistente.

Não se tema, além disso, que a analogia por nós sustentada introduza, novamente, na ciência, a categoria do moralmente indiferente, isto é, daquilo que é, em verdade, ação ou volição, mas não é nem moral nem imoral: a categoria, em suma, do lícito e do permissivo, que sempre foi causa ou reflexo de corruptela ética, como se vê no caso da moral jesuítica, onde ela dominava. Está bem claro que ações moralmente indiferentes não existem, porque a atividade moral permeia e deve permear até mesmo o menor movimento volitivo do homem. Mas, longe de perturbar o paralelo estabelecido, essa conclusão o confirma. Há, por acaso, intuições que não sejam permeadas e analisadas pelo intelecto e pela ciência, resolvendo-as em conceitos universais ou transformando-as em afirmações históricas? Já vimos que a verdadeira ciência, a filosofia, não conhece limites extrínsecos que lhe impeçam o caminho, como acontece, porém, às chamadas ciências naturais. Ciência e moral dominam por completo, uma, as representações estéticas, e outra, as volições econômicas do homem, embora nenhuma delas possa aparecer em concreto, salvo em forma estética, uma, e econômica, a outra.

Essa identidade e diferença que há entre o útil e o moral, o econômico e a ética, explicam o sucesso que teve e tem a teoria utilitarista da ética. É fácil, de fato, descobrir e evidenciar um aspecto utilitário em uma ação moral qualquer, assim como é fácil mostrar algum aspecto estético em toda proposição lógica. A crítica do utilitarismo ético não pode começar a partir da negação dessa verdade, esforçando-se em achar exemplos inexistentes e absurdos de ações morais inúteis, mas deve antes admitir a existência do lado utilitário e explicá-lo como a forma concreta da moralidade, que consiste naquilo que está dentro dessa forma: algo dentro que os utilitaristas não conseguem ver. Não podemos desenvolver aqui tais ideias com a devida atenção; mas, como já dissemos da lógica e da estética, a ética e a economia só têm a ganhar quando se determinam mais exatamente as relações existentes entre ambas. A ciência econômica se alça agora, lentamente, ao conceito ativista do útil, ao tentar superar a fase matemática em que ainda se acha enredada; uma fase que, por sua vez, representou um progresso ao superar o historicismo, ou seja, a confusão do teorético com o histórico, destruindo uma série de distinções arbitrárias e falsas teorias econômicas. Com esse conceito será fácil, por um lado, recolher e verificar as teorias semifilosóficas da chamada economia pura; e, por outro, introduzir sucessivas complicações e adições, e, efetuando a transição do método filosófico ao empírico ou naturalista, abarcar as teorias particulares da economia política ou nacional das escolas.

Como a intuição estética conhece o fenômeno ou a natureza, e o conceito filosófico o noúmeno ou espírito, assim também a atividade econômica quer o fenômeno ou a natureza, e a atividade moral o noúmeno ou espírito. Eis a fórmula que define, talvez com o mínimo de impropriedade, a essência da moralidade: o espírito que quer a si mesmo, o seu verdadeiro eu, o universal que está no espírito empírico e finito. Essa volição de verdade em si mesma é a liberdade absoluta.

8. EXCLUSÃO DE OUTRAS FORMAS ESPIRITUAIS

Nesse esboço sumário que demos de toda a filosofia do espírito em seus momentos fundamentais, o espírito é entendido, portanto, como algo que percorre quatro momentos ou graus, dispostos de tal forma que a atividade teorética está para a atividade prática assim como o primeiro grau teorético está para o segundo teorético e o primeiro grau prático está para o segundo prático. Os quatro momentos se implicam regressivamente por sua concretude: o conceito não pode existir sem a expressão, o útil sem ambos, e a moralidade sem os três graus anteriores. Se apenas o fato estético é, em certo sentido, independente, enquanto os outros são mais ou menos dependentes, então o lógico é o menos dependente e a vontade moral será a mais dependente. A intenção moral atua em bases teoréticas dadas, das quais não pode prescindir, a menos que se queira admitir aquele absurdo prático conhecido pelos jesuítas como direção de intenção, em que alguém finge para si mesmo não saber o que sabe muito bem.

Se a atividade humana assume quatro formas, quatro serão também as formas do gênio ou da genialidade. Sempre foram reconhecidos, de fato, gênios da arte, da ciência, da vontade moral ou heróis. Mas o gênio da pura economicidade tem suscitado repugnância. Não é de todo sem razão que se criou uma categoria de gênios maus ou de gênios do mal. O gênio prático, o gênio meramente econômico, que não se dirige a um fim racional, não pode deixar de causar uma admiração mesclada de temor. Assim, discutir se a palavra "gênio" deve ser concedida apenas aos criadores de expressões estéticas, ou também aos homens de ciência e aos de ação, seria mera questão de palavras. Observar, por outro lado, que o "gênio", de qualquer espécie que seja, é sempre um conceito quantitativo e uma distinção empírica, seria repetir o que já foi explicado a propósito da genialidade artística.

Não existe uma quinta forma de atividade do espírito. Seria fácil mostrar como todas as outras formas ou não possuem o caráter de atividade, ou são variantes verbais das atividades já examinadas, ou são fatos complexos e derivados, em que as várias atividades se mesclam e são preenchidas de conteúdos particulares contingentes.

O fato jurídico, por exemplo, considerado naquilo que se chama direito objetivo, deriva tanto da atividade econômica como da lógica: o direito é uma regra, uma fórmula (oral ou escrita, pouco importa aqui) em que é fixada uma relação econômica desejada por um indivíduo ou por uma coletividade, e que por este lado econômico se une e se distingue da atividade moral. Outro exemplo: a sociologia, dentre os muitos significados que a palavra assume hoje em dia, por vezes é concebida como o estudo de um elemento original que se chama sociabilidade. Mas o que distingue a sociabilidade, ou seja, as relações estabelecidas em um grupo de homens, e não em um grupo de sub-humanos, a não ser, justamente, as diversas atividades espirituais que se verificam entre os primeiros e que supostamente não existem, ou existem apenas em um grau rudimentar, entre estes últimos? A sociabilidade, então, longe de ser um conceito original, simples, irredutível, é um conceito muito complexo e complicado. Uma prova disso seria a impossibilidade, geralmente reconhecida, de enunciar uma lei única que pudesse ser exclusiva de âmbito estritamente sociológico. As leis que impropriamente se dizem tais ou são meras observações empíricas de cunho histórico ou então são leis espirituais, isto é, juízos com que traduzimos os conceitos das atividades espirituais, quando não são simplesmente generalidades indeterminadas e sem conteúdo, como a assim chamada lei da evolução. Por vezes, também, por "sociabilidade" se entende apenas a "regra social" e, portanto, o "direito", em cuja acepção a sociologia se confunde com a ciência ou teoria do direito. Em suma, direito, sociabilidade e conceitos similares devem ser tratados de modo análogo ao que utilizamos quando da consideração e análise da historicidade e técnica.

Pode parecer conveniente que a atividade religiosa seja julgada de outra forma. Mas, na verdade, a religião é conhecimento e não pode ser distinta de outras formas e subformas de conhecimento, pois ela, por sua vez, é a expressão de aspirações e ideais práticos (ideais religiosos) ou então é narrativa de histórias (lenda) ou ciência conceitual (dogma). Portanto, é igualmente possível sustentar que a religião seja destruída pelo progresso do conhecimento humano, ou que ela perdure sempre nesse conhecimento. Na religião estava todo o patrimônio de conhecimento intelectual dos povos primitivos: o nosso patrimônio de conhecimentos é a nossa religião.

O conteúdo foi alterado, melhorado, refinado, e ainda irá se alterar, melhorar e refinar-se no futuro, mas sua forma é sempre a mesma. Não sabemos que uso pode ser feito da religião por aqueles que desejam preservá-la lado a lado com a atividade teórica do homem, sua arte, sua crítica e sua filosofia. É impossível conservar um tipo imperfeito e inferior de conhecimento, tal como é o conhecimento religioso, junto ao que o superou e refutou. O catolicismo, sempre coerente, não tolera uma ciência, uma história, uma ética em contradição com as suas concepções e doutrinas. Os racionalistas são menos coerentes: eles estão dispostos a dar espaço em suas almas para alguma religião, em inteira contradição com o seu mundo teórico.

As afetações e fraquezas religiosas dos racionalistas de nossos tempos têm sua origem, em última análise, no culto supersticioso que se presta às ciências naturais. Como sabemos, e seus principais representantes admitem, essas mesmas ciências estão todas circundadas de limites. Identificando erroneamente a ciência com as chamadas ciências naturais, era mesmo de esperar que o complemento fosse procurado na religião: esse complemento do qual o espírito humano não pode prescindir. Devemos, portanto, ao materialismo e ao positivismo o reflorescimento dessa insalubre e raramente ingênua exaltação religiosa, que é caso de hospital quando não de política.

A filosofia substitui a religião e desta subtrai toda a razão de existir. Como ciência do espírito, a filosofia encara a religião como um fenômeno, um fato histórico e transitório, uma superável condição psíquica. A filosofia divide o domínio de conhecimentos com as ciências naturais, com a história e com a arte. À primeira deixa a enumeração, a medida e a classificação; à segunda, a representação do que sucedeu ao singular; à terceira, a representação do que é possível suceder ao singular. Nada é deixado para ser dividido com a religião.

Pela mesma razão, a filosofia, enquanto ciência do espírito, não pode ser filosofia do dado intuitivo, nem, como já vimos, filosofia da história, nem filosofia da natureza, pois não se pode conceber uma ciência filosófica do que não é forma e universal, mas é matéria e particular. Isso equivale a afirmar a impossibilidade da metafísica.

A metodologia ou a lógica da história suplantou a filosofia da história; a gnosiologia dos conceitos empregados nas ciências naturais sucedeu a filosofia da natureza. O que a filosofia pode estudar da história é o seu modo de construção (intuição, percepção, documento, probabilidade, etc.); das ciências naturais pode estudar as formas dos conceitos que as constituem (espaço, tempo, movimento, número, tipos, classes, etc.). Por outro lado, a filosofia como metafísica no sentido acima indicado pretenderia competir com a história e com as ciências naturais, as quais, por sua vez, são as únicas de fato legítimas e eficazes em seus campos. Essa concorrência nada traria de bom, revelando apenas a incompetência de quem a propôs. Nesse sentido, declaramo-nos antimetafísicos, embora nos declaremos ultrametafísicos, quando a palavra é usada para reivindicar e afirmar o ofício da filosofia como a autoconsciência do espírito, que se distingue do ofício meramente empírico e classificatório das ciências naturais.

A fim de manter-se lado a lado com as ciências do espírito, a metafísica foi obrigada a postular a existência de uma atividade específica do espírito que a produzisse perpetuamente. Essa atividade, chamada na antiguidade de fantasia mental ou superior, e, mais comumente, nos tempos modernos, de intelecto intuitivo ou intuição intelectual, foi concebida para reunir, em uma forma toda particular, os elementos da imaginação e do intelecto. Ela forneceria os meios de passar por meio da dedução ou da dialética do infinito ao finito, da forma à matéria, do conceito à intuição, da ciência à história, agindo com um método apto a realizar a compenetração do universal e do particular, do abstrato e do concreto, da intuição e do intelecto. Faculdade verdadeiramente maravilhosa, cuja posse talvez fosse uma grande vantagem ou grande dano, mas nós, que não a possuímos, não temos meios de demonstrar a sua existência.

A intuição intelectual foi por vezes considerada a verdadeira atividade estética; outras vezes, foi colocada ao lado, abaixo ou acima dela, um tipo de faculdade estética não menos maravilhosa, mas completamente diferente da simples intuição, e da qual foram celebradas as glórias, atribuindo-lhe a produção da arte, ou ao menos de certos grupos de produção artística, escolhidos arbitrariamente. Arte, religião e filosofia parecem, por vezes, uma só faculdade; outras vezes, parecem três faculdades distintas do espírito; e por vezes, ainda alguma delas é superior na dignidade designada a cada uma.

É impossível enumerar todas as diversas posições assumidas ou que podem ser assumidas por essa concepção da estética, que denominaremos mística. Estamos no domínio não da ciência da imaginação, mas da própria imaginação, que cria o seu mundo com os elementos mutáveis das impressões e do sentimento. Basta mencionar que essa misteriosa faculdade foi concebida ora como prática ora como algo mediano entre a faculdade teorética e a prática, por vezes ainda como forma teorética lado a lado com a filosofia e a religião.

Não raro, a imortalidade da arte tem sido deduzida a partir dessa última concepção; assim como suas duas irmãs, ela pertenceria à esfera do espírito absoluto. Em outras ocasiões, porém, considerando que a religião é mortal e se dissolve na filosofia, proclamou-se a mortalidade, e até mesmo a morte real ou ao menos iminente, da arte. Essa pergunta não tem significado para nós, porque, vendo que a função da arte é um grau necessário de espírito, perguntar se a arte pode ser eliminada é o mesmo que perguntar se a sensação ou a inteligência podem ser extintas. Mas a metafísica, no sentido acima, transplantando-se para um mundo arbitrário, não é passível de ser criticada em seus particulares, como também não se critica a botânica do jardim de Alcina ou a navegação da viagem de Astolfo.[1] A crítica só pode ser feita quando nos recusamos a entrar no jogo, isto é, quando se rejeita a possibilidade mesma de metafísica, sempre no sentido acima indicado.

Não existe, portanto, intuição intelectual na filosofia, nem um seu substituto ou equivalente na arte, algo como uma intuição intelectual estética. Não existe, se é lícito insistir, um quinto grau, uma quinta e suprema faculdade teorética ou teorético-prática, imaginativo-intelectual, ou intelectual--imaginativa, ou qualquer outro nome que se inventasse para tal faculdade.

---

[1] Personagens do poema épico *Orlando Furioso* (1516), de Ludovico Ariosto. (N. T.)

9. INDIVISIBILIDADE DE EXPRESSÃO EM MODOS OU GRAUS E CRÍTICA DA RETÓRICA

É costume dar longas listas dos caracteres da arte. De nossa parte, tendo chegado a esse ponto do tratado, depois de haver considerado a arte como atividade espiritual, atividade teórica e atividade teórica especial (intuitiva), somos capazes de descobrir prontamente que essas numerosas determinações de caracteres, sempre que se referem a algo real, nada mais fazem que representar o que tínhamos reconhecido como gêneros, espécies e individualidades da forma estética. À determinação de gênero são redutíveis, como já observamos, os caracteres, ou melhor, as variantes verbais da unidade e da unidade na variedade, da simplicidade, da originalidade, e assim por diante; à determinação específica, os caracteres de verdade, de sinceridade, e afins; à determinação individual, a vida, a vivacidade, a animação, a concretude, a individualidade, o que é propriamente característico. As palavras podem mudar, mas não levarão a nada de novo sob o aspecto científico. A análise da expressão enquanto tal está completamente descrita nos resultados acima expostos.

Por outro lado, poder-se-ia ora perguntar se há modos ou graus de expressão; se, tendo distinguido dois graus de atividade do espírito, cada uma das quais é subdividida em dois outros graus, um dos quais, o intuitivo-expressivo, não é por sua vez subdividido em dois ou mais modos intuitivos, em um primeiro grau, segundo ou terceiro de expressão. Mas esta última divisão é impossível; uma classificação de intuições-expressões é, decerto, lícita, mas não filosófica: os fatos individuais expressivos são outros tantos indivíduos, não sendo cada um deles intercambiável com outro, salvo em sua comum qualidade de expressão. Para empregar a linguagem das escolas, a expressão é uma espécie que não pode funcionar, por sua vez, como um gênero. As impressões ou conteúdos variam; cada conteúdo difere de todos os outros, uma vez que nada se repete na vida; e à variação contínua do conteúdo corresponde a variedade irredutível das formas expressivas, que corresponde à síntese estética das impressões.

Disso se segue como corolário a impossibilidade de traduções, na medida em que se pretende efetuar a remodelação de uma expressão em outra, assim como um líquido que passa de um recipiente a outro de forma diferente. Podemos elaborar logicamente o que antes foi elaborado em forma estética, mas não podemos reduzir o que já possuía sua forma estética a outra forma também estética. Na verdade, toda tradução, ou diminui e desgasta, ou cria uma nova expressão, recolocando a original no cadinho, misturando-a com as impressões pessoais do chamado tradutor. No primeiro caso, a expressão permanece sempre uma, a do original, sendo a outra, a tradução, algo mais ou menos deficiente, não sendo propriamente expressão: no outro caso, não seriam, certamente, duas expressões, mas dois conteúdos diferentes. "Feias e fiéis ou belas e infiéis" é um provérbio que expressa bem o dilema que enfrenta cada tradutor. As traduções não estéticas, como as literais ou parafrásticas, devem ser consideradas como simples comentários do original.

A inconveniente divisão das expressões em vários graus é conhecida, na literatura, como doutrina do ornato ou das categorias retóricas. Não faltam, porém, em outras classificações de arte, tentativas parecidas: basta lembrar as formas realista e simbólica, muitas vezes citadas em relação à pintura e à escultura. Realista e simbólico, objetivo e subjetivo, clássico e romântico, simples e ornado, próprio e metafórico, e as catorze formas de metáfora, as figuras de palavra e sentença, o pleonasmo, a elipse, a inversão, a repetição e os sinônimos e homônimos, todas essas outras determinações de modos e graus de expressão revelam a sua nulidade filosófica quando se tenta conformá-las em definições precisas, porque, então, caem no vazio ou no absurdo. Um exemplo típico é a definição rotineira de metáfora como sendo uma palavra usada no lugar de outra, que seria a palavra própria. Mas por que alguém deve ter esse trabalho? Por que substituir a palavra própria pela imprópria? Por que pegar o caminho mais longo, e pior, quando o caminho mais curto é melhor? Não será porque, como se costuma dizer, a palavra própria não é tão expressiva em certos casos como a palavra imprópria ou metáfora? Mas, se for assim, a metáfora é exatamente, em tal caso, a palavra "própria"; e a que se diz "própria", se fosse utilizada, seria pouco expressiva e, portanto, maximamente imprópria. Observações semelhantes de simples bom senso podem ser repetidas a propósito de outras categorias, como, por exemplo, a da ornamentação. Aqui, por exemplo, pode se perguntar como um ornamento se associa à expressão. De modo externo? Nesse caso, está sempre separado da expressão. Internamente? Nesse outro caso, ou ele não atende à expressão e a estraga, ou faz parte dela, e não é ornamento, mas elemento constitutivo da expressão, indivisível e indistinguível em sua unidade.

Desnecessário dizer quão danosas foram as distinções feitas pela retórica: tem-se falado bastante contra a retórica, no entanto, embora tenha havido rebelião contra suas consequências, seus princípios têm, ao mesmo tempo, sido cuidadosamente preservados (talvez para mostrar a prova de coerência filosófica). Na literatura, as categorias retóricas contribuíram, se não para fazer prevalecer, ao menos para justificar teoricamente esse tipo particular de má redação que é o escrever bem ou de acordo com a retórica.

Os termos acima referidos nunca teriam ido além das escolas, onde os estudamos (sem jamais encontrarmos a oportunidade de usá-los em discussões estritamente estéticas, ou quando os recordamos jocosamente e sob um verniz cômico), se, por vezes, não fossem empregados sob um desses três sentidos: 1º, como variantes verbais do conceito estético; 2º, como indicações de antiestético, ou, finalmente (e este é o uso mais importante), 3º, não mais a serviço da arte e da estética, mas da ciência e da lógica.

1) As expressões consideradas direta ou positivamente não são divisíveis em classes, mas algumas são bem-sucedidas, outras ficam a meio caminho e outras, enfim, falham. Há expressões perfeitas e imperfeitas, as válidas e as deficientes. As palavras recordadas, e outras semelhantes, podem, por vezes, indicar a expressão bem-sucedida e as várias formas assumidas por aquelas que falham, embora costumem fazê-lo do modo mais inconstante e caprichoso, e tanto isso é assim que a mesma palavra ora serve para designar o perfeito, ora para condenar o imperfeito.

Alguém, por exemplo, diante de dois quadros – o primeiro, sem inspiração, onde o autor copiou inteligentemente objetos da natureza; o segundo, muito inspirado, mas sem relação próxima com objetos realmente existentes – poderá chamar ao primeiro quadro de realista, e ao segundo, simbólico. Pelo contrário, alguém diante um quadro que representa uma cena da vida comum, e lhe causa forte impressão, dirá que esse quadro é realista, e diante de outro, friamente alegorizante, dirá que é simbólico. É evidente que no primeiro caso, "simbólico" significa artístico, e "realista", antiartístico;

no segundo caso, "realista" é sinônimo de artístico, e "simbólico", de antiartístico. Que há de surpreendente, então, se alguns ardentemente sustentam que a verdadeira forma artística é a simbólica, e que a realista é antiartística; e outros sustentam que artística é a realista, e antiartística, a simbólica? Como deixar de dar razão a ambos, já que cada um adota as mesmas palavras em sentidos tão distintos?

As grandes disputas sobre o classicismo e o romantismo gravitavam frequentemente em torno de equívocos desse tipo. Certas vezes, o primeiro era entendido como artisticamente perfeito; o segundo, como desarmônico e imperfeito; em outros, ainda, por "clássico" se entendia frio e artificial, e por "romântico" se entendia puro, quente, eficaz e verdadeiramente expressivo. Assim, sempre foi possível, com razão, tomar partido do clássico contra o romântico, ou do romântico contra o clássico.

A mesma coisa se verifica no que diz respeito à palavra "estilo". Diz-se, por vezes, que todo escritor deve ter estilo; nesse caso, estilo é sinônimo de forma ou expressão. Diz-se, ainda, que a forma de um código de direito ou de uma obra matemática não tem estilo. Recai-se aqui no erro de admitir dois modos diversos de expressão, uma forma ornada e outra desnuda, porque, se o estilo é forma, deve admitir-se que, a rigor, o código de direito e um tratado de matemática têm cada um seu estilo próprio. Em outras ainda, os críticos culpam alguém por "ter muito estilo", ou por "fazer um estilo". Aqui fica claro que o estilo significa não a forma, nem um modo desta, mas a expressão imprópria e pretensiosa, uma espécie de antiartístico.

2) O segundo uso mais ou menos aceitável dessas palavras e distinções encontra-se quando, por exemplo, no exame de uma composição literária, ouvimos observações como estas: "Nessa passagem há um pleonasmo; naquela, há uma elipse; ali há uma metáfora; aqui, um sinônimo ou um equívoco". Mas essas observações querem dizer: "Nessa passagem cometeu-se o erro de se ter usado um número de palavras maior que o necessário (pleonasmo); naquela passagem, de se ter usado muito poucas (elipse); aqui, usou-se uma palavra imprópria (metáfora); ali, usaram-se duas palavras que parecem dizer coisas diferentes, mas, na verdade, dizem a mesma coisa (sinônimo); aqui, ao contrário, uma única palavra que parece expressar a mesma coisa, mas diz duas coisas diferentes (equívoco)". Por outro, esse uso pejorativo e patológico dos termos da retórica é, no entanto, mais raro que o anterior.

3) Finalmente, quando a terminologia retórica não assume nenhum significado estético semelhante ou análogo àqueles passados em revista, e ainda assim sente-se que ela não é desprovida de sentido e designa algo que merece ser levado em conta, isso significa que está sendo usada a serviço da lógica e da ciência. Uma vez que um conceito usado em âmbito científico por um autor seja designado por determinado termo, é natural que outros termos de que se serve, ou que eventualmente esse autor encontra para significar o mesmo pensamento, tornem-se, no que diz respeito ao vocabulário por ele fixado como verdadeiro, metáforas, sinédoques, sinônimos, formas elípticas e afins. No decurso deste tratado, também nós fizemos uso frequente desse modo de expressar, e temos ainda a intenção de nos valer dele a fim de esclarecer o sentido das palavras que empregamos ou vamos empregar. Mas esse procedimento, que tem valor nas discussões referentes à crítica da ciência e da filosofia, de nada serve à crítica literária e artística. Há palavras e metáforas próprias à ciência: um mesmo conceito pode ser formado psicologicamente em meio a circunstâncias diversas e, portanto, podem exprimir várias intuições. Quando se constitui a terminologia científica de um autor, e um desses modos é estabelecido como padrão, todos os outros usos se tornarão impróprios ou trópicos. Mas no fato estético não há senão palavras próprias; e a mesma intuição somente pode ser expressa de uma única maneira, precisamente porque não é conceito, mas intuição.

Embora alguns admitam a insubsistência estética das categorias retóricas, fazem, porém, uma reserva quanto à sua utilidade e a utilidade que poderiam ter, especialmente nas escolas literárias. Confessamos não entender de que modo o erro e a confusão podem educar a mente a realizar distinções lógicas, ou facilitar o ensino dos princípios de uma ciência que por eles são perturbados e obscurecidos. Talvez se pretenda dizer que tais distinções, enquanto classes empíricas, podem ajudar no aprendizado e na memória, tal como se admitiu acima a respeito dos gêneros literários e artísticos: sobre isso, não há qualquer objeção. É certo, porém, que há outra finalidade sob a qual as categorias retóricas devem continuar a aparecer nas escolas: para serem ali criticadas. Não é permitido esquecer, sem mais, os erros do passado, nem há outro modo de salvaguardar as verdades senão ao combater os erros. Se as categorias retóricas não forem acompanhadas de crítica, há o risco de renascerem, e pode-se dizer que, entre alguns filólogos, já estão ressurgindo como se fossem as mais recentes descobertas psicológicas.

Pode parecer que, desse modo, se pretendesse negar todo o nexo de semelhança entre as diferentes expressões das obras de arte. Semelhanças existem, e por força delas, as obras de arte podem ser dispostas nesse ou naquele grupo. Mas trata-se de semelhanças que se observam entre os indivíduos, e não são mais passíveis de fixarem-se com determinações conceituais. Ou seja, não caberia aplicar as relações de identificação, subordinação, coordenação e as outras relações de conceitos às semelhanças, as quais consistem inteiramente do que é chamado de semelhança de família, que derivam das condições históricas em meio às quais as várias obras se originam e do parentesco de alma entre os artistas.

É nessas semelhanças que se fundamenta a possibilidade relativa das traduções, não como reproduções das respectivas expressões originais (o que seria uma vã tentativa), mas como produções de expressões semelhantes e mais ou menos próximas às originais. A boa tradução é uma aproximação que tem o valor original como obra de arte e pode se manter por si só.

10. SENTIMENTOS ESTÉTICOS E A DISTINÇÃO ENTRE O BELO E O FEIO

Passando ao estudo de conceitos mais complexos nos quais a atividade estética deve ser considerada em sua conjunção com outras ordens de atividades, e indicando o modo de sua união ou complicação, encontramo-nos, em primeiro lugar, diante do conceito de sentimento e de sentimentos que se dizem estéticos.

A palavra "sentimento" é uma das mais ricas em significados na terminologia filosófica. Tivemos já a ocasião de encontrá-la uma vez dentre aquelas que se usam para designar o espírito em sua passividade, a matéria ou conteúdo da arte, isto é, enquanto sinônimo de impressão. Em outra ocasião – e o sentido era totalmente diferente –, encontramo-la assumindo o sentido de caráter não lógico e não histórico do fato estético, ou seja, como pura intuição, forma de verdade que não define nenhum conceito e não afirma realidade alguma.

Mas aqui não nos interessa qualquer dos dois significados, nem os outros acima mencionados para designar outras formas cognitivas do espírito, mas tão somente sob aquele aspecto em que o sentimento é entendido como uma atividade especial, de natureza não cognitiva, que tem seus dois polos, o positivo e o negativo, no prazer e na dor.

Essa atividade sempre colocou os filósofos em situação difícil, e, por isso, eles tentaram negá-la como atividade, ou atribuí-la à natureza, de sorte a excluí-la do espírito. Mas ambas as soluções apresentam dificuldades de tal ordem que os que as examinam cuidadosamente demonstram serem elas inaceitáveis. De fato, o que poderia ser uma atividade não espiritual, uma atividade da natureza, quando não temos nenhum outro conhecimento da atividade senão como espiritualidade, e da espiritualidade senão como atividade? A natureza, nesse caso, é por definição o meramente passivo, inerte, mecânico, material. Por outro lado, a negação do caráter de atividade ao sentimento é energicamente desmentida por esses polos do prazer e da dor que aparecem nele e mostram a atividade na sua concretude, ou, por assim dizer, no seu frêmito.

Essa conclusão crítica deveria nos deixar no maior constrangimento, pois no esquema do sistema de espírito dado acima, não deixamos espaço algum para a nova atividade cuja existência estamos ora obrigados a reconhecer. Mas a atividade do sentimento, se for atividade, não é nova; tal atividade já tivera o seu lugar atribuído no sistema por nós esboçado, se bem que com outro nome, a saber, como atividade econômica. O que se chama atividade de sentimento não é nada além do que a mais elementar e fundamental atividade prática que distinguimos da forma ética e fizemos consistir na apetição e volição de um fim qualquer individual, à parte de toda determinação moral.

Se o sentimento por vezes tem sido considerado como uma atividade orgânica ou natural, isso aconteceu justamente por não coincidir nem com a atividade lógica nem com a atividade estética ou ética. Do ponto de vista desses três (que eram os únicos admitidos), parecia estar fora do espírito verdadeiro e real, do espírito em sua aristocracia, e que é quase uma determinação da natureza, ou da psique enquanto natureza. Daí se segue também a verdade de outra tese, muitas vezes sustentada, de que a atividade estética, como a atividade ética e intelectual, não é sentimento: tese inexpugnável, posto que o sentimento já tenha sido entendido, implícita e inconscientemente, como volição econômica. A concepção refutada nesse caso é conhecida com o nome de hedonismo, e consiste em reduzir a uma só todas as várias formas do espírito, que assim perde também o seu caráter distintivo e torna-se algo obscuro e misterioso, semelhante às "trevas em que todas as vacas são negras". Feita essa redução e mutilação, os hedonistas, como é natural, não conseguem ver nada mais que prazer e dor em todas as atividades, não encontrando qualquer diferença substancial entre o prazer da arte e o da boa digestão, entre o prazer de uma boa ação e o de respirar o ar fresco a plenos pulmões.

Mas, se a atividade do sentimento, no sentido ora definido, não deve ser substituída por todas as outras formas de atividade espiritual, isso não quer dizer que não possa acompanhá-las. Na verdade, ela as acompanha necessariamente, porque todos estão em estreita relação entre si e com a forma elementar volitiva. Por conseguinte, cada uma delas tem concomitantes as volições individuais e também os prazeres e as dores volitivas, chamadas de sentimento. Mas não devemos confundir o que é concomitante com o que é principal ou dominante, substituindo um pelo outro. A descoberta de uma verdade, ou o cumprimento de um dever moral, produz em nós uma alegria que faz vibrar todo o nosso ser, que, por atingir o escopo dessas formas de atividade espiritual, alcança, ao mesmo tempo, aquilo a que tendia, sob o aspecto prático, como seu fim. No entanto, a satisfação econômica ou hedonista, a satisfação ética, a satisfação estética, a satisfação intelectual permanecem, não obstante a sua união, sempre distintas entre si.

Assim se esclarece também a questão frequentemente levantada (e que não por acaso parecia algo de vida ou morte para a ciência estética): se o sentimento e o prazer precedem ou vêm depois, são causa ou efeito do fato estético. Essa questão deve ser incluída no mote da relação entre as várias formas espirituais, e respondê-la no sentido de que não se pode falar de causa e efeito, de um antes e de um depois cronológico, na unidade do espírito.

Estabelecida a relação acima exposta, devem desaparecer todas as investigações sobre o caráter dos sentimentos estéticos, morais, intelectuais e até os que às vezes são chamados de sentimentos econômicos. Neste último caso, é claro que se trata não de dois termos, mas de um: e a pesquisa sobre o sentimento econômico deve ser apenas a que diz respeito à atividade econômica. Nos outros casos inclusive, a pesquisa nunca deve recair sobre o substantivo, mas apenas sobre o adjetivo: o caráter estético, moral e lógico explicarão a coloração variada dos sentimentos em estética, moral e intelectual, enquanto o sentimento considerado em si nunca explicará tais refrações e colorações.

Outra consequência disso é que não precisamos mais manter as distinções bem conhecidas entre sentimentos de valor e sentimentos meramente hedonistas e destituídos de valor; sentimentos desinteressados e interessados, sentimentos objetivos e sentimentos não objetivos ou subjetivos, sentimentos de aprovação e de mero prazer (cf. a distinção de *Gefallen* e *Vergnügen*, em alemão). Essas distinções foram usadas para salvar as três formas espirituais reconhecidas como a tríade da Verdade, do Bem e do Belo, contra a confusão com a quarta forma, ainda desconhecida, e, portanto, insidiosa em sua indeterminação e mãe de escândalos. Para nós, essa tríade exauriu sua tarefa, porque somos capazes de alcançar muito mais diretamente a distinção, ao acolher também os sentimentos interessados, subjetivos e de mero prazer entre as formas respeitáveis do espírito; e onde antes se concebiam antinomias (por nós mesmos e outros) entre valor e sentimento, entre espiritualidade e naturalidade, doravante vemos apenas as diferenças entre valor e valor.

Como já dissemos, o sentimento ou atividade econômica se apresenta dividido em dois polos, o positivo e o negativo, o prazer e a dor, que podemos traduzir por útil e não útil (ou nocivo). Essa bipartição já foi indicada anteriormente como uma prova do caráter ativo do sentimento, e que pode ser reencontrada efetivamente em todas as formas de atividade. Se cada uma delas é um valor, a cada uma se opõe o antivalor ou desvalor. E porque a simples ausência de valor não basta para haver desvalor, é preciso que a atividade e a passividade estejam em luta entre si, sem que uma vença a outra; daí se entende a contradição e o desvalor da atividade mal sucedida, impedida ou interrompida. O valor é a atividade que se desdobra livremente: o desvalor é o seu contrário.

Sem entrar no problema da relação entre valor e desvalor, isto é, no problema dos contrários (se, de fato, estes devem ser pensados de modo dualista, como duas entidades ou duas ordens de entidades inimigas, como Ormuzd e Ahriman, anjos e demônios, ou como uma unidade que também é contrariedade), vamos nos contentar com essa definição de dois termos como sendo suficiente para o nosso objetivo, que é deixar clara a natureza da atividade estética, e, nesse ponto em particular, um dos conceitos mais obscuros e debatidos da estética: o conceito do Belo.

Os valores e desvalores estéticos, intelectuais, econômicos e éticos têm várias denominações na linguagem corrente: belo, verdadeiro, bom, útil, conveniente, justo, exato e assim por diante, que designam o livre desenvolvimento da atividade espiritual, ação, investigação científica e produção artística quando bem-sucedidas; por outro lado, feio, falso, ruim, inútil, inconveniente, injusto, inexato designam a atividade desastrada, o resultado mal sucedido. No uso linguístico, essas denominações passam continuamente de uma ordem de fatos a outra. Belo, por exemplo, se diz não só de uma expressão bem-sucedida, mas também de uma verdade científica, de uma ação realizada com êxito e também de uma ação moral: assim se fala de um belo intelectual, de uma bela ação, de uma bela moral. A tentativa de se manter esses usos infinitamente variados leva a um labirinto de verbalismo, impenetrável e sem solução, em que não poucos filósofos e estudiosos da arte entraram e se perderam. Por esse motivo, pareceu melhor evitar cuidadosamente o uso da palavra "belo" para designar a expressão em seu valor positivo. Depois, porém, de todas as explicações que demos, dissipado todo o perigo de mal-entendido, e não sendo possível, por outro lado, deixar de reconhecer que a tendência predominante, tanto na linguagem corrente quanto na filosófica, é a de limitar o significado da palavra "belo" precisamente ao valor estético, parece-nos agora ser permitido e aconselhável definir a beleza como expressão bem-sucedida, ou melhor, como expressão em sentido absoluto e nada mais, porque a expressão, quando não é bem-sucedida, não é expressão.

Consequentemente, o feio é a expressão frustrada. E para as obras de arte malsucedidas vale o paradoxo: que o belo se apresenta como unidade de beleza, e o feio como multiplicidade. Por isso, em face de obras mais ou menos frustradas, costuma-se falar de mérito, isto é, de suas partes belas, o que não acontece com as obras perfeitas. Nestas, de fato, é impossível enumerar os méritos ou apontar as partes belas, porque, sendo uma fusão completa, elas têm apenas um valor: a vida circula no organismo inteiro e não está concentrada em algumas das partes isoladas.

As obras frustradas podem assumir graus variados de mérito, até mesmo muito grandes; obras belas não possuem graus, pois não se pode conceber que sejam ainda mais belas, ou seja, que algo expressivo seja ainda mais expressivo e algo adequado seja ainda mais adequado. O feio, por outro lado, pode possuir graus, que vão do levemente feio (ou quase belo) ao extremamente feio. Mas se o feio estivesse completo, isto é, privado de qualquer elemento de beleza, deixaria, por isso mesmo, de ser feio, porque lhe faltaria, nesse caso, a contradição que é sua razão de ser. O desvalor se tornaria um não valor; a atividade daria lugar à passividade e não ofereceria combate, salvo quando a atividade estivesse realmente presente para se lhe opor.

E porque a consciência distinta do belo e do feio baseia-se nos conflitos e nas contradições em que a atividade estética se desenrola, é evidente que essa consciência se atenua a ponto de desaparecer completamente, assim como se passa dos mais complicados aos mais simples e aos extremamente simples casos de expressão. Daí vem a ilusão de que há expressões que não são belas nem feias, considerando dessa natureza as que são obtidas sem esforço sensível e apresentam-se como naturais.

Todo o mistério do belo e do feio se reduz a esse tipo de definições doravante facílimas. Se alguém objetar ao fato de que existem expressões estéticas perfeitas ante as quais não se prova prazer algum, e que existem outras, até mesmo equivocadas, que nos dão um prazer muito intenso, nós devemos recomendar que, no fato estético, concentrem sua atenção naquilo que é verdadeiramente o prazer estético. O prazer estético é, por vezes, reforçado, ou melhor, complicado por prazeres decorrentes de fatos estranhos que só são encontrados acidentalmente unidos a ele. O poeta, ou qualquer outro artista, proporciona um exemplo de prazer puramente estético no momento em que vê (ou intui) pela primeira vez a sua obra, ou seja, quando suas impressões tomam forma e o seu rosto irradia a alegria divina de ser criador. Por outro lado, alguém pode experimentar um prazer misto quando vai ao teatro para ver uma comédia depois de um dia de trabalho, isto é, quando o prazer do descanso e da diversão, ou simplesmente o de rir, acompanha o momento de verdadeiro prazer estético na arte do comediógrafo e dos atores. O mesmo pode ser dito do artista que contempla prazerosamente seu trabalho concluído, experimentando, além do prazer estético, um outro tipo de prazer muito diferente que nasce do pensamento de autocomplacência satisfeito, ou mesmo do ganho econômico que virá com o seu trabalho. Os exemplos poderiam ser multiplicados.

Na estética moderna, forjou-se a categoria de sentimentos estéticos aparentes, não decorrente da forma, isto é, das obras de arte como tais, mas a partir de seu conteúdo. Tem-se observado que as representações despertam prazer e dor em suas infinitas gradações e variedades. Palpitamos de ansiedade, regozijamo-nos, temos medo, rimos, choramos, desejamos algo com os personagens de um drama ou de um romance, com as figuras de um quadro e com as melodias de uma música. Mas esses sentimentos, por outro lado, não são como os que seriam despertados pelo fato real fora da arte; ou melhor, eles são os mesmos em termos de qualidade, mas quantitativamente são uma atenuação das coisas reais: o prazer e a dor estéticos mostram-se leves, pouco profundos, mutáveis. Não é o caso de tratarmos aqui desses sentimentos aparentes, pela simples razão de que, até agora, discutimos amplamente sobre eles, e, na verdade, tratamos apenas deles. O que são esses sentimentos aparentes ou evidentes senão sentimentos objetivados, intuídos, expressos? É natural que não preocupem e aflijam tão apaixonadamente como os da vida real, porque aqueles eram matéria e estes são forma e atividade, aqueles são sentimentos verdadeiros e próprios, estes são intuições e expressões. A fórmula dos "sentimentos aparentes" é, portanto, para nós, apenas uma tautologia, que podemos riscar sem maiores escrúpulos.

11. CRÍTICA DO HEDONISMO ESTÉTICO

Por sermos adversários do hedonismo em geral, isto é, da teoria que, baseada no prazer e dor intrínseca à atividade utilitária ou econômica, inseparável, aliás, de todas as outras formas de atividade por confundir continente e conteúdo e não reconhecer outro processo que o de natureza hedonista, por isso, nos opomos ao hedonismo estético em particular, que considera, se não todas as outras atividades, ao menos a atividade estética como simples fato de sentimento e confunde o prazeroso da expressão, que é o belo, com o prazeroso em sentido estrito, com o prazeroso sob todas as outras formas.

A concepção hedonista da arte também se apresenta de várias formas; uma das mais antigas considera o belo como o que é prazeroso à visão e à audição, ou seja, aos chamados sentidos superiores. Na verdade, no início da análise dos fatos estéticos era difícil fugir à crença falaz de que um quadro ou uma música sejam impressões da visão ou da audição, e era difícil interpretar corretamente a observação óbvia de que o cego não desfruta do quadro e o surdo, da música. Mostrar, como já evidenciamos, que o fazer estético não depende da natureza das impressões, mas que todas as impressões dos sentidos podem ser elevadas à expressão estética e nenhuma delas, por motivo de qualidade ou pela classe à qual pertence, tem o direito de ser elevada a tal condição, é uma concepção que se apresenta somente após terem sido tentadas as demais construções doutrinárias possíveis que giram em torno dessa questão. Quem acha que o fato estético é algo agradável aos olhos ou aos ouvidos não tem nenhuma linha de defesa contra os que, tirando as consequências lógicas, identificassem o belo ao agradável em geral e incluíssem a culinária na estética como fez certo positivista que chega a falar de algo "visceralmente belo".

Outra forma de hedonismo estético é a teoria do jogo. Por vezes, o conceito de jogo auxiliou a reconhecer o caráter ativo do fato expressivo: o homem, como foi dito, não é realmente homem senão quando começa a jogar, ou seja, quando se liberta da causalidade natural e mecânica e produz espiritualmente, e o seu primeiro jogo é a arte. Mas porque a palavra "jogo" significa também o prazer provocado pelo gasto de energia que transborda do organismo (ou seja, de uma necessidade prática), a consequência dessa teoria é a de que todo jogo é chamado de fato estético, ou de que a arte se chama jogo porque, como sucede à ciência e todo o resto, pode fazer parte de um jogo. A moralidade apenas não pode jamais ser dominada pela intenção de jogar (pois nunca vai concordar com tal origem), mas, ao contrário, ela domina e regula o ato mesmo de jogar.

Finalmente, alguns tentaram deduzir o prazer da arte a partir de certa ressonância dos órgãos sexuais. Mais recentemente, outros teóricos da estética esperam encontrar a gênese do fato estético no prazer de vencer e triunfar, ou, como dizem outros, no desejo do macho de conquistar a fêmea. Essa teoria é ilustrada por muita erudição de exemplos – sabe Deus quão confiáveis são eles! – sobre os costumes dos povos selvagens. Não é preciso, porém, tantos subsídios, uma vez que no dia a dia deparamos certos poetas que se adornam com suas obras como galos que levantam suas cristas, ou pavões abrindo suas caudas. E quem quer que faça isso, na medida em que o faz, não é verdadeiro poeta, mas apenas um pobre-diabo, que se pavoneia, e esse seu galanteio nada tem a ver com o fato da arte. Isso seria considerar a poesia mero produto econômico, apenas porque outrora havia poetas palacianos e poetas assalariados, e hoje há poetas que completam sua renda ou vivem inteiramente da venda de seus versos. Essa dedução e essa definição não deixaram de atrair alguns zelosos neófitos do materialismo histórico.

Outra corrente de pensamento menos grosseira considera a estética como a ciência do simpático, isto é, daquilo com que simpatizamos, que atrai, alegra e desperta prazer e admiração. Mas o simpático não é nada mais que a imagem ou a representação daquilo que agrada. E, como tal, é um fato complexo que resulta de um elemento constante, o elemento estético da representação, e um elemento variável, que é o agradável em suas infinitas aparições, decorrentes de todas as várias classes de valores.

Na linguagem comum, não raro se prova como que uma repugnância ao se chamar de "bela" alguma expressão que não seja uma expressão do simpático. Daí o frequente conflito entre o ponto de vista do teórico da estética ou do crítico de arte e o da pessoa comum, que não consegue se persuadir de que a imagem da dor e da torpeza possa ser bela, ou, pelo menos, que seja bela com paridade de mesmo direito com aquela do agradável e do bom.

Esse contraste poderia ser resolvido ao se distinguir duas ciências diferentes, uma da expressão e outra do simpático, se este último pudesse ser objeto de uma ciência especial, isto é, se não fosse, como se mostrou, um conceito complexo e equívoco. Se a predominância for dada ao fato expressivo, entra-se na estética como ciência da expressão; se for dada ao conteúdo agradável, recai-se no estudo dos fatos essencialmente hedonistas (utilitários), por mais complicados que possam parecer. Na teoria estética do simpático é que se deve procurar a origem particular da doutrina que concebe a relação entre conteúdo e forma como a soma de dois valores.

Em todas as doutrinas até agora mencionadas, a arte é considerada como coisa meramente hedonista. Mas o hedonismo estético não pode ser mantido, a menos que se conjugue com um hedonismo filosófico geral, que não admita qualquer outra forma de valor. Dificilmente essa concepção hedonista de arte foi acolhida pelos filósofos que admitem um ou mais valores espirituais, de verdade ou de moralidade; eis então que surgem necessariamente as seguintes perguntas: "O que se deve fazer da arte? Que uso se deve fazer dela? Deve se dar livre curso aos prazeres que ela produz? Ou é preciso restringi-los? Até que ponto?". A questão do fim da arte, que na estética da expressão é inconcebível, tem um significado claro na estética do simpático e exige uma solução.

É evidente que tal solução só pode assumir duas formas: uma de caráter negativo, outra de caráter restritivo. A primeira, que chamaremos de rigorista ou ascética, aparece muitas vezes, mas não tão frequentemente, na história das ideias. Essa posição considera a arte como uma embriaguês dos sentidos e que, portanto, é nociva e não apenas inútil. Assim, segundo essa teoria, é preciso empregar todo esforço e determinação para libertar nossa alma da influência perturbadora da arte. A outra solução, que chamaremos pedagógica ou utilitário-moralista, admite a arte, mas apenas na medida em que coopera com o fim da moralidade, e na medida em que auxilia, com prazer inocente, o esforço de quem indica o caminho da verdade e do bem, enquanto serve o suave licor da sabedoria e do dever.

É bom observar que seria errôneo distinguir essa segunda concepção em intelectualista e utilitário-moralista, pelo fato de se atribuir à arte o fim de conduzir à verdade ou ao bem de ordem prática. A tarefa, que lhe é imposta, de instruir precisamente porque é um fim que se procura e recomenda já não é mais um mero fato teórico, mas um fato teórico que se tornou a matéria da ação prática; não é intelectualismo, mas pedagogismo e praticismo. Nem seria mais exato subdividir a concepção pedagógica da arte em puramente utilitária e utilitário-moralista, porque os que admitem apenas a satisfação do individual (o desejo do indivíduo), precisamente porque são hedonistas absolutos, não têm nenhum motivo para procurar uma justificativa ulterior para a arte.

Mas enunciar essas teorias no ponto em que chegamos até agora significa refutá-las. Cabe-nos, antes de tudo, observar que na teoria pedagógica da arte encontram-se ainda outras razões pelas quais se impôs erroneamente a exigência de que o conteúdo da arte deva ser escolhido em vista de determinados efeitos práticos.

A tese de que a arte consiste na pura beleza, avidamente sustentada pelos artistas, tem sido frequentemente apresentada contra a estética hedonista e pedagógica: "O céu dispôs toda nossa alegria na pura beleza e o verso é tudo" (D'Annunzio). Se com isso se pretende dizer que a arte não deve ser confundida com o mero prazer sensual (praticismo utilitário), nem com o exercício da moralidade, então, nesse caso, a nossa estética também pode se adornar com o título de pura Beleza. Se, porém, por pura Beleza se entende algo místico e transcendente, como frequentemente é o caso, algo desconhecido ao nosso pobre mundo humano, ou algo espiritual e beatificante, mas não expressivo, devemos responder que, embora aplaudindo o conceito de uma beleza livre de tudo o que não é a forma espiritual da expressão, não sabemos conceber uma beleza superior a esta e, menos ainda, que seja depurada até mesmo da expressão, ou seja, separada de si mesma.

12. A ESTÉTICA DO SIMPÁTICO E OS CONCEITOS PSEUDOESTÉTICOS

A doutrina do simpático, animada e secundada pela caprichosa estética metafísica e mística, e pelo cego tradicionalismo que supõe um nexo lógico entre as coisas que, por acaso, acham-se tratadas em conjunto pelos mesmos autores e nos mesmos livros, introduziu e tornou familiar nos sistemas de estética uma série de conceitos, aos quais faremos uma rápida menção para justificar nossa resoluta decisão de expurgá-los do nosso tratado.

O catálogo desses conceitos é longo, para não dizer interminável: trágico, cômico, sublime, patético, comovente, triste, ridículo, melancólico, tragicômico, humorístico, majestoso, digno de apreço, sério, grave, imponente, nobre, decente, elegante, atraente, picante, coquete, idílico, elegíaco, alegre, violento, ingênuo, cruel, torpe, hórrido, asqueroso, horripilante, nauseante; poderíamos aumentar essa lista à vontade.

Porque essa doutrina assumiu como seu objeto especial o simpático, era natural que não pudesse negligenciar nenhuma das variedades do simpático, nenhuma das misturas ou gradações por meio das quais, partindo do simpático em sua manifestação mais alta e mais intensa, se alcance finalmente o seu contrário, isto é, o antipático e o repugnante. E como o conteúdo simpático era considerado belo, e o antipático, feio, as variedades (trágico, cômico, sublime, patético, etc.) formavam para tal concepção de estética as gradações e os tons intermediários entre o belo e o feio.

Enumeradas e definidas tão bem quanto possível essas variedades, a estética do simpático propunha para si o problema acerca do lugar a ser concedido ao feio na arte. Esse problema não tem sentido para nós, que não reconhecemos qualquer feiura, salvo o antiestético ou o inexpressivo, o qual nunca pode ser parte do fato estético, pois é o seu contrário e a antítese. No entanto, na doutrina que estamos examinando, a posição e a discussão desse problema implicavam nem mais nem menos que a necessidade de conciliar, de alguma maneira, a falsa e defectiva ideia de arte a partir da qual se partia – da arte reduzida à representação do agradável –, com verdadeira arte, que ocupa um campo muito mais amplo. Daí a tentativa artificial de estabelecer quais os casos de feio (antipático) podem ser admitidos na representação artística, por que razões, e de que maneira.

A resposta foi: que o feio é admissível somente quando pode ser superado; uma feiura invencível, como o repugnante ou o nauseante, deve ser completamente excluída. Além disso, dizia-se que o feio, quando aceito na arte, tem por função reforçar o efeito do belo (simpático), ao produzir uma série de contrastes de que o prazer possa ser mais eficaz e agradável. Há uma observação comum, de fato, de que o prazer é sentido com maior vivacidade quanto mais se fizer preceder pela abstinência e pelo sofrimento. Assim, o feio na arte foi encarado como algo a serviço do belo, um estimulante e condimento do prazer estético.

Ao cair a estética do simpático, cai também a artificiosa teoria do refinamento hedonista, que costumava ser pomposamente chamada de doutrina da superação do feio, levando de roldão, também, a enumeração e a definição dos conceitos acima mencionados que se revelam completamente estranhos à própria estética. Pois a estética não reconhece o simpático, o antipático ou as suas variantes, mas apenas a atividade espiritual da representação.

Não obstante o importante lugar que, como já dissemos, esses conceitos até então ocuparam em tratados estéticos, torna-se aconselhável fornecer uma explicação um pouco mais completa de sua natureza. Qual será o seu quinhão? Excluídos da estética, em que outra parte da filosofia eles serão recebidos?

Na verdade, em lugar algum, pois todos esses conceitos são desprovidos de valor filosófico. Eles não são nada mais do que uma série de classes, que pode ser moldada nas formas mais diversas e multiplicada à vontade, pela qual se procurou reduzir as infinitas complicações e matizes dos valores e desvalores da vida. Dessas classes, algumas têm um significado prevalentemente positivo, como o belo, o sublime, o majestoso, o solene, o sério, o grave, o nobre, o elevado; outras, um significado essencialmente negativo, como o feio, o doloroso, o horrível, o medonho, o assombroso, o monstruoso, o insípido, o extravagante; finalmente, em outras, um significado misto prevalece, como o cômico, o delicado, o melancólico, o humorístico, o tragicômico. As complicações são infinitas, pois infinitas são as individuações; pelo que não é possível construir os conceitos senão à maneira arbitrária e aproximada própria das ciências naturais, satisfeitas em fazer a melhor classificação possível daquela realidade que elas não podem nem esgotar por enumeração, nem entender e dominar especulativamente. E uma vez que a psicologia é a ciência naturalista que se compromete a construir padrões e esquemas da vida espiritual do homem (uma ciência cujo caráter meramente empírico e descritivo torna-se mais evidente dia a dia), esses conceitos não pertencem à estética, nem à filosofia em geral, mas devem ser simplesmente entregues à psicologia.

O caso de tais conceitos é o mesmo de todas as outras construções psicológicas: não são possíveis definições rigorosas; e, consequentemente, não podem ser deduzidas uma a partir da outra, nem ser ligadas num sistema, embora isso tenha sido tentado muitas vezes, com grande perda de tempo e sem quaisquer resultados úteis. Nem se pode afirmar como possível a obtenção de definições empíricas, universalmente aceitáveis como precisas e verdadeiras, no lugar das definições filosóficas reconhecidas como impossíveis. Nenhuma definição de um fato único pode ser dada, mas há sempre inúmeras definições, de acordo com os casos e os fins para os quais elas são feitas; e é claro que se houvesse apenas uma que tivesse valor de verdade, ela não seria mais empírica, mas uma definição rigorosa e filosófica. E, na realidade, sempre que um dos termos a que nos referimos é empregado (ou mesmo qualquer outro pertencente à mesma classe), é dada ao mesmo tempo uma nova definição, expressa ou implícita. Cada uma dessas definições difere de algum modo das outras, em algum pormenor, por mínimo que seja, e na sua referência implícita a algum fato individual ou outro, o qual se torna assim um objeto de especial atenção e é elevado para a posição de tipo geral. Assim, ocorre que nenhuma dessas definições satisfaz, seja o ouvinte, seja o seu construtor. Por um momento, mais tarde, ele se vê diante de uma nova instância na qual reconhece que a sua definição é mais ou menos insuficiente, mal adaptada e carente de aperfeiçoamento. Portanto, temos de deixar escritores e interlocutores livres para definir o sublime ou o cômico, o trágico ou o humorístico, em todas as ocasiões que quiserem e conforme se adaptem ao fim que têm em vista. E se uma definição empírica de validade universal for exigida, podemos apresentar esta: "O sublime (ou o cômico, o trágico, o humorístico, etc.) é tudo o que é, ou será, assim chamado por aqueles que empregam ou empregarão essas palavras".

O que é o sublime? A afirmação inesperada de uma força moral esmagadora: é uma definição. Mas a outra definição é igualmente boa, que reconhece o sublime também onde a força que se afirma é certamente esmagadora, mas imoral e destrutiva. Ambas permanecem vagas e carentes de precisão até serem aplicadas a um caso concreto, um exemplo que deixe claro o que se entende por "esmagadora", e por "inesperada". São conceitos quantitativos, mas falsamente quantitativos, já que não há forma de medi-los; eles são, no fundo, metáforas, frases enfáticas ou tautologias lógicas. O humorístico será o riso em meio às lágrimas, o riso amargo, o salto repentino do cômico ao trágico e do trágico ao cômico, o cômico romântico, o oposto do sublime, a guerra declarada contra toda tentativa de insinceridade, compaixão que se envergonha de chorar, um riso, direcionado não ao fato, mas ao próprio ideal; e assim se pretende obter uma visão da fisionomia deste ou daquele poeta, deste ou daquele poema, que, em sua singularidade, é sua própria definição, a qual, embora momentânea e circunscrita, é por si só adequada. O cômico foi definido como o descontentamento decorrente da percepção de uma deformidade, imediatamente seguido por um prazer maior que resulta do relaxamento de nossas forças psíquicas, antes tensas na expectativa de uma percepção que pudesse ser tida como importante. Enquanto ouvimos uma narrativa, que poderia, por exemplo, ser uma descrição do propósito magnificamente heroico de algum indivíduo, antecipamos na imaginação a ocorrência de uma ação magnífica e heroica, e nos preparamos para a sua recepção concentrando nossas forças psíquicas. De repente, no entanto, ao invés da ação magnífica e heroica que o preâmbulo e o tom da narrativa nos levaram a esperar, há uma mudança inesperada para uma ação pequena, mesquinha, insensata, que não satisfaz a nossa expectativa. Fomos enganados, e o reconhecimento do engano traz com ele um instante de desgosto. Mas esse instante parece ser dominado pelo que imediatamente se segue: somos capazes de relaxar a nossa atenção cansada, livrando-nos do provimento de energia psíquica acumulada, doravante supérflua, e nos sentindo leves e bem. Este é o prazer do cômico, com o seu equivalente fisiológico no riso. Se o fato desagradável afetasse dolorosamente nossos interesses, não haveria prazer, o riso seria sufocado imediatamente, a energia psíquica seria forçada e sobrecarregada por outras percepções mais severas. Se, por outro lado, essas percepções mais severas não aparecerem, se toda a perda for limitada a um ligeiro engano de nossa visão, então o sentimento subsequente de nossa riqueza psíquica proporcionará ampla compensação para esse desapontamento excessivamente sutil. Essa, expressa em poucas palavras, é uma das definições modernas mais precisas do cômico. Ela ostenta conter em si, justificadas ou corrigidas e verificadas, as várias tentativas de definir o cômico, desde a antiguidade helênica até nossos dias, desde a definição de Platão no *Filebo*, e de Aristóteles, que é mais explícita, e considera o cômico como uma feiura sem dor, até a de Hobbes, que o recolocou no sentimento de superioridade individual; de Kant, que viu nele o relaxamento de uma tensão; ou das outras propostas daqueles para os quais ele era o conflito entre o grande e o pequeno, entre o finito e o infinito e assim por diante. Mas, observando de perto a análise e a definição dadas acima, embora sejam, aparentemente, muitíssimo elaboradas e precisas, enunciam, no entanto, características aplicáveis não apenas ao cômico, mas a qualquer processo espiritual; como a sucessão de momentos dolorosos e agradáveis e a satisfação decorrente da consciência da força e da sua livre expansão. A diferenciação é dada aqui por determinações quantitativas cujos limites não podem ser estabelecidos. Assim, elas permanecem palavras vagas, possuindo algum grau de significado por sua referência a este ou aquele fato cômico particular, e pela disposição psíquica das qualidades da pessoa que fala. Se tais definições forem levadas muito a sério, ocorre com elas o que Jean Paul Richter disse de todas as definições do cômico, ou seja, que seu único mérito é serem elas mesmas cômicas e produzirem realmente o fato que elas tentam em vão determinar logicamente, dando a conhecê-lo de alguma forma com a própria presença. E quem será que vai determinar logicamente a linha divisória entre o cômico e o não cômico, entre o riso e o sorriso, entre o sorriso e a gravidade, e cortará drasticamente o sempre variado *continuum* em que se espaça a vida?

Os fatos, classificados na medida do possível segundo esses conceitos psicológicos, não têm outra relação com o fato artístico além da relação genérica por meio da qual todos eles, enquanto constituem o material da vida, podem se tornar objeto de representação artística; e de outra, uma relação acidental, em que fatos estéticos também podem algumas vezes se incluir nos processos descritos, tal como a impressão do sublime despertada pelo trabalho de um artista titânico, como Dante ou Shakespeare, e da comicidade produzida pelos esforços de um borra-tintas ou escrevinhador. Mas também aqui o processo é externo ao fato estético, ao qual está ligada apenas a sensação de valor e desvalor estético, do belo e do feio. A Farinata de Dante é esteticamente bela e nada além de bela: se a força de vontade daquele personagem parece também sublime, ou se a expressão que Dante lhe dá parece sublime, em razão de seu grande gênio, em comparação com a de um poeta menos enérgico, essas coisas estão completamente fora da consideração estética. Repetimos mais uma vez que esta última diz respeito sempre e somente à adequação da expressão, isto é, à beleza.

13. A "BELEZA FÍSICA" NA NATUREZA E NA ARTE

A atividade estética, que é distinta da atividade prática, vem sempre acompanhada por esta em seus desdobramentos. Daí o seu lado utilitário ou hedonista, o prazer e a dor, que são, por assim dizer, a ressonância prática do valor e desvalor estético, do belo e do feio. Mas esse lado prático da atividade estética tem por sua vez um acompanhamento físico ou psicofísico que consiste de sons, tons, movimentos, combinações de linhas e cores, e assim por diante.

No entanto, será que realmente possuem esse lado, ou será que só parecem possuir, por influência da construção que fazemos nas ciências físicas, e dos métodos úteis e arbitrários que evidenciamos várias vezes como sendo próprios das ciências empíricas e abstratas? A nossa resposta não pode ser duvidosa, isto é, ela deve afirmar a segunda das duas hipóteses. No entanto, será melhor deixá-la como que em suspenso, não sendo necessário por ora levar adiante tal linha de investigação. Basta, entretanto, que estejamos atentos para garantir que nosso modo de falar – por razão de simplicidade e adesão à linguagem comum – sobre o elemento físico como algo objetivo e existente nos induza a tirar conclusões precipitadas acerca dos conceitos e da relação entre espírito e natureza.

Importa, por outro lado, notar que, à medida que a existência do lado hedonista em toda a atividade espiritual deu lugar à confusão entre a atividade estética e o útil ou o agradável, assim a existência, ou melhor, a possibilidade de construção desse lado físico, engendrou a confusão entre a expressão estética e a expressão em sentido naturalista; isto é, entre um fato espiritual e um fato mecânico e passivo (para não dizer, entre uma realidade concreta e uma abstração ou ficção). Na linguagem comum, dizemos que são expressões tanto as palavras do poeta, as notas do músico, as figuras do pintor, quanto o rubor que costuma acompanhar o sentimento de vergonha, a palidez que vem do medo, o ranger dos dentes próprio da cólera violenta, o brilho dos olhos e certos movimentos dos músculos da boca que manifestam a alegria. Dizemos também que certo grau de calor é expressão de febre, que a queda do barômetro é a expressão da chuva, e mesmo que o alto valor do câmbio pressiona a desvalorização do papel-moeda de um país, ou que o descontentamento social expressa a proximidade de uma revolução. Dá para imaginar que tipo de resultados científicos podem ser alcançados quando se permite a tirania do uso linguístico, e se põem no mesmo saco coisas tão díspares. No entanto, há um abismo entre um homem que é presa da raiva, com todas as suas manifestações naturais, e outro homem que a exprima esteticamente; entre o aspecto, os gritos e contorções de alguém que está de luto pela perda de uma pessoa querida, e as palavras ou o canto com que o mesmo indivíduo retrata seu sofrimento em outro momento; entre a expressão da comoção e o gesto do ator. O livro de Darwin, que aborda a expressão dos sentimentos no homem e nos animais, não pertence ao âmbito da estética, porque não há nada em comum entre a ciência da expressão espiritual e uma semiótica médica, meteorológica, política, fisiognômica ou quiromântica.

Falta à expressão em sentido naturalista, simplesmente, a expressão em sentido espiritual, isto é, o próprio caráter da atividade e da espiritualidade, e, portanto, a bipartição nos polos do belo e do feio. Isso nada mais é que uma relação, fixada pelo intelecto abstrato, de causa e efeito. O processo completo de produção estética pode ser simbolizado em quatro etapas, que são: a) impressões; b) expressões ou síntese espiritual estética; c) acompanhamento hedonista, ou prazer do belo (prazer estético); d) tradução do fato estético em fenômenos físicos (sons, tons, movimentos, combinações de linhas e cores, etc.). Qualquer um pode ver que o ponto capital, o único propriamente estético e verdadeiramente real, é o que está em b), aquele que falta à mera manifestação ou construção naturalista, também chamada, metaforicamente, de expressão.

Percorridas essas quatro fases, o processo expressivo se esgota. Ele recomeça com novas impressões, nova síntese estética e os acompanhamentos relativos.

As expressões ou representações se sucedem umas às outras, uma conduz à outra. Certamente, esse passar, esse ser conduzido, não é um perecer, não é uma eliminação total: nada do que nasce morre aquela morte completa que seria idêntica a nunca ter nascido. Se todas as coisas passam, nada pode morrer. Mesmo as representações que esquecemos persistem de alguma forma em nosso espírito, pois, se não fosse assim, não poderíamos explicar os hábitos e capacidades adquiridas. Na verdade, a força da vida está nesse esquecimento aparente: esquece-se o que foi resolvido e o que a vida superou provisoriamente.

Outras representações, no entanto, são ainda elementos eficazes nos processos atuais de nosso espírito; cabe-nos não as esquecer ou sermos capazes de recordá-las quando a necessidade o exigir. A vontade é sempre vigilante nesse trabalho de conservação, que visa conservar, podemos assim dizer, a maior e mais fundamental de todas as nossas riquezas. Mas a sua vigilância nem sempre é suficiente: a memória, como se diz, nos abandona ou nos trai de diferentes maneiras. E justamente por isso o espírito humano inventa truques que socorrem a fraqueza da memória e são os seus auxiliares.

De que modo esses subsídios são possíveis, pode se entrever do que foi dito. Expressões ou representações são fatos práticos, também chamados "físicos", na medida em que a física tem por escopo classificá-los e reduzi-los a tipos. Agora está claro que, se conseguirmos tornar permanentes de alguma forma esses fatos práticos ou físicos, será sempre possível, ao percebê-los, mantidas todas as outras condições, reproduzir em nós a expressão já produzida ou intuição. Se chamarmos de objeto o estímulo físico no qual os atos práticos concomitantes, ou, usando termos físicos, os movimentos foram isolados e tornaram-se permanentes de algum modo, designando, pois, esse objeto ou estímulo pela letra (e), o processo da reprodução será representado pela seguinte série: (e), o estímulo físico; (d)-(b), a percepção dos fatos físicos (sons, tons, miméticos, combinações de linhas e cores, etc.), que acompanha a síntese estética já produzida; (c), o acompanhamento hedonista, que também é reproduzido.

E o que seriam essas combinações de palavras que chamam de poesia, prosa, poemas, novelas, romances, tragédias ou comédias senão estímulos físicos da reprodução, o estágio (e); e as combinações de som chamadas óperas, sinfonias, sonatas, ou as combinações de linhas e cores que se chamam quadros, estátuas, arquitetura? A energia espiritual da memória, com o auxílio dos fatos físicos mencionados, torna possível a conservação e a reprodução das intuições produzidas pelo homem. Debilita-se o organismo fisiológico e, com ele, a memória; os monumentos de arte são destruídos, e eis que toda a riqueza estética, fruto do trabalho de muitas gerações, diminui e desaparece rapidamente.

Os monumentos da arte, os estímulos da reprodução estética, são chamados de coisas belas ou beleza física. Essa combinação de palavras constitui um paradoxo verbal, pois o belo não é um fato físico e não pertence às coisas, mas à atividade do homem, diz respeito à energia espiritual. Fica claro mediante quais transferências e associações as coisas físicas e os fatos físicos, meros subsídios para a reprodução do belo, acabam por ser denominados, elipticamente, coisas belas e beleza física. E essa elipse, que ora explicamos e esclarecemos, devemos também nós empregá-la sem hesitação.

A menção à "beleza física" serve para explicar outro significado das palavras "conteúdo" e "forma", como o usado pelos estudiosos da estética. Alguns, de fato, chamam de "conteúdo" a expressão ou fato interno (que, para nós, já é a forma), e "forma" o mármore, as cores, as vozes, os sons (os quais, para nós, já não são forma), considerando desse modo o fato físico como a forma, que pode ou não se associar ao conteúdo. E serve também para explicar outro aspecto do que se chama "feio" estético. Quem não tem nada de definido a dizer pode tentar esconder o seu vazio interior com uma torrente de palavras, com o verso altissonante, com a polifonia ensurdecedora, com a pintura que encanta o olhar, com o movimento de grandes massas arquitetônicas que nos surpreendem e paralisam, embora, no fundo, não signifiquem nada. O feio é, então, o capricho, artimanha de charlatão, e, na realidade, sem a intervenção do arbítrio prático no processo teórico, poderia haver ausência de beleza, mas nunca a presença de algo efetivo que mereça o adjetivo "feio".

Costuma-se dividir a beleza física em beleza natural e artificial; com isso chegamos ao problema que deu mais trabalho aos pensadores, o da beleza natural. Muitas vezes, essas duas palavras designam apenas o prazer prático. Quem chama de bela a paisagem em que o olho repousa sobre o verdor, e o corpo se move rapidamente e o tépido raio de sol envolve e acaricia os membros, não diz nada de estético. Não obstante, é indubitável que, em outras ocasiões, o adjetivo "belo", aplicado a objetos e cenas existentes na natureza, tem significado puramente estético.

Observou-se que, para haver prazer estético de objetos naturais, convém abstraí-los de sua realidade extrínseca e histórica, e separar da existência a simples semelhança ou aparência; foi observado também que ao olharmos uma paisagem com a cabeça posta entre as pernas, de forma a nos subtrair da nossa relação habitual com tal paisagem, esta vai nos parecer um espetáculo maravilhoso; foi dito ainda que a natureza é bela apenas para quem a contempla com olhar de artista; que zoólogos e botânicos não conhecem animais e flores belas; que a beleza natural é descoberta (exemplos de descoberta são os "pontos turísticos", apontados por artistas e pessoas de bom gosto e imaginação, aos quais os viajantes e excursionistas acorrem depois em peregrinação como se tratasse, em tais casos, de uma espécie de sugestão coletiva); que, sem o auxílio da imaginação, nenhuma parte da natureza é bela, e que, com esse mesmo auxílio, conforme a disposição da alma, o mesmo objeto ou fato natural é ora expressivo, ora insignificante, ora é expressão de uma coisa definida, ora de outra, objeto triste ou feliz, sublime ou ridículo, doce ou risível; que, enfim, não existe uma beleza natural a que o artista não faria algum tipo de correção.

Todas essas observações bastante precisas, e que confirmam plenamente que a beleza natural é um simples estímulo da reprodução estética, estímulo que pressupõe a produção prévia. Sem as anteriores intuições estéticas da imaginação, a natureza não pode despertar alguma. No que diz respeito à beleza natural, o homem é semelhante ao mítico Narciso à fonte. E Leopardi dizia que a beleza natural é "rara, dispersa e fugidia": ela é imperfeita, equívoca, variável. Cada um refere o fato natural à expressão que está em sua mente. Um artista é como que enlevado por uma paisagem sorridente, outro por um carroceiro, outro pelo belo rosto de uma jovem, outro pelo rosto esquálido de um velho matreiro. O primeiro talvez diga que o carroceiro e a cara feia do velho malandro são repulsivos; o segundo, que a paisagem sorridente e o rosto da jovem são insípidos. Podem eles disputar indefinidamente, mas nunca vão concordar, a menos que sejam saciados por aquela dose de conhecimento estético a qual lhes permitirá reconhecer que ambos estão certos. A beleza artificial, criada pelo homem, é um subsídio bem mais dúctil e eficaz.

Além desses dois tipos, os tratados de estética costumam falar de uma beleza mista. Mas mista de quê? Precisamente elementos naturais e artificiais. Quem exterioriza e fixa, opera com dados naturais que ele não cria, mas combina e transforma. Nesse sentido, cada produto artificial é uma mistura de natureza e artifício, e não haveria ocasião para falar de uma beleza mista como se fosse uma categoria especial. Não raro, porém, sucede que as combinações já dadas na natureza podem ser usadas muito mais do que em outros casos, como, por exemplo, quando projetamos um belo jardim e é possível incluir nesse projeto grupos de árvores ou pequenos lagos já existentes. Em outras ocasiões, a exteriorização é limitada pela impossibilidade de produzir certos efeitos artificialmente. Assim podemos misturar corantes, mas não podemos criar uma voz poderosa ou um rosto ou alguém que corresponda exatamente a este ou aquele personagem de uma peça. Devemos, portanto, procurá-los entre os elementos já existentes na natureza, e utilizá-los quando os encontrarmos. Quando, portanto, empregamos um grande número de combinações já existentes na natureza, de modo que, se elas não existissem, não seríamos capazes de produzi-las artificialmente, diz-se que o fato resultante é uma beleza mista.

Do belo artificial devemos distinguir aqueles instrumentos de reprodução chamados escritas, como são os alfabetos, as notas musicais, os hieróglifos, e todas as pseudolinguagens, da linguagem das flores e bandeiras à dos emblemas distintivos (tão em voga na sociedade do século XVIII). As escritas já não são fatos físicos que despertam diretamente impressões correspondentes às expressões estéticas, mas simples indicações do que deve ser feito, a fim de produzir tais fatos físicos. Uma série de sinais gráficos serve para nos lembrar dos movimentos que devemos executar com nosso aparelho vocal para emitir determinados sons. Se, pela prática, tornamo-nos capazes de ouvir as palavras sem abrir a boca e, o que é muito mais difícil, poder sentir as notas percorrendo com os olhos a pauta musical, tudo isso não altera em nada a natureza das escritas, que são algo bem diferente da beleza física direta. O livro que contém a *Divina Comédia*, ou a partitura que contém a ópera *Don Giovanni*, não são considerados belos do mesmo modo que, por uma metáfora mais imediata, são belos o bloco de mármore que contém o *Moisés*, de Michelangelo, ou o pedaço de madeira colorida que contém a *Transfiguração*. Ambos servem para reproduzir as impressões do belo, mas os primeiros vão por um caminho muito mais longo e indireto.

Outra divisão ainda feita nos tratados de estética é a que distingue o belo em livre e não livre. Por belezas não livres devemos entender os objetos que devem servir a um duplo propósito, a saber, extraestético e estético (estimulantes de intuições), e parece que o primeiro desses propósitos impõe limites e barreiras ao segundo, o objeto belo resultante é considerado como beleza "não livre".

Como exemplo, citam-se especialmente as obras arquitetônicas, e, apenas por essa razão, a arquitetura tem sido muitas vezes excluída do número das assim chamadas belas-artes. Um templo deve ser, acima de tudo, um edifício de culto; uma casa deve possuir todos os quartos necessários à comodidade da vida, e deve estar arrumada em vista desse conforto; uma fortaleza deve ser uma construção capaz de resistir aos ataques dos exércitos e aos golpes de determinados armamentos bélicos. Conclui-se assim que é restrito o campo de atuação de um arquiteto: ele pode, até certo ponto, embelezar o templo, a casa, a fortaleza, mas está vinculado à destinação desses edifícios, e do seu entendimento sobre a beleza só pode manifestar a parte que não prejudique os fins extraestéticos, mas fundamentais, desses edifícios.

Outros exemplos são tomados a partir do que é chamado de arte aplicada à indústria. Pratos, copos, facas, armas e pentes podem ser belos, mas a sua beleza – diz-se – não deve ser levada tão longe de modo que não se consiga comer no prato, beber no copo, cortar com a faca, disparar com a arma ou pentear o cabelo com o pente. O mesmo se diz da arte tipográfica: um livro deve ser belo, mas não a ponto de ser difícil ou impossível a sua leitura.

Em relação a isso, devemos observar, em primeiro lugar, que a finalidade extrínseca, justamente por ser tal, não é necessariamente um limite ou impedimento ao outro objetivo de ser um estímulo à reprodução estética. É, portanto, bastante errônea a tese de que a arquitetura, por exemplo, seja, por sua natureza, arte não livre e imperfeita, uma vez que ela deve também obedecer a intentos práticos: de fato, a mera presença de belas obras de arquitetura é o suficiente para dissipar qualquer ilusão desse tipo.

Em segundo lugar, esses dois fins não são necessariamente contraditórios, mas é preciso acrescentar que o artista sempre tem os meios de impedir que essa contradição se forme. Mas como? Fazendo a exata destinação prática do objeto entrar como matéria em sua intuição estética e exteriorização. Ele não precisa acrescentar nada ao objeto a fim de torná-lo instrumento de intuições estéticas: será assim, caso esteja perfeitamente adaptado à sua finalidade prática. Habitações rústicas e palácios, igrejas e quartéis, espadas e arados, são belos, não por força de seu embelezamento e adornos, mas na medida em que expressam o seu objetivo. Uma peça de roupa não é bela porque é exatamente a que convém a determinada pessoa em condições específicas. Não era bela a espada cingida por Armida na cintura de Rinaldo: "Tão adornada era que parece ser inútil ornamento, não o fero instrumento militar"; assim, era belo, talvez, mas apenas aos olhos e à imaginação da feiticeira, que gostava de ver seu amante equipado de modo efeminado. A atividade estética sempre pode concordar com a prática, porque a expressão é a verdade.

Não se pode negar, contudo, que a contemplação estética por vezes dificulte o uso prático. Por exemplo, é uma experiência bastante comum que certos objetos novos pareçam tão bem adaptados ao uso, e, portanto, tão belos, que as pessoas sentem escrúpulos em maltratá-los, passando da contemplação ao uso. Era por essa razão que o rei Frederico Guilherme da Prússia tinha resistência em enviar à lama e ao fogo da batalha os seus magníficos granadeiros; no entanto, esse mesmo regimento prestou excelentes serviços a seu filho, Frederico, o Grande, bem menos esteta que o pai. Pedimos desculpas se entramos em explicações sobre coisas óbvias e banalidades, mas são banalidades bastante encontradas nos livros de estética, e que ali são apresentadas de modo muito confuso.

À teoria, proposta por nós, da beleza física como simples meio para a reprodução do belo interior, ou seja, das expressões, poderia se objetar que o artista cria suas expressões pintando ou esculpindo, escrevendo ou compondo, e que, por esse motivo, a beleza física, em vez de seguir, às vezes precede o esteticamente belo. Seria esse um modo bastante superficial de entender o modo de agir do artista, que, na realidade, nunca dá uma pincelada sem antes tê-la visto com a imaginação; e, se ele ainda não a viu, dará tal pincelada, não a fim de exteriorizar a sua expressão (que ainda não existe), mas como se fosse um teste para adquirir um simples ponto de apoio a uma ulterior meditação e concentração interna. O ponto físico de apoio não é o fisicamente belo, instrumento de reprodução, mas um meio que poderia dizer-se pedagógico, semelhante ao retirar-se na solidão, ou tantos outros expedientes muitas vezes bizarros que os artistas e cientistas adotam e variam conforme suas respectivas idiossincrasias. Baumgarten, o velho teórico da estética, aconselhou aos poetas que procurassem inspiração montando a cavalo, bebendo vinho com moderação e, suposto que fossem castos, admirassem as belas mulheres.

14. ERROS QUE NASCEM DA CONFUSÃO ENTRE FÍSICA E ESTÉTICA

Por não se ter entendido a relação puramente extrínseca que há entre a visão artística e o fato físico, isto é, o instrumento que serve de meio para reproduzi-la, nasceu uma série de falaciosas doutrinas que devemos mencionar, assinalando ainda breves críticas derivadas do que já foi dito.

Nessa falta de compreensão encontra apoio certa forma de associacionismo que identifica o ato estético com a associação de duas imagens. Que caminho levou a tal erro, contra o qual se rebela a nossa consciência estética, que é consciência de unidade perfeita e nunca de dualidade? Precisamente porque os fatos físicos e estéticos foram considerados separadamente, como se fossem duas imagens distintas, que entram no espírito, uma atraída pela outra, uma antes e outra depois. Assim, um quadro é dividido em imagem do quadro e imagem do significado do quadro; um poema, na imagem das palavras e na imagem do significado das palavras. Mas esse dualismo de imagens não existe: o fato físico não entra no espírito como uma imagem, mas a reproduz (a única imagem, que é o fato estético), na medida em que estimula o organismo psíquico e produz a impressão correspondente à expressão estética já produzida.

São altamente instrutivos os esforços feitos pelos associacionistas (os atuais usurpadores no campo da estética) para saírem da dificuldade, reafirmando de algum modo a unidade destruída por seu princípio de associacionista. Alguns sustentam que a imagem recordada é inconsciente; outros, deixando de lado a inconsciência, pretendem que esta seja vaga, vaporosa, confusa, reduzindo assim a força do fato estético à fraqueza da má memória. Mas o dilema é inexorável: ou manter a associação, abandonando a unidade; ou manter a unidade, abandonando a associação. Não existe uma terceira alternativa para essa dificuldade.

Por não se ter analisado convenientemente a chamada beleza natural e reconhecido que ela é tão somente um incidente da reprodução estética, mas, ao contrário, tê-la visto como algo dado na natureza, surgiu toda a seção que, nos tratados de estética, toma o título de Belo da natureza ou física estética, subdividida, até mesmo, em mineralogia, botânica e zoologia estéticas. Não queremos negar que tais tratados contêm muitas observações justas, e, por vezes, são verdadeiras obras de arte, na medida em que representam de maneira bela a imaginação e as fantasias ou impressões de seus autores. Mas devemos afirmar que é cientificamente falaz alguém perguntar se o cão é belo e o ornitorrinco, feio; se o lírio é belo e a alcachofra, feia. Com efeito, o erro é, aqui, duplo. Por um lado, a física estética recai no equívoco da teoria dos gêneros artísticos e literários ao pretender determinar esteticamente as abstrações de nosso intelecto, e por outro lado, como dissemos, não consegue reconhecer a verdadeira formação da chamada beleza natural: formação esta que exclui até mesmo a possibilidade de se perguntar se algum animal, flor ou homem é belo ou feio. O que não é produzido pelo espírito estético, ou não nos reconduz a este, não é nem belo nem feio. O processo estético surge a partir das conexões ideais em que os objetos naturais são postos.

Esse duplo erro pode ainda ser exemplificado pela pergunta que rendeu volumes inteiros acerca da beleza do corpo humano. Devemos aqui, antes de tudo, conduzir, do abstrato ao concreto, os que discutem esse assunto, e perguntar-lhes: "O que se entende por corpo humano: o do homem, o da mulher ou o do andrógino?". Vamos assumir que se responda à questão dividindo-a em duas perguntas distintas, uma sobre a beleza masculina e outra sobre a feminina (realmente há escritores que discutem seriamente se é mais belo o homem ou a mulher), e continuemos: "Beleza masculina ou feminina; mas de que raça de homens? A branca, a amarela ou a negra, ou quaisquer outras que possam existir?". Vamos nos limitar à raça branca, e continuemos: "De qual subespécie da raça branca?". E quando tivermos restringido a pergunta a um cantinho do mundo branco, digamos, o italiano, para onde vamos olhar: para a beleza toscana, sienense, ou a da Porta Camollia? Deveríamos prosseguir: "Muito bem, mas o corpo humano em que idade? Em que condições e estado? Do recém-nascido, da criança, do adolescente, do jovem, do homem de meia-idade, e assim por diante? Do estado de quem está em repouso ou de quem está trabalhando, ou de quem está ocupado como o touro de Paulus Potter, ou o Ganimedes de Rembrandt?".

Tendo chegado, por sucessivas reduções, ao indivíduo *omnimode determinatum*, ou melhor, a "este homem aqui", que se aponta com o dedo, será fácil mostrar o outro erro, recordando o que dissemos sobre o fato natural, que, conforme o ponto de vista, conforme o que está passando na alma do artista, ora é belo, ora feio. Se até o Golfo de Nápoles não agrada a todo o mundo, e se há artistas que o declararam inexpressivo, preferindo tocar os "abetos sombrios", as "nuvens e perpétuos ventos do Norte", dos mares setentrionais, é realmente possível que tal relatividade não seja também, em relação ao corpo humano, fonte das mais diversas sugestões?

A questão da beleza das figuras geométricas tem ligação direta com a física estética. Mas se por figuras geométricas se entendem os conceitos da geometria (o conceito de triângulo, o quadrado, o cone), estes, justamente por serem conceitos, não são nem belos nem feios. Se, por outro lado, por tais figuras entendemos os corpos que têm determinadas formas geométricas, elas serão belas ou feias, como todo fato natural, conforme as conexões ideais em que estão postas. Alguns sustentam serem belas as figuras geométricas que apontam para cima, uma vez que dão a sugestão de firmeza e de poder. Não negamos que possa ser assim. Contudo, não devemos negar que mesmo aquelas figuras que dão a impressão de instabilidade e fraqueza podem também ter a sua beleza, e que nesses últimos casos, a firmeza da linha reta e a leveza do cone ou do triângulo equilátero podem parecer elementos de feiura.

Não há dúvida de que as questões sobre o belo da natureza e a beleza da geometria, como outras análogas, sobre o que é historicamente belo e o belo humano, parecem menos absurdas na estética do simpático, a qual, com as palavras "beleza estética" pretende, no fundo, a representação do agradável. Mas não é menos errônea, mesmo no âmbito daquela doutrina e assumindo as mesmas premissas, a pretensão de determinar cientificamente quais são os conteúdos simpáticos e quais os irremediavelmente antipáticos. A essas perguntas só podemos responder repetindo, com um posfácio infinitamente longo, o "*Sunt quos*" da primeira ode do primeiro livro de Horácio, e o "*Havvi chi*", da carta de Leopardi a Carlo Pepoli. A cada um o seu belo (simpático), a cada um a sua beleza. A filografia não é ciência.

Por vezes, ao produzir o instrumento artificial, o fisicamente belo, o artista tem ante si fatos naturalmente existentes, que chamamos de modelos: corpos, tecidos, flores e assim por diante. Se percorrermos os esboços, estudos e notas dos artistas, veremos que Leonardo, quando pintava a *Última Ceia*, anotou que: "Giovannina, de rosto estranho, está em Santa Catarina, no Hospital; Cristófano di Castiglione está no Pietà, tem uma bela cabeça. Cristo, Giovan Conte, aquele do Cardeal Mortaro". E assim por diante. Daí provém a ilusão de que o artista imita a natureza, quando talvez fosse mais exato dizer que a natureza imita o artista, e lhe obedece. Nessa ilusão, a teoria da arte imitadora da natureza encontrou, por vezes, terreno e alimento, e também uma sua variante, mais fácil de aceitar, que faz da arte a idealizadora da natureza. Essa última teoria apresenta o processo desordenadamente, ou melhor, apresenta-o de maneira inversa à ordem real; pois o artista não procede da realidade extrínseca a fim de modificá-la aproximando-a do ideal, ele vai da impressão da natureza externa à expressão, isto é, ao seu ideal, e deste passa ao fato natural, que a emprega como instrumento de reprodução do fato ideal.

Outra consequência da confusão entre o fato estético e o fato físico é a teoria das formas elementares do belo. Se a expressão, se o belo é indivisível, o fato físico, ao contrário, em que se exterioriza, pode ser facilmente dividido e subdividido: por exemplo, uma superfície pintada em linhas e cores, grupos e curvas de linhas, tipos de cores, e assim por diante; um poema, em estrofes, versos, pés, sílabas; um trecho de prosa, em capítulos, parágrafos, títulos, períodos, frases, palavras, etc. As peças assim obtidas não são fatos estéticos, mas fatos físicos menores, arbitrariamente divididos. Seguindo esse caminho até o fim, e persistindo na confusão, acabaríamos por concluir que as verdadeiras formas elementares do belo são os átomos.

Contra os átomos poderia se invocar a lei estética, várias vezes promulgada, de que o belo deve ter grandeza: certa grandeza que não fosse nem a imperceptibilidade do demasiado pequeno, nem a inapreensibilidade do muito grande. Mas uma grandeza determinada pela perceptibilidade, e não pela medida, remete a algo bem diferente do conceito matemático. Na verdade, o que se chama imperceptível e inapreensível não produz uma impressão, porque não é um fato real, mas um conceito: a exigência de grandeza no belo é assim reduzida à presença efetiva do fato físico que serve à sua reprodução.

Continuando a busca das leis físicas ou das condições objetivas do belo, perguntou-se: a quais fatos físicos corresponde o belo? A quais fatos corresponde o feio? Ou seja, a que soma de tons, de cores, de grandezas matematicamente determináveis? Esse tipo de indagação seria como se, no âmbito da economia política, alguém procurasse as leis da troca na natureza física dos objetos que podem ser trocados. Ora, o inócuo resultado de tal tentativa deveria levantar imediata suspeita da sua fatuidade. Especialmente em nossos tempos, tem-se muitas vezes sustentado a necessidade de uma estética indutiva, de uma estética pensada de baixo para cima, procedendo como a ciência natural e não saltando direto das premissas às conclusões. Seria ela indutiva? Mas, como toda ciência filosófica, a estética sempre foi indutiva e dedutiva; a indução e a dedução não podem se separar, nem, separadas, servem para qualificar uma verdadeira ciência. Mas a palavra "indução" não foi dita aqui por acaso. Pretendia-se dar a entender que, no fundo, o fato estético nada mais é que um fato físico, devendo ser estudado pelos conceitos e métodos próprios das ciências físicas e naturais.

Com tal pressuposto e confiança, a estética indutiva ou estética pensada de baixo para cima (quanta soberba nesta modéstia!) iniciou seus trabalhos. Conscientemente, começou a fazer uma coleção de belos objetos, por exemplo, um grande número de envelopes de cartas de formas e tamanhos variados, e passou a perguntar quais deles davam a impressão de belo e quais a de feio. Como era de esperar, os teóricos da estética indutiva logo se depararam com uma dificuldade: o mesmo objeto, que parecia feio sob certo aspecto, parecia belo sob outro. Um envelope pardo, que seria muito feio para uma carta de amor, é bastante adequado para conter uma carta comercial, a qual ficaria muito ruim, ou ao menos pareceria uma ironia, se fosse enviada dentro de um envelope quadrado de papel inglês. Tais considerações de simples bom senso deveriam bastar para convencer os teóricos da estética indutiva que o belo não tem existência física, levando-os a desistir de sua vã e ridícula tentativa. Mas não: recorreram a um expediente inaceitável para o rigor do método das ciências naturais. Eles enviaram seus envelopes e abriu-se um *referendum*, tentando estabelecer, pelos votos da maioria, em que consistem a beleza e a feiura.

Não vamos perder tempo com esse argumento, a menos que queiramos parecer contadores de piada em vez de expositores da ciência estética e de seus problemas. Além disso, é fato que os teóricos da estética indutiva ainda não descobriram uma única lei.

Quem se desespera por auxílio de médicos talvez esteja disposto a entregar-se aos charlatães. E foi isso o que aconteceu aos que acreditaram nas leis naturalistas do belo. Por vezes, os artistas adotam cânones empíricos, tais como o das proporções do corpo humano, ou o da seção áurea, ou seja, de uma linha dividida em duas partes, de tal maneira que a menor está para a maior, assim como a maior está para a linha inteira (bc : ac = ac : ab). Esses cânones tornam-se facilmente superstições, atribuindo-se à observância dessas regras o sucesso de suas obras. Michelangelo, de fato, deixou de herança a seu discípulo Marco del Pino de Siena o seguinte preceito: "Faça sempre uma figura serpenteante piramidal, multiplicada por um, dois e três", preceito este que não ajudou Marco de Siena a escapar da mediocridade que podemos ainda observar em tantas pinturas suas existentes aqui, em Nápoles. E dessa sentença de Michelangelo surgiu a inspiração para alguns teorizarem as linhas ondulantes e serpenteantes como as verdadeiras linhas da beleza. Sobre essas leis da beleza, a seção áurea e as linhas ondulantes e serpenteantes, escreveram-se volumes inteiros. A nosso ver, esses esforços devem ser considerados como a astrologia da estética.

15. A ATIVIDADE DE EXTERIORIZAÇÃO. A TÉCNICA E A TEORIA DAS ARTES

Como já dissemos, o fato da produção da beleza física supõe a vigilância da vontade que se esforça para não perder certas visões, intuições ou representações. Tal vontade deve ser capaz de agir com a máxima rapidez e como que instintivamente; além disso, ela pode também precisar de longas e laboriosas deliberações. Em todo caso, é somente desse modo, pelo efeito da produção que ocorre em auxílio à memória, ou seja, aos objetos físicos, que a atividade prática se relaciona com a estética, não mais como mero acompanhamento, mas como momento realmente distinto dela. Não podemos querer ou não querer a nossa visão estética: podemos, contudo, querer ou não exteriorizá-la, ou melhor, podemos preservar ou comunicar aos outros, ou não, a exteriorização produzida.

Esse fato voluntário de exteriorização é precedido por um complexo de conhecimentos variados, os quais, como todo conhecimento que precede uma atividade prática, são chamados de técnica. Desse modo, fala-se de uma técnica artística da mesma maneira metafórica e elíptica com que se trata do que é fisicamente belo, ou seja, em linguagem mais precisa, fala-se de um conhecimento a serviço da atividade prática que está direcionada a produzir estímulos de reprodução estética. Em lugar de empregar tão longa frase, iremos aqui nos valer da terminologia comum, cujo significado agora poderemos entender.

A possibilidade desse conhecimento técnico, a serviço da reprodução artística, é o que desviou as mentes no sentido de fazê-las imaginar uma espécie de técnica estética da expressão interior, vale dizer, uma doutrina dos meios de expressão interior, ideia esta absolutamente inconcebível. Conhecemos bem a razão de não ser possível conceber tal ideia: considerada em si mesma, a expressão é uma atividade teorética elementar, e, como tal, precede a prática e o conhecimento intelectual que iluminam a prática, sendo assim independente tanto de uma como de outra. De sua parte, ela ajuda a determinar a prática, mas não é por ela determinada. A expressão não possui meios, pois não tem um fim; é verdade que intui algo, mas não tem vontade e, portanto, não pode ser analisada em função dos componentes abstratos da vontade, que são os meios e o fim. Diz-se, por vezes, que um determinado escritor inventou uma nova técnica de romance ou drama, ou um pintor descobriu uma nova técnica de distribuir a luz. Ora, o termo "técnica" é usado aleatoriamente, porque a nova técnica é na verdade aquele novo romance ou a nova pintura, e nada mais. A distribuição de luz diz respeito à própria visão do quadro, assim como a técnica de um dramaturgo é a sua própria concepção dramática. Noutras ocasiões, a palavra "técnica" é usada para designar certos méritos ou defeitos de uma obra fracassada; eufemisticamente, diz-se que a ideia é ruim, mas a técnica é boa, ou que a ideia é boa, mas a técnica é ruim.

Por outro lado, quando se fala das diferentes formas de pintura a óleo, ou de gravuras a água-forte, ou de esculturas em alabastro, então a palavra "técnica" está em seu lugar; mas, nesse caso, o adjetivo "artístico" é usado metaforicamente. Se, em sentido estético, não é possível existir uma técnica dramática, o mesmo não se pode dizer de uma técnica teatral, isto é, de processos de exteriorização de certas obras estéticas em especial. Quando, por exemplo, na Itália da segunda metade do século XVI, as mulheres puderam enfim subir ao palco, substituindo aos homens vestidos de mulher, essa foi uma verdadeira descoberta da técnica teatral, como também o foi o aperfeiçoamento de máquinas ideadas pelos empresários de Veneza do século XVII para a mudança rápida de cenário.

É possível dividir em grupos o acúmulo dos conhecimentos técnicos chamados propriamente de teorias das artes, postos a serviço dos artistas que desejavam externar suas expressões. Nasce assim uma teoria da arquitetura que abrange as leis mecânicas, as informações relativas ao peso ou à resistência dos materiais de construção e de revestimento, sobre o modo de se misturar cal ou estuque; uma teoria da escultura que contém recomendações sobre o modo de esculpir os vários tipos de pedra, ou para conseguir uma boa fusão do bronze, ou para trabalhar com o cinzel, para confecção exata do molde de argila ou gesso, ou como manter a argila úmida; uma teoria da pintura, sobre as várias técnicas de têmpera, da pintura a óleo, da aquarela ou pastel, sobre as proporções do corpo humano, sobre as regras da perspectiva; uma teoria da oratória, com preceitos sobre a maneira de apresentar-se, sobre métodos de exercitar e reforçar a voz, sobre a postura e gestos; uma teoria da música, das combinações e mistura de tons e sons e assim por diante. Tais são as coleções de preceitos que abundam em toda a literatura. Visto que é impossível dizer exatamente o que é útil e o que é inútil saber, não raro os livros desse tipo tornam-se algo semelhante às enciclopédias ou catálogos de *desiderata*. Em seu tratado sobre arquitetura, Vitrúvio exige do arquiteto um conhecimento das letras, do desenho, da geometria, da aritmética, da óptica, da história, da filosofia natural e moral, da jurisprudência, da medicina, da astrologia, da música, e assim por diante. Tudo vale a pena conhecer: aprender as artes e pô-las de lado.

Deveria estar claro que tais coleções empíricas não são redutíveis à ciência. Compostas de noções tomadas de várias ciências e disciplinas, os seus princípios filosóficos e científicos encontram-se nelas. Propor a elaboração de uma teoria científica de cada arte seria reduzir ao uno e ao homogêneo o que é, por natureza, múltiplo e heterogêneo: seria o mesmo que destruir uma coleção daquilo que foi reunido justamente para formar uma coleção. Se tentássemos dar forma rigorosamente científica aos manuais para o arquiteto, para o pintor ou o para o músico, é claro que nada restaria senão os princípios gerais da mecânica, da óptica ou da acústica. Se fôssemos separar e isolar o que de observações propriamente artísticas está disperso nesses manuais para deles fazer um sistema científico, então abandona-se o terreno da arte individual e se passa ao da estética, o qual é sempre geral, ou melhor, não se pode dividir em geral e especial. Este último caso, a saber, o intento de se passar da técnica à estética, surge costumeiramente quando homens de forte vocação científica e tendência natural à filosofia começam a trabalhar a fim de elaborar tais teorias e manuais técnicos.

Mas essa confusão entre física e estética atingiu seu mais alto grau quando se imaginaram teorias estéticas das artes em particular, procurando responder a perguntas como: Quais são os limites de cada arte? O que pode ser representado com cores, e com sons? Ou ainda: O que pode ser representado por linhas monocromáticas simples e por nuances de cores variadas? E por tons, por métrica e ritmos? Quais são os limites entre as artes figurativas e as auditivas, entre a pintura e a escultura, entre a poesia e a música?

Traduzido em linguagem científica, seria o mesmo que perguntar: Que relação há entre a acústica e a expressão estética? Entre esta última e a óptica? Outras perguntas parecidas poderiam ser feitas. Ora, se não há nenhuma passagem do fato físico à estética, como poderia haver da estética para grupos específicos de fatos físicos, tais como os fenômenos da óptica ou da acústica?

As chamadas artes não têm limites estéticos, porque, para tê-los, deveriam possuir também existência estética em sua particularidade; e nós demonstramos a gênese totalmente empírica dessas partições. Por conseguinte, é absurda toda a tentativa de classificação estética das artes.

Se não possuem limites, não podem ser exatamente determináveis e, assim, não podem ser distinguidas filosoficamente. Todos os livros que lidam com classificações e sistemas das artes poderiam ser queimados sem qualquer prejuízo. Afirmamos isso com o máximo respeito pelos escritores que tiveram tanto trabalho para escrevê-los.

A impossibilidade de tais sistematizações tem como que uma prova nas estranhas tentativas de realizá-las. A primeira e mais comum partição é: artes da audição, da visão e da imaginação, como se olhos, ouvidos e imaginação pudessem ser nivelados e, partindo da mesma variável lógica, fundamentassem tal divisão. Outros propuseram a divisão em artes do espaço e artes do tempo, artes de repouso e de movimento; como se os conceitos de espaço, tempo, repouso e movimento determinassem formas estéticas específicas e possuíssem algo de comum com a arte enquanto tal. Outros, enfim, divertiam-se ao dividi-las em clássicas e românticas, ou em orientais clássicas e românticas, conferindo valor de conceitos científicos a simples denominações de fatos históricos, ou resvalando nas partições retóricas de formas expressivas, já criticadas anteriormente; outros, ainda, dividiram-nas em artes que só podem ser vistas por um lado, como a pintura, e artes que podem ser vistas por todos os lados, como a escultura; outras extravagâncias que não cabem no céu nem na Terra.

No momento em que foi proposta, a teoria dos limites das artes talvez tenha sido uma benéfica reação crítica contra os que pensavam na possibilidade de migração entre uma forma de expressão e outra (por exemplo, como se da *Ilíada* ou do *Paraíso Perdido* pudesse ser feita uma série de pinturas), pois julgavam que um poema era de maior ou menor valor conforme pudesse ser ou não traduzido em imagens por um pintor. Mas se a reação foi justa e redundou numa fácil vitória, isso não quer dizer que os argumentos aduzidos e os sistemas empregados fossem bons.

Outra teoria, que é um corolário da teoria dos limites das artes, cai por terra: a que pretende a reunião de todas as artes. Colocadas como artes singulares, distintas e limitadas, nasciam as perguntas: Qual é a mais poderosa? Não podemos obter efeitos ainda mais fortes reunindo-as? Disso, porém, não podemos concluir nada: sabemos que algumas intuições artísticas precisam de certos meios físicos para a sua reprodução, e que outras intuições precisam de outros meios. Há peças de teatro cujo efeito nos advém de sua simples leitura; outras precisam de declamação e aparato cênico: há intuições artísticas que, para a sua plena exteriorização, necessitam de palavras, canto, instrumentos musicais, cores, elementos plásticos e arquitetônicos, atores; outras ficam belas e completas com um leve contorno feito com a pena ou poucos traços de lápis. É falso supor, porém, que a declamação e o aparato cênico, e todas as outras coisas que ora mencionamos, são mais poderosos que a simples leitura ou mero esboço feito a pena ou a lápis; porque cada um desses fatos ou grupos de fatos tem, por assim dizer, finalidades diferentes, e a eficácia dos meios não pode ser comparada quando os fins são distintos.

Convém notar que somente quando se tem uma clara e rigorosa distinção entre a verdadeira atividade estética, propriamente dita, e a atividade prática de exteriorização é que se podem resolver as complicadas e confusas questões acerca das relações da arte com a utilidade e com a moralidade.

Demonstramos acima que a arte enquanto arte é independente da utilidade e da moral, como também de todo o valor prático. Sem tal independência, não seria possível falar de um valor intrínseco da arte, nem conceber, portanto, uma ciência estética, a qual exige a autonomia do fato estético como condição necessária.

Seria errôneo, porém, pretender que a proclamada independência da arte, que é a independência da visão ou intuição ou expressão interna do artista, deva ser estendida à atividade prática de exteriorização e comunicação, que pode ou não seguir o fato estético. Se por arte se entende a exteriorização da arte, então a utilidade e a moralidade têm pleno direito de ser nela incluídas; isto é, direito de governar sua própria casa.

De fato, de tantas expressões e intuições que formamos em nosso espírito, nem todas são exteriorizadas e fixadas; tampouco traduzimos cada imagem ou pensamento nosso em voz alta ou os colocamos por escrito ou gravamos, desenhamos, pintamos e expomos ao público. Da multidão das intuições que se formam ou, pelo menos, se esboçam dentro de nós, selecionamos algumas; e tal seleção é regida por critérios de disposição econômica da vida e sua direção moral. Portanto, quando fixamos uma intuição, ainda temos de decidir se convém ou não comunicá-la aos outros, quando e como: ponderações que recaem todas igualmente sob o critério utilitarista e ético.

Encontramos, assim, de certo modo justificados, os conceitos da escolha, do interessante, da moralidade, dos fins educativos, da popularidade, etc., embora não possam de modo algum ser justificados quando impostos à arte enquanto arte, e por isso nós os afastamos da pura estética. O erro sempre contém um elemento de verdade. Quem formulou proposições estéticas errôneas na verdade tinha em vista fatos práticos que se ligam externamente ao fato estético e pertencem à vida econômica e moral.

É conveniente defender ainda maior liberdade no que se refere a tornar conhecidos os meios de reprodução estética; somos da mesma opinião, e legamos projetos de legislação e de ação judicial contra a arte imoral, os hipócritas, os ingênuos e os desperdiçadores de tempo. Mas a proclamação dessa liberdade e o estabelecimento dos seus limites, por mais largos que sejam, é sempre tarefa da moralidade. De todo modo, seria inadequado invocar aquele princípio maior, aquele *fundamentum Aesthetices*, que é a independência da arte, para deduzir dele a inculpabilidade do artista que, na exteriorização de suas imaginações, calcula como um especulador imoral sobre os gostos insalubres de seus leitores, ou a licença dada a vendedores ambulantes para vender estatuetas obscenas em praça pública. Este último caso é assunto de polícia, como o primeiro deve ser levado perante o tribunal da consciência moral. O juízo estético sobre a obra de arte não tem nada que ver com a moralidade do artista enquanto homem prático, ou com as providências a se tomar a fim de que os elementos de arte não sejam desviados para fins malignos estranhos à sua natureza, que é pura contemplação teorética.

16. GOSTO E REPRODUÇÃO DA ARTE

Quando todo o processo estético e de exteriorização é concluído, quando uma bela expressão é produzida e fixada em um material físico definido, o que significa julgá-la? "Reproduzi-la em si mesma", respondem os críticos de arte, quase que a uma só voz. Muito bem. Tentemos compreender esse fato a fundo, e, com esse objetivo em vista, representemo-lo esquematicamente.

O indivíduo "A" busca a expressão de uma impressão que ele sente ou antecipa, mas ainda não expressa. Ei-lo tentando várias palavras e frases que possam lhe dar a procurada expressão, aquela expressão que tem de existir, mas que ele não possui. Tenta a combinação "m", mas a rejeita como inadequada, inexpressiva, incompleta, feia; tenta a combinação "n", com resultado semelhante. Nada vê, ou não vê com clareza. A expressão ainda lhe escapa. Depois de outras tentativas vãs, durante as quais ele às vezes se aproxima, às vezes se afasta, do alvo, de repente (quase como que nascendo espontaneamente de si mesmo), ele forma a procurada expressão e *lux facta est*. Desfruta por um instante do prazer estético ou prazer do belo. O feio, com o seu desagrado correlativo, era a atividade estética que não conseguia vencer o obstáculo; o belo é a atividade expressiva que agora se mostra triunfante.

Tomamos esse exemplo do domínio do discurso por ser mais próximo e acessível, e porque todos falamos, já que nem todos desenhamos ou pintamos. Agora, se outro indivíduo, a quem chamaremos "B", vai julgar aquela expressão e decidir se é bela ou feia, ele tem necessariamente de se colocar no ponto de vista de "A", e passar por todo o processo novamente, com a ajuda do signo físico que lhe foi fornecido por "A". Se "A" viu com clareza, então "B" (que se colocou no ponto de vista de "A") também irá ver com clareza, e sentirá essa expressão como bela. Se "A" não viu claramente, então "B" também não verá claramente, e vai achar a expressão mais ou menos feia, assim como "A".

Poder-se-ia observar que não levamos em consideração outros dois casos: "A" tendo uma visão clara e "B" uma visão obscura; e "A" tendo uma visão obscura e "B" uma visão clara. Estritamente falando, esses dois casos são impossíveis. A atividade expressiva, justamente porque é uma atividade, não é capricho, mas necessidade espiritual; e não pode resolver um problema estético definido salvo de uma maneira, que seja o caminho correto. Objetar-se-á a esta clara afirmação que as obras julgadas belas para os artistas são depois consideradas feias pelos críticos, enquanto outras obras com que os artistas estavam descontentes e consideravam imperfeitas ou falhas são, pelo contrário, consideradas belas e perfeitas pela crítica. Mas, nesse caso, um dos dois está errado: ou os críticos ou os artistas, algumas vezes os artistas, outras vezes os críticos. Aliás, o criador de uma expressão nem sempre percebe plenamente o que está acontecendo em sua alma. Pressa, vaidade, falta de reflexão, preconceitos teóricos fazem com que digamos, e às vezes quase acreditemos, que nossas obras são belas, mas se examinássemos com cuidado, deveríamos considerar feias, como são na realidade. Assim o pobre Dom Quixote, quando recolocou em seu capacete, da melhor forma que pôde, a viseira de papelão – a qual se mostrou ser de fraquíssima resistência no primeiro choque –, cuidou muito bem de não testá-la novamente com um golpe de espada bem aplicado, mas simplesmente a proclamou e a tomou (diz o autor) *"por celada finisima de encaje"*. E em outros casos, as mesmas razões, ou as opostas, mas análogas, perturbam a consciência do artista, e o levam a avaliar mal o que ele produziu com sucesso, ou a se esforçar para desfazer e fazer de novo de modo pior o que ele fez bem na espontaneidade artística. Um exemplo disso é Tasso e sua passagem da *Jerusalém Libertada* à *Jerusalém Conquistada*. Da mesma forma, a pressa, a preguiça, a falta de reflexão, preconceitos teóricos, simpatias pessoais ou animosidades, e outros motivos de tipo semelhante, por vezes induzem os críticos a proclamar feio o que é belo e belo o que é feio. Se eles eliminassem aquelas motivações perturbadoras, sentiriam a obra de arte como ela realmente é, e não deixariam à posteridade, um juiz mais diligente e mais imparcial, a tarefa de conferir o prêmio ou fazer a justiça por eles negados.

A partir do teorema anterior deduz-se que a atividade de julgamento que critica e reconhece o belo é idêntica à que o produz. A única diferença reside na diversidade das circunstâncias, uma vez que, num caso, trata-se de uma questão de produção estética e, no outro, de reprodução. A atividade que julga é chamada de gosto; a atividade produtiva, de gênio: gênio e gosto são, portanto, substancialmente idênticos.

A observação comum de que o crítico deve possuir algo da genialidade do artista, e de que o artista deve possuir gosto, dá um vislumbre dessa identidade; ou a observação de que existe um gosto ativo (produtivo) e um passivo (reprodutivo). Mas ela também é negada em outras observações igualmente comuns, como quando as pessoas falam de gosto sem gênio, ou de gênio sem gosto. Estas últimas observações não têm sentido, a não ser que aludam às diferenças quantitativas ou psicológicas, sendo chamados de gênios sem gosto os que produzem obras de arte inspiradas em suas partes principais, e negligenciadas ou defeituosas nas secundárias, e homens de bom gosto sem gênio os que, embora consigam obter certos méritos isolados ou secundários, não possuem energia suficiente para uma grande síntese artística. Podem facilmente ser oferecidas explicações análogas de outras expressões similares, mas postular uma diferença substancial entre o gênio e o gosto, entre a produção e a reprodução artística, tornaria a comunicação e o julgamento igualmente inconcebíveis. Como podemos julgar o que permaneceu exterior a nós? Como poderia aquilo que é produzido por uma dada atividade ser julgado por uma atividade diferente? O crítico pode ser um pequeno gênio, e o artista um grande gênio; um pode ter a força de dez, e o outro, de cem; o primeiro, a fim de alcançar certa altura, terá necessidade da assistência do outro; mas a natureza de ambos deve permanecer a mesma. Para julgar Dante, temos de nos alçar ao seu nível: e que fique bem entendido que empiricamente não somos Dante, nem Dante pode ser nós; mas naquele momento de contemplação e julgamento, nosso espírito é um só com o do poeta, e naquele momento, nós e ele somos uma coisa só. Nessa identidade, somente, reside a possibilidade de que nossas pequenas almas possam repercutir grandes almas, e crescer muito com elas na universalidade do espírito.

Observemos de passagem que o que foi dito sobre o juízo estético é válido igualmente para qualquer outra atividade e qualquer outro juízo; e que a crítica científica, econômica e ética é feita de forma semelhante. Para nos limitarmos a esta última, somente se nos colocarmos idealmente nas mesmas condições de alguém que tomou determinada resolução, podemos formar um juízo sobre se sua decisão foi moral ou imoral. De outro modo, uma ação permaneceria incompreensível e, portanto, impossível de julgar. Um homicida pode ser um patife ou um herói: se, dentro de limites, isso é indiferente à defesa da sociedade, que condena ambos à mesma pena, não é indiferente àquele que deseja discernir e julgar do ponto de vista moral, e, portanto, não pode prescindir de reconstruir a psicologia individual do homicida, a fim de determinar a verdadeira natureza de seu ato, não apenas em sua natureza jurídica, mas também em seu aspecto moral. Em ética, um gosto ou tato moral é algumas vezes mencionado, respondendo ao que é geralmente chamado de consciência moral, isto é, à própria atividade da boa vontade.

A explicação do juízo ou reprodução estética dada acima tanto concorda com os absolutistas e relativistas como os condena, sendo que eles são os que afirmam e os que negam o caráter absoluto do gosto.

Ao afirmar que o belo pode ser julgado, os absolutistas estão certos; mas a teoria em que se fundamenta essa afirmação não é sustentável, pois eles concebem o belo, ou seja, o valor estético, como algo colocado fora da atividade estética, como um conceito ou um modelo que o artista realiza em seu trabalho, e do qual o crítico se vale depois ao julgar o mesmo trabalho. Esses conceitos e modelos não existem na arte, pois quando proclamam que toda arte pode ser julgada apenas em si mesma e que tem o seu modelo em si, eles implicitamente negam a existência de modelos objetivos de beleza, sejam esses conceitos intelectuais ou ideias suspensas num céu metafísico.

Nessa negação, os adversários, os relativistas, estão perfeitamente certos, e assim fazem um avanço na teoria da crítica. No entanto, a racionalidade inicial da sua tese, por sua vez, converte-se numa teoria falsa. Repetindo o antigo provérbio de que o gosto não se discute, eles acreditam que a expressão estética é da mesma natureza que o agradável e o desagradável, em que cada um sente a seu modo, e sobre os quais não há controvérsia. Mas sabemos que o agradável e o desagradável são fatos utilitários, práticos. Assim, os relativistas negam o caráter específico do fato estético, e mais uma vez confundem expressão com impressão, o teórico com o prático.

A verdadeira solução consiste em rejeitar igualmente o relativismo ou psicologismo e o falso absolutismo; e reconhecer que o critério de gosto é absoluto, mas absoluto de uma forma diferente daquela do intelecto, que se expressa no raciocínio; é absoluto enquanto absoluto intuitivo da imaginação. Assim, qualquer ato de atividade expressiva, que o seja realmente, deve ser reconhecido como belo, assim como o feio será qualquer fato em que a atividade expressiva e a passividade estejam envolvidas uma com a outra numa luta inacabada.

Entre absolutistas e relativistas existe uma terceira classe, que pode ser chamada a dos relativistas relativos. Estes afirmam a existência de valores absolutos em outros campos, como na lógica e na ética, mas a negam no campo da estética. A disputa em ciência ou em moral parece-lhes ser racional e justificável, porque a ciência depende do universal, comum a todos os homens, e a moralidade depende do dever, que é também uma lei da natureza humana; mas como disputar em matéria de arte, que depende da imaginação? Não só, no entanto, a atividade imaginativa é universal e não menos inerente à natureza humana do que o conceito lógico e o dever prático, como há uma objeção preliminar à tese em questão. Se o caráter absoluto da imaginação for negado, também devemos negar a verdade intelectual ou conceitual e, implicitamente, a moralidade. A moralidade não pressupõe distinções lógicas? Como elas poderiam ser conhecidas a não ser em expressões e palavras, isto é, sob a forma imaginativa? Se o caráter absoluto da imaginação fosse removido, a vida do espírito iria tremer em suas fundações. Um indivíduo já não compreenderia o outro, nem a si mesmo num momento anterior, que já seria outro indivíduo considerado um momento depois.

No entanto, a variedade de juízos é um fato incontestável. Homens discordam em avaliações lógicas, éticas e econômicas; e discordam igualmente ou até mais em avaliações estéticas. Se certas razões já registradas por nós anteriormente, tais como pressa, preconceitos, paixões, etc., podem diminuir a importância dessa discordância, elas não a anulam por isso. Ao falar dos estímulos de reprodução, acrescentamos um alerta, dizendo que a reprodução ocorre se todas as outras condições permanecerem iguais. Será que permanecem iguais? A hipótese corresponde à realidade?

Parece que não. Para que se reproduza uma impressão várias vezes por meio de um estímulo material adequado, é necessário que esse estímulo não seja alterado, e que o organismo permaneça nas mesmas condições psíquicas nas quais foi experimentada a impressão que se deseja reproduzir. Ora, é fato que o estímulo físico muda continuamente, e também as condições psicológicas.

Pinturas a óleo escurecem, afrescos desbotam-se, estátuas perdem narizes, mãos e pernas, a arquitetura torna-se ruína, total ou parcialmente, a tradição da execução de uma peça musical é perdida, o texto de um poema é corrompido por maus copistas ou impressão ruim. Esses são exemplos óbvios das mudanças que ocorrem diariamente em objetos ou estímulos físicos. No que se refere às condições psicológicas, não nos deteremos em casos de surdez ou cegueira, ou seja, na perda de ordens inteiras de impressões psíquicas; estes são casos secundários e de menor importância se comparados às fundamentais, diárias, inevitáveis e perpétuas mudanças da sociedade em torno de nós e das condições internas de nossa vida individual. As manifestações fonéticas ou palavras e versos da *Divina Comédia* de Dante devem produzir num cidadão italiano envolvido na política da terceira Roma uma impressão muito diferente da experimentada por um contemporâneo bem informado e íntimo do poeta. A Nossa Senhora de Cimabue ainda está na Igreja de Santa Maria Novella, mas falará ela ao visitante de hoje como falava aos florentinos do século XIII? Mesmo que não estivesse também escurecida pelo tempo, não deveríamos supor que a impressão produzida por ela agora é completamente diferente da de outros tempos? E também no caso do mesmo poeta individual, um poema composto por ele na juventude exercerá a mesma impressão sobre ele quando voltar a lê-lo em sua velhice, com as condições psíquicas totalmente alteradas?

É verdade que alguns estetas tentaram fazer uma distinção entre estímulos e estímulos, entre signos naturais e convencionais. Os primeiros teriam um efeito constante e sobre todos; os últimos, apenas sobre um círculo limitado. Em sua opinião, os signos utilizados na pintura são naturais, e os utilizados na poesia são convencionais. Mas a diferença entre eles é, quando muito, apenas de grau. Diz-se muitas vezes que a pintura é uma linguagem compreensível por todos, ao passo que com a poesia ocorre o contrário. Aqui, por exemplo, Leonardo encontrou uma das prerrogativas de sua arte, "que não tem necessidade de intérpretes de línguas diferentes, como têm as letras", e isso agrada a homens e animais. Ele relata a anedota do retrato de um pai de família "cujos pequeninos costumava acariciar quando ainda estavam em cueiros, e os cães e gatos da casa também". Mas outras anedotas, como a dos selvagens que tomaram em troca o retrato de um soldado pelo de um barco, ou consideraram que o retrato de um homem a cavalo continha apenas uma perna, são capazes de abalar a fé na compreensão da pintura por crianças lactentes, cães e gatos. Felizmente, não são necessárias pesquisas árduas para se convencer de que as imagens, a poesia e todas as obras de arte só produzem efeitos sobre almas preparadas para recebê-las.

Signos naturais não existem; porque todos são igualmente convencionais, ou, para falar com maior exatidão, historicamente condicionados.

Admitindo isso, como conseguiremos fazer a expressão ser reproduzida por meio de um objeto físico? Como obter o mesmo efeito, quando as condições já não são as mesmas? Não seria antes necessário concluir que as expressões não podem ser reproduzidas, apesar dos instrumentos físicos feitos para esse propósito, e que o que se chama de reprodução consiste realmente em expressões sempre novas? Essa seria de fato a conclusão, se as variedades de condições físicas e psíquicas fossem intrinsecamente intransponíveis. Mas desde que a insuperabilidade não tem nenhuma das características da necessidade, devemos, ao contrário, concluir que a reprodução ocorre sempre que podemos nos recolocar nas condições em que o estímulo (beleza física) foi produzido.

Não só podemos nos recolocar nessas condições por uma possibilidade abstrata, mas de fato o fazemos continuamente. A vida individual, que é a comunhão com nós mesmos (com o nosso passado), e a vida social, que é a comunhão com os nossos semelhantes, não seriam possíveis de outro modo.

No que se refere ao objeto físico, paleógrafos e filólogos, que restabelecem textos à sua fisionomia original, restauradores de pinturas e de estátuas e outros trabalhadores diligentes se esforçam justamente para preservar ou restaurar o objeto físico em toda sua energia primitiva. Esses esforços certamente não são sempre alcançados, ou não são totalmente bem-sucedidos, pois nunca ou quase nunca é possível obter uma restauração completa em seus mínimos detalhes. Mas o insuperável é aqui presente apenas acidentalmente, e não deve nos fazer esquecer dos sucessos que efetivamente são alcançados.

A interpretação histórica trabalha, por sua vez, para reintegrar em nós as condições psicológicas que se alteraram no curso da história. Ela ressuscita os mortos, completa o fragmentário e nos permite ver uma obra de arte (um objeto físico) como seu autor a viu no momento da produção.

Uma condição desse trabalho histórico é a tradição, com o auxílio da qual é possível recolher os raios dispersos e concentrá-los num foco. Com a ajuda da memória, cercamos o estímulo físico de todos os fatos entre os quais ele surgiu; e assim, permitimos a ele agir sobre nós do mesmo modo que agiu sobre quem o produziu.

Onde a tradição é quebrada, a interpretação é interrompida; nesse caso, os produtos do passado permanecem calados para nós. Assim, as expressões contidas nas inscrições etruscas ou messápias são inatingíveis; por isso ainda ouvimos discussões entre os etnógrafos sobre se determinados produtos da arte de selvagens são pinturas ou escritos; assim, arqueólogos e pré-historiadores nem sempre são capazes de estabelecer com certeza se as figuras encontradas na cerâmica de uma determinada região, e em outros instrumentos utilizados, são de natureza religiosa ou profana. Mas a interrupção da interpretação, como a da restauração, nunca é uma barreira definitivamente intransponível; e as descobertas diárias de novas fontes históricas e de novos métodos de explorar melhor o antigo, que podemos esperar ver sempre se aperfeiçoando, reúnem novamente tradições rompidas.

Não queremos negar que a interpretação histórica errônea às vezes produza o que pode ser chamado de palimpsestos, novas expressões impostas às antigas, fantasias artísticas em vez de reproduções históricas. O chamado "fascínio do passado" depende, em parte, dessas nossas expressões que tecemos sobre o histórico. Assim foi descoberta na arte plástica grega a intuição de vida calma e serena desses povos, que, no entanto, sentiam a tristeza universal de forma tão pungente; assim "o terror do ano mil" foi recentemente percebido nos rostos dos santos bizantinos, um terror que é um equívoco histórico, ou uma lenda artificial inventada pelos estudiosos posteriores. Mas a crítica histórica tende precisamente a circunscrever fantasias e a estabelecer exatamente o ponto de vista do qual devemos olhar.

Por meio do processo acima descrito, vivemos em comunicação com outros homens do presente e do passado; e não devemos concluir que – pelo fato de que às vezes, e, de fato, muitas vezes, nos encontramos com um desconhecido ou um pouco conhecido –, quando cremos estar envolvidos em um diálogo, estamos sempre fazendo um monólogo; ou que somos incapazes até mesmo de repetir o monólogo que anteriormente tivemos com nós mesmos.

17. A HISTÓRIA DA LITERATURA E DA ARTE

Esta breve exposição do método pelo qual se obtém a reintegração das condições originais em que foi produzida a obra de arte e, consequentemente, a possibilidade de reprodução e julgamento, mostra quão importante ofício cumprem as pesquisas históricas concernentes às obras de arte e literárias; eis o que normalmente se chama o método ou a crítica histórica na literatura e na arte.

Sem a tradição e a crítica histórica, o prazer que se tira de todas ou quase todas as obras de arte seria irremediavelmente perdido: seríamos pouco mais que animais, imersos apenas no presente ou no passado bem próximo. É insensato desprezar e rir de alguém que reconstitui um texto autêntico, explica o sentido de palavras e costumes esquecidos, investiga as condições em que um artista viveu, e dedica-se a todos os trabalhos que fazem reviver as qualidades e o colorido original das obras de arte.

Por vezes, emite-se um julgamento depreciativo ou negativo acerca da suposta ou real inutilidade de muitas pesquisas históricas destinadas a nos dar uma verdadeira compreensão de obras de arte. Mas deve se observar, em primeiro lugar, que as pesquisas históricas não visam apenas auxiliar na reprodução e avaliação das obras de arte: a biografia de um escritor ou de um artista, por exemplo, e o estudo dos costumes de uma época, tem também fins e interesses próprios alheios à história da arte, mas não às outras formas de historiografia. Se com isso se pretende dizer que tais pesquisas parecem inúteis, deve-se observar ainda que o historiador necessita adaptar-se à função útil, mas inglória de um colecionador de fatos, e que tais fatos permanecem, por enquanto, sem forma, incoerentes e sem sentido, mas são reservas ou fontes abundantes para o historiador do futuro e quem possa ter a necessidade para alguma finalidade. Da mesma forma, nas prateleiras de uma biblioteca há livros catalogados que ninguém pega para ler, mas que podem eventualmente ser retirados. Decerto, assim como um bibliotecário inteligente dá a preferência à aquisição e catalogação dos livros que podem ser úteis e melhores, assim também os pesquisadores inteligentes têm maior aptidão sobre aquilo que serve, ou poderá ser mais útil em meio ao material que estão examinando; outros, menos inteligentes, menos capazes ou mais apressadamente produtivos, acumulam trastes inúteis, lixos e coisas varridas, e perdem-se em sutilezas e discussões mesquinhas. Mas isso pertence à economia da pesquisa, e não nos interessa. Diz respeito, no máximo, ao mestre que escolhe os assuntos, à editora que paga pela impressão e ao crítico que é chamado a elogiar ou culpar os pesquisadores.

Por outro lado, é evidente que a pesquisa histórica dirigida a iluminar uma obra de arte não é por si só suficiente para trazê-la à luz em nosso espírito, e nos colocar em posição de julgá-la, mas pressupõe o gosto, isto é, uma imaginação alerta e cultivada. A maior erudição histórica pode ser acompanhada por um gosto grosseiro ou deficiente, uma imaginação lenta, ou, como se diz comumente, um coração frio e fechado à arte. Qual o menor mal: uma grande erudição de mau gosto, ou um gosto normal acompanhado de grande ignorância? Tem-se feito muitas vezes essa pergunta, e, talvez, fosse melhor negá-la, porque não se pode dizer qual dos dois males é o menor, e assim não há sentido algum em fazê-la. O mero erudito, que nunca consegue entrar em comunhão direta com os grandes espíritos, continua a vagar para sempre pelas arcadas, escadas e antecâmaras de seus palácios; mas o ignorante dotado, ou passa indiferente por obras que lhe são inacessíveis, ou em vez de entender as obras de arte como realmente são, transforma-as em outras com sua imaginação. Ora, o trabalho do erudito pode ao menos servir para iluminar os outros, mas a genialidade do ignorante continua, em relação ao saber, de todo estéril. Como, então, sob o aspecto científico, poderemos deixar de preferir o erudito consciencioso ao crítico genial, mas não concludente que, portanto, não é realmente genial, mas se resigna, e de fato se resigna, a vagar longe da verdade?

Devemos distinguir, com precisão, a história da arte e da literatura dos trabalhos históricos em que são utilizadas obras de arte, mas para fins diversos (como biografia, história civil, religiosa, política, etc.), e também de erudição histórica direcionada à preparação da síntese estética da reprodução.

A diferença dos dois primeiros é óbvia. A história da literatura e da arte tem por objeto principal as próprias obras de arte; esses outros trabalhos invocam e interrogam as obras de arte, mas apenas como testemunhos e documentos por meio dos quais se descobre a verdade dos fatos que não são estéticos. A segunda diferença a que nos referimos pode parecer menos profunda. No entanto, é muito grande. A erudição, direcionada a iluminar o entendimento das obras de arte, visa simplesmente dar origem a determinado fato interno, uma reprodução estética. A história artística e literária, por outro lado, não nasce até que tal reprodução seja obtida. Implica, portanto, uma nova etapa de trabalho.

Como todos os gêneros da história, seu escopo é registrar com precisão quais fatos realmente ocorreram; no caso, os fatos artísticos e literários. Se depois de ter adquirido a erudição histórica necessária, alguém reproduz em si mesmo e prova o gosto de uma obra de arte, então pode escolher ser um mero homem de bom gosto, ou, no máximo, expressar seu próprio sentimento com uma exclamação de louvor ou condenação. Mas isso não basta para alguém se tornar historiador da literatura e da arte: à simples reprodução deve seguir uma nova operação mental, que, por sua vez, é uma expressão, a expressão da reprodução, a descrição, exposição ou representação histórica. Eis então a diferença entre o homem de bom gosto e o historiador: o primeiro reproduz simplesmente, em seu espírito, a obra de arte; o segundo, depois de tê-la reproduzido, representa-a historicamente, aplicando as categorias pelas quais, como sabemos, a história se distingue da pura arte. A história da arte e da literatura é, portanto, uma obra de arte histórica originada a partir de uma ou mais obras de arte.

A designação "crítico de arte" ou "crítico literário" assume vários sentidos: por vezes, é aplicada ao erudito, que dedica seus serviços à literatura, por outras, ao historiador que expõe na sua realidade as obras artísticas do passado; no mais das vezes, a ambos. Certas vezes, por crítico se entende, em sentido mais restrito, quem julga e descreve as obras literárias contemporâneas; por historiador, quem trata das obras menos recentes. São estes os usos linguísticos e distinções empíricas que podem ser ignoradas, porque a verdadeira diferença está entre o chamado erudito de bom gosto e o historiador da arte. Esses termos designam como que três fases sucessivas de trabalho, cada uma independente relativamente, ou seja, dizem respeito à seguinte, mas não à precedente. Como vimos, alguém pode ser um mero erudito, com pouca capacidade de entender as obras de arte; pode mesmo ser alguém erudito e de bom gosto, capaz de entendê-las, mas não ser capaz de repensá-las ao escrever uma página de história da arte e da literatura. Porém, o historiador verdadeiro e completo, embora contendo em si, como pré-requisitos necessários, tanto o erudito como o homem de bom gosto, deve adicionar a essas qualidades o dom de compreensão e representação histórica.

A teoria do método histórico, artístico e literário apresenta problemas e dificuldades, alguns comuns à teoria do método histórico em geral, e outros que lhe são peculiares, porque derivam do próprio conceito de arte.

A história costuma ser dividida em história da humanidade, história natural e história mesclada de ambas. Sem examinar agora a solidez dessa divisão, fica claro que a história da arte e da literatura pertence, sob todos os aspectos, à história da humanidade, uma vez que se trata de uma atividade espiritual, isto é, uma atividade própria do homem. E uma vez que essa atividade é a sua matéria, disso se conclui como é absurdo se propor o problema histórico da origem da arte: é bom notar que sob essa fórmula frequentemente se incluíram muitas coisas diferentes. Com muita frequência, origem significa natureza ou qualidade do fato artístico; nesse caso se visava um problema científico ou filosófico real, exatamente o tipo de problema que o nosso tratado tem, a seu modo, tentado resolver. Outras vezes, por origem entende-se a gênese ideal, a busca da razão da arte, a dedução do fato artístico a partir de um primeiro princípio que contém em si o espírito e a natureza: eis aqui outro problema filosófico, complementar ao problema anterior, ou melhor, que coincide com ele, embora, por vezes, tenha sido estranhamente interpretado e resolvido mediante metafísicas arbitrárias e semifantásticas. Mas quando se quis descobrir, com exatidão, de que maneira a arte se formou historicamente, caiu-se no absurdo que já mencionamos. Se a expressão é forma da consciência, como podemos procurar a origem histórica do que não é produto da natureza e é pressuposto da história humana? Como atribuir a gênese histórica de algo que é uma categoria por força da qual se compreende toda gênese e todo fato histórico? O absurdo surgiu da comparação com as instituições humanas que se formaram no curso da história e que desapareceram ou podem desaparecer ao longo desta. Entre o fato estético e uma instituição humana, como o matrimônio monogâmico ou o feudo, existe, para usar uma comparação facilmente apreensível, a diferença que há entre os corpos simples e compostos em química: não é possível indicar a fórmula de composição do primeiro, pois, se fosse possível, não seria simples; caso fosse descoberta, deixaria de ser elemento simples e passaria a ser composto.

O problema da origem da arte, historicamente entendido, justifica-se apenas quando é proposto para investigar, não a formação da categoria artística, mas onde e quando a arte surgiu pela primeira vez, isto é, apareceu de modo relevante, em que lugar ou região do globo, em que momento ou época de sua história, ou seja, quando se investiga a história mais antiga ou primitiva da arte e não a sua origem. Problema este que se identifica com o problema da aparição da civilização na Terra. Faltam-nos dados para resolvê-lo, mas resta ainda a possibilidade abstrata de solução, e muitas hipóteses e tentativas foram feitas nesse sentido.

Cada representação da história humana tem o conceito de progresso como critério constitutivo. Mas por progresso não se deve entender uma lei fantástica de progresso que, com força irresistível, conduziria as gerações humanas a algum destino definitivo, segundo um plano providencial que poderíamos adivinhar e então entender de maneira lógica. Supor alguma lei desse gênero é o mesmo que negar a própria história, seria negar a contingência, ou, melhor dizendo, a liberdade que distingue o processo histórico de qualquer processo mecânico. Pela mesma razão, o progresso não tem nada a ver com a chamada lei da evolução, pois, se tal lei significa que a realidade evolui (sendo realidade apenas na medida em que evolui ou vem a ser), não pode ser chamada lei; e, se for dada como lei, torna-se idêntica à lei do progresso no sentido falaz ora exposto. O progresso de que falamos aqui não é nada mais que o próprio conceito da atividade humana, que, trabalhando sobre a matéria que lhe é fornecida pela natureza, vence seus obstáculos e a submete a seus próprios fins.

Tal concepção do progresso, ou seja, da atividade humana aplicada a um dado material, é o que move o historiador da humanidade. Apenas um simples coletor de fatos não relacionados, ou mero pesquisador, ou cronista incoerente, não pode montar a menor narrativa de feitos humanos, a menos que tenha seu próprio critério determinado, isto é, uma convicção pessoal sobre o conceito dos fatos cuja história pretenda narrar. Ninguém pode começar da massa confusa e discordante dos fatos brutos e chegar à obra de arte histórica a não ser por meio dessa apercepção que torna possível esculpir uma representação definida naquela massa grosseira e indigesta. O historiador de uma ação prática deve saber o que é a economia e o que é moral; o historiador da matemática, o que é a matemática; o historiador da botânica, o que é botânica; o historiador da filosofia, o que é filosofia. Se realmente não conhece os assuntos de que trata, deve ao menos ter a ilusão de conhecê-los, caso contrário ele não conseguirá nem mesmo iludir-se de que está escrevendo alguma história.

Não podemos nos estender aqui no sentido de demonstrar a necessidade e indefectibilidade desse critério subjetivo verificável em cada narrativa das obras e feitos humanos (que é compatível com a máxima objetividade, imparcialidade e rigor no trato dos dados de fato, pois, na verdade, são elementos constitutivos dessas virtudes), basta ler qualquer livro de história para descobrir ao mesmo tempo o ponto de vista do autor, se ele é um historiador digno do nome e conhecer seu próprio negócio. Há historiadores liberais e historiadores reacionários, racionalistas e católicos que lidam com a história política ou social; há historiadores metafísicos, empíricos, céticos, idealistas, espiritualistas que lidam com a história da filosofia: historiadores puramente historiadores não existem nem podem existir. Será que, no passado, Tucídides e Políbio, Tito Lívio e Tácito, Maquiavel e Guicciardini, Giannone e Voltaire desconheciam totalmente os conceitos políticos e morais, ou mais recentemente Guizot e Thiers, Macaulay ou Balbo, Ranke ou Mommsen? E, na história da filosofia, de Hegel – que foi o primeiro a elevá-la a uma grande altura –, a Ritter, Zeller, Cousin, Lewes, sem nos esquecermos de nosso Spaventa, qual deles não professou alguma concepção de progresso ou algum critério de julgamento? Existe uma única obra de valor sobre a história da estética que não tenha sido escrita sob esse ou aquele ponto de vista, desse ou daquele viés histórico (hegeliano ou herbatiano), do ponto de vista sensualista, eclético ou qualquer outro que seja? Se para escapar da inevitável necessidade de tomar partido, o historiador fosse obrigado a se tornar um eunuco, político ou cientista – e escrever história não é ocupação para eunucos –, ele serviria, no máximo, para compilar esses grandes volumes de erudição não inútil, *elumbis atque fracta*, que é chamada, não sem razão, de fradesca.

Se, pois, um conceito de progresso, um ponto de vista, um critério são inevitáveis, o melhor a ser feito não é tentar escapar deles, mas procurar obter o melhor. Cada um tende a esse fim do jeito que pode, formando laboriosa e seriamente as próprias convicções. Não se pode dar crédito aos historiadores que dizem interrogar os fatos sem nada acrescentar de próprio; quando muito, isso é apenas ingenuidade e ilusão deles: se forem verdadeiros historiadores, hão de acrescentar sempre algo de próprio, mesmo sem se dar conta; ou imaginam ter evitado algo de próprio apenas por deixarem subentendido, o que, na verdade, é o modo mais insinuante, penetrativo e eficaz de fazê-lo.

A história artística e literária, como todos os demais ramos da história, não pode dispensar o critério de progresso. O que vem a ser verdadeiramente certa obra de arte, não é possível explicar senão partindo de uma concepção de arte a fim de fixar o problema artístico que seu autor se propôs, determinando ou não se o resolveu, ou quanto e de que modo se manteve longe da solução. Contudo, é importante notar que na história da arte e da literatura o critério do progresso assume uma forma diferente da que apresenta (ou, ao menos se crê que apresente) na história da ciência.

Costuma-se representar toda a história da ciência mediante uma única linha de progresso e regresso. A ciência é o universal, e seus problemas pertencem a um único e vasto sistema ou problema abrangente. Todos os pensadores se debruçaram sobre o problema da natureza da realidade e do conhecimento: contemplativos da Índia e filósofos gregos, cristãos e maometanos, cabeças descobertas e cabeças com turbantes, cabeças com perucas e cabeças encimadas por barretes negros, como disse Heine; e as futuras gerações farão o mesmo, como a nossa também tem feito. Se isso é verdade ou não para a ciência, seria difícil discutir aqui. Mas certamente não é verdade para a arte: a arte é a intuição e a intuição é individualidade, e individualidade não se repete. Seria, portanto, completamente errôneo conceber a história da produção artística da humanidade sobre uma única linha progressiva e regressiva.

No máximo, e aceitando, até certo ponto, generalizações e abstrações, pode-se admitir que a história das produções estéticas apresentam, sim, ciclos progressivos, mas cada ciclo com o seu próprio problema, sendo progressivo apenas em relação a tal problema. Quando muitos se esforçam em torno de uma matéria que incide sobre si mesma, sem conseguir lhe dar a forma adequada, embora fique sempre mais próxima dessa forma, diz-se que há progresso; e, quando sobrevém quem lhe dá a forma definitiva, diz-se que o ciclo se fechou e o progresso terminou. Um típico exemplo disso pode ser (e que se tome apenas como exemplo e se tolere a excessiva simplificação) o progresso que se deu, de Pulci a Ariosto, na elaboração do modo de sentir a matéria cavaleiresca durante o Renascimento italiano. Nada se encontra aí além de repetição e de imitação, diminuição ou exagero, uma deterioração, enfim, do que já tinha sido feito: eis tudo o que poderia resultar ao se insistir no uso desse mesmo assunto após Ariosto; os epígonos de Ariosto provam isso. O progresso começa ao se recomeçar um novo ciclo. Aberta e conscientemente irônico, Cervantes é um exemplo disso. E em que consistiria a decadência geral da literatura italiana no final do século XVI senão no fato de não ter mais nada a dizer e repetir, exagerando os motivos já usados? Se os italianos daquele período tivessem sido capazes de expressar sua própria decadência, não teriam caído tanto, e teriam antecipado o movimento literário do *Risorgimento*. Quando a matéria não é a mesma, não se verifica um ciclo progressivo. Shakespeare não é uma superação de Dante, nem Goethe de Shakespeare. Dante, no entanto, é um avanço em relação aos visionários da Idade Média; Shakespeare, em relação aos dramaturgos do período elisabetano; Goethe, com *Werther* e o primeiro *Fausto*, em relação aos escritores do período *Sturm und Drang*. No entanto, essa maneira de apresentar a história da poesia e da arte contém, como já advertimos, algo de abstrato, que tem valor meramente prático e sem nunca se alçar ao *status* do que é rigorosamente filosófico. Assim, a arte dos selvagens não é inferior, enquanto arte, à arte dos povos mais civilizados, se de fato corresponde às impressões do selvagem; cada indivíduo, porém, e mesmo cada momento da vida espiritual de um indivíduo, tem o seu mundo artístico e todos esses mundos são artisticamente incomparáveis entre si.

Muitos pecaram e pecam contra essa forma especial de critério de progresso na história artística e literária. Há, por exemplo, quem se proponha a falar da infância da arte italiana em Giotto, e de sua maturidade em Rafael ou Ticiano, como se Giotto não fosse completo e perfeitíssimo se considerarmos a matéria sentimental que o movia. Ele decerto não seria capaz de desenhar um corpo como Rafael, ou de colori-lo como Ticiano, mas será que Rafael ou Ticiano seriam capazes de criar o *Casamento de São Francisco com a Pobreza*, ou a *Morte de São Francisco*? O espírito de Giotto não sentia atração pela pujança corporal que o Renascimento pôs em lugar de honra e tornou objeto de estudo; os espíritos de Rafael e de Ticiano não estavam mais interessados em certos movimentos de ardor e de ternura que apaixonavam os artistas do *Trecento*. Como, então, compará-los se falta justamente um termo de comparação?

Padecem do mesmo defeito as célebres divisões da história da arte: o período oriental representaria uma falta de equilíbrio entre ideia e forma, com prevalência desta última; o período clássico representaria o equilíbrio entre ideia e forma; o período romântico representaria uma nova falta de equilíbrio entre ideia e forma, com prevalência da ideia; o mesmo se diga da imperfeição desta outra divisão: a arte oriental representaria a imperfeição da forma; a clássica, a perfeição da forma; a romântica ou moderna, a perfeição de conteúdo e forma. Como se vê, entre tantos outros significados, clássico e romântico receberam o significado de períodos históricos progressivos ou regressivos no que diz respeito à realização de não se sabe qual ideal artístico da humanidade.

Propriamente falando, não existe um progresso estético da humanidade. No entanto, por progresso estético não se entende o que a justaposição dessas duas palavras realmente significa, senão a acumulação cada vez maior do nosso conhecimento histórico, que nos faz simpatizar com as produções artísticas de todos os povos e de todos os tempos, ou, como se diz, amplia os horizontes do nosso gosto artístico. A diferença parece ser muito grande se, por exemplo, os gostos do século XVIII, tão incapazes de fugir de si mesmos, forem comparados aos de nosso próprio tempo, que aprecia tanto a arte grega como a romana, mais bem compreendida agora, e também a arte bizantina, a medieval, a árabe e a do Renascimento, a arte do século XVI, a arte barroca, a do século XVII, sem contar os aprofundamentos sobre a arte egípcia, babilônica e etrusca, e até mesmo a arte pré-histórica. É certo que a diferença entre o homem selvagem e o civilizado não reside nas faculdades humanas. Os selvagens têm, como o homem civilizado, a fala, o intelecto, a religião e a moralidade: é um homem completo. A única diferença reside no fato de que o homem civilizado, com a sua atividade teórica e prática, penetra e domina uma parcela maior do universo. Não podemos pretender ser mais espiritualmente alertas que, por exemplo, os contemporâneos de Péricles; mas quem pode negar que somos mais ricos do que eles? Ricos de suas riquezas e de tantos outros povos e gerações, além das que conseguimos por conta própria?

Outro sentido de progresso estético, embora impróprio, é o da abundância de intuições artísticas e o menor número de trabalhos imperfeitos ou inferiores que uma época produz em relação a outra. Assim, pode-se dizer que houve um despertar artístico na Itália no final do século XIII ou no final do século XV.

Finalmente, o terceiro sentido de progresso estético, quando consideramos a maior complexidade e refinamento de estados de alma observados nas obras de arte dos povos mais civilizados em comparação com as dos povos menos civilizados ou de bárbaros e selvagens. Mas, nesse caso, o progresso que há é o das condições psicossociais, que são mais abrangentes, e não da atividade artística, à qual a matéria é indiferente.

Esses são os pontos mais importantes a serem considerados no método da história artística e literária.

18. CONCLUSÃO

IDENTIDADE DE LINGUÍSTICA E ESTÉTICA

Um olhar sobre o caminho percorrido mostrará que completamos todo o programa de nosso tratado. Estudamos a natureza do conhecimento intuitivo ou expressivo, que é o ato estético ou artístico (1 e 2), e descrevemos a outra forma de conhecimento, a intelectual, e as complicações consecutivas dessas formas (3); assim, tornou-se possível para nós criticar todas as teorias estéticas errôneas decorrentes da confusão entre as várias formas e da transferência ilícita das características de uma forma para outra (4), indicando ao mesmo tempo os erros opostos encontrados na teoria do conhecimento intelectual e da historiografia (5). Passando a examinar as relações entre a atividade estética e as outras atividades do espírito, não mais teoréticas, mas práticas, assinalamos o verdadeiro caráter da atividade prática e o lugar que ocupa em relação à atividade teorética; daí a crítica da intromissão de conceitos práticos na teoria estética (6); distinguimos as duas formas da atividade prática em econômica e ética (7), chegando à conclusão de que não existem outras formas do espírito além das quatro analisadas; daí (8) a crítica de toda estética mística ou imaginativa. E uma vez que não existem outras formas espirituais coordenadas com estas, então não há subdivisões originais das quatro estabelecidas, e em particular da estética. Isso resulta na impossibilidade de classes de expressões e na crítica da retórica, isto é, da expressão ornamentada, distinta da expressão simples, e de outras distinções e subdistinções semelhantes (9). Mas, pela lei da unidade do espírito, o ato estético é também um ato prático, e, como tal, ocasiona prazer e dor. Isso nos levou a estudar os sentimentos de valor em geral, e os de valor estético ou do belo em particular (10), a criticar o hedonismo estético em todas as suas diversas manifestações e complicações (11), e a expulsar do sistema da estética a longa série de conceitos psicológicos que nele haviam sido introduzidos (12). Partindo da produção estética ao processo da reprodução, começamos a investigar a fixação externa da expressão estética com a finalidade da reprodução. Este é o chamado "belo físico", seja natural ou artificial (13). Derivamos da distinção a crítica dos erros que surgem ao confundir-se o aspecto físico com a interioridade estética (14). Determinamos o significado da técnica artística, aquela técnica que está a serviço da reprodução, criticando, assim, as divisões, os limites e as classificações das artes individuais, e estabelecendo as relações entre arte, economia e moralidade (15). Dado que a existência de objetos físicos não basta para estimular ao máximo a reprodução estética, e dado que, para obtê-la, é preciso recordar as condições nas quais o estímulo operou inicialmente, estudamos também a função da erudição histórica, voltada para o estabelecimento da comunicação entre a imaginação e as obras do passado, e para servir de base ao julgamento estético (16). Concluímos o nosso tratado mostrando como a reprodução assim obtida é depois elaborada pelas categorias do pensamento, isto é, por um exame do método da história literária e artística (17).

O ato estético, em suma, foi considerado tanto em si mesmo como nas suas relações com as outras atividades espirituais, com os sentimentos de prazer e de dor, com os chamados fatos físicos, com a memória e com o tratamento histórico. Ele passou diante de nós como sujeito até se tornar objeto, isto é, desde o momento de seu nascimento até ser gradualmente transformado pelo espírito em questão de história.

Nosso tratado pode parecer um pouco diminuto quando externamente comparado com os grandes volumes em geral dedicados à estética. Mas não o parecerá quando percebermos que esses volumes estão, em 90%, cheios de matérias não pertinentes, tais como definições psicológicas ou metafísicas, de conceitos pseudoestéticos (o sublime, o cômico, o trágico, o humorístico, etc.), ou da exposição das supostas zoologia, botânica e mineralogia da estética, e da história universal esteticamente considerada; e que toda a história da arte concreta e da literatura também foi arrastada para dentro daquelas estéticas e ali mutilada, e que essas últimas contêm juízos sobre Homero e Dante, Ariosto e Shakespeare, Beethoven e Rossini, Michelangelo e Rafael. Podemos nos congratular pelo fato de que o nosso tratado não será considerado muito fraco, mas, pelo contrário, muito mais rico do que os tratados comuns, os quais ora omitem completamente, ora quase não tocam em absoluto a maior parte dos problemas difíceis próprios da estética, sobre os quais sentimos o dever de trabalhar para termos condições de dar aos estudiosos precisas fórmulas de resolução.

Mas, embora a estética como ciência da expressão tenha sido estudada por nós em todos os seus aspectos, resta justificar o subtítulo que acrescemos ao título do nosso livro, *Linguística Geral*, para afirmar e deixar clara a tese de que a ciência da arte e a ciência da linguagem, a estética e a linguística, concebidas como verdadeiras ciências, não são duas coisas distintas, mas uma só. Não que haja uma linguística especial; mas a muito solicitada ciência da linguagem, a linguística geral, na medida em que contém o que é redutível à filosofia, nada mais é que estética. Quem quer que estude a linguística geral, isto é, a linguística filosófica, estuda problemas estéticos, e vice-versa. Filosofia da linguagem e filosofia da arte são a mesma coisa.

Se a linguística fosse uma ciência realmente diferente da estética, não teria como seu objeto a expressão, que é o fato essencialmente estético; isto é, teríamos de negar que linguagem é expressão. Mas uma emissão de sons que não expressa nada não é linguagem. A linguagem é o som articulado, circunscrito e organizado para fins de expressão. Se, por outro lado, a linguística fosse uma ciência especial em relação à estética, ela teria necessariamente como seu objeto uma classe especial de expressões. Mas a inexistência de classes de expressões é um ponto que já foi demonstrado.

Os problemas que a linguística tenta resolver, e os erros nos quais a linguística esteve e está envolvida, são os mesmos que, respectivamente, ocupam e complicam a estética. Se não é sempre fácil, é por outro lado sempre possível reduzir as questões filosóficas de linguística à sua fórmula estética.

As próprias disputas quanto à natureza de uma encontram paralelo naquelas quanto à natureza da outra. Assim, tem-se discutido se a linguística é uma disciplina histórica ou científica; e, tendo sido o científico distinguido do histórico, perguntou-se se ele pertence à ordem das ciências naturais ou das psicológicas, entendendo por estas últimas a psicologia empírica, bem como as ciências do espírito. O mesmo aconteceu com a estética, que alguns consideram uma ciência natural (confundindo o sentido estético com o sentido físico da palavra "expressão"). Outros a consideram como uma ciência psicológica (confundindo a expressão em sua universalidade com a classificação empírica de expressões). Outros, ainda, negando a própria possibilidade de uma ciência sobre esse assunto, transformam-na em uma simples coleção de fatos históricos; nenhum deles alcançando a consciência da estética como uma ciência de atividade ou de valor, uma ciência do espírito.

A expressão linguística, ou fala, muitas vezes pareceu ser um fato da interjeição, que pertence às chamadas expressões fisiológicas dos sentimentos, comuns a homens e animais. Mas logo foi percebido que um abismo se abre entre um "Ai!", reflexo da dor física, e uma palavra, como também entre aquele "Ai!" indicativo de dor e o "Ai!" empregado como uma palavra. Abandonada a teoria da interjeição (jocosamente chamada de teoria "Ai! Ai!" por linguistas alemães), a teoria da associação ou convenção apareceu, passível da mesma objeção que destruiu o associacionismo estético em geral: a fala é unidade, não multiplicidade de imagens, e a multiplicidade não explica, mas na verdade pressupõe a expressão a ser explicada. Uma variante do associacionismo linguístico é a imitativa, isto é, a teoria da onomatopeia, que os próprios filólogos ridicularizam sob o nome de teoria do "au-au", da imitação do latido do cão, que, de acordo com os onomatopeístas, deveria ter dado nome ao cão.

A teoria mais comum do nosso tempo em matéria de linguagem (além do mero naturalismo grosseiro) consiste em uma espécie de ecletismo ou mistura das várias teorias a que nos referimos. Supõe-se que a linguagem seja produto em parte de interjeições e em parte da onomatopeia e da convenção. Essa doutrina é totalmente digna da decadência filosófica da segunda metade do século XIX.

Devemos aqui notar um erro em que caíram aqueles mesmos filólogos que melhor discerniram a natureza ativista da linguagem, quando afirmaram que, embora a linguagem tenha sido originalmente uma criação espiritual, depois se desenvolveu por associação. Mas a distinção não se sustenta, pois "origem", neste caso, não pode significar outra coisa que não "natureza" ou "caráter"; e se a linguagem é criação espiritual, deve ser sempre criação; se é associação, deve ter sido assim desde o início. O erro surgiu por se ter fracassado em compreender o princípio geral da estética, por nós conhecido: que expressões já produzidas devem se rebaixar ao posto de impressões para dar origem a novas expressões. Quando proferimos palavras novas, nós geralmente transformamos as antigas, alterando ou ampliando seu significado; mas esse processo não é associativo, é criativo, embora a criação tenha como material as impressões, não do hipotético homem primitivo, mas do homem que viveu longos séculos em sociedade, e que, por assim dizer, tem tantas coisas armazenadas em seu organismo psíquico, e entre elas tanta linguagem.

O problema da distinção entre o fato estético e o fato intelectual aparece na linguística, assim como o das relações entre a gramática e a lógica. Esse problema foi resolvido de duas maneiras parcialmente verdadeiras: a inseparabilidade e a separabilidade de lógica e gramática. Mas a solução completa é esta: se a forma lógica é inseparável da gramatical (estética), a gramatical é separável da lógica.

Se olharmos para uma imagem que, por exemplo, retrata um homem caminhando em uma estrada rural, podemos dizer:

> Esta imagem representa um fato de movimento, que, se concebido como voluntário, é chamado de ação; e uma vez que cada movimento implica um objeto material, e cada ação um ser que age, esta imagem também representa um objeto material ou ser. Mas esse movimento ocorre num local definido, o qual é uma parte de um corpo celeste definido (a Terra), e precisamente uma parte dela que se chama terra firme, e mais precisamente uma parte desta que é arborizada e coberta de grama, que é chamada de campo, cortada natural ou artificialmente em uma forma chamada estrada. Ora, há apenas um exemplar daquele astro que se chama de Terra: a terra é um indivíduo. Mas a terra firme, o campo, a estrada são gêneros ou universais porque há outras terras firmes, outros campos, outras estradas.

E seria possível continuar por um tempo com considerações semelhantes. Ao substituir, pela pintura que imaginamos, uma frase, para esse efeito, por exemplo: "Pedro caminha em uma estrada rural", e fazendo as mesmas observações, obtemos os conceitos de verbo (movimento ou ação), de substantivo (objeto material ou agente), de nome próprio, de nome comum, e assim por diante.

O que fizemos em ambos os casos? Nem mais nem menos do que submeter à elaboração lógica o que de início se apresentou apenas esteticamente; isto é, destruímos o estético em favor do lógico. Mas, se na estética geral o erro começa quando queremos voltar do lógico para o estético e perguntar o que é a expressão do movimento, da ação, da matéria, do ser, do geral, do indivíduo, etc.; assim, no caso da linguagem, o erro começa quando o movimento ou a ação são chamados de verbo, o ser ou a matéria de nome ou substantivo, e quando categorias linguísticas, ou partes do discurso, são feitas a partir disso tudo, substantivo e verbo e assim por diante. A teoria das partes do discurso é de fato idêntica à dos gêneros artísticos e literários, já criticados em nossa *estética*.

É falso dizer que o verbo ou o substantivo são expressos em palavras definidas, realmente distintas das outras. A expressão é um todo indivisível. Substantivo e verbo não existem nela, mas são abstrações feitas por nós, e destroem a única realidade linguística, que é a sentença. Esta última deve ser entendida, não na forma mais comum às gramáticas, mas como um organismo expressivo de sentido completo que inclui tanto a exclamação mais simples quanto um grande poema. Isso soa paradoxal, mas é, no entanto, a verdade mais simples.

E visto que em estética as produções artísticas de certos povos foram consideradas imperfeitas, devido ao erro acima mencionado, porque os supostos gêneros pareciam ainda não ter sido discriminados, ou por serem em parte deficientes; assim, em linguística, a teoria das partes do discurso provocou o erro análogo de julgar as línguas como moldadas ou não moldadas, de acordo com o aparecimento nelas, ou não, de alguma das supostas partes do discurso; por exemplo, o verbo.

A linguística também descobriu a individualidade irredutível do fato estético quando afirmou que a palavra é o realmente falado, e que duas palavras verdadeiramente idênticas não existem. Assim foram destruídos os sinônimos e homônimos, e assim foi revelada a impossibilidade de traduzir realmente uma palavra em outra, do chamado dialeto para a assim chamada língua, ou da dita língua materna para a denominada língua estrangeira.

Mas a tentativa de classificar as línguas dificilmente concorda com esse justo ponto de vista. Línguas não têm realidade além das proposições e complexos de proposições realmente escritos e pronunciados por dadas pessoas em períodos definidos; ou seja, fora das obras de arte em que existem concretamente (sejam pequenas ou grandes, orais ou escritas, logo esquecidas ou longamente lembradas, não importa). E o que é a arte de um determinado povo senão o todo de suas produções artísticas? O que é o caráter de uma arte (por exemplo, da arte grega ou da literatura provençal) senão toda a fisionomia dessas produções? E como pode tal questão ser respondida a não ser narrando em suas particularidades a história da literatura, isto é, da língua em sua atualidade?

Pode-se pensar que esse argumento, embora possuindo validade contra muitas das classificações usuais de línguas, não possui nenhuma no que se refere à rainha das classificações, a histórico-genealógica, glória da filologia comparada. E isso certamente é assim, mas por quê? Precisamente porque esse método histórico-genealógico não é mera classificação. Quem escreve a história não classifica, e os próprios filólogos se apressaram em dizer que as línguas disponíveis em série histórica (aquelas cuja série até agora tem sido traçada) não são espécies distintas e separadas, mas um único todo de fatos nas várias fases de seu desenvolvimento.

A linguagem por vezes é considerada como um ato voluntário ou arbitrário. Mas para outros a impossibilidade de criar a linguagem artificialmente, por um ato de vontade, foi claramente percebida. *Tu, Caesar, civitatem dare potes homini, verbo non potes!* [Tu, César, podes conceder a cidadania aos homens, mas não a uma palavra!], uma vez se disse a um imperador romano. E a natureza estética (e, portanto, teorética e não prática) da expressão fornece o método para se descobrir o erro científico que reside na concepção de uma gramática (normativa), que cria as regras do discurso correto. O bom senso sempre se rebelou contra esse erro. Um exemplo dessa rebelião é o "Tanto pior para a gramática", atribuído a Monsieur de Voltaire. Mas a impossibilidade de uma gramática normativa também é reconhecida por aqueles que a ensinam, quando confessam que escrever bem não se pode aprender por regras, que não há regras sem exceções, e que o estudo da gramática deve ser conduzido na prática, por meio de leituras e exemplos, os quais formam o gosto literário. A razão científica dessa impossibilidade reside no princípio demonstrado: que uma técnica do teorético significa uma contradição em termos. E o que poderia ser uma gramática (normativa) senão precisamente uma técnica de expressão linguística, isto é, de um ato teorético?

Bem diferente é o caso em que a gramática seja entendida como mera disciplina empírica, isto é, como uma coleção de esquemas úteis para a aprendizagem de línguas, sem qualquer pretensão de ser verdade filosófica. Mesmo as abstrações das partes do discurso são ambas, nesse caso, admissíveis e úteis. E devemos tolerar apenas como didáticos muitos livros intitulados *Tratados de Linguística*, nos quais geralmente encontramos um pouco de tudo, desde a descrição do aparelho vocal e das máquinas artificiais (fonógrafos) que podem imitá-lo, até resumos dos resultados mais importantes obtidos pelas filologias indo-europeias, semíticas, coptas, chinesas ou outras; desde generalizações filosóficas quanto à origem ou natureza da linguagem, até conselhos sobre o formato, a caligrafia e o arranjo de notas relativas ao trabalho filológico. Mas essa grande quantidade de noções, aqui administrada de maneira fragmentada e incompleta em relação à linguagem na sua essência, à linguagem como expressão, resolve-se em noções de estética. Nada existe fora da estética que dê conhecimento da natureza da linguagem, e da gramática empírica, que é um expediente pedagógico, salvo a história das línguas na sua realidade viva, isto é, a história das produções literárias concretas, substancialmente idêntica à história da literatura.

O mesmo erro de tomar o físico pelo estético, do qual a busca pelas formas elementares do belo se origina, é cometido por aqueles que vão em busca de fatos linguísticos elementares, decorando com esse nome as divisões da série mais longa de sons físicos em séries mais curtas. Sílabas, vogais e consoantes, e as séries de sílabas chamadas palavras, todos esses elementos do discurso, que não dão sentido determinado quando tomados sozinhos, devem ser chamados não de fatos de linguagem, mas de meros sons, ou melhor, sons abstraídos e classificados fisicamente.

Outro erro do mesmo tipo é o das raízes, para as quais os filólogos mais notáveis atualmente não conferem senão pequeno valor. Uma vez tendo confundido fatos físicos com atos linguísticos ou expressivos, e considerando que o simples precede o complexo na ordem das ideias, eles necessariamente acabaram por pensar que os menores fatos físicos indicavam os mais simples fatos linguísticos. Daí a necessidade imaginária de que as mais antigas línguas primitivas tenham um caráter monossilábico, e de que o progresso da pesquisa histórica deva sempre levar à descoberta das raízes monossilábicas. No entanto, a primeira expressão (para acompanhar a hipótese imaginária) que o primeiro homem concebeu pode não ter tido um reflexo físico fonético, mas mimético; pode ter sido exteriorizada não em um som, mas em um gesto. E, supondo que tenha sido exteriorizada num som, não há razão para supor que o som tenha sido monossilábico em vez de polissilábico. Os filólogos prontamente culpam sua própria ignorância e impotência quando não conseguem reduzir o polissilabismo ao monossilabismo, confiando esse êxito ao futuro. Mas a sua fé é sem fundamento, e a culpa que eles mesmos se infligem é um ato de humildade decorrente de uma suposição errônea.

De resto, os limites das sílabas, como das palavras, são completamente arbitrários e distintos de uma forma ou de outra pelo uso empírico. O discurso primitivo, ou o discurso do homem sem instrução, é um *continuum*, desacompanhado de qualquer consciência das divisões do discurso em palavras e sílabas, seres imaginários criados pelas escolas. Nenhuma lei verdadeira de linguística pode ser fundamentada nessas divisões. Prova disso pode ser encontrada na confissão dos linguistas de que não existem leis verdadeiramente fonéticas do hiato, da cacofonia, do trema ou da sinérese, mas apenas leis de gosto e conveniência; ou seja, leis estéticas. E o que são leis de palavras que não são ao mesmo tempo leis de estilo?

Finalmente, a busca por uma língua-modelo, ou por um método de reduzir o uso linguístico à unidade, surge a partir da superstição de uma medida racionalista do belo, ou seja, daquele conceito a que chamamos de falso absoluto estético. Na Itália, chamamos essa a questão da unidade da língua.

A linguagem é criação perpétua. O que se expressa linguisticamente não se repete a não ser pela reprodução do que já foi produzido. As impressões sempre novas dão origem a mudanças contínuas de som e significado, isto é, a expressões sempre novas. Buscar a língua modelo, então, é buscar a imobilidade do movimento. Todo mundo fala e deve falar de acordo com os ecos que as coisas despertam em sua alma, isto é, de acordo com suas impressões. Não é sem razão que o defensor mais convicto de qualquer das soluções para o problema da unidade da língua (quer adotando um padrão de italiano próximo do latim, quer do uso do século XIV, quer do dialeto florentino) sente repugnância ao aplicar a sua teoria quando está falando para comunicar seus pensamentos e para se fazer entender. A razão é que ele acha que ao substituir a palavra latina, ou italiana do século XIV, ou florentina por uma de origem diferente, mas que responde às suas impressões naturais, estaria falsificando a verdadeira forma da verdade. Ele teria se tornado um ouvinte vão de si mesmo em vez de um falante, um pedante ao invés de um homem sério, um ator ao invés de uma pessoa sincera. Escrever de acordo com uma teoria não é realmente escrever: no máximo, é fazer literatura.

A questão da unidade da língua sempre volta a aparecer, pois, do modo como é exposta, é insolúvel, sendo baseada em uma falsa concepção do que seja a língua. A língua não é um arsenal de armas já feitas, e não é um vocabulário, uma coleção de abstrações, ou um cemitério de cadáveres mais ou menos bem embalsamados.

Nosso repúdio da questão da língua modelo, ou da unidade da língua, pode parecer um tanto abrupto, e, no entanto, não desejaríamos nos mostrar senão respeitosos em relação à longa linha de homens de letras que debateram essa questão na Itália durante séculos. Mas aqueles debates entusiasmados concerniam fundamentalmente a debates de esteticidade, não de ciência estética; de literatura, não de teoria literária; do efetivo falar e escrever, e não da ciência linguística. Seu erro consistiu em transformar a manifestação de uma necessidade em uma tese científica; o interesse, por exemplo, de uma compreensão mútua mais fácil entre pessoas divididas por dialetos tornou-se a demanda filosófica de uma linguagem única, ideal. Tal procura foi tão absurda quanto aquela outra busca por uma língua universal, uma língua possuindo a imobilidade do conceito e da abstração. A necessidade social de uma melhor compreensão recíproca não pode ser satisfeita senão pela disseminação geral da educação, pelo aumento da comunicação e pelo intercâmbio de pensamento entre os homens.

Essas observações esparsas devem ser suficientes para mostrar que todos os problemas científicos da linguística são os mesmos que os da estética, e que as verdades e erros de um são as verdades e erros do outro. Se a linguística e a estética parecem ser duas ciências diferentes, isso decorre do fato de que as pessoas pensam a linguística enquanto gramática, ou como uma mistura de filosofia e gramática, ou seja, um esquematismo mnemônico arbitrário ou uma miscelânea pedagógica, e não uma ciência racional e uma filosofia pura do falar. A gramática, ou algo não sem relação com a gramática, também introduz na mente o preconceito de que a realidade da linguagem se encontra em palavras isoladas e combináveis, e não no discurso vivo, nos organismos expressivos, racionalmente indivisíveis.

Os linguistas ou filólogos filosoficamente dotados que melhor aprofundaram os problemas de linguagem encontram-se (para usar uma comparação banal, mas eficaz) como operários perfurando um túnel: num determinado ponto, eles devem ouvir as vozes de seus companheiros, os filósofos da estética, que trabalham do outro lado. Em certo estágio da elaboração científica, a linguística, na medida em que é filosofia, deve se fundir com a estética; e isso ela faz, de fato, sem deixar resíduos.

PARTE II

HISTÓRIA

1. IDEIAS ESTÉTICAS NA ANTIGUIDADE GRECO-ROMANA

Foi assunto de controvérsia, em diversas ocasiões, saber se a estética devia ser considerada ciência antiga ou moderna, isto é, se surgiu pela primeira vez no século XVIII ou se já se formara no mundo greco-romano. É fácil entender que essa pergunta não depende apenas de fatos, mas também de critérios: respondê-la de um modo ou de outro depende do conceito que se tem dessa ciência, conceito que deve ser usado como medida e termo de comparação.[1]

estética, segundo o nosso conceito, é a ciência da atividade expressiva (representativa ou imaginativa). Em nossa opinião, portanto, essa atividade não se manifesta senão quando se determina de modo preciso a natureza da imaginação, da representação, da expressão ou qualquer outro nome que se queira dar a essa atitude do espírito, que é teórica, mas não intelectual, produtora de conhecimento individual e não universal. Fora desse conceito, não somos capazes de descobrir senão desvios e erros.

Tais desvios podem nos levar a lugares diversos. Seguindo as distinções e terminologia de um eminente filósofo italiano[2] em caso análogo, inclinamo-nos a dizer que eles surgem por excesso ou por defeito. O desvio por defeito seria aquele que nega a existência de uma atividade especificamente estética e imaginativa, ou, o que dá na mesma, nega a sua autonomia, mutilando, assim, a realidade do espírito. Desvio por excesso é o que substitui ou impõe outra atividade, que nunca se acha na experiência da vida interior, uma atividade misteriosa e efetivamente inexistente. Esses dois desvios, como se pode deduzir da parte teórica do presente trabalho, assumem várias formas. A primeira, devida ao defeito, pode ser: (a) hedonista-pura, quando considera

---

[1] "Teoria", cap. 17, p.139-41. Com a indicação "Teoria" fazemos remissão à primeira parte do presente livro. Nas citações, apenas o sobrenome do autor consta por extenso; o nome das obras, quando abreviado, refere-se a trabalhos históricos e críticos cujo título completo é fornecido no "Apêndice Bibliográfico".

[2] Rosmini, *Nuovo Saggio sull'Origine delle Idee*, seções III e IV, para classificar as teorias do conhecimento.

e aceita a arte como um simples fato do prazer dos sentidos; (b) hedonista-rigorista, quando, considerada ainda como fonte de prazer, declara-a inconciliável com a mais alta vida do homem; (c) hedonista-moralista ou pedagógica, quando consente em um tipo de transação, pois, embora se considere a arte como coisa voltada aos sentidos, declara que ela não precisa ser prejudicial, mas pode prestar algum serviço à moralidade, sendo-lhe sempre submissa e obediente.[3] As formas do segundo tipo de desvio, que chamaremos de "mística", são indetermináveis *a priori*, pois pertencem ao sentimento e à imaginação em sua infinita variedade e matizes.[4]

O mundo greco-romano apresenta todas essas formas fundamentais de desvio: o hedonismo puro, o moralismo ou pedagogismo, o misticismo e, junto a elas, a mais solene e famosa das negações de fundo rigorista, a de que jamais fizemos arte. Ele também nos apresenta as tentativas de elaboração de uma teoria da expressão ou da pura imaginação, mas nada mais do que abordagens e tentativas. Por isso, uma vez que devemos tomar partido na polêmica sobre a estética ser uma ciência antiga ou moderna, não podemos senão nos colocar entre os que afirmam a modernidade.

Um rápido relance nas teorias da antiguidade será suficiente para justificar o que enunciamos. Dizemos "rápido", porque cair em pormenores, recolhendo todas as observações dispersas dos escritores antigos sobre a arte, seria refazer o que já foi feito muitas vezes e, por vezes, muito bem-feito. Além disso, essas ideias, proposições e teorias passaram ao patrimônio comum de conhecimentos, juntamente com as demais notícias que nos restam do mundo clássico. Portanto, mais que em qualquer outra parte dessa história, convém agora citar brevemente e indicar apenas as suas linhas gerais.

Só depois do movimento sofista e, como consequência da dialética socrática, é que a arte, a faculdade artística, tornou-se problema filosófico na Grécia. Comumente, os historiadores da literatura apontam para as origens gregas da estética helênica quando da primeira aparição da crítica e da reflexão acerca das obras poéticas, pintura e escultura, nos julgamentos que se davam por ocasião das competições poéticas, nas observações que se faziam sobre os procedimentos dos artistas, nas analogias entre pintura e poesia como são expressas nos ditos atribuídos a Simônides e Sófocles, ou, por fim,

---

[3] "Teoria", cap. 11, p. 97-100.
[4] Idem, cap. 8, p. 82-83.

no surgimento da palavra que serviu para agrupar as várias artes, reconhecendo, de algum modo, a parentela – mimese ou mimética (μίμησις) –, e que oscila entre os significados de "imitação" e de "representação". Outros fazem a estética grega remontar ao tempo das polêmicas que os primeiros filósofos naturalistas e moralistas moveram contra as fábulas, fantasias e moral dos poetas, e as interpretações sobre o sentido oculto (ὑπόνοια), ou, usando uma palavra moderna, "alegórico", forjada para defender o bom nome de Homero e de outros poetas; em suma, ao antigo dissídio entre a filosofia e a poesia, como Platão[5] o chamou depois. Mas, a bem da verdade, nenhuma dessas reflexões, observações e discussões implicava uma discussão propriamente filosófica acerca da natureza da arte, nem o movimento sofista era favorável ao seu surgimento. Pois, embora naquela época a atenção estivesse voltada principalmente aos fatos psíquicos internos, estes foram concebidos como meros casos de opinião e de sentimento, de prazer e dor, de ilusão, cisma ou capricho. E onde não há verdadeiro nem falso, nem bom nem mau, nenhuma indagação pode ser feita sobre o belo e o feio, nem sobre a diferença entre verdadeiro e belo, ou entre belo e bom. O máximo que se tem, nesse caso, é o problema geral acerca do irracional e do racional, mas não o da natureza da arte, que pressupõe já declarada e bem fundamentada a efetiva diferença entre racional e irracional, material e espiritual, mero fato e valor. Se, então, o período sofista era o antecedente necessário das descobertas de Sócrates, o problema estético só poderia começar depois de Sócrates. E, de fato, surge com Platão, autor da primeira, senão da única grandiosa negação da arte que nos resta documentada na história das ideias.

"A arte, a mimese, é um fato racional ou irracional? Pertence à região nobre da alma onde habitam a filosofia e a virtude; ou se agita na região baixa e vil, ao lado da sensualidade e das paixões grosseiras?" Eis a pergunta feita por Platão,[6] que assim propõe, pela primeira vez, o problema estético. O agudo ceticismo do sofista Górgias o levou a constatar que a representação trágica é um engano, o qual – é muito estranho! – presta homenagem tanto a quem engana como a quem é enganado, quando na verdade é vergonhoso não saber enganar e não se deixar enganar.[7] Essa observação, para

---

[5] *Respublica*, X, 607.
[6] Ibidem, X, passim.
[7] Plutarco, *De Audiendis Poetis*, 1.

ele, era um fato como outro qualquer. Mas Platão, filósofo, devia resolver o problema: se fosse engano, então, fora com a tragédia! Fora daqui com as produções miméticas e demais coisas desprezíveis pertinentes à parte animal do homem! Mas, se não fosse engano, o que seria, então? Que lugar a arte ocuparia entre as atividades da filosofia e da justa ação? Todos conhecem a resposta de Platão. A mimética não produz as ideias, isto é, a verdade das coisas, mas reproduz as coisas naturais ou artificiais, que são pálidas sombras das ideias, uma diminuição da diminuição, um trabalho de terceira mão. O pintor de um objeto é um imitador daquilo que fez o artesão, o qual, por sua vez, imitou a ideia divina. A arte, pois, pertence não à região alta e racional da alma (τοῦ λογιστικοῦ ἐν ψυχῇ), mas à região dos sentidos; não é um reforço, mas uma corrupção da mente (λώβη τῆς διανοίας), que serve apenas ao prazer sensual, que perturba e obscurece. Por isso, a mimética, as poesias e os poetas devem ser excluídos da República perfeita. Platão é a perfeita expressão dos que não conseguem perceber outra forma de conhecimento além do intelectual. Ele observou corretamente que a imitação se limita às coisas naturais, à imagem (τὸ φάντασμα), e não atinge o conceito, a verdade lógica (ἀλήθεια), ignorada completamente pelos poetas e pintores. Seu erro, porém, foi o de acreditar que não há outra forma de verdade aquém da verdade intelectual, que não há nada senão sensualidade e domínio das paixões fora ou antes do entendimento, o qual descobre as ideias. Decerto o fino senso estético de Platão não fazia eco àquele juízo depreciativo da arte, pois ele mesmo declarava que teria ficado muito feliz se alguém mostrasse como poderia justificar a arte de modo a colocá-la entre as formas altas do espírito. Uma vez, porém, que ninguém foi capaz de prestar-lhe esse auxílio, e já que a arte, com a aparência de que lhe falta realidade, repugnava à sua consciência ética, e a razão o compelia (ὁ λόγος ᾕρει) a bani-la e exilá-la com seus pares, Platão obedeceu resolutamente à sua consciência e à razão.[8]

Outros não tiveram esses escrúpulos, embora aqui e ali, nas escolas posteriores, os hedonistas de vários matizes, os retóricos e mesmo a gente comum, todos, enfim, tenham sempre considerado a arte como algo voltado ao mero prazer, e, portanto, não seria necessário combatê-la ou aboli-la. No entanto, esse extremo contrário era proposto a fim de se ter o aval da opinião pública em geral, a qual se é dócil para a arte não o será menos para

---

[8] *Respublica*, X.

com a racionalidade e a moral. Por essa razão, racionalistas e moralistas, obrigados a reconhecer a força de uma condenação como a do platonismo, procuraram reparar a situação escolhendo um meio-termo. "Fora daqui com o sensual e com a arte!" Mas será possível expulsar, sem mais, o sensual e o agradável? A frágil natureza humana pode alimentar-se apenas dos fortes alimentos da filosofia e da moral? Será que dos jovens e das pessoas comuns se deve exigir a observância da verdade e do bem, negando-lhes, porém, o livre acesso à diversão? Será que o adulto não tem sempre algo de criança e de simplório? Será que isso não merece ser levado em conta? O arco muito esticado não vai rebentar? Todas essas considerações abriram caminho à justificação da arte ao mostrar que, se a arte não fosse racional em si mesma, poderia, ao menos, servir a uma finalidade racional. Assim, em lugar de se buscar a essência ou finalidade intrínseca da arte, passou-se a procurar sua finalidade extrínseca. Rebaixando-se a arte ao nível de mera ilusão agradável e embriaguez dos sentidos, convinha submeter a uma finalidade moral a própria ação prática que produz essa ilusão. Reconhecida como algo sem dignidade própria, a arte foi obrigada a assumir um papel secundário e especular. Erguia-se, assim, sobre uma base hedonista, a teoria moralista e pedagógica. O hedonista puro comparava o artista a uma hetaira; o moralista, a um pedagogo. Hetaira e pedagogo são as figuras que simbolizam as duas concepções da arte divulgadas na Antiguidade, sendo que a segunda fora como que enxertada no tronco da primeira.

Antes mesmo de a negação peremptória de Platão atrair as mentes para tal caminho, a crítica literária de Aristófanes já estava tomada pela ideia pedagógica: "O que os mestres são para as crianças, os poetas são para os jovens" (τοῖς ἡβῶσιν δὲ ποιηταί), diz ele num célebre verso.[9] Podemos também encontrar vestígios desse ideal no próprio Platão, naqueles diálogos em que parece se afastar das conclusões rígidas da *República*, e também em Aristóteles, tanto na *Política*, em que fala do uso educativo da música, como, talvez, na *Poética*, em que trata obscuramente de uma catarse trágica, embora, para esta última, não pareça de todo infundado que ele tenha tido como que um vislumbre da ideia moderna do poder libertador da arte.[10] Mais tarde, a teoria pedagógica tornou-se uma concepção cara aos estoicos. Na introdução à sua

---

[9] *Ranae*, 1055.
[10] Platão, *Leges*, II; Aristóteles, *Poetica*, XIV; *Politica*, VIII.

obra geográfica, Estrabão combate Eratóstenes, pois este considerava a poesia mero prazer sem ensinamento algum. Estrabão, de fato, sustentava a opinião dos antigos segundo a qual a poesia era "a filosofia primeira (φιλοσοφίαν τινὰ... πρώτην), que educava os jovens para a vida, formando, mediante o prazer, os costumes, afetos e ações". Segundo ele, portanto, a poesia faz parte da educação; por isso, não se pode ser bom poeta sem ser também um bom homem (ἄνδρα ἀγαθόν). Legisladores e fundadores de cidades foram os primeiros a empregar fábulas para admoestar e amedrontar; depois, esse ofício, necessário às mulheres, crianças e até mesmo aos adultos, passou aos poetas. Com a ficção e a falsidade, acalenta-se e domina-se a multidão.[11] "Muitas mentiras dizem os poetas" (πολλὰ ψεύδονται ἀοιδοί); eis um hemistíquio recordado por Plutarco, que, num seu opúsculo, descreve minuciosamente como os poetas devem ser lidos para os jovens.[12] Também para ele a poesia é uma preparação à filosofia; trata-se de uma filosofia disfarçada, e, portanto, nos dá prazer como os peixes e as carnes de um banquete quando preparados de maneira a que não pareçam tais; a filosofia é adoçada pelas fábulas, assim como a videira, que cultivada junto à mandrágora, produz um vinho que traz um sono suave. Não sendo possível passar diretamente das trevas à luz do sol, convém acostumar os olhos à luz moderada. Ao exortarem e instruírem, os filósofos tomam os exemplos de coisas verdadeiras; será que os poetas pretenderam o mesmo ao criarem ficções e fábulas?[13] Na literatura romana, Lucrécio nos dá o exemplo dos meninos cujos médicos, para administrar o remédio amargo, *prius oras pocula circum Contingunt mellis dulci flavoque liquore* [primeiro douram as bordas da taça com um mel dourado e doce].[14] Certos versos proverbiais de Horácio em sua *Epistula ad Pisones*, inspirados, talvez, em Neoptolemo de Pário, nos oferecem as duas concepções de arte (a arte-meretriz e a arte-pedagoga), com o seu "*Aut prodesse volunt aut delectare poetae [...] Omne tulit punctum qui miscuit utile dulci*" [(...) tem unânime aprovação quem consegue unir o útil ao agradável].[15] Sob esse aspecto, o ofício do poeta foi confundido com o do orador, homem prático que

---

[11] Estrabão, *Geographica*, I, II, 3-9.

[12] Texto coligido por E. Müller, *Geschichte der Theorie der Kunst bei den Alten*, vol. I, p. 57-85.

[13] Plutarco, *De Audiendis Poetis*, 1-4, 14.

[14] *De Rerum Natura*, I, 935-47.

[15] *Ad Pisones*, 333-44.

pretendia efeitos práticos; daí surgiu a discussão para saber se Virgílio foi poeta ou orador ("*Vergilius poeta an orator?*"). Às duas funções atribui-se o tríplice fim de *delectare, movere, docere*. Seja como for, essa tripartição é bastante empírica, pois percebemos claramente que o *delectare* é um meio, enquanto o *docere* é mera parte do *movere*: mover-se em direção ao bem, e, dentre outros bens, também o da instrução. Da mesma maneira, dizia-se que o orador e o poeta – recordando a base prostibulária da sua função e com significativa ingenuidade metafórica – deveriam se servir do lenocínio da forma.

A doutrina mística, que considera a arte como um modo especial de alcançar a beatitude – entrando assim em relação com o Absoluto, o sumo Bem, a raiz última das coisas – só apareceu na Antiguidade tardia, quase no início da Idade Média. Seu maior representante, Plotino, é o fundador da escola neoplatônica.

É estranho que se considere Platão o fundador e chefe dessa tendência, conferindo-lhe o honroso título de pai da estética. De que modo Platão poderia conceder à arte um dos postos mais elevados, igual ou até mesmo superior à própria filosofia, se ele mesmo expusera, com tanta limpidez e clareza, as razões pelas quais não reconhecia à arte um lugar de destaque entre as atividades elevadas do espírito? Esse equívoco surgiu, evidentemente, por força das entusiásticas passagens sobre o Belo que se leem em *Górgias, Filebo, Fedro, Banquete* e outros diálogos platônicos; para desfazê-lo, é bom lembrar que a beleza de que fala Platão não tem nada a ver com a arte ou com o belo artístico.

A busca do conteúdo e significado científico da palavra "belo" não podia, de início, deixar de atrair a curiosidade dos dialéticos helênicos, sempre tão sutis e elegantes. Vemos Sócrates empenhado em discutir essa questão em um dos diálogos preservados por Xenofonte, e o vemos hesitar, um pouco, ante a conclusão de que, ou o belo é o que é conveniente e corresponde ao fim desejado, ou então é o que se ama.[16] Também Platão examina esse tipo de problema e propõe vários tipos de soluções ou tentativas de solução. Por vezes, fala de um belo que está não somente nos corpos, mas também nas leis, nas ações, nas ciências; outras vezes, parece conjugá-lo e quase unificá-lo com a verdade, o bem e o divino; por vezes, ainda, retorna à concepção socrática e o confunde com o útil; em outras, distingue entre um belo em si (καλὰ καθ'

---

[16] *Memorabilia*, III, 8; IV, 6.

αὐτά) e um belo relativo a algo (πρός τι καλά); ou então faz a verdadeira beleza consistir no puro prazer (ἡδονὴ καθαρά) livre de toda sombra de dor; ou passa a associá-la à medida e à proporção (μετριότης καὶ συμμετρία), ou, ainda, diz que as cores e os sons são a beleza em si.[17] À parte da atividade mimética ou artística era impossível encontrar um domínio independente para o belo; vagando entre tantas concepções diferentes, só nos é possível dizer que prevalece a noção que identifica o Belo com o Bom. Nada expressa melhor essa incerteza que o *Hippias Maior*, o qual, se não for mesmo de Platão, ao menos é platônico. Nesse diálogo não se quer saber que coisas são belas, mas o que é o belo, ou seja, o que torna bela não só uma bela virgem, mas também uma bela égua, uma bela lira, uma bela panela com duas graciosas alças de argila. Hípias e Sócrates propõem, cada qual, as mais variadas soluções; por fim, Sócrates as refuta assim: "O que torna as coisas belas é o ouro acrescentado ao seu ornamento". Não: o ouro embeleza apenas se for conveniente (πρέπων), portanto, a uma panela, por exemplo, convém mais uma alça de madeira que de ouro. "Belo é o que não pode parecer feio a ninguém." Não se trata, porém, de uma questão de aparência: a questão é definir o que é o belo, pareça ou não tal. "É o conveniente que faz as coisas parecerem belas." Nesse caso, uma coisa é ser conveniente (que não faz algo ser belo, mas parecer belo), outra coisa é ser belo. "Belo é o que conduz ao bem, isto é, o útil (χρήσιμον)"; mas, se fosse assim, até o mal seria belo, porque o útil conduz também ao mal. "O belo é benéfico, o que leva ao bem (ὠφέλιμον)." Mas, nesse outro caso, o bem não seria belo nem o belo, bom, pois a causa não é o efeito e vice-versa. "O belo é o que deleita a vista e os ouvidos"; mas por três razões isso não convence: primeira, pois os belos estudos e as leis são também belos, mas não têm nada em comum com o olho ou o ouvido; segunda, porque não há razão para limitar o belo àqueles dois sentidos, excluindo os prazeres de comer ou de cheirar e muitos outros, vivíssimos, como o sexo; terceira, porque, se o fundamento do belo fosse a visibilidade, não seria a audibilidade; se fosse a audibilidade, não seria a visibilidade; por conseguinte, o que constitui o belo não pode repousar em nenhuma dessas duas qualidades. No entanto, a pergunta que se repete tão insistentemente ao longo do diálogo – "O que é o belo?" (τί ἐστι τὸ καλόν;) – permanece sem resposta.[18]

---

[17] Textos coligidos por Müller, op. cit., vol. II, p. 84-107.

[18] *Hippias Maior*, passim.

Autores posteriores também dissertaram sobre o belo, e, dos tratados que se perderam, restam-nos ao menos os títulos. Ao discorrer sobre o assunto, Aristóteles assume várias posições e mostra-se hesitante. Nas raras referências que faz, ora confunde o belo com o bom, definindo-o como aquilo que é bom e agradável ao mesmo tempo;[19] ora observa que o bom consiste nas ações (ἐν πράξει) e o belo também nas coisas imóveis (ἐν τοῖς ἀκινήτοις), consideração que o faz recomendar o estudo da matemática para determinar a natureza, a ordem, a simetria e os limites;[20] por vezes, relaciona-a com a dimensão e a ordem (ἐν μεγέθει καὶ τάξει);[21] outras vezes, ainda, parece dizer que o bem é como algo aparentemente indefinível.[22] A Antiguidade também formou padrões de beleza, como o atribuído a Policleto, que estabelece as proporções do corpo humano; e, sobre a beleza dos corpos, Cícero dizia ser *"quaedam apta figura membrorum cum coloris quadam suavitate"* [uma adequada disposição dos membros com certa suavidade da cor].[23] Todas essas afirmações, mesmo quando não se reduzem a meras observações empíricas, glosas e jogo de palavras, defrontam-se sempre com obstáculos insuperáveis.

De todo modo, não é só a concepção de belo, em sua totalidade, que se identifica com a de arte, mas, por vezes, a arte e a beleza, a mimese e a matéria agradável ou desagradável da mimese, claramente se distinguem. Na *Poética*, Aristóteles nota que, das coisas que nos repugnam na realidade, como, por exemplo, certas imagens, asquerosíssimas, de animais ou cadáveres, gostamos de vê-las o mais fiéis possível (τὰς εἰκόνας τὰς μάλιστα ἠκριβωμένας χαίρομεν θεωροῦντες).[24] Plutarco se detém em mostrar que as obras de arte nos agradam não por serem belas, mas por serem semelhantes a algo (οὐχ ὡς καλόν ἀλλ'ὡς ὅμοιον); diz ainda que se as coisas naturalmente feias fossem embelezadas, ofenderiam-se a conveniência e a verossimilhança (τὸ πρέπον καὶ τὸ εἰκός); e proclama o princípio de que uma coisa é o belo, e outra, a bela imitação (οὐ γάρ ἐστι ταὐτὸ τὸ καλὸν καὶ καλῶς τι

---

[19] *Rhetorica*, I, 9.
[20] *Metaphysica*, XII, 3.
[21] *Poetica*, VII.
[22] Diógenes Laércio, V, I, 20.
[23] *Tusculanae Quaestiones*, IV, 13.
[24] *Poetica*, IV, 3.

μιμεῖσθαι). Pinturas de fatos horríveis agradam, como a de *Medeia Matando os Filhos*, por Timômaco, *Orestes Matricida*, por Téon, *A Fingida Loucura de Ulisses*, por Parrásio; e se, por um lado, o grunhido do porco, o barulho da máquina, o estrépito dos ventos e o barulho do mar são desagradáveis, por outro, a imitação do porco, feita por Parménon, e a das máquinas, feita por Teodoro, agradavam muito.[25] Se os antigos tivessem pensado em relacionar o belo e a arte, logo surgiria uma conexão secundária e parcial desses dois conceitos sob a forma da categoria do belo relativo, distinta do belo absoluto. Mas quando os críticos literários usam a palavra καλὸν ou *pulchrum* às produções artísticas, não parece ser mais do que um uso linguístico, como encontramos, por exemplo, em Plutarco, ao falar da bela imitação, ou ainda, conforme a terminologia dos retóricos, que, por vezes, chamavam a elegância e o adorno do discurso de beleza da elocução (τὸ τῆς φράσεως κάλλος). Só com Plotino, e é preciso ressaltar isso, os dois territórios divididos são reunidos, de modo que belo e arte se fundem em um único conceito, não mais por meio da feliz resolução do equívoco conceito platônico do belo no conceito unívoco da arte, mas pela reabsorção do que está claro no que é confuso, da arte imitativa no assim chamado belo. Eis, então, uma concepção inteiramente nova: belo e arte estão agora mesclados numa paixão e elevação mística do espírito.

A beleza, observa Plotino, reside maximamente nas coisas visíveis, mas pode ser encontrada também nas que se podem ouvir, tais como as canções, e não está ausente das coisas suprassensíveis, tais como obras, ofícios, ações, hábitos, ciências ou virtudes. E o que torna igualmente belas as coisas sensíveis e as suprassensíveis? Ele responde: a simetria de suas partes entre si e com o todo (συμμετρία τῶν μερῶν πρὸς ἄλληλα καὶ πρὸς τὸ ὅλον), e a sua cor (εὔχροια), de acordo com uma das definições mais em voga, que acima citamos com as palavras de Cícero; porque pode haver proporção nas coisas feias e há coisas belas simples, sem qualquer relação de proporcionalidade; logo, uma coisa é a simetria e outra a beleza.[26] Belo é o que reconhecemos como semelhante à nossa própria natureza; feio é o que nos repugna como contrário; a afinidade das coisas belas com a nossa alma que as percebe tem sua origem na Ideia, a qual produz tanto uma quanto a

---

[25] *De Audiendis Poetis*, 3.
[26] *Enneades*, I, VI, 1.

outra. Belo é tudo aquilo que é formado. Feio é tudo o que é informe, vale dizer que, sendo capaz de receber uma forma, não a recebe nem é inteiramente dominado por ela. Um belo corpo é tal por causa de sua comunhão (κοινωνία) com o Divino; a beleza é o transluzir do Divino, da Ideia; e a matéria é bela, não em si mesma, mas somente quando iluminada pela Ideia. Luz e fogo, por serem os mais próximos da Ideia, e por serem os mais espirituais dos corpos, distribuem o belo sobre as coisas visíveis. Mas a alma deve purificar-se a fim de perceber o belo, e tornar eficaz a força nela ínsita, a força da Ideia. Moderação, fortaleza, prudência e todas as demais virtudes, de acordo com o oráculo, o que mais são senão purificação? Assim, abre-se na alma, além da beleza sensível, outro olhar que permite contemplar a Beleza divina que coincide com o Bem, que é a condição suprema da beatitude.[27] Em tal contemplação, adentra novamente a arte, porque a beleza, nas coisas feitas pelo homem, provém da mente. Compare dois blocos de pedra, postos um ao lado do outro: um, áspero e bruto; o outro, destinado a ser estátua de um deus, a escultura, por exemplo, de uma Graça ou de uma Musa, ou então de um homem de tal modo belo como se sua beleza tivesse sido recolhida de muitas belezas particulares. A beleza de um bloco, assim esculpido, não consiste no fato de ele ser de pedra, mas na forma que a arte foi capaz de dar a ele (παρὰ τοῦ εἴδους ὃ ἐνῆκεν ἡ τέχνη), e quando a forma estiver totalmente impressa no bloco, a obra de arte é mais bonita do que qualquer outra coisa natural. Assim, estava errado quem desprezava as artes (Platão) porque imitariam a natureza, e que a verdade consiste, em primeiro lugar, no fato de que a própria natureza imita a ideia, e, em seguida, que as artes não se restringem simplesmente a imitar o que os olhos veem, mas voltam a esses motivos ou ideias de que a própria natureza provém (ὡς οὐχ ἁπλῶς τὸ ὁρώμενον μιμοῦνται, ἀλλ'ἀνατρέχουσιν ἐπὶ τοὺς λόγους ἐξ ὧν ἡ φύσις). A arte, portanto, não se atém à natureza, mas acrescenta beleza a ela onde esta lhe falta: Fídias não representou Júpiter porque o tivesse visto, mas como ele apareceria se quisesse revelar-se a olhos mortais.[28] "A beleza das coisas naturais é o arquétipo existente na alma, a única fonte de toda beleza natural."[29]

---

[27] Ibidem, 2-9.
[28] Ibidem, V, VIII, 1.
[29] Ibidem, 2-3.

Essa afirmação de Plotino e do neoplatonismo é a primeira afirmação propriamente dita da estética mística, destinada a tanta fortuna nos tempos modernos, especialmente na primeira metade do século XIX. Entretanto, a tentativa de uma estética veraz, excluindo certas observações luminosas, mas incidentais, pode ser encontrada até mesmo em Platão, por exemplo, ao dizer que o poeta deve compor fábulas e não propor argumentos (μὺϑους, ἀλλ'οὐ λόγους).[30] Quanto a Aristóteles, é preciso dizer que tais observações passam ao largo de suas escassas e débeis especulações a respeito do belo. Tampouco Aristóteles concordou com a condenação platônica; ele percebeu, como, aliás, o próprio Platão suspeitara, que tal resultado não poderia ser completamente verdadeiro, e que algum aspecto do problema fora negligenciado. Ao tentar, por sua vez, encontrar uma solução, Aristóteles viu-se em condições mais vantajosas que seu grande predecessor, já que conseguira superar o obstáculo surgido da doutrina platônica das ideias, hipóstases de conceitos ou de abstrações. Para ele, as ideias eram simples conceitos, e a realidade se lhe apresentava de um modo muito mais vivo, não como uma diminuição das ideias, mas como síntese de matéria e forma. Sua doutrina filosófica geral estava, assim, muito mais apta a reconhecer a racionalidade da mimese, designando-lhe lugar conveniente; de fato, Aristóteles em geral se mostra claro ao dizer que a mimese, pertencente ao homem por natureza, é contemplação ou atividade teorética. Por vezes, ele parece esquecer-se disso, quando, por exemplo, compara a imitação com a aprendizagem das crianças que, seguindo o exemplo dos pais, adquirem seus primeiros conhecimentos;[31] por vezes, ainda, quando seu sistema, que admite ciências práticas e atividades poiéticas (que se distinguem das práticas por darem origem a um objeto material), o perturbe na firme e constante consideração da mimese artística e da poesia enquanto atividade teorética. Se, porém, a mimese é atividade teorética, de que maneira a poesia distingue-se do conhecimento científico e do conhecimento histórico? Eis a maneira de Aristóteles propor, no princípio da *Poética*, o problema da natureza da arte; aliás, tal era o único e verdadeiro modo de propô-lo: também nós, os modernos, nos perguntamos de que maneira a arte se distingue da história e da ciência, e o que é essa forma artística que tem a idealidade da

---

[30] *Phaedo*, 4.
[31] *Poetica*, IV, 2.

ciência e a concretude e individualidade da história. Responde Aristóteles que a poesia difere da história, pois esta versa sobre os fatos acontecidos (τὰ γενόμενα), e a poesia, sobre os possíveis de acontecer (οἶα ἂν γένοιτο); e difere da ciência, pois, embora considere o universal e não o particular (τὰ καθ' ἕκαστον), como a história, não o considera do mesmo modo que a ciência, mas em certa medida, que o filósofo indica com um "universal" (μᾶλλον τὰ καθόλου). O problema, então, consiste em estabelecer rigorosamente o que é o possível, o "universal" e o particular da história. No entanto, ao procurar determinar o sentido dessas palavras, Aristóteles cai em contradições e falácias. O universal da poesia, que é o possível, parece identificar-se, segundo ele, com o universal científico ou com a verdade histórica, com a verossimilhança ou com a necessidade (τὰ κατὰ τὸ εἰκός ἢ τὸ ἀναγκαῖον), e o particular da história não é explicado senão mediante exemplos: "O que Alcibíades fez e o que aconteceu com ele".[32] Aristóteles, em suma, depois de começar tão bem ao tentar evidenciar o puramente imaginativo, que é próprio da poesia, acaba ficando, incerto e perplexo, no meio do caminho. Assim, por vezes, faz com que a verdade da imitação consista em certa aprendizagem e silogismo que nos leva a reconhecer que "isso é aquilo", que a cópia corresponde ao original;[33] por vezes, ainda, e bem pior, é quando perde os grãos de verdade que encontrara, e, esquecendo-se de que a poesia tem por conteúdo o possível, admite que esta possa descrever não só o impossível (τὸ ἀδύνατον), mas também o absurdo (τὸ ἄτοπον), já que ambos são passíveis de crédito e não prejudicam a finalidade da arte, de modo que devemos preferir o impossível verossímil ao possível incrível.[34] Vendo-se obrigada a tratar até mesmo do impossível e do absurdo, a arte não será mais racional, mas, de acordo com a teoria platônica, será imitação da aparência em que se compraz a vã sensualidade, isto é, algo pertinente ao mero prazer. Aristóteles não tirou essa conclusão, porquanto não chegou a qualquer conclusão clara e precisa nessa parte da investigação; no entanto, esse é um dos resultados que podem ser deduzidos do que disse ou então do que não foi capaz de afastar por completo. Isso quer dizer que Aristóteles não cumpriu a tarefa que tacitamente assumira; embora tenha reexaminado com admirável acuidade o problema

---

[32] Ibidem, IX, 1-4.
[33] Ibidem, IV, 4-5.
[34] Ibidem, 24-25.

deixado por Platão, não conseguiu se livrar verdadeiramente da definição platônica, mas a substituiu por outra de sua autoria firmemente estabelecida.

Entretanto, o campo de investigação em que se debruçara Aristóteles foi, em geral, negligenciado na Antiguidade: a própria *Poética* não parece ter sido tão divulgada ou influente. A psicologia antiga entendia a imaginação ou a fantasia como algo mediano entre o sentido e o intelecto, cuja função era a de conservar e reproduzir as impressões sensíveis, mediando os conceitos para os sentidos, sem nunca lhe conferir a condição de atividade propriamente produtiva e autônoma. Raramente e com pouca ênfase foi relacionada com o problema da arte. Vários historiadores da estética dão singular importância a certas passagens da *Vida de Apolônio de Tiana* legada por Filóstrato; nessas passagens, pretendem descobrir uma correção da teoria mimética, bem como a primeira afirmação da concepção de criação imaginativa. Em suas obras, Fídias e Praxíteles, diz o trecho em apreço, não precisam subir ao Olimpo para ver os deuses e assim os descrever, como seria necessário segundo a teoria da imitação. Sem necessidade alguma de modelos, a imaginação os tornou aptos a fazer o que fizeram: a imaginação, que é um agente mais sábio que a simples imitação (φαντασία [...] σοφωτέρα μιμήσεως δημιουργός), e confere forma, como a imitação, não apenas a algo que foi visto, mas também ao que nunca foi visto, imaginando-o a partir do exemplo do que existe e criando, dessa maneira, Júpiteres e Minervas.[35] No entanto, a imaginação de que Filóstrato trata não é diferente da mimese aristotélica, a qual, como já percebido, concerne não só às coisas reais, mas também, e principalmente, às possíveis. Sócrates, no diálogo com o pintor Parrásio, preservado por Xenofonte, não observara que os pintores trabalham recolhendo, da realidade, o que precisam para a sua arte (ἐκ πολλῶν συνάγοντες τὰ ἐξ ἑκάστου κάλλιστα).[36] Não eram bem conhecidas certas anedotas, como a de Zêuxis que, ao pintar sua Helena, teria se inspirado no que de melhor encontrara em cinco donzelas de Crotona? Não havia tantas histórias semelhantes? Antes de Filóstrato, Cícero não explicara tão eloquentemente de que modo Fídias, ao esculpir Júpiter, não se inspirara no real, mas mantivera os olhos fixos em "*species pulcritudinis eximia quaedam*" [algumas formas de exímia beleza] que tinha em sua alma

---

[35] *Apollonii Vita*, VI, 10.

[36] *Memorabilia*, III, 10.

e lhe guiavam a arte de suas mãos?[37] Tampouco pode-se dizer que Filóstrato abrira o caminho para Plotino, cuja doutrina da imaginação superior ou intelectiva (νοητή), ou olho do belo suprassensível, é a intuição mística ou nova designação da mimese.

A indeterminação do conceito de mimese atingiu seu ápice ao lhe darem o sentido genérico de obra cujo objeto é a natureza, conforme a sentença aristotélica de que "*omnis ars naturae imitatio est*" [toda arte é imitação da natureza],[38] ou ao dizerem, como Eupompo, que "*natura est imitanda, non artifex*" [deve-se imitar a natureza, não o artífice],[39] quando este criticava os imitadores servis. Aqueles que pretenderam escapar de toda indefinição não souberam como fazê-lo senão concebendo a atividade da imitação como reprodutora prática de duplicatas de objetos naturais, falha nascida no seio das artes pictóricas e plásticas, e contra a qual pretendiam talvez combater Filóstrato e os outros defensores da imaginação.

As especulações sobre a linguagem tinham uma estreita conexão com outras, iniciadas pelos sofistas, sobre a natureza da arte. Maravilhavam-se eles de que fosse possível significar cores ou coisas inaudíveis por meio dos sons, e assim a fala tornou-se objeto de investigação.[40] Discutiu-se, então, se a linguagem era algo natural (φύσει) ou convencional (νόμῳ). Por "natureza" entendia-se, por vezes, a necessidade mental; por "convenção", o que chamaríamos de mero fato natural, mecanismo psicológico ou algo de natureza sensual. Sob esse sentido dos termos, a linguagem seria mais convenientemente chamada de φύσει, e não νόμῳ. Essa distinção, porém, reportava-se de novo à questão de saber se a linguagem corresponde à verdade objetiva ou lógica e às relações reais entre as coisas (ὀρθότης τῶν ὀνομάτων); nesse caso, pareceriam estar mais perto da verdade os que, no que concerne à verdade lógica, pensavam-na meramente convencional ou arbitrária: νόμῳ ou θέσει, e não φύσει. Duas perguntas diferentes, portanto, foram tratadas ao mesmo tempo e ambas foram confusa e equivocadamente discutidas. No *Crátilo* platônico ocultava-se um obscuro monumento que parece flutuar entre soluções diversas. A afirmação de que a palavra é um signo (σημεῖον)

---

[37] *Orator ad Brutum*, 2.

[38] Por exemplo, Sêneca, *Epistolae*, 65.

[39] Plinio, *Naturalis Historia*, XXXIV, 19.

[40] *Gorgias*. In: *De Xenophane, Zenone et Gorgia* (Aristóteles, ed. Didot), 5-6.

do pensamento nada resolveu, porque restava explicar ainda de que modo se deveria entender o signo, se φύσει ou νόμῳ. Aristóteles, que considerava a palavra como imitação (μιμήματα), assim como a poesia,[41] fez uma observação decisiva: além das proposições enunciativas, que expressam o verdadeiro ou falso (lógico), há outras que não expressam nem o verdadeiro nem o falso (lógico), como, por exemplo, as sentenças que denotam aspirações e desejos (εὐχή), as quais, portanto, concernem não à exposição lógica, mas àquela de natureza poética e retórica.[42] Em outro lugar, vamos vê-lo afirmar, em oposição a Bríson, o qual sustentava que algo torpe permanece tal não obstante a palavra que o designe, que as coisas torpes podem ser expressas seja por meio de palavras que as expõem em toda a sua crueza, seja por meio de outras que as recobrem com um véu.[43] Tudo isso, porém, poderia levar à separação da faculdade linguística da que é propriamente lógica, considerando-a em união com a faculdade poética e artística; mas também aqui a tentativa ficou pela metade. Assumindo um caráter verbal e formalista que se reforçou com o passar do tempo, a lógica aristotélica serviu de obstáculo à distinção entre as duas formas teóricas. Epicuro, por sua vez, sustentava que a diversidade de termos que, conforme o idioma, designam a mesma coisa, não resulta de escolha e de convenção, mas da diversidade de impressões produzidas pelas coisas segundo a variedade dos povos.[44] Os estoicos, embora relacionassem a linguagem com o pensamento (διάνοια) e não com a imaginação, parecem ter percebido a natureza lógica da linguagem, uma vez que interpuseram, entre o pensamento e o som, algo que em grego se diz λεκτόν, e em latim, *effatum* ou *dicibile*. Não temos certeza, porém, como eles realmente entendiam isso, ou seja, se com esse conceito vago pretendiam distinguir a representação linguística do conceito abstrato (e isso os aproximaria das doutrinas mais recentes), ou melhor, genericamente, o significado do som.[45]

Não podemos encontrar nenhuma outra semente de verdade nos escritores antigos. Uma gramática de cunho filosófico e uma poética filosófica eram inconcebíveis na Antiguidade.

---

[41] *Rhetorica*, III, 1.
[42] *De Interpretatione*, 4.
[43] *Rhetorica*, III, 2.
[44] Diógenes Laércio, X, 75.
[45] Steinthal, *Geschichte der Sprachwissenschaft*, 2. ed. vol. I, p. 288-90, 293, 296-97.

2. IDEIAS ESTÉTICAS NA IDADE MÉDIA E NO RENASCIMENTO

Quase todos os avanços da estética antiga foram continuados por mera tradição, ou reapareceram, por geração espontânea, ao longo da Idade Média. O misticismo neoplatônico teve sobrevida, condensado nas conhecidas compilações do século V do Pseudo-Dionísio Areopagita (*De Coelesti Hierarchia, De Ecclesiastica Hierarchia, De Divinis Nominibus*, etc.), nas traduções dessas obras realizadas por João Escoto Erígena, e no trabalho de divulgação feito pelos judeus espanhóis (Avicebron). O Deus cristão tomou lugar do *Summum Bonum* ou da Ideia. Deus, sabedoria, bondade, suprema beleza, fonte das coisas belas da natureza, que servem de escada para se contemplar o Criador. Esse tipo de especulação, porém, continuava se afastando cada vez mais da consideração da arte, à qual Plotino a relacionara. Ouviam-se frequentemente as vazias definições de beleza dadas por Cícero e outros escritores antigos. Aurelio Agostinho definiu a beleza *in genere* como unidade (*omnis pulchritudinis forma unitas est* [a unidade é a forma de toda beleza]), e a beleza do corpo como *congruentia partium cum quadam coloris suavitate* [a congruência das partes com certa suavidade de cor], e a antiga distinção entre algo que é belo em si mesmo e algo que é belo relativamente *quoniam apte accommodaretur alicui* [porque nasce da perfeita adequação com outro], reaparecia, como o próprio título indica, em seu *De Pulchro et Apto*, que se perdeu. Em outro lugar, Agostinho observa que uma imagem é bela *si perfecte implet illud cuius imago est, it coaequatur* [se corresponde perfeitamente àquilo de que é imagem, é esta que se lhe iguala, e não o contrário].[1] De maneira um pouco diversa, Tomás de Aquino propunha três requisitos para a beleza: integridade ou perfeição, devida proporção e clareza. Seguindo Aristóteles, ele distingue belo e bom; belo é aquilo cuja apreensão agrada (*pulchrum* [...] *id cuius ipsa apprehensio placet*) e falava da beleza que até as coisas torpes apresentam

---

[1] *Confessiones*, IV, 13; *De Trinitate*, VI, 10; *Epistulae*, 3, 18; *De Civitate Dei*, XXII, 19 (in: *Opera*, ed. dos Maurinos, Paris, 1679-1690, vol. I, II, VII, VIII).

quando bem imitadas, e aplicava a doutrina da imitação à beleza da segunda pessoa da Trindade, por que é a imagem expressa do Pai (*in quantum est imago expressa Patris*).² Bastaria um pouco de boa vontade para se achar, em certos trovadores e menestréis, indício da concepção hedonista de arte. Nos albores da Idade Média defronta-se o mesmo rigorismo estético, a negação total da arte por força da religião ou da ciência divina ou humana. Os representantes desse rigorismo são Tertuliano e alguns padres da Igreja, bem como outros que vieram depois destes, algum escolástico de índole mais crua, por exemplo, Cecco d'Ascoli, que declarou, contra Dante: "Deixo para trás as ninharias e volto-me para a verdade, as fábulas são sempre desagradáveis para mim"; mais tarde, o reacionário Savonarola pensará a mesma coisa. Acima de tudo, porém, prevaleceu a narcótica teoria da arte pedagógica ou moralista, que já dera sua contribuição para o adormecer da investigação estética da Antiguidade e combinava perfeitamente com os tempos de relativa decadência cultural. E é fácil se concluir isso quando se vê o acordo da arte pedagógica com as ideias morais e religiosas da Idade Média, propiciando-lhe assim uma justificativa não só da nova arte, de inspiração cristã, mas também das antigas obras da arte clássica e pagã.

A hermenêutica alegórica salvou mais uma vez essas obras. No *De Continentia Virgiliana* de Fulgêncio (séc. VI), estranho monumento que atesta tal recurso, torna Virgílio palatável à Idade Média, e lhe franqueia o caminho rumo à grande reputação que alcançaria como "*savio gentil che tutto seppe*". Desse poeta romano, João de Salisbury diz que *sub imagine fabularum totius philosophiae exprimit veritatem* [sob imagens de fábulas, expressou a verdade de toda a filosofia].³ O alegorismo fixou-se na doutrina dos quatro sentidos: literal, alegórico, moral e anagógico que Dante transportaria, depois, para a poesia vernacular. Seria fácil acumular citações de escritores medievais que repetem, em todos os tons, a necessidade de uma arte que imprima as verdades da moral e da fé nos corações a fim de levá-los à compunção da piedade cristã; comecemos pelos conhecidos versos de Teodulfo: "*in quorum dictis* (isto é, nos ditos dos poetas), *quamquam sint frivola multa, Plurima sub falso tegmine vera latent*" [embora se achem muitas frivolidades em suas sentenças, numerosas verdades ocultam-se sob

---

² *Summa Theologica*, I-II, q. 27, a. 1 ad 3; l, q. 39, a. 8 c.

³ Comparetti, *Virgilio nel Medio Evo*, vol. I, passim.

esse falso tecido], e continuemos até chegar às doutrinas e sentenças dos grandes autores como Dante e Boccaccio. Dante nos diz que a poesia *"nihil aliud est quam fictio rhetorica in musicaque posita"* [nada mais é que ficção retórica posta sob a forma de música],[4] Em seus versos, o poeta deve seguir um raciocínio "sob o manto de figura ou de cor retórica", sendo vergonhoso que "não soubesse despir suas palavras de tais vestes para que mostrassem seu verdadeiro sentido".[5] Por vezes, os leitores se detêm nas vestes, e o mesmo se passa aos que, como o vulgo, não conseguem penetrar no sentido oculto. Ao vulgo, que não entende "seu argumento", a poesia será ao menos algo belo, como Dante diz ao final de uma canção: "Ao menos vede quão bela eu sou": se não sabes aprender de mim, desfruta-me ao menos como algo agradável. Ao lerem seus poemas, muitos "hão de se deleitar mais com a beleza que com sua bondade", a menos que comentários como os do *Convivio* os auxilie a ver "a luz que faz resplandecer todas as cores das suas sentenças".[6] A poesia é, como disse o poeta espanhol marquês de Santillana, a "gaia ciência", *"un fingimiento de cosas útiles, cubiertas ó veladas con muy fermosa cobertura, compuestas, distinguidas é scandidas, por çierto cuento, pesso é medida"*.[7]

Portanto, não seria correto dizer que a Idade Média simplesmente identificou a arte com a filosofia ou com a teologia. Na verdade, distinguiu precisamente uma da outra, definindo, como Dante, a arte e a poesia em termos de *fictio rhethorica*, de "figura" e de "cor retórica", "veste", "beleza", ou, como disse Santillana, *"fingimiento"* e *"fermosa cobertura"*. Essa falsidade agradável foi justificada do ponto de vista prático, um pouco à maneira como o matrimônio justificava e santificava a relação sexual e o amor. Isso não excluía, mas antes implicava que, no fundo da teoria, estivesse inalterada a convicção de que o celibato é o estado de perfeição, isto é, pura ciência, imune de qualquer arte.

A tradição crítica e científica, por sua vez, não teve verdadeiros representantes. A *Poética* de Aristóteles era pouco conhecida, ou melhor, era

---

[4] *De Vulgari Eloquentia* (ed. P. Rajna), II, 4.
[5] *Vita Nuova*, 25.
[6] *Convivio*, I, 1.
[7] "Prohemio al Condestable de Portugal", p. 445-49. In: *Obras*. Ed. J. Amador de los Ríos, 1852, § 3.

mal conhecida na tradução latina que certo alemão Hermann fez depois de 1256 a partir de uma paráfrase ou comentário de Averróis. Talvez a melhor investigação medieval sobre a linguagem tenha sido a que Dante legou no *De Vulgari Eloquentia*, onde, no entanto, a palavra é sempre considerada signo (*"rationale signum et sensuale* [...] *natura sensuale quidem, in quantum sonus est, rationale vero in quantum aliquid significare videtur ad placitum"* [signo racional e sensual (...) ele é algo dos sentidos, porque é som; é algo racional, porque significa alguma coisa que depende da vontade de alguém]).[8] O estudo da faculdade linguística, expressiva, estética, teve seu ponto de partida no secular debate entre nominalismo e realismo, debate que não pôde evitar o problema das relações entre verbo e carne, pensamento e palavra. Duns Scot escreveu o tratado *De Modis Significandi seu Grammatica Speculativa*[9] (a adição *"grammatica speculativa"* talvez se deva a seus editores). Abelardo definira a sensação como *confusa conceptio*, e *imaginatio* como faculdade que conserva as sensações: a *intellectio* torna discursivo o que, antes, era intuitivo; a perfeição do conhecimento se dá, em última instância, no conhecimento intuitivo do discursivo. Reencontramos em Duns Scot a mesma relevância dada ao conhecimento intuitivo, à percepção do individual, da espécie especialíssima, ao lado das denominações progressivas dos tipos de conhecimentos (*confusae, indistinctae* e *distinctae*).[10] Essa terminologia reaparecerá, prenhe de consequências, nos primórdios da estética moderna.

Salvo poucas exceções, as doutrinas literárias e artísticas, as opiniões da Idade Média têm mais valor para a história da cultura que para a história geral da ciência. Isso vale também para o Renascimento, uma vez que esse período não foi além das ideias da Antiguidade. Floresce a cultura; cresce o número dos que participam dela; as fontes originais são estudadas, traduzem-se e comentam-se os antigos; novos tratados de poesia e arte são escritos e impressos, gramáticas, retóricas, diálogos e dissertações sobre o belo: crescem as proporções, o mundo torna-se vasto, mas, no domínio da estética, não há ideias verdadeiramente novas. Renovada

---

[8] *De Vulgari Eloquentia*, I, 3.

[9] Reeditado recentemente aos cuidados do padre M. Fernández García, Ad Claras Aquas (Quaracchi), 1902.

[10] Windelband, *Geschichte der Philosophie*, 2. ed., Tübingen, 1900, p. 251, 270; De Wulf, *Philosophie Médiévale*, Louvain, 1900, p. 317-20.

pelo culto a Platão, a tradição mística é reforçada ainda mais. No século XV, vemos Marsílio Ficino, Pico della Mirandola, Cattani, Leon Battista Alberti; no século seguinte, Pietro Bembo, Mario Equicola, Castiglione, Nobili, Betussi e muitos outros que dissertaram sobre o belo e sobre o amor. Dentre as produções mais notáveis, cruzamento de correntes medievais e clássicas, vemos o livro *Diálogos de Amor* (1535), composto em italiano pelo judeu espanhol Leão Hebreu, e traduzido para todas as línguas cultas da época.[11] Dividido em três partes, os diálogos tratam da natureza e da essência, da universalidade e da origem do amor; mostra que toda coisa bela é boa, mas nem toda coisa boa é bela; mostra que a beleza é uma graça que ao deleitar a alma move-a para o amor; mostra que o conhecimento das belezas inferiores conduz às belezas superiores e espirituais. O autor chamou de "Filografia" as afirmações e efusões de que se compõe o livro. Digna de nota é a obra de Equicola,[12] porque contém notícias históricas sobre os que dissertaram antes dele sobre o assunto. Em seus sonetos e canções, os petrarquistas versificaram tais ideias e suspiraram por elas, enquanto outros, rebeldes e zombeteiros, ridicularizaram-nas nas comédias, versos em *terza rima* e paródias de todos os tipos. Qual novo Pitágoras, os matemáticos puseram-se a calcular a beleza mediante proporções exatas; em seu *De Divina Proportione* (1509), por exemplo, Luca Paciolo, amigo de Leonardo, pretendeu mostrar a pretensa lei estética da seção áurea.[13] Ao lado dos novos Pitágoras, não faltaram os que reinventaram o cânone da beleza de Policleto, especialmente da beleza feminina assim como Firenzuola, Franco, Luigini e Dolce. Por sua vez, Michelangelo se valia de um cânone empírico para a pintura em geral, e recomendava a observância de certa relação aritmética como meio de conferir movimento e graça às figuras.[14] Outros, como Fulvio Pellegrino Morato, investigaram o simbolismo ou significado das cores. Em geral, os platônicos punham a beleza na alma; os aristotélicos, nas qualidades físicas. Em seu *De Pulchro et Amore*, o averroísta Agostino

---

[11] *Dialogi di Amore, composti per Leone, medico...*, Roma, 1535.
[12] *Libro de Natura d'Amore*, Venezia, 1535 (Venezia, 1563).
[13] *De Divina Proportione*, Venezia, 1509.
[14] G. P. Lomazzo, *Trattato dell'Arte della Pittura, Scultura ed Architettura*, Milano, 1585, I, 1, p. 22-23.

Nifo, depois de muita conversa e observações inconclusivas, pretendeu demonstrar a existência do belo na natureza a partir do belíssimo corpo de Joana de Aragão, princesa de Tagliacozzo, a quem dedicara o livro.[15] Torquato Tasso, em *Minturno*,[16] imitou as incertezas do *Hípias* platônico, mas sem deixar de emprestar algo de Plotino. Maior relevância tem um capítulo da *Poética* de Campanella onde o belo é tido como *signum boni*, e o feio como *signum mali*; o bem consiste na tríade primacial: poder, sabedoria e amor. Embora Campanella estivesse ligado à ideia platônica do belo, o seu conceito de signo ou símbolo representa um progresso que o fez perceber que as coisas materiais ou fatos externos não são nem belos nem feios em si mesmos:

> Mandricardo achava belas as chagas feitas nos mouros, pois indicavam a grande força de Rolando que as desferiu. Agostinho achava belos os cortes e destroncamentos no corpo de São Vicente, pois indicavam a sua resistência, mas também os achava feios por serem sinais da crueldade dos carnífices e do tirano Daciano. Virgílio disse que é belo morrer combatendo, pois é sinal de uma alma forte. O animal de estimação da amada parece belo ao amante, e até mesmo a urina e as fezes dizem-se belas, pois mostram aos médicos quando há saúde. Tudo é belo e feio ao mesmo tempo (*quapropter nihil est quod non sit pulchrum simul et turpe*).[17]

Nessas observações, percebe-se não o mero estado de exaltação mística, mas certo movimento na direção da análise e um reconhecimento do caráter ideal dessas categorias.

A maior evidência de que o Renascimento não ultrapassou os limites do pensamento estético da Antiguidade é o fato de que, não obstante a renovação trazida pela *Poética* de Aristóteles e os longos comentários sobre ela escritos, a teoria pedagógica da arte não só persistiu e triunfou, mas de certo modo foi enxertada no próprio texto de Aristóteles, no qual seus intérpretes a decifraram com uma segurança que ainda hoje tentamos encontrar. É certo, no entanto, que alguns autores, como Robortelli (1548) ou Castelvetro (1570), bastaram-se com a solução meramente

---

[15] Augustini Niphi, *De Pulchro et Amore*, Roma, 1529.

[16] "Il Minturno o Vero de la Bellezza". In: *Dialoghi*. Ed. C. Guasti, Firenze, 1858-1859, vol. III.

[17] *Rationalis Philosophia*, IV, *Poeticorum Liber Unus*, Paris, 1638, cap. II, art. 7.

hedonista, sustentando que o prazer é a finalidade da arte: a poesia, diz Castelvetro, "foi descoberta somente para deleitar e refazer o ânimo das multidões grosseiras e das pessoas comuns".[18] É verdade, como veremos, que alguns souberam libertar-se da teoria do prazer e da finalidade didática, mas a maioria, porém, como Segni, Maggi, Vettori,[19] optaram pelo *docere delectando*. Scaligero (1561) declarava que a mimese ou imitação é o "*finis medius ad illum ultimum qui est docendi cum delectatione*" [o fim intermediário que conduz ao fim último que é o de ensinar conferindo prazer], e imaginando-se de inteiro acordo com Aristóteles, acrescentava que "*docet affectus poeta per actiones, ut bonos amplectamur atque imitemur ad agendum, malos aspernemur ad abstinendum*" [o poeta ensina por exemplos, a fim de que abracemos os bons e os imitemos ao agir, e desprezemos os maus a fim de nos afastarmos].[20] Por sua vez, Piccolomini (1575) observava que "não se deve crer que tantos e tão excelentes poetas, antigos e modernos teriam dedicado tanto esforço e diligência caso não tivessem conhecido e considerado que, procedendo assim, auxiliavam a vida humana", ou "não tivessem pensado que seus exemplos, imagens e retratos das grandes virtudes e vícios não servissem para nossa instrução, nos guiando e confirmando por elas".[21] "Preservada em versos suaves", a verdade atrai e convence mesmo os mais relutantes (Tasso),[22] valendo-se de uma comparação de Lucrécio, que é o conceito repetido também por Campanella: a poesia, para ele, é "*Rhetorica quaedam figurata, quasi magica, quae exempla ministrat ad suadendum bonum et dissuadendum malum delectabiliter iis qui simplici verum et bonum audire nolunt, aut non possunt aut nesciunt*" [uma espécie de retórica figurada, quase mágica, que oferece exemplos capazes de persuadir para o bem e afastar do mal, de maneira agradável, aos que não querem, não podem ou não entendem quando se fala diretamente sobre o bem e o mal].[23] Retornavam,

---

[18] F. Robortelli, *In Librum Aristotelis de Arte Poetica Explicationes*, Firenze, 1548; L. Castelvetro, *Poetica d'Aristotile Vulgarizzata ed Esposta*, 1570 (Basilea, 1576), I, IV, p. 29-30.

[19] B. Segni, *Rettorica e Poetica Tradotte*, Firenze, 1549; V. Madii, *In Aristotelis... Explanationes*, Venezia, 1550; Petri Victorii, *Commentarii*, Firenze, 1562.

[20] *Poetica*, 1561 (3. ed., 1586), I, 1; VII, 3.

[21] *Annotazioni nel Libro della Poetica*, Venezia, 1575, proêmio.

[22] *Gerusalemme Liberata*, I, 3.

[23] *Poetica*, cap. I, art. 1.

assim, os paralelos entre poesia e oratória, as quais, segundo Segni (1548), diferem apenas porque a poesia seria mais elevada:

> Uma vez que a imitação, apresentando-se em ato mediante a poesia, as palavras escolhidas, as metáforas, as imagens e as locuções figuradas (que estão mais presentes na poesia que na oratória), a métrica que é necessária na versificação, os assuntos de que trata, que têm algo de grande e agradável, fazem com que a poesia pareça belíssima e digna de ser contada dentre as maiores maravilhas.[24]

Em torno de 1620, repetindo a opinião comum, Tassoni dizia que "há três artes nobilíssimas que dependem da política: a história, a poética e a oratória; a primeira diz respeito à instrução dos príncipes e nobres; a segunda, à instrução do povo; a terceira, à instrução dos conselheiros públicos ou dos que defendem os interesses privados em juízo".[25]

Seguindo esses conceitos, passou-se a atribuir à catarse trágica a finalidade de mostrar a instabilidade da fortuna, ou de causar temor mediante o exemplo, ou de afirmar a vitória da justiça, ou de tornar os espectadores insensíveis aos golpes da fortuna graças à familiaridade adquirida ao verem o sofrimento. A teoria pedagógica, assim renovada e sustentada pela autoridade dos antigos, divulgou-se na França, Espanha, Inglaterra e Alemanha, ao lado do emaranhado de doutrinas poéticas produzidas na Itália durante o Renascimento. Os autores franceses da época de Luís XIV estão completamente compenetrados de *"cette science agréable qui mêle la gravité des préceptes avec la douceur du langage"* [essa ciência agradável que combina a seriedade dos preceitos com a doçura da linguagem]; é assim que La Ménardière (1640) chama a poesia, e também Le Bossu (1675), para quem *"le premier but du poète est d'instruire"* [o primeiro objetivo do poeta é o de instruir],[26] a exemplo de Homero, que ensinou ao redigir dois agradáveis manuais didáticos relacionados aos eventos militares e políticos: a *Ilíada* e a *Odisseia*.

É com razão, portanto, que a maioria dos críticos modernos considera a poética do Renascimento como a teoria pedagógica por antonomásia. No entanto, é preciso levar em conta que essa teoria não apareceu no século

---

[24] *Poetica Tradotta*, prefácio.

[25] *Pensieri Diversi*, X, 18.

[26] La Menardière, *Poétique*, Paris, 1640; Le Bossu, *Traité du Poème Épique*, Paris, 1675.

XV ou XVI, mas que passou a ser aceita e a predominar a partir dessa época. Convém observar, como argutamente alguém já disse,[27] "que o Renascimento não distinguia a poesia didascálica da poesia dos outros gêneros, já que todo tipo de poesia era de fundo didático". O Renascimento, porém, não foi um verdadeiro renascer salvo quando e onde continuou ininterrupta a tradição espiritual da Antiguidade. Nesse sentido, talvez fosse mais justo entender a sua poética, ou, melhor, a importância da sua poética, não enquanto uma repetição da teoria pedagógica da Antiguidade e da Idade Média, mas enquanto retomada das discussões sobre o possível, isto é, o verossímil (εἰκός) aristotélico, sobre as razões da condenação platônica, bem como o procedimento do artista que cria imaginando.

Nessas discussões encontra-se a real contribuição da época não tanto à erudição, mas para a formação da ciência da estética. O solo, preparado e enriquecido pelos intérpretes e comentadores de Aristóteles e pelos novos teóricos da poesia, especialmente os italianos, foi também cultivado por sementes que germinariam e se tornariam uma árvore vigorosa. O estudo da obra de Platão contribuiu não pouco para chamar a atenção sobre a função da ideia, ou do universal, na poesia. Que importância tinha se a poesia visasse ao universal, e a história ao particular? Que sentido tem a proposição de que a poesia deve proceder segundo a verossimilhança? Em que consistia aquela ideia que Rafael dizia seguir ao pintar?

Girolamo Fracastoro foi um dos primeiros a propor seriamente essa pergunta, no diálogo *Naugerius sive de Poetica* (1555). Com desdém, rejeita a tese de que o prazer é a finalidade da poesia: "Longe de nós uma opinião tão má sobre os poetas, a quem os antigos chamavam de inventores de todas as belas-artes". Nem lhe parecia aceitável que a instrução fosse a finalidade da poesia, mas de outros estudos como a geografia, a história, a agronomia, a filosofia. Ao poeta cabe representar ou imitar; ele se distingue do historiador, não pelo assunto, mas pela forma da representação. Uns imitam o particular; o poeta, o universal; uns, como os pintores, produzem retratos dos singulares; o poeta produz coisas contemplando a mais bela e universal das ideias; uns dizem simplesmente por dizer; o poeta diz tudo muito bem e plenamente. No entanto, a beleza de uma poesia deve ser entendida sempre em relação ao gênero da coisa representada; versa sobre o

---

[27] Borinski, *Die Poetik der Renaissance*, p. 26.

mais belo naquele gênero e não sobre o supremamente belo. É preciso evitar o equívoco e o duplo sentido que há na palavra "belo" (*aequivocatio illius verbi*). O poeta não diz o falso, ou seja, o que não existe de modo algum, pois o que ele diz existe de algum modo na aparência ou na significação, ou segundo a opinião comum ou segundo a opinião universal. Tampouco pode se aceitar a sentença platônica de que o poeta não conhece o que ele descreve: ele conhece sim, mas sempre como poeta.[28]

Enquanto Fracastoro se esforça para explicar essa importante passagem de Aristóteles sobre o caráter universal da poesia, e não obstante sua abordagem seja um tanto vaga, ele se aproxima do objetivo; Castelvetro, pelo contrário, julga o fragmento aristotélico com a liberdade e a superioridade de um verdadeiro crítico. Antes de tudo, ele reconhece que a *Poética* é um caderno de notas que contém "certos princípios e apontamentos de compilação da arte, não a arte completamente compilada". Com acuidade lógica, nota que Aristóteles deveria ter aplicado a teoria da história e não a da poesia ao assumir o critério do verossímil ou "daquilo que parece verdade histórica". Porque, sendo a história a "narrativa verídica das ações humanas memoráveis", e a poesia, a narrativa, segundo certo grau de verossimilhança, das ações que podem acontecer, a poesia não pode não receber "toda a sua luz" a partir da história. E não lhe passou despercebido que Aristóteles chama "imitação" duas coisas distintas: (a) seguir "o exemplo de alguém" ao fazer "a mesma coisa que o outro, mas sem saber o motivo de proceder assim"; (b) a imitação "requerida pela poesia" que faz "algo totalmente diferente do que se fez até então, propondo assim, pode-se dizer, um exemplo a ser seguido". Não obstante isso, Castelvetro não conseguiu livrar-se da confusão entre o imaginário e o histórico, uma vez que acabou assumindo que "o domínio do primeiro é comumente o da certeza", mas que "uma vez ou outra o campo da certeza é cruzado e listado por regiões de incerteza, assim como, por outro lado, o campo da incerteza é muito mais frequentemente cruzado e listado por regiões de certeza". Que dizer da sua estranha interpretação da teoria aristotélica do prazer que se prova ao vermos a imitação de coisas feias, visto que esse prazer, segundo ele, baseia-se no fato de que a imitação sempre é imperfeita, e, por isso mesmo, incapaz de produzir a aversão e o medo que surgiriam da coisa real? Que

---

[28] H. Fracastorii, *Opera*, ed. de Venezia, Giunti, 1574, f. 112-20.

dizer da sua observação sobre a diversidade, e mesmo oposição, da pintura e da poesia, de modo que, na pintura, a imitação das coisas seria prazerosa enquanto, na poesia, traria grande descontentamento? E assim por diante em inúmeros casos de suas inumeráveis, mas pouco felizes, sutilezas?[29]

Em oposição a Robortelli, que identificara o verossímil com o falso, Piccolomini sustentava que o verossímil não é nem verdadeiro nem falso, e só por acidente pode ser tornar uma coisa ou outra.[30] Na mesma linha, segue o espanhol Alfonso Lopez Pinciano (1596), dizendo que a finalidade da poesia *"no es la mentira, que sería coincidir con la sophística, ni la historia que sería tomar la materia al histórico; y no siendo historia porque toca fábulas ni mentira porque toca historia, tiene por objeto el verisímil, que todo lo abraza. De aquí resulta que es un arte superior a la metaphysica, porque comprende mucho más, y se extiende a lo que es y a lo que no es"*.[31] O que, porém, estava por trás desse "verossímil" ainda permanecia indefinido e impenetrável.

Vendo a necessidade de fundamentar a poesia sobre um conceito diferente do de "verossímil", Francesco Patrizzi, compôs sua *Poética* entre 1555 e 1586, onde refuta as principais ideias de Aristóteles, seu desafeto. Patrizzi observa que a palavra "imitação" assume vários sentidos na obra do filósofo grego, que ora a usa como simples palavra, ora para descrever uma tragédia, ora como figura de linguagem, ora como fábula: daí ele tira a conclusão lógica (a partir da qual, no entanto, retrai-se alarmado) de que "todos os modos de falar, todas as escritas filosóficas e outras maneiras de escrever são poesia, porquanto são feitas de palavras, as quais, por sua vez, são imitações". Observa, ainda, que, segundo os princípios de Aristóteles, é impossível distinguir a poesia da história, uma vez que ambas são imitações; e provar que o verso não é essencial à poesia e que a história, a ciência e a arte não servem de matéria à poesia, visto que, em várias passagens de Aristóteles, entende-se que a poesia abarca "a fábula, os fatos ocorridos, a crença dos outros, o dever, o melhor, o necessário, o possível, o verossímil, o crível, o incrível e o conveniente", ou seja, "todas as coisas do mundo". Depois dessas e outras objeções semelhantes, umas justas, outras sofísticas,

---

[29] *Poetica d'Aristotile*, op. cit., I, i; III, vii; V, i (p. 4, 64, 66, 71-72, 208, 580).
[30] *Annotazioni*, proêmio.
[31] *Philosophia Antigua Poetica*, Madrid, 1596 (reimpressão, Valladolid, 1894).

Patrizzi conclui que "não é verdade o dogma de que na poesia tudo é imitação, e mesmo que seja imitação, não pertence apenas aos poetas e ao acaso, mas é algo que Aristóteles não cogitou, nem foi mostrado por qualquer autor ou sequer concebido pela mente de alguém. Essa descoberta ou redescoberta se faria no futuro, quando enfim viesse à luz", mas por enquanto "permanece no escuro".[32]

Essa confissão de ignorância e inúteis tentativas de superar o ambiente conceitual aristotélico, bem como as grandes polêmicas literárias do século XVI sobre o conceito de verdade poética ou do verossímil, serviram ao menos para manter vivo e desperto o interesse por esse mistério a ser desvendado. Recomeçara o movimento do pensamento em torno do problema estético, e, dessa vez, não será mais interrompido ou perdido.

---

[32] Francesco Patrici, *Della Poetica, la Deca Disputata. Nella quale, e per istoria, e per ragioni, e per autorità de' grandi antichi, si mostra la falsità delle più credute vere opinioni, che di Poetica a dì nostri vanno intorno*, Ferrara, 1586.

3. FERMENTOS DE PENSAMENTO NO SÉCULO XVII

O interesse pela investigação estética torna-se mais intenso ao longo do século seguinte. A popularidade alcançada por algumas palavras novas, ou novos significados atribuídos a palavras já conhecidas, lançaram luz sobre aspectos até então pouco observados na produção e na crítica da arte, complicando a problemática e tornando-a mais intrincada e atrativa. Por exemplo: engenho, gosto, imaginação ou fantasia, sentimento e outros semelhantes que devem ser analisados mais de perto.

O engenho se distingue de certo modo do entendimento. De fato, o uso frequente do termo "engenho" surgiu, salvo equívoco, por especial influxo da retórica, concebida na Antiguidade como forma fácil e agradável de se conhecer, em contraste com a severidade da dialética – "antístrofe da dialética" –, que substituía os argumentos verdadeiros por outros prováveis ou verossímeis, os entimemas por silogismos, os exemplos por induções; não sem motivo, o estoico Zenão figurara a dialética com o punho fechado e a retórica com a mão aberta. Na Itália do século XVII, o vanilóquio da decadência literária encontrou sua justificativa nessa teoria retórica: a prosa e a poesia, versos marinescos e aquilinos, esforçavam-se para exibir não a verdade, mas o chamativo, o arguto, o curioso, o engenhoso. Repetiu-se, então, com muito mais frequência do que no século anterior, a palavra "engenho", e "engenho" foi saudado como a faculdade que preside a retórica, e louvou-se a "vivacidade de engenho" e em triunfo foram carregados os "belos engenhos". Esses termos italianos serviram de modelo aos franceses que cunharam os seus análogos "*esprit*" e "*beaux esprits*".[1] Embora contrário aos excessos literários da época, Matteo Pellegrini (1650), de Bolonha, um dos mais notáveis comentaristas do assunto, definia engenho como "a parte da alma que, com certa praticidade, tem por escopo e procura encontrar e fabricar o belo e o eficaz",[2] e considerava obra do

---

[1] Veja, por exemplo, Molière, *Précieuses Ridicules*, cenas 1 e 10.
[2] *I Fonti dell'Ingegno Ridotti ad Arte*, Bologna, 1650.

engenho os "conceitos" e "sutilezas" por ele indicadas em um tratado anterior de 1639.³ Sobre o engenho e a sutileza, dissertou também Emmanuele Tesauro. Em seu *Cannochiale Aristotelico* (1654), ele trata longamente não apenas das sutilezas "verbais" e "lapidárias", mas também das "simbólicas" e "figurativas" (estátuas, histórias, brasões, *pasquinate*, hieróglifos, mosaicos, emblemas, insígnias, cetros); não faltaram nem mesmo os "agentes animados" (pantomimas, representações cênicas, baile de máscaras e danças), todas as coisas que dizem respeito à "cavilação urbana" ou retórica, distinta da de natureza "dialética". Dentre esses tratados, fruto dessa época, tornou-se célebre em toda a Europa um escrito pelo espanhol Baltasar Gracián (1642).⁴ Nele, "engenho" se entende como a faculdade propriamente inventiva ou artística, "genial"; e "gênio", "*génie*", "*genius*" passaram a ser usados como sinônimo de 'engenho' e '*esprit*'. No século seguinte, Mario Pagano⁵ escreveu que "'engenho' pode ser tomado como o equivalente de '*génie*' dos franceses, palavra de uso comum agora na Itália". Voltando ao século XVII, o jesuíta Bouhours, em seus diálogos sobre a *Manière de Bien Penser dans les Ouvrages d'Esprit* [Maneira de bem pensar nas obras do espírito] (1687), diz que "coração e engenho estão muito na moda e não se fala de outra coisa nas conversas de salão, sempre se voltando a esses temas".⁶

Não menos divulgado e na moda estavam os termos "gosto" ou "bom gosto", entendidos enquanto faculdade judicativa, que versa sobre o belo, e distingue-se de certa forma da faculdade intelectual. Por vezes, foi classificada em ativa e passiva, de modo que se falava então de um "gosto produtivo" ou "fecundo", que coincide com o "engenho", e de outro "estéril".

Nos esboços que encontramos sobre a história do conceito de gosto, os vários significados dessa palavra, nem todos de igual importância enquanto indicações do desenvolvimento das ideias, são lembrados de maneira um pouco confusa. "Gosto", no sentido de "prazer" ou "deleite", era de uso antiguíssimo na Itália e na Espanha, como se pode observar em expressões

---

[3] *Delle Acutezze che Altrimenti Spiriti, Vivezze e Concetti Volgarmente si Appellano*, Genova-Bologna, 1639.

[4] *Agudeza y Arte de Ingenio*, Madrid, 1642; ed. ampliada, Huesca, 1649.

[5] *Saggio del Gusto e delle Belle Arti*, 1783, cap. 1, nota.

[6] Tradução italiana em Orsi, *Considerazioni*, etc., Modena, 1735, vol. I, diálogo 1.

como "ter gosto, dar gosto, andar a gosto" e outras semelhantes; quando Lope de Vega e outros espanhóis modulam, em todas as escalas, que na Espanha o drama visa satisfazer o gosto popular (*"deleita el gusto"*; *"para darle gusto"*), não pretendem nada mais que o "prazer" da população. Na Itália, havia também o uso metafórico de "gosto" ou "bom gosto" no sentido de "juízo", literário, científico ou artístico; muitos exemplos tirados de escritores do século XVI (Ariosto, Varchi, Michelangelo, Tasso), evidenciam esse uso; citemos os versos de *Orlando Furioso*, onde se diz que o imperador Augusto, por "ter tido bom gosto em poesia, perdoa-se-lhe a iníqua proscrição" (*"l'aver avuto in poesia buon gusto La proscrizione iniqua gli perdona"*); ou a lembrança que Ludovico Dolce tem de certa pessoa que "tinha gosto tão refinado que não cantava senão os versos de Catulo e de Calvo".[7] Mas "gosto", no sentido de uma competência especial ou atitude da mente, parece ter sido usado pela primeira vez na Espanha, em meados do século XVII por Gracián,[8] o moralista e escritor político acima citado. É dele que fala o autor italiano Trevisano no prefácio para um livro de Muratori (1708), quando se refere aos "espanhóis que são os mais perspicazes nas metáforas" e expressam o fato "com esse laconismo fecundo: bom gosto", citando antes de todos, a propósito do gosto e do gênio, o "engenhoso espanhol" que era Gracián,[9] o qual conferia a essa o sentido de "habilidade prática" que permite à pessoa perceber o "exato sentido" das coisas; e por "homem de bom gosto" entendia-se o que hoje se chama "homem de tato" no dia a dia.[10]

A transferência desse termo ao domínio da estética parece ter ocorrido na França durante o último quarto daquele século. "*Il y a dans l'art* (escrevia La Bruyère, em 1688) *un point de perfection, comme de bonté ou de maturité dans la nature: celui qui le sent et qui l'aime a le goût parfait; celui qui ne le sent pas, et qui aime au deça ou au delà, a le goût défectueux. Il y a donc un bon et un mauvais goût, et l'on dispute des goûts avec fondement*" [Há na arte um ponto de perfeição, como há o de bondade ou de maturidade

---

[7] *Orlando Furioso*, XXXV, 26; L. Dolce, *Dialogo della Pittura*, Venezia, 1557, in principio.

[8] Borinski, *Die Poetik der Renaissance*, p. 308 ss; *B. Gracián*, p. 39-54.

[9] *Riflessioni sopra il Buon Gusto*, Venezia, 1766, intr., p. 72-84.

[10] Gracián, *Obras*, Anversa, 1669; *El Héroe, El Discreto*, com introdução de A. Farinelli, Madrid, 1900. Cf. Borinski, loc. cit.

na natureza: quem o sente e o ama tem o gosto perfeito; quem não o sente, e quem o ama a mais ou a menos, têm o gosto defeituoso. Portanto, há um bom e um mau gosto, e é com fundamento que se discute sobre o gosto].[11] Como atributos ou formas do gosto costuma se mencionar a delicadeza, a variedade ou variabilidade. Com seu novo conteúdo crítico-literário, mas não livre do ônus de seu antigo sentido prático e moral, o termo difundiu-se da França aos outros países: Thomasius a introduziu na Alemanha em 1687;[12] na Inglaterra, tornou-se "*good taste*". Na Itália, já em 1696, o jesuíta Camillo Ettorri a usou no título de seu alentado tratado estético: *Il Buon Gusto ne' Componimenti Rettorici*,[13] observando no prefácio que "o vocábulo bom gosto, próprio de quem sadiamente distingue o bom do mau sabor nos alimentos, é agora de uso geral, sendo reivindicado por alguns em matéria de literatura e humanidades"; em 1708, reaparece no início do livro de Muratori[14] já citado. Trevisano dissertava filosoficamente sobre o assunto; Salvini discorreu em várias páginas sobre o bom gosto nas notas que fez ao *Perfetta Poesia,* de Muratori;[15] finalmente, surgem algumas associações, como a Academia do bom gosto, fundada em Palermo, em 1718.[16] Os eruditos que à época trataram do tema recordam certas passagens dos autores clássicos e o colocam em relação com o "*tacito quodam sensu sine ulla ratione et arte*" [por meio de um sentido oculto, sem qualquer medida e arte] de Cícero, e com o "*iudicium*" que "*nec magis arte traditur quam gustus aut odor*" [o bom senso não pode ser ensinado pela arte, como tampouco o podem ser o gosto e o cheiro] de Quintiliano.[17] De modo mais particular, Montfaucon de Villars (1671) consagraria um livro à "delicadeza";[18] Ettorri esforçava-se para dar uma definição mais satisfatória que aquelas em voga no seu tempo, por exemplo, "a mais refinada invenção do engenho, a flor do engenho e extrato da própria beleza",

---

[11] "Des Ouvrages de l'Esprit". In: *Les Caractères, ou les Moeurs du Siècle*, cap. I.

[12] *Von der Nachahmung der Franzosen*, Leipzig, 1687.

[13] "*Opera... nella quale con alcune certe considerazioni si mostra in che consista il vero buon gusto ne' suddetti componimenti*, etc., etc.", Bologna, 1696.

[14] *Delle Riflessioni sopra il Buon Gusto nelle Scienze e nell'Arti*, 1708 (Venezia, 1766).

[15] Muratori, *Della Perfetta Poesia Italiana*, Modena, 1706, livro II, cap. 5.

[16] Mazzuchelli, *Scrittori d'Italia*, tomo II, parte quarta, p. 2.389.

[17] Cícero, *De Oratore*, III, 50; Quintiliano, *Institutio Oratoria*, VI, 5.

[18] *De la Délicatesse*, Paris, 1671.

e conceitos semelhantes;[19] Orsi a fez objeto do tema de suas investigações nas *Considerazioni* que escreveu em resposta ao livro de Bouhours.

Também na Itália, no século XVII, encontramos no auge a imaginação ou fantasia. "O que quereis dizer ao falar de verossímil e de verdade histórica (pergunta o Cardeal Sforza Pallavicino, em 1644), de falso ou de verdadeiro a propósito da poesia, que não tem nada a ver com o falso, o verdadeiro ou o verossímil histórico, mas com as primeiras apreensões, que nada afirmam de verdadeiro ou de falso?" Na mesma linha, a imaginação toma o lugar do verossímil, não do verdadeiro nem do falso, como pensavam alguns comentaristas de Aristóteles, teoria esta fortemente criticada por Pallavicino, concordando nesse ponto com Piccolomini, a quem, no entanto, não nomeia, embora expressamente recorde Castelvetro. Quem assiste a um espetáculo teatral, continua Pallavicino, sabe muito bem que não é real o que acontece em cena: ninguém acha que é verdade, mas todos acham prazeroso. Pois "se o intento da poesia fosse o de ser crida por verdade, teria como finalidade intrínseca a mentira, sendo inevitavelmente condenada pela lei da natureza e de Deus, pois a mentira nada mais é que dizer o falso, a fim de que este seja tido por verdade. Como, então, uma arte tão contaminada seria permitida nas melhores repúblicas? Como seria louvada e usada pelos próprios escritores sacros?". *Ut Pictura Poesis*: a poesia é semelhante à pintura, que é uma "diligentíssima imitação", cuja finalidade está toda em reproduzir o lineamento, as cores, os atos e até mesmo as paixões internas do objeto pintado, e que "não pretende senão que a ficção seja tida por verdade". O único objetivo das fábulas poéticas é

> adornar o nosso entendimento com imagens, isto é, com suntuosas e novas aparências admiráveis e esplêndidas. E isso é considerado tão grande bem para o gênero humano que se quis remunerar os poetas com glória superior a todas as demais profissões, defendendo seus livros do desgaste dos séculos com maior solicitude que os tratados de todas as ciências e as produções de todas as artes, coroando os poetas com atributos da divindade. Vejam como o mundo valoriza o ser enriquecido com as primeiras belas apreensões, embora estas não sejam portadoras de ciência nem manifestem a verdade.[20]

---

[19] *Il Buon Gusto*, op. cit., cap. 39, p. 367.
[20] *Del Bene*, Napoli, 1681, livro III, segunda parte, cap. 49-53; cf. do mesmo autor: *Arte della Perfezion Cristiana*, Roma, 1665, livro I, cap. 3.

Sessenta anos mais tarde, tais ideias, embora sustentadas por um cardeal, pareceriam todas muito ousadas a Muratori, que não dava muito espaço aos poetas, desobrigando-os um pouco dos seus compromissos para com o provável. Não obstante isso, Muratori, em sua poética, dá amplo espaço à imaginação, uma faculdade "apreensiva inferior" que, sem se importar se as coisas são falsas ou verdadeiras, restringe-se a apreendê-las, e se basta em "representar" a verdade, deixando a tarefa de "conhecê-la" à faculdade "apreensiva superior" ou intelecto.[21] E a imaginação toca até mesmo o coração do severo Gravina, que lhe concedeu um lugar considerável na poesia e, adornando seu discurso com a costumeira aridez de seu estilo, chamou-a de "feiticeira, mas benéfica", e "um delírio que cura a loucura".[22] Antes de todos, Ettorri a recomendara ao bom orador, que, "a fim de despertar imagens", deve "familiarizar-se com tudo o que está sujeito à sensibilidade do corpo" e "encontrar o gênio da faculdade imaginativa, que é uma faculdade sensorial" usando, para este fim, "as espécies mais que os gêneros (uma vez que os gêneros, sendo mais universais, são menos sensíveis), os indivíduos mais que as espécies, os efeitos mais que as causas, o número do que é maior, mais o número do que é menor".[23]

Já em 1578, o espanhol Huarte sustentara que a eloquência é antes obra da imaginação que do intelecto ou do discurso.[24] Na Inglaterra, Bacon (1605) atribuiu a ciência ao intelecto, a história à memória e a poesia à imaginação ou fantasia.[25] Hobbes discorreu sobre a imaginação;[26] Addison (1712) dedicou vários números do seu *Spectator* à análise dos "prazeres da imaginação".[27] Mais tarde um pouco, na Alemanha, a importância da imaginação se fez sentir, encontrando defensores em Bodmer, Breitinger e outros escritores da escola suíça, que devem não pouco aos italianos (Muratori, Gravina, Calepio) e aos

---

[21] *Perfetta Poesia*, livro I, cap. 14-21.

[22] *Ragion Poetica*. In: *Prose Italiane*, ed. G. De Stefano, Napoli, 1839, vol. I, cap. 7.

[23] *Il Buon Gusto*, p. 10.

[24] *Esame degl'Ingegni degl'Huomini per Apprender le Scienze* (trad. italiana de C. Camilli, Venezia, 1586), cap. 9-12.

[25] *De Dignitate et Augmentis Scientiarum*, livro II, cap. 13.

[26] "De Homine". In: *Opera Philosophica*, ed. Molesworth, vol. III, cap. 2.

[27] *Spectator*, n. 411-21. In: *Works*, London, 1721, vol. III, p. 486-519.

ingleses que, por sua vez, acabaram por ser os mestres de Klopstock e da nova escola crítica alemã.[28]

Nesse mesmo período, tornou-se mais clara a oposição entre os usuários do *"à juger par le sentiment"* e os que costumam *"raisonner par principes"*.[29] O francês Du Bos, representante da teoria do sentimento e autor das *Réflexions Critiques sur la Poésie et la Peinture* (1719), sustenta que a arte é um abandonar-se *"aux impressions que les objets étrangers font sur nous"* [às impressões que objetos estranhos nos deixam], deixando de lado todo o trabalho reflexivo. Ele ri dos filósofos que combatem a imaginação, e, a respeito do eloquente discurso de Malebranche sobre esse assunto, observa que *"c'est à notre imagination qu'il parle contre l'abus de l'imagination"* [é à nossa imaginação que ele fala contra o abuso da imaginação]. Du Bos nega também qualquer núcleo intelectual nas produções de arte, dizendo que a arte não consiste na instrução, mas no estilo; e não se mostra muito respeitoso para com o verossímil, declarando-se incapaz de estabelecer os limites entre o verossímil e o maravilhoso, deixando aos que nasceram poetas a tarefa de realizar a milagrosa aliança entre esses opostos. Para Du Bos, em suma, não existe outro critério de arte além do sentimento, que ele chama de *"sixiéme sens"*, contra o qual de nada servem os conceitos e as disputas, porque em tal matéria o juízo do público prevalece sempre sobre os dos artistas profissionais e homens de letras, bem como sobre as observações sutis dos maiores metafísicos; embora sejam justas, não conseguirão diminuir em nada a reputação de que goza a poesia, ou despojá-la de qualquer um dos seus atrativos. É em vão, portanto, que se tenta desacreditar Ariosto e Tasso entre os italianos, ou o *Cid*, entre os franceses. Os argumentos alheios nunca nos persuadirão a crer o contrário do que sentimos.[30] Essas ideias foram adotadas por escritores franceses; lembremos Cartaut de la Villate, o qual observou que *"le grand talent d'un écrivain qui veut plaire, est de tourner ses réflexions en sentiments"* [o grande talento de um autor que quer agradar consiste em transformar suas reflexões em sentimentos], e Trublet, que afirmou: *"c'est un principe sûr, que la poésie doit être une expression du*

---

[28] *Die Discourse der Mahlern*, 1721-23; *Von dem Einfluss und Gebrauche der Einbildungskraft*, etc., 1727, e outros escritos de Bodmer e de Breitinger.

[29] Pascal, *Pensées sur l'Éloquence et le Style*, § 15.

[30] *Réflexions Critiques sur la Poésie et la Peinture*, 1719, (7. ed., Paris, 1770), passim, especialmente as seções 1, 23, 26, 28, 33, 34.

sentiment" [é um princípio seguro que a poesia deve ser uma expressão do sentimento].[31] Por sua vez, os ingleses não tardaram a enfatizar o conceito de "*emotion*" em suas teorias literárias.

Por outro lado, a imaginação foi muitas vezes referida ao engenho, o engenho ao gosto, o gosto ao sentimento, o sentimento às primeiras apreensões e à imaginação;[32] o gosto, como já notamos, ora parecia judicativo, ora produtivo: tais fusões, identificações e subordinações de termos aparentemente distintos mostram como eles gravitavam em torno de um fato ou conceito único.

Certo crítico alemão, um dos pouquíssimos que tentaram investigar a obscura região em que se vinha preparando a estética moderna, considera o conceito de gosto, conceito cuja paternidade atribui a Gracián, como "o mais importante teorema estético que restava aos tempos modernos descobrir".[33] Mas, sem precisar admitir que o gosto, entendido como a principal faculdade da arte, seria nesse caso, o próprio princípio da ciência e não apenas um teorema particular, e sem insistir sobre o que já se acerca da relação de Gracián com a teoria de gosto, é bom repetir que gosto, engenho, imaginação, sentimento e termos semelhantes, em vez de novos conceitos cientificamente apreendidos, eram tão somente novas palavras correspondentes a vagas impressões: no máximo, eram problemas e não conceitos: pressentimentos de territórios a conquistar, não conquista e posse efetiva. Basta considerar que mesmo os que fizeram uso desses termos, assim que tentavam determinar melhor seu pensamento, recaíam nas velhas ideias, as únicas de que tinham uma compreensão intelectual segura. Para eles, as novas palavras eram sombras e não corpos: quando tentavam abraçá-las, abraçavam o vazio.

Engenho, é verdade, distingue-se de certo modo de intelecto. Entretanto, Pellegrini, Tesauro e outros tratadistas acabam sempre encontrando, como fundamento do engenho, uma verdade intelectual. Trevisano o definia como "uma virtude interior da alma que encontra os meios de verificar e dispor os conceitos que deve ordenar, e se manifesta ora pela disposição dos

---

[31] Cartaut de la Villate, *Essais Historiques et Philosophiques sur le Goût*, Haia, 1737; Trublet, *Essais sur Divers Sujets de Littérature et de Morale*, Amsterdam, 1755.

[32] Cf. Du Bos, op. cit., seção 33.

[33] Borinski, *B. Gracián*, p. 39.

termos encontrados, ora pela clara exposição dos mesmos, ora pela união (mediante hábeis e industriosos recursos) de objetos que parecem díspares, e ora pelo esclarecimento de suas semelhanças menos evidentes". No fim das contas, porém, não se deve permitir que "os atos do engenho" sigam "desacompanhados dos do intelecto" e da moralidade prática.[34] Mais ingenuamente, Muratori considerava o engenho como "a virtude e força ativa com que o intelecto recolhe, une e descobre as semelhanças, as relações e as razões das coisas".[35] Desse modo, o engenho, depois de ter sido diferenciado do intelecto, tornava-se parte ou manifestação do próprio intelecto. Por um caminho um pouco diferente, Alexander Pope chegou à mesma conclusão ao recomendar que o engenho deveria ser domado como um cavalo fogoso, e observar que engenho e juízo brigam muitas vezes, embora precisem se ajudar mutuamente, como marido e mulher: "*For wit and judgement often are at strife, Though meant each other's aid like man and wife*".[36]

Vicissitudes semelhantes se abateram sobre a palavra "gosto", resultado de uma metáfora, como notou Kant, cujo valor consistia em opor-se aos princípios intelectualistas, como se quisesse dizer que assim como cabe exclusivamente ao paladar julgar o prazer de um alimento, assim também o gosto artístico é o árbitro inapelável em matéria de arte.[37] No entanto, ao propor esse conceito anti-intelectualista, pôs em evidência o intelecto e a razão; por fim, a comparação implícita com o paladar foi tomada como uma antecipação da reflexão, como escreveria Voltaire no século seguinte: "*de même que la sensation du palais anticipe la réflexion*" [assim como a sensação do paladar antecipa a reflexão].[38] Intelecto e razão desfilam em quase todas as definições de gosto que se tentaram fazer na época. Em 1684, Mme. Dacier[39] o definiria como "*une harmonie, un accord de l'esprit et de la raison*" [uma harmonia, um acordo do espírito e da razão]; "*une raison eclairée qui, d'intelligence avec le coeur, fait toujours un juste choix parmi des choses opposées ou semblables*" [uma razão esclarecida que, aliando a

---

[34] Trevisano, op. cit., p. 82, 84.

[35] *Perfetta Poesia*, livro II, cap. 1 (op. cit., vol. I, p. 299).

[36] A. Pope, *An Essay on Criticism*, 1709. In: *Poetical Works*, London, 1827, parte I, v. 82-83.

[37] *Kritik der Urtheilskraft*, ed. J. H. Kirchmann, Berlin, 1868, § 33.

[38] A. Gérard, *Essai sur le Goût*, Paris, 1766. Apêndice.

[39] Cit. em Sulzer, *Allgemeine Theorie der Schönen Künste*, vol. II, p. 377.

inteligência ao coração, faz sempre a escolha certa dentre coisas opostas ou similares], disse o autor de *Entretiens Galants*.⁴⁰ Segundo outro autor, citado por Bouhours, o gosto é "um sentimento natural, implantado na alma, independente de qualquer ciência que possa ser adquirida", e quase um "instinto da reta razão".⁴¹ O mesmo Bouhours, embora censurasse a explicação de uma metáfora com outra, afirmava que o gosto tem mais relação com o "juízo" que com o "engenho".⁴² Para o italiano Ettorri, parecia que gosto pudesse ser chamado, de modo mais universal, como o "juízo regulado pela arte",⁴³ e Baruffaldi (1710) o identificava com o "discernimento" reduzido da teoria à prática.⁴⁴ De Crousaz (1715) observava que "*le bon goût nous fait d'abord estimer par sentiment ce que la raison aurait approuvé, après qu'elle se serait donné le temps de l'examiner assez pour en juger par des justes idées*" [o bom gosto nos dá, pelo sentimento, uma primeira estimativa daquilo que a razão aprovaria depois de examinar o suficiente, julgando apenas por ideias ponderadas].⁴⁵ Pouco antes dele, Trevisano considerou-o como "um sentimento sempre disposto a se conformar ao que a razão consente", e é de grande valia ao homem, juntamente com a graça divina, para levá-lo a reconhecer a verdade e o bem, uma vez que isso não é mais possível, de modo pleno e seguro, por causa do pecado original. Na Alemanha, König (1727) sentenciava que o gosto era "uma habilidade do intelecto, produzida por uma mente sadia e por um juízo aguçado, que faz sentir exatamente a verdade, o bem e o belo"; e, em 1736, Bodmer (após longa discussão epistolar sobre o assunto com seu amigo italiano Calepio), o definia como "uma reflexão exercitada, pronta e penetrante nos mínimos detalhes, com a qual o intelecto distingue o verdadeiro do falso, o perfeito do defeituoso". Calepio e Bodmer eram opositores do simples "sentimento" e faziam distinção entre "gosto" e "bom gosto".⁴⁶ Seguindo o mesmo

---

⁴⁰ Loc. cit.

⁴¹ *Manière de Bien Penser* (trad. it., op. cit.), diálogo 4.

⁴² Loc. cit.

⁴³ *Il Buon Gusto*, op. cit., cap. 2-4.

⁴⁴ "Osservazioni Critiche". In: *Considerazioni dell'Orsi*, vol. II, cap. 8, p. 23.

⁴⁵ *Traité du Beau*. Amsterdam, 1724, vol. I, p. 170.

⁴⁶ J. U. König, *Untersuchung von dem Guten Geschmack in der Dicht und Redekunst*, Leipzig, 1727; e [Calepio e Bodmer], *Briefwechsel von der Natur des Poetischen Geschmackes*, Zurich, 1736: cf. para ambos Sulzer, op. cit., vol. II, p. 380.

caminho intelectualista, Muratori falava de um "bom gosto" e até mesmo "da erudição"; outros ainda, dissertaram sobre o "bom gosto na filosofia".

Talvez tenham feito melhor opção os que permaneceram numa concepção vaga e identificavam o gosto com um "não sei quê", *non so che, je ne sais quoi, nescio quid*: acrescentando às demais uma nova expressão que não explica nada de novo, embora servisse para se fazer sentir a existência do problema. Bouhours (1671) discute o assunto longamente. Diz ele: "*les Italiens qui font mystère de tout, emploient en toutes rencontres leur non so che: on ne voit rien de plus commun dans leur poètes*" [os italianos, que fazem mistério de tudo, empregam em todos os seus confrontos o seu *non so che*: nada é mais comum em seus poetas]; e cita a propósito exemplos tirados de Tasso e outros autores.[47] Uma referência a respeito se acha em Salvini: "esse bom gosto é um termo que apareceu recentemente, mas parece um termo vago, que não tem domicílio certo, e que se remete a não sei quê, ao acaso feliz, a um engenho bem sucedido".[48] Padre Feijóo, que escreveu sobre a *Razón del Gusto* e sobre *El No Sé Qué* (1733), diz com beleza:

> *En muchas producciones no solo de la naturaleza, sino del arte, y aun más del arte que de la naturaleza, encuentran los hombres, fuera de aquellas perfecciones sujetas a su comprehensión racional, otro género de primor misterioso que, lisonjeando el gusto, atormenta el entendimiento. Los sentidos le palpan, pero no le puede disipar la razón, y así, al querer explicarle, no se encuentran voces ni conceptos que cuadren a su idea, y salimos del paso con decir que hay un no sé qué, que agrada, que enamora, que hechiza, sin que pueda encontrarse revelación más clara de este natural misterio.*[49]

E o Barão de Montesquieu: "*Il y a quelquefois dans les personnes ou dans les choses un charme invisible, une grâce naturelle, qu'on n'a pu définir, et qu'on a été forcé d'appeler le je ne sais quoi. Il me semble que c'est un effet principalement fondé sur la surprise*" [Por vezes, há nas pessoas ou nas coisas um encanto invisível, uma graça natural que não conseguimos definir e somos obrigados a chamá-la de "não sei quê" (*je ne sais quoi*). Parece-me

---

[47] *Les Entretiens d'Ariste et d'Eugène*, 1671 (ed. de Paris, 1734), colóquio V : "*Le Je Ne Sçai Quoi*": cf. Gracián, *Oráculo Manual*, n. 127, *El Héroe*, cap. 13.

[48] Nas notas à *Perfetta Poesia* de Muratori.

[49] Feijóo, *Theatro Crítico*, tomo VI, n. 11-12.

que esse efeito está baseado principalmente na surpresa].⁵⁰ Alguns se rebelaram contra o subterfúgio do *non so che*, classificando-o, não sem motivo, como implícita confissão de ignorância. Não sabiam, porém, escapar dessa ignorância sem cair na confusão entre gosto e juízo intelectual.

Se a tentativa de definir "engenho" e "gosto" costumava conduzir ao intelectualismo, imaginação e sentimento transformavam-se facilmente em doutrinas sensualistas. Vimos a veemência com que Pallavicino insistia na não intelectualidade das imagens e invenções da imaginação.

> Para verificar sua cognição, nada é mais relevante ao admirador do belo se o objeto da sua cognição é de fato ou não tal qual se lhe apresenta na alma; pois, se por tal visão ou vigorosa apreensão é levado a considerá-lo presente por um ato de juízo, o gosto da beleza, enquanto beleza, não surge do juízo assim realizado, mas daquela visão ou viva apreensão que poderia ficar em nós, mesmo quando se corrige o engano da crença.

Assim acontece quando estamos meio acordados e cedemos de boa vontade aos doces sonhos. Para Pallavicino, a imaginação não pode errar, uma vez que a assimila totalmente às sensações, que, por sua vez, são incapazes do verdadeiro ou do falso. E se o conhecimento imaginativo agrada, não é porque também ele tenha uma verdade especial (verdade imaginativa), mas porque cria objetos que, "embora falsos, são aprazíveis"; o pintor não faz retratos, mas imagens que, fieis ou não, são agradáveis de se ver; a poesia desperta apreensões "suntuosas, novas, admiráveis, esplêndidas".⁵¹ Se estou certo, no fundo da sua doutrina se reencontra o sensualismo marinesco. "A finalidade do poeta é a maravilha [...] quem não consegue surpreender não é digno do ofício."⁵² E aprova como pura verdade o que ouvira de "Gabriel Chiabrera, o Píndaro de Savona: a poesia deve fazer com que sobrancelhas se arquem".⁵³ No *Tratado sobre o Estilo*, porém, escrito mais tarde, em 1646, como que se arrepende dessas primeiras ideias, ditas com tanta beleza, e parece disposto a voltar à teoria pedagógica:

---

⁵⁰ "Essai sur le Goût dans les Choses de la Nature et de l'Art". Fragmento póstumo (no apêndice a A. Gérard, op. cit.).

⁵¹ *Del Bene*, loc. cit.

⁵² Marino, em um dos sonetos de *Murtoleide* (1608).

⁵³ *Del Bene*, livro I, primeira parte, cap. 7.

E porquanto em outro livro tenha eu filosofado de modo comezinho sobre a poesia, considerando-a tão somente como algo que ministra o prazer que a nossa alma pode desfrutar na operação menos perfeita da imaginação, ou da apreensão que depende da imaginação, estando tal apreensão, portanto, ordenada à imaginação; e, em vista disso, tenha afrouxado os laços que a vinculam ao verossímil; quero ora mostrar que a poesia tem outro escopo mais elevado e frutuoso, mas que se submete mais estritamente ao verossímil, cuja finalidade é iluminar a nossa mente no nobilíssimo exercício do juízo, tornando-se assim nutriz da filosofia ao lhe oferecer um doce alimento.[54]

O jesuíta Ettorri, embora inculcando o uso da imaginação e recomendando que oradores fossem para a escola dos "histriões", advertia que a imaginação deve se restringir ao simples ofício de "intérprete" entre o intelecto e a verdade, jamais assumindo o domínio, caso contrário, o orador trataria sua audiência ou seus leitores "não como seres humanos, que são apenas intelecto, mas como animais, a quem a imaginação satisfaz".[55]

O conceito de imaginação como mera sensualidade se mostra claro em Muratori, que está tão persuadido de que essa faculdade, deixada a si mesma, abandonaria-se aos delírios do sonho e da embriaguês, e por isso a vincula ao intelecto "como um amigo que tem autoridade", a fim de que este a regule na escolha e combinação das imagens.[56] Quanto Muratori fosse atraído a estudar a imaginação, e quanto a tenha desconhecido e difamando, pode se observar também em seu livro *Della Forza della Fantasia Umana*,[57] na qual a descreve como faculdade material essencialmente diferente da faculdade mental e espiritual, negando-lhe qualquer força cognitiva. Embora tivesse notado que a poesia se distingue da ciência, porquanto esta visa "conhecer", e aquela "representar a verdade",[58] contudo, no fundo, insistia em conceber a poesia como "arte diletante" subordinada à filosofia moral, da qual era uma das três servas ou ministras.[59] Um pouco diferentemente, Gravina considerava que, juntamente com o prazer da novidade e do

---

[54] *Trattato dello Stile*, Roma, 1666, cap. 30.
[55] *Il Buon Gusto*, op. cit., p. 12-13.
[56] *Perfetta Poesia*, livro I, cap. 18, p. 232-33.
[57] Venezia, 1745.
[58] *Perfetta Poesia*, livro I, cap. 6, p. 72.
[59] Ibidem, cap. 4, p. 42.

maravilhoso, a poesia deve inculcar "a verdade e as cognições universais" na mente das pessoas comuns.⁶⁰

Fora da Itália, o mesmo movimento estava acontecendo. Bacon, apesar de ter atribuído a poesia à imaginação, considerava-a como algo intermediário entre a história e a ciência, aproximando o épico à história, e, à ciência, a forma poética mais alta, a parabólica ("poesis *parabolica inter reliquas eminet*"). Além disso, chama a poesia de "*somnium*", ou declara de modo enfático que a imaginação "*scientias fere non parit*" [não engendra ciência alguma], e que ela "*pro lusu potius ingenii quam pro scientia est habenda*" [deve ser considerada mais um jogo do espírito que uma ciência], e música, pintura e escultura são artes voluptuosas.⁶¹ Addison identificava os prazeres da imaginação com os produzidos por objetos visíveis ou por ideias deles tiradas: esses prazeres não são tão fortes como os prazeres dos sentidos, nem tão refinados quanto os da inteligência; ademais, põe no mesmo grupo o prazer que se prova ao se achar as afinidades entre imitação e coisa imitada, cópia e original, e no aguçamento da capacidade de observação trazido por tal exercício.⁶²

O sensualismo de Du Bos e de outros defensores do sentimento aparece em contornos bem claros. Para Du Bos, a arte é um passatempo cujo prazer consiste no fato de ele ocupar a mente sem fadigá-la, e tem afinidade com o prazer causado pelos combates de gladiadores, touradas e torneios.⁶³

Por essas razões, embora constatando a importância que cabe, nos primórdios da estética, a essas novas palavras e novos pontos de vista que exprimiam; embora reconhecendo seu valor de fermento na discussão do problema estético, que o Renascimento retomara na altura em que os pensadores da Antiguidade o deixaram, não podemos discernir, em sua aparição, o nascimento, propriamente dito, da nossa ciência. Com esses termos, e com as discussões que despertaram, o fato estético clamou com voz ainda mais alta e insistente a sua própria justificação teórica, mas tal apelo não foi atendido nem por tais discussões nem por qualquer outro meio.

---

⁶⁰ *Ragion Poetica*, livro I, cap. 7.

⁶¹ *De Dignitate*, II, cap. 13; III, cap. l; IV, cap. 2; V, cap. 1.

⁶² *Spectator*, especialmente p. 487, 503.

⁶³ Du Bos, op. cit., sec. 2.

4. AS IDEIAS ESTÉTICAS NO CARTESIANISMO E NO LEIBNIZIANISMO E A *AESTHETICA* DE BAUMGARTEN

O obscuro mundo do engenho, do gosto, da imaginação, dos sentimentos, do "não sei quê" não foi examinado, por assim dizer, nem inscrito nos quadros da filosofia de Descartes, filósofo francês que abominava a imaginação, a qual, segundo ele, procedia da agitação dos espíritos animais. Embora não tenha condenado totalmente a poesia, ele a admitia somente na medida em que era regulada pela inteligência, ou seja, pela faculdade que salva os homens dos caprichos da *folle du logis* [louca da casa]. Descartes a tolerava, e isso é tudo o que se pode dizer; ele estava disposto a não recusar "*aucune chose qu'un philosophe lui puisse permettre sans offenser sa conscience*" [qualquer coisa que um filósofo pode permitir sem ofender a sua consciência].[1] Foi observado, com propriedade, que o equivalente estético do intelectualismo cartesiano se encontra em Boileau,[2] escravo da implacável *raison* ("*mais nous que la raison à ses règles engage...*" [mas nós, que a razão às suas regras enleia]) e ardente fautor da alegoria. Já tivemos a oportunidade de aludir incidentalmente às diatribes de Malebranche contra a imaginação. Divulgado na França pelo cartesianismo, o espírito matemático impedia qualquer possibilidade de uma consideração séria sobre a poesia e a arte. O italiano Antonio Conti, que aí viveu e testemunhou as disputas literárias que então fervilhavam, faz a seguinte descrição dos críticos franceses (La Motte, Fontenelle e seus sequazes): "*Ils ont introduit dans les belles lettres l'esprit et la méthode de M. Descartes et ils jugent de la poésie et de l'éloquence indépendamment des qualités sensibles. De là vient aussi qu'ils confondent le progrès de la philosophie avec celui des arts. Les modernes, dit l'abbé Terrasson, sont plus grands géomètres que les anciens: donc ils sont plus grands orateurs et plus grands poètes*" [Eles introduziram nas belas-letras o espírito e o método de Descartes e julgam a poesia e a eloquência independentemente das qualidades sensíveis. Disso

---

[1] Carta a Balzac e à princesa Elisabete.
[2] *Art Poétique* (1669-1674).

decorre também o fato de confundirem o progresso da filosofia com o das artes. Os modernos, disse o *abbé* Terrasson, são melhores geômetras que os antigos: portanto, devem ser melhores oradores e melhores poetas].[3] A luta contra esse "espírito matemático" que se imiscuiu nas questões de arte e sentimento, estendeu-se, na França, até a época dos enciclopedistas, batalha esta que teve ressonâncias na Itália, como se pode ver nos protestos de Bettinelli e outros autores. No momento em que Du Bos publicou seu ousado livro, um conselheiro do Parlamento de Bordeaux, Jean-Jacques Bet, compôs uma dissertação (1726) contra a doutrina de que o sentimento deve ser o juiz da arte.[4]

O cartesianismo não podia comportar uma estética da imaginação. O *Traité du Beau*, do cartesiano eclético J. P. de Crousaz (1715), associava o belo não ao prazer ou ao sentimento, que não são passíveis de discussão, mas àquilo que pode ser aprovado e, portanto, se reduz a ideias. Dentre essas ideias, Crousaz enumera cinco: variedade, unidade, regularidade, ordem e proporção, observando que "*la variété temperée par l'unité, la regularité, l'ordre et la proportion, ne sont pas assurément des chimères; elles ne sont pas du ressort de la fantaisie, ce n'est pas le caprice qui en décide*" [a variedade temperada pela unidade, a regularidade, a ordem e a proporção não são, decerto, meras quimeras, como tampouco são atribuição da fantasia, pois não cabe ao capricho decidir]; fundadas na natureza e na verdade, tais eram, para ele, as reais qualidades do belo. Posteriormente, Crousaz identificou determinações do belo nas belezas individuais das ciências (geometria, álgebra, astronomia, física, história) e também no âmbito da virtude, da eloquência e da religião. Em cada um desses domínios, ele encontrava, conforme lhe parecia, as qualidades acima enumeradas.[5] Outro cartesiano, o jesuíta André (1742),[6] distinguia um belo essencial, independente de toda convenção humana e mesmo divina, e um belo natural independente das opiniões em geral; distinguia, ainda, um belo, até certo ponto, arbitrário e convencional: o primeiro, composto de regularidade, ordem, proporção e

---

[3] "Carta ao marquês Maffei", ca. 1720. In: *Prose e Poesie*, vol. II, Venezia, 1756, p. cxx.

[4] Sulzer, op. cit., vol. I, p. 50.

[5] *Traité du Beau, Où l'on Montre en Quoi Consiste ce que l'on Nomme Ainsi, par des Exemples Tirez de la Plupart des Arts et des Sciences*, 1715 (2. ed., Amsterdam, 1724), especialmente cap. 1 e 2.

[6] *Essai sur le Beau*, Paris, 1741 (ed. de Paris, 1810).

simetria (André procurou se apoiar em Platão, acolhendo, também, a definição de Santo Agostinho); o segundo tipo de belo tem, por principal medida, a luz que gera as cores (nosso bom cartesiano não deixou de aproveitar agora as descobertas de Newton); o terceiro tipo de beleza pertence à moda e à convenção, mas não deve contrariar nunca o belo essencial. Cada uma dessas três formas de belo foi, posteriormente, subdividida em belo sensível ou dos corpos, e belo inteligível ou da alma.

Assim como Descartes, na França, Locke, na Inglaterra (1690), é intelectualista e não reconhece nenhuma forma de elaboração teorética salvo a reflexão sobre os sentidos. Por outro lado, aceita a distinção, corrente na literatura da época, entre engenho e juízo: o engenho, segundo ele, combina as ideias com variedade agradável e descobre certas semelhanças e relações na produção de belas pinturas que divertem e impactam a imaginação; o juízo ou intelecto, por sua vez, procura as diferenças guiado pelo critério da verdade. "Satisfeito com a beleza da pintura e a vivacidade da imaginação, o engenho não se esforça por ir além. Seria uma afronta examinar com as severas regras da verdade e da reta razão a esses pensamentos espirituosos; daí se conclui que o que se chama engenho consiste em algo que não está perfeitamente de acordo com a verdade e com a razão."[7] Na Inglaterra, houve também alguns filósofos que desenvolveram uma estética abstrata e transcendente, embora com tons mais sensuais que a dos cartesianos franceses. Shaftesbury (1709) eleva o gosto ao patamar de senso ou instinto do belo; senso de ordem e proporção, idêntico ao senso moral, senso que antecipa o reconhecimento da razão mediante suas *preconceptions* ou *presentations*. Corpos, espíritos, Deus são os três graus de beleza?[8] De Shaftesbury depende Francis Hutcheson (1723), que tornou popular a ideia de um senso interior de beleza como algo intermediário entre sentidos e a razão, e que está apto a conhecer a unidade na variedade, a concórdia no múltiplo, o verdadeiro, o bom e o belo em sua identidade substancial. A esse senso, Hutcheson associa o prazer da arte, ou seja, o da imitação e da correspondência entre cópia e original, o belo relativo que deve ser

---

[7] *An Essay Concerning Human Understanding* (trad. franc. em *Oeuvres*, Paris, 1854), livro II, cap. 11, § 2.

[8] *Characteristics of Men, Manners, Opinions, Times*, 1709-11 (Basel, 1790, 3 vol.).

distinguido do belo absoluto.⁹ Essa mesma concepção predominou entre os escritores ingleses do século XVIII, como Reid, chefe da escola escocesa, e Adam Smith.

Com maior amplitude e vigor filosófico, Leibniz franqueou as portas a toda aquela multidão de fatos psíquicos de que o cartesianismo se afastava horrorizado. Sua concepção de realidade, regida pela lei do contínuo (*natura non facit saltus* [a natureza não dá saltos]), segundo a qual a escala dos seres se estende ininterrupta desde os entes ínfimos até Deus, facilmente acomoda o gosto, o engenho e congêneres. Os fatos, que ora se chamam estéticos, se identificavam com o conhecimento confuso de Descartes, que podia ser claro sem ser distinto: terminologia derivada, como sabemos, da escolástica, sugerida especialmente pelas doutrinas de Duns Scot, cujas obras foram reeditadas e divulgadas no século XVII.¹⁰

Leibniz, em seu *De Cognitione Veritate et Ideis* (1684), após classificar a *cognitio* em clara ou obscura, a *cognitio clara* em *confusa* ou *distincta* e a *cognitio distincta* em *adaequata* ou *inadaequata*, já observara que os pintores e demais artistas, embora saibam julgar com propriedade, não conseguem explicar os juízos negativos que fazem de certas obras e apelam ao seu rotineiro "não sei quê", ("*at iudicii sui rationem reddere saepe non posse, et quaerenti dicere, se in re, quae displicet, desiderare nescio quid*" [muitas vezes não conseguem explicar os seus julgamentos e, quando perguntados, respondem que na obra que lhes desagrada falta um não sei quê]).¹¹ Têm, em suma, conhecimento claro, mas confuso e não distinto; conhecimento por imaginação, diríamos, e não por raciocínio, o qual, aliás, não se verifica no domínio da arte. Existem, de fato, coisas que não se podem definir: "*on ne les fait connaître que par des exemples, et, au reste, il faut dire que c'est un je ne sais quoi, jusqu'à ce qu'on en déchiffre la contexture*" [tornam-se conhecidos apenas pelos exemplos, e, de resto, é preciso dizer que é um "não sei quê", até que lhes decifremos o contexto],¹² mas as "*perceptions confuses ou sentiments*" têm "*plus grande efficace que l'on ne pense: ce*

---

⁹ *Enquiry into the Original of Our Ideas of Beauty and Virtue*, London, 1723 (trad. franc., Amsterdam, 1749).

¹⁰ Veja cap. 2 anterior, p. 196.

¹¹ *Opera Philosophica*, ed. J. E. Erdmann, Berlin, 1840, p. 79.

¹² *Nouveaux Essais*, livro II, cap. 22.

sont elles qui forment ce je ne sais quoi, ces goûts, ces images des qualités des sens" [tem maior eficácia do que se pensa: são eles que compõem esse "não sei quê", esses gostos, essas imagens das qualidades dos sentidos].[13] De onde se conclui claramente que, ao discorrer sobre tais percepções, Leibniz repousa sobre as teorias estéticas de que falamos no capítulo anterior. E em certos pontos, aliás, ele nos faz lembrar o livro de Bouhours.[14]

Poderia parecer que, ao aplicar a palavra "*claritas*" aos fatos estéticos, negando-lhes, porém, a *distinctio*, Leibniz tivesse reconhecido seu caráter inteiramente peculiar, a saber, não sensível e ao mesmo tempo não intelectual. Não lhe pareciam sensíveis porquanto sua *claritas* é distinta do prazer ou da comoção dos sentidos; tampouco pareciam intelectuais por sua falta de *distinctio*. Mas a *lex continui* e o intelectualismo leibniziano impediam de aceitar essa interpretação. Obscuridade e clareza são graus quantitativos de um conhecimento único, distinto ou intelectual, ao qual ambos tendem e, em última instância, acabam por se unir. Ao admitir que os artistas julguem com percepções confusas, isto é, claras mas não distintas, não se exclui que essas percepções possam ser corrigidas e verificadas pelo conhecimento intelectual. O próprio objeto que a imaginação conhece confusa, embora claramente, é reconhecido clara e distintamente pelo intelecto, o que equivale dizer que uma obra de arte pode ser perfeiçoada ao ser determinada pelo pensamento. Na própria terminologia adotada por Leibniz, que representa o sentido e a imaginação como obscuros e confusos, há um tom de desprezo, e de fato se subentende uma forma única realmente cognitiva. Nem é preciso entender de outro modo a definição de música dada por Leibniz: "*exercitium arithmeticae occultum nescientis se numerare animi*" [exercício oculto da aritmética, no qual a alma não sabe que está contando]. Em outra passagem, diz ele: "*Le but principal de l'histoire, aussi bien que de la poésie, doit être d'enseigner la prudence et la vertu par des exemples, et puis de montrer le vice d'une manière qui en donne l'aversion et qui porte ou serve à l'éviter*" [A meta principal da história, bem como da poesia, deve ser o de ensinar a prudência e a virtude por meio de exemplos, e, em seguida, mostrar o vício de uma forma que cause aversão e sirva para evitá-lo].[15]

---

[13] Ibidem, prefácio.

[14] Ibidem, livro II, cap. 11.

[15] *Essais de Théodicée*, parte II, § 148.

A *claritas*, atribuída aos fatos estéticos, não é exatamente a diferença específica, mas a antecipação parcial da *distinctio* intelectiva. Decerto, essa distinção de grau é um importante avanço, mas, em última análise, a doutrina de Leibniz não difere fundamentalmente da dos autores que, inventando os novos termos e as distinções empíricas acima examinadas, acabaram chamando a atenção para as peculiaridades dos fatos estéticos.

Esse invencível intelectualismo observa-se também nas especulações sobre a linguagem, muito em voga na época. Quando os críticos do Renascimento e do século XVI tentaram superar a gramática meramente empírica e preceptiva, dando a ela forma sistemática, caíram no logicismo, que explica as formas gramaticais por termos como pleonasmo, impropriedade, metáfora ou elipse. Assim fizeram Júlio César Scaliger (1540) e também Francisco Sanchez (Sanctius ou Sanzio), chamado Brocense, o mais erudito de todos e que, em sua *Minerva* (1587), sustenta que os nomes são impostos às coisas pela razão; por isso, ele exclui as interjeições das partes do discurso, por julgá-las meros sinais de alegria e de dor. Além disso, não admite palavras heterogêneas e heteróclitas, e elabora a sintaxe por meio de quatro figuras de construção, estabelecendo o princípio *"doctrinam supplendi esse valde necessariam"* [o princípio de suprir (o sentido) é muito necessário], isto é, que as variedades gramaticais se explicam com elipses, abreviaturas ou omissão em relação à forma lógica típica.[16] A mesma orientação foi seguida por Gaspare Scioppio, que combateu (violentamente, como de costume) a gramática antiga, vergastando, por exemplo, a gramática de Sanchez bastante desconhecida na época, e publicou a sua *Grammatica Philosophica* (1628).[17] Dentre os críticos do século XVII, não se deve esquecer Jacopo Perizonio, autor de um comentário à obra de Sanchez (1687). Dentre os filósofos propriamente ditos, que discorreram sobre a gramática filosófica e sobre os méritos e defeitos das várias línguas, encontramos Bacon.[18] Em 1660, Claude Lancelot e Arnauld publicaram a *Grammaire Générale et Raisonnée* de Port-Royal, uma obra de rigorosa aplicação do intelectualismo cartesiano às formas gramaticais, dominada

---

[16] Francisci Sanctii, *Minerva seu de Causis Linguae Latinae Commentarius*, Salamanca, 1587 (ed. com acréscimos de Gaspare Scioppio, Padova, 1663): cf. livro I, cap. 1, 2, 9; e o livro IV.

[17] Gasperis Scioppii, *Grammatica Philosophica*, Milano, 1628 (Venezia, 1728).

[18] *De Dignitate*, livro IV, cap. 1.

pela doutrina da natureza artificial da linguagem. Locke e Leibniz especularam sobre a linguagem,[19] e por maior que fossem os méritos deste último em promover a investigação histórica sobre a origem das línguas, nenhum dos dois conseguiu criar algo inovador. Leibniz acalentou, por toda a vida, a ideia de uma língua universal, de uma *"ars characteristica universalis"* de cujas combinações sairiam grandes avanços científicos; Wilkins antes de Leibniz cultivara a mesma esperança, que ainda hoje tem seus cultores, a despeito de ser totalmente absurda.

Para corrigir as ideias estéticas de Leibniz era necessário alterar os próprios fundamentos de seu sistema, a saber, o cartesianismo em que se apoiava. Mas isso não foi feito por seus seguidores, nos quais se nota acentuação ainda maior do intelectualismo. Dando forma escolástica às observações geniais de seu mestre, Johann Christian Wolff inicia seu sistema com uma teoria do conhecimento; concebida como *organon* ou instrumento, se faz seguir pelo direito natural, ética e política, constituindo em conjunto o *organon* da atividade prática; o restante é domínio da teologia e da metafísica, ou da pneumatologia e da física (doutrina da psique e doutrina da natureza fenomênica). Embora faça distinção entre a imaginação produtiva, regida pelo princípio de razão suficiente, e distinta da que é meramente associativa e caótica,[20] contudo, em seu sistema, não há lugar possível para uma ciência da imaginação vista como novo valor teórico. O conhecimento inferior, como tal, pertence à pneumatologia e é incapaz de possuir o seu próprio *organon*, conseguindo, no máximo, fazer parte do *organon* já existente, ao qual cabe corrigi-la ou superar graças ao conhecimento lógico, à semelhança da ética em relação à *"facultas appetitiva inferior"*. E, assim como na França a poética de Boileau correspondia à filosofia de Descartes, também na Alemanha, a poética racionalista de Gottsched (1729) reflete as teorias cartesiano-leibnizianas de Wolff.[21]

Sim, de algum modo se entrevia que também nas faculdades inferiores operava certa distinção entre perfeito e imperfeito, valor e não valor. Cita-se frequentemente a passagem de um livro de 1725 do leibniziano Bülffinger, onde ele diz que *"vellem existerent qui circa facultatem sentiendi,*

---

[19] Locke, *An Essay*, livro III; Leibniz, *Nouveaux Essais*, livro III.
[20] *Psychologia Empirica*, Frankfurt e Leipzig, 1738, § 138-72.
[21] J.-C. Gottsched, *Versuch einer kritischen Dichtkunst*, Leipzig, 1729.

imaginandi, attendendi, abstrahendi et memoriam praestarent quod bonus ille Aristoteles, adeo hodie omnibus sordens, praestitit circa intellectum: hoc est ut in artis formam redigerent quicquid ad illas in suo usu dirigendas et iuvandas pertinet et conducit, quem ad modum Aristoteles in Organo logicam sive facultatem demonstrandi redegit in ordinem" [gostaria que houvesse quem tratasse das faculdades sensíveis, da imaginação, atenção, abstração e memória, assim como o excelente Aristóteles tratou do conhecimento intelectual, ou seja, que alguém redigisse, na forma da arte, tudo o que concerne e serve para dirigir e apoiar o uso daquelas faculdades, à semelhança do que Aristóteles fez, em seu *Órganon*, no âmbito da lógica ou da faculdade de demonstrar].[22] No entanto, quem ler essa passagem em seu contexto, logo se dará conta de que esse pretenso *organon* nada mais é que uma série de receitas para fortalecer a memória, educar a atenção e assim por diante; em suma, é uma técnica e não uma estética. Ideias semelhantes foram divulgadas na Itália por Trevisano (1708), que, ao afirmar que os sentidos podem ser educados por meio da mente, admitia também a possibilidade de uma arte do sentimento que "irá dotar o costume com prudência e o juízo com bom gosto".[23] Além disso, note-se que, em seu tempo, Bülffinger passava por detrator da poesia, e prova disso é que contra ele se escreveu uma dissertação para defender que "a poesia não diminui a faculdade de conceber distintamente as coisas".[24] Bodmer e Breitinger, por sua vez, propuseram-se a "deduzir, com certeza matemática, todas as partes da eloquência" (1727), sendo que este último esboçou uma lógica da imaginação (1740) à qual atribuía o estudo das semelhanças e metáforas; mesmo que tivesse realizado seu propósito, é difícil ver como poderia, do ponto de vista filosófico, ter feito algo muito diferente dos tratados que os retóricos italianos do século XVII compuseram.

Em meio a tais discussões e tentativas formou-se o jovem berlinense Alexander Gottlieb Baumgarten, que, a partir da filosofia de Wolff, do estudo e ensino de poesia e retórica latina, foi levado a reconsiderar o problema da estética e a pensar o modo de reduzir os preceitos retóricos a um

---

[22] *Dilucidationes Philosophicae de Deo, Anima Humana et Mundo*, 1725 (Tübingen, 1768), § 268.

[23] Prefácio às *Riflessioni sul Gusto*, op. cit., p. 75.

[24] Borinski, *Die Poëtik der Renaissance*, p. 380, nota.

sistema filosófico rigoroso. Em setembro de 1735, aos 21 anos, publicou sua tese de doutorado, as *Meditationes Philosophicae de Nonnullis ad poëma pertinentibus*.[25] Lê-se aí, pela primeira vez, a palavra "estética" como termo que designa uma ciência especial.[26] Baumgarten permaneceu assaz ligado à sua descoberta juvenil; ao ser chamado a ensinar na Universidade de Frankfurt an der Oder, em 1742, e, depois, em 1749, ministrou alguns cursos de estética ("*quaedam consilia, dirigendarum facultatum inferiorum, novam per acroasin, exposuit*").[27] Em 1750, publicou o primeiro volume de um amplo tratado, em que a palavra "estética" alcança, enfim, a honra de constar em um frontispício.[28] Em 1758, publicou a segunda parte, mais breve: impedido por doença e, finalmente, pela morte (1762), não conseguiu levar a termo a sua obra.

O que é a estética para Baumgarten? O objeto da estética são os fatos sensíveis (αἰσθητά), que os antigos distinguiam, diligentemente, dos fatos mentais (νοητά).[29] A estética é, pois, a *scientia cognitionis sensitivae, theoria liberalium artium, gnoseologia inferior, ars pulcre cogitandi, ars analogi rationis* [ciência do conhecimento sensitivo, teoria das artes liberais, gnoseologia inferior, arte de pensar de modo belo, arte do análogo da razão].[30] Retórica e poética constituem duas disciplinas especiais e interdependentes, às quais a estética deixa as distinções dos gêneros literários e outras pequenas diferenças,[31] porque as leis que ela investiga difundem-se por todas as artes, servindo de estrela dos navegantes para cada uma (*quasi cynosura quaedam specialium* [como um tipo de constelação de leis particulares]),[32] devendo ser extraída não de poucos casos, por indução incompleta e de modo empírico, mas da universalidade dos fatos (*falsa regula peior est quam nulla*

---

[25] Halae Magdeburgicae, 1735 (reimpressão, ed. B. Croce, Napoli, 1900).

[26] Ibidem, § 116.

[27] "Quando, em 1742, foi-me pedido que expusesse, em um novo curso, alguns preceitos que orientassem as faculdades inferiores no conhecimento da verdade." *Aesthetica*, vol. I, Prefácio.

[28] *Aesthetica, Scripsit Alexander Gottlieb Baumgarten, Prof. Philosophiae, Traiecti cis Viadrum*, Impens. Ioannis Christiani Kleyb, 1750; segunda parte, 1758.

[29] *Meditationes*, § 116.

[30] *Aesthetica*, § 1.

[31] *Meditationes*, § 117.

[32] *Aesthetica*, § 71.

[regra falsa é pior que nenhuma]).[33] A estética também não deve ser confundida com a psicologia, que fornece tão somente os pressupostos; sendo ciência independente, dá as normas do conhecimento sensível (*sensitive quid cognoscendi*)[34] e trata da "*perfectio cognitionis sensitivae, qua talis*" [perfeição do conhecimento sensitivo como tal], que é a beleza (*pulchritudo*), assim como o oposto, da imperfeição, que é a feiura (*deformitas*).[35] É preciso excluir da beleza do conhecimento sensível (*pulchritudo cognitionis*) a beleza dos objetos e da matéria (*pulchritudo obiectorum et materiae*), com a qual, por força dos usos linguísticos, é infelizmente confundida com frequência, uma vez que é fácil mostrar que as coisas torpes podem ser pensadas de uma bela maneira, e as coisas belas de uma maneira torpe (*quacum ob receptum rei significatum saepe sed male confunditur; possunt turpia pulchre cogitari ut talia, et pulchriora turpiter*).[36] As representações poéticas são confusas ou imaginativas: a distinção, ou seja, o intelecto, não é poético. Quanto maior for a determinação, maior a poesia; as coisas "*omnimode determinata*" são altamente poéticas; e poéticas são também as imagens ou fantasmas, bem como tudo o que se refere aos sentidos. O juiz das representações sensíveis ou imaginárias é o gosto, ou "*iudicium sensuum*".[37] Essas são, em resumo, as verdades que Baumgarten expôs em suas *Meditationes* e também, com muitas distinções e exemplos, na *estética*.

Os críticos alemães observam quase unanimemente[38] que Baumgarten deveria ter desenvolvido uma espécie de lógica indutiva a partir da sua concepção de estética como ciência do conhecimento sensível. É preciso, no entanto, poupá-lo dessa acusação, pois, nesse âmbito, ele talvez tenha sido muito melhor filósofo que seus críticos; de fato, ele considerava que uma lógica indutiva é sempre intelectual, visto que leva à abstração e formação de conceitos. A relação existente entre "*cognitio confusa*" e os fatos poéticos e artísticos, que são os do gosto, tinha sido evidenciada, antes, por

---

[33] Ibidem, § 53.

[34] *Meditationes*, § 115.

[35] *Aesthetica*, § 14.

[36] Ibidem, § 18.

[37] *Meditationes*, § 92.

[38] Ritter, *Geschichte der Philosophie* (trad. franc., *Histoire de la Philosophie Moderne*, vol. III, p. 365); Zimmermann, *Geschichte der Aesthetik*, p. 168; J. Schmidt, *Leibniz und Baumgarten*, p. 48.

Leibniz, mas nem este, nem Wolff, nem ninguém de sua escola imaginou que o estudo da *"cognitio confusa"* e das *"petites perceptions"* pudesse ser entendido como uma lógica da indução. Como uma espécie de compensação, esses críticos atribuem a Baumgarten um mérito que não lhe pertence, ao menos na medida por eles atribuída. De acordo com eles, Baumgarten teria realizado a revolução de transformar em diferença específica a diferença meramente gradual e quantitativa de Leibniz,[39] ou seja, transformar o conhecimento confuso em algo que é não mais negativo, mas positivo,[40] ao atribuir à cognição sensível *"qua talis"* uma *"perfectio"*; destruída, assim, a unidade da mônada e a *"lex continui"* leibniziana, Baumgarten teria fundado a estética. No entanto, se tivesse realmente dado esse passo de gigante, isso decerto lhe asseguraria o nome de pai da estética, não em sentido putativo, mas real.

Entretanto, para que Baumgarten merecesse esse título, deveria ter se livrado das contradições em que caíram todos os intelectualistas aparentados a Leibniz. Não bastava postular uma *"perfectio"*; mesmo Leibniz fizera isso ao atribuir *claritas* ao conhecimento confuso, que, privado de clareza, continuava obscuro, isto é, imperfeito. Era preciso sustentar essa perfeição *"qua talis"* contra a *"lex continui"*, mantendo-a à distância de qualquer mescla intelectualista. Caso contrário, reentrar-se-ia no labirinto sem saída do "verossímil" que é, e não é, o falso; labirinto do engenho que é, e não é, intelecto; labirinto do gosto que é, e não é, juízo intelectual; labirinto da imaginação e do sentimento que são, e não são, sensibilidade e complacência material. Nesse caso, não obstante o novo nome, não obstante – como dizem – a insistência acerca do caráter sensível da poesia, a estética, como ciência, não teria nascido.

Ora, é preciso sublinhar que Baumgarten não superou nenhum desses obstáculos mencionados, e essa conclusão provém de um estudo atento e honesto de suas obras. Pois, já nas *Meditationes*, não consegue distinguir claramente imaginação e intelecto, conhecimento confuso e distinto. A lei de continuidade levou-o a estabelecer uma graduação: dentre os tipos de conhecimento, os obscuros são menos poéticos que os confusos; os distintos não são poéticos, no entanto os conhecimentos de gêneros mais elevados (distintos e intelectuais) são poéticos também, mas na proporção

---

[39] Danzel, *Gottsched*, p. 218; Meyer, *Leibniz und Baumgarten*, p. 35-38.
[40] Schmidt, op. cit., p. 44.

em que são inferiores em gênero; os conceitos compostos são mais poéticos que os simples, os de maior compreensão são "*extensive clariores*".[41] Na *estética*, ao determinar mais particularmente seu pensamento, Baumgarten deixa mais evidentes os seus defeitos. Se a introdução do livro leva a crer que a verdade estética é consciência do individual, essa aparência é dissipada pelos esclarecimentos que se seguem. Como bom objetivista, admite que à verdade metafísica corresponde, na alma, a verdade subjetiva, que é a verdade lógica, em sentido amplo, ou estético-lógica.[42] A plenitude dessa verdade não é a do gênero ou da espécie, mas a individual; se o gênero é verdadeiro, a espécie é ainda mais verdadeira, e o indivíduo é maximamente verdadeiro.[43] A verdade lógica formal é adquirida "*cum iactura*" [com perda] de grande perfeição material: "*quid enim est abstractio, si iactura non est?*" [com efeito, o que é a abstração senão uma perda?].[44] Posto isso, é da seguinte maneira que a verdade lógica se distingue da verdade estética: quando a verdade metafísica e objetiva é apresentada ao intelecto, tem-se a verdade lógica em sentido estrito; quando é apresentada ao análogo da razão e à faculdade cognitiva inferior, tem-se a verdade estética:[45] trata-se de uma verdade menor, em troca daquela primeira que o homem, por efeito do "*malum metaphysicum*", nem sempre é capaz de alcançar.[46] Assim, as verdades morais são compreendidas de um modo por um poeta cômico, e de outro por um filósofo moral; um eclipse é descrito de um modo por um astrônomo, e de outro por um camponês que conta aos seus amigos ou à sua mulher.[47] Também os universais são, ao menos em parte, acessíveis à faculdade inferior.[48] Imaginemos dois filósofos, um dogmático e um cético, que discutem diante de um esteta. Se os argumentos de ambas as partes forem tão equilibrados que o esteta não consiga distinguir o verdadeiro do falso, tal situação lhe servirá de verdade estética: se um dos contendentes conseguir refutar o outro, de maneira que fique claro onde está o erro, o

---

[41] *Meditationes*, § 19, 20, 23.
[42] *Aesthetica*, § 424.
[43] Ibidem, § 441.
[44] Ibidem, § 560.
[45] Ibidem, § 424.
[46] Ibidem, § 557.
[47] Ibidem, § 425, 429.
[48] Ibidem, § 443.

erro assim revelado é também falsidade estética.⁴⁹ Verdades propriamente estéticas são, portanto, e este é o ponto decisivo, as que não parecem nem de todo verdadeiras nem de todo falsas: são as verdades verossímeis. *"Talia autem de quibus non complete quidem certi sumus, neque tamen falsitatem aliquam in iisdem appercipimus, sunt verisimilia. Est ergo veritas aesthetica, a potiori dicta verisimilitudo, ille veritatis gradus, qui, etiamsi non evectus sit ad completam certitudinem, tamen nihil contineat falsitatis observabilis"* [Contudo, as tais percepções, sobre as quais não estamos completamente certos, mas em que não reconhecemos nenhuma falsidade, são verossímeis. A verdade estética, portanto, chamada, com mais força de razão, verossimilhança, é aquele grau de verdade que, embora não tenha alcançado a completa certeza, não apresenta falsidade observável].⁵⁰ Pouco depois, dirá mais especificamente: *"Cuius habent spectatores auditoresve intra animum quum vident audiuntve quasdam anticipationes, quod plerumque fit, quod fieri solet, quod in opinione positum est, quod habet ad haec in se quandam similitudinem, sive id falsum (logice et latissime) sive verum sit (logice et strictissime), quod non sit facile a nostris sensibus abhorrens: hoc illud est εἰκός et verisimile quod, Aristotele et Cicerone assentiente, sectetur aestheticus"* [Quando veem ou ouvem, os espectadores ou os ouvintes têm dentro da alma certas antecipações, a saber: o que ocorre muitas vezes, o que costuma acontecer, o que é dado pela opinião, o que contém em si certa semelhança com tais antecipações, seja isso falso (lógica e amplamente), seja verdadeiro (lógica e estritissimamente), enfim, o que não é facilmente detestado por nossos sentidos: isto é o εἰκός e o verossímil que o esteta deve seguir, conforme Aristóteles e Cícero].⁵¹ O verossímil abrange aquilo que é verdadeiro e certo ao intelecto e aos sentidos; o que é certo aos sentidos mas não ao intelecto, o que é lógica e esteticamente provável, o que é logicamente improvável mas esteticamente provável, e, por fim, coisas esteticamente improváveis mas no conjunto prováveis, ou tais que não se perceba a improbabilidade.⁵² Voltamos, com isso, à admissão do impossível e do absurdo, do ἀδύνατον e do ἄτοπον aristotélico.

---

⁴⁹ Ibidem, § 448.
⁵⁰ Ibidem, § 483.
⁵¹ Ibidem, § 484.
⁵² Ibidem, § 485, 486.

Se, depois de ler estes parágrafos de capital importância para o entendimento do verdadeiro pensamento de Baumgarten, voltarmos a ler a introdução de sua obra, encontraremos de novo o mesmo conceito, comum e errôneo, da faculdade poética. A quem lhe objetava não ser necessário se preocupar com o conhecimento confuso e inferior, seja porque "*confusio mater erroris*" [a confusão é a mãe dos erros], seja porque as "*facultates inferiores, caro, debellandae potius sunt quam excitandae et confirmandae*" [as faculdades inferiores, a sensualidade, antes devem ser debeladas do que estudadas e afirmadas], Baumgarten respondia que a confusão é condição para encontrar a verdade; que a natureza não salta da obscuridade à clareza; que a luz do meio-dia se alcança passando-se pela aurora (*ex nocte per auroram meridies*); que, no caso das faculdades inferiores, exige-se governo e não tirania (*imperium in facultates inferiores poscitur, non tyrannis*).[53] Foi assim, portanto, que Leibniz, Trevisano e Bülffinger entenderam o assunto. Temendo ser acusado de tratar assuntos indignos de um filósofo, Baumgarten pergunta a si mesmo: "*Quousque tandem* [até quando], tu, que és professor de filosofia teórica e moral, hás de louvar mentiras e mesclas de verdadeiro e falso como se fossem as mais nobres de todas as coisas?".[54] Se houve algo que ele pretendeu evitar ao máximo foi justamente o sensualismo desenfreado e alheio à moral. A perfeição sensitiva do cartesianismo e do wolffianismo mostrava certa tendência a confundir-se com o mero prazer, com o sentimento da perfeição de nosso organismo.[55] Baumgarten, porém, não caiu nessa confusão. Quando, em 1745, um tal Quistorp se pôs a combater sua teoria estética, dizendo que se a poesia consistisse na perfeição sensual, então seria danosa aos homens, Baumgarten respondeu, com desdém, que não tinha tempo para responder a críticas desse feitio, que confundiam a sua "*oratio perfecta sensitiva*" [oração sensível perfeita] com uma "*oratio perfecte* (isto é, *omnino*, completamente) *sensitiva*".[56]

---

[53] Ibidem, § 7, 12.

[54] Ibidem, § 478.

[55] Cf. Wolff, *Psychologia Empirica*, § 511, e a passagem de Descartes ali citada: veja também § 542-50.

[56] T. J. Quistorp, "Neuen Bücher-Saal", 1745, fasc. 5: *Erweis dass die Poesie schon für sich selbst Ihre Liebhaberleichtlich Unglücklich machen Könne*; e A. G. Baumgarten, *Methaphysica*, 2. ed., 1748, Prefácio: cf. Danzel, *Gottsched*, p. 215, 221.

Em toda a estética de Baumgarten, afora o título e as primeiras definições, percebe-se o domínio do antiquado e do banal. No que diz respeito aos primeiros princípios de sua ciência, vimos reportar-se a Aristóteles e Cícero; e, em certa passagem, atribui expressamente à retórica da Antiguidade a sua estética, recordando a verdade, já enunciada pelo estoico Zenão, de que *"esse duo cogitandi genera, alterum perpetuum et latius, quod Rhetorices sit, alterum concisum et contractius, quod Dialectices"* [há dois modos de pensar: um contínuo e mais amplo, próprio da retórica; outro, conciso e mais contraído, próprio da dialética], identificando o primeiro com o horizonte estético, e o segundo com o lógico.[57] Em suas *Meditationes*, apoia-se em Scaliger e Vossius.[58] Quanto aos escritores mais modernos, ao lado dos filósofos Leibniz, Wolff, Bülffnger, cita Gottsched, Arnold,[59] Werenfels, Breitinger;[60] foi a partir desses últimos autores que chegou às discussões sobre gosto e imaginação, mesmo sem conhecer Addison e Du Bos em primeira mão. Quanto aos italianos, tão estudados na Alemanha de seu tempo, a semelhança de ideias salta aos olhos. E com aqueles que o precederam, Baumgarten sente-se de acordo e nunca em oposição. Ele nunca se viu como revolucionário, e, embora alguém possa sê-lo sem o saber, este não é o caso de Baumgarten. Ele é apenas mais uma voz a falar do problema estético que aguardava a solução adequada; uma voz forte em que ressonavam palavras de ordem. Ele proclamou uma nova ciência, mas a apresentou sob a forma escolástica convencional. A tal ciência chamou de estética, e esse nome vingou, embora desprovido de conteúdo propriamente novo. A estrutura filosófica sente falta de um corpo vigoroso que a sustente. O excelente Baumgarten, cheio de convicções e ardor, sempre franco e vivaz em seu latim escolástico, é uma figura simpática e atraente na história da estética, mas sempre da ciência em formação, não da formada; da estética *condenda*, não da estética *condita*.

---

[57] *Aesthetica*, § 122.
[58] *Meditationes*, § 9.
[59] Ibidem, § 111, 113.
[60] *Aesthetica*, § 11.

5. GIAMBATTISTA VICO

O verdadeiro revolucionário foi o italiano Giambattista Vico, que, deixando de lado o conceito de verossímil e entendendo a imaginação de maneira nova, conseguiu penetrar a verdadeira natureza da poesia e da arte, descobrindo, por assim dizer, a ciência estética.

Dez anos antes de o primeiro opúsculo de Baumgarten ser publicado na Alemanha, saía, em Nápoles, a primeira *Scienza Nuova* (1725), que desenvolvia, sobre a natureza da poesia, ideias já apresentadas em 1721 no *De Constantia Iurisprudentis*, fruto de "25 anos de contínua e austera meditação".[1] Em 1730, Vico publicou-o novamente, com novos desdobramentos, que deram origem a dois livros (*Della Sapienza Poetica* e *Della Discoperta del Vero Omero*), na segunda *Scienza Nuova*. Vico não se cansava de reiterar seus pontos de vista e de propô-los, em todas as oportunidades, à atenção de seus mal dispostos contemporâneos, aproveitando o ensejo de prefácios, cartas, poemas de ocasião (casamentos ou sepultamentos), e também resenhas de livros cujas publicações estavam sob sua responsabilidade enquanto censor público de literatura.

Quais eram, afinal, essas ideias? Nada mais nada menos que a solução do problema exposto por Platão, abordado mas não resolvido por Aristóteles, e novamente estudado, em vão, no Renascimento e também depois: a poesia é racional ou irracional, espiritual ou animal? E, se é espiritual, qual é a sua verdadeira natureza e o que a distingue da história e da ciência?

Como sabemos, Platão a restringira à parte mais baixa da alma, em meio aos humores animais. Vico a elevou novamente e dela fez um período da história humana. Para ele, de fato, a história é algo ideal cujos períodos não são fatos contingentes, mas formas do espírito, por isso pensa a poesia como um momento da história ideal do espírito, uma forma da consciência. A poesia precede o intelecto, mas vem depois dos sentidos;

---

[1] *Scienza Nuova Prima*, livro III, cap. 5 (*Opere* de G. B. Vico, organizadas por G. Ferrari, 2. ed., Milano, 1852-1854).

Platão, porém, confundindo-a com este, não compreendeu sua verdadeira posição e a baniu de sua República.

> Primeiro, os homens sentem, mas sem se dar conta disso; em seguida, se dão conta com a alma perturbada e agitada; finalmente, refletem com a mente tranquila. Esse aforisma é o princípio das sentenças poéticas, que se formam pela sensação de paixões e afetos, diferindo, assim, das sentenças filosóficas, que se formam pela reflexão raciocinante; de onde se entende que as sentenças filosóficas são mais verdadeiras quanto mais se elevam em direção ao universal; são mais certas quanto mais se aproximam do individual.[2]

Fase imaginativa, mas dotada de valor positivo.

Note-se que a fase imaginativa é autônoma e totalmente independente da intelectual, que é incapaz de acrescentar qualquer perfeição àquela, conseguindo apenas destruí-la.

> Os estudos da metafísica e da poesia estão em oposição natural entre si; pois a metafísica purifica a mente dos preconceitos da infância e a poesia neles a submerge e afoga; a primeira oferece resistência ao juízo dos sentidos, a segunda o constitui como principal regra; a primeira enfraquece a imaginação, a segunda a fortalece; a primeira orgulha-se de não transformar o espírito em corpo, a segunda faz de tudo para dar corpo ao espírito. Entende-se, assim, por que os pensamentos da metafísica são necessariamente abstratos, enquanto os conceitos da poesia são tão mais belos quanto mais corpo têm. Em suma, a metafísica se esforça para que os doutos conheçam a verdade despojada de toda a paixão; a poesia pretende que as pessoas comuns possam agir conforme a verdade por meio de uma intensa excitação dos sentidos, estímulo sem o qual não agiriam. Assim, em todas as épocas, em todas as línguas que conhecemos, nunca houve alguém que fosse ao mesmo tempo grande metafísico e grande poeta, alguém excelente como Homero, pai e príncipe dos poetas.[3]

São os poetas os sentidos, e são os filósofos o intelecto do gênero humano.[4] A imaginação será "tanto mais robusta quanto mais fraca for a razão".[5]

A "reflexão", sem dúvida, pode ser expressa em verso, mas nem por isso se torna poesia. "As sentenças abstratas são próprias dos filósofos, porque

---

[2] *Scienza Nuova Seconda*, Elementi, LIII.

[3] *Scienza Nuova Prima*, livro III, cap. 27.

[4] *Scienza Nuova Seconda*, livro II, Introdução.

[5] "Elementi". In: Ibidem, xxxvi.

contêm universais; as reflexões relativas às paixões são feitas por falsos e frios poetas."[6] Esses poetas "que cantam a beleza e a virtude das mulheres pela reflexão [...] são filósofos que discutem em versos ou em rimas de amor".[7] As ideias dos filósofos são distintas das dos poetas; as ideias dos poetas são idênticas às dos pintores, e se distinguem apenas "pelas palavras e pelas cores".[8] Grandes poetas não nascem em épocas de muita reflexão, mas nas de imaginação, chamadas, geralmente, de barbárie. Homero, por exemplo, na barbárie da Antiguidade; Dante, na Idade Média, a "segunda barbárie da Itália".[9] Quem pretendeu encontrar sabedoria filosófica no grande fundador da poesia grega, caiu em anacronismo, pois transferiu o caráter de uma época mais antiga para uma mais recente, já que a época dos poetas precede a dos filósofos; a infância das nações é marcada por poetas sublimes. A locução poética nasce antes da prosa, "por necessidade da natureza" e não "por capricho do prazer"; as fábulas ou universais imaginativos foram concebidos antes dos universais da razão, ou seja, os universais filosóficos.[10]

Com tais observações, Vico justificava e ao mesmo tempo corrigia a opinião de Platão na *República*, negando a sabedoria a Homero, todo o tipo de sabedoria: a sabedoria legislativa de Licurgo, Caronda e Sólon; a sabedoria filosófica de Tales, Anacársis e Pitágoras; a sabedoria estratégica dos comandantes militares.[11] A Homero, diz ele, cabe, sim, a sabedoria, mas apenas a sabedoria poética: insuperáveis são as comparações e imagens homéricas inspiradas nas feras e outros elementos selvagens da natureza; mas "tal sucesso não nasce do engenho, domesticado e civilizado, por alguma filosofia".[12]

Quando alguém se põe a escrever poesia em uma época de reflexão, isso se dá porque quer voltar à infância "aguilhoando sua mente"; não reflete intelectualmente, mas segue a imaginação e perde-se em singularidades.

---

[6] "Sentenze Eroiche". In: Ibidem, livro II.

[7] "Carta a De Angelis", 25 de dezembro de 1725.

[8] Loc. cit.

[9] *Scienza Nuova Seconda*, livro III; "Carta a De Angelis", op. cit.; *Giudizio su Dante*.

[10] "Logica Poetica". In: *Scienza Nuova Seconda*, livro II.

[11] *Respublica*, X.

[12] *Scienza Nuova Seconda*, livro III, in principio.

Se um verdadeiro poeta brinca com ideias filosóficas, não será "possível assimilá-las, afastando-se da imaginação", mas apenas "tê-las ante si para examiná-las como se estivesse num palco ou numa tribuna".[13] A comédia nova, que aparece depois de Sócrates, está inegavelmente impregnada de ideias filosóficas, de universais intelectuais, de "gêneros inteligíveis dos costumes humanos", mas seus autores foram poetas, porquanto souberam transformar a lógica em imaginação e ideias em retratos.[14]

A linha divisória entre arte e ciência, imaginação e intelecto, foi traçada fortemente: esses dois tipos de atividade são repetidamente contrastados e tornam-se inconfundíveis. A linha divisória entre poesia e história não é menos definida. Vico, apesar de não citar a passagem de Aristóteles, mostrou implicitamente por que, ao Estagirita, a poesia parecia mais filosófica que a história, refutando, ao mesmo tempo, o erro de que a história concerne ao particular, e a poesia, ao universal. A poesia alia-se à ciência, não por ser uma contemplação de conceitos, mas por ser ideal como a ciência. A mais bela fábula poética deve ser "totalmente ideal": "por meio da ideia, o poeta confere ser às coisas que não existem; os mestres dessa arte dizem que esta reside totalmente na imaginação, como se fosse um pintor de ideias, pura atividade não icástica, como é a de um retratista: de onde, por essa semelhança com Deus criador, os poetas, assim como os pintores, são chamados divinos".[15] E contra os que culpam os poetas por suas histórias falsas, Vico sustenta:

> As melhores fábulas são as que mais se aproximam da verdade ideal, ou seja, a verdade eterna de Deus; por isso, são incomparavelmente mais certas que a verdade dos historiadores, que muitas vezes encerram elementos de capricho, necessidade ou fortuna; mas, assim como, por exemplo, Torquato Tasso propõe Gofredo como o maior comandante de todos os tempos e de todas as nações, assim também são os personagens da poesia independentemente da diferença de sexo, idade, temperamento, costume, nação, forma de governo, qualidade, condição ou fortuna; eles não são nada mais que as propriedades eternas das almas humanas, racionalmente discutidas por políticos, economistas e filósofos da moral, pintadas como retratos pelos poetas.[16]

---

[13] "Carta a De Angelis", op. cit.

[14] *Scienza Nuova Seconda*, livro III, passim.

[15] *Scienza Nuova Prima*, livro III, cap. 4.

[16] "Carta a Esteban", 12 de janeiro de 1729: cf. "Elementi", LIII. In: *Scienza Nuova Seconda*.

Referindo-se a Castelvetro, e aprovando em parte sua observação de que se a poesia é imagem do possível, e por isso deve ser precedida pela história, a imitação do real, Vico levanta e resolve a dificuldade de que, embora os poetas precedam os historiadores, a história identifica-se, segundo ele, com a poesia. A poesia foi a história primitiva; as fábulas, verdadeiras narrações, Homero foi o primeiro historiador, ou melhor, "um tipo heroico dos homens gregos, na medida em que estes narraram, poeticamente, a sua própria história".[17] Poesia e história, portanto, são originalmente idênticas, ou melhor, não é possível distingui-las entre si. "Mas, na medida em que não é possível transmitir ideias falsas, porquanto o falso nada mais é que uma confusa combinação de ideias, assim também é impossível transmitir uma tradição, por fabulosa que seja, que não tenha algum fundamento de verdade."[18] Daí obtemos uma visão inteiramente nova da mitologia, que deixa de ser uma invenção arbitrária e calculada, e passa a ser uma visão espontânea da verdade, tal como se apresentava ao espírito dos homens primitivos. A poesia proporciona uma visão imaginativa; a ciência ou a filosofia, a verdade inteligível; a história, a consciência do certo.

Linguagem e poesia são, para Vico, substancialmente idênticas. Ao refutar "aquele erro comum dos gramáticos", segundo os quais a prosa nasceu antes da poesia, ele encontra "dentro da origem da poesia, até o ponto em foi possível desvelar essa origem", as "origens das línguas e das letras".[19] Tal descoberta custou a Vico "uma labuta desagradável, molesta e pesada de se despojar da própria natureza, a fim de entrar na dos homens primevos de Hobbes, Grotius, ou Puffendorf; criaturas que não possuem linguagem e das quais procedem as línguas das nações gentias".[20] A excelência do resultado foi proporcional ao seu esforço, uma vez que conseguiu refutar o erro de que as línguas nasceram por convenção ou, como disse, "nomeassem algo a bel-prazer", sendo-lhe evidente que, "partindo de sua origem natural, as palavras devem ter sentidos naturais; isso é fácil observar no latim vulgar [...] em que quase todas as palavras surgiram por transposição natural ou

---

[17] *Scienza Nuova Seconda*, livro III.

[18] *Scienza Nuova Prima*, livro III, cap. 6.

[19] "Corollari d'Intorno all'Origini della Locuzion Poetica, etc.". In: *Scienza Nuova Seconda*, livro II.

[20] *Scienza Nuova Prima*, livro III, cap. 23.

por propriedades naturais, ou por força de seus efeitos sensíveis; em geral, a metáfora constitui a maior parte da linguagem em todos os povos".[21] Esse argumento refuta também outro erro comum dos gramáticos, o de "que o falar dos prosadores é próprio, e impróprio o dos poetas".[22] Para Vico, os tropos poéticos que estão inscritos no rol das metonímias parecem ter "nascido da natureza dos povos primitivos e não do capricho de alguns homens hábeis na poesia";[23] histórias contadas "por semelhanças, imagens e comparações" e nascidas "da falta de gêneros e espécies necessárias para definir as coisas com propriedade" e, portanto, "por necessidade natural, comum a povos inteiros".[24] As primeiras línguas consistiam em "gestos mudos ou com objetos que tinham relações naturais com as ideias que se pretendia representar".[25] De maneira muito perspicaz, Vico observa que a essas linguagens figurativas pertencem não só os hieróglifos, mas também os emblemas, as atitudes cavalheirescas, armas e brasões, por ele chamadas de "hieróglifos medievais".[26] Na barbárie medieval,

> os italianos viram-se obrigados a voltar à língua muda [...] das primeiras nações gentias, em que os seus autores, antes de descobrirem a articulação das línguas, eram obrigados, como mudos, a usar atos ou objetos que tivessem relação natural com as ideias, as quais deviam à época assumir um caráter extremamente sensível, das coisas que queriam significar; tais expressões, revestidas de palavras quase vocais, deviam ter toda a expressividade da dicção poética.[27]

Surgem então três tipos ou fases das línguas: as línguas dos deuses ou mudas; línguas dos heróis ou heráldicas; as línguas faladas. Vico aspirou também a um sistema universal de etimologia, um "dicionário de palavras mentais comuns a todas as nações".

Alguém com tais ideias sobre imaginação, línguas e poesia não podia se dar por satisfeito com a lógica formal e verbal de cunho aristotélico ou escolástico. A mente humana, diz Vico, "faz uso do intelecto quando,

---

[21] "Corollari d'Intorno all'Origini delle Lingue, etc.". In: *Scienza Nuova Seconda*, livro II.
[22] "Corollari d'Intorno a' Tropi, etc.", § 4. In: Ibidem, livro II.
[23] *Scienza Nuova Prima*, livro III, cap. 22.
[24] "Pruove Filosofiche". In: *Scienza Nuova Seconda*, livro III.
[25] *Scienza Nuova Prima*, livro III, cap. 22.
[26] Ibidem, livro III, cap. 27-33.
[27] "Carta a De Angelis", op. cit.

mediante o que sente, capta algo que não está no âmbito dos sentidos: eis o que propriamente quer dizer o termo "*intelligere*" do latim".²⁸ Em seu breve esboço da história da lógica, Vico escreve:

> Veio Aristóteles e ensinou o silogismo, um método mais adequado para explicar universais em seus particulares, que une particulares para descobrir universais: veio Zenão com o sorites, que corresponde aos métodos filosóficos modernos, refinando, mas sem agudeza, o engenho: nenhum dos dois legou ao gênero humano algo memorável. Com muita razão, portanto, Verulâmio, grande político e também filósofo, propõe, recomenda e ilustra a indução em seu *Novum Organum*: ele foi seguido pelos ingleses, com excelentes resultados para a filosofia experimental.²⁹

É daí que procede sua crítica à matemática, que sempre foi considerada como paradigma da ciência perfeita, especialmente em sua época.

Em tudo isso, Vico não é apenas um perfeito revolucionário, mas tem plena consciência de sê-lo: sabe que está em oposição a tudo o que se pensou até então sobre o assunto. Diz que seus novos princípios de poesia são "não apenas diferentes, mas totalmente opostos a tudo o que se propôs desde Platão e seu discípulo Aristóteles até os dias de Patrizzi, Scaligero e Castelvetro entre os modernos; descobrimos que a poesia foi a primeira língua utilizada igualmente por todas as nações, antes mesmo da hebraica".³⁰ Em outra passagem, insiste em dizer que essa teoria "arruína tudo o que se disse sobre a origem da poesia, primeiro por Platão, e depois por Aristóteles, até os nossos Patrizzi, Scaligero e Castelvetro; e verifica-se que a poesia, resultado de um defeito do raciocínio humano, é tão sublime quanto a filosofia, as artes da composição e da crítica; na verdade, essas fontes posteriores nunca deram origem a poesia alguma que pudesse se igualar, muito menos que pudesse superá-la".³¹ Em sua autobiografia, Vico se gaba de ter descoberto "outros princípios poéticos além dos encontrados pelos gregos, latinos e todos os demais até então; estes princípios estabelecem outros, sobre a mitologia".³²

---

²⁸ *Scienza Nuova Seconda*, livro II, Introdução.
²⁹ "Ultimi Corollari", § 6. In: Ibidem, livro II.
³⁰ *Scienza Nuova Prima*, livro III, cap. 2.
³¹ "Della Metafisica Poetica, etc.". In: *Scienza Nuova Seconda*, livro II.
³² "Vita Scritta da Sé Medesimo". In: *Opere*, op. cit., vol. IV, p. 365.

Os velhos princípios da poesia, "estabelecidos primeiramente por Platão e confirmados por Aristóteles", eram antecipações preconceituosas que enganaram os que escreveram sobre a razão poética (dentre os quais cita Jacopo Mazzoni). As afirmações, "mesmo dos mais sérios filósofos, como Patrizzi e outros", sobre a origem do canto e dos versos são inépcias que Vico "se envergonha de citar".[33] É curioso vê-lo comentar, com os princípios da *Scienza Nuova*, a *Ars Poetica* de Horácio, esforçando-se para encontrar algum sentido plausível.[34]

Dentre os autores contemporâneos, é provável que estivesse familiarizado com os escritos de Muratori, pois o cita expressamente, e também com os de Gravina, a quem conhecia pessoalmente. Se, porém, Vico chegou a ler o *Perfetta Poesia* e o *Forza della Fantasia*, decerto não pôde ficar satisfeito com o tratamento dado à faculdade da imaginação, que lhe parecia tão vigorosa e tinha merecido tanta importância; se, pois, Gravina o inspirou de algum modo, foi no sentido de contradizer o que pensava. Em Gravina, ou mesmo diretamente nos escritores franceses, como Le Bossu, Vico encontrava a falsa ideia de um Homero tido como repositório de sabedoria, erro este que combateu vigorosa e pertinazmente. Em sua opinião, entre as falhas mais graves dos cartesianos estava sua incapacidade de apreciar o mundo da imaginação e da poesia. Queixa-se de que sua época "tornara-se mais sutil pelos métodos analíticos e por uma filosofia que pretende amortecer todas as faculdades da alma que se relacionam com o corpo, especialmente a imaginação, que é detestada como a mãe de todos os erros humanos", época "de uma sabedoria que congela tudo o que de generoso há na melhor poesia", e impede que seja compreendida.[35]

Dá-se o mesmo no que concerne à teoria da linguagem: conhecer-lhe "a origem, ou seja, a natureza das línguas, custou árdua meditação; em outra obra filosófica nossa, deleitamo-nos erroneamente no *Crátilo* de Platão" (Vico alude à doutrina por ele seguida em seu primeiro livro, *De Antiquissima Italorum Sapientia*), "até Wolfgang Latius, Júlio César Scaligero, Francisco Sanzio [Sanchez] e outros não conseguimos encontrar nada

---

[33] *Scienza Nuova Prima*, livro III, cap. 37.

[34] "Note all'Arte Poetica di Orazio". In: *Opere*, op. cit., vol. VI, p. 52-79.

[35] "Carta a De Angelis", op. cit.

que satisfaça ao entendimento; tanto que, discorrendo a propósito de questões que propusemos, o *signor* Giovanni Clerico diz que não há nada, em toda a filologia, que encerre maiores dúvidas e dificuldades".[36] Os principais gramáticos-filósofos do Renascimento não escapam à crítica. A gramática, diz ele, estabelece as regras de se falar corretamente; a lógica, as regras de se falar conforme a verdade;

> e porque, segundo a ordem natural, devemos falar a verdade antes de aprender a falar corretamente, Júlio César Scaligero, seguido pelos melhores gramáticos, pôs-se a meditar, com generoso esforço, nas origens da língua latina segundo os princípios da lógica. Esse grande objetivo, porém, fracassou pelo seguinte motivo: ele se prendeu aos princípios lógicos de um único filósofo, vale dizer, enredou-se na lógica de Aristóteles, cujos princípios são demasiado universais e não conseguem explicar os pormenores quase infinitos que, por natureza, assaltam quem raciocina sobre uma língua. Sucedeu, então, que Francisco Sanzio, que o seguira com admirável zelo, esforça-se, em sua *Minerva*, para explicar, mediante seu famoso princípio da elipse, as inúmeras singularidades encontradas no latim, e, procurando sem sucesso salvar os princípios universais da lógica de Aristóteles, incorreu no incômodo embaraço de uma série quase inumerável de expressões vernáculas latinas, das quais pretendeu compensar as graciosas e elegantes lacunas que a língua latina usa ao expressar-se.[37]

As partes da oração e a sintaxe tiveram origem bem diferente da que alguns lhes atribuíram ao imaginarem que "os povos que inventaram as línguas deveriam, antes, ter ido à escola de Aristóteles".[38] A mesma crítica deve também se estender ao aparato lógico-gramatical de Port-Royal, pois Vico observou que a lógica de Arnauld foi construída "sobre a mesma planta que a de Aristóteles".[39]

Parece que Vico tinha maior simpatia pelos retóricos do século XVII, nos quais percebemos como que um prenúncio da ciência estética. Para Vico, como para eles, o engenho, que diz respeito à imaginação e à memória, era

---

[36] *Scienza Nuova Prima*, livro III, cap. 22. Cf. a resenha de Clerico (Le Clerc), mencionada em *Opere*, op. cit., vol. IV, p. 382.

[37] "Giudizio Intorno alla Grammatica d'Antonio d'Aronne". In: *Opere*, op. cit., vol. VI, p. 149-50.

[38] "Corollari d'Intorno all'Origini delle Lingue, etc.". In: *Scienza Nuova Seconda*, livro II.

[39] *Vita*, op. cit., p. 343.

"o pai de todas as invenções"; o juízo da poesia era um "juízo dos sentidos", e equivalia a "gosto" ou "bom gosto", expressões que nunca empregou com essa intenção. Não há dúvida de que conhecia os tratados sobre sutileza e conceitos, pois, em um árido manual de retórica escrito para uso de sua escola, no qual se procuraria em vão qualquer sombra de seu verdadeiro pensamento, Vico cita Paolo Beni, Pellegrini, Pallavicino e o marquês Orsi.[40] Ele apreciava o tratado de Pallavicini sobre estilo, e tinha notícia do livro *Del Bene*, do mesmo autor;[41] parece que não se mostrou insensível ao lampejo de gênio que permitiu ao jesuíta perceber, por um instante, que a poesia consiste nas primeiras apreensões. Vico não menciona Tesauro, mas não há dúvida de que o conhecia. Não é verdade que a *Scienza Nuova*, além da poesia, incluía outra seção, relativa a "brasões", "atitudes cavalheirescas", "insígnias militares", "medalhas" que nos remetem às "sutilezas figuradas" de Tesauro em seu *Cannochiale Aristotélico*?[42] As sutilezas, para Tesauro, são ingenuidades metafóricas como muitas outras; para Vico, são obras da imaginação, pois a imaginação se explicita não somente em palavras, mas também na "linguagem muda" das linhas e das cores. Vico conhecia também um pouco de Leibniz; este grande alemão e Newton foram por ele descritos como "os dois principais gênios" de sua época;[43] no entanto, parece que ignorava completamente as experiências estéticas da escola leibniziana na Alemanha. De fato, sua *logica poetica* foi uma descoberta isolada e anterior ao *organon* das faculdades inferiores de Bülffinger, da *gnoseologia inferior* de Baumgarten, e da *Logik der Einbildungskraft* de Breitinger. Assim, por um lado, Vico pertencia à grande reação do Renascimento contra o formalismo e o verbalismo escolástico, reação que, começando com a reafirmação da experiência e da sensação (Telésio, Campanella, Galileu, Bacon), deveria prosseguir na reafirmação do valor da imaginação na vida individual e social; e, por outro lado, Vico é também um precursor do romantismo.

A importância que a nova teoria poética de Vico ocupa no conjunto de seu pensamento, bem como no ordenamento de sua *Scienza Nuova*, nunca

---

[40] "De Sententiis, Vulgo del Ben Parlare in Concetti". In: *Instituzioni Oratorie e Scritti Inediti*, Napoli, 1865, p. 90 ss.

[41] Carta ao duque de Laurenzana, 1º de março de 1732; e cf. carta a Muzio Gaeta.

[42] Cf. cap. 3 anterior, p. 185.

[43] "Del Metodo". In: *Scienza Nuova Seconda*, livro I.

foi claramente apreciada em toda a sua importância: o filósofo napolitano continua sendo considerado o inventor da filosofia da história. Se por tal ciência entende-se a tentativa de se pensar a história concreta e deduzir conceitualmente épocas e eventos, então Vico não logrou sucesso em sua empresa não obstante os esforços que fez; fracassaram também os muitos que vieram depois dele. O fato é que sua filosofia da história, a sua história ideal, a sua *Scienza Nuova d'Intorno alla Natura Comune delle Nazioni* [Ciência Nova Acerca da Comum Natureza das Nações] não diz respeito à história empírica concreta e singular que se desdobra no tempo; e não é uma história, mas uma ciência do ideal, filosofia do espírito. Digno de destaque é o fato de que Vico fez muitas descobertas em história propriamente dita, confirmadas em grande medida pela crítica moderna (por exemplo, sobre o desenvolvimento da epopeia grega e sobre a natureza e gênese dos feudos na Antiguidade e na Idade Média), mas esse aspecto de sua obra deve ser nitidamente distinguido de outro, que é propriamente filosófico. Ora, se a parte filosófica é uma doutrina que expõe os momentos ideais do espírito, ou, como ele dizia, "as modificações de nossa mente humana", Vico intenta, sobretudo, definir e descrever integralmente esses momentos ou modificações, não os momentos lógicos, éticos ou econômicos – embora lance muita luz também sobre esses assuntos –, mas justamente os momentos imaginativos ou poéticos. A maior parte da segunda *Scienza Nuova* gira em torno da descoberta da imaginação criativa; dos "novos princípios da poesia" procedem as teorias sobre a natureza da linguagem, da mitologia, da escrita, das figurações simbólicas e assim por diante. Todo o seu "sistema da civilização, da República, das leis, da poesia, da história, em uma palavra, da humanidade em geral", está fundamentado nessa descoberta que constitui o novo ponto de vista em que Vico se coloca. O próprio autor observa que o segundo livro, dedicado à *sabedoria poética*, "faz uma descoberta inteiramente oposta à de Verulam", que toma "quase todo o corpo da obra"; mas também os livros primeiro e terceiro tratam, quase que exclusivamente, das produções da imaginação. Pode sustentar-se, portanto, que a *Scienza Nuova* de Vico é realmente a estética, ou, pelo menos, a filosofia do espírito com ênfase especial sobre a filosofia do espírito estético.

No entanto, em que pesem tantos pontos luminosos, ou melhor, apesar de luz tão forte, restam algumas zonas escuras e cantos sombrios. Por não manter perfeita distinção entre história concreta e filosofia do espírito, Vico propôs períodos históricos que não correspondem aos períodos reais, mas são, por vezes, como que alegorias ou expressões mitológicas de sua própria filosofia do espírito. Daí se entende também o número desses períodos – normalmente contam-se três – que Vico reencontra na história da civilização em geral, e também da poesia, das línguas e de todas as outras áreas. "Os primeiros povos, que foram as crianças do gênero humano, fundaram, primeiro, o mundo das artes; em seguida, após longo período, os filósofos, que eram então os anciãos das nações, fundaram o mundo das ciências, e assim a humanidade atingiu sua inteira realização."[44] Historicamente, e de modo aproximativo, esse esquema de evolução tem a sua verdade, mas trata-se, justamente, de uma verdade aproximativa. Como consequência da mesma confusão entre filosofia e história, Vico negou aos povos primitivos qualquer tipo de lógica intelectual, entendendo como formas poéticas a sua física, cosmologia, astronomia e geografia, e também sua moral, economia e política. No entanto, nunca existiu um período da história concreta inteiramente poético e privado de toda abstração e raciocínio, aliás, não se pode nem mesmo conceber um período assim. Uma moral, uma política, uma física, por mais imperfeitas que sejam, pressupõem sempre o trabalho intelectual. Não pode se materializar a prioridade ideal da poesia em um período histórico da civilização.

Relacionado a este erro, há outro em que Vico muitas vezes incidiu ao dizer que "a finalidade principal da poesia" é "ensinar o vulgo ignorante a agir virtuosamente" e "inventar fábulas adaptadas ao entendimento popular, capazes de produzir fortes emoções".[45] Tendo-se em conta as claras explicações que ofereceu sobre o caráter não essencial das abstrações e dos artifícios intelectuais na poesia, uma vez que, para ele, a poesia faz suas próprias regras sem consultar ninguém, e posto que ele estabeleceu vigorosamente a natureza teórica peculiar da imaginação, tal proposição não pode ser tomada como um retorno à teoria pedagógica e heterônoma da poesia, completamente superada, aliás. Por conseguinte, essa tese resulta indubitavelmente da sua hipótese histórica de uma época inteiramente poética da civilização, em que a educação, a ciência e a moral foram administradas por

---

[44] "Ultimi Corollari". In: Ibidem, § 5.
[45] *Scienza Nuova Prima*, livro III, cap. 3; "Della Metafisica Poetica". In: *Scienza Nuova Seconda*, livro II; e livro III, in principio.

poetas. Outra consequência é que os "universais imaginativos" parecem, por vezes, ser entendidos como universais imperfeitos (conceitos empíricos ou representativos, como depois foram chamados), embora, por outro lado, a individualização seja tão nítida neles e sua natureza não filosófica seja tão acentuada que seu significado, enquanto formas puramente imaginativas, pode dizer-se fundamental. Note-se, enfim, que Vico nem sempre utilizava os termos fundamentais com o mesmo sentido: "sensação", "memória", "imaginação", "engenho" nem sempre definem com clareza as suas mútuas relações de sinonímia ou de distinção. Em certas passagens, a "sensação" parece estar fora do espírito, em outras, parece ser um de seus momentos principais; ora os poetas são o órgão da "imaginação", ora o "senso" da humanidade; por seu turno, a imaginação às vezes é chamada de "memória dilatada". Tais são as incertezas desse pensamento intacto e original, e, por isso, não muito fácil de regular.

Separar a filosofia do espírito da História, as modificações da mente humana das vicissitudes históricas dos povos, a estética da civilização homérica, e, continuando as análises de Vico, determinar mais precisamente as verdades por ele afirmadas, as distinções que traçou e as identificações que previu; purgar, em suma, a estética dos resíduos da retórica e da poética antigas, bem como de alguns esquematismos precipitados impostos por seu autor: eis o campo de trabalho, o progresso a ser feito após a descoberta da autonomia do mundo estético devida ao gênio de Giambattista Vico.

6. DOUTRINAS ESTÉTICAS MENORES DO SÉCULO XVIII

Esse progresso não teve efeito imediato. As páginas da *Scienza Nuova* dedicadas à doutrina estética foram também as menos conhecidas e eficazes de todo aquele maravilhoso livro. Isso não quer dizer que não se achem traços das ideias estéticas de Vico em algum autor italiano de seu tempo, ou das gerações imediatamente posteriores, mas esses traços são todos extrínsecos e materiais e, portanto, estéreis. Fora da Itália, a *Scienza Nuova* (já anunciada por um compatriota em 1726 nas *Acta*, de Leipzig, com o benévolo comentário de que *magis indulget ingenio quam veritati* [concede mais ao engenho que a verdade] e a agradável informação de que *ab ipsis italis taedio magis quam applausu excipitur* [fora recebida mais com tédio que aplausos pelos próprios italianos])[1] foi mencionada no final do século, como sabido, por Herder, Goethe e alguns poucos outros.[2] Em relação com a poesia, ou seja, com a questão homérica, o livro de Vico foi citado por Friedrich August Wolf, a quem fora recomendado por Cesarotti,[3] após a publicação dos *Prolegomena ad Homerum*, mas sem que então ou depois se suspeitasse da importância de sua doutrina geral da poesia, da qual a hipótese homérica era mera aplicação ou exemplo. Wolf (1807) imaginou ter encontrado um talentoso precursor seu em um problema especial, e não se deu conta de que estava na presença de um homem cuja estatura intelectual era muito superior a de um mero filólogo.

Não foi pela confiança no livro de Vico, que não fundou escola alguma, nem, é preciso dizer, por qualquer novo esforço intelectual que o pensamento elevou-se às alturas já alcançadas pelo filósofo napolitano. Um notável

---

[1] Vico, *Opere*, op. cit., vol. IV, p. 305.

[2] Herder, *Briefe zur Beförderung der Humanität*: 1793-97, Carta 59; Goethe, *Italienische Reise*, 5 de março de 1787.

[3] "Carta de Wolf a Cesarotti", 5 de junho de 1802. In: Cesarotti, *Opere*, Pisa-Firenze, 1800-1813, vol. XXXVIII, p. 108-12: cf. Ibidem, p. 43-44, 66-67, e vol. XXXVII, p. 281, 284, 324. Sobre toda a questão das relações de Wolf com Vico, veja Croce, *Bibliografia Vichiana*, p. 51, 56-58, e *Supplemento*, p. 12-14.

esforço de estabelecer uma teoria filosófica da poesia e das artes foi feito pelo veneziano Antonio Conti, que deixou esboços de inúmeros ensaios sobre imaginação, faculdades da alma, imitação poética e assuntos semelhantes, os quais deviam compor um amplo tratado sobre o belo e sobre a arte. Conti, que em um primeiro período professara ideias não muito diferentes das de Du Bos, afirmando que o poeta deve "colocar tudo em imagens", e que o gosto é indefinível como o sentimento, e que assim como há cegos e surdos, há também pessoas de mau gosto, e que também polemizara contra o cartesianismo em literatura, mais tarde, abandonou essa sua teoria, a meio-termo do sensualista e do sentimentalismo,[4] e, procurando entender a natureza da poesia, declarou-se insatisfeito com Castelvetro, Patrizzi, e até mesmo Gravina. Observa ele:

> Se Castelvetro, que escreve tão sutilmente sobre a *Poética* de Aristóteles, tivesse empregado dois ou três capítulos para explicar filosoficamente a ideia de imitação, teria resolvido muitas questões por ele levantadas, mas não claramente respondidas, sobre as teorias poéticas. Em sua *Poética* e também em sua polêmica contra Torquato Tasso, Patrizzi nunca conseguiu definir com clareza a ideia filosófica da imitação; ele recolheu muita informação útil sobre a história da poesia, mas negligenciou a doutrina platônica ao permitir que esta se misturasse a muitos detalhes históricos em vez de preservá-la, longe dos sofismas, em um único ponto, fazendo que assumisse assim uma forma muito diferente. Em sua *Ragion Poetica*, Gravina saiu-se com um "não sei quê" da ideia filosófica de imitação, porém, tão absorto em inferir a partir dela as regras da poesia lírica, dramática e épica, ilustrando-as com exemplos dos mais célebres poetas gregos, latinos e italianos, não conseguiu desenvolver suficientemente a ideia fértil que havia proposto.[5]

Bom conhecedor da literatura filosófica europeia de seu tempo, Conti não ignorava a teoria de Hutcheson, mas a repudiava vigorosamente, observando: "De que serve multiplicar as faculdades?". A alma é uma só, e apenas por conveniência didática foi dividida em três faculdades: sentido, imaginação, intelecto; a primeira "ocupa-se dos objetos presentes; a imaginação, dos objetos distantes, em que a memória gradualmente se reduz,

---

[4] "Cartas em francês à presidente Ferrante (1719) e ao marquês Maffei". In: *Prose e Poesie*, Venezia, 1756, vol. II, p. LXXXV-CIV, CVIII-CIX.

[5] Ibidem, vol. I, 1739, Prefácio.

mas o objeto de sentido e da imaginação é sempre particular; apenas a mente, o intelecto, o espírito, que, comparando as coisas singulares, apreende o universal". Por conseguinte, Hutcheson, "antes de apresentar um novo sentido para o prazer da beleza" deveria ter "estabelecido os limites dessas três faculdades cognitivas, demonstrando que o prazer ocasionado pela beleza não se origina dos três prazeres dessas três faculdades, ou do prazer intelectual por si só, a que se reduzem todos se as operações da alma forem analisadas cuidadosamente". Assim, o equívoco do filósofo escocês derivava de separar o prazer das faculdades cognitivas, fechando o primeiro em um especial e vazio senso de beleza.[6] Conti, ao contrário, reescrevendo a história das opiniões dos críticos sobre a doutrina aristotélica do universal na poesia, deu muito peso ao diálogo *Naugerius seu de Poetica*, de Fracastoro,[7] e, por um momento, parece a ponto de apreender aquilo que é próprio do universal poético, identificando-o com o característico, que nos leva a chamar de belíssimas até mesmo as coisas horríveis. "Balzac, em suas viagens, nunca viu uma velha que parecesse bela: segundo o sentido poético ou pitoresco, belíssima é a velha quando descrita com as marcas que mais evidenciam os danos da idade." Logo depois, identifica o característico com o conceito wolfiano de perfeição que "não é diferente do ente, nem o ente do verdadeiro que os escolásticos chamam transcendental, que é o objeto de todas as artes e todas as ciências, e torna-se o objeto da poesia, quando, por meio de imagens, arrebata o intelecto e move a vontade, transportando essas duas faculdades ao mundo ideal e arquetípico de que, seguindo Santo Agostinho, fala padre Malebranche em sua *Recherche de la Verité*".[8] Assim, o universal de Fracastoro transforma-se no universal da ciência: "Dos indivíduos, devido à infinidade de suas determinações, não conhecemos clara e distintamente senão algumas de suas propriedades comuns, e isso é o mesmo que dizer, em outras palavras, que não temos ciência senão dos universais. Dessa maneira, dizer que o objeto da poesia é a ciência ou o universal, é dizer exatamente o mesmo: eis o que pretende, seguindo Aristóteles, Navagero".[9] Os "universais imaginativos do sr. Vico"

---

[6] Ibidem, vol. II, p. CLXXI-CLXXVII.

[7] Veja cap. 2 anterior, p. 181-82.

[8] *Prose e Poesie*, op. cit., vol. II, p. 242-46.

[9] Ibidem, vol. II, p. 249.

(com quem havia trocado algumas cartas) não lhe abriram novos horizontes: o sr. Vico "fala muito sobre eles", observa, e "sustenta que os homens mais grosseiros, tendo-os composto não para agradar ou servir aos outros, mas por necessidade de expressar seus sentimentos conforme a natureza lhes ensinava, conferiram, em linguagem poética, os elementos de uma teologia, uma física e uma ética totalmente poéticas". Mas Conti se desculpa se, àquela altura, não examina "essa questão crítica", e considera que "há muitas maneiras de demonstrar que esses universais imaginativos são a matéria ou objeto de poesia, na medida em que contêm em si as ciências ou as coisas consideradas em si mesmas".[10] Isso é exatamente o contrário do que o "sr. Vico" pretendia afirmar. Conti viu-se obrigado a se perguntar como é possível que, sendo o universal poético o mesmo que o científico, a poesia tenha por objeto o verossímil e não a verdade. E ele responde recaindo no lugar-comum de Baumgarten: "Quando as ciências recebem uma coloração particular, passamos da verdade ao verossímil". Imitar é dar a impressão de verdadeiro, mas isso se dá quando se consideram apenas algumas de suas características particulares. Se alguém quiser descrever o arco-íris poeticamente, grande parte da óptica newtoniana deve ser jogada fora; assim, "muito do que é próprio da demonstração matemática" está ausente nas descrições poéticas, e o que resta formará o verossímil ou o singular "que desperta a ideia universal adormecida nas mentes dos doutos". A grande arte da poesia consiste em "escolher a imagem particular que contém o maior número de pontos da doutrina universal, e que, por estar inserida no exemplo, pode dar cor ao preceito para que possa encontrá-lo sem o procurar, ou reconhecê-lo por sua relação com os eventos descritos".[11] Por isso, a imitação não basta à poesia; é preciso alegoria: "na poesia antiga lê-se uma coisa e entende-se outra". Segue-se aqui o inevitável exemplo dos poemas homéricos, nos quais Conti verifica haver algo que não pode ser reduzido ao ensino e à alegoria, e como tais justificam, ao menos em parte, a condenação platônica.[12] Ele reconhece uma espécie de imaginação diferente da sensibilidade passiva: "aquela que padre Malebranche chama de imaginação ativa, e Platão, de arte imaginária, que compreende tudo o

---

[10] Ibidem, vol. II, p. 252-53.
[11] Ibidem, vol. II, p. 253-54.
[12] Ibidem, vol. I, Prefácio.

que se entende por engenho, sagacidade, juízo, bom gosto do poeta a usar ou não usar em determinadas circunstâncias as regras e licenças de arte, e a controlar a extravagância das imagens".[13] Sobre a questão do bom gosto literário, convém conhecer a opinião de Trevisano, que o faz consistir em "pôr-lhes em mútua harmonia, ou seja, delimitar em seus limites e modos as faculdades cognitivas da alma, a memória, a imaginação, o intelecto, de maneira que uma não sobrecarregue a outra".[14]

Por seu constante esforço intelectual e a busca do melhor, Conti alçou-se ao mais alto grau de especulação estética na Europa de então – Vico é sempre uma exceção –, no mesmo nível que Baumgarten alcançou na Alemanha. Passaremos rapidamente por outros escritores italianos, como Quadrio (1739), autor da primeira grande enciclopédia da literatura universal, em que se define a poesia como "a ciência das coisas humanas e divinas, exposta ao povo em imagens, escrita em palavras metricamente ligadas";[15] ou Francesco Maria Zanotti (1768), que descreve a poesia como "a arte da versificação a fim de proporcionar o prazer":[16] a definição de Quadrio é digna de constar numa compilação medieval de citações; a de Zanotti, não menos medieval, num manual de arte rítmica e métodos de composição. Um sério trabalho a respeito de questões estéticas é o de Melchior Cesarotti.

Cesarotti chamou a atenção para a poesia popular e primitiva; traduziu e enriqueceu com dissertações os cantos de Ossian; pesquisou antigos poemas espanhóis e até mesmo as canções folclóricas do México e da Lapônia; estudou a poesia hebraica; dedicou a maior parte de sua vida aos poemas homéricos, examinando tudo o que a crítica havia proposto, escreveu sobre sua gênese e composição, sendo um dos primeiros a discutir a teoria homérica de Vico. Além disso, dissertou sobre a origem da poesia, sobre o prazer dado pela tragédia, sobre o gosto, o belo, a eloquência, o estilo, e, caso se possa dizer, sobre todos os problemas estéticos formulados até então.[17] La Motte parece um eco de Vico ao dizer que "dominava

---

[13] Ibidem, vol. II, p. 127.

[14] Ibidem, vol. I, p. XLIII.

[15] F. S. Quadrio, *Della Storia e della Ragione d'Ogni Poesia*, Bologna, 1739, vol. I, livro primeiro, dist. I, cap. 1.

[16] F. M. Zanotti, *Dell'Arte Poetica, Ragionamenti Cinque*, Bologna, 1768.

[17] Sobre Ossian, *Opere*, op. cit., vol. II-V; sobre Homero, vol. VI-X; *Saggio sopra il Diletto della Tragedia*, vol. XXIX, p. 117-67; *Saggio sul Bello*, vol. XXX, p. 13-70; sobre a

a lógica, mas não sabia que a lógica da poesia difere um pouco da lógica comum; era um homem de grande talento, mas reconhecia apenas o talento, e parece que era incapaz de perceber a distância que existe entre a prosa sensata e a poesia: o Homero real, com seus defeitos agradáveis, será sempre mais amado que o seu Homero reformado, com a sua fria e afetada virtude".[18] Cesarotti propôs (1762) uma grande obra teórico-histórica, em cuja primeira parte "supor-se-ia que não existisse ainda nem a poesia e nem a arte poética, e tentar-se-ia traçar o caminho pelo qual alguém de razão iluminada chegasse à possibilidade de tal arte, e como esta poderia ser aperfeiçoada: cada um seria capaz de ver a poesia nascer e crescer, por assim dizer, sob seus olhos, e atestaria a verdade da teoria pelo testemunho de seu próprio sentimento interior".[19] Embora celebrado em toda a Itália de seu tempo como sendo aquele que, "com a mais pura face da filosofia, lançou feixes de luz para os recantos mais escuros da poesia e da eloquência",[20] não parece, contudo, que o insigne literato, filósofo diletante e sazonal, encontrasse soluções profundas e originais. Em 1797 definiu a poesia como "a arte de representar e aperfeiçoar a natureza por meio de um discurso pitoresco, animado, criativo e harmônico".[21]

O filosofismo do tempo tornava os homens impacientes em relação às ideias dos antigos tratadistas. Arteaga elogiava Cesarotti por "seu tato refinado, sua crítica imparcial, seu espírito lógico que fluía não dos riachos de Sperone, Castelvetro, Casa e Bembo, mas das fontes profundas e inesgotáveis de Montesquieu, Hume, Voltaire, d'Alembert, Sulzer e outros escritores da mesma têmpera".[22] Escrevendo a Saverio Bettinelli, que então trabalhava em um livro sobre o Entusiasmo, Paradisi esperava produzir "uma história metafísica a respeito do entusiasmo que superasse todas as Poéticas, que deveriam ser queimadas", e que tornaria "papel de embrulho as obras de Castelvetro, de Minturno e também de Quadrio, essa criatura estúpida".[23]

Filosofia del Gusto, vol. I; sobre a *Eloquenza, Lezioni*, vol. XXXI.

[18] *Opere*, op. cit., vol. XL, p. 49.

[19] Ibidem, vol. XL, p. 55.

[20] Carta de Corniani a Cesarotti, 21 de novembro de 1790, ibidem, vol. XXXVII, p. 146.

[21] *Saggio sopra le Istituzioni Scolastiche, Private e Pubbliche*, ibidem, vol. XXIX, p. 1-116.

[22] Carta de 30 de março de 1764, ibidem, vol. XXXV, p. 202.

[23] Saverio Bettinelli, *Dell'Entusiasmo nelle Belle Arti*, 1769, ibidem, vol. III, p. XI-XII.

Apesar das aspirações de Bettinelli (1769), seu livro não contém nada além de observações empíricas, vivas e eloquentes da psicologia dos poetas, do "entusiasmo poético", em que se distinguem seis graus: elevação, visão, rapidez, novidade e maravilha, paixão e transfusão. Mario Pagano também não escapou do empirismo em seus dois ensaios – *Gusto e le Belle Arti* e *Origine e Natura della Poesia* (1783-1785) –, nos quais curiosamente combina algumas ideias de Vico com o sensacionismo corrente. A forma teorético-imaginativa e o prazer sensual tornaram-se, para ele, quase dois períodos históricos da arte. "Em sua fonte, as belas-artes destinam-se a ser uma verdadeira imitação da natureza, e não apenas a reproduzir sua beleza. Seus primeiros passos voltam-se mais para a expressão que para a beleza [...]. Nas poesias antigas, e mesmo nas baladas das idades bárbaras, viceja um vivo patético: as paixões são expressas naturalmente, até mesmo no som das palavras se ouve a expressão das coisas." Mas "a época da perfeição é atingida no momento em que a verdadeira e exata imitação da natureza está associada à completa beleza, acordo e harmonia", quando "o gosto é refinado e a sociedade alcança sua forma mais completa de cultura". As belas-artes "precedem um pouco a idade da filosofia, isto é, o tempo da máxima perfeição da sociedade"; na verdade, certas formas de arte, como a tragédia, devem, necessariamente, vir depois da filosofia, cujo auxílio precisa ser invocado para promover "a purificação dos costumes".[24]

A obra de Baumgarten não foi aprofundada ou repensada, pelos autores que lhe vieram logo depois, na Alemanha. Fiel e entusiasta discípulo de Baumgarten, de quem seguira os cursos em Frankfurt an der Oder, Georg Friedrich Meier saiu a campo em 1746 para defender as *Meditationes* contra as críticas de Quistorp, a quem o mestre havia se recusado a responder;[25] já em 1748, antes de *Aesthetica*, ele havia publicado o primeiro volume de *Princípios de Todas as Belas-Letras*,[26] seguidos em 1749 e 1750 pelos segundo e terceiro volumes. Esse livro, que é uma exposição completa da teoria de Baumgarten, divide-se, de acordo com o método do mestre, em três partes: a invenção de belos pensamentos (heurística), o método estético

---

[24] M. Pagano, *De' Saggi Politici*, Napoli, 1783-85; vol. I, apêndice ao ensaio 1: "Sull'Origine e Natura della Poesia"; vol. II, ensaio 6: "Del Gusto e delle Belle Arti".

[25] Veja cap. 4 anterior, p. 212.

[26] *Anfangsgründe aller Schönen Wissenschaften*, Halle, 1748-50.

(metódica) e a bela significação dos pensamentos (semiótica); a primeira parte (ocupando dois volumes e meio) se subdivide em três seções: beleza do conhecimento sensível (riqueza estética, grandeza, verossimilhança, vivacidade, certeza, vida sensível e belo engenho); faculdades sensíveis (atenção, abstração, sentidos, imaginação, argúcia, acúmen, memória, força poética, gosto, faculdade de antecipar, de conjecturar, de significar e as faculdades apetitivas inferiores); e diversas espécies de belos pensamentos (conceitos, juízos e silogismos estéticos). Além dessa obra, muitas vezes reimpressa (em 1757 saiu-lhe também um compêndio),[27] Meier tratou de estética em inúmeros escritos, mais especialmente em um pequeno volume, *Considerações sobre os Primeiros Princípios das Belas-Artes e Ciências*.[28] Quem, além dele, foi mais afetivamente inclinado para a ciência tão recentemente batizada? A defesa contra os que negavam sua possibilidade e utilidade, e contra os que admitissem tais coisas, notavam, não sem razão, que as assim chamadas estéticas ofereciam substancialmente pouco mais que os tratados comuns de poética e retórica. Ele refutou essa acusação, da qual reconhecia a verdade parcial, notando ser impossível a um só autor possuir completo domínio das minúcias de todas as artes; desculpava-se, ainda, de outros defeitos, ao dizer que não se podia pretender da estética, uma ciência jovem, a perfeição alcançada por outras ciências cultivadas durante séculos; e chega a dizer que não tem a intenção de discutir "com os inimigos da estética que não podem ou não querem ver a verdadeira qualidade e finalidade desta ciência, mas fizeram para si uma imagem extravagante e miserável dela, contra a qual batalham, isto é, combatem a si mesmos". Mais uma vez, enfim, com resignação filosófica, notava que à estética cabe o mesmo destino de todas as outras ciências, "nas quais, no princípio, logo ao serem apresentadas, encontram maldizentes e detratores, que as ridicularizam por ignorância e preconceito, mas depois acabam achando pessoas inteligentes que, unindo suas forças, conduzem-nas à sua perfeição própria".[29]

Estudiosos e interessados da nova ciência reuniram-se na universidade de Halle, onde Meier ensinava estética. O "autor principal" ou "inventor"

---

[27] *Auszug aus den Anfangsgründe*, etc., Halle, 1758.

[28] *Betrachtungen über den Ersten Grundsätzen Aller Schönen Künste und Wissenschaften*, Halle, 1757.

[29] Prefácio à 2. ed. (1768) do vol. II dos *Anfangsgründe*; e *Betrachtungen*, op. cit., especialmente § 1-2, 34.

(*Haupturheber, Erfinder*) da estética era, como Meier não se cansava de proclamar, "o senhor professor Baumgarten". Ao mesmo tempo, advertia que os seus *Anfangsgründe* não eram mera transcrição do *collegium* de Baumgarten.[30] Ainda assim, apesar de reconhecer os grandes dons de Meier como hábil divulgador por força da facilidade, clareza e riqueza de sua retórica, e também certa agudeza na polêmica, não se pode negar de todo a justiça da ironia dos que falavam do "professor Baumgarten de Frankfurt e de seu macaco (*Affe*), o professor Meier de Halle".[31] Todos os defeitos da estética baumgartiana reaparecem em Meier, com contornos ainda mais acentuados; os limites das faculdades cognitivas inferiores, reconhecido domínio da poesia e da arte, são por ele fixados de maneira estranha. É curioso ver, por exemplo, como ele entende a diferença entre o confuso (estético) e o distinto (lógico), e a proposição de que a beleza desaparece quando é objeto de pensamento distinto. "As bochechas de uma bela mulher, sobre as quais florescem as rosas em pompa juvenil, são belas desde que sejam vistas a olho nu." Se, no entanto, forem olhadas com uma lupa, para onde irá a sua beleza? É difícil acreditar que uma nauseante superfície, escabrosa, toda cheia de vales e montes, cujos poros estão cheios de sujeira, com pelos que brotam aqui e ali, possa ser a sede daquela atração amorosa que subjuga os corações.[32] "Esteticamente falso", é isso que a faculdade inferior não é capaz de reconhecer como verdadeiro: por exemplo, a teoria de que os corpos são compostos de mônadas.[33] Uma vez que se tornaram inteligíveis para essas faculdades, os conceitos gerais possuem grande riqueza estética, porque contêm consequências infinitas e casos particulares.[34] A faculdade estética também compreende as coisas que não podem ser pensadas distintamente, ou, se fossem pensadas assim, poderiam comprometer a seriedade filosófica: um beijo pode ser um excelente tema para um poeta, mas o que diria de um filósofo que procurasse demonstrar sua necessidade pelo método matemático?[35] Além disso, Meier

---

[30] Prefácio ao vol. I, e cf. § 5.
[31] Trecho de uma carta a Gottsched de 1747. In: Danzel, *Gottsched*, p. 215.
[32] *Anfangsgründe*, op. cit., § 23.
[33] Ibidem, § 92.
[34] Ibidem, § 49.
[35] Ibidem, § 55.

insere na estética toda a teoria da observação e da experiência, pelo fato de estas pertencerem por direito, segundo ele, ao âmbito dos sentidos;[36] sua estética comporta também uma teoria das faculdades apetitivas, pois, diz ele, "um trabalho estético requer não apenas sagacidade, mas também um nobre coração".[37] Não raro aproxima-se da verdade, quando, por exemplo, observa que a forma lógica pressupõe a forma estética, e que os nossos primeiros conceitos são sensíveis, cabendo posteriormente à lógica torná-los distintos;[38] ou ainda, ao condenar a alegoria como "uma das mais decadentes formas dos belos pensamentos".[39] Mas, por outro lado, segundo ele, as distinções e definições lógicas, embora não devam ser procuradas pela sagacidade, são muito úteis à poesia; antes, elas são mesmo indispensáveis como reguladoras do bem pensar e, por assim dizer, o esqueleto do corpo poético: é preciso apenas tomar cuidado ao se julgar os conceitos gerais estéticos, *notiones aestheticae universales*, com o rigor e a exatidão exigida pelo filosófico, visto que tais conceitos, por si sós, seriam como pérolas separadas que devem ser ligadas por um cordão de juízos e silogismos estéticos; as teorias dos quais são as mesmas apresentadas pela lógica, despojadas do que pouco ou nenhum uso serve à sagacidade, mas diz respeito exclusivamente ao filósofo.[40] Em suas *Considerações* (1757), Meier reafirmou a tese de que o princípio estético consiste na "maior beleza possível do conhecimento sensível".[41] Por isso, nesta obra, combateu o princípio da imitação, que lhe parecia, ao mesmo tempo, muito amplo e muito genérico, já que a ciência e a moral também são imitações da natureza, e também muito estreito, já que a arte não imita apenas as coisas naturais nem deve imitá-las todas, pois é preciso excluir as coisas imorais. Ele a sustentava condenando como errônea a crença de que esse conhecimento sensível seja totalmente sensível e confuso, sem lume algum de distinção ou racionalidade. De fato, o doce, o amargo, o vermelho, etc., pertencem ao conhecimento sensível. Existe, porém, outro tipo de conhecimento que

---

[36] Ibidem, § 355-70.

[37] Ibidem, § 529-640.

[38] Ibidem, § 5.

[39] Ibidem, § 413.

[40] Ibidem, § 541-70.

[41] *Betrachtungen*, op. cit., § 20.

é tanto sensível como intelectual, confuso e distinto, em que colaboram ambas as faculdades, a inferior e a superior. Quando neste conhecimento prevalece a atividade intelectual, tem-se a ciência; quando prevalece a sensibilidade, tem-se a poesia. "Segundo a nossa explicação, as forças cognitivas inferiores devem recolher todo o material de um poema, e todas as suas partes. O intelecto e a razão exercem, por outro lado, uma vigilância a fim de que esses materiais sejam postos lado a lado, de tal maneira que, na sua conexão, possa se observar a distinção e a ordem."[42] Aqui, um mergulho no sensualismo, um fugidio encontro com a verdade; na maioria das vezes, porém, e como conclusão, verifica-se uma adesão à antiga teoria mecânica, ornamental e pedagógica da poesia: tal é a impressão que nos fica dos escritos estéticos de Meier.

Outro seguidor de Baumgarten, Mendelssohn, considerando a beleza como "imagem indistinta de uma perfeição", deduziu que Deus não pode ter o sentimento da beleza, sendo esta um fenômeno da imperfeição humana. Segundo ele, a principal forma de prazer é o agradável dos sentidos, decorrentes do "estado melhorado de nossa constituição física"; uma forma secundária é o fato estético da beleza sensível, isto é, a unidade na variedade; a terceira forma é a perfeição, ou a harmonia na diversidade.[43] Ele também repudiava o *deus ex machina* de Hutcheson, o senso de beleza. A beleza sensível, perfeição que pode ser apreendida pelos sentidos, é independente do fato de que o objeto representado seja bonito ou feio, bom ou mau por natureza; basta que não nos deixe indiferentes; onde Mendelssohn concorda com a definição de Baumgarten de que "um poema é um discurso sensivelmente perfeito".[44] Elias Schlegel (1742) concebia a arte como imitação, mas não de modo tão servil a ponto de parecer uma cópia; semelhança ao invés de identidade com a natureza. Para ele, a principal finalidade da poesia é o prazer; e

---

[42] Ibidem, § 21.

[43] *Briefe über die Empfindungen*, 1755. In: *Opere Filosofiche*, trad. it., Parma, 1800, vol. II, cartas 2, 5, 11.

[44] *Betrachtungen über die Quellen der Schönen Künste und Wissenschaften*, 1757; depois com o título: *Ueber die Hauptgrundsätze*, etc., 1761. In: *Opere*, op. cit., vol. II, p. 10, 12-15, 21-30.

a finalidade secundária, a instrução.⁴⁵ Os tratados de estética, os cursos universitários ou opúsculos para uso do público culto, *teorias das belas-artes e das letras, manuais, esboços, textos, aulas magnas, introduções, lições, ensaios e considerações sobre o gosto* choveram na Alemanha da segunda metade do século XVIII. Há pelo menos trinta tratados amplos ou completos, e dezenas de opúsculos ou fragmentos. Partindo das universidades protestantes, a nova ciência alcançou as universidades católicas, por intermédio de Riedel, em Viena, de Herwigh, em Würzburg, de Ladrone, em Mainz, Jacobi em Freiburg, e por outros mestres em Ingolstadt, após a expulsão dos jesuítas.⁴⁶ Para uso das escolas católicas, Eulogius Schneider, famigerado frade franciscano, amigo de Robespierre, escreveu um atraente opúsculo sobre os *Primeiros Princípios das Belas Artes*.⁴⁷ Depois de se exclaustrar, aterrorizou Estrasburgo nos tempos da Convenção e acabou morrendo na guilhotina. A frenética produção dessas estéticas alemãs é comparável somente àquela das poéticas italianas do século XVI, depois do reflorescimento dos tratados de Aristóteles. Entre 1771 e 1774, o suíço Sulzer publicou uma grande enciclopédia estética, a *Teoria Geral de Belas-Artes*, em ordem alfabética, com notas históricas para cada artigo, que foram muito ampliadas na segunda edição de 1792, editada por um capitão prussiano aposentado, Von Blankenburg.⁴⁸ E em 1799, certo J. Koller tentava um primeiro *Esboço da História da estética*,⁴⁹ em que já se podia observar com razão: "a juventude patriótica terá o prazer de reconhecer que, nesse campo, os alemães produziram mais do que qualquer outro país".⁵⁰

Limitemo-nos à simples menção das obras de Riedel (1767), Faber (1767), Schütz (1776-1778), Schubart (1777-1781) Westenrieder (1777), Szerdahely (1779), König (1784), Gäng (1785), Meiners (1787), Schott

---

⁴⁵ J. E. Schlegel, *Von der Nachahmung*, 1742: cf. Braitmaier, *Geschichte der Poetischen Theorie*, vol. I, p. 249 ss.

⁴⁶ Koller, *Entwurf zur Geschichte und Literatur der Aesthetik*, p. 103.

⁴⁷ *Die Ersten Grundsätze der Schönen Künste Überhaupt, und der Schönen Schreibart inbesondere*, Bonn, 1790: cf. Sulzer, op. cit., vol. I, p. 55 e Koller, op. cit., p. 55-56.

⁴⁸ Veja o "Apêndice Bibliográfico".

⁴⁹ *Entwurf zur Geschichte und Literatur der Aesthetik*, etc., Regensburg, 1799: veja o "Apêndice Bibliográfico".

⁵⁰ Koller, op. cit., p. VII.

(1789), Moritz (1788).⁵¹ A título de ilustração, escolhemos a *Teoria de Belas Artes e Letras* (1783) de Johann August Eberhard, sucessor de Meier na cátedra em Halle,⁵² e o *Esboço de uma Teoria e Literatura de Belas Letras* (1783), por Johann Joachim Eschenburg, um dos livros mais populares e estudados da época.⁵³ Ambos os autores são seguidores de Baumgarten, com inclinações ao sensualismo. E Eberhard, entre outros, considera o belo como "aquilo que agrada aos sentidos mais distintos", isto é, a visão e a audição. Merece atenção o já citado Sulzer, em quem encontramos a curiosa alternância do antigo e do novo, o influxo quase romântico da nova escola suíça e o utilitarismo e intelectualismo de sua época. Para ele, existe beleza onde se encontra unidade, variedade e ordem: a obra do artista está propriamente na forma, na expressão viva (*lebhafte Darstellung*); a matéria é irrelevante para a arte, mas bem selecioná-la é dever de todo homem razoável e sensato. Assim, a beleza que serve de veste tanto ao bem como ao mal não é ainda a beleza paradisíaca e celeste, fruto da união do belo, do perfeito e do bom, a que desperta, mais que prazer, uma verdadeira volúpia que arrebata e beatifica a nossa alma. Tal é a figura humana que, enchendo os olhos com o prazer das formas decorrentes da variedade, proporção e ordem das partes, desperta também a imaginação e o intelecto ao desvelar a ideia de perfeição interna; tal é a estátua de um grande homem, esculpida por Fídias, ou um discurso patriótico de Cícero. Se a verdade é exterior à arte e pertence à filosofia, o uso mais nobre que se pode fazer da arte consiste em nos fazer sentir, por seu intermédio, as verdades importantes revestindo-as de vigor e eficácia; para não mencionar que a verdade entra na própria arte enquanto verdade da imitação ou representação. Sulzer também repete (e ele não é o último fazê-lo) que oradores, historiadores e poetas são intermediários entre a filosofia especulativa e o público.⁵⁴ Karl Heinrich Heydenreich (1790) retoma uma tradição mais sólida quando define a arte como "uma representação de um estado determinado da sensibilidade", e observa

---

⁵¹ Notícias e extratos em Sulzer, op. cit., e Koller, op. cit.

⁵² J. A. Eberhard, *Theorie der Schönen Künste und Wissenschaft*, Halle, 1783, reimpresso em 1789, 1790.

⁵³ J. J. Eschenburg, *Entwurf einer Theorie und Literatur der Schönen Wissenschaften*, Berlin, 1783, reimpresso em 1789.

⁵⁴ *Allgemeine Theorie der Schönen Künste*, veja também *Schön, Schönheit, Wahrheit, Werke des Geschmacks*, etc.

que o homem, enquanto ser cognitivo, é impelido a ampliar a esfera de seus conhecimentos, transmitindo-os aos seus companheiros; enquanto ser sensível, é impelido a representar e comunicar suas sensações: de onde a ciência e a arte, respectivamente. Mas, para Heydenreich, não está completamente claro o valor cognitivo da arte, pois, segundo ele, as sensações tornam-se objetos de representação artística, ou porque são agradáveis ou, quando não o são, porque são úteis para promover os objetivos morais do homem em sociedade; os objetos da sensibilidade, que entram na arte, devem ser dotados de excelência e valor intrínseco, referindo-se não àquele indivíduo em particular, mas ao indivíduo como um ser racional: daí a objetividade e necessidade de gosto. Como Baumgarten e Meier, Heydenreich divide a estética em três partes: a *inventio*, a *methodica* e a *ars significandi*.[55]

Outro seguidor de Baumgarten é J. G. Herder, que tinha uma admiração sem limites pelo velho filósofo de Berlim, considerando-o "o Aristóteles de seus tempos"; e defende-o calorosamente contra os que falavam dele como um "silogizador estúpido e obtuso" (1769). Por outro lado, tinha pouca estima pela estética posterior, na qual (por exemplo, nos escritos de Meier), via, não sem motivo, "em parte uma lógica remastigada, em outra, uma colcha de retalhos de termos metafóricos, comparações e exemplos". Exclama enfaticamente: "estética! a mais fecunda, a mais bela e, de longe, a mais nova de todas as ciências abstratas [...] em que caverna das musas dorme a juventude da minha filosófica nação, destinada a conduzir-te à perfeição?".[56] Do próprio Baumgarten refutou a pretensa afirmação de ter estabelecido uma *Ars pulchre cogitandi*, em vez de limitar-se a uma simples *Scientia de pulchro et pulchris philosophice cogitans*, e ridicularizado o escrúpulo de que tratar de estética fosse indigno da dignidade do filósofo.[57] Para compensar isso, no entanto, aceitou a definição fundamental da poesia como *oratio sensitiva perfecta* [discurso sensível perfeito]: joia de definição, dizia ele, a melhor que se pensara, que penetra no coração da matéria, toca o verdadeiro princípio da poesia e abre a mais ampla visão sobre toda

---

[55] Karl Heinrich Heydenreich, *System der Aesthetik*, vol. I, Leipzig, 1790; veja, especialmente, p. 149-54, 367-85, 385-92.

[56] *Kritische Wälder oder Betrachtungen über die Wissenschaft und Kunst des Schönen*. "Quarta Selva", 1769. In: *Sämmtliche Werke*, ed. B. Suphan, Berlin, 1878, vol. IV, p. 19, 21, 27.

[57] *Kritische Wälder*, op. cit., p. 22-27.

a filosofia do belo, "atrelando a poesia com suas irmãs, as belas-artes".[58] Como o italiano Cesarotti, mas com muito menos vivacidade e brilho, o alemão Herder estudara a poesia primitiva, Ossian e os cantos dos povos antigos, Shakespeare (1773), as canções populares de amor (1778), o espírito da poesia hebraica (1782), e da poesia oriental. Ao longo desses estudos, o caráter sensível da poesia o havia impressionado vivamente. Seu amigo Hamann (1762) escrevera estas palavras memoráveis, que pareceriam um aforismo digno de Vico:

> A poesia é a língua-mãe da humanidade, da mesma forma que o jardim é mais antigo que o campo arado, a pintura é mais antiga que a escrita, o canto que a declamação, a troca que o comércio. O sono mais profundo era o repouso de nossos progenitores mais antigos; sua marcha, uma tumultuosa dança. Passaram sete dias no silêncio da reflexão ou do estupor, e abriram a boca para pronunciar as palavras aladas. Falavam de sensação e paixão, e não entendiam senão imagens. De imagens é feito todo o tesouro do saber e felicidade humanos.[59]

Embora Herder, que conhecia e admirava Vico,[60] não o mencione nominalmente ao tratar de linguagem e poesia, pode se pensar que tenha sido influenciado por ele, ao menos na consolidação final das suas ideias. Pelo contrário, os autores que ele mais cita nesta seção são Du Bos, Goguet e Condillac, e observa que "os primórdios da fala humana em tons, em gestos, na expressão de sensações e dos pensamentos por meio de imagens e sinais, só podem ter sido um tipo de poesia grosseira, e assim se dá com quase todos os povos selvagens da Terra". Não se trata de um discurso com pontuação e percepção da sílaba, como o nosso, que aprendemos a ler e a escrever, mas uma melodia sem sílabas que deu origem ao primitivo épico.

> O homem natural retrata o que ele vê e como vê, vivo, poderoso, monstruoso: ordenada ou desordenadamente, do jeito como vê e ouve, assim ele o reproduz. Foi assim que não só todas as línguas selvagens organizaram as suas imagens, mas também o grego e o latim. Da maneira como o sentidos oferecem, tais o poeta os expõe, especialmente em Homero, o qual, no que concerne ao aparecer

---

[58] Nesse ínterim: *Von Baumgarten Denkart*; e cf. *Kritische Wälder*, op. cit., p. 132-33.
[59] "Aesthetica in Nuce". In: *Kreuzzüge des Philologen*, Königsberg, 1762; citada por Herder, *Werke*, op. cit., vol. XII, p.145.
[60] Veja neste capítulo, p. 229.

e desaparecer das imagens, segue a natureza de modo quase inimitável. Ele descreve coisas e eventos, linha por linha, cena por cena, e, da mesma forma, descreve os homens tais como se apresentam com seus corpos, como falam e agem.

Posteriormente, da épica diferenciou-se o que se chama história, porque a épica "não narra apenas o que aconteceu, mas descreve o evento em sua totalidade, isto é, como aconteceu, como percorreu o único caminho possível naquelas circunstâncias", e essa é a razão do caráter mais filosófico que a poesia tem em relação à história. Quanto ao prazer, sem dúvida julgamos agradável a poesia, mas não é possível negar que o poeta a tenha feito por divertimento:

> Os deuses de Homero eram tão essenciais e indispensáveis ao seu mundo, como as forças do movimento o são para o mundo físico. Sem as deliberações e atividades do Olimpo nada acontecia sobre a Terra, nada do que deveria acontecer. A ilha mágica de Homero no mar ocidental pertence ao mapa das peregrinações de seu herói com a mesma necessidade com que estava então no mapa do mundo: era necessário à finalidade do seu poema. Dá-se o mesmo com o severo Dante e seus círculos do inferno e do paraíso.

A arte é formativa: modera, ordena e governa a imaginação e todas as faculdades do homem: ela não só gera a história "mas, antes ainda, criou as formas dos deuses e heróis, e purificou as grosseiras representações e as fábulas dos povos com seus titãs, monstros e górgonas, impondo fronteiras e leis à desenfreada imaginação de homens ignorantes que não conhecem limites ou regras".[61]

Não obstante essas intuições, tão parecidas àquelas expostas por Vico no início do mesmo século, Herder é inferior, como filósofo, ao seu predecessor italiano, e na verdade não supera Baumgarten. Aplicando a lei leibniziana da continuidade, também ele chegou à opinião de que o agradável, o verdadeiro, o belo e o bom são graus de uma única atividade. Por exemplo, o prazer sensível "é uma participação na verdade e no bem, tanto quanto os sentidos possam compreendê-los; a sensação de prazer e de dor é apenas o sentimento da verdade e do bem, isto é, a consciência de que o objetivo do nosso corpo, que é a conservação do nosso bem-estar

---

[61] *Kaligone*, 1800. In: *Werke*, op. cit., vol. XII, p. 145-50.

e o afastamento de nossa dor, foi alcançado".[62] As belas-artes e as letras são educativas (*bildend*); de onde a denominação de *humaniora*, em grego χαλόν, e *pulchrum* em latim, as artes galantes da época da cavalaria, *les belles lettres et les beaux arts* dos franceses. Um grupo deles (ginástica, dança, etc.) educa o corpo; um segundo grupo (pintura, plástica, música) educa os sentidos mais nobres do homem, o olho, o ouvido, a mão e a língua; um terceiro (a poesia) destina-se ao intelecto, à imaginação e à razão; um quarto grupo, por fim, governa tendências e inclinações humanas.[63] Herder opunha-se aos teóricos simplistas que, ao tratarem de arte, propunham de imediato uma definição de beleza, que, na verdade, é um conceito complexo e complicado. A teoria das belas-artes dividia-se, segundo ele, em três teorias, cada uma das quais devia ser construída desde os fundamentos: a teoria da visão, da audição e do tato, isto é, a teoria da pintura, da música e da escultura deviam formar uma óptica, uma acústica e uma fisiologia estética. "Embora bem elaborada sob o aspecto psicológico e subjetivo, a estética é ainda pouco organizada no que concerne aos seus objetos e à sensação de beleza; sem isso, nunca haverá uma fecunda teoria do Belo capaz de influenciar todas as artes."[64] O gosto não é "uma faculdade fundamental da alma, mas uma aplicação que se torna habitual do nosso juízo (intelectivo) aos objetos da beleza"; uma prontidão adquirida pelo intelecto (da qual Herder descreve a gênese).[65] O poeta é poeta não só com a imaginação, mas também com o intelecto. Diz ele também, em um escrito de 1782, que

> o nome bárbaro, estética, inventado recentemente, designa apenas uma parte da lógica que chamamos de gosto, não sendo nada além do que um rápido e vivo juízo que não exclui a verdade e a profundidade, mas as pressupõe e promove. Toda poesia didática não é nada mais do que uma filosofia que se faz sensível: a fábula como exposição de uma doutrina geral é a verdade em ato, em ação [...]. Quando exposta e aplicada aos assuntos humanos, a filosofia não é apenas essa bela arte em si mesma (*schöne Wissenschaft*), mas a mãe do

---

[62] Ibidem, p. 34-55.
[63] Ibidem, p. 308-17.
[64] *Kritische Wälder*, op. cit., vol. IV, p. 47-127.
[65] Ibidem, p. 27-36.

> Belo: A retórica e a poesia devem-lhe o que têm de educativo, de útil, ou de verdadeiramente agradável.[66]

A Herder e Hamann cabe o mérito de terem levado um sopro de ar fresco também aos estudos da filosofia da linguagem. Na esteira dos intelectuais de Port Royal surgiram, desde o início do século, gramáticas lógicas ou gerais. Dizia a Enciclopédia francesa que "*La Grammaire générale est la science raisonnée des principes immuables et généraux de la parole prononcée ou écrite dans toutes les langues*" [A Gramática geral é a ciência sistemática dos princípios imutáveis e gerais da palavra falada ou escrita em todos os idiomas];[67] D'Alembert falava dos gramáticos de invenção e gramáticos de memória, atribuindo aos primeiros "a metafísica da gramática".[68] Gramáticas gerais foram escritas por Du Marsais, De Beauzée e Condillac, na França; Harris, na Inglaterra, além de outros.[69] Mas qual era a relação entre a gramática geral e as gramáticas particulares? Se a lógica é una, por que as línguas são muitas? Será que a variedade de línguas é um desvio de cada uma a partir de um modelo único? E se não houve tal desvio ou erro, como se explica esse fato? O que é a linguagem, e como ela nasceu? Se a linguagem é extrínseca ao pensamento, como se pode pensar se não existe linguagem? "*Si les hommes*", diz Jean-Jacques Rousseau, "*ont eu besoin de la parole pour apprendre à penser, ils ont eu bien plus besoin encore de savoir penser pour trouver l'art de la parole*" [Se os homens tiveram necessidade da palavra para aprender a pensar, tiveram muito mais necessidade ainda de saber pensar para encontrar a arte da palavra]; perplexo com essa dificuldade, declara sua convicção "*de l'impossibilité presque demontrée que les langues aient pu naître et s'établir par des moyens purement humains*" [da impossibilidade, quase que demonstrada, de que as línguas tivessem nascido e se estabelecido por meios meramente humanos].[70] Tais questões entraram na moda. De Brosses (1765) e Court de Gébelin (1776), na

---

[66] *Sophron*, 1782, § 4.

[67] *Encyclopédie*, ad verbum.

[68] *Éloge de Du Marsais*, 1756 (no início das *Oeuvres de Du Marsais*, Paris, 1797, vol. I).

[69] Du Marsais, *Méthode Raisonnée*, 1722; *Traité des Tropes*, 1730; *Traité de Grammaire Générale* (na *Encyclopédie*); De Beauzée, *Grammaire Générale pour Servir de Fondement à l'Étude de toutes les Langues*, 1767; Condillac, *Grammaire Française*, 1755; J. Harris, *Hermes or a Philosophical Inquiry Concerning Language and Universal Grammar*, 1751.

[70] *Discours [...] sur l'Inégalité Parmi les Hommes*, 1754.

França; Monboddo (1774), na Inglaterra; Süssmilch (1766) e Tiedemann, na Alemanha e, na Itália, Cesarotti (1785) trataram da origem e formação da linguagem, e outros que tinham alguma familiaridade com Vico, mas pouco se avançou então.[71] Nenhum dos escritores mencionados foi capaz de se libertar da noção de que o discurso ou era algo natural e mecânico, ou então era um símbolo ligado ao pensamento: quando, na realidade, era impossível resolver as dificuldades em que se debatiam, exceto deixando de lado o conceito de "sinal" ou símbolo e alcançando a noção de imaginação ativa e expressiva, imaginação verbal, a linguagem como a expressão não do intelecto, mas da intuição. Uma abordagem do assunto está na entusiástica e imaginosa tese apresentada por Herder, em 1770, na qual ele trata expressamente da origem da linguagem em concurso promovido pela Academia de Berlim. Nela, Herder sustenta que a linguagem é o reflexo ou consciência (*Besonnenheit*) do homem.

> O homem mostra capacidade reflexiva quando exibe com tal liberdade a força de seu espírito que, por assim dizer, permite selecionar, em meio ao oceano de sensações que lhe assaltam os sentidos, uma única onda e, conservando-a, observa-a conscientemente. Mostra reflexão quando, no caos de imagens que passam por seus sentidos como um sonho, recolhe-se em um momento de vigília e livremente detém-se numa única imagem e a considera clara e calmamente, separando-a das que estão próximas. Mostra reflexão, enfim, quando é capaz não apenas de conhecer vívida e claramente todas as propriedades da imagem, mas também reconhecer uma ou mais de suas propriedades distintivas.

A linguagem do homem

não depende da organização da boca, pois mesmo quem é mudo desde o nascimento, se reflete, possui uma linguagem; não é um grito dos sentidos, uma vez que reside em um ser reflexivo e não numa máquina de respiração; não é um caso de imitação, já que a imitação da natureza é um meio, e

---

[71] De Brosses, *Traité de la Formation Mécanique des Langues*, 1765; Court de Gébelin, *Histoire Naturelle de la Parole*, 1776; Monboddo, *Origin and Progress of Language*, 1774; Süssmilch, *Beweis, dass der Ursprung der Menschlichen Sprache Göttlich Sei*, 1766; Tiedemann, *Ursprung der Sprache*; Cesarotti, *Saggio sulla Filosofia delle Lingue*, 1785 (em *Opere*, op. cit., vol. I); D. Colao Agata, *Piano ovvero Ricerche Filosofiche sulle Lingue*, 1774; Soave, *Ricerche intorno all'Instituzione Naturale d'una Società e d'una Lingua*, 1774.

nós estamos aqui tentando explicar o fim; muito menos é uma convenção arbitrária: um selvagem nas profundezas da floresta teria de criar uma linguagem para si, mesmo que nunca tivesse falado. A linguagem é um entendimento da alma consigo mesma, necessária na medida em que o homem é homem.[72]

Desse modo, a linguagem começava a figurar não mais como algo puramente mecânico ou derivado de escolha arbitrária e invenção, mas como atividade criativa e afirmação fundamental da atividade da mente humana. O ensaio de Herder não chega a uma conclusão firme, mas é um importante indício e pressentimento, que talvez não tenha rendido ao autor o justo reconhecimento. Ao examinar as teorias de seu amigo, Hamann negou também que a origem da linguagem é a invenção ou a escolha arbitrária, pondo em relevo a liberdade humana. Mas considerava a linguagem como algo que o homem só poderia ter aprendido por meio de uma mística *communicatio idiomatum* com Deus.[73] Isso também foi uma forma de reconhecer que o mistério da linguagem não se desvela, exceto colocando-o na vanguarda do problema do espírito.

---

[72] *Abhandlung über den Ursprung der Sprache*, no opúsculo: *Zwei Preisschriften*, etc. (2. ed., Berlin, 1789), especialmente p. 60-65.

[73] Steinthal, *Ursprung der Sprache*, 4. ed., p. 39-58.

7. OUTRAS DOUTRINAS ESTÉTICAS DO MESMO PERÍODO

Nos escritos de estética do século XVIII, nota-se uma grande mistura de ideias disparatadas. Em 1746, publicou-se um pequeno volume do *abbé* Batteux com o atraente título de *As Belas Artes Reduzidas a um Só Princípio*, em que o autor tentava unificar as múltiplas regras estabelecidas pelos tratadistas. Tais regras, diz Batteux, são como galhos que nascem do mesmo tronco: quem estiver em posse do primeiro princípio será capaz de deduzir uma por uma, sem se enredar na sua variedade que de nada serve ao entendimento e cria escrúpulos inúteis. O autor passou em revista a *Ars Poetica* de Horácio e a de Boileau, as obras de Rollin, Dacier, Le Bossu e d'Aubignac, mas só encontrou ajuda em Aristóteles, com seu princípio da mimese, que lhe pareceu útil e aplicável à poesia, à pintura, à música e à arte do gesto. Repentinamente, porém, a mimese aristotélica, tal como Batteux a entendia, transforma-se na "imitação da bela natureza". As artes devem realizar "uma escolha das partes mais belas da natureza a fim de enquadrá-las em um todo requintado, que deverá ser mais perfeito que a própria natureza, sem deixar de ser natural". Mas o que poderia ser essa perfeição maior, essa bela natureza? Em certa ocasião, Batteux identificou-a com a verdade, mas "com a verdade que pode ser, com o verdadeiro belo, que é representado como se existisse realmente, dotado de todas as perfeições que pode receber", e cita o antigo exemplo da *Helena* de Zêuxis e o *Misantropo* de Molière. Em outra ocasião, explica que a bela natureza é a que "*tum ipsius (obiecti) naturae, tum nostrae convenit*", isto é, a que tem as melhores relações com a nossa própria perfeição, com nossas vantagens e interesses, e, ao mesmo tempo, é perfeita em si mesma. A finalidade da imitação é "ocasionar prazer, comover, enternecer e, em uma palavra, deleitar"; assim, a bela natureza deve ser atraente e dotada de unidade, variedade, simetria e proporção. Embaraçado na questão da imitação artística de coisas naturalmente desagradáveis ou reprováveis, Batteux responde, com Castelvetro, que os objetos naturalmente desagradáveis agradam quando imitados, já que a imitação, sendo sempre imperfeita em comparação à realidade, não pode causar o horror que esta desperta. Do prazer, Batteux deduz outro objetivo, a utilidade, pois "se a poesia deve causar prazer, excitando o movimento das paixões, deve também, a fim de proporcionar o prazer perfeito e duradouro, excitar o movimento das paixões que potencializam, e não as que são inimigas da sabedoria".[1]

É difícil reunir um conjunto mais insubsistente de contradições. Batteux, porém, é rivalizado e superado pelos filósofos ingleses, ou melhor, os narradores da estética, ou ainda, *de omnibus rebus*, dentre as quais por vezes se acham acidentalmente as coisas estéticas. Hogarth, um pintor, lendo casualmente em Lomazzo certas palavras atribuídas a Michelangelo sobre a beleza das figuras, pôs na cabeça a ideia de que as artes figurativas são regidas por um princípio inteiramente próprio, que se pode determinar em uma linha particular.[2] Determinado nessa ideia, desenhou em 1745, no frontispício de um volume dedicado às suas gravuras, uma linha ondulante sobre uma paleta, onde se lê: "A Linha da Beleza". A curiosidade pública despertada por esse hieróglifo foi satisfeita um pouco mais tarde com a publicação de seu livro *Análise da Beleza* (1753).[3] Nessa obra, combateu o erro de julgar as pinturas pelo assunto ou pela excelência da imitação, em vez de julgá-las por sua forma, que é o essencial na arte, e é o resultado da "simetria, variedade, uniformidade, simplicidade, complexidade e quantidade; todas as coisas que cooperam para a produção da beleza, corrigindo-se e limitando-se mutuamente, conforme necessário".[4] Logo a seguir, porém, Hogarth proclama que também deve se manter a correspondência ou o acordo com a coisa retratada, e que "a regularidade, uniformidade e simetria dão prazer somente na medida em que servem para dar a ilusão de correspondência".[5] Mais adiante, o leitor aprende que "entre a ampla variedade de linhas ondulantes que podem ser concebidas, há apenas uma que realmente merece o nome de linha da beleza, uma só linha, precisamente ondulante, que pode ser chamada de linha

---

[1] *Les Beaux Arts Reduits à un Même Principe*, Paris, 1746; veja, especialmente, parte I, cap. 3; parte II, cap. 4 e 5; parte III, cap. 3.

[2] Veja "Teoria", cap. 14, p. 119-20

[3] *Analysis of Beauty*, London, 1753 (trad. it. *L'analisi della Bellezza Scritta col Disegno di Fissar l'Idee Vaghe del Gusto*, Livorno, 1761).

[4] Ibidem, p. 47.

[5] Ibidem, p. 57.

da graça".⁶ Mais uma vez, somos informados de que a complexidade de linhas é bela porque "a mente ativa gosta de se ocupar", e os olhos se deleitam em ser "guiados numa espécie de caça".⁷ A linha reta não é bela, e o porco, o urso, a aranha e o sapo são feios justamente porque desprovidos da linha ondulante.⁸ Os antigos mostraram muita acuidade de julgamento no manejo e agrupamento das linhas, "afastando-se da precisa linha da graça apenas em certas partes, quando o personagem ou a ação o exigia".⁹

Com semelhante hesitação, Edmund Burke, em seu livro *Uma Investigação sobre a Origem de Nossas Ideias do Sublime e do Belo* (1756), oscila entre o princípio da imitação e outros princípios heterogêneos ou imaginários. Ele observa que "as propriedades naturais de um objeto dão prazer ou desprazer à imaginação: afora isso, no entanto, a imaginação se delicia também na imitação, na semelhança do objeto imitado com o original"; diz ele que "apenas dessas duas razões" procede todo o prazer da imaginação.¹⁰ Sem insistir sobre a segunda causa, passa a uma longa discussão sobre as qualidades naturais que deve possuir um objeto de beleza sensível:

> Em primeiro lugar, a pequenez comparativa; em segundo, a superfície lisa; em terceiro, a variedade na disposição das partes; em quarto, ausência de partes angulosas, pois as linhas devem se fundir umas às outras; em quinto lugar, uma estrutura delicada que não dê sinal algum de esforço; em sexto, cores vívidas, mas sem brilho ou aspereza excessivas; em sétimo, se tiver alguma cor gritante, que seja atenuada pelas circunstantes.

Tais são as propriedades da beleza que agem por força da natureza e são menos suscetíveis a sofrer o capricho e as confusões oriundas de gostos diversos.¹¹

Os livros de Hogarth e Burke são considerados clássicos, e o são verdadeiramente, mas, ousamos dizer, não são convincentes. A um patamar um pouco mais elevado pertencem os *Elementos da Crítica* (1761), de Henry

---

⁶ Ibidem, p. 93.

⁷ Ibidem, p. 61, 65.

⁸ Ibidem, p. 91.

⁹ Ibidem, p. 176.

¹⁰ *Inquiry into the Origin of our Ideas of the Sublime and the Beautiful*, 1756 (trad. it., Milano, 1804): cf. discurso preliminar sobre o gosto.

¹¹ Ibidem, parte III, seção 18.

Home, Lord Kames, em que se investigam "os verdadeiros princípios das belas-artes" com a intenção de transformar a crítica numa "ciência racional", escolhendo para tanto "o caminho ascendente de fatos e dos experimentos". Home limita-se a sentimentos derivados de objetos da visão e da audição, os quais, na medida em que são acompanhados de desejo, chamam-se simplesmente sentimentos (*emotions* e não *passions*). Estes ocupam uma posição intermediária entre as meras impressões sensíveis e as intelectuais ou morais, e estão, portanto, correlacionados a essas duas categorias; é a partir deles que derivam os prazeres da beleza, dividida em beleza da relação e beleza intrínseca.[12] Dessa beleza intrínseca, Home dá tão somente a explicação de que a regularidade, a simplicidade, a uniformidade, a proporção, a ordem e outras qualidades agradáveis foram "assim dispostas pelo Autor da natureza a fim de aumentar a nossa felicidade, a qual não lhe é indiferente, como se percebe em inúmeros casos". Essa noção é confirmada quando se pondera que "o nosso gosto por esses detalhes não é acidental, mas uniforme e universal, sendo algo próprio da nossa natureza", acrescentando que "a regularidade, uniformidade, ordem e simplicidade facilitam a percepção, tornando possível que formemos imagens mais nítidas dos objetos do que seria possível adquirir mesmo com a maior das atenções, caso tais qualidades não estivessem presentes". Muitas vezes, as proporções são combinadas visando à utilidade "assim como, dentre os animais, os mais bem-proporcionados são também os mais fortes e ativos, havendo, porém, numerosos exemplos em que tal combinação não se verifica"; por isso, então, é melhor que "nos atenhamos à causa final, acima mencionada, segundo a qual o aumento da nossa felicidade é pretendido pelo Autor da natureza".[13] Em seu *Ensaio sobre o Gosto* (1758), e em outro sobre o *Gênio* (1774), Alexander Gérard emprega, conforme o caso, e segundo as várias formas de arte, os princípios de associação, de prazer direto, de expressão e até mesmo de senso moral. O mesmo tipo de explicação reaparece em outro *Ensaio sobre o Gosto*, de Alison (1792).

Sem método científico, é impossível classificar obras como essas, nas quais se passa de uma página à outra, do sensualismo fisiológico ao moralismo, da imitação da natureza ao misticismo e finalismo transcendente,

---

[12] *Elements of Criticism*, 1761 (ed. de Basel, 1795), vol. I, Introdução, cap. 1-3.

[13] Ibidem, vol. I, cap. 3, p. 201-02.

sem que seus autores se deem conta da incongruência de teses tão disparatadas. Comparativamente, é mais interessante o franco hedonismo do alemão Ernst Platner, que, interpretando, nas entrelinhas, as investigações de Hogarth, não soube perceber, nos fatos estéticos, senão um prolongamento e um eco do prazer sexual. Onde está o belo, perguntava ele, senão nas formas femininas, centro de toda a beleza? Belas são as linhas onduladas, porque podemos vê-las no corpo de uma mulher; belos são todos os movimentos propriamente femininos; belos são os tons musicais, quando se mesclam uns aos outros; belo é o poema em que um pensamento se entrelaça ao outro com ternura e facilidade.[14] O sensismo de Condillac já se mostrara totalmente incapaz de compreender a produtividade estética; o associacionismo, especialmente promovido pela obra de David Hume, não se saiu melhor.

O holandês Hemsterhuis (1769) considerava a beleza um fenômeno nascido do encontro entre a sensibilidade, que dá a multiplicidade, e o sentido interno, que tende à unidade; por conseguinte, o belo é "aquilo que apresenta o maior número de ideias no menor tempo possível". O homem, a quem foi negado alcançar a unidade final, encontra no belo uma unidade aproximativa, conferindo-lhe um prazer que tem certa analogia com a alegria do amor. Essa teoria de Hemsterhuis, em que elementos místicos e sensualistas misturam-se a certas intuições verdadeiras, tornou-se, mais tarde, o sentimentalismo de Jacobi, para quem, na forma do belo, a totalidade da Verdade e do Bem e o próprio Suprassensível tornam-se presentes de modo sensível à alma.[15]

O platonismo, ou melhor, o neoplatonismo, foi renovado pelo criador da história da arte figurativa, Winckelmann (1764). A contemplação das

---

[14] *Neue Anthropologie*, Leipzig, 1790, § 814, e as lições de estética, publicadas postumamente em 1836: veja Zimmermann, op. cit., p. 204. [A página em apreço de Platner, cujo conhecimento nos vem de Zimmermann, não tem o sentido que este lhe deu ao tirá-la do contexto, como provou E. Bergmann, *Ernst Platner und die Kunstphilosophie des 18. Jahrhundert* (Leipzig, 1913, p. 179), a quem cabe também o direito de ser esclarecido o verdadeiro pensamento estético de Platner, ao valer-se de um curso inédito por este ministrado em Leipzig, no ano de 1777. Sobretudo é notável que Platner, partindo de Baumgarten, dê relevo ao momento passional e sentimental do processo poético, como "um esforço mais obscuramente sentido que distintamente apreendido de perscrutar o mistério do mundo e do ser humano". Veja também o meu ensaio: "Iniziazione all'Estetica del Settecento". In: *Ultimi Saggi*, 2. ed., Bari, 1948, p. 118-19, nota.]

[15] Zimmermann, op. cit., p. 302-09; veja Stein, *Enstehung der Neueren Aesthetik*, p. 113.

obras da plástica antiga, e a impressão de elevação sobre-humana e indiferença divina que produzem tanto mais irresistivelmente quanto nem sempre é fácil reviver-lhes a vida íntima e originária, entendendo assim seu significado genuíno, levou Winckelmann, e outros com ele, à concepção de uma Beleza que, descendo do sétimo céu das Ideias divinas, teria-se encarnado em obras desse tipo. Mendelssohn, seguidor de Baumgarten, negara a Deus a beleza; o neoplatônico Winckelmann restituiu-a, depondo-a em seu seio.

> Os sábios que meditaram sobre as causas do Belo universal, buscando-o entre as coisas criadas e tentando chegar até a contemplação do Sumo Belo, estabeleceram-no na perfeita concordância da criatura com a sua finalidade específica e das partes entre si e com o todo. Visto, porém, que isso corresponde a uma perfeição que somos incapazes de atingir, o conceito de beleza universal permanece indeterminado, e forma-se em nós por meio de cognições particulares, que, ao serem exatamente reunidas e relacionadas, nos conferem a máxima ideia de beleza humana, tanto mais por nós exaltada quanto mais a elevamos acima da matéria. Por outro lado, já que o Criador reparte a perfeição entre as criaturas conforme o grau que lhes convém, e uma vez que todo conceito repousa sobre uma causa que deve ser procurada fora desse conceito, a causa da Beleza, encontrada nas coisas criadas, não pode ser buscada fora delas. Por essa razão precisamente, e porque os nossos conhecimentos são conceitos comparativos, e porque a Beleza não pode ser comparada a nada de mais elevado, surge a dificuldade de se alcançar uma cognição distinta e universal de Beleza.[16]

A única maneira de sair desta e de outras dificuldades é reconhecer que "a suma beleza está em Deus":

> O conceito de beleza humana torna-se mais perfeito na medida em que pode ser pensado em maior conformidade e de acordo com o Ser supremo, o qual se distingue da matéria por sua unidade e indivisibilidade. Esse conceito de Beleza é como um espírito que, liberto da prisão da matéria por meio do fogo, esforça-se para produzir uma criatura à imagem da primeira criatura racional formada pela inteligência divina. As formas de tal imagem são simples e contínuas, e, dentro dessa unidade, são variadas e, por isso mesmo, harmônicas.[17]

---

[16] *Geschichte der Kunst des Altertums*, 1764. In: *Werke*, Stuttgart, 1847, vol. I, livro IV, cap. II, § 51, p. 131.

[17] Ibidem, § 22, p. 131-32.

A essas características se soma a "insignificância" (*Unbezeichnung*), a "falta de um significado qualquer", porquanto a suma beleza não pode ser descrita com pontos ou linhas, diferentes daqueles que, por si sós, constituem a beleza; sua forma "não é própria desta ou daquela pessoa determinada, nem exprime qualquer estado de sentimento ou sensação de paixão, coisas que interrompem a unidade e diminuem ou obscurecem a beleza". Winckelmann conclui dizendo que "segundo o nosso entender, a Beleza deve ser como a água mais pura extraída diretamente da fonte, pois, livre de todas as impurezas, considera-se tanto mais saudável quanto menos sabor tiver".[18]

Para perceber a pura beleza, requer-se uma faculdade especial, que certamente não é o sentido, mas o intelecto, ou até mesmo, como por vezes diz Winckelmann, "um refinado senso interior" livre de todas as intenções ou paixões do instinto, da amizade ou do prazer. Depois de afirmar que a beleza é algo suprassensível, não é de surpreender que Winckelmann se proponha, senão a excluir totalmente a cor, ao menos reduzi-la a um mínimo, tratando-a não como um elemento constitutivo da beleza, mas como algo secundário e acessório.[19] A verdadeira beleza é dada pela forma; com isso, ele entende as linhas e os contornos, como se linhas e contornos não fossem percebidos pelos sentidos ou pudessem ser vistos privados de cor.

O destino do erro, quando não quer se fazer de eremita fechando-se na cela de um breve aforisma, é estar condenado a se contradizer para manter-se vivo, da maneira que for, no mundo dos fatos e problemas concretos. Embora tivesse também finalidade teórica, a obra de Winckelmann sempre gravitou em torno dos fatos históricos e concretos, aos quais precisava acomodar a sua ideia de beleza suprema. Ao admitir o desenho de linhas e ao admitir, parcial e secundariamente, a cor, temos já dois compromissos; a estes se soma, posteriormente, um terceiro com o princípio da expressão. "Uma vez que na natureza humana não há um estado intermediário entre dor e prazer", e como um ser vivo privado desses sentimentos é algo inconcebível, "a figura humana deve ser representada no estado de ação e paixão, e é isso que, em arte, chama-se expressão". De onde Winckelmann, depois de falar sobre a Beleza, passa a estudar a

---

[18] Ibidem, § 23, p. 132.
[19] Ibidem, § 19, p. 130-31.

Expressão.[20] Viu-se, então, obrigado a um quarto compromisso entre a suma beleza, indivisível e constante, e as belezas individuais, pois, embora considerasse mais belo o corpo masculino que o feminino, julgando o corpo viril uma encarnação mais completa da suma beleza, não pôde, contudo, fechar os olhos ao fato evidente de que conhecemos e admiramos os belos corpos femininos, e até mesmo os dos animais.[21]

Amigo e, pode-se dizer, colaborador de Winckelmann, foi o pintor Raphael Mengs. Animado por uma necessidade muito viva de entender o que é o Belo, empenhou-se na questão com o mesmo ânimo de arqueólogo que seu famoso compatriota: o que Winckelmann estudava como crítico, Mengs produzia como pintor. Ele considerava que as duas maiores tarefas de seu ofício eram a imitação da aparência e a escolha das coisas mais belas; sobre a primeira, já se escrevera muito, enquanto a segunda "tem sido pouco mencionada pelos modernos, que não conheceriam a arte do desenho se não houvesse as estátuas da antiga Grécia"; assim ponderando, acrescenta: "Li, perguntei e considerei tudo o que pudesse lançar luz sobre o assunto, mas nunca fiquei satisfeito; porque ou falavam de coisas belas ou de qualidades que são atributos de beleza, ou, como se costuma dizer, fingiam explicar o obscuro pelo mais obscuro, ou até mesmo confundiam o belo com o agradável, de modo que, por fim, decidi procurar a natureza da beleza por minha própria conta".[22] Uma de suas obras sobre esse tema foi publicada enquanto ainda era vivo, por exortação e assistência de Winckelmann (1761), e muitas outras apareceram postumamente (1780); todas foram reimpressas várias vezes e traduzidas em diversas línguas. Em seu *Sonhos de Beleza*, diz ele: "Navego há longo tempo em um vasto mar buscando a compreensão do belo, e me encontro sempre longe de qualquer praia, e sinto-me ainda duvidoso quanto ao rumo a tomar. Olho ao redor, e minha visão se confunde no infinito da imensa matéria".[23] Na verdade, parece que Mengs nunca chegou a uma fórmula que o satisfizesse, embora tenha se conformado mais ou menos à doutrina de Winckelmann, segundo

---

[20] Ibidem, § 24.

[21] Ibidem, livro V, cap. II e VI.

[22] Carta de 2 de janeiro de 1778. In: *Opere*, Roma, 1787 (reimpressão, Milano, 1836), p. 315-16.

[23] *Opere*, op. cit., vol. I, p. 206.

a qual "a beleza consiste na perfeição da matéria, segundo as nossas ideias, e visto que só Deus é perfeito, a beleza é algo divino". A beleza é "a ideia visível da perfeição", e com esta mantém a mesma relação que a existente entre um ponto visível e um ponto matemático. Nossas ideias procedem da destinação que o Criador quis conferir às coisas; daí a multiplicidade de belezas. De modo geral, Mengs encontra os tipos das coisas nas espécies naturais; por exemplo, "uma pedra, da qual temos a ideia de que deva ser uniforme e ter uma só cor", sendo "feia quando está manchada"; ou ainda um menino "seria feio se parecesse um homem maduro, assim como é feio um homem que tem feições femininas, e uma mulher que se parece com um homem". Inesperadamente, porém, acrescenta: "Assim como dentre as pedras existe apenas uma única espécie perfeita, que é o diamante; dentre os metais, o ouro; e dentre as criaturas animadas, apenas o homem, assim também há diferença em cada uma das espécies e muito raramente encontra-se a perfeição".[24] Em *Sonhos de Beleza*, considera a beleza como "uma disposição média que inclui, por um lado, a perfeição e, por outro, o prazer", mas, na realidade, há um terceiro elemento, diferente da perfeição e do prazer, que merece especial atenção.[25] Quatro seriam, segundo ele, as fontes da arte pictórica: a beleza, o caráter significante ou expressivo, o agradável unido à harmonia, e a cor. Mengs identifica o primeiro atributo nos Antigos, o segundo em Rafael, o terceiro em Correggio e o quarto em Tiziano.[26] Diante de todo esse empirismo de ateliê, só restava a Mengs exclamar: "A força da beleza tanto me transporta, que te direi, leitor, o que sinto: toda a natureza é bela, e assim também é a virtude; belas são as formas e as proporções; belas são as aparências e belas suas causas; mais bela, porém, é a razão, e a causa primeira supera a todas".[27]

Na obra de Lessing (1766), grande renovador da literatura e da vida social na Alemanha de seu tempo, percebe-se um eco enfraquecido, de menor ressonância metafísica, das ideias de Winckelmann. Segundo Lessing, o objetivo da arte é "o deleite", e, porque o deleite é "algo

---

[24] "Riflessioni sulla Bellezza e sul Gusto della Pittura", 1761. In: *Opere*, op. cit., vol. I, p. 95, 100, 102-03.

[25] *Opere*, op. cit., vol. I, p. 197.

[26] Ibidem, p. 161.

[27] Ibidem, p. 206.

supérfluo", parece justo que o legislador não deixe à arte aquela liberdade indispensável à ciência em sua busca da verdade, que é a necessidade da alma. Para os gregos, a pintura era, e por sua essência deve ser, "a imitação de belos corpos".

> Seu cultor (helênico) nada representava senão o belo: o belo de ordem comum, de ordem inferior serviu de tema acidental, exercício e diversão. A atratividade de sua obra deveria depender única e exclusivamente da perfeição de seu tema: um grande artista não poderia permitir que seus espectadores se contentassem com o prazer estéril que nasce da semelhança alcançada ou da avaliação da sua habilidade de artífice; nada lhe era mais caro em sua arte, nada lhe parecia mais nobre que a finalidade estabelecida.[28]

A representação pictórica deve excluir tudo o que é desagradável ou feio; "a pintura, como imitação, pode expressar a deformidade; a pintura, como bela arte, se recusará a fazê-lo: todos os objetos visíveis pertencem à arte sob a primeira designação; sob a segunda, apenas os objetos visíveis que despertam sensações agradáveis". Se, por outro lado, a deformidade pode ser retratada pelo poeta, isso se dá porque, na descrição poética, "adquire uma aparência menos desagradável dos defeitos de um corpo, que, por fim, deixam de ser tais"; o poeta, "não podendo justificar a deformidade em si mesma, serve-se dela como meio para provocar certos sentimentos mistos (o ridículo, o terrível), fazendo que nos detenhamos neles, por não gozarmos de sentimentos puramente agradáveis".[29] Em sua *Dramaturgia* (1767), Lessing está no terreno da *Poética* aristotélica: sabe-se que ele não só aprovou as regras em geral, mas, tanto quanto os teoremas de Euclides, reputava indubitáveis as regras de Aristóteles. Sua polêmica contra os escritores e críticos franceses travou-se em nome da verossimilhança, que não deve ser confundida com a exatidão histórica. Lessing entendia o universal como algo mediano daquilo que aparece nos indivíduos, e a catarse como a conversão de paixões em disposições virtuosas, tendo por indubitável que o escopo de toda a poesia é o de inspirar amor pela virtude.[30] Ele segue o exemplo de Winckelmann ao introduzir o conceito de beleza ideal na

---

[28] *Laokoon* (trad. it. T. Persico, Bologna, 1887), § 2.

[29] Ibidem, § 23, 24.

[30] *Hamburgische Dramaturgie* (ed. H. Göring, Stuttgart, s. d., vol. XI e XII), passim, especialmente n. 11, 18, 24, 78, 89.

doutrina da arte figurativa: "A expressão da beleza corporal é o objetivo da pintura: portanto, a beleza suprema do corpo é o objetivo supremo da arte. Mas essa beleza suprema do corpo encontra-se apenas no homem, e, para ele, só existe por meio do ideal; esse ideal pode ser encontrado em escala reduzida nos animais, mas está totalmente ausente nos vegetais ou na natureza inanimada". Pintores de paisagens e flores não produzem verdadeira arte, pois "imitam belezas completamente destituídas de ideal, e, portanto, trabalham apenas com os olhos e com as mãos; o gênio tem pouco ou nenhum papel em suas obras". No entanto, Lessing prefere um pintor de paisagens ao "pintor de episódios históricos, que, sem levar em conta a beleza, retrata tão somente a multidão a fim de exibir sua destreza na simples expressão, e não na expressão subordinada à beleza".[31] Assim, o ideal de beleza corpórea consiste "principalmente no ideal da forma, mas também no da textura e no de expressão permanente. A mera coloração e expressão transitória não têm ideal, pois a própria natureza não impôs a elas nada de determinado".[32] Dando a conhecer abertamente o que pensava, Lessing manifesta sua aversão às cores. Quando encontra nos esboços dos pintores "uma vida, uma liberdade e uma morbidez que em suas pinturas deixam a desejar", ele se pergunta se "o colorido mais maravilhoso é capaz de compensar tão grande perda", e se não seria preferível que "a arte da pintura a óleo nunca tivesse sido inventada".[33]

A beleza ideal, essa curiosa aliança entre o Ser supremo com os sutis contornos traçados com a pena ou o buril, esse frio misticismo da academia, teve fortuna. Na Itália, onde trabalharam Winckelmann e Mengs (que publicou algumas obras em italiano), foi muito discutida por artistas, antiquários e diletantes. O arquiteto Francesco Milizia declarou-se seguidor dos "princípios de Sulzer e Mengs";[34] o espanhol d'Azara, que morava na Itália, editou e comentou os tratados de Mengs, e deu sua própria definição de beleza: "a união do perfeito e do agradável que se faz visível";[35] outro espanhol, Arteaga, um dos muitos jesuítas refugiados na

---

[31] *Laokoon*, op. cit., Apêndice, § 31.
[32] Ibidem, § 32 e 33.
[33] Ibidem, in fine, p. 268.
[34] *Dell'Arte di Vedere nelle Belle Arti del Disegno Secondo i Principii di Sulzer e di Mengs*, Venezia, 1781.
[35] "D'Azara". In: Mengs, *Opere*, vol. I, p. 168.

Itália, escreveu um tratado sobre a *Beleza Ideal* (1789);[36] o inglês Daniel Webb, tomando conhecimento, em Roma, da obra de Mengs, assimilou-lhe as ideias que teve sobre o belo, recolheu-as e publicou em livro, antecipando-se ao do próprio Mengs.[37]

Veio de um pequeno grupo de italianos, em 1764, a primeira oposição à doutrina da beleza ideal. Para eles, o característico é o princípio da arte. Tal nos parece ser a interpretação do pequeno *Ensaio sobre a Beleza*, de Giuseppe Spalletti, escrito em forma de carta dirigida a Mengs, com quem Spalletti discutira o assunto "na solidão de Grottaferrata", e fora exortado a colocar por escrito tudo o que pensava sobre o assunto.[38] A polêmica, embora não abertamente declarada, está implícita em todas as páginas.

> A verdade *in genere*, conscientemente proferida pelo artífice, é o objeto da Beleza *in genere*. Quando a alma encontra as características que, como um todo, convergem para o tema que a obra de arte pretende representar, reputa-se bela tal obra. Para as obras da natureza, vale o mesmo: se a alma percebe um homem muito bem-proporcionado, mas com um belíssimo rosto de mulher, e assim hesita se diante de si tem um homem ou uma mulher, ela reputará feio tal homem por faltar-lhe a característica da verdade: se isso pode ser dito do Belo natural, com muita razão pode ser dito do Belo artificial.

O prazer originado pela Beleza é o prazer intelectual, ou seja, o prazer de apreender a verdade. Quando diante de coisas desagradáveis, mas representadas de modo característico, alguém "tem prazer de haver aumentado suas cognições"; a beleza, "ao subministrar à alma as semelhanças, a ordem, as proporções, as harmonias e a variedade, abre-lhe um espaçoso campo onde pode fabricar uma inumerável série de silogismos, e, ao raciocinar dessa maneira, se deleitará em si mesma, naquele objeto que lhe dá motivo de complacência, e no sentimento de sua própria perfeição". Finalmente, o belo pode ser definido como "a modificação inerente ao objeto observado, a qual, com infalível característica, apresenta-o tal qual ele deve aparecer".[39]

---

[36] *Investigaciones Filosóficas sobre la Belleza Ideal, Considerada como Objeto de Todas las Artes de Imitación*, Madrid, 1789.

[37] *Ricerche su le Bellezze della Pittura* (trad. it., Parma, 1804): cf. D'Azara, *Vita del Mengs*. In: *Opere*, op. cit., vol. I, p. 27.

[38] Datado: "Grottaferrata, 14 de julho de 1764", e publicado em Roma, 1765, anônimo.

[39] *Saggio*, op. cit., especialmente § 3, 12, 15, 17, 19, 34.

Serve de contrapeso à enganosa profundidade de Winckelmann e de Mengs o bom senso desse obscuro Spalletti, representante da tese aristotélica contra o neoplatonismo estético então ressurgido.

Passaram-se muitos anos até que semelhante protesto se erguesse também na Alemanha. Em 1797, enfim, o historiador de arte Ludwig Hirt, baseando-se nos antigos monumentos que representavam todas as coisas, mesmo as extremamente feias e vulgares, negou que a beleza ideal seja o princípio da arte e que a expressão deva se lhe subordinar e se atenuar a fim de não perturbá-la, substituindo a beleza ideal pelo característico como princípio, que se estende também aos deuses e heróis, bem como aos animais. O caráter é "a individualidade pela qual a forma, o movimento, os acenos, a fisionomia e a expressão, a cor local, a luz, a sombra e o claro-escuro se distinguem, ou seja, são representados do modo exigido pelo objeto dado".[40] Outro historiador de arte, Heinrich Meyer, aceitava inicialmente a posição de Winckelmann, mas, seguindo o caminho das concessões, acabou por admitir também, ao lado do ideal de ser humano e de cada tipo de animal, o ideal de árvores e paisagens, tentando assim encontrar um meio-termo entre essa doutrina e a de Hirt, ao longo da controvérsia com este. Esquecido dos dias de juventude em que ousara louvar a arquitetura gótica, Wolfgang von Goethe voltou para casa após um giro por aquela Itália impregnada de Grécia e de Roma, buscando, também ele (1798), um meio-termo entre Beleza e Expressão. Dedicou-se especialmente à consideração de que certos conteúdos característicos devem suprir as formas da beleza a serem desenvolvidas e reconduzidas à beleza completa pelo artista. O característico seria, assim, o mero ponto de partida; o belo era o próprio resultado da elaboração artística: "para alcançar o belo, devemos começar do característico",[41] dizia ele.

---

[40] *Ueber das Kunstschöne*, na revista *Die Horen*, 1797: cf. Hegel, *Vorlesungen über Aesthetik*, vol. I, p. 24, e Zimmermann, *Geschichte der Aesthetik*, p. 356-57.

[41] Goethe, *Der Sammler und die Seinigen*. In: *Werke*, ed. K. Goedeke, Stuttgart, s. d., vol. XXX.

8. IMMANUEL KANT

Winckelmann e Mengs, Home e Hogarth, Lessing e Goethe: nenhum desses autores foi filósofo no verdadeiro sentido da palavra; tampouco o foram os que, como Meier, reivindicavam o título ou aqueles que tinham algum dom para a filosofia, como Herder e Hamann. Depois de Vico, é preciso esperar Immanuel Kant para se encontrar outra mente altamente especulativa no âmbito do pensamento europeu. É a este autor que ora nos traz a ordem de nossa expositiva.

Alguns autores já observaram que Kant retomou a problemática levantada por Vico onde este a deixara – não, decerto, no sentido de uma filiação histórica imediata, mas apenas no de uma filiação ideal.[1] Examinar o quanto Kant avançou ou ficou para trás em relação a seu predecessor é assunto que excede o nosso atual objetivo. Limitar-nos-emos à consideração de seu pensamento no campo estritamente estético.

Anunciando de antemão as conclusões de tal exame, podemos dizer de imediato que, embora Kant seja de suma importância no desenvolvimento do pensamento alemão; embora a obra em que ele perscrutou os fatos estéticos esteja entre as que exerceram maior influência; embora nas histórias da estética, escritas do ponto de vista alemão e ignorando praticamente todo o desenvolvimento do pensamento europeu do século XVI ao XVIII, Kant possa ser considerado como aquele que descobriu ou resolveu o problema da ciência estética, ou o trouxe próximo à solução, contudo, um estudo histórico mais amplo, imparcial e completo, cujo objetivo é considerar não a popularidade de um livro ou a importância histórica das nações, mas o intrínseco valor das ideias, o julgamento que se deve fazer de Kant é bem diferente. Sério e tenaz como Vico pela maneira com que refletiu sobre fatos estéticos, e mais afortunado do que ele por dispor de muito maior e variado material oriundo das discussões e tentativas anteriores, Kant, porém, distingue-se de Vico não só por não ter

---

[1] Dentre os primeiros, Jacobi (*Von den Göttlichen Dingen*, 1811), e, na Itália, Spaventa

atingido uma doutrina substancialmente verdadeira, mas também por não conseguir sistematizar e dar unidade ao seu pensamento.

Que ideia Kant fazia da arte? Por estranha que possa parecer a nossa resposta aos que recordam a explícita e insistente polêmica travada por ele contra a escola wolfiana e contra o conceito de beleza entendida como perfeição confusamente percebida, sustentamos que a concepção de Kant sobre a arte era, no fundo, a mesma de Baumgarten e da escola de Wolff. Kant, de fato, foi educado nessa escola e sempre teve grande consideração por Baumgarten, chamando-o de "aquele excelente analista" na *Crítica da Razão Pura*.[2] Kant servia-se dos escritos de Baumgarten em seus cursos de Metafísica na universidade, bem como dos de Meier em seus cursos de Lógica (*Vernunftlehre*). Para Kant, como para os wolfianos, lógica e estética (ou teoria da arte) pareciam ciências associadas. É assim que Kant as entendia em seu plano de aulas de 1765, propondo, ao desenvolver a crítica da razão, "lançar um olhar sobre o problema do gosto, isto é, sobre a estética, uma vez que as regras de uma aplicam-se à outra e ambas se esclarecem mutuamente". Em seus cursos universitários, distinguia, ao estilo de Meier, a verdade estética da verdade lógica, dando inclusive o exemplo do belo rosto rosado de uma menina que, quando visto distintamente, ou seja, através de um microscópio, deixa de ser belo.[3] É esteticamente verdadeiro, dizia ele, que um homem já morto não pode voltar à vida, embora isso esteja em oposição à lógica e à verdade moral. É esteticamente verdadeiro que o sol mergulha no mar, mas isso é falso lógica e objetivamente. Até hoje, nem doutos nem mesmo os maiores estetas foram capazes de determinar até que ponto é necessário combinar a verdade lógica com a estética. Para se tornarem acessíveis, os conceitos lógicos devem se revestir de formas estéticas: veste que deve ser deixada de lado somente nas ciências racionais, as quais procuram a profundidade. A certeza estética é subjetiva: basta se recorrer à autoridade, ou seja, às opiniões dos grandes homens. Por estarmos fortemente ligados ao sensível, a perfeição estética vem em auxílio dessa nossa debilidade, tornando distintos os nossos pensamentos. Concorrem para esse fim os exemplos e imagens: a perfeição estética é veículo da perfeição lógica; o gosto é o análogo do intelecto. Há verdades lógicas

---

[2] *Kritik der Reinen Vernunft*, ed. J. H. Kirchmann, Berlin, 1868, I, I, § 1, nota.

[3] Veja cap. 6 anterior, p. 236-37.

que não são verdades estéticas; por outro lado, devemos excluir da filosofia abstrata as exclamações e outras comoções sentimentais próprias daquele outro tipo de verdade. A poesia é um jogo harmonioso de pensamentos e sensações. Poesia e eloquência distinguem-se porque, na primeira, os pensamentos acomodam-se às sensações; na segunda, acontece justamente o contrário. Por vezes, Kant notava em suas preleções que a poesia é anterior à eloquência porque as sensações precedem aos pensamentos, observando, talvez sob a influência de Herder, que por serem privadas de conceitos, as poesias orientais carecem de unidade e de gosto embora sejam ricas em detalhes imaginativos. Poesias feitas de puro jogo de sensibilidade são, sem dúvida, possíveis como, por exemplo, os poemas de amor; mas a verdadeira poesia desdenha tais produções por gravitarem em torno das sensações que, como todo mundo sabe, devem ser expulsas de nossos corações. A verdadeira poesia necessita tornar sensível a virtude e a verdade intelectual, como fez, por exemplo, Pope em seu *Essay on Man*, em que tentou vivificar a poesia por meio da razão. Em outras ocasiões, Kant diz definitivamente que a perfeição lógica é a base de todas as outras, sendo a perfeição estética um mero adorno da lógica; algo desta última pode ser omitido por condescendência e para atrair o público, mas nunca é lícito disfarçá-la ou falsificá-la.[4]

Isso é baumgartenismo puro, a menos que tais lições representem o período pré-crítico do desenvolvimento filosófico de Kant e contenham sua doutrina exotérica e não a esotérica e original, contida na sua *Crítica do Juízo* (1790). Para não entrar em tal disputa, deixemos de lado, pois, essas lições (embora por vezes lancem não pouca luz sobre o sentido de alguns termos e fórmulas kantianas), e deixemos também de indagar quais são as páginas e as partes da *Crítica do Juízo* que derivam de Baumgarten e de Meier; quem leu as obras desses discípulos de Wolff e passa imediatamente para a *Crítica do Juízo* tem muitas vezes a impressão de que não mudou de ambiente. Mas, se a própria *Crítica do Juízo* for examinada sem preconceito, se encontrará a clara confirmação de que Kant entendeu a arte à maneira de Baumgarten, isto é, como veste sensível e imagética de um conceito intelectual.

---

[4] Trechos das lições de Kant de 1764 em diante, em O. Schlapp, *Kants Lehre vom Genie*, passim, mas especialmente p. 17, 58, 59, 79, 93, 96, 131-34, 136-37, 222, 225, 231-32, etc.

Para Kant, a arte não é beleza pura, que prescinde totalmente do conceito, mas é beleza aderente, que supõe e se une a um conceito.[5] Eis a obra do gênio, a faculdade de representar ideias estéticas. A ideia estética é

> uma representação da imaginação que acompanha um determinado conceito, uma representação conjugada com tal variedade de representações particulares que é incapaz de encontrar para esta qualquer expressão que possa marcar um conceito determinado, conferindo, assim, a um dado conceito, algo inefável; um sentimento que reforça a faculdade cognitiva e se une à língua, a qual é simplesmente a letra, o espírito.

Assim, o gênio tem dois elementos constitutivos, a imaginação e o intelecto, e consiste "na feliz disposição, que nenhuma ciência pode ensinar e nenhuma diligência pode aprender, de encontrar ideias para um dado conceito e, por outro lado, de colher a expressão pela qual a comoção subjetiva assim executada, como acompanhamento de um conceito, possa ser comunicada aos outros". Nenhum conceito é adequado à ideia estética, como nenhuma representação da imaginação pode, eventualmente, ser adequada ao conceito. A águia de Júpiter com o raio em suas garras e o pavão da orgulhosa rainha dos céus são exemplos de atributos estéticos:

> Eles não representam, como os atributos lógicos, aquilo que está contido em nossos conceitos do sublime e da excelência de uma criação, mas alguma outra coisa, que serve de ocasião à imaginação de perpassar por uma infinidade de representações afins, que nos fazem pensar mais do que podemos expressar em um determinado conceito por meio de palavras, e nos dá, em vez de uma representação lógica, uma ideia estética que serve a essa ideia racional e que tem, por outro lado, o objetivo de animar o nosso sentimento ao franquear-lhe um vasto campo de representações afins.

Há um *modus logicus* e um *modus aestheticus* de expressar nossos próprios pensamentos: o primeiro consiste em seguir determinados princípios; o outro, no mero sentimento de unidade da representação.[6] À imaginação, ao intelecto e ao espírito (*Geist*) temos de acrescentar o gosto, a ligação entre imaginação e intelecto.[7] A arte pode, portanto, representar

---

[5] *Kritik der Urtheilskraft*, ed. J. H. Kirchmann, op. cit., § 16.

[6] Ibidem, § 49.

[7] Ibidem, § 50.

a feiura natural: a beleza artística "não é uma coisa bela, mas uma bela representação de uma coisa"; embora a representação da feiura tenha limites que variam com cada arte (reminiscência de Lessing e Winckelmann), e um limite absoluto no desagradável e no nauseante, que matam a própria representação.[8] Nas coisas naturais, também, há uma beleza aderente que não pode ser julgada somente pelo juízo estético puro, mas exige um conceito. A natureza aparece então como uma obra de arte, muito embora seja uma arte sobre-humana: "o juízo teleológico serve de fundamento e condição ao juízo estético". Quando dizemos "eis uma mulher bonita", queremos dizer apenas que "na forma dessa mulher, a natureza representa de maneira bela os seus propósitos na construção do corpo feminino"; é necessário, portanto, além de notar a simples forma, visar a um conceito, "de modo que o objeto seja pensado por meio de um juízo estético logicamente condicionado".[9] Por esse caminho forma-se o ideal de beleza na figura humana, expressão da vida moral.[10] Kant admite que possa haver também produções artísticas sem conceito, comparáveis às belezas livres da natureza, as flores e algumas aves (papagaio, beija-flor, ave do paraíso, etc.): os desenhos ornamentais, molduras em cornija, fantasias musicais sem palavras não representam nada, nenhum objeto redutível a um conceito determinado, e devem ser consideradas entre as belezas livres.[11] Mas isso não exigiria a sua exclusão da verdadeira arte, da obra de gênio em que intelecto e imaginação devem ter lugar, segundo Kant?

Esse é um baumgartenismo transposto para um tom mais alto, mais concentrado, mais elaborado, mais sugestivo, e tanto isso é verdade que parece que irromperá, de um momento para o outro, numa concepção totalmente diferente da arte: mas é sempre baumgartenismo, de cujas amarras intelectualistas Kant nunca escapou. E não lhe era possível escapar. Ao sistema de Kant, à sua filosofia do espírito, faltava um conceito profundo de imaginação. Que se leia de relance a tabela das faculdades do espírito que precede a *Crítica do Juízo*, vemos que Kant coordena com ela a faculdade cognitiva, a sensação de prazer e dor e a faculdade do apetite; à primeira faz

---

[8] Ibidem, § 48.
[9] Loc. cit.
[10] Ibidem, § 17.
[11] Ibidem, § 16.

corresponder o intelecto; à segunda, o julgamento (teleológico e estético); à terceira, a razão;[12] mas, para ele, a imaginação não tem lugar entre os poderes do espírito e permanece relegada aos fatos da sensação. Ele distingue uma imaginação reprodutiva e uma combinatória, mas não reconhece a imaginação propriamente produtiva, a imaginação em sentido próprio.[13] Vimos que, em sua doutrina, o gênio é a cooperação de várias faculdades.

No entanto, também Kant tem uma espécie de pressentimento de que a atividade intelectual seja precedida por algo que não é mero material de sensações, mas uma outra forma teorética, embora não intelectiva. Kant teve um vislumbre desta última forma não ao refletir sobre a arte em sentido estrito, mas ao examinar o processo do conhecimento: ele não trata disso em sua *Crítica do Juízo*, mas na primeira seção de sua *Crítica da Razão Pura*, na primeira parte da "Doutrina Transcendental dos Elementos". As sensações, diz ele, não entram no espírito senão quando este lhes dá forma: forma que não é idêntica àquela que o intelecto dá às sensações, mas algo muito mais simples, a saber, a intuição pura, o complexo dos princípios *a priori* da sensibilidade. Portanto, deve haver "uma ciência que forma a primeira parte da doutrina transcendental dos elementos, distinta da que contém os princípios do pensamento puro e é chamada de lógica transcendental". Ora, que nome Kant dá a essa ciência, cuja necessidade ele deduziu? Nada menos que estética transcendental (*die transcendentale Äesthetik*). Em uma nota, de fato, ele reivindica que este seja o nome certo da nova ciência de que irá tratar, e censurando o uso introduzido pelos alemães de aplicá-lo à *Crítica do Gosto*, que, como ele pensava ao menos naquela época, nunca poderia se tornar ciência. Assim, conclui ele, nos aproximaremos mais do uso dos antigos, entre os quais era bem conhecida a distinção entre αἰσϑητὰ καὶ νοητά.[14]

Todavia, depois de ter postulado com tanta justeza a necessidade de uma ciência das formas da sensação, ou seja, da intuição pura, do conhecimento puramente intuitivo, Kant incorre no erro intelectualista, simplesmente porque não tinha ideias exatas acerca da natureza da faculdade estética ou da arte, que é a verdadeira intuição pura, reduzindo a forma da

---

[12] Sobre a origem histórica dessa tripartição, cf. notícias em Schlapp, op. cit., p. 150-53.

[13] Veja, também, *Anthropologie*, ed. J. H. Kirchmann, Leipzig, 1899, § 26-31; cf. Schlapp, op. cit., p. 296.

[14] *Kritik der Reinen Vernunft*, op. cit., I, I, § 1 e nota.

sensibilidade ou intuição pura às duas categorias ou funções do espaço e do tempo, afirmando que o espírito emerge do caos sensitivo ao organizar as sensações espacialmente e temporalmente.[15] Mas o espaço e o tempo assim concebidos estão muito longe de ser categorias primárias: eles são formações posteriores e complicadas.[16] Como exemplos da matéria da sensação, Kant citou a dureza, a impenetrabilidade, a cor e assim por diante. Mas a mente só reconhece cor e dureza na medida em que já deu forma às sensações; estas, consideradas como matéria bruta, estão fora do espírito cognitivo; elas são um limite; cor, dureza, impenetrabilidade, etc., quando reconhecidas, já são intuições, elaborações espirituais, atividade estética em sua manifestação rudimentar. A imaginação capaz de caracterizar ou qualificar, que é a atividade estética, deveria ter ocupado, na *Crítica da Razão Pura*, o lugar usurpado pela discussão de espaço e de tempo, e constituído assim a verdadeira estética transcendental, preâmbulo à Lógica. Dessa forma, Kant teria alcançado a verdade visada por Leibniz e Baumgarten, e teria se encontrado com Vico.

Sua oposição, tantas vezes declarada, à escola de Wolff, não diz respeito ao conceito de arte, mas ao de Beleza – dois conceitos inteiramente distintos para Kant. Acima de tudo, porque não aceitava que a sensação fosse chamada de "conhecimento confuso" em relação à cognição intelectual, julgando corretamente que seria essa uma falsa explicação da sensibilidade, uma vez que um conceito, por confuso que seja, é sempre conceito ou esboço de um conceito, nunca uma intuição.[17] Mas Kant negava, além disso, que a beleza pura contivesse um conceito e, portanto, que fosse uma perfeição sensivelmente apreensível. Essa investigação tem, sem dúvida, conexão com aquelas relativas à natureza da arte na *Crítica do Juízo*; mas não se liga estreitamente e muito menos forma um só conjunto. Que Kant estivesse familiarizado detalhadamente com os escritores do século XVIII que haviam dissertado sobre a beleza e o gosto, isso é revelado por suas aulas, onde todos são citados e utilizados.[18] Destes, a maior parte, especialmente os ingleses, eram

---

[15] Ibidem, § 1-8.
[16] "Teoria", cap. 1, p. 29-30.
[17] *Kritik der reinen Vernunft*, § 8, e Introdução à seção II: cf. *Kritik der Urtheilskraft*, § 15.
[18] Veja o catálogo em Schlapp, op. cit., p. 403-04, e passim.

sensualistas, e outros intelectualistas; alguns poucos, como observamos oportunamente, inclinavam-se para o misticismo. Nas questões estéticas, Kant estava inclinado, de início, para o sensualismo; depois, tornou-se adversário tanto dos sensualistas como dos intelectualistas. Esse desenvolvimento pode ser acompanhado em suas *Considerações sobre o Belo e o Sublime* (1764), bem como em suas lições; a expressão final de seu pensamento se acha na *Crítica do Juízo*.

Dos quatro momentos, como ele os chama, ou seja, as quatro determinações que atribui ao Belo, as duas negativas são dirigidas, uma contra os sensualistas, outra contra os intelectualistas. "É belo aquilo que agrada sem interesse." "É belo o que agrada sem conceitos."[19] Kant afirma agora a existência de um domínio espiritual, distinto, por um lado, do agradável, do útil e do bom, e, por outro, da verdade. Mas esse domínio, como sabemos muito bem, não é o da arte, que Kant agrega ao conceito: é o domínio de uma atividade especial da sensibilidade que ele chama de juízo ou, mais propriamente, juízo estético.

Os dois outros momentos fornecem uma espécie de definição desta região: "É belo o que tem a forma da finalidade sem a representação de um fim". "É belo o que é objeto de um prazer universal."[20] O que é essa esfera misteriosa? O que é esse prazer desinteressado que se prova nas cores puras e nos tons, nas flores, e até mesmo na beleza aderente quando abstraímos o conceito a que ela adere?

Nossa resposta é que esse domínio não existe, e que os exemplos aduzidos ou são tipos de prazer em geral ou de fatos artísticos de expressão. Kant, que tão enfaticamente critica os sensualistas e os intelectualistas, não parece usar da mesma severidade em relação à corrente neoplatônica que vimos revigorar-se no século XVIII. As ideias de Winckelmann, em particular, deveriam exercer não pouca força sobre sua mente. Em um de seus cursos, acha-se uma curiosa distinção entre forma e matéria: na música, a melodia é matéria, e a harmonia é forma; em uma flor, o perfume é matéria, e a configuração (*Gestalt*) é a forma (*Form*).[21] Isso reaparece levemente modificado na *Crítica do Juízo*:

---

[19] *Kritik der Urtheilskraft*, § 1-9.
[20] Ibidem, § 10-22.
[21] Schlapp, op. cit., p. 78.

Na pintura, na estatuária e em todas as artes figurativas em arquitetura e na jardinagem, à medida que são belas-artes, o desenho é o essencial, no qual a base do gosto não está no que agrada (*vergnügt*) na sensação, mas no que agrada (*gefällt*) por sua forma. As cores que iluminam o desenho pertencem ao estímulo sensorial (*Reiz*) e podem apresentar mais vividamente o objeto aos sentidos, mas não torná-lo digno de contemplação e belo; ademais, muitas vezes elas são limitadas pelas exigências da forma bela, e mesmo quando seu estímulo sensorial é legítimo, elas são enobrecidas apenas pela forma.[22]

Continuando a busca desse fantasma de uma beleza que não é nem a beleza da arte nem o agradável, e que também não é expressividade e prazer, Kant perde-se em contradições insolúveis. Pouco inclinado a se submeter ao encanto da imaginação, abominando "filósofos poéticos", como Herder,[23] diz e não diz, afirma algo e a seguir critica o que disse, cerca a Beleza de um mistério que, no fundo, não era nada mais do que sua própria perplexidade e a incapacidade de ver claramente a existência de uma atividade do sentimento que, no espírito de sua sã filosofia, representava uma contradição lógica. "Prazer necessário e universal" e "finalidade sem a ideia de um fim" expressam também essa contradição.

Como forma de esclarecer a contradição, Kant chega à seguinte conclusão:

> O juízo de gosto se baseia em um conceito (o conceito de um fundamento *in genere* da teleologia subjetiva da natureza através do juízo) pelo qual é impossível conhecer ou demonstrar algo sobre o objeto, pois o objeto é em si indeterminável e inadequado ao conhecimento; por outro lado, é válido para todos (para todos, digo, na medida em que se trata de um julgamento individual, acompanhando imediatamente a intuição), uma vez que a sua razão determinante repousa, talvez, no conceito do que pode ser considerado como o substrato suprassensível da humanidade.

A beleza, então, é um símbolo da moralidade. "Somente o princípio subjetivo, isto é, a ideia indeterminada do suprassensível em nós pode ser considerada a única chave capaz de decifrar essa faculdade, que permanece desconhecida em sua origem: fora disso, nenhuma compreensão dela pode ser alcançada."[24]

---

[22] *Kritik der Urtheilskraft*, § 14.
[23] Sobre o juízo de Kant a respeito de Herder, veja Schlapp, op. cit., p. 320-27, nota.
[24] *Kritik der Urtheilskraft*, § 57-59.

Essa cautela, e todas as outras com que Kant circunda o seu pensamento, não nos impedem de reconhecer sua tendência mística. Misticismo sem convicção ou sem entusiasmo, quase que a despeito de si mesmo, mas não por isso menos evidente. O conhecimento inadequado da atividade estética levou-o a ver em dobro, ou mesmo triplamente, e causou a multiplicação desnecessária de seus princípios explicativos. A atividade estética, que lhe permanece desconhecida em sua genuína natureza, sugeriu as categorias puras do espaço e do tempo como estética transcendental; levou-o a desenvolver a teoria do embelezamento imaginativo de conceitos intelectuais pela obra do gênio; finalmente, obrigou-o a reconhecer uma faculdade misteriosa da sensibilidade a meio caminho entre a atividade teórica e a prática, cognitiva e não cognitiva, moral e indiferente à moral, agradável e, no entanto, alheia ao prazer dos sentidos. Os sucessores imediatos de Kant na Alemanha fizeram grande uso dessa faculdade, felizes por encontrar apoio para sua ousadia naquele severo crítico da experiência, o filósofo de Königsberg.

9. A ESTÉTICA DO IDEALISMO. SCHILLER, SCHELLING, SOLGER, HEGEL

É bem conhecido que Schelling considerava a *Crítica do Juízo* a mais importante das três críticas kantianas, e que Hegel, ao lado da maioria dos seguidores do idealismo metafísico, mostrava uma especial predileção por essa obra. Segundo eles, a terceira *Crítica* foi uma tentativa de lançar uma ponte sobre o abismo, um começo de resolução das antinomias entre liberdade e necessidade, finalidade e mecanismo, espírito e natureza: era a correção que Kant para si mesmo preparava, a visão concreta com que demolia os últimos vestígios de seu subjetivismo abstrato.

A mesma simpatia e uma opinião talvez ainda mais favorável estenderam-se a Friedrich Schiller, o primeiro a elaborar essa parte da filosofia de Kant e estudar a terceira esfera que unificava sensibilidade e razão. Diz Hegel:

> Ao senso artístico desse espírito profundamente filosófico se deve, contra a abstrata infinidade do pensamento de Kant, contra a sua doutrina de viver para o dever, contra a sua concepção de natureza e de realidade, contra sua noção de sentido e de sentimento entendidos como algo totalmente hostil ao intelecto, a afirmação da exigência e a proclamação do princípio da totalidade e da reconciliação, antes mesmo de terem sido reconhecidos pelos filósofos profissionais: a Schiller deve-se o grande mérito de ter sido o primeiro a opor-se à subjetividade kantiana e ter ousado tentar ultrapassá-la.[1]

Muito se discutiu sobre a verdadeira relação de Schiller com Kant, e sustentou-se recentemente que a sua estética não foi, como se costumava crer, derivada de Kant, mas da corrente pandinamista que, a partir de Leibniz, havia se propagado na Alemanha por obra de Creuzens, Plouquet e Reimarus até Herder, corrente essa que entendia a natureza como totalmente animada.[2] Não resta dúvida de que Schiller participava dessa concepção herderiana, como se pode observar no teor teosófico da correspondência entre Julius e Raphael e em outros escritos seus.

---

[1] *Vorlesungen über die Aesthetik*, 2. ed., Berlin, 1842, vol. I, p. 78.
[2] Sommer, *Geschichte der Psychologie und Aesthetik*, p. 365-432.

Não se pode negar, porém, que qualquer que fosse a postura pessoal de Kant perante Herder, e a de Herder para com seu antigo mestre (contra cuja *Crítica do Juízo* publicara o seu *Kaligone* e sua *Metacrítica* contra a *Crítica da Razão Pura*), o certo é que quando Kant tentou dar o primeiro passo, embora de modo problemático, na direção da reconciliação, a distância entre ambos já estava, ao menos nesse particular, reduzida. Portanto, essa controvérsia nos parece de importância secundária. É preciso antes notar que Schiller introduziu uma correção relevante nas doutrinas de Kant, apagando qualquer traço da dupla teoria da arte e do belo, sem valorizar a distinção entre beleza aderente e beleza pura, abandonando finalmente a concepção mecânica da arte como beleza agregada ao conceito intelectual. A sua própria experiência e viva consciência de artista contribuíram para essa desvinculação.

Schiller chama a esfera estética de esfera de jogo (*Spiel*); essa denominação infeliz, sugerida em parte por alguns termos de Kant, em parte, talvez, pelo artigo de um tal Weisshuhn sobre o jogo de cartas publicado em sua revista *As Horas* (*Die Horen*),[3] deu origem à crença de que seria ele o precursor de certas doutrinas modernas acerca da atividade artística, vista como transbordamento da força exuberante no organismo e semelhante às brincadeiras das crianças e dos animais. Schiller não deixou de advertir seus leitores contra tal equívoco (ao qual, no entanto, ele mesmo dava fôlego), exortando que não pensassem nos "jogos da vida real que se preocupam com as coisas materiais", nem nos jogos da imaginação deixada ociosamente a si mesma.[4] A atividade do jogo, de que pretendia tratar, ocupava um lugar mediano entre a atividade material dos sentidos, da natureza, do instinto animal ou das paixões, como se costuma dizer, e a atividade formal do intelecto e da moral. Quem joga, ou seja, quem contempla esteticamente a natureza e produz arte, vê que todos os objetos naturais são animados: nessa fantasmagoria, a mera necessidade natural dá lugar à livre determinação das faculdades; o espírito aparece espontaneamente conciliado com a natureza, a forma com a matéria. O belo é a vida, a forma vivente (*lebende Gestalt*); mas não tanto a vida em sentido fisiológico, uma vez que a beleza

---

[3] Danzel, *Gesammelte Aufsätze*, p. 242.
[4] *Briefe über die Aesthetische Erziehung des Menschen*, cartas 15-27. In: *Werke*, ed. K. Goedeke.

não dura toda a vida fisiológica, nem se restringe a ela; um mármore talhado por um artista pode ter forma viva, enquanto um homem vivo e dotado de forma pode não ser uma forma vivente.[5] Por isso, a arte deve vencer a natureza com a forma:

> em uma obra de arte verdadeiramente bela, o conteúdo deve ser nulo, a forma, tudo: por meio da forma se age sobre o homem como totalidade; por meio do conteúdo se opera apenas em suas faculdades. O verdadeiro segredo do grande artista é que eles anulam a matéria graças à forma (*den Stoff durch die Form vertilgt*); e quanto mais imponente, invasiva e sedutora for a matéria em si mesma, tanto maior é sua obstinação em se fazer valer com seu efeito particular; quanto mais o espectador for levado a se perder de imediato na matéria, tanto mais triunfante é a arte que a submete e afirma o seu próprio domínio. O ânimo do ouvinte e do espectador deve permanecer perfeitamente livre e íntegro; deve sair puro e perfeito do círculo mágico do artista tal como saiu das mãos do Criador. O objeto mais frívolo deve ser tratado de maneira que seja possível passar dele à mais rigorosa seriedade, e da matéria mais séria seja possível passar imediatamente ao jogo mais desinteressado.

Há uma arte bela da paixão, mas uma bela arte passional seria uma contradição em termos.[6]

> Na medida em que alguém, em seu primeiro estado físico, recebe em si, de modo passivo, o mundo dos sentidos e simplesmente o sente, esse alguém ainda se identifica com ele; e justamente porque é apenas mundo, para ele não existe ainda um mundo. Somente quando, no seu estado estético, põe o mundo para fora de si e o contempla, é que separa a sua personalidade do resto; então, um mundo se lhe manifesta, porque não mais se identifica com o mundo.[7]

Em vista do caráter ao mesmo tempo sensível e racional, material e formal da arte, Schiller foi levado a atribuir-lhe um alto valor educativo. Não, porém, no sentido de que a arte ensine preceitos morais e conduza às boas ações; se fosse capaz disso, e o fizesse de fato, deixaria imediatamente de ser arte. Pois a determinação de qualquer direção, para o bem ou para o mal, para o prazer ou para o dever, destrói o que é próprio da esfera estética que,

---

[5] Ibidem, carta 15.
[6] Ibidem, carta 22.
[7] Ibidem, carta 25.

antes de tudo, é indeterminismo. Por meio da arte, dá-se libertação do jugo dos sentidos, mas antes de alguém se submeter espontaneamente ao jugo da razão e do dever, goza como que de um momento de fôlego e põe-se em uma região de indiferença e de serena contemplação.

> Não tendo intenção de promover exclusivamente alguma faculdade humana em especial, o estado estético é favorável a cada uma delas, sem predileção; e a razão pela qual não favorece a nenhuma delas em particular é que ele é o fundamento da possibilidade de todas. Todos os outros exercícios conferem à alma alguma inclinação especial, e, justamente por isso, pressupõem um limite especial; somente o exercício estético conduz ao ilimitado.

Essa indiferença, que não é ainda forma pura, mas também não é pura matéria, confere à arte a sua eficácia educativa: esta abre caminho à moral, não pregando e persuadindo, isto é, determinando, mas produzindo a determinabilidade. Eis o conceito fundamental de suas célebres *Cartas sobre a Educação estética do Homem* (1795), nas quais Schiller pegou como exemplo as condições de seu tempo e a necessidade de encontrar um meio-termo entre a aceitação da tirania e a rebelião selvagem, como a que então grassava na França, e causava estupefação e terror.

Quem melhor que Schiller descreveu certos aspectos da arte? A catarse produzida pela atividade artística, a serenidade e a calma que nascem do domínio das impressões naturais? Digna de nota é a sua observação de que a arte, embora totalmente independente da moralidade, está de alguma forma ligada a ela. De que modo, porém, se dá tal ligação, saber o que é propriamente a atividade estética, Schiller não consegue determinar. Ao conceber as atividades moral e intelectual como as únicas atividades formais (*Formtrieb*), e, ao negar, por ser um convicto antissensualista, contra Burke e filósofos da sua cepa, que a arte possa pertencer à passionalidade e sensualidade (*Stofftrieb*), Schiller privou-se dos meios de reconhecer a categoria geral em que se inscreve a atividade artística. Para ele, Schiller estabeleceu um conceito muito estreito e formal; muito estreito, também, é o seu conceito de atividade cognitiva, na qual consegue ver a forma lógica e intelectual, mas não a imaginativa. Para Schiller, o que é, afinal, a arte por ele declarada como uma atividade que não é formal nem material, nem cognitiva, nem moral? Seria uma atividade do sentimento, um jogo de várias faculdades conjuntas como para Kant? Parece que sim, uma vez que Schiller efetivamente distingue quatro pontos de vista ou relações do homem com as coisas: o físico, quando as coisas afetam a sua condição sensível; o lógico, quando se procura o conhecimento; o moral, quando as coisas se apresentam como objeto de vontade racional; o estético, quando "se referem ao conjunto das nossas várias faculdades, mas não se tornam objeto determinado de alguma delas em especial". Por exemplo, alguém tem prazer estético quando isso se dá sem referência ao prazer dos sentidos e sem que se pense em alguma lei ou finalidade.[8] Em vão se conseguiria de Schiller uma resposta mais concreta.

Não se deve esquecer que, em 1792, Schiller ministrou um curso de estética na universidade de Jena, e que seus escritos sobre o assunto, destinados a revistas, tinham apenas caráter divulgativo; em sua opinião, não lhe parecia nada popular o livro acima citado, fruto de uma série de cartas enviadas a seu mecenas, o duque de Holstein-Augustenburg. Mas a sua grande obra de estética, que se chamaria *Kallias*, ficou inacabada; restam-nos apenas alguns fragmentos em sua correspondência com Körner (1793-1794). Percebe-se das discussões entre os dois amigos que Körner não estava satisfeito com a solução de Schiller, e desejava algo mais objetivo e mais preciso, uma caracterização positiva do belo: algo, enfim, que Schiller anunciou certo dia ter encontrado. Não sabemos, porém, o que ele descobriu, e não existe menção alguma dessa descoberta em qualquer outro documento seu; resta a dúvida de saber se se tratava de alguma conclusão real ou da mera ilusão de uma descoberta.

Por outro lado, a incerteza e a imprecisão da teoria schilleriana parece meritória em contraste com o que veio depois. Schiller, de fato, pusera-se como guardião dos ensinamentos de Kant e se recusara a abandonar o reino da crítica. Fiel discípulo de seu mestre, concebeu a terceira esfera como um ideal, e não como realidade, um conceito regulador, e não constitutivo – como um imperativo, enfim.

> Por motivos transcendentais, a razão exige que se estabeleça uma comunhão entre a atividade formal e material, isto é, que deva existir uma atividade de jogo, porque apenas a unidade da realidade com a forma, da acidentalidade com a necessidade, da passividade com a liberdade realiza o conceito de humanidade. Tal exigência é cabível porque, de acordo com sua essência, visa à

---

[8] Ibidem, carta 20.

perfeição e tolhe todos os obstáculos; cada operação exclusiva de uma e de outra atividade deixa a humanidade incompleta e confinada em limites.[9]

As ideias de Schiller, as quais se mostram também em sua correspondência com Körner, foram muito bem resumidas assim: "A conjunção do sensível com a liberdade no Belo, que não se realiza efetivamente, mas é apenas suposta, sugere ao homem a intuição de uma reunião desses elementos em si, reunião que não acontece de fato, mas deveria acontecer".[10] Os autores que vieram depois não tiveram a mesma cautela. Kant dera à literatura estética um novo vigor, e, assim como ocorrera depois de Baumgarten, cada novo ano via o aparecimento de novos tratados desse tipo. Era a moda. "Nada se acha com tanta facilidade como os estetas", escrevia, em 1804, Jean Paul Richter às vésperas da publicação de seu livro. "É raro que um jovem, o qual tenha pagado para fazer um curso de estética, não apareça, meses depois, com o seu próprio livro sobre algum ponto dessa ciência, esperando reembolsar suas despesas com a venda de seu trabalho; há até mesmo quem pague os honorários do professor com os próprios direitos autorais."[11] Esperava-se, não sem razão, que a exploração da região obscura dos fatos estéticos pudesse lançar luz sobre a escuridão da Metafísica; o procedimento do artista parecia oferecer um bom exemplo ao filósofo para que criasse um mundo para si. De onde a filosofia terá se modelado sobre a arte, e, como que para fazer mais fácil essa passagem, o próprio conceito de arte foi aproximado ao de filosofia a ponto de quase se confundirem. O romantismo que até então se afirmava era uma renovação ou continuação daquela era de gênio, época dos jovens Goethe e Schiller, e assim como nos tempos do *Sturm und Drang* estava viva a fé no gênio que quebra todas as regras e ultrapassa todos os limites, também no romantismo dominou a crença em uma faculdade chamada Imaginação, ou mais comumente Fantasia, à qual foram atribuídas as mais díspares potencialidades e os mais milagrosos efeitos.

É certo que nos teóricos do romantismo, eles próprios artistas em sua maioria, abundam observações verdadeiras e de grande fineza sobre o

---

[9] Ibidem, carta 15.
[10] Danzel, *Gesammelte Aufsätze*, p. 241.
[11] *Vorschule der Aesthetik*, 1804 (trad. franc., *Poétique ou Introduction à l'Esthétique*, Paris, 1862), Prefácio.

procedimento artístico. Jean Paul Richter faz excelentes comentários sobre a imaginação produtiva, que ele distingue claramente da imaginação reprodutiva e reconhece ser ela compartilhada por todos tão logo sejam capazes de dizer: "isso é belo"; porque "como seria possível que uma multidão heterogênea aclamasse ou ao menos tolerasse um gênio, senão por milhares de séculos, mas apenas por um único mês, caso não tivesse com ele laços bem estreitos de parentela?". Além disso, Richter descreve como a fantasia se distribui de maneira variada entre os indivíduos: como simples talento, como gênio passivo ou feminino, e, no grau supremo, como gênio ativo ou masculino, formado pela reflexão e pelo instinto em que "todas as faculdades florescem ao mesmo tempo e a imaginação não é uma flor isolada, mas a própria deusa Flora que aproxima as flores numa vizinhança fecunda para produzir novas combinações; a imaginação é, por assim dizer, uma faculdade prenha de faculdades".[12] Estas últimas palavras revelam a tendência de Richter de exagerar a força da fantasia, criando uma espécie de mitologia a partir dela. Em parte, essas mitologias penetraram nos sistemas filosóficos contemporâneos, e em parte se originam deles, de sorte que a concepção romântica de arte pode se dizer substancialmente expressa no idealismo alemão, onde se acha em sua forma mais coerente e sistemática.

Não, porém, na filosofia do primeiro grande discípulo de Kant, Fichte, o qual, considerando a fantasia como a atividade que cria o universo e realiza a síntese entre o eu e o não eu, propõe o objeto e, portanto, precede à consciência,[13] não a concebendo, entretanto, em relação com a atividade artística e, por isso, com os problemas da estética. Schiller influenciou as ideias estéticas de Fichte, acrescentando um moralismo imposto pelo caráter geral de seu sistema, em que a esfera ética, que está a meio caminho entre a cognitiva e a moral, torna-se, para ele, desde o início, algo de natureza moral por ser representação do ideal ético e manifestação de reverência a ele.[14] No entanto, por obra de Friedrich Schlegel e Ludwig Tieck, aparece uma doutrina estética oriunda do idealismo subjetivo fichtiano: a ironia como fundamento da arte. O "eu", que cria o universo, também pode destruí-lo:

---

[12] Ibidem, cap. 2 e 3.

[13] *Grundlage der Wissenschaftslehre*. In: *Werke*, Berlin, 1845, vol. I, p. 214-17.

[14] Danzel, *Gesammelte Aufsätze*, p. 25-30; Zimmermann, *Geschichte der Aesthetik*, p. 522-72.

o universo é mera aparência da qual a única verdadeira realidade, o "eu", pode rir, mantendo-se como artista, divino e genial, fora e além de suas criações as quais de modo algum leva a sério.[15] Para Friedrich Schlegel, a arte é uma perpétua paródia de si mesma, uma "farsa transcendental". Tieck definiu a ironia como "uma força que permite ao poeta dominar a matéria que manuseia". Outro romântico fichtiano, Novalis, sonhava com um idealismo mágico, uma arte de criar com um ato instantâneo do "eu", realizando assim os nossos sonhos. Mas a primeira grande afirmação filosófica do romantismo com a sua decidida renovação do neoplatonismo na estética deve-se a Schelling, ao seu *Sistema de Idealismo Transcendental* (1800), ao seu *Bruno* (1802), a seu célebre curso de *Filosofia da Arte* (ministrado em 1802-1803, em Jena, repetido depois em Würzburg, e divulgado em cópias manuscritas por toda a Alemanha), ao não menos célebre discurso sobre as *Relações entre as Artes Figurativas e a Natureza* (1807), bem como aos demais escritos desse eloquente e entusiasmado filósofo.

Como todos os filósofos idealistas, Schelling sustenta com firmeza a fusão, já efetuada por Schiller, das teorias da arte com as do belo. Digna de nota a esse respeito é a sua explicação da condenação que Platão fez às artes: essa censura, diz Schelling, foi dirigida contra a arte de seu tempo, de caráter naturalista e realista, arte da Antiguidade *in genere*, com seu caráter de finitude; Platão não poderia repetir esse juízo negativo (como tampouco nós modernos poderíamos fazê-lo) se tivesse conhecido a arte cristã cujo caráter é a infinidade.[16] A pura beleza abstrata *à la* Winckelmann é insuficiente; insuficiente, falso e negativo é o conceito do característico, que pretende fazer da arte algo morto, rígido e desagradável, impondo-lhe as limitações do singular. A arte é o conjunto de beleza e do característico, beleza característica, o caráter a partir do qual se desenvolve a beleza, segundo o mote de Goethe, e, portanto, não é o indivíduo, mas o conceito vivo de indivíduo. Quando o olhar do artista reconhece a ideia criativa do indivíduo e a manifesta exteriormente, transforma o indivíduo num mundo em si mesmo, numa espécie (*Gattung*), numa ideia eterna (*Urbild*), e não teme mais a limitação e a dureza que marcam a vida. A beleza característica

---

[15] Hegel, *Vorlesungen über Aesthetik*, Introdução, vol. I, p. 82-88.
[16] *Vorlesungen über die Methode des Akademischen Studiums* (1803), lição 14. In: *Werke*, Stuttgart, 1856-1861, vol. V, p. 346-47.

é a plenitude da forma que mata a forma; ela não atenua a paixão, mas lhe confere medida, como as margens de um rio que está cheio, mas não transborda.[17] Em tudo isso, percebe-se a influência de Schiller, mas junto de algo que Schiller jamais teria dito.

Com efeito, apesar de render homenagem às excelentes contribuições para a teoria da arte feita pelos pensadores posteriores a Kant, Schelling lamenta que nenhum deles possua um método científico conveniente (*Wissenschaftlichkeit*).[18] O verdadeiro ponto de partida de sua teoria está na filosofia da natureza, ou seja, na crítica do juízo teleológico que Kant fizera vir logo após o estudo do juízo estético, em sua terceira *Crítica*. A teleologia é a união da filosofia teorética e prática, mas o sistema não estaria completo, caso não se pudesse demonstrar no próprio sujeito, no eu, a identidade dos dois mundos, teorético e prático: uma atividade consciente e ao mesmo tempo não consciente, inconsciente como a natureza e consciente como o espírito. Essa atividade é precisamente a atividade estética: "o órgão geral da filosofia, pedra angular de todo o edifício".[19] Há apenas dois caminhos para quem está desejoso de escapar das realidades comuns: a poesia, que transporta ao mundo ideal, e a filosofia, que faz esvanecer completamente o mundo real.[20] Estritamente falando, "existe apenas uma só obra de arte absoluta, que pode existir em diversos exemplares, mas que é única, mesmo que ainda não tenha existência na sua forma original". A verdadeira arte não é a impressão de um momento, mas a representação da vida infinita;[21] é a intuição transcendental que se tornou objetiva e, portanto, não é apenas órgão, mas documento da filosofia. Virá o tempo em que a filosofia tornará à poesia, da qual se separou, e dessa nova filosofia surgirá uma nova mitologia.[22] O Absoluto é, portanto, objeto tanto de arte como da filosofia (insiste Schelling em outro lugar e com maiores detalhes): a arte o representa na ideia (*Urbild*); a filosofia, em seu reflexo (*Gegenbild*): "a filosofia não retrata as coisas reais, mas as suas ideias; a arte faz o mesmo: as ideias,

---

[17] *Ueber das Verhältniss der Bildenden Künste zur Natur*. In: *Werke*, vol. VII, p. 299-310.

[18] *Philosophie der Kunst*, postuma, Introdução. In: *Werke*, vol. V, p. 362.

[19] *System des Transcendentalen Idealismus*. In: *Werke*, seção I, vol. III, Introdução, § 3, p. 349.

[20] Ibidem, § 4, p. 351.

[21] Ibidem, parte VI, § 3, p. 627.

[22] Ibidem, p. 627-29.

das quais as coisas reais são cópias imperfeitas, como o demonstra a filosofia, elas mesmas reaparecem, na arte, objetivas como ideias, e, portanto, em sua perfeição, representando no mundo reflexo o mundo intelectivo".[23] A música é o "próprio ritmo ideal da Natureza e do Universo, que por meio dessa arte se faz ouvir no mundo derivado"; as formas perfeitas criadas pela escultura são "as próprias ideias da natureza orgânica, representadas objetivamente"; a épica homérica é "a própria identidade que constitui o fundamento da história no Absoluto".[24] Mas, enquanto a filosofia dá uma representação imediata do Divino, da absoluta identidade, a arte dá apenas a representação imediata da indiferença, e

> uma vez que o grau de perfeição ou de realidade de uma coisa torna-se maior à medida que esta se aproxima da Ideia absoluta e da plenitude da afirmação infinita, e quanto mais compreende em si outras faculdades, tanto mais claro fica que, dentre todas, a arte é a que possui relação mais imediata com a filosofia, da qual se distingue somente pelo caráter de sua especificação: para todo o resto, ela pode ser considerada a maior potência do mundo ideal.[25]

Às três faculdades do mundo real e ideal correspondem, em ordem crescente, as três ideias de Verdade, Bondade e Beleza. A Beleza não é nem o universal (verdade), nem o real (ação), mas a perfeita interpenetração de ambos:

> há beleza quando o particular (real) é tão adequado ao seu conceito que este, sendo infinito, entra no finito e é contemplado de forma concreta. Com o surgimento do conceito, o real torna-se verdadeiramente semelhante e igual à ideia, e, por conseguinte, o universal e o particular se acham em absoluta identidade. Sem deixar de ser racional, o racional torna-se ao mesmo tempo visível e sensível.[26]

Porém, como acima dessas três potências está Deus, que é o seu ponto de união, assim acima das três ideias está a filosofia, à qual não concerne nem apenas a verdade nem apenas a moral, nem mesmo a beleza por si mesma, mas o que estas têm em comum e que é deduzido pela filosofia a partir de uma única Fonte. E se a filosofia assume caráter de ciência e de verdade,

---

[23] *Philosophie der Kunst*. In: *Werke*, vol. V, p. 368-69.

[24] Ibidem, p. 369.

[25] Ibidem, parte geral, p. 381.

[26] Ibidem, p. 382.

embora permaneça acima da verdade, isso só é possível porque a ciência e a verdade são simplesmente a sua determinação formal; "a filosofia é ciência, no sentido de que a verdade, a bondade e a beleza, isto é, a ciência, a virtude e a arte se interpenetrem; por isso também não é mera ciência, mas o que têm de comum ciência, virtude e arte." Essa interpenetração distingue a filosofia de todas as outras ciências: por exemplo, as matemáticas podem prescindir da moralidade e da beleza, mas a filosofia não pode.[27]

A Beleza encerra em si a verdade e a bondade, a necessidade e a liberdade. Quando a Beleza parece estar em conflito com a verdade, a verdade em questão é uma verdade finita com a qual a Beleza não deve concordar, porque, como já notamos, a arte do naturalismo e do meramente característico é uma falsa arte.[28] As formas particulares de arte, sendo ao mesmo tempo representantes do infinito e do universo, são chamadas de Ideias.[29] Consideradas do ponto de vista da realidade, as Ideias são deuses: sua essência, de fato, o seu "em-si" é igual a Deus; cada ideia é uma ideia enquanto é Deus sob uma forma particular; cada ideia, portanto, é igual a Deus, mas um deus particular. Comum a todos os deuses é a pura limitação e sua indivisível natureza absoluta: Minerva é a ideia da sabedoria unida à força, mas a ela falta a ternura feminina; Juno é o poder sem sabedoria e sem a doce atração do amor, e por isso é forçada a pedir emprestado o *cestus* de Vênus; Vênus não tem a sabedoria ponderada de Minerva: mas o que se tornariam tais ideias se fossem privadas de suas limitações? Deixariam de ser objetos da fantasia.[30] A fantasia é uma faculdade que não tem relação com o puro intelecto nem com a razão (*Vernunft*); distingue-se da imaginação (*Einbildungskraft*), que recolhe e organiza os produtos da arte, enquanto a fantasia os intui, forma e representa. A fantasia está para a imaginação assim como a intuição intelectual está para a razão: ela é, pois, a intuição intelectual na arte.[31] A "razão" já não basta em uma filosofia desse tipo: a intuição intelectual, que para Kant era um conceito-limite, afirma-se como realmente existente; o intelecto é rebaixado, e mesmo a genuína "fantasia", que opera na arte,

---

[27] Ibidem, p. 383.
[28] Ibidem, p. 385.
[29] Ibidem, p. 389-90.
[30] Ibidem, p. 390-93.
[31] Ibidem, p. 395.

fica ofuscada por essa nova Fantasia, gêmea da Intuição intelectual, que por vezes troca de lugar com sua irmã. A mitologia é proclamada condição necessária de toda arte; não a alegoria, mas a mitologia, uma vez que na alegoria o particular significa apenas o universal, enquanto a mitologia é, junto desta, o universal, e isso explica como é fácil alegorizar, e quão fascinantes são, por exemplo, os poemas que, como os de Homero, prestam-se a tais interpretações. A arte cristã, bem como helênica, tem sua própria mitologia: Cristo, as pessoas da Trindade, a Virgem Mãe de Deus.[32] Assim como arte e filosofia, também mitologia e arte confundem os seus limites.

Em 1815, Solger publicou sua principal obra, *Erwin*, um longo diálogo filosófico sobre o Belo; anos depois, em 1819, ministrou um curso de estética que foi publicado postumamente. Para Solger, a obra de Kant era apenas um vislumbre da verdade e tinha pouca estima pelos pós-kantianos, especialmente Fichte; em Schelling, que move da unidade originária do subjetivo e do objetivo, Solger detecta pela primeira vez o princípio especulativo, mas não adequadamente desenvolvido, porque Schelling não conseguira resolver com a dialética as dificuldades da intuição intelectual.[33] Solger foi também um dos que conceberam a Fantasia como faculdade distinta da imaginação: a imaginação, diz ele, pertence ao conhecimento comum e nada mais é que "a consciência humana, na medida em que, na sucessão temporal, reafirma infinitamente a intuição originária" e pressupõe a distinção entre o conhecer comum, a abstração e o juízo, o conceito e a representação, entre os quais "atua como mediador ao dar ao conceito geral a forma da representação particular, e a esta a forma do conceito geral; dessa maneira, situa-se entre as antinomias do conhecimento vulgar". A fantasia é algo totalmente diferente, porque, procedendo "da unidade originária das antinomias na Ideia, age de modo que os elementos opostos, separados da ideia, reúnam-se perfeitamente na realidade, e, por seu intermédio, sejamos capazes de apreender objetos mais elevados do que os do conhecimento comum e de reconhecer neles a mesma ideia como real: ela é, na arte, a faculdade de transformar a ideia em realidade". A fantasia apresenta-se de três modos ou graus: como Fantasia da fantasia, que concebe o todo como ideia e a atividade como nada mais que o desenvolvimento da ideia na realidade;

---

[32] Ibidem, p. 405-51.

[33] *Vorlesungen über die Aesthetik*, publicadas por Heyse, Leipzig, 1829, p. 35-43.

como Sensibilidade da fantasia, na medida em que expressa na realidade a vida da ideia, reduzindo uma à outra; por último, e aqui se está no mais alto grau da atividade artística, que corresponde à dialética na filosofia, como Intelecto da fantasia ou dialética artística, que concebe ideia e realidade de tal modo que uma passe sobre a outra, isto é, na realidade. Seguem-se outras distinções e subdivisões, e parece-nos supérfluo discorrer sobre elas. A Fantasia produz a Ironia, sem a qual não se dá verdadeira arte: a Ironia de Tieck e de Novalis, aos quais Solger, de certo modo, segue.[34]

Para Solger, como para Schelling, a Beleza pertence à região da Ideia, inacessível à consciência comum. Ela se distingue da ideia de Verdade, porque em vez de dissolver as aparências da consciência comum, a arte realiza o milagre de fazer que a aparência, continuando aparência, dissolva-se a si mesma; o pensamento artístico, portanto, é prático e não teórico. Além disso, distingue-se da ideia do Bem, com o qual, à primeira vista, parece estar mui estreitamente relacionado, porque, no caso do Bem, a união da ideia com a realidade, do simples com o múltiplo, do infinito com o finito, não é uma fusão real e completa, mas apenas um ideal, um mero dever ser. A arte está mais relacionada com a religião, que pensa a ideia como abismo da vida em que a nossa consciência individual deve se perder a fim de se tornar "essencial" (*wesentlich*), enquanto, no belo e na arte, a Ideia manifesta-se ao reunir em si o mundo das distinções entre universal e particular, colocando-se em seu lugar. A atividade artística é mais que teórica, é algo de natureza prática, mas realizado e perfeito; arte, portanto, não pertence à filosofia teórica (como pensava Kant, segundo Solger), mas à filosofia prática. E, se deve, por um lado, reunir-se ao infinito, não pode ter como objeto a natureza comum; por exemplo, a arte está ausente em um retrato, e com razão os antigos escolhiam como objeto de suas esculturas o mundo dos deuses e dos heróis, porque cada divindade, mesmo em sua forma limitada e particular, significa uma determinada modificação da Ideia.[35]

O mesmo conceito de arte encontra-se novamente na filosofia de Hegel, quaisquer que sejam as diferenças secundárias que o fizeram se sentir diferente de seus antecessores. Desconsiderando por ora a variedade e os matizes que a estética mística assume em cada um desses pensadores,

---

[34] Ibidem, p. 186-200.
[35] Ibidem, p. 48-85.

importa-nos lançar luz sobre a sua identidade substancial, o comum misticismo ou o caráter arbitrário que lhes assinala sua posição na história da estética. Quem quer que abra a *Fenomenologia* e a *Filosofia do Espírito*, não deve esperar que aí se fale de arte na análise das formas do espírito teorético e se definam sensibilidade e intuição, linguagem e simbolismo e os vários graus da fantasia e do pensamento. Hegel confina a arte à esfera do espírito absoluto, ao lado da religião e da filosofia,[36] e ele mesmo recorda de que modo os seus precursores Kant, Schiller, Schelling e Solger, com os quais nega veementemente que a arte tem a função de representar o conceito abstrato, mas não lhe priva da representação do conceito concreto ou Ideia. Na afirmação de um conceito concreto, que o pensamento comum e científico não conhece, está toda a filosofia de Hegel. Diz ele: "Na verdade, em nossos tempos, nenhum conceito foi mais manipulado que o conceito em si e por si, uma vez que por conceito entende-se comumente uma determinação abstrata e unilateralidade da representação ou do pensamento intelectualista, com a qual, naturalmente, não se pode pensar nem a totalidade da verdade nem a beleza concreta".[37] Ao reino do conceito concreto pertence a arte, que é uma das três formas em que se alcança a liberdade do espírito; e é propriamente a primeira delas, isto é, a do saber imediato, sensível, objetivo (a segunda é a religião, que é consciência representativa acompanhada de adoração, ou seja, de um elemento estranho à simples arte; a terceira é a filosofia, que é o pensamento livre do espírito absoluto).[38] Beleza e verdade são uma só coisa, embora distintas.

> A verdade é a Ideia como Ideia, segundo o seu "em-si" e o seu princípio universal, e na medida em que é pensada como tal. Na Verdade não há existência sensível e material: o pensamento contempla apenas a ideia universal. Mas a Ideia também deve se realizar externamente e conquistar uma determinada existência real. Também a Verdade como tal existe, mas quando em sua existência externa determinada ela é imediatamente pela consciência e o conceito permanece imediatamente uno com a aparência externa, a Ideia não é apenas verdadeira, mas bela. O Belo define-se, pois, como o surgir sensível da Ideia.[39]

---

[36] *Encyklopädie der Philosophischen Wissenschaften*, § 557-63.
[37] *Vorlesungen über die Aesthetik*, op. cit., vol. I, p. 118.
[38] Ibidem, vol. I, p. 129-33.
[39] Ibidem, p. 141.

A ideia é o conteúdo da arte, e a sua configuração sensível e imaginativa é a forma: dois elementos que devem se interpenetrar e formar uma totalidade, e por isso é necessário que o conteúdo destinado a se tornar uma obra de arte mostre-se em si mesmo capaz de tal transformação, caso contrário se teria apenas uma união imperfeita, forma poética e conteúdo prosaico e incongruente.[40] Através da forma sensível deve transparecer um conteúdo ideal; a forma é espiritualizada por esse lume ideal,[41] a fantasia artística não age da mesma forma que a imaginação passiva e receptiva, não se prende às aparências da realidade sensível, mas procura a verdade interna e racionalidade do real.

> A racionalidade do objeto escolhido não deve ser a única a despertar a consciência do artista: ele deve ter bem meditado sobre o essencial e o verdadeiro em toda a sua extensão e profundidade, pois sem reflexão o homem não pode tornar-se consciente do que está em si, e em todas as grandes obras de arte observa-se que a matéria foi pensada e repensada por todos os lados. Nenhuma obra de arte bem-sucedida procede de uma fantasia descurada."[42]

É ilusório achar que o poeta e o artista *in genere* devam apenas ter intuições: "um verdadeiro poeta, antes e durante a execução da obra, deve refletir e pensar".[43] Por outro lado, subentende-se sempre que o pensamento do poeta não assume a forma da abstração.

Dizem tais críticos que o movimento estético de Schelling e Hegel é um baumgartenismo revivido, com a sua intrínseca concepção de arte como mediadora dos conceitos filosóficos;[44] eles recordam que Ast, um seguidor de Schelling, fascinado pela tendência de seu sistema, fez da poesia didática, e não do drama (como se postulava então), a mais elevada forma de arte.[45] Deixando de lado certos desvios isolados e acidentais, essa afirmação não é exata: aqueles filósofos são adversários da doutrina intelectualista e moralista, e não raro declarados e decididos antagonistas. Diz Schelling que:

---

[40] Ibidem, p. 89.

[41] Ibidem, p. 50-51.

[42] Ibidem, p. 354-55.

[43] *Encyklopädie*, § 450.

[44] Danzel, *Aesthetik der Hegelschen Philosophie*, p. 62; Zimmermann, *Geschichte der Aesthetik*, p. 693-97; J. Schmidt, *Leibniz und Baumgarten*, p. 103-05; H. Spitzer, *Kritische Studien zur Aesthetik der Gegenwart*, p. 48.

[45] F. Ast, *System der Kunstlehre*, Leipzig, 1805: cf. Spitzer, loc. cit.

Em seu princípio, a produção estética é produção absolutamente livre [...]. Essa independência de qualquer finalidade externa constitui a santidade e a pureza da arte, permitindo-lhe repelir toda aliança com o mero prazer, aliança que é uma marca da barbárie, ou com o meramente útil, que não pode ser exigido da arte senão em tempos que a forma mais elevada do espírito humano é posta a serviço das descobertas econômicas. Pelas mesmas razões, a arte repugna a aliar-se com a moral, e se mantém distante até mesmo da ciência, a qual, por seu desinteresse, lhe é mais próxima; tendo sua finalidade fora de si mesma, ela deve servir de meio para algo mais elevado do que ela: as artes.[46]

Hegel diz que "a arte não contém o universal como tal".

Se a finalidade da instrução é tratada como finalidade, de modo que a natureza do conteúdo representado apareça por si diretamente, como uma proposição abstrata, reflexão prosaica, ou doutrina geral, e não esteja contida apenas indireta e implicitamente na forma artística concreta, o resultado de tal separação é reduzir a forma sensível e imaginativa, que é verdadeira constituinte da obra de arte, a ornamento ocioso, invólucro (*Hülle*) posto como simples invólucro, aparência mantida como mera aparência. A própria natureza da obra de arte é assim completamente alterada, pois a obra de arte não deve apresentar à intuição um conteúdo em sua universalidade, mas sim essa universalidade individuada e convertida em algo sensível.[47]

E acrescenta: "É mau sinal quando um artista se atém à obra, movendo-se de um complexo de ideias abstratas e não a partir da plenitude da vida" (*Ueberfülle des Lebens*).[48] A arte tem sua finalidade em si mesma, a saber, a apresentação da verdade de forma sensível, sendo-lhe completamente estranha qualquer outra finalidade.[49] Não seria difícil demonstrar que, ao separar a arte da pura representação e fantasia, fazendo-a de certo modo veículo do conceito, do universal, do infinito, tais filósofos não tinham outro caminho a seguir senão o baumgartenismo. Mas, para provar isso, seria preciso aceitar como pressuposto o dilema de que a arte se não é pura imaginação, então é pura sensualidade subordinada à razão,

---

[46] *System des Transcendentalen Idealismus* (1800), parte VI, § 2. In: *Werke*, seção I, vol. III, p. 622-23.

[47] *Vorlesungen über die Aesthetik*, vol. I, p. 66-67.

[48] Ibidem, p. 353.

[49] Ibidem, p. 72.

e é justamente esse pressuposto e dilema que os idealistas metafísicos do romantismo negavam. O caminho que tentaram seguir era a concepção de uma faculdade que não é nem imaginação, nem intelecto, mas algo que participasse de ambos, uma intuição intelectual ou intelecto intuitivo, uma fantasia mental ao modo de Plotino.

Mais do que qualquer um de seus antecessores, Hegel acentua o caráter cognitivo da arte. Mas justamente por isso deparou-se com uma dificuldade que foi mais facilmente evitada pelos demais. Tendo colocado a arte na esfera do espírito absoluto, ao lado da religião e da filosofia, como poderia a arte sustentar-se em companhias tão poderosas e invasivas, especialmente ao lado da filosofia, que no sistema hegeliano está no cume de toda a evolução espiritual? Se arte e religião realizassem funções distintas do conhecimento do Absoluto, restariam graus inferiores, mas necessários e indispensáveis, do espírito. Porém, se ambas têm o mesmo objeto que a filosofia, e se permitem rivalizar com esta, que valor podem ainda ter? Nenhum, absolutamente, ou, no máximo, podem ter o tipo de valor que se atribui às fases históricas e transitórias da vida do gênero humano. A tendência de Hegel, que no fundo é antirreligiosa e racionalista, acaba sendo também antiartística. Estranha e dolorosa consequência para um homem como Hegel, dotado de grande senso estético e amante fervoroso das artes, padecendo quase que o mesmo duro destino a que se encaminhara Platão. Mas, assim como o filósofo grego, em obediência ao pretenso comando da razão, condenou a arte mimética e a poesia homérica que lhe era caríssima, assim o filósofo alemão não quis se subtrair às exigências lógicas de seu sistema e proclamou a mortalidade, ou melhor, a própria morte, da arte. Diz ele:

> Assinalamos um posto muito elevado à arte, mas é preciso também recordar que nem pelo conteúdo nem pela forma a arte pode ser considerada o modo mais elevado de apresentar à consciência do espírito os seus verdadeiros interesses. Precisamente em virtude da sua forma, a arte está limitada a um conteúdo particular. Somente certo âmbito ou grau de verdade pode ser exposto nas obras de arte, isto é, uma verdade que possa ser transfundida no sensível e nele aparecer adequadamente, como os deuses helênicos. Há, pelo contrário, uma concepção mais profunda da verdade, segundo a qual a arte não aparece assim tão intimamente ligada ao sensível de modo que possa ser recebida e expressa convenientemente no meio material. Desse tipo é a

concepção cristã de verdade, e, o que é mais importante, o espírito do nosso mundo moderno, e mais especialmente o da nossa religião e da nossa evolução racional, parece ter ultrapassado o ponto em que a arte é o melhor caminho para apreender o Absoluto. A peculiaridade da produção artística e de suas obras já não satisfaz nossa maior aspiração [...]. O pensamento e a reflexão substituíram as belas-artes.

Muitas razões tentam explicar a condição moribunda da arte no mundo moderno, em especial a prevalência dos interesses materiais e políticos; mas a verdadeira razão, diz Hegel, consiste na inferioridade da arte em relação ao pensamento puro. "Em sua mais elevada destinação, a arte é, e para nós deve continuar sendo, um passado"; sendo algo desaparecido, pode ser objeto de reflexão filosófica.[50] A estética de Hegel é, portanto, um elogio fúnebre que passa em revista as sucessivas formas de arte, mostra os estados progressivos de consumpção interna e os lança a todos na sepultura, deixando que a filosofia lhe providencie o epitáfio.

O romantismo e o idealismo metafísico elevaram a arte a tal ponto que, posta assim em tão altas nuvens, foram obrigados a reconhecer que não servia para mais nada.

---

[50] Ibidem, p. 13-16.

10. SCHOPENHAUER E HERBART

Nada, talvez, mostre mais claramente como essa concepção imaginativa da arte se adequou ao espírito do tempo (não apenas uma moda particular na filosofia, mas as condições psicológicas expressas pelo movimento romântico) do que o fato de que os adversários dos sistemas de Schelling, Solger e Hegel ou concordaram, em geral, com essa concepção ou, acreditando se afastar amplamente dela, na verdade voltaram a ela involuntariamente.

Todo mundo sabe com que carência, digamos, de *phlegma philosophicum* [fleuma filosófica], Arthur Schopenhauer lutou contra Schelling, Hegel e todos os "charlatães" e "professores" que haviam dividido entre si a herança de Kant. Mas qual foi a teoria da arte aceita e desenvolvida por Schopenhauer? Sua teoria, como a do próprio Hegel, gira em torno da distinção entre o conceito que é abstração e o conceito que é concreto, ou a Ideia; embora as "ideias" de Schopenhauer sejam por ele mesmo comparadas às de Platão, e na forma particular como ele as apresenta se assemelhem mais proximamente às de Schelling do que à Ideia de Hegel. Elas têm algo em comum com os conceitos intelectuais, pois, como eles, são unidades que representam uma pluralidade de coisas reais. Mas:

> O conceito é abstrato e discursivo, inteiramente indeterminado na sua esfera, rigorosamente preciso dentro apenas de seus próprios limites; o intelecto é suficiente para concebê-lo e compreendê-lo, o discurso o expressa sem necessidade de outro intermediário, e sua própria definição esgota toda a sua natureza; a ideia, pelo contrário (que pode ser definida claramente como a representante adequada do conceito), é absolutamente intuitiva, e embora represente um número infinito de coisas individuais, não é por isso menos determinada em todos os seus aspectos. O indivíduo, enquanto indivíduo, não pode conhecê-la; a fim de concebê-la, ele deve despojar-se de toda vontade, de toda individualidade, e elevar-se ao estado de um sujeito cognoscente puro. A ideia, portanto, é atingida somente pelo gênio, ou por uma pessoa que se encontre em uma disposição genial atingida por essa elevação de seus poderes cognitivos usualmente inspirados pelo gênio.

[...]

A ideia é a unidade tornada pluralidade por meio do espaço e do tempo, formas de nossa apercepção intuitiva; o conceito, ao contrário, é a unidade extraída da pluralidade por meio da abstração, que é o modo de agir de nosso intelecto: o conceito pode ser descrito como *unitas post rem*: a ideia, *unitas ante rem*.[1]

Schopenhauer tem o hábito de chamar as ideias de "gênero" das coisas; mas, em uma ocasião, ele observa que as ideias são espécies, não gêneros; que gêneros são apenas conceitos, e que existem espécies naturais, mas apenas gêneros lógicos.[2] Essa ilusão psicológica quanto à existência de ideias para os gêneros se origina (como encontramos alhures em Schopenhauer) no hábito de converter as classificações empíricas das ciências naturais em realidades vivas. Você espera ver as ideias?, pergunta ele. Olhe para as nuvens que correm por todo o céu; olhe para um ribeiro pulando sobre as rochas; olhe para a cristalização da geada em uma vidraça, com seus desenhos de árvores e flores. As formas das nuvens, as ondulações do riacho borbotoante, as configurações dos cristais existem para nós, observadores individuais; mas em si mesmas, elas são indiferentes. As nuvens em si mesmas são vapor elástico; o riacho é um fluido incompressível, móvel, transparente, amorfo; o gelo obedece às leis da cristalização; e nessas determinações consistem as ideias.[3] Todas elas são a objetivação imediata da vontade em seus vários graus; são elas, e não as suas pálidas cópias nas coisas reais, que a arte delineia; daí que Platão estava certo em um sentido e errado em outro, e é justificado e condenado por Schopenhauer exatamente da mesma forma como o é pelo antigo Plotino, bem como pelo pior inimigo de Schopenhauer, o Schelling moderno.[4] Em consequência, cada arte tem uma categoria especial de ideias para o seu próprio domínio. A arquitetura e, em alguns casos, a hidráulica, facilitam a intuição clara das ideias que constituem os graus mais baixos de objetivação – peso, coesão, resistência, dureza, as propriedades gerais das pedras e algumas combinações de luz; a

---

[1] *Welt als Wille und Vorstellung*, 1819. In: *Sämmtliche Werke*, ed. E. Grisebach, Leipzig, s. d., vol. I, livro III, § 49.

[2] *Ergänzungen*. In: Ibidem, vol. II, cap. 29.

[3] *Welt als Wille*, livro III, § 35.

[4] Veja cap. 9 anterior, p. 281-82.

jardinagem e (associação mais curiosa) a pintura de paisagem representam as ideias de natureza vegetal; a escultura e a pintura de animais, as da zoologia; a pintura histórica e as formas superiores de escultura, a do corpo humano; a poesia, a própria ideia do homem.[5] Quanto à música (deixemos a quem possa justificar a descontinuidade lógica), ela está fora da hierarquia das outras artes. Vimos como Schelling a considerou como representação do próprio ritmo do universo;[6] não diferindo senão sutilmente, Schopenhauer afirma que a música não exprime as ideias, mas, paralelamente a elas, a própria Vontade. As analogias entre a música e o mundo, entre as notas fundamentais e a matéria bruta, entre a escala e a série de espécies, entre a melodia e a vontade consciente, levou-o à conclusão de que a música não era, como pensava Leibniz, uma aritmética, mas uma metafísica: *exercitium metaphysices occultum nescientis se philosophari animi* [exercício oculto de metafísica em que a mente não sabe que está filosofando].[7] Para Schopenhauer, não menos do que para seus predecessores idealistas, a arte beatifica; é a flor da vida; aquele que contempla a arte não é mais um indivíduo, mas um sujeito do conhecimento puro, em liberdade, livre do desejo, da dor, do tempo.[8]

O sistema de Schopenhauer, sem dúvida, contém aqui e ali pressentimentos de um tratamento melhor e mais profundo da arte. Schopenhauer, que era capaz, às vezes, de análises claras e aguçadas, insiste constantemente em que as formas de espaço e tempo não devem ser aplicadas à ideia ou à contemplação artística, que admite apenas a forma geral da representação.[9] Ele poderia ter inferido disso que a arte, longe de ser um nível superior e extraordinário da consciência, é na verdade o seu nível mais imediato, nomeadamente aquele que em sua simplicidade primitiva precede até mesmo a percepção comum com a sua colocação na série espaçotemporal. Livrar-se da percepção comum e viver na imaginação não significa se elevar a uma contemplação platônica das ideias, mas descer uma vez mais à região da intuição imediata, tornando-se criança

---

[5] *Welt als Wille*, livro III, § 42-51.
[6] Veja cap. 9 anterior, p. 280-82.
[7] *Welt als Wille*, § 53.
[8] Ibidem, § 34.
[9] Ibidem, § 32.

novamente, como Vico havia observado. Por outro lado, Schopenhauer começara a examinar as categorias de Kant com um olhar sem preconceitos; ele não estava satisfeito com as duas formas da intuição, e queria adicionar-lhes uma terceira, a causalidade.[10] Em conclusão, podemos constatar que, como seus antecessores, ele faz uma comparação entre arte e história, com essa diferença e vantagem sobre os autores idealistas da filosofia da história, a de que, para ele, a história é irredutível a conceitos; é contemplação do individual e, portanto, não é ciência. Se ele tivesse insistido em sua comparação entre arte e história, teria chegado a uma solução melhor do que aquela em que se deteve; ou seja, que a matéria da história é o particular em sua peculiaridade e contingência, enquanto a da arte é aquilo que é e sempre é idêntico.[11] Mas, em vez de perseguir essas ideias felizes, Schopenhauer escolheu fazer variações sobre os temas gerais preferidos de seu tempo.

Mais surpreendente é o fato de que um intelectualista seco, o inimigo declarado do idealismo, da dialética e das construções especulativas, líder da escola que se autodenomina realista ou da filosofia exata, Johann Friedrich Herbart, quando volta sua atenção para a estética, torna-se místico também, embora de uma forma um pouco diferente. Quão seriamente ele fala quando expõe seu método filosófico! A estética não deve arcar com a culpa dos erros em que a metafísica incorreu; devemos torná-la um estudo independente, e separá-la de todas as hipóteses sobre o universo. Nem deve ser confundida com a psicologia ou solicitada a descrever as emoções despertadas pelo conteúdo de obras de arte, como o patético ou o cômico, a tristeza ou a alegria; seu dever é o de determinar o caráter essencial da arte e da beleza. Na análise dos casos particulares da beleza e no registro do que eles revelam reside o caminho da salvação. Essas propostas e promessas enganaram grande número de pessoas quanto à natureza da estética de Herbart. Mas *ce sont là jeux de princes*;[12] prestando atenção, veremos o que Herbart entende por análise de casos específicos e como ele se manteve distante da metafísica.

---

[10] *Kritik der kantischen Philosophie*, em Apêndice de *Welt als Wille*, p. 558-76.

[11] *Ergänzungen*, cap. 38.

[12] A expressão "*jeux de princes*" é usada para referir-se a luxo ("jogo de príncipes") que agrada apenas àqueles que dele participam. (N. T.)

A beleza, para ele, consistia em relações: relações de tom, cor, linha, pensamento e vontade; a experiência deve decidir sobre qual dessas relações são belas, e a ciência estética consiste unicamente em enumerar os conceitos fundamentais (*Musterbegriffe*) em que se resumem os casos especiais da beleza. Mas essas relações, pensou Herbart, não eram como os fatos fisiológicos; não poderiam ser empiricamente observadas, por exemplo, em um laboratório psicofísico. Para corrigir esse erro, seria necessário apenas observar que essas relações incluem não apenas os tons, linhas e cores, mas também pensamentos e vontade, e que se estendem aos fatos morais não menos do que aos objetos da intuição externa. Ele declara explicitamente: "Nenhuma beleza verdadeira é sensível, embora frequentemente aconteça que impressões sensoriais precedam e sigam a intuição da beleza".[13] Há uma distinção profunda entre o belo e o agradável; pois o agradável não precisa de representação, enquanto o belo consiste na representação de relações, seguido imediatamente na consciência por um julgamento, um apêndice (*Zusatz*) que expressa uma aprovação sem ressalvas ("*es Gefällt!*"). E enquanto o agradável e o desagradável "no progresso da cultura tornam-se gradualmente transitórios e desimportantes, a Beleza destaca-se cada vez mais como algo permanente e dotado de um valor inegável".[14] O juízo do gosto é universal, eterno, imutável:

> A representação completa (*vollendete Vorstellung*) das mesmas relações é sempre seguida pelo mesmo juízo, assim como a mesma causa sempre produz o mesmo efeito. Isso acontece em todos os momentos e em todas as circunstâncias, condições e contemplações, o que confere à particularidade de certos casos a aparência de regra universal. Admitindo-se que os elementos de uma relação são conceitos universais, é claro que, embora ao se julgar seja pensado apenas o conteúdo desses conceitos, o juízo deve, por outro lado, ter uma esfera tão ampla como a que é comum a ambos os conceitos.[15]

Para Herbart, os juízos estéticos são uma classe geral que compreende em si os juízos éticos como uma subdivisão: "Dentre outras belezas se destaca a moralidade, como algo que não apenas tem valor em si, mas determina

---

[13] *Einleitung in die Philosophie*, 1813. In: *Werke*, ed. G. Hartenstein, Leipzig, 1850-1852, vol. I, p. 49.
[14] Ibidem, p. 125-28.
[15] *Allgemeine Praktische Philosophie*. In: *Werke*, vol. VIII, p. 25.

o próprio valor incondicional das pessoas"; no âmbito da moralidade, em sentido mais restrito, distingue-se, por sua vez, a justiça.[16] As cinco ideias éticas que orientam a vida moral (liberdade interior, perfeição, benevolência, equidade e justiça) são cinco ideias estéticas, ou melhor, são conceitos estéticos aplicados às relações de vontade.

Herbart considera a arte como um fato complexo que resulta de um elemento extraestético, o conteúdo, que tem valor lógico e psicológico, ou qualquer outro que seja, e um elemento propriamente estético, a forma, que é a aplicação de conceitos fundamentais. O homem procura o divertido, o instrutivo, o comovente, o majestoso, o ridículo, e "todos esses elementos vêm misturados com o belo, a fim de obterem favor e interesse para a obra. O belo, portanto, assume vários matizes, fazendo-se gracioso, magnífico, trágico ou cômico, e pode mesmo tornar-se tudo isso, pois o juízo estético, em si mesmo calmo e sereno, comporta o acompanhamento das mais diversas excitações da alma que lhe são estranhas".[17] Mas todas essas coisas não têm nada a ver com beleza. A fim de encontrar o belo e o feio objetivo, é necessário deixar de lado todos os predicados relativos ao conteúdo.

> A fim de reconhecer o que é objetivamente belo ou feio na poesia, será preciso demonstrar as diferenças destes e daqueles pensamentos, e a discussão deverá ocupar-se dos pensamentos; assim, para reconhecê-los na escultura, será preciso mostrar a diferença entre este e aquele contorno, e a discussão deverá tratar de contornos; para reconhecê-lo na música, será preciso demonstrar as diferenças entre este e aquele tom, e a discussão deverá tratar de tons. Ora, predicados como "magnífico, amável, gracioso" e outros semelhantes não falam nada sobre tons, contornos ou pensamentos, e, portanto, nada dizem sobre o belo objetivo, nem na poesia, nem na escultura, nem na música, mas servem para favorecer a crença de que existe uma beleza objetiva à qual os pensamentos, contornos ou tons são todos igualmente acidentais, e da qual é possível aproximar-se recebendo impressões da poesia, escultura, música e outras semelhantes, ao se obliterar o objeto e dar asas à pura emoção do espírito.[18]

Muito diferente é o juízo estético, o "frio juízo do *connoisseur* de arte", que considera exclusivamente a forma, ou seja, as relações formais

---

[16] *Einleitung*, p. 128.
[17] Ibidem, p. 162.
[18] Ibidem, p. 129-30.

objetivamente agradáveis. Nesse prescindir do conteúdo, a fim de contemplar apenas a forma, está a verdadeira catarse produzida pela arte. O conteúdo é transitório, relativo, sujeito às leis da moral e passível de ser julgado pelos critérios desta; a forma é perene, absoluta e livre.[19] A arte concreta pode ser a soma de dois ou mais valores, mas o fato estético é apenas a forma.

Quem for além das aparências e der atenção à diversidade da terminologia, não deixará de observar a estreita semelhança da doutrina estética de Herbart com a de Kant. Em Herbart, encontra-se uma vez mais a distinção entre beleza livre e aderente, entre o que é forma e o que é estímulo sensual (*Reiz*) acrescentado à forma; a afirmação da existência de uma beleza pura, objeto de juízos necessários e universais, embora não discursivos e, por fim, certa ligação da beleza com a moral, da estética com a Ética. Nesse particular, Herbart talvez seja o mais estrito seguidor e continuador do pensamento de Kant, cuja doutrina contém, em germe, a dele próprio. Ele mesmo definiu-se certa vez "um kantiano, mas do ano 1828"; e disse também ao apontar a diferença de épocas. Em meio aos erros e incertezas de seu pensamento estético, Kant é rico não só de verdades, mas de sugestões; ele pertence a um período em que a filosofia é ainda jovem e plasmável. Vindo mais tarde, Herbart é seco e unilateral, e toma emprestado do pensamento de Kant tudo o que é menos fecundo e o enrijece em forma de sistema. Se tivessem ido um pouco além, os românticos e os idealistas teriam ao menos unificado a teoria do belo e a da arte, destruindo a concepção mecânica e retórica e pondo em relevo, embora exagerado, algumas características importantes da atividade artística. Herbart restaura a concepção mecânica, repristina a dualidade, e oferece um misticismo caprichoso, estreito e infecundo, desprovido de todo sopro de sentimento artístico.

---

[19] Ibidem, p. 163.

11. FRIEDRICH SCHLEIERMACHER

Eis que chegamos ao ponto em que podemos avaliar o sentido e a importância do célebre combate travado durante um século na Alemanha entre a estética do conteúdo (*Gehaltsaesthetik*) e a estética da forma (*Formaesthetik*); combate que deu lugar a vastos trabalhos sobre a história da estética conduzidos a partir de um ou outro desses dois aspectos, cuja origem deve-se, precisamente, à oposição de Herbart ao idealismo de Schelling, Hegel e seus contemporâneos e seguidores. "Forma" e "conteúdo" assumem sentidos muito diversos na terminologia filosófica, especialmente em estética. Por vezes, de fato, o que alguém chama de forma, outros chamam de conteúdo. Os seguidores de Herbart gostavam de se defender citando a sentença de Schiller, de que o segredo da arte consiste em "cancelar o conteúdo por meio da forma". Mas o que há de comum entre o conceito que Schiller tem de "forma", com o qual a atividade estética é aproximada à atividade moral e intelectual, e a "forma" de Herbart, que não penetra e dá vida, mas veste e adorna um conteúdo? Hegel, por outro lado, muitas vezes chama de "forma" o que Schiller chamaria de "matéria" (*Stoff*), ou seja, a matéria sensível que a energia espiritual deve dominar. O "conteúdo" de Hegel é a ideia, a verdade metafísica, o elemento constituinte da beleza: o "conteúdo" de Herbart é o elemento passional e intelectual, extrínseco ao belo. A estética da "forma", na Itália, é uma estética da atividade expressiva; a forma não é nem uma veste, nem uma ideia metafísica, nem matéria sensível, mas faculdade representativa ou imaginativa, formadora das impressões: no entanto, tentou-se por vezes refutar esse formalismo estético italiano com os mesmos argumentos usados contra o formalismo estético alemão, embora sejam totalmente distintos. E assim por diante. Expusemos rapidamente o pensamento dos estetas pós-kantianos, e podemos apreciar os seus adversários sem nos deixar confundir por palavras de ordem que as várias escolas alardeiam. A antítese entre a estética do conteúdo e a estética da forma, entre a estética do idealismo e a estética do realismo, entre a estética de Schelling, de Solger, de Hegel e Schopenhauer e a de Hebart surgirá em sua verdadeira luz, como briga de família entre duas concepções bastante próximas da arte, que confluem no mesmo misticismo, embora uma trilhe rapidamente seu cansativo caminho para a verdade, enquanto a outra vagueie para cada vez mais longe.

A primeira metade do século XIX foi, para a Alemanha, um período de diversas fórmulas filosóficas bastante sonoras: subjetivismo, objetivismo, subjetivismo-objetivismo; abstrato; concreto, abstrato-concreto; idealismo, realismo, idealismo-realismo. Entre o panteísmo e o teísmo, Krause inseria, agora, o pan-en-teísmo. Em meio a esse tumulto, em que os medíocres gritavam mais que os talentosos e se atinham à sua única arma, as palavras, não é de estranhar que alguns pensadores mais inteligentes e modestos, filósofos que preferiram pensar sobre as coisas, ficassem com a pior parte de tudo e permanecessem sem voz e despercebidos, misturados à multidão rumorosa ou fossem rotulados por algum pseudônimo. Esse parece ter sido justamente o caso de Friedrich Schleiermacher, cuja doutrina estética está entre as menos conhecidas, embora seja talvez a mais notável daquele período.

Em 1819, Schleiermacher ministrou seu primeiro curso de estética na Universidade de Berlim e, a partir então, começou a meditar seriamente sobre esse argumento a fim de escrever um livro. Por duas vezes ele repetiu essas palestras, em 1825 e 1832-1833, mas sua morte, no ano seguinte, o impediu de realizar seu projeto literário. Tudo o que resta de suas meditações estéticas são, portanto, as aulas anotadas por seus alunos e publicadas em 1842.[1] Zimmermann, um historiador herbartiano de estética, atacou com ferocidade essa obra póstuma de Schleiermacher, e, depois de umas vinte páginas de insultos e sarcasmos, ele concluiu, perguntando por que seus alunos quiseram desonrar a memória daquele insigne autor publicando um bloco de anotações com "jogos de palavras, sutilezas sofísticas e malabarismos dialéticos".[2] O historiador idealista Hartmann não foi muito mais benévolo ao descrever a obra como "uma mixórdia em que se acham algumas boas observações misturadas a um monte de trivialidades, meias verdades e exageros", e acrescenta que, para tornar suportável "essa melosa pregação vespertina, feita por um pregador já enfraquecido pelos anos", deveria se reduzi-la à quarta parte do que é, e que, "no que respeita aos princípios fundamentais", ela é

---

[1] *Vorlesungen über die Aesthetik*, publicado por Lommatsch, Berlin, 1842 (*Werke*, seção III, tomo VII).

[2] Zimmermann, *Geschichte der Aesthetik*, p. 608-34.

simplesmente inútil, não oferecendo nada de novo em relação ao idealismo concreto, tal como representado por Hegel e por outros, e que, em todo caso, parece impossível "associá-la a qualquer linha de pensamento, exceto a de Hegel, para o qual a contribuição de Schleiermacher é secundária". Ele observa, ainda, que Schleiermacher era teólogo, e em filosofia, foi mais ou menos diletante.³ Ora, não se pode negar que a doutrina de Schleiermacher chegou até nós de forma bastante obscura, cheia de incertezas e contradições, e, o que é mais importante, percebe-se aqui e ali o influxo nada benéfico da metafísica de seu tempo. No entanto, mesmo com esses defeitos, quanta força de método verdadeiramente científico e filosófico; quantos firmados com segurança, quanta abundância de novas verdades e quantas dificuldades e problemas são levantados e discutidos pela primeira vez!

Schleiermacher considerava a estética como uma linha essencialmente moderna de pensamento, percebendo a profunda diferença entre a *Poética* de Aristóteles, enredada ainda no empirismo dos cânones, e aquilo que Baumgarten tentou fazer no século XVIII. Ele elogiava Kant por ter sido o primeiro a incluir realmente a estética entre as disciplinas filosóficas; e reconhecia que, em Hegel, a atividade artística atingira sua maior exaltação, tendo sido comparada e quase posta em pé de igualdade com a religião e a filosofia. Mas não estava satisfeito nem com os seguidores de Baumgarten, que se perderam na tentativa absurda de construir uma ciência ou teoria do prazer sensível, nem com o ponto de vista de Kant, que tomou como objetivo principal a consideração do gosto; nem com a filosofia de Fichte, em que a arte tornara-se mero veículo pedagógico, nem a opinião dominante de que o principal da estética seja o vago e equívoco conceito de Belo. Schiller o agradava por ter sido ele a chamar a atenção para o momento da espontaneidade ou produtividade artística, e elogiava Schelling por ter dado a devida importância às artes figurativas as quais menos do que a poesia se prestam a interpretações fáceis e ilusórias do moralismo.⁴ Depois de ter claramente excluído da consideração estética o estudo das regras práticas (empíricas e, portanto, irredutíveis a uma ciência), ele declara que sua tarefa era a determinação do lugar que compete à atividade artística no âmbito da ética.⁵

---

³ E. von Hartmann, *Deutsche Aesthetik seit Kant*, p. 156-69.

⁴ *Vorlesungen über die Aesthetik*, p. 1-30.

⁵ Ibidem, p. 35-51.

Para não cair em equívoco por causa dessa terminologia, deve-se recordar que a filosofia de Schleiermacher, seguindo a nomenclatura dos antigos, divide-se em três partes: dialética, ética e física. A dialética corresponde à ontologia; a física abrange todas as ciências de fatos naturais; a ética, o estudo de todas as atividades livres humanas (língua, pensamento, arte, religião e moralidade). Ética, em suma, é, para ele, não só a ciência da moralidade, mas o que os outros chamam de psicologia ou, melhor ainda, ciência ou filosofia do espírito. Com esse esclarecimento, o modo com que Schleiermacher inicia sua investigação parece ser o único justo e admissível, e não será surpresa que discorra sobre a vontade, sobre atos voluntários e assim por diante, onde outros teriam simplesmente falado de atividade ou energia espiritual, porque mesmo essas expressões são aqui adotadas com significado mais geral que aquele conferido pela filosofia prática.

Dupla distinção pode ser feita entre as atividades humanas. Em primeiro lugar, há atividades que se supõem constituídas da mesma maneira em todos os homens (como a atividade lógica) e são chamadas de atividades de identidade, e há outras para as quais se pressupõe diversidade, que são chamadas de atividades da diferença ou atividades individuais. Em segundo lugar, há atividades que se esgotam na vida interna, e outras que atuam no mundo externo: atividades imanentes e atividades práticas. A qual das duas classes, em cada uma das duas ordens, pertence a atividade artística? Não resta dúvida de que esta se desenvolve de modo diferente, se não em cada pessoa, ao menos segundo a variedade dos povos e das nações, e, portanto, pertence propriamente às atividades da diferença ou atividades individuais.[6] Quanto à outra subdivisão, é verdade que a arte faz perceber-se no mundo externo, mas isso é algo acrescentado ("*ein später Hinzukommendes*"), "que está para o interior assim como a comunicação do pensamento por meio da fala ou da escrita está para o próprio pensamento": a verdadeira obra de arte é a imagem interna ("*das innere Bild ist das eigentliche Kunstwerk*"). Poder-se-iam citar exceções, como a da mímica, mas seriam exceções meramente aparentes. Entre um homem realmente irado e um outro que representa em cena esse estado de ânimo, há a diferença que, no segundo caso, a ira parece controlada e, portanto, bela, isto é, na alma do ator, entre o fato passional e sua manifestação física

---

[6] Ibidem, p. 51-54.

se interpõe a imagem interna.⁷ A atividade artística "pertence às atividades humanas nas quais se pressupõe o individual na sua diferença; e pertence ao mesmo tempo às atividades que essencialmente se desenvolvem em si mesmas e não se finalizam em outro [termo]. A arte, portanto, é a atividade imanente em que se pressupõe a diferença". Interna, não prática; individual, não universal ou lógica.

Mas se a arte é também uma forma de pensamento, deve haver uma forma de pensamento em que se pressupõe a identidade, e outra em que se pressupõe a diferença. Não buscamos a verdade na poesia, ou melhor, buscamos, sim, uma verdade, mas tal que não tenha nada de comum com a verdade objetiva à qual corresponda um ser, seja universal, seja individual (verdade científica e histórica). "Quando se diz que não há verdade em um personagem poético, uma ofensa é lançada sobre aquele poema, mas quando se diz que isso foi inventado, que não corresponde a uma realidade, diz-se algo completamente diferente." A verdade de um personagem poético consiste na coerência com que os diversos modos de pensar e agir de uma pessoa são representados: mesmo nos retratos não há correspondência exata a uma realidade objetiva que faz da coisa uma obra de arte. Da arte e da poesia "não nasce um pingo de conhecimento" (*das Geringste vom Wissen*), a arte "expressa apenas a verdade da consciência singular". Há, então, "produtividade de pensamento e de intuições sensíveis, opostas às outras produções, porque não pressupõem identidade e expressam o singular como tal".⁸

O domínio da arte é a imediata consciência de si (*unmittelbare Selbstbewusstsein*), a qual deve ser cuidadosamente distinguida do pensamento ou conceito do eu ou do eu determinado. Este último é a consciência da identidade na diversidade dos momentos, a imediata consciência de si é "a própria diversidade, da qual se deve estar consciente, pois a vida em sua totalidade não é senão o desenvolvimento da consciência". Esse domínio da arte tem sido por vezes confundido com duas outras ordens de fatos que a acompanham: a consciência sensível (sentimento de prazer e dor) e a religião. Dupla confusão: uma dos sensualistas e outra de Hegel; Schleiermacher esclarece o assunto, demonstrando que a arte é

---

⁷ Ibidem, p. 55-61.

⁸ Ibidem, p. 61-66. Cf. *Dialektik*, ed. Halpern, Berlin, 1903, p. 54-55, 67.

livre produtividade, enquanto o prazer sensível e o sentimento religioso, embora diferentes sob outros aspectos, são ambos determinados por um fato objetivo (*äussere Sein*).[9]

Para melhor entender essa livre produtividade, é preciso circunscrever ainda que estritamente o domínio da consciência imediata. Neste, nada é mais útil que compará-lo com as imagens produzidas enquanto sonhamos. O artista tem seus próprios sonhos: ele sonha com os olhos abertos, e ao sonhar, dentre tantas imagens produzidas, tornam-se obras de arte somente aquelas que têm força suficiente, enquanto as demais permanecem apenas como um fundo obscuro do qual as outras se destacam. Todos os elementos essenciais da arte encontram-se no sonho, que é a produção de pensamentos livres e de intuições sensíveis que consistem em meras imagens. Certamente algo falta ao sonho, e este difere da arte por uma diferença que não pode ser atribuída à falta de técnica, a qual já fora considerada irrelevante: o sonho é um processo caótico, sem estabilidade, ordem, conexão e medida. Mas se nesse caos se introduz alguma ordem, logo a seguir desaparece a diferença, e a semelhança com a arte torna-se identidade. Essa atividade interna que ordena e mede, fixa e determina a imagem, é o que distingue a arte do sonho, ou transforma o sonho em arte. Muitas vezes, ela supõe luta, trabalho, fadiga, um opor-se ao curso involuntário das imagens internas: supõe, em uma palavra, reflexão ou ponderação. Mas o sonho e o fim do sonho são elementos igualmente indispensáveis à arte. Deve haver produção de pensamentos e de imagens e, juntamente com tal produção, deve haver medida, determinação e unidade, "pois de outra forma toda imagem ficaria confundida em outra e não haveria estabilidade". É preciso, assim, tanto um momento de inspiração (*Begeisterung*), como outro de deliberação (*Besonnenheit*).[10]

Mas, para que haja verdade artística, é necessário (e aqui o pensamento de Schleiermacher volta-se para conceitos tradicionais e torna-se menos seguro) que o singular seja acompanhado pela consciência da espécie: a consciência de si como homem individual é impossível sem a consciência humana, nem um objeto particular é verdadeiro se não se refere ao seu universal. Em uma paisagem retratada,

---

[9] *Vorlesungen über die Aesthetik*, p. 66-67.
[10] Ibidem, p. 79-91.

cada árvore deve possuir verdade natural, isto é, deve ser contemplada como indivíduo de uma dada espécie; da mesma forma, todo o complexo da vida natural e individual deve ter uma efetiva verdade de natureza e formar um todo harmonioso. Justamente porque em arte visa-se não apenas a produção de figuras individuais em si e para si, mas também a sua verdade interior, por isso mesmo comumente se lhes atribui um lugar de destaque, como sendo uma realização livre daquilo em que toda cognição tem o seu valor, isto é, daquele princípio de que todas as formas do ser são ínsitas ao espírito humano. Se este princípio estiver ausente, não é possível verdade; mas somente ceticismo.

As produções de arte são as figuras ideais ou típicas que a realidade natural produziria se não fosse impedida por elementos extrínsecos.[11] "O artista cria a figura sobre a base de um esquema geral, afastando tudo o que serve de obstáculo e impedimento ao jogo das forças vivas da realidade, e tal produção baseada num esquema geral é o que chamamos de Ideal."[12]

Por outro lado, não parece que, com tais determinações, Schleiermacher pretenda restringir o âmbito do artista. Ele observa que "quando um artista representa algo realmente dado, seja retrato ou paisagem ou uma figura humana particular, renuncia à liberdade da produtividade e adere ao real".[13] Diz ele que, no artista, há uma dupla tendência: uma para a perfeição do tipo, outra para a representação da realidade natural. Um artista não deve cair nem na abstração do tipo nem irrelevância da realidade empírica.[14] Se ao retratar as plantas é necessário explicitar o tipo específico, nas figurações do homem, em vista de sua elevada posição, exige-se a mais completa individuação.[15] A representação do ideal no real não exclui "uma infinita variedade, tal como se encontra na realidade efetiva". "Por exemplo, o rosto humano oscila entre o ideal e a caricatura, em sua conformação moral não menos do que as suas características físicas. Cada rosto humano tem algo em si pelo qual é uma desfiguração (*Verbildung*), mas também tem algo pelo qual é uma determinada modificação da natureza humana. Isso não aparece abertamente, mas um olho experiente pode percebê-lo claramente, e, idealmente, completar o

---

[11] Ibidem, p. 123, 143-50.
[12] Ibidem, p. 505: cf. p. 607.
[13] Ibidem, p. 505.
[14] Ibidem, p. 506-08.
[15] Ibidem, p. 156-57.

rosto em questão".[16] Schleiermacher sente toda a dificuldade e tortuosidade de problemas como a questão de saber se existe um ou muitos ideais de rosto humano.[17] Os dois conceitos que disputam o domínio da poesia, observa ele, podem ainda estender-se à arte *in genere*. Há quem diga que a poesia ou a arte deve representar o perfeito, o ideal, o que teria sido produzido pela natureza, se não fosse impedida por forças mecânicas, mas não falta quem rejeite o ideal como inalcançável e prefira que o artista represente o homem tal como ele é, com aqueles elementos perturbadores que na realidade lhe pertencem. Cada um desses pontos de vista diz uma meia verdade: a arte deve representar tanto o ideal como o real, tanto o subjetivo como o objetivo.[18] A representação da comicidade, ou seja, do anti-ideal e do ideal imperfeito, se inscreve no âmbito da arte.[19]

No que diz respeito à moral, a arte é livre, assim como também o é a especulação filosófica: a sua essência exclui os efeitos práticos e morais. Isso leva à proposição de que "não há diferença entre as várias obras de arte, a não ser na medida em que elas possam ser comparadas em relação à sua perfeição artística" (*Vollkommenheit in der Kunst*).

> Dado um objeto artístico perfeito na sua espécie, isso tem um valor absoluto que não pode ser aumentado ou diminuído por qualquer outro. Se, porém, fosse exato pretender que os movimentos de vontade são consequência de uma obra de arte, seria preciso aplicar às obras de arte um padrão diferente de valores; e uma vez que os objetos que um artista pode descrever não são todos igualmente apropriados a suscitar atos volitivos, existiria uma diferença de avaliação independente da perfeição artística.

Não se deve confundir o juízo sobre a personalidade variada e complexa do artista com o juízo propriamente estético que incide sobre a sua obra. "Nesse contexto, o maior e o mais complicado quadro e o menor dos arabescos, a maior e a menor poesia são completamente semelhantes: o valor de uma obra de arte depende do grau de perfeição com que o externo responde ao interno."[20]

---

[16] Ibidem, p. 550-51.
[17] Ibidem, p. 608.
[18] Ibidem, p. 684-86.
[19] Ibidem, p. 191-96: cf. p. 364-65.
[20] Ibidem, p. 209-19: cf. p. 527-28.

Schleiermacher rejeita a doutrina de Schiller, porque lhe parece fazer da arte uma espécie de jogo em contraste com a seriedade da vida: o modo de ver, diz ele, dos homens de negócio a quem os seus negócios são a única coisa séria. A atividade artística é universalmente humana; é impensável alguém que lhe seja alheio, embora, também a esse respeito, haja grandes diferenças entre as pessoas, diferenças que vão do mero desejo de apreciar a arte à real capacidade de apreciá-la, e da mera apreciação ao gênio produtivo.[21]

O artista faz uso de instrumentos que, por sua natureza, conformam-se não ao individual, mas ao universal; desse tipo é a linguagem. Mas a poesia deve extrair da linguagem, que é universal, o individual, sem dar às suas produções a forma de contraste entre individual e universal, que é próprio da ciência. Dos dois elementos da linguagem, o musical e o lógico, o poeta serve-se do primeiro e obriga ao segundo a despertar imagens individuais. Se comparada à ciência pura, ou à imagem individual, a linguagem é algo de irracional, mas as tendências da especulação e da poesia são sempre opostas, mesmo em seus usos de linguagem; a primeira tende a aproximar a linguagem das fórmulas matemáticas; a segunda, das imagens (*Bild*).[22]

Eis um resumo do pensamento estético de Schleiermacher, deixando de lado, por ora, muitas teorias particulares que merecem atenção, e das quais falaremos em momentos oportunos: fazendo as contas e avaliando os conceitos expostos, podemos considerar como perspectivas falhas e errôneas: 1) a não completa exclusão das ideias ou tipos, embora Schleiermacher use tantas cautelas e limitações para salvaguardar a individuação artística e tornar supérfluos as ideias e os tipos; 2) resta certo resíduo de formalismo abstrato, que se nota aqui e ali, não resolvido convenientemente;[23] 3) a definição de arte como atividade de mera diferença, que pode ser diluída, mas não é destruída ao se fazer desta uma diferença de complexos de indivíduos, uma diferença nacional. Uma reflexão mais profunda sobre a história da arte, o reconhecimento da possibilidade de apreciar a arte de várias nações e várias épocas, uma investigação mais acurada do momento da reprodução artística, um exame das relações entre ciência e arte, teriam levado Schleiermacher a tratar essa diferença como diferença empírica e superável, embora

---

[21] Ibidem, p. 98-111.
[22] Ibidem, p. 635-48.
[23] Cf., por exemplo, p. 467 ss.

mantivesse firme o caráter distintivo (individual em oposição ao universal), por ele atribuído à arte em comparação com a ciência; 4) Schleiermacher não distingue a atividade estética da linguística, não fazendo, de uma e de outra, tornadas idênticas, condição ou fundamento de todo pensamento ulterior filosófico, histórico e científico. Ao que parece, Schleiermacher não tinha ideias claras sobre o elemento artístico que entra na construção da narrativa histórica e que é indispensável como forma concreta da ciência, e a respeito da linguagem, entendida não como um complexo de meios abstratos de expressão, mas como atividade expressiva.

Esses defeitos e incertezas podem, talvez, ser parcialmente atribuídos à forma pouco elaborada com que seus pensamentos estéticos chegaram até nós, não complemente maduros quanto às suas finalidades. Mas, se quisermos passar a falar de seus muitos méritos, além dessas observações, será suficiente repetir a lista de censuras lançadas contra ele pelos dois historiadores antes mencionados, Zimmermann e Hartmann. Schleiermacher despojou a estética de seu caráter imperativo; distinguiu uma forma de pensamento diferente do pensamento lógico, conferindo a essa ciência um caráter não metafísico, mas simplesmente antropológico; negou o conceito de belo, substituindo-o pelo de perfeição artística e sustentando a paridade estética entre pequenas e grandes obras de arte, uma vez que cada uma é perfeita em sua própria esfera; considerou o fato estético como a exclusiva produtividade humana, e assim por diante. Essas críticas parecem censuras, mas na verdade são elogios: são censuras na mente de um Zimmermann ou na de um Hartmann, mas para nós são puro elogio. Na orgia metafísica de seu tempo, naquele rápido construir e derribar mais ou menos arbitrário de sistemas, "o teólogo" Schleiermacher, com agudeza filosófica, fixou o seu olhar naquilo que é verdadeiramente próprio do fato estético e conseguiu definir suas qualidades e relações; e, mesmo onde não conseguiu ver claramente e errou incerto, nunca trocou a análise pelo capricho. Por sua descoberta de que a região obscura da consciência imediata é também a do fato estético, parece que está repetindo aos seus distraídos contemporâneos o antigo ditado: *Hic Rhodus, hic salta*.[24]

---

[24] Certa fábula de Esopo fala de um atleta arrogante que se nega a saltar numa competição, mas diz ter dado um salto espetacular noutra competição, na ilha de Rodes. Um espectador o desafia a repetir seu feito ali mesmo, diante de todos: "Aqui está Rodes, salta aqui!". (N. T.)

12. A FILOSOFIA DA LINGUAGEM. HUMBOLDT E STEINTHAL

À época em que Schleiermacher meditava sobre a natureza da arte, fazia-se mais forte na Alemanha um movimento de pensamento, que, pretendendo mudar radicalmente o antigo conceito de linguagem, poderia ter dado um poderoso contributo à ciência estética. Mas como os estetas, por assim dizer especialistas, nada perceberam desse movimento, assim os novos filósofos da linguagem não trouxeram suas ideias em relação ao problema estético, de modo que suas descobertas, encerradas no estreito âmbito da linguística, continuaram obscuras e infecundas.

Da mesma maneira, a investigação das relações entre pensamento e palavra, entre a unidade da lógica e a multiplicidade das linguagens, fora de algum modo promovida pela *Crítica da Razão Pura*; e mais de uma vez os primeiros kantianos tentaram aplicar à linguagem as categorias da intuição (espaço e tempo) e do intelecto. O primeiro a tentá-lo foi Roth, em 1795,[1] o mesmo que, vinte anos mais tarde, escreveria um ensaio de *Linguística Pura*. Surgiram depois muitos outros escritos notáveis sobre o assunto: os livros de Vater, Bernhardi, Reinbeck e Koch foram publicados, um após outro, no primeiro decênio do século XIX. Em todos esses tratados, o tema dominante era a diferença entre a linguagem e as línguas, entre a linguagem universal, que corresponde à lógica, e as línguas concretas e históricas, turbadas pelo sentimento, pela imaginação, ou qualquer outro nome que se pretenda dar ao elemento psicológico da diferenciação. Vater distinguia uma linguística geral (*allgemeine Sprachlehre*), construída *a priori* graças à análise dos conceitos contidos no juízo, e uma linguística comparada (*vergleichende Sprachlehre*) que, estudando muitos idiomas, pretende entender indutivamente seu provável funcionamento. Bernhardi considerava a linguagem como "alegoria do intelecto", e distinguia seu funcionamento como instrumento da poesia ou da ciência. Reinbeck falava de

---

[1] *Antihermes oder Philosophische Untersuchung über den Reinen Begriff der Menschlichen Sprache und die Allgemeine Sprachlehre*, Frankfurt e Leipzig, 1795.

uma gramática estética e uma gramática lógica. Com mais ênfase que os demais, Koch sustentava que o caráter da linguagem fosse *non ad Logices sed ad Psychologiae rationem revocanda*.[2] Alguns poucos filósofos especularam também sobre linguagem e mitologia: Schelling, por exemplo, considerava-as como produtos de uma consciência pré-humana (*vormenschliche Bewusstsein*), e servindo-se de alegoria fantástica, apresentava-as como sugestões diabólicas que precipitam o "eu" do infinito no finito.[3]

Nem mesmo o grande filólogo Wilhelm von Humboldt foi capaz de livrar-se completamente do preconceito da identidade substancial e diversidade meramente histórica e acidental entre o pensamento lógico e a linguagem. Sua célebre tese sobre a diversidade da linguagem humana (1836)[4] tem por pressuposto a ideia de uma língua perfeita que se subdivide e se distribue diversamente entre as línguas particulares segundo a capacidade linguística ou intelectual das várias nações. Porque, diz ele,

> uma vez que a disposição para a fala é geral na humanidade, e todos devem necessariamente trazer em si a chave para a compreensão de todas as línguas, segue-se que a forma de todas as línguas deve ser substancialmente idêntica, atingindo sempre a mesma finalidade geral. A diversidade pode estar apenas nos meios, e apenas dentro dos limites permitidos pela realização do fim.

No entanto, essa mesma diversidade torna-se uma divergência efetiva, não apenas nos sons, mas também no uso que o sentido linguístico faz dos sons no que diz respeito à forma da língua, ou melhor, no que diz respeito à sua própria ideia da forma daquela língua determinada.

> Por obra apenas do sentido linguístico, sendo as línguas meramente formais, deveríamos ter apenas uniformidade; o sentido linguístico deve exigir, de todas as línguas, a mesma correta e legítima constituição que se pode encontrar em cada uma delas. Na prática, contudo, as coisas são bem diferentes, em parte por causa da reação dos sons, em parte por causa da conformação individual que o mesmo sentido interno assume na realidade fenomênica.

---

[2] Para esses autores, veja notícias e extratos em Loewe, *Historiae Criticae Grammatices Universalis*, passim, e em Pott, Introdução a Humboldt, p. CLXXI-CCXII: cf. também Benfey, *Geschichte der Sprachwissenschaft*, Introdução.

[3] *Philosophie der Mythologie*; cf. Steinthal, *Ursprung*, p. 81-89.

[4] *Ueber die Verschiedenheit der Menschlichen Sprachbaues*, obra póstuma, 2. ed., ed. A. F. Pott, Berlin, 1880.

A força linguística "não pode ser semelhante, nem mostrar a mesma intensidade, vivacidade e regularidade em toda parte, nem pode ser favorecida por uma tendência exatamente igual ao tratamento simbólico do pensamento, nem confere exatamente o mesmo prazer em riqueza e harmonia de sons". Essas, então, são as causas da diversidade na constituição das línguas humanas, que se manifesta tanto na linguagem quanto em todos os outros ramos da civilização das nações. Mas a reflexão sobre as línguas "deve nos revelar uma forma que, dentre todas as pensáveis, melhor se ajuste ao propósito da linguagem" e melhor se aproxime ao seu ideal da língua; e "dos méritos e defeitos das línguas existentes, deve ser estimado, por sua proximidade ou afastamento daquela forma". Segundo Humboldt, as línguas sânscritas são as que mais se aproximam desse tal ideal, e, portanto, podem ser usadas como termo de comparação. Pondo o chinês numa classe à parte, ele estabelece a seguir a divisão das possíveis formas de linguagem em flexivas, aglutinantes e incorporativas; tipos que se acham combinados em várias proporções em todas as línguas existentes.[5] Ele também inaugura a divisão de línguas em inferior e superior, não formada e formada, segundo a maneira como os verbos são tratados. E nunca conseguiu livrar-se de outro preconceito relacionado com o primeiro, ou seja, que a linguagem esteja além do indivíduo falante como algo de objetivo, solto e independente dele, que revive à medida que é utilizada.

Mas Humboldt se opõe a Humboldt: entre as antigas escórias brilha um conceito totalmente novo de linguagem. Justamente por essa mescla, sua obra nem sempre está isenta de contradições, hesitação e quase constrangimento que se mostram também em seu estilo literário e a tornam, por vezes, obscura e difícil. O novo homem, em Humboldt, critica o velho dizendo:

> Línguas devem ser consideradas não como produtos mortos, mas como atos de produção. [...] A língua, na sua realidade, é algo em constante mudança, passageira. Mesmo a sua conservação por escrito é sempre uma conservação incompleta, uma espécie de mumificação; é sempre necessário que a fala viva se torne sensível. A língua não é um trabalho, *ergon*, mas uma atividade, *energeia* [...]. É um esforço eternamente repetido do espírito, a fim de fazer com que os sons articulados sejam capazes de expressar o pensamento.

---

[5] Ibidem, p. 308-10.

A língua é o ato de falar. "Própria e verdadeiramente, a língua consiste no ato de produzi-la por meio do discurso coligado, que é a única coisa a ser considerada como ponto de partida ou verdade na investigação que visa penetrar a essência viva da língua. A divisão em palavras e regras é um artifício sem vida da análise científica."[6] A linguagem não é algo decorrente da necessidade da comunicação externa, mas nasce da necessidade totalmente interna de conhecimento e da peleja para se alcançar uma intuição das coisas. "Desde o seu início é inteiramente humana, e se estende sem intenção a todos os objetos de percepção sensível e de elaboração interna [...]. As palavras transbordam do peito, sem restrição e sem intenção; no deserto, não existe uma horda de nômades sem suas canções. Considerado como espécie zoológica, o ser humano é uma criatura que canta os sons que transmitem seus pensamentos."[7] O homem novo leva Humboldt a descobrir uma verdade que permanecera escondida dos autores de gramáticas lógico-universais: a forma interna da linguagem (*innere Sprachform*), que não é nem o conceito lógico nem o som físico, mas a visão subjetiva das coisas que o homem forma para si, o produto da fantasia e do sentimento, a individualização do conceito. A conjunção da forma interna da língua com o som físico é obra de uma síntese interna;

> e aqui, mais do que em qualquer outro lugar, a língua recorda, por sua operação mais profunda e inexplicável, a arte. Também o escultor e o pintor casam a ideia com a matéria, e seus esforços são dignos de elogio, ou não, conforme essa união, essa intensa interpenetração, seja obra do verdadeiro gênio, ou que a ideia separada tenha sido dolorosa e laboriosamente transcrita na matéria por força do cinzel ou do pincel.[8]

Seja como for, Humboldt considera o procedimento do artista e do falante comparáveis apenas por analogia sem chegar a identificá-los. Por um lado, ele foi unilateral em sua visão da linguagem como um meio para o desenvolvimento do pensamento (lógico); por outro, suas ideias estéticas, sempre vagas e nem sempre precisas, impediam a sua percepção da identidade. De seus dois principais escritos de estética, aquele sobre a *Beleza Masculina e Feminina* (1795) parece ter nascido por influxo de Winckelmann, cuja antítese entre

---

[6] Ibidem, p. 54-56.

[7] Ibidem, p. 25, 73-74, 79.

[8] Ibidem, p. 105-18.

beleza e expressão é revivida, opinando que os caracteres sexuais específicos diminuem a beleza do corpo humano e que a beleza se afirmaria apenas ao triunfar sobre as diferenças sexuais. Outro trabalho seu, inspirado no *Hermann und Dorothea*, de Goethe, define a arte como "representação da natureza por meio da imaginação e da bela representação, justamente porque é obra da imaginação", uma metamorfose da natureza transportada a uma esfera mais alta. O poeta reflete as imagens da linguagem, que são em si um complexo de abstrações.[9] Em sua tese sobre linguística, Humboldt distingue poesia e prosa, tratando os dois conceitos filosoficamente, não pela distinção empírica entre linguagem livre e ligada, periódica e métrica.

> A poesia nos dá a realidade em sua aparência sensível, tal como é sentida externa e internamente, mas é indiferente àquilo que a torna real, e até mesmo afasta de si deliberadamente esse caráter. Ela apresenta a aparência sensível à imaginação e, por meio desta, leva à contemplação de um todo artisticamente ideal. A prosa, ao contrário, procura na realidade as raízes que a prendem à existência, e o fio que a une a esta: por isso une, por modo intelectual, um fato a outro, um conceito a outro, e esforça-se para a união objetiva de todos eles em uma ideia.[10]

A poesia precede a prosa; antes de produzir a prosa, o espírito necessariamente se forma na poesia.[11] Para além desses elementos, que são concepções profundas, Humboldt afirma que os poetas são aperfeiçoadores da linguagem, e que a poesia pertence apenas a alguns momentos extraordinários,[12] e nos faz suspeitar que, depois de tudo, não reconheceu claramente, ou firmemente manteve que a linguagem é sempre poesia, e que a prosa (ciência) é distinção não de forma estética, mas de conteúdo, ou melhor, de forma lógica.

As contradições de Humboldt sobre o conceito de linguagem acabaram por afastá-lo de seu maior seguidor, Steinthal. Com a ajuda de seu mestre, ele sustentou a tese de que a linguagem não pertence à lógica, mas à psicologia.[13] Em 1855 encetou empolgante polêmica contra Becker, um

---

[9] Zimmermann, *Geschichte der Aesthetik*, p. 533-44.
[10] *Verschiedenheit*, p. 236-38.
[11] Ibidem, p. 239-40.
[12] Ibidem, p. 205-06, 547 e passim.
[13] *Grammatik, Logik und Psychologie, Ihre Principien und Ihr Verhältniss zur Einander*, Berlin, 1855.

hegeliano autor dos *Organismos da Linguagem*, e um dos últimos lógicos gramáticos que pretendia deduzir toda a família das línguas sânscritas a partir de doze conceitos principais. Não é verdade, diz Steinthal, que não se possa pensar sem palavras: o surdo-mudo pensa com sinais; o matemático, com as fórmulas. Em algumas línguas, como o chinês, o elemento visual é tão necessário, ou mesmo mais necessário, ao pensamento que a fonética.[14] Nesse ponto, é certo, Steinthal ia além do sinal, e não conseguiu estabelecer a autonomia de expressão em relação ao pensamento lógico, pois seus exemplos só confirmam o fato de que, se podemos pensar sem palavras, não podemos pensar sem expressões (ou palavras em sentido amplo).[15] Depois, porém, ele demonstra com sucesso que conceito e palavra, juízo lógico e proposição, são incomensuráveis. A proposição não é o juízo, mas a representação (*Darstellung*) de um juízo, e nem todas as proposições representam juízos lógicos. É possível expressar vários juízos em uma única proposição. As divisões lógicas dos juízos (as relações de conceitos) não encontram contrapartida na divisão gramatical das proposições. "Uma forma lógica da proposição não é menor contradição do que um círculo anguloso ou um triângulo circular." Quem fala, enquanto fala, não tem pensamentos, mas linguagem.[16]

Tendo assim libertado a linguagem de toda a dependência da lógica, e afirmado de modo solene o princípio de que a linguagem produz as suas formas independentemente da lógica e com a mais ampla autonomia,[17] e depois de ter purificado a teoria de Humboldt dos resquícios da gramática lógica de Port Royal, Steinthal busca a origem da linguagem, reconhecendo, com seu mestre, que a questão da sua origem é idêntica à da natureza da linguagem, da sua gênese psicológica, ou melhor, a posição que a linguagem ocupa na evolução do espírito. "Em questão de linguagem, não há diferença entre a criação originária (*Urschöpfung*) e a criação que se repete diariamente."[18] A língua pertence à vasta classe de movimentos reflexos, mas dizer isso é considerá-la apenas por um lado, omitindo a sua

---

[14] Ibidem, p. 153-58.

[15] "Teoria", cap. 3, p. 45-47.

[16] *Grammatik, Logik und Psychologie*, p. 183, 195.

[17] *Einleitung in die Psychologie und Sprachwissenschaft*, 2. ed., Berlin, 1881, p. 62.

[18] *Grammatik, Logik und Psychologie*, p. 231.

peculiaridade essencial. Os animais têm movimentos reflexos e sensações, como o ser humano, mas nos animais os sentidos "são portas largas pelas quais a natureza externa entra na alma de assalto, e com tal ímpeto que a sobrecarrega e priva de toda a independência e liberdade de movimento". No ser humano, no entanto, a linguagem pode surgir porque o homem é resistência à natureza, conquista de seu próprio corpo, liberdade encarnada: "a linguagem é libertação: ainda hoje sentimos que a nossa alma se ilumina e se liberta de um peso quando falamos". Na situação que precede imediatamente a produção da linguagem, o ser humano deve ser entendido como "acompanhante de todas as sensações e intuições recebidas por sua alma, com movimentos do corpo, comportamento mímico, gestos e, acima de tudo, os sons, sons articulados". Que elemento discursivo lhe falta? Apenas um, mas que é o mais importante: a conjunção consciente dos movimentos reflexos do corpo com os estímulos da alma. Se a consciência sensível já é consciência, falta-lhe ainda a consciência de estar consciente; se é intuição, falta-lhe a intuição da intuição: falta-lhe, em suma, a forma interna do discurso. Quando advém essa forma, dá-se também seu inseparável acompanhamento, que é a palavra. O ser humano não seleciona o som: é-lhe dado, e ele o toma por necessidade, instintivamente, sem intenção ou escolha.[19]

Não é aqui o lugar de examinar detalhadamente toda a teoria de Steinthal e as várias fases, nem sempre progressivas, que o autor atravessou, especialmente depois de ter se ligado intelectualmente a Lazarus, com quem cultivou a etnopsicologia (*Völkerpsychologie*); para ambos, a linguística seria uma parte desta.[20] Reconhecendo-lhe, porém, o mérito de ter dado coerência às ideias de Humboldt, e ter distinguido claramente, como não se fizera antes, a atividade linguística da atividade do pensamento lógico, é de se notar que nem mesmo Steinthal reconheceu a identidade da forma interna da linguagem (o que também chamava intuição da intuição ou a percepção) com a fantasia estética. A psicologia de Herbart à qual se prendera não lhe proporcionou nenhum ponto de apoio para tal descoberta. Herbart e seus seguidores, separando a psicologia da lógica como ciência normativa, não conseguiram discernir a verdadeira relação entre sentimento e formação

---

[19] Ibidem, p. 285, 292, 295-306.
[20] Steinthal, *Ursprung der Sprache*, 4. ed., Berlin, 1888, p. 120-24; M. Lazarus, *Das Leben der Seele*, 1855 (Berlin, 1876-78), vol. II; dirigida por ambos: "Zeitschrift für Völkerpsychologie und Sprachwissenschaft", de 1860 em diante.

espiritual, psique e espírito, nem a ver que o pensamento lógico é uma dessas formações espirituais: atividade, não um código de leis extrínsecas. Já sabemos que tipo de domínio eles atribuíam à estética: para eles, também a estética era apenas um código de belas relações formais. Sob a influência dessas doutrinas, Steinthal foi levado a considerar a arte como o embelezamento dos pensamentos, a linguística como ciência do discurso, e a retórica ou estética como algo diferente da linguística, uma vez que é a ciência de falar bem ou de maneira bela.[21] Em um de seus inúmeros escritos, diz ele:

> A poética e a retórica diferem da linguística, porque devem discorrer muitos outros tópicos bem mais importantes antes de chegar à linguagem. Essas disciplinas têm, portanto, apenas uma seção dedicada à linguística, que seria a seção final da sintaxe. Além disso, a sintaxe tem caráter totalmente diferente da retórica e da poética: a primeira ocupa-se apenas com a correção (*Richtigkeit*) da língua, as outras duas estudam a beleza ou a elegância da expressão (*Schönheit oder Angemessenheit des Ausdrucks*): os princípios da primeira são meramente gramaticais, as outras devem considerar questões externas à língua, por exemplo, a disposição do orador e assim por diante. Para falar claramente, a sintaxe está para a estilística como a quantidade gramatical das vogais está para a métrica.[22]

Que "falar" signifique "falar bem" ou de "maneira bela", porque não falar bem ou de maneira não bela não é falar,[23] e que a renovação radical do conceito de linguagem inaugurada por Humboldt e por ele produzisse efeitos de longo alcance sobre as disciplinas afins como a poética, a retórica e a estética e, transformando-as, fosse capaz de unificá-las, nunca passou pela cabeça de Steinthal. E assim, depois de tanto trabalho e de tantas análises sutis, a unificação de linguagem e poesia, a identificação de ciência da linguagem e ciência da poesia, a equivalência de linguística e estética alcançaram sua expressão mais perfeita nos aforismos visionários de Giambattista Vico.

---

[21] *Grammatik, Logik und Psychologie*, p. 139-40, 146.
[22] *Einleitung*, p. 34-35.
[23] "Teoria", cap. 10, p. 94-95.

13. ESTÉTICAS MENORES ALEMÃS

Das páginas de pensadores metódicos e austeros, tais como Schleiermacher, Humboldt e Steinthal, passamos aos insípidos e copiosos livros dos seguidores de Schelling e de Hegel, em grande número na primeira metade do século XIX. Cansados e quase enojados, passamos da ciência que esclarece a mente a algo que oscila entre as fantasias fúteis e o charlatanismo, entre a vaidade de fórmulas vazias e a tentativa nem sempre ingênua de surpreender e vencer furiosamente estudantes e leitores.

Por que devemos onerar uma história geral da estética (que deve, com certeza, ter em conta as aberrações da verdade, mas apenas na medida em que indicam a tendência geral do pensamento contemporâneo) com as teorias de homens como Krause, Trahndorff, Weisse, Deutinger, Oersted, Zeising, Eckardt e de tantos outros manipuladores de manuais e sistemas? Destes, apenas um conseguiu ser ouvido fora da sua Alemanha nativa: Krause, que foi importado pela Espanha. Quanto a todos os outros, podemos confiá-los à memória ou ao esquecimento de seus compatriotas. Para Krause,[1] o humanista, o livre-pensador, o teósofo, tudo é organismo, tudo é beleza – a beleza é organismo e organismo é beleza; a Essência, ou seja, Deus, é uno, livre e perfeito; uno, livre e perfeito é o Belo. Há um só artista, Deus, e uma só arte, a divina. A beleza das coisas finitas é a Divindade, ou melhor, a semelhança da Divindade manifestada no finito. O Belo põe em jogo a razão, o intelecto e a fantasia de acordo com suas próprias leis, e desperta prazer e inclinações desinteressadas na alma. Trahndorff,[2] descrevendo os vários graus pelo qual o indivíduo procura captar a essência ou a forma do universo (os graus de sentimento, intuição, reflexão e pressentimento), e notando a insuficiência do simples conhecimento teórico, e por isso a necessidade de ser complementado pela vontade, a vontade que é poder

---

[1] *Abriss der Aesthetik*, póstumo, 1837; *Vorlesungen über die Aesthetik* (1828-1829), póstumo, 1882.

[2] *Aesthetik*, Berlin, 1827.

(*Können*), em seus três graus de Aspiração, Fé e Amor, recoloca o Belo em seu mais alto grau, o Amor: ao que parece, portanto, o Belo seria o Amor que compreende a si mesmo. Christian Weisse[3] tentou, como Trahndorff, conciliar o Deus do cristianismo com a filosofia hegeliana: para ele, a ideia estética é superior à lógica, e conduz à religião, a Deus; a ideia de beleza que existe fora do universo sensível é a realidade do conceito de beleza, e, assim como a ideia da divindade é o Amor absoluto, assim também a ideia de Beleza encontra-se verdadeiramente no Amor. Essa mesma conciliação foi proposta pelo teólogo católico Deutinger:[4] segundo ele, o belo nasce do poder (*Können*), que é uma atividade paralela à de conhecer a verdade e de fazer o bem, mas que, diferentemente do conhecimento, que é receptivo, realiza-se em um movimento de dentro para fora, dominando o mundo da matéria e imprimindo nela o selo da personalidade. Uma intuição interna ideal, a Ideia; uma matéria exterior capaz de receber forma; o poder de fazer com que interno e externo se interpenetrem, invisível e visível, ideal e real: eis o Belo. Oersted,[5] o célebre naturalista dinamarquês, cujas obras foram traduzidas para o alemão e lhe renderam considerável reputação na Alemanha, define o belo como a Ideia objetiva no momento em que é contemplada subjetivamente: a Ideia expressa nas coisas, enquanto se revela à intuição. Por um lado, Zeising[6] voltou a meditar sobre os mistérios da seção áurea, e, por outro, especulava sobre o Belo, que considerava como uma das três formas da Ideia: a Ideia que expressa a si mesma em objeto e sujeito; a Ideia como intuição; a Ideia como Absoluto que aparece no mundo e é concebido intuitivamente pelo espírito. Eckardt,[7] que pretendia fazer uma estética teísta que evitasse tanto a transcendência unilateral do deísmo, como a imanência unilateral do panteísmo, sustentava que era preciso começá-la do espírito criador do artista, que é a fonte original do belo, do artista, e não dos sentimentos de quem contempla, não da obra de arte, não da ideia de belo, não do conceito de arte, e visto que o artista criador não pode ser

---

[3] *Aesthetik*, Leipzig, 1830; *System der Aesthetik*, lições, póstumas, Leipzig, 1872.

[4] *Kunstlehre*, Regensburg, 1845-46 (*Grundlinien einer Positiven Philosophie*, vol. IV e V).

[5] *Der Geist in der Natur*, 1850-51; *Neue Beiträge zu dem Geist in der Natur*, póstumo, 1855.

[6] *Aesthetische Forschungen*, Frankfurt am Main, 1855.

[7] *Die theistische Begründung der Aesthetik im Gegensatz zu der Pantheistischen*, Jena, 1857; do mesmo autor: *Vorschule der Aesthetik*, Karlsruhe, 1864-65.

concebido senão como alguém que provém do mais alto gênio criador, que é Deus, restava a Eckardt procurar ajuda em uma psicologia de Deus (*eine Psychologie des Weltkünstlers*).

Se a categoria da quantidade tem algum valor como a da qualidade, então é preciso mencionar Friedrich Theodor Vischer, o mais robusto esteta da Alemanha, ou melhor, o esteta alemão por excelência, que, depois de publicar, em 1837, um livro sobre *O Sublime e o Cômico, uma Contribuição para a Filosofia do Belo*,[8] publicou, entre 1846 e 1857, outros quatro enormes tomos sobre a *estética como Ciência do Belo*[9] onde, em centenas de parágrafos e longas observações e subobservações, reuniu um copioso material de pesquisa estética, de matéria estranha à estética, e de outros assuntos estranhos tomados de todo o universo pensável. Vischer divide sua obra em três partes: uma metafísica do Belo, que investiga o conceito do Belo em si, sem levar em consideração onde e como se realiza; um tratado do Belo concreto, que examina os dois modos excludentes de sua realização, a saber, o Belo da natureza e o Belo da fantasia, faltando a um a existência subjetiva e, ao outro, a objetiva; por último, propõe uma teoria das artes que estuda a síntese dos dois momentos, o físico e o psíquico, o objetivo e o subjetivo, na arte. É fácil perceber que ideia Vischer fazia da atividade estética: a mesma de Hegel, mas piorada. Para Vischer, o Belo não pertence nem à atividade teórica nem à prática, mas é alocado em uma esfera serena, superior a tais antíteses; ou seja, na esfera do espírito absoluto, ao lado da religião e da filosofia;[10] mas, em contraposição a Hegel, Vischer atribui o primeiro lugar à religião, o segundo à arte e o terceiro à filosofia. Naquela época se fazia muito esforço para se arranjar as peças deste jogo: Arte, Religião e Filosofia. Observou-se que, das seis combinações possíveis dos três termos de *A. R. F.*, quatro foram tentadas: por Schelling, *F. R. A.*; por Hegel, *A. R. F.*; por Weisse, *F. A. R.*, e por Vischer, *R. A. F.*[11] Visto, porém, que o próprio Vischer[12] cita a opinião de Wirth, autor de um sistema de

---

[8] *Ueber den Erhabene und Komische*, Stuttgart, 1837.

[9] *Aesthetik oder Wissenschaft des Schönen*, Reutlingen, Leipzig e Stuttgart, 1846-57, três partes em quatro volumes.

[10] Ibidem, Introdução, § 2-5.

[11] Hartmann, *Deutsche Aesthetik seit Kant*, p. 217, nota.

[12] *Aesthetik*, Introdução, § 5.

ética[13] que reflete a quinta combinação, *R. F. A.*, resta-nos concluir que a sexta combinação, *A. F. R.*, não foi usada ainda e continua disponível a não ser que – o que não é de todo improvável – algum gênio desconhecido já tenha se apoderado dessa combinação, expondo-a em seu sistema. O Belo, portanto, segunda forma do espírito absoluto, é a atuação da Ideia, não como conceito abstrato, mas como união de conceito e realidade; a Ideia determina a si mesma como espécie (*Gattung*); note-se, além disso, que toda ideia de espécie, mesmo a de ínfimo grau, é bela como parte integrante da totalidade das ideias, embora continue valendo o princípio de que quanto mais elevado for o grau da ideia, maior será a sua beleza.[14] O máximo grau é atingido na personalidade humana: "Neste mundo, de natureza espiritual, a Ideia atinge o seu verdadeiro significado, chamando-se ideias às grandes forças motrizes morais, às quais se pode ainda aplicar o conceito de espécie no sentido de que elas são para as suas esferas mais restritas o que o gênero é para as suas espécies e indivíduos". No cume de todas está a Ideia moral: "O mundo dos fins morais e independentes está destinado a conferir o mais importante e o mais digno conteúdo ao Belo". Vischer adverte, entretanto, que o belo, ao atualizar este mundo mediante a intuição, exclui a arte de cunho moral.[15] Assim, esse autor ora rebaixa a Ideia de Hegel a simples conceito de classe, ora a faz ombrear com a ideia do Bem, ora a faz algo que, ao mesmo tempo, é diferente e superior ao intelecto e à moral, como, aliás, pensava seu mestre.

Desde o início, o formalismo herbartiano foi pouco apreciado e menos ainda seguido: apenas dois autores, Griepenkerl (1827) e Bobrik (1834), tentaram algum desenvolvimento e aplicação das notas superficiais a que Herbart se restringira.[16] As aulas de Schleiermacher, antes mesmo de serem compiladas em volume, suscitaram a série de elegantes dissertações de Erich Ritter (1840),[17] mais conhecido como historiador da filosofia; essa obra, porém, é de pouco valor, pois Ritter, em vez de se deter nos pontos importantes da doutrina de seu mestre, destacou aspectos secundários relativos

---

[13] *System der Spekulativen Ethik*, Heilbronn, 1841-42.
[14] *Aesthetik*, § 15-17.
[15] Ibidem, § 19-24.
[16] Griepenkerl, *Lehrbuch der Aesthetik*, Brunswick, 1827; Bobrik, *Freie Vorträge über Aesthetik*, Zurich, 1834.
[17] *Ueber die Principien der Aesthetik*, Kiel, 1840.

à sociabilidade e à vida estética. Por essa mesma época, Wilhelm Theodor Danzel, um refinado crítico da estética alemã do período que vai de Baumgarten aos pós-kantianos, rebelou-se em boa hora contra a pretensão de reencontrar o "pensamento" nas obras de arte. Dizia ele que

> o pensamento artístico, termo infeliz este, condenou toda uma época ao trabalho de Sísifo de reduzir a arte ao pensamento intelectual e racional! Pensar em uma obra de arte nada mais é que aquilo que se contempla de determinado modo: não está representado, como se diz comumente, na obra de arte, mas é a própria obra de arte. O pensamento artístico jamais pode ser expresso por conceitos e palavras.[18]

Mas a morte precoce impediu que Danzel expusesse suas ideias sobre a ciência e a história da estética.

A estética metafísica pós-hegeliana deve ser recordada porque, nela, chegaram ao pleno desenvolvimento duas teorias ou, para falar mais exatamente, dois complexos muito estranhos de asserções arbitrárias e devaneios: uma, a chamada teoria do Belo natural; outra, a teoria das modificações do Belo. Nenhuma das duas tinha um nexo intrínseco e necessário com esse movimento filosófico, ao qual se associaram, sobretudo, por motivos psicológicos e históricos; pela relação entre os fatos de prazer e dor e a inclinação para a mística; pela confusão decorrente da real qualidade estética (fantástica) de algumas representações que, impropriamente, dizem-se observações de belezas naturais, consoante à tradição escolástica e literária que costumava discutir, no mesmo livro que tratava de arte,[19] os casos de prazer, dor e também sobre as belezas naturais extraestéticas. Esses sublimes metafísicos, não raro gente grotesca e pronta a se confundir diante da humilde realidade, lembram aquela história do mestre Paisiello, que, no afã de compor música, às vezes colocava melodia até mesmo nas instruções do *libretto*; assim também, movidos pela fúria de construir e discutir, esses autores construíram e discutiram tudo o que lhes era oferecido nos índices dos velhos livros caóticos.

Começando pela teoria do Belo natural, as observações das coisas belas da natureza já se acham misturadas às investigações sobre o belo dos antigos

---

[18] *Gesammelte Aufsätze*, p. 216-21.
[19] "Teoria", cap. 12, p. 309-16.

filósofos, especialmente às efusões místicas dos neoplatônicos e de seus seguidores da Idade Média e do Renascimento.[20] Com menor frequência, tais questões foram introduzidas nas Poéticas: Tesauro foi um dos primeiros a estudar, em seu *Cannochiale Aristotelico* (1654), não só as sutilezas humanas, mas também as de Deus, dos anjos, da natureza e dos animais; um pouco mais tarde (1707), Muratori falou de um "belo da matéria", tal como seriam "os deuses, uma flor, o sol, um riacho".[21] Observações sobre o que, sendo meramente natural, está fora da arte, foram feitas por Crousaz, por André e, especialmente, pelos autores do século XVIII que escreveram, de modo galante e empírico, sobre o belo e sobre a arte.[22] Como já sabemos, a influência desses autores incitaria Kant a separar a teoria do belo da teoria da arte, especialmente ao relacionar a beleza livre aos objetos da natureza e às produções humanas que reproduzem belezas naturais.[23] Herder (1800), o adversário da teoria da estética kantiana, unificando em seu esboço de sistema estético espírito e natureza, prazer e valor, sentimento e intelecto, deveria dar, e deu, amplo espaço ao belo natural, e afirmou que qualquer coisa natural tem uma beleza própria, que é a expressão do máximo de si mesma, e que isso explica a escala ascendente dos objetos belos: dos contornos, cores e tons, da luz e do som, às flores, às águas, ao mar, às aves, aos animais terrestres, ao homem. Um pássaro, por exemplo, "é o conjunto das propriedades e perfeições desse ser, uma representação de suas capacidades, uma criatura feita de luz, som e ar"; entre os animais terrestres, os mais feios são os que mais se assemelham ao homem, como, por exemplo, um macaco melancólico e triste; e os mais belos são os que têm forma mais definida, bem-proporcionados, livres, nobres; há aqueles que expressam doçura; e os que, enfim, vivem felizes e em harmonia consigo mesmos, dotados da sua perfeição natural, inofensivos ao homem.[24] Schelling, pelo contrário, negou totalmente o conceito de um belo natural, considerando que a beleza da natureza é puramente acidental e que somente a arte fornece a norma para encontrá-la e julgá-la.[25] Também

---

[20] Veja cap. 2 anterior, p. 176-78.

[21] *Cannocchiale Aristotelico*, cap. 3; *Perfetta Poesia*, livro I, cap. 6, 8.

[22] Veja cap. 4, p. 200-01, e cap. 7, p. 250-53.

[23] Veja cap. 8 anterior, p. 266-68.

[24] *Kaligone*, op. cit., p. 55-90.

[25] *System des Transcendentalen Idealismus*, parte VI, § 2.

Solger exclui o belo natural,[26] e o mesmo faz Hegel, que é original não por essa exclusão, mas sobretudo pela inconsequência de, após tê-lo proscrito, tratar longamente do belo natural. E, de fato, não está claro se para ele o belo natural realmente não existe e foi o homem que o introduziu conforme seu modo peculiar de ver as coisas, ou se o belo natural realmente existe, embora em grau inferior ao belo da arte. Diz ele:

> O belo da arte é mais elevado que o da natureza; ele é a beleza que nasce e renasce por obra do espírito, e apenas o espírito é verdade e realidade; daí se segue que o belo é realmente belo somente quando participa do espírito e torna-se produto deste. Tomado nesse sentido, o belo da natureza aparece como mero reflexo do belo espiritual, como um modo imperfeito e incompleto, que substancialmente está contido no próprio espírito.

E observa, a título de confirmação, que ninguém nunca pensou expor sistematicamente a beleza natural sob o critério da utilidade dos objetos naturais, uma *materia medica*.[27] Mas o segundo capítulo da primeira parte de sua *Estética* é dedicado precisamente ao Belo natural, sendo preciso, para acrescentar à ideia do belo da arte em sua totalidade, percorrer três etapas, que são o belo *in genere*, o belo natural (cujos defeitos mostram a necessidade da arte), e, por último, o Ideal: "a primeira existência da ideia é a natureza, e sua primeira beleza é a beleza natural". Essa beleza, que é tal para nós e não para si mesma, tem várias fases, desde aquela em que o conceito está imerso na materialidade a ponto de desaparecer, como nos fatos físicos e mecanismos isolados, até a fase superior em que os fatos físicos se reúnem em sistemas (sistema solar); mas a ideia não atinge sua verdadeira e própria existência senão nos fatos orgânicos, no ser vivo. E o próprio ser vivo apresenta diferenças entre belo e feio, por exemplo, entre os animais, o bicho preguiça, que se move com dificuldade, incapaz de fazer movimentos rápidos, e desagrada por essa sua preguiça sonolenta; os anfíbios, que não são belos, assim como não o são também alguns tipos de peixes, os crocodilos e os sapos, várias espécies de insetos, e também outros tipos de seres, especialmente os estranhos e indefinidos que expressam a passagem de uma forma à outra de vida, por exemplo, o ornitorrinco, que é um misto de ave

---

[26] *Vorlesungen über die Aesthetik*, vol. I, p. 4.
[27] Ibidem, p. 4-5.

e de quadrúpede.²⁸ Na doutrina hegeliana sobre o belo natural (suficientemente ilustrada por esses exemplos) se discorre também sobre a beleza externa da forma abstrata, regularidade, simetria, harmonia, etc., ou seja, os conceitos que, no formalismo de Herbart, foram elevados ao céu das ideias do belo. Schleiermacher, que elogiou Hegel por sua tentativa de excluir da estética o belo natural, o exclui não apenas verbalmente, mas de verdade da sua *Estética*, na qual aprecia apenas a perfeição artística da imagem interna, formada pela energia do espírito humano.²⁹ Mas o chamado sentimento da natureza, amadurecido com o romantismo, o *Cosmos* e outras obras descritivas de Alexander von Humboldt³⁰ chamaram atenção cada vez maior para as impressões despertadas pelos fatos naturais. Compuseram-se, então, aquelas exposições sistemáticas de belezas naturais, que a Hegel pareciam impossíveis, embora tivesse dado um exemplo delas; Bratranek, entre outros, publicou uma *estética do Mundo Vegetal*.³¹

Mas o tratado mais célebre e de maior circulação está justamente na obra de Vischer, que, seguindo os passos de Hegel, dedicou, como vimos, uma seção de sua *Estética* à existência objetiva do Belo, ou seja, o Belo natural, e a denominou (talvez tenha sido o primeiro) com o peculiar nome de física estética (*aesthetische Physik*). Essa física estética compreendia a beleza da natureza inorgânica (luz, calor, ar, água, terra); a natureza orgânica, com os seus quatro tipos de vegetais e animais vertebrados e invertebrados; e a beleza humana, dividida em genérica e histórica. A genérica se subdividia nas seções da beleza das formas gerais (idade, sexo, condições, amor, matrimônio, família); das formas especiais (raças, povos, culturas, vida política), e das formas individuais (temperamentos e tipos de caráter). A beleza histórica abrangia a beleza da história da Antiguidade (Oriental, Grécia, Roma), da Idade Média ou dos povos germânicos, e a beleza dos tempos modernos; porque, segundo Vischer, o dever da estética é lançar um olhar sobre a história universal antes de resumir os diferentes graus de belo segundo as diferentes vicissitudes da luta da liberdade contra a natureza.³²

---

[28] Ibidem, p. 148-80.
[29] Ibidem, Introdução.
[30] *Ansichten der Natur*, 1808; *Kosmos*, 1845-1858.
[31] *Aesthetik der Pflanzenwelt*, Leipzig, 1853.
[32] *Aesthetik*, § 341.

No que concerne às modificações do belo, é preciso notar que nos antigos manuais de poética, e mais ainda naqueles de retórica, se acham determinações mais ou menos científicas de fatos e estados psicológicos; entende-se por que Aristóteles se esforçava para determinar na *Poética* a verdadeira natureza de uma ação ou um personagem trágico, e esboça uma definição de cômico; em sua *Retórica*, trata longamente do *esprit* e da argúcia;[33] o *De Oratore*, de Cícero, e as *Instituições*, de Quintiliano, contêm seções sobre a argúcia e sobre o cômico;[34] e sobre o estilo elevado, embora tenha se perdido o tratado de Cecílio, que teria antecipado outro, atribuído a Longino, cujo título foi traduzido em tempos modernos como *De Sublimitate* ou *Do Sublime*. Seguindo o exemplo dos antigos, esse tipo de indistinção foi continuado pelos autores dos séculos XVI e XVII; em obras como *Argutezza*, de Matteo Pellegrini (1639), e no *Cannocchiale*, de Tesauro, há tratados inteiros sobre o cômico. La Bruyère tratou do sublime,[35] e Boileau traduziu Longino, dando novo fôlego à sua obra; no século seguinte, Burke investigou a origem das nossas ideias de belo e de sublime, derivando a primeira do instinto de sociabilidade, e a outra do instinto de conservação; tentou também definir a feiura, a graça, a elegância e a formosura; em seus *Elements of Criticism*, Home estudou a grandeza, a sublimidade, o ridículo, o *esprit*, a dignidade e a graça. Mendelssohn (seguido por Lessing,[36] e depois por muitos outros) também discorreu sobre temas como sublimidade, dignidade, graça nas belas-artes, e descreveu alguns desses fatos como sentimentos mistos; em seu dicionário estético, Sulzer aceitou todos esses vários conceitos recolhendo deles uma rica bibliografia. Vindo da Inglaterra, um novo e singular significado para a palavra "humor" atingiu o continente. Seu sentido original era simplesmente "temperamento", e, por vezes, "sagacidade", ou "argúcia" ("*belli umori*", na Itália; no século XVII existia em Roma uma Academia dos *Umoristi*). Voltaire, que introduziu o termo na França, escreveu em 1761: "*Les anglais ont un terme pour signifier cette plaisanterie, ce vrai comique, cette gaieté, cette urbanité, ces saillies, qui échappent à un homme sans*

---

[33] *Poetica*, V, 13-14; *Rhetorica*, III, 10, 18.

[34] *De Oratore*, II, 54-71; *Institutiones Oratoriae*, VI, 3.

[35] *Caractères*, I.

[36] *Hamburgische Dramaturgie*, n. 74-75. In: *Werke*, op. cit., vol. XII.

qu'il s'en doute; et ils rendent cette idée par le mot humour..." [Os ingleses têm um termo para designar esse tipo de gracejo, essa verdadeira forma do cômico, essa descontração, essa polidez, esses comentários que escapam de alguém sem que se dê conta; e eles expressam essa ideia pela palavra *humor* (...)];[37] Em 1767, Lessing distingue "humor" do termo alemão *Laune* (capricho),[38] uma distinção mantida por Herder (1769) em oposição a Riedel, que confundia os termos.[39] Os filósofos, tendo encontrado esses conceitos nos mesmos livros, de início teorizaram sobre todos eles sem tentar ligá-los mediante algum artifício de conexão lógica. Kant, que a exemplo de Burke já tinha pensado sobre o belo e o sublime (1764), comentou ingenuamente em um curso de lógica (1771) que o belo e o estético não são idênticos, porque "o sublime também pertence à estética";[40] e em sua *Crítica do Juízo*, ao tratar do cômico em uma simples digressão (que está entre as suas melhores análises psicológicas),[41] ao lado da *Analítica do Belo*, colocou em pé de igualdade a *Analítica do Sublime*.[42] Podemos notar aqui, de passagem, que, antes da publicação da terceira *Crítica*, Heydenreich chegou à mesma doutrina do sublime contida no livro de Kant.[43] Será que Kant sempre pensou em fundir o belo e o sublime, deduzindo-os de um único conceito? Parece que não. Ao declarar que o princípio da beleza deve ser buscado fora de nós mesmos, e o princípio do sublime em nosso interior, Kant tacitamente reconhece que os dois conceitos são completamente díspares. Mais tarde (1805), Ast, um seguidor de Schelling, declarou a necessidade de superar o que ele chamava de dualismo kantiano do belo e do sublime;[44] outros censuraram Kant por ter tratado o cômico com um método não metafísico, mas psicológico. Schiller escreveu uma série de dissertações sobre o trágico, o sentimental, o ingênuo, o sublime, o patético, o trivial, o baixo, a dignidade e a graça e suas variedades, o fascinante, o majestoso, o sério, o solene. Outro artista, Jean Paul Richter, discorreu

---

[37] Carta ao abbé d'Olivet, 20 de agosto de 1761.

[38] *Hamburgische Dramaturgie*, n. 93. In: *Werke*, op. cit., vol. XII, p. 170-71, nota.

[39] *Kritische Wälder*. In: *Werke*, op. cit., vol. IV, p. 182-86.

[40] Schlapp, op. cit., p. 55.

[41] *Kritik der Urtheilskraft*, Anmerkung, § 54.

[42] Ibidem, livro II, § 23-29.

[43] *System der Aesthetik*, Introdução, p. XXXVI, nota.

[44] *System der Kunstlehre*: cf. Hartmann, op. cit., p. 387.

longamente sobre sagacidade e humor, descrito por ele como "cômico romântico", ou o "sublime às avessas" (*umgekehrte Erhabene*).[45]

Herbart, em virtude de seu princípio formalista, afirma que todos esses conceitos são estranhos à estética; ele os atribui à obra de arte, não ao belo puro;[46] Schleiermacher chega à mesma conclusão, e com muito melhores razões, a saber, como resultado de sua sadia concepção de arte. Entre outras coisas, ele observa que "é comum descrever o belo e o sublime como duas espécies de perfeição artística, e estamos tão acostumados à união desses dois conceitos que é preciso fazer um esforço para nos convencermos do quão longe eles estão de se coordenarem, e juntos esgotarem o conceito de perfeição artística"; ele lamenta que mesmo os melhores estetas, em vez de demonstrações, davam descrições retóricas sobre o assunto. Dizia ele: "A coisa não tem qualquer caráter de justeza" (*keine Richtigkeit*), e por isso exclui esse assunto da sua estética, como fizera anteriormente com o belo natural.[47] Outros filósofos, porém, se obstinaram em procurar uma conexão entre os vários conceitos, e chamaram a dialética para ajudá-los. O hábito de aplicar a dialética a conceitos empíricos afetava a todos naquele tempo, e a tal ponto que até mesmo Herbart, um grande inimigo da dialética, rendeu-se a ela a fim de explicar a união das várias ideias estéticas no belo, recorrendo à fórmula "perder em regularidade a fim de achá-la de novo".[48] Schelling dizia que o sublime é o infinito no finito, e o belo é o finito no infinito, acrescentando que o sublime em seu caráter absoluto inclui o belo, e o belo, o sublime;[49] e Ast, a quem já mencionamos, falava de um elemento masculino e positivo, que é o sublime, e de um elemento feminino e negativo, que é o gracioso ou agradável, entre os quais existe um contraste e uma luta. A sistematização e dialetização que se desenvolveram e aumentaram até meados do século XIX assumiram duas formas diferentes, cuja história será brevemente delineada agora.

A primeira forma poderia ser chamada de a superação do Feio, onde o cômico, o sublime, o trágico, o humorístico, e outros foram concebidos

---

[45] *Vorschule der Aesthetik*, cap. 6-9.
[46] Veja cap. 10 anterior, p. 296-97.
[47] *Vorlesungen über die Aesthetik*, p. 240 ss.
[48] Cf. Zimmermann, *Geschichte der Aesthetik*, p. 788.
[49] *Philosophie der Kunst*, § 65-66.

como tantos casos de uma guerra movida entre Feio e Belo, em que este último saía sempre vitorioso e ressurgia dessa guerra cada vez mais exaltado e multiforme. A segunda forma da teoria pode ser descrita como a passagem do abstrato ao concreto, e, de acordo com ela, o Belo não pode surgir da abstração, não pode se tornar esse ou aquele belo concreto, a não ser particularizando-se no cômico, trágico, sublime, humorístico, ou em outra modificação sua. A primeira forma já estava bem desenvolvida em Solger, um adepto da teoria romântica da Ironia, mas a sua premissa histórica pressupõe a teoria estética do Feio, esboçada inicialmente por Friedrich Schlegel (1797). Já observamos que Schlegel considera que o princípio da arte moderna é o característico ou o interessante, e não o belo; daí a importância que ele dava ao picante, ao impressionante (*frappant*), ao aventuroso, ao cruel, ao feio.[50] Solger encontrou aqui a base para sua construção dialética; entre outras coisas, diz ele que o elemento finito e terreno pode ser dissolvido e aniquilado no elemento divino, que constitui o trágico: ou então o elemento divino pode ser totalmente corrompido pelo elemento terreno, produzindo o cômico.[51] Esses métodos de Solger foram seguidos por Weisse (1830) e por Ruge (1837); para o primeiro, a feiura é "a existência imediata da beleza", que é superada no sublime e no cômico; para o outro, o esforço para alcançar a ideia, ou da ideia que procura a si mesma, gera o sublime; o feio é gerado quando, nessa busca, a ideia se perde em vez de se reencontrar; por sua vez, o cômico é gerado quando a ideia se redescobre, põe-se para fora do domínio do feio e ressurge para uma nova vida.[52] Rosenkranz compôs um tratado inteiro, a *estética do Feio* (1853),[53] apresentando-o como intermediário entre o conceito de belo e o de cômico, seguindo-o da sua origem àquele "tipo de perfeição" que este atinge no satânico. Passando do comum (*Gemeine*), que é o pequeno, o débil, o baixo, e das subespécies do baixo, o usual, o casual e arbitrário, e o bruto, Rosenkranz descreve o repugnante, tripartido em estranho, morto (e vazio) e horrível: assim, de partição em partição, subdivide o horrível em absurdo, nauseante e mal; o mal, em delituoso, espectral e diabólico; o diabólico, em demoníaco, bruxesco

---

[50] Cf. Hartmann, *Deutsche Aesthetik seit Kant*, p. 363-64.

[51] *Vorlesungen über die Aesthetik*, p. 85.

[52] *Neue Vorschule der Aesthetik*, Halle, 1837.

[53] K. Rosenkranz, *Aesthetik des Hässlichen*, Königsberg, 1853.

e satânico. Por considerá-la trivial, combate a concepção de feio em arte, de modo a dar relevância ao belo, e justifica a introdução deste pela necessidade que a arte tem de representar toda a aparência da ideia em sua totalidade; por outro lado, admite que o feio não está no mesmo patamar que o belo, pois, se o belo pode manter-se por si só, o feio não o pode e deve sempre refletir-se no belo.[54]

A segunda forma prevaleceu em Vischer. A seguinte passagem servirá de ilustração da sua construção: "A ideia desperta da unidade tranquila em que se encontrava fundida com a imagem e vai além afirmando, em face de sua própria finitude, a sua própria infinidade"; essa rebelião e transcendência é o sublime. "Mas o Belo exige plena satisfação para esse rompimento da sua harmonia: o direito violado da imagem deve ser restabelecido, e isso pode ser feito apenas por meio de uma nova contradição, isto é, pela posição negativa que a imagem ora ocupa quando se volta em direção à ideia, ao se opor à interpenetração com ela, e afirmar sua própria existência como o todo separado da ideia"; esse segundo momento é o cômico, negação de uma negação.[55] O mesmo processo, ainda mais enriquecido e complicado, encontra-se em Zeising, que compara as modificações do Belo à refração das cores: as três modificações principais, o sublime, o atraente e o humorístico, correspondem ao espectro primário do violeta, laranja e verde; as três secundárias, belo puro, cômico e trágico, correspondem ao vermelho, amarelo e azul. Cada uma dessas seis modificações (do mesmo modo que os graus de feio em Rosenkranz) se ramifica, como fogos de artifício, em três raios: o belo puro em decoroso, nobre e agradável; o atraente em gracioso, interessante e picante; o cômico em bufonesco, divertido e burlesco; o humorístico em barroco, caprichoso e melancólico: o trágico em comovente, patético e demoníaco; o sublime em glorioso, majestoso e imponente.[56]

Todas as obras de estética são, portanto, naquele tempo, cheias dessa forma de legenda, *chanson* ou romance do "Cavaleiro Purobelo" (*Reinschön*) e suas aventuras extraordinárias, recontadas em duas versões conflitantes. De acordo com uma versão, Purobelo vê-se obrigado a abandonar sua amada preguiça pela obra mefistofélica da sedutora Feiura, que o leva a inúmeros

---

[54] Ibidem, p. 36-40.
[55] *Aesthetik*, § 83-84, 154-55.
[56] *Aesthetische Forschungen*, p. 413.

perigos dos quais invariavelmente sai vitorioso; suas vitórias e seus sucessos (seu Marengo, Austerlitz e Jena) são chamados de Sublime, Cômico, Humorístico e assim por diante. Na outra versão, Purobelo, entediado com sua vida de solidão, põe-se a buscar a si mesmo, e parte à procura de adversários e inimigos para o combate, sendo sempre vencido, mas mesmo vencido, *ferum victorem capit*, ele transforma e irradia de si o inimigo. Além dessa mitologia artificial, dessa lenda composta sem a menor imaginação ou habilidade literária, dessa historieta mediocremente maçante, é inútil procurar qualquer coisa na rebuscada teoria alemã chamada Modificações do Belo.

14. A ESTÉTICA NA FRANÇA, NA INGLATERRA E NA ITÁLIA NA PRIMEIRA METADE DO SÉCULO XIX

No último quarto do século XVIII e na primeira metade do XIX, o pensamento alemão, apesar dos erros gritantes que o viciaram, e que logo suscitaram violenta e excessiva reação, deve merecer o primeiro lugar na história geral do pensamento europeu daquele período, bem como nos estudos de estética, reduzindo a segundo e terceiro planos a filosofia contemporânea de outros países. A França, que ainda se encontrava sob o domínio do sensualismo de Condillac, não estava à altura, na virada do século, de desenvolver uma atividade espiritual como a arte. Quando muito, percebia-se um brilho fraco do espiritualismo abstrato de Winckelmann nas teorias de Quatremère de Quincy, que, na crítica de Émeric-David (por sua vez, um crítico do belo ideal e um adepto da imitação da natureza),[1] sustentava que as artes do desenho têm por objeto a beleza pura, desprovida de caráter individual, pois retratam o homem e não os homens.[2] Um ou outro sensualista, como Bonstetten, em vão se esforçava para traçar os processos peculiares da imaginação na vida e na arte.[3] Os seguidores do espiritualismo universitário francês datam o início de uma nova era, e a fundação da estética na França no ano de 1818, quando Victor Cousin ministrou, na Sorbonne, pela primeira vez, o seu curso sobre O Verdadeiro, o Belo e o Bem (que mais tarde deu origem ao livro de mesmo nome, reimpresso muitas vezes),[4] o princípio de uma revolução e a fundação da ciência estética na França. Mas esse curso de Cousin, embora recolha algumas migalhas de Kant, é bem pouca coisa: ali se refuta a identificação do belo com o agradável e com o útil, substituindo-a pela afirmação de uma tríplice beleza – física, intelectual e moral –, sendo esta última

---

[1] Éméric-David, *Recherches sur l'Art du Statuaire chez les Anciens*, Paris, 1805 (trad. it., Firenze, 1857).
[2] Quatremère de Quincy, *Essai sur l'Imitation dans les Beaux Arts*, 1823.
[3] *Recherches sur la Nature et les Lois de l'Imagination*, 1807.
[4] *Du Vrai, du Beau et du Bien*, 1818, reescrito muitas vezes (23. ed., Paris, 1881).

a verdadeira beleza ideal, que tem fundamento em Deus; ele diz que a arte expressa a beleza ideal, o infinito, Deus; diz que gênio é o poder criador e que gosto é uma mistura de imaginação, sentimento e razão.[5] Típicas frases de acadêmico: pomposas e vazias e, por isso mesmo, bem-aceitas e divulgadas. De maior valor é o curso de estética dado por Theodore Jouffroy, em 1822, diante de uma plateia pequena, e publicado postumamente em 1843.[6] Jouffroy admitia uma beleza de expressão, encontrada tanto na arte como na natureza; uma beleza de imitação, que consiste na exatidão com a qual se reproduz um modelo; uma beleza da idealização, que também o reproduz, acentuando uma qualidade particular, a fim de lhe dar maior significado, e, finalmente, uma beleza do invisível ou do conteúdo, redutíveis à força (física, sensível, intelectual, moral) que, como tal, desperta simpatia. O feio é a negação desse belo simpático; suas espécies ou modificações são o sublime e o gracioso. Vê-se que Jouffroy não conseguiu isolar o fato em sua análise estritamente estética e deu, em vez de um sistema científico, pouco além de explicações sobre o uso de palavras. Ele não podia ver ou compreender que a expressão, a imitação e a idealização são idênticas entre si e com a atividade artística. Além disso, Jouffroy tinha muitas ideias curiosas, principalmente a respeito de expressão. Ele disse que, se fôssemos ver um bêbado com todos os sintomas mais repugnantes de alcoolização em uma estrada onde houvesse também uma pedra disforme, deveríamos ficar satisfeitos com o homem embriagado, pois ele tem expressão, e não com a pedra, que não tem nenhuma. Ao lado de Jouffroy, cujas teorias, por errôneas ou imaturas que sejam, revelam uma mente indagadora, só se pode citar Lamennais,[7] que, da mesma forma que Cousin, considerava a arte como manifestação do infinito por meio do finito, do absoluto por meio do relativo. O romantismo francês, com De Bonald, De Barante e Mme. de Staël, definiu a literatura como "a expressão da sociedade", e, sob influência alemã, pôs em lugar de honra o característico e o grotesco,[8] proclamando a independência da arte valendo-se da fórmula "arte pela arte"; mas afirmações como essas, vagas ou

---

[5] Ibidem, lições 6-8.
[6] *Cours d'Esthétique*, ed. P. Damiron, Paris, 1845.
[7] *De l'Art et du Beau*, 1843-1846.
[8] Victor Hugo, Prefácio a *Cromwell*, 1827.

aforismáticas, não superaram, filosoficamente falando, a velha doutrina da "imitação da natureza".

Na Inglaterra, a psicologia associacionista ainda florescia (e continuava a florescer sem parar), incapaz de se emancipar totalmente da sensualista e de compreender a fantasia. Dugald Stewart[9] recorreu ao expediente infeliz de estabelecer duas formas de associação: uma de associações acidentais; outra de associações ínsitas na natureza humana e, portanto, comuns a toda a humanidade. Também a Inglaterra não escapou da influência alemã, como aparece, por exemplo, em Coleridge, a quem se deve a introdução de um conceito mais saudável da poesia e da diferença entre ela e a ciência[10] (em colaboração com o poeta Wordsworth), e de Carlyle, que exaltava a fantasia acima do intelecto, "órgão do Divino". Talvez o mais notável ensaio estético desse período tenha sido a *Defesa da Poesia*, de Shelley (1821),[11] contendo intuições profundas, embora pouco sistemáticas, sobre as distinções entre razão e imaginação, prosa e poesia, e sobre a linguagem primitiva e a faculdade de poética objetivação que consagra e preserva "o registro dos melhores e mais felizes momentos das mentes mais felizes e melhores".

Na Itália, onde nem Parini nem Foscolo[12] conseguiram se livrar da tirania das velhas doutrinas (embora Foscolo, em seus últimos escritos, tenha se mostrado de várias formas um inovador da crítica literária), muitos tratados e ensaios de estética foram publicados nos primeiros decênios do século XIX, a maior parte evidenciando a influência do sensacionismo de Condillac, que estava em voga na Itália. Mas autores como Delfico, Malaspina, Cicognara, Talia, Pasquali, Visconti e Bonacci e outros pertenciam ao âmbito das singularidades históricas, ou melhor, ao que de anedótico há na história da filosofia italiana. De vez em quando, no entanto, encontramos observações que não são de todo desprezíveis, por exemplo, em Melchiorre Delfico (1818), que, depois de vagar sem rumo, fixa-se no princípio da expressão, observando que "se fosse possível demonstrar que a expressão é sempre um elemento da beleza, seria uma inferência legítima

---

[9] Dugald Stewart, *Elements of the Philosophy of the Human Mind*, 1827.
[10] Gayley-Scott, *An Introduction*, p. 305-06.
[11] P. B. Shelley, *A Defense of Poetry*. In: *Works*, London, 1880, vol. VII.
[12] Parini, *Principii delle Belle Lettere Applicati alle Belle Arti*, de 1773 em diante; Foscolo, *Dell'Origine e dell'Uffizio della Letteratura*, 1809, e os *Saggi di Critica*, escritos na Inglaterra.

considerá-la como a verdadeira característica da beleza, ou seja, uma condição sem a qual a beleza não poderia existir, ou não seria possível despertar em nós a agradável modificação que faz nascer o sentimento do belo"; ele tentou desenvolver esse princípio, sustentando que todos os outros elementos (ordem, harmonia, proporção, simetria, simplicidade, unidade e variedade) adquirem significado somente quando se subordinam ao princípio da expressão.[13] Em oposição à definição de Malaspina sobre beleza com "prazer nascido de uma representação", e em oposição à tríplice divisão do belo, então em voga, em beleza sensível, moral e intelectual, um crítico seu observou que, se o belo é representação, é inconcebível haver um belo intelectual, que seria inteligível, mas não representável.[14] Não se pode esquecer Pasquale Balestrieri, cultor das ciências médicas que, em 1847, tentou construir uma espécie de estética exata ou matemática, saindo-se igualmente bem, ou igualmente mal, como muitos autores famosos de outros países. Ele notou, ao traduzir suas expressões algébricas em números, que tais fórmulas gerais "cumprem a sua finalidade mediante um número infinito de sistemas de expressões diferentes", e que em arte há um elemento x, "não arbitrário, mas ignoto".[15] À época traduziram-se obras de autores alemães; algumas delas, como as obras dos dois Schlegel, foram reeditadas várias vezes; estudou-se e discutiu-se a *Estética* de Bouterweck, que se liga novamente a Kant e Schiller;[16] Colecchi fez uma excelente exposição das doutrinas estéticas kantianas[17] e, em 1831, um certo Lichtenthal adaptou a *Estética* de Franz Ficker[18] para o uso de leitores italianos; depois, o mesmo livro foi integralmente traduzido; traduziram-se também alguns escritos de Schelling, como, por exemplo, seu discurso sobre as relações entre as artes figurativas e a natureza.

Não se pode dizer que a estética tenha recebido tratamento adequado quando do renascimento da especulação filosófica italiana realizada por obra de Galluppi, Rosmini e Gioberti. Galluppi dá um tratamento incidental

---

[13] M. Delfico, *Nuove Ricerche sul Bello*, Napoli, 1818, cap. 9.
[14] Malaspina, *Delle Leggi del Bello*, Milano, 1828, p. 26, 233.
[15] P. Balestrieri, *Fondamenti di Estetica*, Napoli, 1847.
[16] Friedrich Bouterweck, *Aesthetik*, 1806, 1815 (3. ed., Göttingen, 1824-1825).
[17] O. Colecchi, *Questioni Filosofiche*, vol. III, Napoli, 1843.
[18] Lichtenthal, *Estetica ossia Dottrina del Bello e delle Arti Belle*, Milano, 1831.

e popular;[19] dedica Rosmini uma seção de seu sistema filosófico às ciências deontológicas, que "tratam da perfeição do ente, bem como do método de adquirir ou produzir tal perfeição ou perdê-la", e dentre essas ciências há aquela do "belo universal", sob o nome de calologia, da qual a estética seria uma seção especial, a ciência do "belo no sensível", que estabeleceria os "arquétipos dos seres".[20] No seu mais longo escrito literário, que ele considera a sua estética,[21] em seu ensaio sobre o *Idílio*,[22] Rosmini declara que a finalidade da arte não é nem imitação da natureza, nem a intuição direta dos arquétipos, mas a redução das coisas naturais aos seus arquétipos, que se graduam em uma hierarquia de três ideais: natural, intelectual e moral. Gioberti[23] estava sob o influxo do idealismo alemão, especialmente de Schelling, de onde o belo é para ele "a união indivídua de um tipo inteligível com um elemento fantástico, feita por obra da imaginação". O fantasma dá a matéria, o tipo inteligível (conceito) dá a forma, no sentido aristotélico,[24] e uma vez que o elemento ideal predomina sobre o sensível ou fantástico, a arte é uma propedêutica à verdade e ao bem. Gioberti diz que Hegel estava errado ao desvincular o belo natural da estética, porque a perfeita beleza natural é "a plena correspondência da realidade sensível com a ideia que a informa e representa", e, como tal, "faz a sua aparição no universo sensível durante o segundo período da era primordial descrita em detalhes por meio de Moisés nos seis dias da criação"; é apenas por efeito do pecado original que a imperfeição e a feiura surgiram na natureza.[25] A arte nada mais é que um complemento do belo natural, cuja decadência pressupõe, e, portanto, é ao mesmo tempo recordação e profecia, referindo-se à época primitiva e à última idade do mundo. O juízo final vai reintroduzir a beleza perfeita: "a restituição orgânica, habilitando os ressurrectos a contemplar o inteligível no sensível, e refinando todas as suas potências, tornará mais intenso e puro o prazer estético. A contemplação da beleza perfeita será a

---

[19] *Elementi di Filosofia*, 5. ed., Napoli, 1846, vol. II, p. 427-76.
[20] *Sistema Filosofico di A. Rosmini-Serbati*, Torino, 1886, § 210.
[21] *Nuovo Saggio sopra l'Origine delle Idee*, seção V, parte IV, cap. 5.
[22] *Sull'Idillio e sulla Nuova Letteratura Italiana* (*Opuscoli Filosofici*, Milano, 1827, vol. I).
[23] V. Gioberti, *Del Buono e del Bello*, ed. de Firenze, 1857.
[24] *Del Bello*, cap. 1.
[25] Ibidem, cap. 7.

bem-aventurança da fantasia, do qual Cristo deu uma inefável antecipação, aparecendo aos seus discípulos visivelmente transfigurado e brilhante com beldade celestial".[26] Como Schelling, Gioberti admitia uma arte pagã e outra cristã, um "belo heterodoxo" (arte oriental e greco-itálica), imperfeita, quando comparada com um "belo ortodoxo"; e entre ambos, como transição para a arte cristã, uma beleza "semiortodoxa";[27] ele também tentou elaborar uma doutrina das modificações do belo, onde o sublime foi guindado ao posto de criador do belo. O belo é o inteligível relativo das coisas criadas, apreendido pela imaginação: o sublime é o inteligível absoluto de tempo, de espaço e de força infinita, representado antes pela faculdade da fantasia: "a fórmula ideal: o Ente cria o Existente, ou, traduzindo em linguagem estética, pode-se dizer: o Ente, por meio do sublime dinâmico, cria o belo, e por meio do sublime matemático o contém; isso nos mostra a conexão ontológica e psicológica da estética na ciência primeira". O feio entra no belo, ou como contraste, ou então para abrir caminho ao cômico, ou para descrever a luta entre o bem e o mal. O ideal cristão do belo artístico é a figura do Deus-Homem, união absoluta das duas formas de beleza, do sublime e do belo, e expressão transfigurada e divinamente iluminada do homem.[28] Por mais que se peneirem os pensamentos de Gioberti de sua mitologia judaico-cristã, não se encontra nada que tenha valor para a ciência.

Por outro lado, se o movimento literário italiano daqueles tempos tentava reviver e renovar várias ideias críticas particulares, tendia também, por razões sociais e políticas bem conhecidas, a considerar a literatura como instrumento prático de divulgação de verdades de cunho histórico, científico, religioso e moral. Em 1816, Giovanni Berchet escreveu que "a poesia [...] visa à melhoria dos costumes humanos e à satisfação dos desejos da fantasia e do coração, pois a tendência para a poesia, como qualquer outro desejo, suscita em nós necessidades morais";[29] e Ermes Visconti, em seu *Conciliatore* (1818), diz que a finalidade estética deve ser subordinada "à eminente finalidade de todos os estudos, que é o aperfeiçoamento da humanidade, o bem público e o bem privado". Manzoni, que posteriormente

---

[26] Loc. cit.

[27] Ibidem, cap. 8-10.

[28] Ibidem, cap. 4.

[29] Berchet, *Opere*, ed. Cusani, Milano, 1863, p. 227.

começou a filosofar sobre a arte a partir dos princípios de Rosmini, enunciava em sua carta sobre o Romantismo (1823) que "a poesia ou a literatura *in genere* deve tomar a utilidade como finalidade, a verdade como sujeito e o interessante como meio";[30] e, embora se dê conta da indeterminação do conceito de verdade que se exige à poesia, ele se inclinou sempre (como se vê também do discurso sobre o romance histórico) a identificá-lo com a verdade histórica e científica.[31] Pietro Maroncelli substituiu a fórmula de arte clássica, "fundada na imitação da realidade e tendo o prazer como finalidade", por uma arte "fundada sobre inspiração, tendo o belo como meio e o bem como finalidade", doutrina que ele batizou de "cormentalismo", contrastando-a com a doutrina da arte pela arte, encontrada em August Wilhelm Schlegel e Victor Hugo.[32] Tommaseo definia o belo como "a união de muitas verdades em um conceito", efetuada pela força do sentimento.[33] Giuseppe Mazzini sempre concebeu a literatura como a mediadora da ideia universal ou do conceito intelectual.[34] Um sentido bastante profundo da poesia, de seu eterno caráter clássico e ao mesmo tempo sentimental, em que a "lírica" aparece em sua pura e verdadeira forma, estava em Leopardi, cujos pensamentos a respeito só vieram à luz recentemente.[35] Os românticos italianos, porém, procurando restituir conteúdo e seriedade a uma literatura débil e frívola, foram, do ponto de vista teórico, por uma reação bastante natural, opositores perpétuos e constantes de toda doutrina que pretendesse afirmar a independência da arte.

---

[30] Palavras suprimidas na edição de 1870.

[31] *Epistolario*, ed. G. Sforza, Milano, 1882, vol. I, p. 285, 306, 308; *Discorso sul Romanzo Storico*, 1845; *Dell'Invenzione*, diálogo.

[32] *Addizioni alle Mie Prigioni*, 1831. In: Pellico, *Prose*, Firenze, 1858: veja as páginas sobre o "*Conciliatore*".

[33] *Del Bello e del Sublime*, 1827; *Studi Filosofici*, Venezia, 1840, vol. II, parte v.

[34] Cf. De Sanctis, *Letteratura Italiana nel Secolo XIX*, ed. B. Croce, Napoli, 1896, p. 427-31.

[35] Veja os seus *Pensieri*, publicados apenas em 1898 ss, e conhecidos pelo nome de *Zibaldone*.

15. FRANCESCO DE SANCTIS

A autonomia da arte, por outro lado, encontrou na Itália um forte defensor na obra crítica de Francesco de Sanctis, que deu aulas particulares de literatura em Nápoles de 1838 a 1848, ensinou em Turim e Zurique de 1853 a 1860, e foi professor na Universidade de Nápoles em 1870. De Sanctis expôs suas doutrinas em ensaios críticos, em monografias sobre escritores italianos e em sua clássica *História da Literatura Italiana*. Nutrido inicialmente na escola de Puoti, de tradicional cultura italiana, sua inclinação natural especulativa o conduziu a investigar as doutrinas gramaticais e retóricas com o intento de sistematizá-las; mas dessa tentativa, passou pouco a pouco à crítica e à superação. E avaliou "empiristas" como Fortunio, Alunno, Accarisio e Corso, tendo em melhor conta a opinião de Bembo, Varchi, Castelvetro e Salviati, com os quais se introduzira na gramática o "método", aperfeiçoado depois por Buonmattei, Corticelli e Bartoli, proclamando Francisco Sanchez, autor da *Minerva*, "o Descartes dos gramáticos". Sua admiração passou destes aos escritores franceses do século XVIII e às gramáticas filosóficas de Du Marsais, Beauzée, Condillac e Gérard. Seguindo os seus passos e perseguindo o ideal de Leibniz, concebeu uma "gramática lógica"; daí em diante, no entanto, reconheceu a impossibilidade de reduzir as diferenças das línguas a princípios fixos (lógicos). Se os teóricos franceses pareciam-lhe admiráveis por sua capacidade de reconstituir as formas simples e primitivas, de "amo" para "sou amante", algo o inquietava; "tal decomposição de 'amo' para 'sou amante' que", disse ele, "amortece a palavra ao privá-la de todo o movimento que lhe advém da vontade em ato".[1] Da mesma forma, leu e criticou os tratados de Retórica e de Poética, dos autores do século XVI, como Castelvetro e Torquato Tasso (a quem se atreveu a chamar de "crítico medíocre", para grande escândalo

---

[1] *Frammenti di Scuola*. In: *Nuovi Saggi Critici*, p. 321-28; *La Giovinezza di Francesco de Sanctis* (autobiografia), p. 62, 101, 163-66. (Citamos as obras de De Sanctis conforme a ed. estereotipada de Nápoles, ed. Morano, 12 vol.).

dos homens de letras napolitanos), até Muratori e Gravina, "mais sagaz que verdadeiro", e os italianos do século XVIII, Bettinelli, Algarotti e Cesarotti. As frias regras racionais não obtiveram qualquer favor seu: aos jovens exortou a afrontar livremente as obras literárias absorvendo-lhes ingenuamente as impressões, único e necessário fundamento possível do juízo.[2]

Os estudos filosóficos, nunca interrompidos ou abandonados na Itália meridional, e àquela época em processo de renovação, suscitavam ardorosas discussões sobre as teorias do belo que vinham de além dos Alpes, das novas ideias de Gioberti e de outros italianos.[3] Ressurgia o estudo de Vico; divulgavam-se em Nápoles os volumes da tradução francesa da *Estética* de Hegel, feita por Bénard (o primeiro volume em 1840, o segundo em 1843, e os demais entre 1848 e 1852). Desejosos de renovação intelectual, os jovens italianos puseram-se a aprender alemão: o próprio De Sanctis (preso por ter sido liberal no governo dos Bourbon) traduziu no cárcere a *Lógica*, de Hegel, e a *História das Literaturas*, de Rosenkranz. A nova tendência crítica se chamava "filosofismo", para distingui-la da antiga crítica gramatical e do vago, exagerado e incoerente romantismo. O filosofismo atraiu De Sanctis, e como sinal da transfusão do espírito hegeliano que lhe acometeu, diz-se que após ter lido os primeiros volumes da tradução de Bénard, De Sanctis pôs-se a adivinhar o que viria nos volumes restantes e, antes que fossem publicados, os explicava publicamente em sala de aula.[4]

Em seus primeiros escritos se acham traços do idealismo metafísico e do hegelianismo, traços que permanecem aqui e ali na terminologia de suas obras posteriores. Em um discurso feito antes de 1848, colocou a segurança da crítica na escola filosófica, que nas obras de literatura considerava "a parte absoluta [...] aquela ideia incerta que agita a alma dos grandes escritores, mesmo a que não se exterioriza vestida de vestes belíssimas, mas sempre menos bela que a si mesmo".[5] No prefácio às peças de Schiller (1850), escreveu: "A ideia não é pensamento, nem a poesia é o motivo da canção, como gosta de defini-la um poeta moderno: a ideia é

---

[2] *La Giovinezza di Francesco de Sanctis*, p. 260-61, 315-16.

[3] *Saggi Critici*, p. 534.

[4] De Meis, *Commemorazione di Francesco de Sanctis* (no volume In Memoria, Napoli, 1884, p. 116).

[5] *Scritti Vari*, ed. B. Croce, vol. II, p. 153-54.

ao mesmo tempo a necessidade e a liberdade, razão e paixão, e sua forma perfeita no drama é a ação".[6] Em outro lugar, chama a atenção para a morte da fé e da poesia, superadas pelo desenvolvimento da filosofia: a tese, disseram alguns anos mais tarde, que "Hegel, com o seu pensamento onipotente, impunha à nossa geração".[7] Em 1856, De Sanctis tentava uma definição de humorismo, como a "forma artística que tem por significado a destruição do limite, com a consciência de tal destruição".[8] E, para não se estender a outros elementos particulares, a distinção a qual De Sanctis tem sempre bem estabelecida ao longo de sua obra crítica, da imaginação e fantasia, esta última considerada como única e verdadeira faculdade poética, veio-lhe sem dúvida por meio de Schelling e Hegel (*Einbildungskraft, Phantasie*); como dos mesmos filósofos lhe vêm as frases "conteúdo prosaico", "mundo prosaico", que por vezes adota.

Para De Sanctis, a estética hegeliana foi apenas subsídio e apoio para elevar-se acima das discussões e dos conceitos das antigas escolas italianas. Um espírito fresco e límpido como o seu não podia escapar das garras dos gramáticos e de retóricos para cair na dos metafísicos, que entendem pouco de arte e a maltratam a fim de fazê-las entrar em seus tratados. De Hegel, ele sugou toda a parte vital, e propôs interpretações atenuadas de sua doutrina, mas manteve-se desconfiado até que, por fim, rebelou-se abertamente a tudo o que em Hegel era artificial, formalista e pedante.

Os exemplos a seguir, de tais reduções e atenuações, mostram que se trata de correções e mudanças substanciais. "A fé desapareceu e a poesia está morta", escrevia em 1856 fazendo ecoar Hegel, "ou, melhor seria dizer", e aqui é o próprio De Sanctis que continua corrigindo, "fé e poesia são imortais: o que desapareceu é apenas uma forma particular de ser". Hoje, "a fé nasce da convicção, a poesia cintila a partir da meditação; não estão mortas, mas transformadas".[9] Decerto ele distinguia a fantasia da imaginação, mas a fantasia não era, para ele, a faculdade mística da apercepção transcendental, a intuição intelectual dos metafísicos alemães, mas simplesmente a faculdade de síntese e criação do poeta, contraposta à imaginação

---

[6] *Saggi Critici*, p. 18.
[7] Ibidem, p. 226-28; *Scritti Vari*, vol. II, p. 185-87 e cf. p. 70.
[8] *Scritti Critici*, ed. V. Imbriani, p. 91.
[9] Ibidem, p. 228; cf. *Scritti Vari*, vol. II, p. 70.

como a faculdade de recolher singularidades e materiais de forma um tanto mecânica.[10] Aos estudantes que pretendiam apresentar as teorias de Vico e de Hegel como a exaltação do conceito de arte, De Sanctis respondeu: "O conceito não existe em arte, na natureza ou na história: o poeta age inconscientemente e não vê o conceito, mas a forma, na qual está envolvido e como que perdido. Se o filósofo, por meio da abstração, consegue extrair o conceito e contemplá-lo em sua pureza, esse processo é justamente o contrário do que a arte, a natureza e a história trilham". Ele advertia os seus ouvintes a não entenderem mal o pensamento de Vico, o qual, extraindo conceitos e tipos exemplares dos poemas homéricos, não agia como crítico de arte, mas como historiador da civilização: Aquiles é artisticamente Aquiles, e não a representação da força ou de qualquer outra abstração.[11] Assim, sua polêmica se volta, em primeira instância, contra o mal-entendido daquilo chamado por ele de verdadeiro pensamento hegeliano, que era, na verdade, no mais das vezes, uma correção mais ou menos consciente que ele mesmo fazia. Em seus últimos anos, orgulhava-se de que, mesmo no período do fanatismo napolitano por Hegel, "no tempo em que Hegel era o senhor das searas", tinha sempre diante si suas reservas contra Hegel, pois "não aceitava o seu apriorismo, a sua tríade e as suas fórmulas".[12]

De Sanctis também assumiu uma atitude independente em relação aos outros estetas alemães. O método de Wilhelm Schlegel, muito avançado para o tempo em que foi proposto, parecia-lhe já superado. Em 1856, De Sanctis escrevia que Schlegel se esforça "para alçar-se acima da crítica comum, que se atinha a fraseologia, versificação e elocução, mas se perdia no caminho e nunca se deparava com a arte: também Schlegel se atira de cabeça na probabilidade, no decoro e na moral; em tudo, menos na arte".[13] Conduzido pelas vicissitudes da vida, foi parar em terras alemãs, e, na Politécnica de Zurique, tendo como colega – imaginem só! – Theodor Vischer. Que opinião ele podia ter acerca do pesadíssimo escolástico hegeliano que, saindo empoeirado e ofegante dos trabalhos sistemáticos tão bem conhecidos,

---

[10] *Storia della Letteratura*, vol. I, p. 66-67; *Saggi Critici*, p. 98-99; *Scritti Vari*, vol. I, p. 276-78, 384.

[11] *La Giovinezza di Francesco de Sanctis*, p. 279, 313-14, 321-24.

[12] *Scritti Vari*, vol. II, p. 83: cf. p. 274.

[13] Ibidem, vol. I, p. 228-36.

sorria com desdém da poesia, da música, da decadente raça italiana? Diz De Sanctis: "Fui lá com minhas opiniões e com meus preconceitos, e me ria de seu ridículo. Richard Wagner me parecia um corruptor da música, e nada me parecia mais privado de estética que a obra de Vischer".[14] Seu desejo de corrigir as distorções de Vischer, de Adolf Wagner, de Valentin Schmidt e de outros críticos e filósofos alemães levou-o a realizar, entre 1858-1859, ante uma audiência internacional, em Zurique, uma série de conferências sobre Ariosto e Petrarca, os dois poetas italianos mais maltratados por aqueles críticos, por serem os menos reduzíveis a interpretações filosóficas. Imaginou então um crítico alemão que se contrapõe a um crítico francês, cada um com seus próprios defeitos. "O francês não entrava no mérito das teorias, mas ia direto ao assunto: seu argumento palpita com o calor da impressão e a sagacidade do observador: nunca deixa o concreto, avalia o talento e o trabalho, estudando o homem, a fim de entender o escritor." Seu erro, porém, consiste em substituir a reflexão sobre a arte pela psicologia do autor e da história de seu tempo.

> O alemão, ao contrário, por força de manipular, acaba distorcendo e misturando tudo, e faz uma argamassa de trevas de cujo centro saem, de quando em quando, raios deslumbrantes: lá no fundo está a verdade, que é parida com muitas dores. Diante de uma obra de arte, esforça-se para deter e fixar o que há de mais evanescente e impalpável. Ninguém mais do que ele, que fala de vida e de mundo vivo, ninguém mais do que ele se compraz tanto a decompô-la, desencarná-la, generalizá-la; e assim, destruído o individual, é capaz de lhe desvendar, como derradeiro resultado desse processo (último em aparência, mas na realidade preconceito e *a priori*), uma única forma para todos os pés, uma única medida para todos os casacos.
>
> [...]
>
> Na escola alemã domina a metafísica; na francesa, a história.[15]

Naquele tempo (1858), publicou numa revista piemontesa um estudo crítico exaustivo da filosofia de Schopenhauer,[16] o qual começava a fazer discípulos entre seus amigos e companheiros de exílio na Suíça, críticas que

---

[14] *Saggio sul Petrarca*, nova edição aos cuidados de B. Croce, p. 309 ss.
[15] *Saggi Critici*, p. 361-63, 413-14: cf., a propósito de Klein, *Scritti Vari*, vol. I, p. 32-34.
[16] *Saggi Critici*: "Schopenhauer e Leopardi", p. 246-99.

levaram aquele filósofo a confessar que "esse italiano" o tinha "absorvido *in succum et sanguinem*".[17] Que valor De Sanctis dava às sutilezas de Schopenhauer sobre a arte? Tendo exposta completamente sua doutrina sobre as ideias, contentava-se com uma mera referência no terceiro livro, "onde se acha uma exagerada teoria estética".[18]

No entanto, essa moderada resistência e oposição contra os sequazes do conceito e contra os românticos italianos de tendência mística e moralista (criticou Manzoni e Mazzini, Tommaseo e Cantù)[19] tornou-se uma aberta rebelião num de seus escritos críticos sobre Petrarca (1868) em que essa falsa tendência é caracterizada e satirizada de maneira mais incisiva.

> De acordo com esta escola (referindo-se à escola de Hegel e Gioberti), o real, o vivente, é arte apenas na medida em que supera a sua forma e revela seu conceito ou a ideia pura. O belo é a manifestação da ideia. A arte é o ideal, uma ideia particular. Sob o olhar contemplativo do artista, o corpo torna-se sutil até se tornar uma sombra da alma, um lindo véu. O mundo da poesia é povoado de fantasmas, e o poeta, eterno *rêveur*, à semelhança de um bêbado, vê corpos flutuando e mudando de forma diante dele. Nem só os corpos se tornam atenuados em formas e fantasmas, essas formas e fantasmas tornam-se manifestações livres de cada ideia e cada conceito. A teoria do ideal tem sido impulsionada para o seu último limite vitorioso, com a destruição dos próprios fantasmas, para o conceito como conceito, forma tornando-se um mero acessório. [...] Assim o vago, o indeciso, o ondulante, o vaporoso, o celestial, o aéreo, o velado, o angélico são postos em posição elevada entre as formas artísticas: enquanto a crítica revela o belo, o ideal, o infinito, o gênio, o conceito, a ideia, a verdade, o suprainteligível, o suprassensível, o ente e o existente, e muitas outras generalidades expressas em fórmulas bárbaras como aquelas dos escolásticos de cuja influência tivemos tanta dificuldade de escapar.

Todas essas coisas, em vez de determinar o verdadeiro caráter da arte, nada mais fazem que ilustrar o seu contrário: a sua veleidade e impotência

---

[17] Schopenhauer, *Briefe*, ed. E. Grisebach, Leipzig, s. d., p. 405-06: cf. p. 381-83, 403-04, 438-39.

[18] *Saggi Critici*, p. 269, nota. [Nessa ocasião, escreveu também uma crítica a respeito, juntamente com outra a Hegel, em páginas que ficaram inéditas até serem publicadas por mim em 1914, em "Frammenti di Estetica di Francesco de Sanctis". In: *Atti dell'Accademia Pontaniana*, tomo XLIV.]

[19] Cf. *Scritti Vari*, vol. I, p. 39-45, e *Letteratura Italiana nel Secolo XIX*, lições, aos cuidados de B. Croce, p. 241-43, 427-32.

artística que não sabem se livrar das abstrações e restabelecer a vida. Se belo e ideal têm realmente o significado dado pelos filósofos,

> a essência da arte não é nem o ideal nem o belo, mas o ser vivo, a forma; também o feio pertence à arte, assim como também na natureza o feio é um ser vivo: fora do domínio de arte acham-se apenas o informe e o deforme. Thaís, em Malebolge, é mais viva e mais poética que Beatriz, que é pura alegoria, correspondendo a combinações abstratas. O Belo? Dize-me, pois, se há alguma coisa tão bela como Iago, forma saída da profundidade da vida real, tão rica, tão concreta; assim, em todas as suas partes, em todas as suas gradações, uma das mais belas criaturas do mundo poético.

Se, no decurso de "discutir sobre a ideia ou o conceito, sobre o belo real, moral e intelectual, confundindo as verdades filosóficas ou morais com a verdade estética", e se chama de "feio uma grande parte do mundo poético, concedendo-lhe uma autorização de mero contraste, antagonismo ou realce da beleza, e se aceita Mefistófeles como antagonista de Fausto, ou Iago como folha de Otelo", nesse caso se imita "a boa gente que achava, *in illo tempore*, que as estrelas brilhavam no firmamento a fim de iluminar a terra".[20]

A teoria estética de De Sanctis surge inteiramente da crítica das mais altas manifestações que ele conheceu. De que tipo é, isso se revela no contraste.

> Se, no vestíbulo da arte, queres uma estátua, dá-lhe a forma; mira-te nela e estuda, comece por ela. Ante a forma, está o que existia antes da criação: o caos. O caos é, sem dúvida, algo de respeitável, e a sua história é muito interessante: a ciência ainda não pronunciou sua última palavra sobre este mundo anterior de elementos de fermentação. Também a arte tem o seu mundo primordial: embora nascida ontem e apenas esboçada, a arte também tem a sua geologia, uma ciência *sui generis*, que não é crítica nem estética. Esta surge quando surge a forma, em que aquele mundo primordial está submerso, fundido, esquecido e perdido. A forma está em si mesma, como o indivíduo está em si mesmo, e nenhuma teoria é tão destrutiva para a arte como aquele contínuo inflacionar do belo como manifestação, veste, luz, ou véu da verdade ou da ideia. O mundo estético não é aparência, mas substância, a própria substância, o vivente: seus critérios, sua razão de ser, resumem-se neste único mote: eu vivo.[21]

---

[20] *Saggio sul Petrarca*, Introdução, p. 17-29.
[21] Ibidem, p. 29 ss.

Mas a forma, para De Sanctis, não é nem a forma "no sentido pedante que teve até o final do século XVIII", isto é, aquele que por primeiro atinge o observador superficial, as palavras, o período, o verso, a imagem individual;²² nem a forma no sentido herbartiano, hipóstase metafísica daquela. "A forma não é *a priori*, não é algo que existe por si mesma, distintamente do conteúdo, como se fosse ornamento ou veste ou aparência ou complemento deste: antes, é gerada pelo conteúdo ativo na mente do artista: tal conteúdo, tal forma."²³ Entre forma e conteúdo existe, ao mesmo tempo, identidade e diversidade. Em uma obra de arte encontra-se o conteúdo, já caótico, que estava na mente do artista, "não como era originalmente, mas como se tornou; o conteúdo inteiro, com o seu próprio valor, com a sua própria importância, com a sua beleza natural, enriquecida, e não espoliada por aquele processo". Portanto, o conteúdo é essencial para se produzir a forma concreta, mas a qualidade abstrata do conteúdo não determina a da forma artística.

> Se o conteúdo, embora belo e importante, permanece inoperante ou sem vida ou residual na mente do artista, se não teve suficiente força geratriz, e revela-se débil ou falso ou viciado na forma, de que serve cantar-lhe louvores? Em tais casos, o conteúdo pode ser importante em si mesmo, mas é inútil enquanto literatura ou arte. Por outro lado, o conteúdo pode ser imoral, absurdo, falso ou frívolo, mas se em certos momentos ou certas circunstâncias operou intensamente no cérebro do artista, e tornou-se uma forma, tal conteúdo é imortal. Os deuses de Homero estão mortos; a *Ilíada* permanece. A Itália pode morrer e, com ela, a memória dos guelfos e gibelinos: a *Divina Comédia* permanecerá. O conteúdo está sujeito a todos os eventos da história: ele nasce e morre; mas a forma é imortal.²⁴

Ele sustentava firmemente a independência da arte, sem a qual nenhuma estética é possível, mas lhe parecia exagerada a fórmula da arte pela arte, na medida em que tende à separação do artista da arte, à mutilação do conteúdo e à conversão da arte em prova de mera habilidade.²⁵

Para De Sanctis, o conceito da forma era idêntico ao de fantasia, da força expressiva ou representativa, da visão artística. É isso que precisa

---

²² *Scritti Vari*, vol. I, p. 276-77, 317.

²³ *Nuovi Saggi Critici*, p. 239-40, nota.

²⁴ Loc. cit.

²⁵ Loc. cit.: e cf. *Saggio sul Petrarca*, p. 182; também *Scritti Vari*, vol. I, p. 209-12, 226.

entender quem quiser determinar claramente a tendência de seu pensamento. Mas o próprio De Sanctis nunca conseguiu definir a sua própria teoria com exatidão científica, e suas ideias estéticas permaneceram meros esboços de um sistema que nunca foi devidamente interligado e deduzido. Sua tendência especulativa partilhava atenção com muitos outros interesses: o desejo de compreender o concreto, apreciar a arte e reescrever sua história efetiva, mergulhar na vida prática e política, de modo que foi professor, conspirador, jornalista e estadista. "Minha mente se lança ao concreto", costumava dizer. Filosofava o suficiente para orientar-se nos problemas da arte, da história e da vida, e, depois de ter procurado luz para o seu entendimento, encontrado a direção certa, reconfortava-se contemplando seu caminho, e mergulhava rapidamente no particular e no determinado. Com grande poder, põe-se a recolher a verdade em seus princípios mais altos e gerais, reunindo uma aversão não menos intensa ao pálido reino das ideias em que o filósofo, quase asceta, se deleita. Como crítico e historiador da literatura, é inigualável. Quem o comparou com Lessing, Macaulay, Sainte-Beuve ou Taine, conseguiu fazer apenas um paralelo retórico. Gustave Flaubert escreveu a George Sand:

> Em sua última carta, falas da crítica, dizendo-me que esta desaparecerá em breve. Eu, pelo contrário, acho que a crítica está apenas surgindo no horizonte. Hoje, se faz exatamente o contrário do que a crítica fez, e nada mais. No tempo de La Harpe, o crítico era um gramático; no tempo de Sainte-Beuve e Taine, um historiador.[26] Quando será artista, nada mais que artista, mas um artista de verdade? Conheces uma crítica que se interesse intensamente pela própria obra? Analisam com delicadeza o ambiente histórico da obra e as causas que a produziram; mas, e a poética subjacente e suas causas? E a composição? E o estilo? E o ponto de vista do autor? Jamais têm esse cuidado. Para uma crítica desse tipo, é preciso ter grande imaginação e grande bondade, quero dizer, uma faculdade de entusiasmo sempre pronta, e, depois, é preciso gosto, qualidade rara esta mesmo entre os melhores, tanto que dela não se fala mais.[27]

De Sanctis é o único crítico que responde dignamente a esse ideal, tão desejado por Flaubert, ao menos dentre os críticos que tentaram interpretar

---

[26] Cf. na p. 343, o juízo de De Sanctis sobre a crítica francesa.

[27] *Lettres à George Sand*, Paris, 1884 (carta de 2 de fevereiro de 1869), p. 81.

os grandes autores da literatura. Nenhum outro país oferece um espelho tão perfeito de seu desenvolvimento literário como a Itália, graças à *História* e aos ensaios críticos de Francesco de Sanctis.

Mas De Sanctis é melhor historiador da literatura que filósofo da arte e esteta. Sua crítica é o principal; sua filosofia, mero acessório. As observações estéticas espalhadas em forma de aforismos e, incidentalmente, em seus ensaios e monografias, assumem matizes diversos conforme a ocasião, e são expressas com terminologia incerta e muitas vezes metafórica, sendo por isso acusado de contradições e incertezas que, na realidade, não existiam no fundo de seu pensamento, e mesmo o que parece estar errado se desfaz tão logo se leve em conta os casos particulares de que tratara antes. Mas a forma, as formas, o conteúdo, a vida, o belo, o belo natural, a feiura, a imaginação, o sentimento, a fantasia, o real, o ideal, e todos os outros termos que De Sanctis usou com diversos sentidos, exigem uma ciência que lhes sirva de apoio e de ponto de partida. Quem se puser a pensar sobre essas palavras, vê as dúvidas e os problemas se multiplicarem de todos os lados, e descobre lacunas e descontinuidades por toda parte. Em comparação com os poucos estetas filósofos, De Sanctis parece falhar nas análises, na ordem, no sistema; é impreciso em suas definições. No entanto, tais defeitos são amplamente superados pelo contato que ele promove entre o leitor e as obras de arte, reais e concretas, e também pelo sentimento de verdade que nunca o abandona. Ele tem, também, atração por aqueles escritores que conduzem para além daquilo que oferecem de imediato, fazendo ver novas riquezas a serem conquistadas. Pensamento vivo, que se dirige a homens cheios de vida, dispostos a elaborá-lo e continuá-lo.

16. A ESTÉTICA DOS EPÍGONOS

Quando na Alemanha ouviu-se o grito: "Fora com a metafísica!", e começou a furiosa reação contra aquela espécie de *Walpurgisnacht* em que, por obra dos últimos hegelianos, se reduzira a vida do pensamento, os discípulos de Herbart vieram para a linha de frente e, com ar petulante, perguntaram:

> O que é isso tudo? Uma rebelião contra o idealismo e a metafísica? Mas foi exatamente isso que desejou Herbart e essa foi a tarefa que empreendeu sozinho há meio século! Ora, estamos aqui, os seus legítimos descendentes, e nos oferecemos como vossos aliados. Nossa metafísica está de acordo com a teoria atômica, a nossa psicologia com mecanicismo, e nossa ética e estética com o hedonismo".

Se não tivesse morrido em 1841, Herbart bem provavelmente teria recusado desdenhosamente esses discípulos, que flertavam com a popularidade, banalizando a metafísica e interpretando de maneira naturalista a sua visão da realidade, suas representações, suas ideias e seus pensamentos mais elaborados.

Nesse tempo de sucesso da escola herbartiana, também sua estética tentou se encarnar, adquirindo certa robustez e fecundidade, para não fazer papel feio ao lado dos bem nutridos "corpos da ciência" trazidos ao mundo pelos idealistas. Cultor dessa nutrição foi Robert Zimmermann, professor de filosofia na universidade de Praga e na de Viena, que, depois de muitos anos de laborioso esforço, publicou a sua *estética Geral como Ciência da Forma*,[1] em 1865, à qual fizera preceder uma longa história da estética (1858).

Essa estética formalista, nascida sob maus auspícios, é uma curiosa mescla de fidelidade externa combinada servilmente com a infidelidade interna. A partir da unidade, ou melhor, da subordinação da ética e da estética geral, Zimmermann definiu esta última como "uma ciência que trata dos modos pelos quais um determinado conteúdo pode adquirir o direito

---

[1] *Allgemeine Aesthetik als Form-Wissenschaft*, Viena, 1865: cf. também em *Konversations--Lexicon del Meyer* (4. ed.) o artigo "Aesthetik", escrito por Zimmermann.

de despertar aprovação ou desaprovação" (diferindo, assim, da metafísica, que é a ciência do real, e da lógica, que é a do pensamento correto); tais modos, Zimmermann os aloca na forma, isto é, na relação recíproca dos elementos. Um simples ponto matemático no espaço, uma simples impressão da audição ou da visão, um simples tom, não são nem agradáveis nem desagradáveis: a música mostra que o juízo acerca do belo ou do feio depende ao menos da relação entre duas notas. Ora, essas relações, isto é, as formas universalmente agradáveis, não podem ser empiricamente coletadas por indução, mas devem ser obtidas por dedução. Pelo método dedutivo, pode ser demonstrado que os elementos de uma imagem, que em si mesmos são representações, podem estabelecer relações de acordo com a sua força (quantidade), ou de acordo com a sua natureza (qualidade); daí concluímos que há dois grupos: formas estéticas de quantidade e formas estéticas de qualidade. De acordo com a primeira forma, o forte (grande) é agradável em comparação com o fraco (pequeno), e este desagrada quando posto ao lado daquele; segundo a outra forma, agrada o que é prevalentemente idêntico em termos de qualidade (harmonioso), e não agrada o que é prevalentemente diverso (desarmônico). Mas esse prevalecer da identidade não se estende a ponto de atingir a identidade completa, pois, nesse caso, a própria harmonia deixaria de existir. De forma harmônica se deduz o prazer do característico ou da expressão, pois, o que é o característico senão uma relação de identidade prevalente entre a coisa em si e o seu modelo? Mas, se por um lado, a semelhança prevalente na distinção produz o acordo (*Einklang*), por outro, a forma desarmônica qualitativa é, como tal, desagradável, e torna necessária uma solução. É fácil peceber que Zimmermann como que força ao característico entrar novamente nas relações formais puras, alterando assim o pensamento original de Herbart, e, com um segundo truque, introduz na beleza pura as variações ou modificações do belo, valendo-se da ajuda da odiosa dialética hegeliana. Se tal solução se perfaz pela ardilosa substituição de algo que não a imagem desagradável, remove-se decerto a causa do desprazer estabelecendo-se assim a quietude do viver (não o acordo: *Eintracht, nicht Einklang*), mas se ganha a mera forma da correção: é preciso, então, superar também essa correção por meio da verdadeira imagem de modo a se atingir a forma de compensação (*Ausgleichung*), e, quando a verdadeira imagem também é agradável em si, a forma final da compensação definitiva (*abschliessende Ausgleich*), com a qual se esgota a série das formas possíveis. Mas, afinal, o que é o Belo? É uma conjunção de todas essas formas: um modelo (*Vorbild*), que tem grandeza, plenitude, ordem, harmonia, correção, compensação definitiva, de modo que tudo isso nos apareça em uma cópia (*Nachbild*), na forma do característico.

Deixando de lado a conexão artificial que Zimmermann faz entre o sublime, o cômico, o trágico, o irônico, o humorístico e as formas estéticas, importa notar (a fim de que possamos reconhecer em qual dos sete céus fomos transportados) que essas formas estéticas gerais dizem respeito tanto à arte como à natureza e à moral, cujos respectivos domínios se diferenciam apenas pela aplicação das formas estéticas gerais a conteúdos particulares. Aplicando essas formas à natureza, tem-se a beleza natural, o cosmos; aplicando-as à representação, tem-se o espírito belo (*Schöngeist*) ou fantasia; aplicando-as ao sentimento, a bela alma (*Schöne Seele*) ou gosto; aplicando-as à vontade, o caráter ou virtude. Por um lado, então, tem-se a beleza natural; por outro, a beleza humana e, nesta, tem-se, por um lado, a beleza da representação, isto é, a obra estética em sentido estrito (a arte); por outro lado, tem-se a beleza da vontade ou moralidade, e entre as duas belezas, tem-se, finalmente, o gosto, que é comum à ética e à estética. A estética, em sentido estrito, a teoria do belo representar, determina a beleza das representações, que se subdividem em três tipos de beleza: a beleza da conexão espacial e temporal (artes figurativas), a beleza da representação sensível (música) e a beleza dos pensamentos (poesia). Com essa tripartição da beleza em figurativa, musical e poética, termina a estética teórica, única seção desenvolvida por Zimmermann.

A obra de Zimmermann é, na verdade, uma aberta polêmica contra o principal representante da estética hegeliana, Vischer, que teve pouca dificuldade em se defender e contra-atacar seu adversário. Ele expôs Zimmermann ao ridículo, por exemplo, ironizando a definição que este dava ao símbolo, a saber, o objeto "em torno do qual as formas belas aderem". Um pintor retrata uma raposa simplesmente por querer pintar uma parte da natureza animal. Nada disso: a raposa é um símbolo, porque o pintor "faz uso de linhas e cores para expressar tudo menos linhas e cores". Diz o animal pintado: "Pensas que sou uma raposa? Presta atenção, pois estás enganado: sou um pregador de roupas; sou uma mostra, feita pelo pintor, de tantas gradações de cinza, branco, amarelo e vermelho". Mais fácil ainda era ironizar o entusiasmo de Zimmermann pela força estética do sentido do tato. Disse ele: "Como é difícil provar um tão grande prazer: tocar o torso do Hércules em repouso, os membros sinuosos da Vênus de Milo, ou o Fauno de Barberini, deveria dar à mão uma volúpia comparável apenas àquela que o ouvido sente ao acompanhar as majestosas fugas de Bach ou as melodias suaves de Mozart". Vischer não parece estar longe da verdade ao definir a estética formalista como "uma união barroca de misticismo e de matemática".[2]

O fato é que as obras de Zimmermann não agradaram a ninguém, exceto a ele mesmo. Lotze, que não era adversário do herbartianismo, censurou-o severamente em sua *História da estética na Alemanha* (1868) e também em outros escritos. Ainda assim, Lotze foi incapaz de oferecer melhor substituto ao formalismo estético do que uma variante do velho idealismo. Contra os formalistas, ele pergunta:

> Quem conseguiria realmente nos convencer de que a desarmonia espiritual expressa por uma correspondente desarmonia na aparência externa tem igual valor ao da expressão harmônica de um conteúdo harmônico pelo simples fato de que, em ambos os casos, a relação formal do acordo é respeitada? Quem conseguiria nos persuadir de que a forma humana é agradável apenas por suas relações estereométricas formais, sem consideração da vida espiritual que se move interiormente? Na realidade empírica, os três domínios das leis, dos fatos e dos valores aparecem sempre dissociados, e, apesar de estarem unidos no Sumo Bem, no Bem em si mesmo, no Amor vivo de um Deus pessoal, no Dever ser que é o fundamento do Ser, a nossa razão é incapaz de alcançar ou de conhecer tal unidade. Somente a Beleza no-la revela: ela está em estreita conexão com o Bem e com o Santo, e reproduz o ritmo da ordenação divina e o governo moral do universo. O fato estético não é intuição nem conceito, mas a ideia que apresenta o essencial de um objeto na forma de uma finalidade que se refere ao fim último. A arte, como a beleza, deve incluir de novo o mundo dos valores no mundo das formas.[3]

A luta entre a estética do conteúdo e a das formas, protagonizada por Zimmermann, Vischer e Lotze, atingiu seu ponto culminante entre 1860 e 1870.

---

[2] *Kritische Gänge*, vol. VI, Stuttgart, 1873, p. 6, 21, 32.

[3] *Geschichte der Aesthetik in Deutschland*, passim, especialmente p. 27, 97, 100, 125, 147, 232, 234, 265, 286, 293, 487; *Grundzüge der Aesthetik* (póstumo, Leipzig, 1884), § 8-13; e os dois escritos de juventude: *Ueber den Begriff der Schönheit*, Göttingen, 1845, e *Ueber die Bedingungen der Kunstschönheit*, Göttingen, 1847.

Muita gente, no entanto, foi a favor de uma conciliação. Mas não se tratava de uma verdadeira conciliação, como a que foi entrevista pelo menos por um jovem doutor, Johann Schmidt, que em sua tese de doutorado (1875) observou, com todo o respeito por Zimmermann e Lotze, que ambos estavam errados ao confundirem os vários significados da palavra "beleza", chegando a falar de absurdos, tais como o belo ou o feio de objetos naturais, isto é, das coisas externas ao espírito; que Lotze, seguindo Hegel, acrescentou o segundo absurdo de um conceito intuído ou de uma intuição conceitualizada; por fim, que nenhum deles compreendeu o fato de que o problema estético não trata da beleza ou feiura do conteúdo abstrato ou da forma entendida como um sistema de relações matemáticas, mas da beleza ou feiura da representação. Forma que, sem dúvida, deveria existir, mas "forma concreta, cheia de conteúdo".[4] Essas declarações de Schmidt foram mal acolhidas: é fácil (foi-lhe dito em resposta) identificar a beleza com a perfeição artística, mas a questão está em verificar se, ao lado dessa perfeição, não existe outra beleza que depende de um supremo princípio cósmico ou metafísico: caso contrário, se cairia em uma petição de princípio.[5] Preferiu-se, portanto, buscar outros modos de conciliação, e eles se puseram a cozinhar um prato apetitoso em que fossem misturados um pouco de formalismo e um pouco de conteudismo, com este último ingrediente dominando o prato.

Entre os moderados ou conciliadores estavam também os herbatianos. Mal tinha o rígido formalismo de Zimmermann aparecido, Nahlowsky protestou imediatamente que nunca fora intenção do mestre excluir o conteúdo da estética,[6] enquanto um meio-termo havia sido proposto por homens talentosos como Volkmann e Lazarus.[7] No campo oposto, Carriere[8] e mais ainda o próprio Vischer (em uma autocrítica de sua velha *Estética*), começaram a ceder maior espaço à consideração das formas; assim, para Vischer, o belo tornou-se "a vida que aparece harmonicamente", e que, quando

---

[4] *Leibniz und Baumgarten*, Halle, 1875, p. 76-102.

[5] G. Neudecker, *Studien zur Geschichte der Deutschen Aesthetik seit Kant*, p. 54-55.

[6] A polêmica está em *Zeitschrift für Exacte Philosophie* (periódico dos herbartianos), anos 1862-1863, II, p. 309 ss; III, p. 384 ss; IV, p. 26 ss, 199 ss, 300 ss.

[7] Volkmann, *Lehrbuch der Psychologie*, 3. ed., Cöthen, 1884-85; Lazarus, *Das Leben der Seele*, 1856-1858.

[8] Moritz Carriere, *Aesthetik*, 1859 (3. ed., Leipzig, 1885).

aparece no espaço, diz-se "forma", devendo sempre possuir forma, ou seja, circunscrição (*Begrenzung*) no espaço e no tempo, medida, regularidade, simetria, proporção, adequação (e essas características constituem os seus momentos quantitativos) e harmonia (momento qualitativo), que inclui em si a variedade e o contraste e é, portanto, a característica mais importante.[9]

Uma estética conciliadora, de caráter prevalentemente formalista, foi tentada por Karl Köstlin,[10] professor em Tübingen e ex-colaborador, na parte de teoria musical, das obras de Vischer. Köstlin foi influenciado por Schleiermacher, Hegel, Vischer e Herbart, mas, para dizer a verdade, não parece ter entendido perfeitamente nenhum desses autores. Segundo ele, o objeto estético apresenta três requisitos: plenitude e variedade da imaginação (*anregende Gestaltenfülle*), conteúdo interessante, e forma bela. Sob o primeiro requisito reconhecemos, não sem dificuldade, uma distorção da "inspiração" (*Begeisterung*) de Schleiermacher. Conteúdo interessante é por ele definido como aquilo que diz respeito ao homem, o que sabe ou o que não sabe, o que ama ou odeia (é, portanto, sempre relativo ao indivíduo e às condições em que se encontra); ademais, afirmava que o interesse pelo conteúdo se une ao valor da forma, ou seja, concebia o conteúdo como um segundo valor, e com o mesmo sentido que lhe dava Herbart. Ele também concordava com Herbart quando dizia que a forma é absoluta, e que seu caráter geral é determinado por ser facilmente perceptível pela intuição (*anschaulich*), e pelo poder de dar satisfação, prazer e deleite, em suma, por ser bela. As suas características particulares foram, para Köstlin, de acordo com a quantidade, circunscrição, simplicidade (*Einheitlichkeit*), grandeza extensiva e intensiva, e equilíbrio (*Gleichmass*), de acordo com a qualidade, determinação (*Bestimmtheit*), unidade (*Einheit*), importância (*Bedeutung*) extensiva e intensiva, e harmonia. Mas quando Köstlin tentava verificar empiricamente as suas categorias, caía em desesperada confusão. Agrada a grandeza, mas agrada também a pequenez; a unidade é agradável, mas também o é a variedade; a regularidade é agradável, mas, que azar! também a irregularidade: ele estava ciente das incertezas e das contradições que surgiam a cada passo, e não fez esforço algum para escondê-las, mas eles deveriam tê-lo convencido de que a "bela forma" abstraída, cujas qualidades

---

[9] *Kritische Gänge*, vol. V, Stuttgart, 1866, p. 59.
[10] *Aesthetik*, Tübingen, 1869.

e quantidades recolhera com tanto trabalho, é algo sem corpo, uma vez que só agrada esteticamente o que cumpre uma função expressiva. Tendo, porém, ilustrado as três exigências do objeto estético, Köstlin desperdiçou todo o fôlego na construção de um reino da fantasia intuitiva à maneira de Vischer, ou seja, o belo da natureza inorgânica e orgânica, da vida civil, da moralidade, da religião, da ciência, dos jogos, das conversas, das festas e dos banquetes, e, por último, da história, percorrendo e julgando esteticamente os três períodos: patriarcal, heróico e histórico.

Schasler, que é autor de uma história da estética tão vasta como a de Zimmermann, procurou uma aproximação ao formalismo, partindo do que ele chamava de idealismo absoluto ou do realismo-idealismo. Para ele, a estética é "a ciência do belo e da arte" (uma única ciência mal definida, portanto, que teria dois objetos diferentes), e pretendia justificar a sua definição antimetódica, dizendo que nem o belo existe apenas na arte, nem esta diz respeito apenas ao belo. A esfera da estética seria a da intuição (*Anschauung*) em que o conhecimento assume um caráter prático e a vontade tem caráter teórico: a esfera da unidade indivisa e da absoluta conciliação entre espírito teórico e prático, no qual, em certo sentido, desenvolvem-se as maiores atividades humanas. O belo seria o ideal, mas o ideal concreto, e por isso não haveria ideal de um corpo humano em abstração do sexo, nem ideal de mamífero *in genere*, mas apenas desta ou daquela espécie, como a do cavalo ou do cão, ou melhor, apenas de determinadas espécies de cavalos ou de cães. Assim, ao descer dos gêneros mais abstratos aos menos abstratos, Schasler tentava inutilmente atingir o concreto, que, de fato, lhe escapava. Na arte, passamos do típico, que é o belo natural, ao característico, que é o típico do sentimento humano; daí nasce a possibilidade de enquadrar o ideal de uma mulher idosa, de um mendigo ou de um rufião. O característico da arte teria maior relação com o feio do que com o belo da natureza. A esse propósito, deixando de lado todo o resto que segue um esquema rotineiro, importa notar que Schasler dá maior relevância àquela versão da lenda do Puro Belo que atribuía à ação do Feio o nascimento das "modificações da beleza".[11] "Embora tal pensamento possa perturbar, não se pode esquecer que, sem o mundo da feiura, não existiria o mundo da beleza, pois é apenas quando o feio fustiga o belo vazio e abstrato, e o obriga a lutar consigo, é que se

---

[11] Veja cap. 13 anterior, p. 327-29.

produz a beleza concreta."¹² Ele conseguiu a proeza de converter o velho Vischer, principal defensor da outra versão; o próprio Vischer confessa:

> Antes, eu pensava em estilo hegeliano, à moda antiga, fazendo nascer uma inquietação na essência do Belo, uma fermentação, uma luta: a Ideia prevalece, dá o impulso para a imagem a desaparecer no ilimitado, surge o Sublime: a imagem, ofendida em sua finitude, declara guerra à Ideia, e daí surge o Cômico, terminando assim a luta: o Belo retornava a si depois do conflito de seus dois momentos, e assim era criado.

Mas agora, continuava ele, "devo dar razão a Schasler e seus predecessores Weisse e Ruge: o Feio tem algo a fazer; este é o princípio do movimento, o fermento da diferenciação: sem esse fermento nunca se chega às formas especiais do Belo, e todas elas pressupõem o Feio.¹³

Estritamente relacionada com a estética de Schasler é a estética de Eduard von Hartmann (1890), precedida por um tratado histórico sobre a estética alemã desde Kant,¹⁴ que, com minucioso exame crítico-polêmico, defende a definição de Belo como "o aparecer da Ideia" (*das Scheinen der Idee*). Na medida em que insistia sobre o "aparecer" (*Schein*) como a característica necessária do Belo, Hartmann acreditava estar no direito de nomear sua estética de "estética do idelismo concreto", e dizer-se de acordo com Hegel, Trahndorff, Schleiermacher, Deutinger, Oersted, Vischer, Zeising, Carriere e Schasler, e contra o idealismo abstrato de Schelling, Solger, Schopenhauer, Krause, Weisse e Lotze, os quais, fazendo o belo consistir na ideia suprassensível, descurava elemento sensível, reduzindo-o a um mero acessório.¹⁵ Hartmann, na medida em que insistia na ideia como o outro elemento indispensável e determinante, declarava-se oponete do formalismo herbartiano. A beleza é verdade; não se trata porém de verdade histórica, científica ou reflexiva, mas metafísica ou idealista, a própria verdade da filosofia: "Quanto mais a beleza estiver em oposição a toda a ciência e verdade de cunho realista,

---

[12] *Aesthetik*, Leipzig, 1886, vol. I, p. 1-16, 19-24, 70; vol. II, p. 52; cf. *Kritische Geschichte der Aesthetik*, Berlin, 1872, p. 795, 963, 1.041-44, 1.028, 1.036-38.

[13] *Kritische Gänge*, vol. V, p. 112-15.

[14] *Die deutsche Aesthetik seit Kant*, 1886 (primeira parte da *Aesthetik*).

[15] *Philosophie des Schönen* (segunda parte da *Aesthetik*), Leipzig, 1890, p. 463-64: cf. *Deutsche Aesthetik seit Kant*, p. 357-62.

tanto mais perto estará da filosofia e da verdade metafísica"; "o Belo, com a sua eficácia peculiar, continua a ser o profeta da verdade idealista em uma época incrédula, que abomina a metafísica e não reconhece valor algum ao que não é a verdade realista". À verdade estética, que salta imediatamente da aparição subjetiva à essência ideal, falta o controle e o método que a verdade filosófica tem, mas, em compensação, possui o poder fascinante da persuasão, própria da intuição sensível e inatingível na mediação gradual e reflexa. Por outro lado, a filosofia, quanto mais se eleva, tanto menos precisa da passagem gradual pelo mundo dos sentidos ou da ciência, e por isso, em seu progresso, diminui a distância que a separa da arte. Esta última, por sua vez, será advertida a começar sua jornada em direção ao mundo ideal à maneira dos guias de viagem de Baedeker, *sans trop se charger*, "sem sobrecarregar-se de coisas dispensáveis e indiferentes que lhe paralisem as asas".[16] No Belo está imanente o caráter lógico, a ideia microcósmica, o inconsciente: por meio do inconsciente, a intuição intelectual age no Belo,[17] e, pelo seu enraizamento no inconsciente, existe o Mistério.[18]

De sua função de excitar ou de reagir com o Feio, ou de se lhe opor, de que fizera intenso uso Schasler, também, e mais amplamente, se valeu Hartmann. O mais baixo grau do Belo, o limite inferior do fato estético, é o prazer sensível, que é belo formal inconsciente, cujo primeiro grau é o belo formal de primeira ordem, ou matematicamente agradável (unidade, variedade, simetria, proporcionalidade, seção áurea, etc.); o segundo grau, ou belo formal de segunda ordem, é o agradável dinâmico; o terceiro é o belo formal de terceira ordem, o teleológico passivo, como é o caso dos utensílios e das máquinas. Na verdade, podemos notar que, dentre as máquinas e os utensílios, e comparando-os a vasilhas, travessas e copos, Hartmann colocava a linguagem: coisa morta, a seu ver, que recebe aparência de vida (*Scheinleben*) somente no momento da enunciação;[19] "coisa morta" e "utensílio", a linguagem, para o filósofo do inconsciente, na pátria de Humboldt, e enquanto Steinthal estava vivo! Seguem-se, como

---

[16] *Philosophie des Schönen*, p. 434-37.

[17] Ibidem, p. 115-16.

[18] Ibidem, p. 197-98.

[19] Ibidem, p. 150-52.

o belo formal de quarta ordem, o belo teleológico ativo ou vivo, e como aquele de quinta ordem, conforme a espécie (*das Gattungsmässige*); finalmente, e acima de tudo, porque a ideia individual é superior à específica, o belo concreto ou o microcósmico individual, que já não é formal, mas de conteúdo. A passagem dos graus inferiores aos superiores se dá, como é natural, por meio do Feio e ninguém como Hartmann elencou com tantos detalhes os serviços que o Feio prestaria ao Belo. Com o feio, ou seja, ao se destruir a beleza da igualdade, nasce a simetria; com o feio, no caso do círculo, nasce a elipse; o belo de uma cascata que cai fortemente sobre as rochas é causado pelo feio matemático, destruindo a beleza de uma queda parabólica; o belo da expressão espiritual se adquire ao se introduzir algo feio em relação à perfeição corporal. A beleza de grau superior se baseia na feiura de menor grau. E quando se atinge o grau mais alto, o belo individual acima do qual não há outro, o elemento de feiura continua sua obra de irritação benéfica. Também dessa fase posterior conhecemos bem o resultado, como as famosas modificações do Belo: também nesse particular, ninguém é mais copioso e minucioso que Hartmann. Ele decerto admite, ao lado do belo simples ou puro, certas modificações sem conflito, como as do sublime ou do gracioso; no entanto, as modificações mais importantes terão lugar somente por força do conflito. Verificar-se-iam, então, quatro casos, uma vez que ou a solução é imanente ou lógica, ou transcendente ou combinada: imanente no idílico, no melancólico, no triste, no alegre, no comovente, no elegíaco; lógica, no cômico em todas as suas variedades; transcendente, no trágico; e combinada no humorístico, no tragicômico e suas variedades. Quando nenhuma dessas soluções é possível, surge o feio, e quando algo feio de conteúdo é expresso por um feio formal, tem-se o máximo de feiura, o verdadeiro diabo estético.

Hartmann é o último representante notável da velha escola estética alemã; e também ele inspira terror pela quantidade de sua produção literária, como muitos outros daquela escola, cujo pensamento era de que a arte não pode ser tratada senão em vários volumes de milhares de páginas. Mas quem não tem medo de gigante e é capaz de atacar esse tipo de estética, encontra um bonachão cheio de preconceitos vulgares, de tal modo constituído que, apesar de sua aparente força, basta um sopro para matá-lo. Nos outros países, a estética metafísica teve poucos seguidores. Na França, o célebre concurso da Academia de Ciências Morais e Políticas, em 1857, apresentou ao mundo, coroada de louros, a *Ciência do Belo*, de Levêque,[20] de quem ninguém mais fala senão para recordar que o autor (pensando-se discípulo de Platão) reconhecia oito características no Belo, por ele inferidas a partir do exame de um lírio. As oito características são as seguintes: grandeza das formas, unidade, variedade, harmonia, proporção, vivacidade normal da cor, graça e conveniência. Em última análise, tais atributos seriam redutíveis a dois – a grandeza e a ordem. Como prova suplementar da verdade de sua teoria, Levêque aplicou-a a três tipos de beleza: a de uma criança que brinca com sua mãe, a de uma sinfonia de Beethoven e a da vida de um filósofo (Sócrates). Realmente (diz um de seus companheiros espiritualistas, discorrendo em tom de muita deferência sobre essa doutrina, sem conseguir se abster de elogiá-la com discrição), prova-se certa dificuldade para se imaginar o que pode ser, na vida de um filósofo, a vivacidade normal da cor.[21] As traduções e os artigos explicativos de Charles Bénard,[22] os livros de alguns autores da Suíça francesa (Töpffer, Pictet, Cherbuliez), não conseguiram divulgar na França os sistemas estéticos dos alemães.

Mais relutante ainda mostrou-se a Inglaterra, onde Ruskin poderia ser considerado um esteta metafísico, dotado das peculiaridades do povo inglês, caso fosse possível tratar de Ruskin sem embaraço na história da ciência, pois sua disposição era totalmente avessa à científica. Possuía um temperamento de artista, impressionável, emotivo, volúvel, rico de sentimentos; imprimia um tom dogmático e uma aparência de teoria aos seus sonhos e caprichos espalhados nos seus escritos, cheios de páginas requintadas e entusiastas. O leitor que se lembre dessas páginas achará irreverente qualquer exposição mais detida do pensamento estético de Ruskin, de quem inevitavelmente descobrirá a pobreza e a incoerência. Basta dizer que, depois de seguir uma intuição finalística e mística da natureza, considerava a beleza como revelação das intenções divinas, o selo que "Deus põe em suas obras, mesmo nas menores obras". Para ele, a faculdade que percebe o belo não é nem o intelecto, nem a sensibilidade, mas um sentimento particular que ele chama de faculdade teorética. O belo natural,

---

[20] C. Levêque, *La Science du Beau*, Paris, 1862.

[21] E. Saisset, "L'Esthétique Française" (no apêndice ao volume *L'Âme et la Vie*, Paris, 1864), p. 118-20.

[22] Na *Revue Philosophique*, vol. I, II, X, XII, XVI.

que se revela ao coração puro quando contempla algum objeto intocado e alterado por mãos humanas, demonstra-se, por essa razão, muito superior à obra de arte. Ruskin não era tão bom avaliador para que pudesse entender o complicado processo psicológico-estético que se dava em sua mente quando ele, pondo-se a contemplar, extasiava-se com alma de artista diante de qualquer modesto espetáculo e objeto natural, como um ninho de pássaro ou um riacho que corre.[23]

Na Itália, o abade Fornari escreveu uma estética meio hegeliana, meio católica, em que o belo se identificava com a segunda pessoa da Trindade, o Verbo humanado;[24] olhando do sublime vértice de sua filosofia, Fornari pretendia opor-se à crítica liberal de De Sanctis, a quem considerava nada mais que "um gramático sutil". Sob o influxo giobertiano e também alemão, especialmente de cunho hegeliano, produziram-se várias obras de importância secundária: De Meis desenvolve longamente a tese da morte da arte no mundo histórico.[25] Um pouco mais tarde, movendo-se dentro da esfera hegeliana, Gallo tratou de estética;[26] e outros repetiram, quase que palavra por palavra, as doutrinas de Schasler e Hartmann sobre a superação do Feio.[27] O único genuíno representante italiano da estética metafísica à moda alemã foi Antonio Tari, que lecionou essa disciplina na universidade de Nápoles, de 1861 a 1884. Conhecedor meticuloso e supersticioso de tudo o que se publicava na Alemanha, foi o autor de uma *Estética Ideal*, bem como de ensaios sobre estilo, gosto, seriedade e jogo (*Spiel*), música e arquitetura, em que tentou manter-se a meia distância entre o idealismo de Hegel e o formalismo de Herbart;[28] suas aulas de estética, frequentadíssimas, estavam entre os espetáculos mais bizarros que se ofereciam na populosa e barulhenta universidade napolitana daquele tempo. Tari dividiu seu tratado em três partes: estesinomia, estesigrafia e estesipraxis, correspondendo, respectivamente, à metafísica do belo, à doutrina do belo natural e à doutrina

---

[23] J. Ruskin, *Modern Painters: Of Ideas of Beauty and of the Imaginative Faculty*, 1843-1860 (4. ed., London, 1891): cf. *De La Sizeranne*, p. 112-278.

[24] Vito Fornari, *Arte del Dire*, Napoli, 1866-72; cf. vol. IV.

[25] A. C. de Meis, *Dopo la Laurea*, Bologna, 1868-1869.

[26] N. Gallo, *L'Idealismo e la Letteratura*, Roma, 1880; *La Scienza dell'Arte*, Torino, 1887.

[27] Por exemplo, F. Masci, *Psicologia del Comico*, Napoli, 1888.

[28] *Estetica Ideale*, Napoli, 1863; *Saggi di Critica* (coligida postumamente), Trani, 1886.

do belo nas artes; com os idealistas alemães, definiu a esfera estética como intermediária entre a esfera teórica e a prática; diz ele, enfaticamente, que "no mundo intelectual, a zona temperada está a meio-termo entre a zona glacial, povoada pelos esquimós do pensamento, e a zona tórrida, povoada pelos gigantes da ação". Destronado o Belo, pôs em seu lugar a estética, da qual o Belo é apenas um primeiro momento, simples "início da vida estética, caducidade imortal, flor que é flor e fruto ao mesmo tempo", cujos momentos sucessivos são representados pelo sublime, o cômico, o humorístico e o dramático. A parte mais atraente das aulas de Tari, porém, era a estesigrafia, subdividida em cosmografia, fisiografia e psicografia; ao longo do curso, ele citava Vischer frequente e devotamente; "o grande Vischer", como ele o chamava, sobre cujas pegadas desenvolveu sua própria "física estética", ilustrando-a com muitos matizes de erudição e dando-lhe vida com comparações pitorescas. Falava então do belo na natureza inorgânica: a água, por exemplo. Diz ele, com jeito fantasioso, "a onda que tremula sob os raios do sol, mostra, nesse tremular, o seu sorriso; mostra também seu rosto severo na arrebentação da praia e sua fúria na espuma". Falava também de configuração geológica? Vejamos: "o vale, que talvez seja o berço da humanidade, é idílico; a planície, monótona e gorda, é didática". Falava também dos metais? Vejamos: "o ouro já nasce nobre; o ferro, que é a apoteose da labuta humana, faz-se nobre; o ouro orgulha-se de sua origem; o ferro quer esquecer-se dela". Considerava sonho a vida vegetal, repetindo as belas palavras de Herder: a planta é "o bebê recém-nascido que se alimenta de leite no regaço da mãe natureza". Ele distingue três tipos de vegetais: foliáceas, ramificadas e umbelíferas. Observava ele: "O tipo foliáceo atinge proporções gigantescas nos trópicos, onde a rainha das monocotiledôneas, a palmeira, representa o despotismo, o flagelo humano daquelas regiões desertas. Daquele pináculo solitário, coroa todas as coisas, e o negro pode muito bem ser identificado como o réptil que se arrasta em torno de seus pés". Entre as flores, o cravo é símbolo de traição, "por causa de suas muitas cores e de suas pétalas em forma de ameias"; o célebre dito de Ariosto, de que a rosa é comparável a uma menina, só é aplicável se a flor estiver ainda em botão; mas, "ao abrir suas pétalas, desdenha a proteção dos espinhos e exibe com pompa a plenitude de suas cores, e corajosamente convida que alguma mão a colha, então é a mulher, toda mulher, para não dizer *cocotte*, que dá prazer sem o sentir, simulando o amor com o perfume, e o recato com o vermelho de suas pétalas". Indo além, procurava e comentava as analogias entre certos frutos e certas flores, entre o morango, por exemplo, e a violeta; entre a laranja e a rosa, e admirava-se com "as espirais luxuriantes e a delicada arquitetura de um cacho de uvas"; o mandarim lhe sugeria o nobre, *qui s'est donne la peine de naître*;[29] o figo, ao contrário, é o grande caipira "grosseirão, idiota, mas frutuoso". No reino animal, a aranha lhe sugeria o isolamento primitivo; a abelha, o monaquismo; a formiga, o republicanismo. A aranha, notava Michelet, é um paralogismo vivo: não pode alimentar-se sem a sua teia, nem pode tecê-la sem se alimentar. Os peixes pareciam-lhe inestéticos: "de aparência estúpida, com seus olhos arregalados e sua boca que nunca fecha, fazendo-os parecer excessivamente vorazes". Com anfíbios não é assim; eles suscitam interesse dos que os olham: a rã e o crocodilo, "o alfa e o ômega da família, começam por serem cômicos, ou meramente grosseiros, e atingem a sublimidade do hórrido". As aves são os seres estéticos por excelência: "possuem os três atributos mais geniais de um ser vivo: o amor, o canto, e o voo"; além disso, apresentam contrastes muito vivos: "oposto à águia, rainha dos céus, ergue-se o cisne, o pacífico rei dos pântanos; ao galo, vanglorioso e libertino, contrapõe-se a humilde e dedicada pomba; ao magnífico pavão opõe-se o rústico peru". Entre os mamíferos, a natureza usa a dramaticidade para compensar os defeitos da pura beleza, porque, se os mamíferos não enchem o ar com seu canto, ao menos têm os rudimentos da fala; se não possuem plumagem de tons variegados, ao menos têm cores profundas, melhor misturadas, mais cheias de vida; se não são capazes de voar, são corredores poderosos; e, o que mais conta, porém, que é neles começam a aparecer a fisionomia e a vida individual. "O caráter épico da vida animal torna-se comédia no burro, no *iniquae mentis asellus*; idílio, nas grandes feras; tragédia, no touro dos cafres, esse pobre codro biungulado que se entrega voluntariamente ao leão a fim de salvar o rebanho." Como os pássaros, assim há contrastes atraentes entre os animais: o cordeiro e o bode parecem tipificar Jesus e o diabo; o cão e o gato, a abnegação e o egoísmo; a lebre e a raposa, o simplório e o astuto. Tari fazia muitas observações sutis sobre a beleza humana e sobre a que é

---

[29] Ironia que Figaro dirige contra as vantagens (bens, prestígio, posição social) da nobreza, cujo único trabalho foi o de ter nascido para delas gozar (Beaumarchais, *Le Mariage de Figaro*, cena 5, ato 3). (N. T.)

própria dos sexos, concedendo às mulheres o charme, mas não a formosura: "beleza corporal é equilíbrio, e o corpo da mulher não tem equilíbrio, por isso ela cai facilmente quando corre; feita para a gravidez, tem as pernas robustas, adaptadas para suportar a grande pélvis; os ombros são curvos e compensam a convexidade do peito". Perscrutava as várias partes do corpo: "os cabelos crespos exprimem a força física; os lisos, a força moral"; "os olhos azuis, napoleônicos, por vezes têm a profundidade do oceano; os olhos verdes têm um fascínio melancólico; olhos cinzentos são gregários; olhos negros, individualíssimos"; "uma bela boca foi mais bem descrita por Heine: dois lábios equilibrados; mas aos amantes, a boca parecerá antes de tudo uma concha cuja pérola é o beijo".[30]

Qual seria a melhor maneira de se despedir, com um sorriso benévolo, da estética metafísica de tipo alemã, que recordando essa bizarra redução, quase vernácula, que dela fez Tari, esse bondoso velhinho, "o último sumo jovial sacerdote de uma estética arbitrária e feita para confundir"?[31]

---

[30] A. Tari, *Lezioni di Estetica Generale*, coligidas por C. Scamaccia-Luvarà, Napoli, 1884; *Elementi di Estetica*, compilação de G. Tommasuolo, Napoli, 1885.
[31] V. Pica, *L'Arte dell'Estremo Oriente*, Torino, 1894, p. 13.

17. POSITIVISMO E NATURALISMO ESTÉTICOS

O terreno perdido pela metafísica idealista foi conquistado, na segunda metade do século XIX, pela metafísica positivista e evolucionista: uma substituição confusa das ciências naturais pela filosofia, com direito a um pastiche de teorias materialistas e idealistas, mecânicas e teológicas, coroadas de ceticismo e agnosticismo. Característica dessa tendência de opinião foi seu desprezo da história, especialmente da história da filosofia, o que impediu, por sua vez, de fazer ligação com os seculares esforços dos pensadores, que é a condição de todo fecundo trabalho e de todo verdadeiro progresso.

Spencer, o maior positivista de sua época, ao discutir sobre estética, ignora completamente estar lidando com problemas cujas soluções já tinham sido propostas e discutidas muito antes. No início de seu ensaio sobre a *Filosofia do Estilo*, ele observa inocentemente: "Creio que ninguém jamais esboçou uma teoria geral da arte de escrever" (em 1852!); em seu livro *Princípios de Psicologia* (1855), a propósito dos sentimentos estéticos, ele nos diz que tem certa lembrança das observações feitas "por algum autor alemão, cujo nome não me lembro" (Schiller!), acerca da relação entre arte e jogo. Se suas páginas sobre estética tivessem sido escritas no século XVII, ganhariam uma modesta posição entre as primeiras tentativas grosseiras de especulação estética, mas, sendo do século XIX, não sabemos como julgá-las. Em seu ensaio sobre o *Útil e o Belo* (1852-1854), ele expõe como o útil torna-se belo quando deixa de ser útil, e se vale do exemplo de um castelo em ruínas, que é inútil aos fins da vida moderna, mas adequado para um piquenique ou para ser pintado num quadro e posto na parede; e isso o levou a pensar que o contraste é o princípio da evolução do útil ao belo. Em outro ensaio sobre a *Beleza da Figura Humana* (1852), ele explica que essa beleza é sinal e efeito da bondade moral; a respeito da *Graça* (1852), considera que o sentimento do gracioso é a simpatia pela força em conjunção com a agilidade. Na *Origem dos Estilos Arquitetônicos* (1852-1854), descobre a beleza da arquitetura na uniformidade e simetria, ideia que seria despertada no homem pelo espetáculo do equilíbrio corporal dos animais superiores, ou, como na arquitetura gótica, por analogia com o reino vegetal; em seu ensaio sobre o *Estilo*, ele coloca a causa da beleza estilística na economia do esforço; em sua *Origem e Função da Música* (1857), teoriza sobre a música como a linguagem natural das paixões, adaptada para aumentar a simpatia entre os homens.[1] Em seus *Princípios de Psicologia*, afirma que os sentimentos estéticos provêm da descarga de energia exuberante no organismo, e os distingue segundo vários graus, da simples sensação à sensação acompanhada por elementos representativos, e assim por diante, até que a percepção, que possui elementos mais complexos, e, passando pela emoção, atinge, por último, o estado de consciência que transcende sensações e percepções. A forma mais perfeita de sentimento estético obter-se-ia pelo concurso dessas três ordens de prazeres, uma coincidência produzida pela ação total de suas respectivas faculdades, com o mínimo possível de subtração devida ao que é doloroso num excesso de atividade. Mas é muito raro se provar excitação estética desse tipo e com tal força; quase todas as obras de arte são imperfeitas, pois contêm uma mistura de efeitos artísticos com os antiartísticos; além disso, por vezes, a técnica é pouco satisfatória, e a emoção é de ordem elevada. Essas obras de arte que são universalmente admiradas, quando avaliadas por esse critério, devem ser realocadas num grau mais baixo que o concedido pelo gosto popular.

> Começando pela epopeia grega e pelas representações de lendas análogas produzidas por seus escultores, os quais tendem à excitação de sentimentos egoístas ou ego-altruístas, e passando pela literatura da Idade Média, impregnadas igualmente de sentimentos inferiores, passando a seguir às obras dos antigos mestres, cujas ideias e sentimentos raramente compensam o efeito desagradável que infligem aos nossos sentidos adestrados no estudo das aparências; e chegando, finalmente, a tantas obras célebres da arte moderna, excelentes pela execução técnica, mas pouco elevadas pelas emoções que exprimem e despertam, como, por exemplo, as cenas retratadas na batalha de Gérome, que ora são sensuais ora sanguinárias, concluímos que todas apresentam falhas nesta ou naquela qualidade, e estão bem longe das formas artísticas que correspondem às mais elevadas formas de sentimento estético.[2]

---

[1] *Essays, Scientific, Political and Speculative*, 1858-1862 (trad. franc., Paris, 1879, vol. III).

[2] *Principles of Psychology*, 1855, reformulado em 1870 (trad. franc., Paris, 1874-1875), parte VIII, cap. 9, § 533-40.

Essas últimas denúncias de crítica artística, como as teorias acima expostas, são meras substituições de uma palavra por outra: "facilidade" por "graça", "economia" por "beleza", e assim por diante. Na verdade, quando se trata de definir de algum modo a posição filosófica de Spencer, deve-se dizer que ele hesita entre sensualismo e moralismo, sem jamais adquirir a consciência da arte enquanto arte.

A mesma hesitação é perceptível em outros escritores ingleses como Sully e Bain; neles, porém, nota-se alguma maior familiaridade com as obras de arte.[3] Em seus numerosos ensaios e na *estética Fisiológica* (1877), Grant Allen recolhe um grande número de experiências fisiológicas, às quais não saberíamos atribuir valor científico no âmbito da fisiologia, mas podemos dizer com toda a certeza que não possuem qualquer valor no domínio da estética. Ele observa a distinção entre atividade necessária ou vital e atividade do supérfluo ou do jogo, e define o prazer estético como "concomitante subjetivo da soma normal de atividade dos órgãos periféricos terminais do sistema nervoso cerebrospinal, não diretamente conexo com as funções vitais".[4] Os processos fisiológicos considerados como causas do prazer artístico são apresentados sob outros aspectos por investigadores mais recentes, que afirmam que tal prazer depende não só "da atividade dos órgãos visuais e dos sistemas musculares que lhe estão associados, mas também da participação de algumas das funções mais importantes do organismo, como, por exemplo, a respiração, a circulação, o equilíbrio e a acomodação muscular interna". A arte teria origem, sem dúvida, no gozo que poderia experimentar "um homem pré-histórico respirando regularmente sem a necessidade de adaptar seus órgãos ao traçar, pela primeira vez, algumas linhas simetricamente espaçadas sobre um osso ou na argila".[5] As pesquisas físico-estéticas foram cultivadas na

---

[3] J. Sully, *Outlines of Psychology*, London, 1884; *Sensation and Intuition, Studies in Psychology and Aesthetics*, London, 1874; e cf. o vocábulo "Aesthetics", na *Encyclopædia Britannica*; A. Bain, *The Emotions and the Will*, London, 1859, cap. 14.

[4] *Physiological Aesthetics*, London, 1877. Artigos diversos em *Mind*, vol. III, IV, V.

[5] Vernon Lee e C. Anstrutter-Thomson, "Beauty and Ugliness". In: *Contemporary Review*, outubro-novembro de 1897 (resumido em Arréat, *Dix Années de Philosophie*, p. 80-85). Dos mesmos autores: *Le Rôle de l'Élement Moteur dans la Perception Esthétique Visuelle, Mémoire et Questionnaire Soumis au IVᵉ Congrès de Psychologie*, reimpressão, Imola, 1901.

Alemanha por Helmholtz, Brücke e Stumpf,⁶ que no geral se limitaram ao campo mais restrito da óptica e da acústica, dando esclarecimentos dos processos físicos da técnica artística e das condições a que se submete o prazer das impressões visuais e auditivas agradáveis, sem por isso ter a pretensão de dissolver a estética na física, e de apontar a diferença entre as duas ordens de investigação. Também os degenerados herbartianos puseram em termos fisiológicos as relações e formas metafísicas de que falara seu mestre, e flertaram com o hedonismo dos naturalistas.

O culto supersticioso às ciências naturais foi muitas vezes acompanhado (como é rotina nas superstições) por certo tipo de hipocrisia. Laboratórios de química, física e fisiologia tornaram-se antros de Sibilas, onde ecoavam as perguntas sobre os mais elevados problemas do espírito humano, muitos deles, que realmente conduziam suas investigações com método intrínseco à filosofia, puseram-se a dizer (ou se iludiam dizendo) que se atinham ao método das ciências naturais. Prova dessa ilusão ou fingimento é a *Filosofia da Arte*, de H. Taine.⁷ "Se ao estudar as artes de vários povos e várias épocas conseguíssemos definir a natureza e estabelecer as condições da existência de cada arte, ter-se-ia chegado a uma explicação completa das belas-artes e da arte *in genere*, ou seja, ao que se chama de estética". Mas uma estética histórica e não dogmática, que determine modelos e indique as leis "como a botânica, que estuda com o mesmo interesse a laranja e o louro, os pinheiros e as bétulas, tornando-se uma espécie de ciência botânica aplicada não às plantas, mas às obras humanas"; uma estética que siga "o movimento geral que a cada dia mais aproxima as ciências morais e as naturais e, apresentando às ciências morais os princípios, precauções e direções das ciências naturais, lhes comunica a mesma solidez e lhes assegura o mesmo progresso".⁸ O prelúdio naturalista é seguido de definições e doutrinas indistinguíveis que depois são encontradas em filósofos cuja infalibilidade não é garantida pelo método das ciências naturais; encontram-se até mesmo nos mais descuidados dentre eles. Pois, segundo Taine, a arte é imitação, e uma imitação feita de tal modo a tornar sensível o caráter

---

⁶ H. Helmholtz, *Die Lehre von der Tonempfindungen als Physiologische Grundlage für die Theorie der Musik*, 1863, 4. ed., 1877; Brücke-Helmholtz, *Principes Scientifiques des Beaux Arts*, ed. franc., Paris, 1881; C. Stumpf, *Tonpsychologie*, Leipzig, 1883.

⁷ *Philosophie de l'Art*, 1866-1869 (4. ed., Paris, 1885).

⁸ Ibidem, vol. I, p. 13-15.

essencial dos objetos, isto é, "uma qualidade da qual são derivadas todas as outras, ou muitas das outras qualidades, seguindo conexões fixas". O caráter essencial de um leão, por exemplo, é o de ser "um grande carnívoro", o que determina a conformação de seus membros; o caráter essencial da Holanda é o de ser "uma terra formada por solo aluvial". É por isso que a arte não se restringe aos objetos existentes na realidade, mas é capaz, como na arquitetura ou na música, de representar caracteres essenciais sem objetos naturais correspondentes.[9] Ora, esses caracteres essenciais, a saber, o caráter de ser carnívoro e o de ser aluvionar, diferem, salvo talvez pela extravagância do exemplo, dos "tipos" e das "ideias" que a estética intelectualista ou metafísica considerara como o conteúdo próprio da arte? O próprio Taine dissipa todas as dúvidas sobre o assunto, dizendo que "esse caráter é o que os filósofos chamam de 'essência das coisas', em virtude da qual afirmam que o objetivo e a finalidade da arte são manifestar a essência das coisas"; e acrescenta que, de sua parte, não quer "se servir da palavra 'essência' como termo técnico":[10] serve-se da palavra, mas não do conceito que ela significa. Há dois caminhos (diz ainda Taine, como talvez pudesse dizer um Schelling) que conduzem à vida superior do homem, à contemplação: o da ciência e o da arte:

> o primeiro, investiga as causas e as leis fundamentais da realidade, e as expressa em fórmulas exatas e em termos abstratos; o segundo, manifesta essas causas e leis, não mais com definições áridas, inacessíveis ao povo e inteligíveis apenas aos especialistas, mas de maneira sensível, apelando não apenas à razão, mas também aos sentidos e ao coração do homem mais simples, tendo a propriedade de ser elevado e popular ao mesmo tempo, e também a de manifestar a todos o que há de mais superior.[11]

Para Taine, como para os estetas da escola hegeliana, as obras de arte estão dispostas em uma escala de valores, de modo que, tendo começado por declarar absurdo todo o juízo sobre o gosto (cada um tem o seu),[12] acaba por afirmar que "o gosto pessoal não tem valor algum", e que alguma medida comum deve ser abstraída e proposta para indicar progressos

---

[9] Ibidem, p. 17-54.
[10] Ibidem, p. 37.
[11] Ibidem, p. 54.
[12] Ibidem, p. 15.

e desvios, ornamentação e degeneração; um padrão para aprovar ou desaprovar, elogiar ou condenar.[13] A escala de valores por ele estabelecida é dupla ou tripla, construída, de início, conforme o grau de importância do caráter, ou seja, a maior ou menor generalidade da ideia, conforme ainda o grau de efeito benéfico (*degré de bienfaisance*), ou seja, o maior ou menor valor moral da representação (dois graus, que seriam aspectos de uma qualidade única, ou seja, a força considerada em si mesma e em relação aos outros); depois, em segunda instância, conforme o grau de convergência dos efeitos, ou seja, da plenitude de expressão, da harmonia entre ideia e forma.[14] Essa doutrina, de cunho intelectualista, moralista e retórica, é interrompida aqui e ali pelos costumeiros protestos naturalistas: "Conforme costumamos fazer, estudaremos todas essas questões como naturistas, metodicamente, mediante análise, esperando chegar a uma lei e não a um hino de louvor", etc.;[15] como se isso bastasse para alterar a substância do método adotado e da doutrina exposta. Taine, finalmente, abandonou-se às abordagens e soluções dialéticas, afirmando que no período primitivo da arte italiana, nas pinturas de Giotto, tinha-se alma sem o corpo (tese); que, no Renascimento, nas pinturas de Verrocchio, tinha-se o corpo sem a alma (antítese); e no século XVI, em Rafael, harmonizaram-se a expressão e a anatomia, alma e corpo (síntese).[16]

As mesmas escusas e métodos análogos se acham nas obras de Gustav Theodor Fechner. Em sua *Introdução à estética* (1876), Fechner afirma ter renunciado "à tentativa de determinar conceitualmente a essência objetiva do belo", já que não queria fazer uma estética metafísica vinda de cima (*von oben*), mas uma estética indutiva vinda de baixo (*von unten*), para alcançar a clareza e não a sublimidade: a estética metafísica deve estar para a indução assim como a filosofia da natureza está para a física.[17] Procedendo indutivamente, Fechner descobre uma longa série de leis ou princípios estéticos: o limiar da estética, a assistência ou incremento, a unidade na variedade, a ausência de contradições, a clareza, a associação, o contraste, a capacidade

---

[13] Ibidem, vol. II, p. 277.

[14] Ibidem, p. 257-400.

[15] Ibidem, p. 257-58.

[16] Ibidem, p. 393.

[17] *Vorschule der Aesthetik*, 1876 (2. ed., Leipzig, 1897-1898).

de ser consequente, a conciliação, o justo meio, o uso econômico, a persistência, a mudança, a medida, e assim por diante. E mostra esse caos de conceitos em tantos capítulos, satisfeito e orgulhoso de se mostrar tão altamente científico e tão capaz de fazer confusões. Descreve, além disso, os experimentos que pode recomendar aos seus leitores, e que são deste tipo:

> Pegue dez pedaços retangulares de cartolina branca e de área quase igual, mas que tenham várias proporções de lado, na razão de 1:1 até a de 2:5, incluindo a relação da seção áurea, 21:34; embaralhe tudo isso e espalhe sobre uma mesa preta e chame pessoas de todas as condições e caracteres que pertençam às classes cultas, e, aplicando o método de escolha, peça a cada uma dessas pessoas, depois de se livrar de qualquer pensamento sobre um determinado uso, que escolha os pedaços de cartolina que lhes dão mais sensação de prazer e os que lhes inspiram mais aversão; anote as respostas, mantendo separados os homens das mulheres, e com os resultados elabore tabelas. Veja então o que acontece.

Fechner reconhece que nesses experimentos os participantes frequentemente fazem reservas, não conseguindo discernir (como é normal) entre o prazer ou a aversão por um objeto que não possui uma finalidade. Por vezes, recusavam-se a decidir; quase sempre sua decisão parecia vaga e perplexa, e, em uma segunda observação, recebiam-se respostas totalmente diferentes daquelas dadas anteriormente. Mas os erros, como se sabe, se compensam; de qualquer maneira, as tabelas mostram que agradaram mais os retângulos com formas próximas ao quadrado, e que os retângulos de proporção 21:34 são os mais apreciados.[18] Esse método recebeu uma definição extremamente apropriada: "uma média de julgamentos arbitrários de um número arbitrário de pessoas arbitrariamente selecionadas".[19] Fechner comunica, ainda, sempre em forma de tabela, o resultado da estatística, obtida a partir de não sei quantos catálogos de pinacotecas, relativa às dimensões de quadros e aos assuntos que retratam.[20] No entanto, quando ele pretende dizer o que é o belo, pede ajuda ao velho método especulativo, usando-o bem ou mal, embora o faça preceder do protesto de que, para ele, o conceito de belo é "um mero expediente, em conformidade ao uso

---

[18] Ibidem, vol. I, cap. 19.

[19] Schasler, *Kritische Geschichte der Aesthetik*, p. 1.117.

[20] *Vorschule der Aesthetik*, vol. II, p. 273-314.

linguístico, para indicar sumariamente o que reúne as condições prevalentes do prazer imediato".[21] Distingue ele três sentidos para "belo": um belo em sentido amplo, que é agradável *in genere*; um belo em sentido restrito, que é um prazer maior, mas ainda de natureza sensível; e um belo em sentido maximamente restrito, que é a verdadeira beleza, a que "não só agrada, mas tem o direito do agradável, possui valor em agradar", em que se unem os conceitos de beleza (o agradável) e de bondade.[22] O Belo, em suma, é o que deve agradar objetivamente e, como tal, corresponde ao bem da ação. Fechner, que por vezes se fazia de artista ou poeta, diz que

> o Bom é como um homem sério, capaz de organizar toda a sua vida doméstica, que pondera presente e futuro, e se dispõe a tirar vantagens de ambos. A Beleza é a sua esposa florida, que cuida do presente, tendo em conta as vontades do marido. O Agradável é o bebê, todo sensações e brincadeiras: o Útil é o servo, que realiza trabalhos braçais e recebe o pão quando o merece. A Verdade, enfim, é como um pregador e mestre da família; pregador da fé, mestre do saber, com um olho no Bem e uma mão no Útil, e segura um espelho para a Beleza".[23]

Quando fala de arte, resume nos seguintes pontos todas as suas leis ou regras essenciais: (1) a arte escolhe representar uma ideia valiosa, ou, pelo menos, interessante; (2) expressa por meio de material sensível da forma mais adequada ao seu conteúdo; (3) dentre os vários meios de representação convenientes, prefere os que, em si mesmos, são mais agradáveis que os outros; (4) o mesmo procedimento é observado em todos os particulares; (5) em caso de conflito entre as regras, faça que uma ceda lugar à outra, de modo que se tenha o maior prazer possível, e seja, ao mesmo tempo, o de maior valor (*das grösstmögliche und werthvollste Geffalen*).[24] Mas por que Fechner, que já tinha pronta essa teoria eudemonista[25] do Belo e da Arte (como ele mesmo a chama), se dá ao trabalho de enumerar princípios e leis, e de conduzir experimentos e fazer tabelas de dados estatísticos totalmente inúteis para demonstrar ou ilustrá-la? Somos quase tentados a pensar que

---

[21] Ibidem, Prefácio, p. IV.
[22] Ibidem, vol. I, p. 15-30.
[23] Ibidem, p. 32.
[24] Ibidem, vol. II, p. 12-13.
[25] Ibidem, vol. I, p. 38.

essas operações pseudocientíficas eram para ele, e ainda são para os seus seguidores, um passatempo não mais importante do que o jogo de paciência ou o de colecionar selos.

Outro exemplo do culto supersticioso às ciências naturais pode ser visto no livro *Origens da Arte*,[26] do professor Ernst Grosse. Sempre pronto a desprezar qualquer investigação filosófica sobre a arte, por ele considerada e chamada "estética especulativa", Grosse invoca uma *ciência da arte* (*Kunstwissenschaft*), cuja missão é explicitar as leis que estão na massa dos fatos históricos até então decorridos. É sua opinião que todo o material propriamente histórico deva unir-se ao etnográfico e pré-histórico, não sendo possível, segundo ele, obter leis verdadeiramente gerais quando o estudo restringe-se à arte dos povos cultos, "como seria imperfeita uma teoria da geração que se baseasse exclusivamente na forma predominante que ela assume nos mamíferos".[27] Mas também Grosse, logo após declarar o seu repúdio à filosofia e aos seus propósitos de cientista naturalista, deparou-se com a mesma dificuldade de Taine e Fechner. De fato, não há escapatória: a fim de examinar os fatos artísticos dos povos primitivos e selvagens, é preciso necessariamente começar por algum conceito de arte. Todas as metáforas naturalistas, e todos os lenitivos verbais para os quais Grosse pede socorro, não conseguem esconder a natureza do procedimento por ele adotado, que impressiona por sua semelhança com os métodos da desprezada estética especulativa.

> Como um viajante que deseja explorar uma terra desconhecida, se não está provido de ao menos um esboço geral do lugar, e se não tiver alguma ideia do caminho a ser seguido, deve ter receio de errar completamente; assim também nós, antes de começar a nossa investigação, precisamos de uma orientação geral e preliminar sobre a essência dos fenômenos (*über das Wesen der Erscheinungen*) aos quais devemos prestar atenção."

Decerto "uma resposta exata e exaustiva à pergunta será obtida no mínimo quando terminarem as pesquisas, que nem sequer começaram. Essa característica, buscada desde o princípio [...] poderá ser mais radicalmente modificada quando se chegar ao fim"; não se trata, meu caro, de imitar os antigos estetas: trata-se apenas de "dar uma definição que sirva de armação

---

[26] *Die Anfänge der Kunst*, Freiburg i.B., 1894.
[27] Ibidem, p. 19.

provisória para ser retirada quando o edifício estiver pronto".[28] Palavras, palavras e mais palavras: aquele monte de ideias gerais e de leis artísticas que estão no livro de Grosse não saíram do estudo dos testemunhos dos viajantes em terras selvagens, mas sim da especulação sobre as formas do espírito; dessa maneira (como poderia ser diferente disso?), uma deve ser interpretada à luz das outras. Em sua definição final, Grosse considera a arte como uma atividade que, em seu desenvolvimento e em seu resultado, possui imediato valor de sentimento (*Gefühlswerth*), e é um fim em si mesma; a atividade prática e a atividade estética seriam dois opostos, dentre os quais se interpõe, como meio-termo, a atividade do jogo que, como atividade prática, tem a sua finalidade externa, mas, como a atividade estética, encontra seu prazer não na finalidade medíocre e insignificante, mas na própria atividade.[29] No final de seu livro, ele nota que a atividade artística dos povos primitivos quase nunca está desacompanhada da prática; e diz ainda que a arte começou social e tornou-se individual somente em épocas cultas.[30]

A estética de Taine e de Grosse foram ditas sociológicas. Porém, uma vez que não se sabe ainda o que é a sociologia enquanto ciência, devemos lidar com a superstição sociológica da mesma maneira como havíamos lidado com a superstição naturalista, isto é, indo além dos prólogos e das propostas irrealizáveis, para ver que tipo de coisa temos diante de nós; e vendo o que é de necessidade objetiva, afirmado por seus autores, e os possíveis pontos de vista que aceitamos ou que temos por incertos. Nesse exame, deixamos à parte o caso não infrequente de um autor que, em vez de construir uma estética, simplesmente compila uma lista de fatos relacionados com a história da arte ou da civilização. Alguns reformadores sociais de nossos tempos, como Proudhon, renovaram as condenações de Platão, ou o moralismo mitigado da Antiguidade e da Idade Média. Proudhon negou a fórmula da arte pela arte; ele considerava a arte como algo sensual e prazeroso, algo que deve se subordinar a fins jurídicos e econômicos: poesia, escultura, pintura, música, romances, contos, comédias, tragédias eram apenas meios de exortar à virtude e dissuadir do vício.[31] Segundo J. M.

---

[28] Ibidem, p. 45-46.

[29] Ibidem, p. 46-48.

[30] Ibidem, p. 293-301.

[31] *Du Principe de l'Art et de sa Destination Sociale*, Paris, 1875.

Guyau, que se tornou famoso como o fundador da estética sociológica, o desenvolvimento da simpatia social seria o ofício da arte. Com ele, no dizer de alguns críticos franceses, teria começado a terceira época na história da estética, sendo a primeira a estética do ideal (Platão), depois a da percepção (Kant), e a "estética da simpatia social" (Guyau). Em seus *Problemas da estética Contemporânea* (1884), Guyau combate a teoria do jogo, e a substitui pela teoria da vida; em uma publicação póstuma, *A Arte sob o Aspecto Sociológico* (1889), determina de maneira mais precisa que a vida, de que ele pretende falar, é a vida social.[32] Se o belo é o intelectualmente agradável, certamente não pode ser identificado com o útil, que é apenas a busca do agradável, mas a utilidade (e assim Guyau pretende corrigir Kant e os evolucionistas ao mesmo tempo) nem sempre exclui a beleza de que, de fato, muitas vezes, forma o grau mais modesto. A sociologia não tem exclusividade no estudo da arte, mas abarca apenas "grande parte";[33] porque a arte cumpre duas finalidades, em primeiro lugar e principalmente, a de produzir sensações agradáveis (de cores, de sons, etc.) e, nesse sentido, encontra-se em presença de leis científicas praticamente incontestáveis que ligam a estética com a física (óptica, acústica, etc.), com a matemática, a fisiologia e a psicofísica. A escultura, de fato, se baseia especialmente na anatomia e na fisiologia; a pintura, na anatomia, na fisiologia e na óptica; a arquitetura, na óptica (seção áurea, etc.); a música, na fisiologia e na acústica; a poesia, na métrica, cujas leis mais gerais são acústicas e fisiológicas. A segunda finalidade da arte é produzir fenômenos de "indução psicológica", que trazem à mente as ideias e os sentimentos de maior complexidade (simpatia por personagens representados, interesse, piedade, indignação, etc.), em suma, todos os sentimentos sociais que a tornam "a expressão da vida". Daí derivam as duas tendências que se observam na arte: uma que se inclina para a harmonia, as consonâncias, e tudo o que deleita olhos e ouvidos; outra, para a transfusão da vida no domínio da arte. O gênio, o verdadeiro gênio, está destinado a equilibrar as duas tendências, mas os decadentes e os desequilibrados privam a arte de sua finalidade social da simpatia, servindo-se da

---

[32] M. Guyau, *L'Art au Point de Vue Sociologique*, 1889 (3. ed., Paris, 1895); *Les Problèmes de l'Esthétique Contemporaine*, Paris, 1884. Cf. Fouillée, Prefácio à primeira obra, p. XLI-XLIII.

[33] *L'Art au Point de Vue Sociologique*, Prefácio, p. XLVII.

simpatia estética contra a solidariedade humana.[34] Traduzindo tudo isso em termos familiares, podemos dizer que Guyau admite uma arte meramente hedonista, acima da qual sobrepõe outra arte, também hedonista, mas servil e útil à causa da moralidade. A mesma polêmica contra os decadentes, desequilibrados e individualistas é sustentada por outro autor, Max Nordau, que assinala à arte o papel de restabelecer a plenitude da vida na especialização fragmentária própria da sociedade industrial; ele afirma que a arte pela arte, a arte como simples expressão de estados internos e objetivação de sentimentos do artista, sem dúvida existe, mas é "a arte do homem quaternário, a arte das cavernas".[35]

A estética também poderia dizer-se naturalista, noção tirada da doutrina do gênio como degeneração, que fez a fortuna de Lombroso e sua escola. O núcleo dessa identificação consiste no seguinte raciocínio:

> Os grandes esforços mentais, a total absorção de um pensamento dominante produzem, muitas vezes, distúrbios fisiológicos no organismo, fraqueza ou atrofia de outras funções vitais. Mas tais transtornos se inscrevem no conceito patológico de doença, degeneração e loucura. Portanto, a genialidade é idêntica à doença, degeneração e loucura".

Um silogismo do particular ao geral, caso em que, de acordo com a lógica tradicional, *non est consequentia*. Mas, com sociólogos *à la* Nordau, Lombroso e companhia, chegamos ao limite extremo que separa o erro decoroso do que é apenas grosseiro e que chamamos de despropósito. Nas pesquisas de certos sociólogos e etnógrafos, como Carl Bücher, não há nada senão uma confusão entre a análise científica e a investigação ou descrição histórica. Büchner, ao estudar a vida dos povos primitivos, afirma que a poesia, a música e o trabalho estavam originalmente fundidos em um só ato, que a poesia e a música foram usadas para regular o ritmo de trabalho.[36] Isso pode ser historicamente verdadeiro ou falso, importante do ponto de vista cultural ou não, mas não tem nada a ver com a ciência estética. Da mesma forma, Andrew Lang opina que a doutrina sobre a origem da arte como expressão desinteressada da faculdade mimética não encontra

---

[34] Ibidem, passim, especialmente o cap. 4; cf. p. 64, 85, 380.
[35] Max Nordau, *La Funzione Sociale dell'Arte*, 2. ed., Torino, 1897.
[36] Karl Bücher, *Arbeit and Rhythmus*, 2. ed., Leipzig, 1899.

confirmação no que conhecemos da arte primitiva, que é mais decorativa que expressiva:[37] como se a arte primitiva, que é um mero fato a ser interpretado, pudesse converter-se em critério de interpretação.

O mesmo naturalismo vago exerceu funesta influência sobre a linguística, que de fato não nos tem oferecido nenhuma pesquisa mais profunda, como aquelas conduzidas por Humboldt e prosseguidas por Steinthal. Este, por sua vez, nunca conseguiu fundar uma verdadeira escola. Popular e impreciso, Max Müller manteve a indivisibilidade de palavra e pensamento, confundindo, ou pelo menos não distinguindo, o pensamento estético do pensamento lógico, embora tenha notado que a formação de nomes tinha uma ligação mais estreita com o engenho (*wit*), no sentido de Locke, do que com o juízo. Sustentou, além disso, que a ciência da linguagem não é histórica, mas ciência natural, porque a linguagem não é invenção do homem: o dilema de "histórico" e "natural", que foi debatido e resolvido em diversos sentidos e com pouco resultado.[38] Outro filólogo, Whitney, polemizando contra a teoria "milagrosa" de Müller, negava que o pensamento fosse indissociável do discurso: "o surdo-mudo não fala, mas pode pensar", observa ele; o pensamento não é a função do nervo acústico. Por esse meio, Whitney retornava à antiga doutrina de que a palavra é um sinal ou meio de expressão do pensamento humano, sujeito à vontade, resultante de uma síntese de faculdades, isto é, da capacidade de adaptação inteligente dos meios aos fins.[39] O espírito filosófico reaparece com o livro de Paul, *Princípios da História da Linguagem* (1880),[40] embora os esforços do autor, temendo ser acusado de fazer filosofia, tenham-no levado a dar um título novo para evitar o desacreditado "Filosofia da Linguagem". Mas se Paul parece incerto sobre as relações entre lógica e gramática, tem o mérito de haver reintegrado a identificação feita por Humboldt entre a questão da origem da linguagem com a de sua natureza, reafirmando que a linguagem é criada de novo sempre que se fala. Cabe-lhe ainda outro mérito, o de ter criticado de modo definitivo a etnopsicologia (*Völkerpsychologie*) de

---

[37] *Custom and Myth*, p. 276, citado por Knight, *The Philosophy of Beautiful*, vol. I, p. 9-10.

[38] *Lectures on the Science of Language*, 1861 e 1864 (trad. franc., *La Science du Langage*, Paris, 1867).

[39] W. Dwight Whitney, *The Land Growth of Language*, London, 1875 (trad. it., Milano, 1876).

[40] Hermann Paul, *Principien der Sprachgeschichte*, 1880 (2. ed., Halle, 1886).

Steinthal e Lazarus, mostrando que não existe a entidade de uma psique coletiva e que não existe linguagem senão a do indivíduo. Wundt,[41] por sua vez, pretende ver conexão entre a etnopsicologia, essa ciência inexistente, e a linguagem, a mitologia e os costumes; em sua última obra, justamente sobre a linguagem,[42] repete tolamente as zombarias de Whitney e ridiculariza como "teoria do milagre" (*Wundertheorie*) a gloriosa doutrina inaugurada por Herder ou Humboldt, por ele acusados de "mística obscuridade" (*mystiche Dunkel*): Wundt observa que essa doutrina podia ter tido alguma justificação antes de o princípio da evolução atingir o pleno triunfo em sua aplicação à natureza orgânica em geral, e ao homem em particular. Tampouco tem a menor noção da função da fantasia e da verdadeira relação entre pensamento e expressão; nem vê diferença substancial entre expressão em sentido naturalista e expressão em sentido linguístico e espiritual. Wundt considera que a linguagem é uma forma especial, desenvolvida de maneira peculiar, das manifestações vitais fisiopsicológicas e dos movimentos expressivos dos animais, de cujos fatos a linguagem se desenvolveria de modo contínuo, de modo que, para além do conceito geral de movimento expressivo (*Ausdrucksbewegung*), "não há nenhuma nota específica pela qual a linguagem possa ser delimitada de forma não arbitrária".[43] A filosofia de Wundt descobre a sua própria fraqueza ao mostrar-se incapaz de dominar o problema da linguagem e da arte. Em sua *Ética*, os fatos estéticos são apresentados como um complexo de elementos lógicos e éticos; nega-se, além disso, a existência da estética como ciência normativa especial; não o faz, porém, pela boa e suficiente razão de que não há algo com "ciências normativas", mas porque essa ciência especial, segundo ele, seria absorvida pelas duas ciências da lógica e da ética,[44] o que equivale dizer que a estética não existe e negar a originalidade da arte.

---

[41] W. Wundt, *Ueber Wege und Ziele der Völkerpsychologie*, Leipzig, 1886.

[42] *Die Sprache*, Leipzig, 1900, 2 vol. (primeira parte de *Völkerpsychologie, Eine Untersuchung der Entwicklungsgesetze von Sprache, Mythus und Sitte*).

[43] Ibidem, passim: cf. vol. I, p. 31 ss; vol. II, p. 599, 603-09.

[44] *Ethik*, Stuttgart, 1892, p. 6.

18. PSICOLOGISMO ESTÉTICO E OUTRAS TENDÊNCIAS RECENTES

O movimento neocrítico ou neokantiano não conseguiu fazer frente às visões hedonista, psicológica e moralista da arte, embora tenha tentado salvar o conceito de espírito[1] do naturalismo e do materialismo. Kant legou à neocrítica seu parco entendimento de imaginação criativa, e parece que os neokantianos não reconheciam outra forma de conhecimento que não o intelectual.

Na Alemanha, Kirchmann foi um dos primeiros filósofos de certo renome que aderiu ao sensualismo e ao psicologismo estético. Promotor de um autointitulado realismo, e autor de uma *estética de Base Realista* (1868),[2] Kirchmann, em sua doutrina, propõe que o fato estético seja uma imagem (*Bild*) de algo real, uma imagem animada (*seelenvolles*), purificada e fortalecida, isto é, idealizada. Tal imagem subdivide-se em imagem de prazer, que é o belo, e imagem de dor, que é o feio. O belo por sua vez, admite uma tríplice variedade ou modificação, determinando-se: a) segundo o conteúdo, em sublime, cômico, trágico, etc.; b) segundo a imagem, em belo da natureza ou belo da arte; c) segundo a idealização, em idealista ou naturalista, formal ou espiritual, simbólico ou clássico. Não tendo compreendido a natureza da objetivação estética, Kirchmann dá-se ao trabalho de elaborar uma nova categoria psicológica de sentimentos ideais ou aparentes, que seriam suscitados pelas imagens artísticas e apresentariam uma atenuação de sentimentos da vida real.[3]

À evolução ou involução dos herbartianos em fisiólogos do prazer estético corresponde uma análoga evolução ou involução dos idealistas em direção ao psicologismo. Dentre os quais, o primeiro lugar deve ser dado a Theodor Vischer, que, em uma autocrítica por ele publicada, definiu a

---

[1] A. F. Lange, *Geschichte des Materialismus, und Kritik Seiner Bedeutung in der Gegenwart*, Leipzig, 1866.

[2] J. H. von Kirchmann, *Aesthetik auf Realistischer Grundlage*, Berlin, 1868.

[3] Ibidem, vol. I, p. 54-57; cf. "Teoria", cap. 10, p. 96.

estética como "união de mímica e de harmônica" (*vereinte Mimik und Harmonik*), e o Belo como "harmonia do universo", que nunca se realiza no fato, porque se realiza apenas no infinito, e por isso nos iludimos ao pretendermos colhê-la no belo: ilusão transcendente, que é a própria essência da obra estética.[4] Seu filho, Robert Vischer, cunhou a palavra *Einfühlung* para designar a vida que o homem infunde nas coisas naturais por meio do processo estético.[5] Volkelt, ao tratar do *Símbolo*[6] e fazendo o casamento do simbolismo com o panteísmo, opôs-se ao associacionismo e favoreceu um teleologismo natural imanente do Belo. O herbartiano Siebeck (1875) abandonou a teoria formalista, tentando explicar o fato da beleza com o conceito do aparecimento de personalidade.[7] Ele distinguia entre objetos que agradam apenas por seu conteúdo (agradáveis sensíveis), os que agradam apenas pela forma isolada (fatos morais), e os que agradam pela conexão entre conteúdo e forma (fatos orgânicos e estéticos). Nos fatos orgânicos, a forma não está fora do conteúdo, mas é a expressão da ação recíproca e conjugação dos elementos constitutivos; nos fatos estéticos, no entanto, a forma está fora do conteúdo e como que na superfície deste: não enquanto meio para o fim, mas enquanto fim em si mesma. A intuição estética é relação entre sensível e espiritual, matéria e espírito, e, assim, forma enquanto aspecto da personalidade. O prazer estético surge da consciência que o espírito tem de reencontrar a si mesmo no sensível. Se nas coisas naturais e inanimadas a personalidade é introduzida por quem as contempla, na figura humana, no entanto, faz-se presente por si mesma. Siebeck imita a teoria de modificações do belo proposta pelos metafísicos idealistas; para eles, o belo se mostraria concretamente apenas nessas modificações, assim como o homem só pode existir como homem de determinada raça e nacionalidade. O sublime é aquela espécie de belo em que se perde o momento formal da circunscrição; portanto, o ilimitado é uma espécie de infinidade extensiva ou intensiva; o trágico surge quando a harmonia não é dada, mas resulta de um conflito e de

---

[4] *Kritische Gänge*, vol. V, p. 25-26, 131.

[5] R. Vischer, *Ueber das Optische Formgefühl*, Leipzig, 1873.

[6] *Der Symbol-Begrift in der Neuesten Aesthetik*, Jena, 1876.

[7] *Das Wesen der Aesthetischen Anschauung, Psychologische Untersuchungen zur Theorie des Schönen und der Kunst*, Berlin, 1875.

um desenvolvimento; o cômico é uma relação do pequeno ao grande, e assim por diante. Por conta desses traços de idealismo aliado à sua determinação em sustentar o caráter absoluto do juízo de gosto conforme Kant e Herbart, é impossível considerar a estética de Siebeck meramente psicológica e empírica, sem qualquer elemento filosófico. Esse é também o caso de M. Diez, que em sua *Teoria do Sentimento como Fundamento da estética* (1892)[8] tenta explicar a atividade da arte como um retorno ao ideal de sentimento (*Ideal des fühlenden Geistes*), paralelo à ciência (ideal do pensamento), à moral (ideal da vontade) e à religião (ideal da personalidade). Mas o que seria esse tal sentimento? Seria o sentimento empírico dos psicólogos, irredutível a um ideal, ou a mística faculdade da comunicação e conjunção com o infinito e com o Absoluto? O absurdo "valor do prazer" de Fechner, ou o "juízo" (*Urtheilskraft*) de Kant? A estes e outros autores, dominados ainda por tendências metafísicas, falta, dir-se-ia, a coragem de suas próprias ideias; sentem-se em ambiente hostil e falam com reservas ou tentam compromissos. O psicólogo Jodl admite a existência de sentimentos estéticos elementares, como os descobertos por Herbart, e os define como "excitações imediatas que não repousam sobre uma atividade associativa ou reprodutiva ou na imaginação", embora "em última análise, devem ser reduzidos aos mesmos princípios".[9]

A tendência meramente psicológica e associacionista tornou-se evidente no professor Teodor Lipps e na sua escola. Lipps critica e rejeita toda uma série de teorias estéticas: a) a do jogo, b) a do prazer, c) a da arte como reconhecimento da vida real, mesmo que desagradável; d) a da emotividade e excitação passional; e) a do sincretismo, em que à arte, bem como ao jogo e ao prazer, é atribuída uma série de outros fins (reconhecimento da vida em sua realidade, revelação da individualidade, comoção, libertação de um peso, livre desenrolar da fantasia). No fundo, sua teoria pouco difere da de Jouffroy, pois, em sua tese, assume que o belo artístico é o simpático. "O objeto da simpatia é o nosso eu objetivado, transposto em outros e, portanto, descoberto neles. Sentimo-nos nos outros e sentimos os outros em nós mesmos. Nos outros, sentimo-nos felizes, livres, engrandecidos, elevados, ou o contrário de tudo isso. O sentimento estético de simpatia não é

---

[8] Max Diez, *Theorie des Gefühls zur Begründung der Aesthetik*, Stuttgart, 1892.
[9] F. Jodl, *Lehrbuch der Psychologie*, Stuttgart, 1896, § 53, p. 404-14.

um mero modo de fruição estética, mas o próprio prazer estético. Todo prazer estético é baseado, em última análise, única e inteiramente na simpatia, mesmo aquele que nos dão as linhas e formas geométricas, arquitetônicas, tectônicas, cerâmicas, etc.".

> Sempre que na obra de arte encontramos uma personalidade (não tanto um defeito do homem, mas algo positivamente humano), que se harmoniza ou desperte ressonância nas possibilidades e tendências de nossa vida e atividade vital; sempre que nos deparamos com o positivo humano, objetivo, puro e livre de todos os interesses reais que estão fora da obra de arte, e seja tal que somente a arte pode representar e a contemplação estética exige, o acordo, a consonância, nos enchem de beatitude. O valor da personalidade é valor ético. Fora dele, não há outra possibilidade e determinação de natureza ética. Todo prazer artístico e estético *in genere* é, portanto, prazer de algo que tem valor ético (*eines ethisch Werthvollen*), não como elemento de um complexo, mas como objeto da intuição estética.[10]

A atividade estética é, dessa maneira, privada de qualquer valor próprio, ficando reduzida a mero reflexo da moralidade. Sem nos determos nos seguidores de Lipps, como Stern e outros,[11] e nos pensadores de mesma tendência, como Biese, com a sua teoria do antropomorfismo e da metáfora universal,[12] ou Konrad Lange, que propõe a tese de que a arte é autoilusão consciente,[13] mencionaremos o professor Karl Groos (1892), que de algum modo se reaproxima do conceito de ato estético enquanto valor teórico.[14] Entre os dois pólos de consciência, a sensibilidade e o intelecto, há vários graus intermediários, dentre os quais se encontra a intuição ou imaginação, cujo produto, a imagem ou a aparência (*Schein*), está a meio caminho entre a sensação e o conceito. A imagem é completa como a sensação, mas ordenada como o conceito: não tem a riqueza inesgotável da sensação, nem a

---

[10] *Komik und Humor, eine Psychologisch-Aesthetische Untersuchung*, Hamburg-Leipzig, p. 223-27.

[11] Paul Stern, "Einfühlung und Association in der Neueren Aesthetik", 1898. In: *Beiträge zur Aesthetik*, aos cuidados de Lipps e de R. M. Werner, Hamburg-Leipzig.

[12] A. Biese, *Das Associationsprincip und der Anthropomorphismus in der Aesthetik*, 1890; *Die Philosophie des Metaphorischen*, Hamburg-Leipzig, 1893.

[13] Konrad Lange, *Die Bewusste Selbsttäuschung als Kern des Künstlerischen Genusses*, Leipzig, 1895.

[14] Karl Groos, *Einleitung in die Aesthetik*, Giessen, 1892.

pobreza e a nudez do conceito. A imagem ou aparência é o fato estético, que não se distingue da imagem simples e comum na qualidade, mas somente na intensidade: a imagem estética é a mesma imagem simples, ocupando o ápice da consciência. As representações passam pela consciência como uma multidão que anda apressada sobre uma ponte; cada um empenhado em seu próprio negócio, mas quando um transeunte para na ponte e olha para a cena, então é dia de festa, então surge o fato estético. Este não é, por conseguinte, passividade, mas a atividade, imitação interna (*innere Nachahmung*), segundo a fórmula adotada por Groos.[15] Pode se objetar contra essa teoria de que cada imagem, para que seja tal, deve ocupar o ápice da consciência ao menos por um instante, e que a simples imagem ou é o produto de uma atividade, como é o caso da atividade estética, ou não é uma verdadeira imagem. Também se pode objetar que a determinação da imagem, como algo que participa da natureza das sensações e do conceito, pode reconduzir à intuição intelectual e às outras misteriosas faculdades dos metafísicos, pelas quais Groos professa repulsa. Sua subdivisão da obra estética em forma e conteúdo é menos feliz ainda. Ele reconhece quatro classes de conteúdo: a associativa (em sentido estrito), a simbólica, a típica e a individual,[16] e introduz em sua doutrina (que não lhe faria falta alguma) os conceitos de infusão da personalidade e do jogo. Para este último, observa que "a imitação interna é o mais nobre jogo humano",[17] e acrescenta que "o conceito de jogo aplica-se plenamente à contemplação, mas não à produção estética, salvo no caso dos povos primitivos".[18]

Groos, por sua vez, liberta-se das "modificações do belo", pois, identificada a atividade estética na imitação interna, é claro que o que não é imitação interna continua excluída dessa atividade como sendo algo diferente e a mais. "Todo belo (belo entendido no sentido de 'simpático') pertence à atividade estética, mas nem todo fato estético é belo." Belo, então, é a representação do agradável sensível; o feio, a representação do desagradável; o sublime, a representação de algo poderoso (*Gewaltiges*) em forma simples; o cômico, a representação de uma inferioridade, e assim por

---

[15] Ibidem, p. 6-46, 83-100.
[16] Ibidem, p. 100-47.
[17] Ibidem, p. 168-70.
[18] Ibidem, p. 175-76.

diante.¹⁹ Com grande bom senso, Groos ridiculariza a função atribuída por Schasler e Hartmann, com superficialidade dialética, ao feio. Dizer que a elipse contém um elemento de feiura em comparação ao círculo, porque é simétrica apenas em relação a dois eixos e não em relação a infinitos deles, como é o caso dele, é como dizer que "o vinho tem um sabor relativamente desagradável porque nele está faltando (*ist aufgehoben*) o gosto agradável da cerveja".²⁰ Em seus escritos estéticos, Lipps reconhece que o cômico, do qual oferece uma acurada análise psicológica,²¹ não tem em si nenhum valor estético; entretanto, por conta de sua tendência moralista, ele acaba esboçando algo semelhante à teoria da superação do feio mediante um processo que conduziria a um valor estético superior (ou seja, de simpatia).²²

Trabalhos como os de Groos e, em parte, os de Lipps ajudam, por outro lado, a eliminar muitos erros, delimitando a pesquisa estética no campo da análise interna. É preciso reconhecer um mérito desse tipo na obra de Véron,²³ autor francês que combate a ideia do Belo absoluto da estética acadêmica e, acusando Taine de confundir arte e ciência, estética e lógica, observa que, se o dever da arte é manifestar a essência das coisas, a sua única qualidade dominante, então "os maiores artistas seriam os que melhor conseguissem expor essa essência [...] e as maiores obras se assemelhariam entre si mais que as outras e mostrariam claramente a sua comum identidade, embora aconteça justamente o contrário".²⁴ Mas em vão se procuraria método científico em Véron: precursor de Guyau,²⁵ ele sustenta que, no fundo, a arte se constitui de dois elementos diferentes, duas artes: uma decorativa, cujo fim é o belo, ou seja, o prazer dos olhos e dos ouvidos resultante de disposições determinadas de linhas, formas, cores, sons, ritmos, movimentos, luzes e sombras, sem intervenção necessária de ideias e sentimentos, constituindo-se em objeto de estudo na óptica e na acústica; a outra, expressiva, que dá "a expressão agitada da personalidade

---

[19] Ibidem, p. 46-50, e toda a parte III.

[20] Ibidem, p. 292, nota.

[21] Veja "Teoria", cap. 12, p. 103-06.

[22] *Komik und Humor*, p. 199 ss.

[23] E. Véron, *L'Esthétique*, 2. ed., Paris, 1883.

[24] Ibidem, p. 89.

[25] Veja cap. 17 anterior, p. 375-76.

humana". A arte decorativa prevalece, segundo ele, no mundo antigo; a arte expressiva, no moderno.[26]

Não é possível expor aqui as teorias estéticas de artistas e literatos: os preconceitos científicos e historicistas, a teoria da experiência e do documento humano no realismo de Zola, ou o moralismo da arte-problema de Ibsen e da escola escandinava. Sobre arte escreveram, com profundidade, e talvez melhor que todos os filósofos profissionais e críticos franceses juntos, Baudelaire em artigos e páginas avulsas,[27] e Gustave Flaubert em suas cartas.[28] Sob o influxo de Véron e seu ódio contra o conceito do Belo, Tolstói escreveu seu livro sobre arte,[29] a qual, segundo a definição do grande artista russo, comunica sentimentos assim como a palavra comunica pensamentos. O significado dessa teoria é esclarecido pelo paralelo que ele traçou entre arte e ciência, chegando à seguinte conclusão: "a missão da arte é tornar assimilável e sensível o que não pode ser assimilado sob a forma de argumentação"; e que "a verdadeira ciência examina as verdades consideradas importantes para certa sociedade em dada época e as faz penetrar na consciência dos homens, ao passo que a arte faz passar do domínio do saber para o do sentimento".[30] Não existe, portanto, arte pela arte como também não há ciência pela ciência. Cada atividade humana deve ser direcionada ao aumento da moral e coerção da violência. Isso equivale a dizer que quase toda a arte, desde o início do mundo, é falsa: Ésquilo, Sófocles, Eurípides, Aristófanes, Dante, Tasso, Milton, Shakespeare, Rafael, Michelangelo, Bach, Beethoven são, de acordo com Tolstói, "reputações artificiais forjadas pela crítica".[31]

Mesmo Nietzsche deveria ser lembrado mais como artista que como filósofo, a quem, como já dissemos a respeito de Ruskin, não se faria justiça se quiséssemos expor suas ideias estéticas em termos científicos, submetendo-as à crítica fácil que tais ideias atraem para si. Em nenhum de seus livros, nem mesmo, apesar das aparências, no primeiro sobre

---

[26] *Esthétique*, p. 38, 109, 123 ss.
[27] *L'Art Romantique* (c. 1860); *OEuvres Posthumes*, 1887.
[28] *Correspondance*, 1830-80, vol. 4, nova ed. Paris, 1902-1904.
[29] *Qu'Est-ce que l'Art?*, trad. franc., Paris, 1898.
[30] Ibidem, p. 171-72, 308.
[31] Ibidem, p. 201-202.

O Nascimento da Tragédia,³² Nietzsche nos oferece, propriamente, uma teoria da arte. O que parece ser teoria é apenas a manifestação de sentimentos e tendências do autor. Por outro lado, ele mostra uma espécie de ansiedade a respeito do valor e da finalidade da arte e acerca da posição, superior ou não, desta em relação à ciência e à filosofia, ansiedade bem característica do período romântico do qual Nietzsche foi, sob muitos aspectos, o último e magnífico representante. Do romantismo, bem como de Schopenhauer, provêm os elementos doutrinais que firmam a distinção entre arte apolínea (contemplativa e serena, que seriam as artes da epopeia e da escultura) e arte dionisíaca (agitada e tumultuosa, que teríamos na música e no drama). Essas doutrinas carecem de rigor, e, por isso, são pouco consistentes, embora sua elevada inspiração tenha conseguido elevar as mentes a uma região espiritual cuja altura raramente seria atingida na segunda metade do século XIX.

Nessa época, os mais notáveis pensadores no âmbito da estética talvez tenham sido os que tentaram construir teorias de artes particulares. E uma vez que, como sabemos,³³ as leis e teorias filosóficas das artes particulares não são concebíveis, as ideias apresentadas por esses pensadores deviam ser, como de fato são, nada mais do que conclusões gerais de estética. Além de Baudelaire e Flaubert, é preciso mencionar, em primeiro lugar, o arguto crítico Eduard Hanslick, da Boêmia, que, em 1854, publicou o livro *Sobre o Belo Musical*, reeditado várias vezes e também traduzido para diversos idiomas.³⁴ Hanslick combateu Richard Wagner e, em geral, toda a pretensão de encontrar, na música, conceitos, sentimentos e outros conteúdos determinados. Dizia ele:

> Nas elucubrações musicais mais insignificantes, em que o mais poderoso microscópio não conseguiria descobrir nada, vem alguém propor o rápido reconhecimento de uma *Noite Anterior à Batalha*, uma *Noite de Verão na Noruega*, uma *Aspiração ao Mar*, ou qualquer outro absurdo, desde que a capa do *libretto* tivesse a audácia de afirmar que esse é o tema da peça.³⁵

Com igual vivacidade, protesta contra os ouvintes sentimentais que, em vez de apreciar a obra de arte, põem-se a extrair dela efeitos patológicos

---

³² *Die Geburt der Tragödie oder Griechenthum und Pessimismus*, 1872 (trad. it., Bari, 1921).

³³ Veja "Teoria", cap. 15, p. 123.

³⁴ *Vom Musikalisch-Schönen*, Leipzig, 1854, 7. ed., 1885 (trad. franc., *Du Beau dans la Musique*, Paris, 1877).

³⁵ Ibidem, p. 20.

de excitação passional e de atividade prática. Se for verdade que a música grega produzia efeitos desse tipo, pois

> se bastavam alguns acordes do modo frígio para encorajar as tropas diante do inimigo, e uma melodia do modo dórico para garantir a fidelidade de uma mulher cujo marido estava fora, então o desaparecimento da música grega será algo triste para os generais e os maridos, mas os estetistas e os compositores não precisarão lamentá-la".[36] "Se cada *Requiem* sem sentido, cada marcha fúnebre e cada *Adágio* gemebundo tivesse o poder de nos entristecer, quem conseguiria sobreviver em tais condições? Mas basta que uma verdadeira obra musical nos encare, com os olhos claros e brilhantes da beleza, e nos sentiremos seduzidos por seu invencível fascínio, mesmo quando seu tema for sobre todas as dores do século.[37]

Hanslick sustentava que o único objetivo da música é a forma, o belo musical. Essa afirmação ganhou a simpatia dos herbartianos, que, cheios de ternura, foram ao encontro de tão vigoroso e inesperado aliado; o próprio Hanslick, retribuindo essa cortesia, sentiu-se obrigado a mencionar, nas edições posteriores de sua obra, Herbart e seu fiel discípulo Robert Zimmermann, o qual dera, segundo Hanslick, "o pleno desenvolvimento ao grande princípio estético da forma".[38] No entanto, os louvores dos herbartianos e as cortesias de Hanslick nasceram de um mútuo mal-entendido, porque "belo" e "forma" têm um significado para os herbartianos, e outro completamente diferente para Hanslick. Simetria, relações meramente acústicas e prazeres auditivos não constituem, segundo ele, o belo musical,[39] e as relações matemáticas são completamente inúteis para a estética da música.[40] O belo musical é espiritual e significativo: é verdade que contém pensamentos, mas pensamentos musicais.

> As formas sonoras não são vazias, mas perfeitamente repletas; não poderiam ser comparadas a simples linhas que delimitam um espaço, pois são o espírito que assume corpo e extrai de si mesmo a sua encarnação. Mais que um arabesco, a música é um quadro cujo tema não pode ser expresso em palavras,

---

[36] Ibidem, p. 98.
[37] Ibidem, p. 101.
[38] Ibidem, p. 119, nota.
[39] Ibidem, p. 50.
[40] Ibidem, p. 65.

nem ser encerrado em um conceito preciso. Na música, há significado e conexão, mas de natureza especificamente musical: a música é uma linguagem que somos capazes de entender e falar, mas que é impossível de traduzir.[41]

Hanslick admite que, apesar de a música não retratar a qualidade dos sentimentos, retrata porém o tom ou o lado dinâmico: não os substantivos, mas os adjetivos; não a "murmurante ternura", a "coragem impetuosa", mas ao menos o "murmurante" e o "impetuoso".[42] A espinha dorsal de seu livro é a negação da possibilidade de separar, em música, forma e conteúdo.

> Em música, não existe um conteúdo em oposição à forma, uma vez que não pode haver forma fora do conteúdo." "Que se tome um tema, o primeiro que vier à cabeça: qual é o conteúdo, qual é a forma? Onde começa a forma e acaba o conteúdo? [...] O que se chamaria de conteúdo? Os sons? Muito bem, mas eles já receberam uma forma. O que se chamaria forma? Também os sons? Mas eles já são forma completa, forma provida de conteúdo.[43]

Tais observações testemunham uma aguda penetração da natureza da arte, embora não sejam formuladas com rigor nem dispostas em sistema. Hanslick pensava que estava lidando com peculiaridades da música,[44] e não com o caráter universal e constitutivo de toda forma de arte, e isso o impedia de ver mais além.

Outro autor que se dedicou a uma especialidade estética foi Conrad Fiedler, escritor de vários ensaios sobre as artes figurativas, sendo o mais importante o que se chama *A Origem da Atividade Artística* (1887).[45] Ninguém, talvez, tenha enfatizado melhor, e de maneira mais eloquente, o caráter ativista da arte, que ele compara à linguagem:

> A arte começa exatamente onde a intuição (percepção) termina. O artista não se distingue das outras pessoas por qualquer atitude perceptiva especial que lhe permita intuir melhor ou com maior intensidade, nem o seu olho possui um poder especial de escolher, juntar, transformar, enobrecer ou iluminar

---

[41] Ibidem, p. 50-51.

[42] Ibidem, p. 25-39.

[43] Ibidem, p. 122.

[44] Ibidem, p. 52, 67, 113, etc.

[45] Konrad Fiedler, *Der Ursprung der künstlerischen Thätigkeit*, Leipzig, 1887. Compilado com outros do mesmo autor no volume: *Schriften über die Kunst*, ed. H. Marbach, Leipzig, 1896.

algo; distingue-se, sim, por seu dom peculiar que o faz capaz de passar imediatamente da percepção à expressão intuitiva: sua relação com a natureza não é perceptiva, mas expressiva.

[...]

Quem está olhando passivamente, bem pode imaginar-se na posse do mundo visível como um todo imenso, variado e riquíssimo: a total ausência de fadiga com que atravessa a massa infinita de impressões visuais, a rapidez com que as representações atravessam a sua consciência, dão-lhe a certeza de que está no meio de um grande mundo visível, embora não seja capaz de representá-lo para si mesmo como um todo num instante preciso. Mas esse mundo, tão grande, rico, incomensurável, desaparece justamente no instante em que a força artística pretende apoderar-se dele. A primeira tentativa de sair desse estado crepuscular para alcançar a clareza visual restringe o círculo de coisas a serem vistas. A atividade artística pode ser concebida como continuação daquela concentração da consciência, primeiro passo para se pôr no caminho que conduz à clareza, a qual se atinge apenas pela autolimitação.

O processo espiritual e o corporal realizam uma só coisa; e "essa atividade, justamente por ser espiritual, deve consistir em formas totalmente determinadas, tangíveis, demonstráveis de maneira sensível". A relação da arte com a ciência não é de sujeição. Assim como o homem da ciência, o artista deseja escapar do estado perceptivo natural e se apropriar do mundo, mas há regiões em que as formas de pensamento e a ciência não podem adentrar, mas a arte sim. A arte não é propriamente imitação da natureza, pois o que é a natureza senão essa *congérie* de percepções e representações, cuja verdadeira pobreza já foi mostrada? No entanto, é possível se dizer, em outro sentido, que a arte é imitação da natureza, a saber, quando seu objetivo não é expor conceitos ou despertar emoções, isto é, produzir valores intelectuais e valores sentimentais. Produz, no entanto, esses dois valores, se podemos dizer assim, mas de qualidade inteiramente peculiar, que consiste na completa visibilidade (*Sichtbarkeit*). Tem-se aqui a mesma concepção sadia, a mesma viva penetração da natureza da arte que se vê em Hanslick, mas de modo mais rigoroso e filosófico. A Fiedler se alia Adolf Hildebrand, que também insistiu no caráter ativista, ou arquitetônico, e não imitativo da arte, ilustrando suas discussões teóricas com exemplos da sua arte, a escultura.[46]

---

[46] *Das Problem der Form in der Bildenden Kunst*, 2. ed., 1898 (4. ed., Strasburg, 1903).

O que se deseja em Fiedler e em outros de mesma tendência é a concepção do fato estético, não como algo excepcional produzido por homens excepcionalmente talentosos, mas como atividade incessante do homem como tal, pois tudo que o homem possui realmente do mundo, ele o possui apenas sob a forma de representações-expressões, e conhece apenas na medida em que produz.[47] Propriamente falando, nem a linguagem é termo de comparação para a arte, nem a arte para a linguagem, pois as comparações se fazem entre coisas que são, ao menos, parcialmente diferentes, ao passo que a arte e a linguagem são idênticas. A mesma crítica pode ser feita a Bergson, que em seu livro sobre o *Riso*[48] expõe uma teoria da arte muito semelhante à de Fiedler, mas incide no mesmo erro de conceber a faculdade artística como algo distinto e excepcional quando comparada à linguagem de uso comum. No dia a dia, diz Bergson, a plena individualidade das coisas nos escapa, e delas se vê somente o que exigem as nossas necessidades práticas. A linguagem convalida tal simplificação, uma vez que os nomes, exceto os nomes próprios, são nomes de espécies ou classes. De vez em quando, no entanto, a natureza, como que por distração, suscita almas de comportamento singular e destacado (os artistas), que redescobrem e revelam a riqueza escondida sob os pálidos signos e os rótulos da vida cotidiana, e vêm em auxílio dos demais (os não artistas), para que estes tenham um vislumbre do que eles veem, utilizando, para este fim, as cores, formas, conexões rítmicas de palavras, bem como os ritmos de vida e de respiração ainda mais íntimos ao homem: os sons e as notas musicais.

À exigência de se pensar o conceito da arte na sua universalidade, fazendo-o coincidir com o puro e genuíno conhecimento intuitivo, talvez fosse útil, na ruína da metafísica idealista, um sadio retorno a Baumgarten, ou seja, um renascimento que fosse ao mesmo tempo uma correção, graças aos novos conceitos adquiridos, daquela "lógica estética" que o velho filósofo do século XVIII tentara. Mas Konrad Hermann, que em 1876 pregava o retorno a Baumgarten,[49] prestou um mau serviço ao que poderia ter sido uma boa causa. Segundo ele, estética e lógica são ciências normativas, mas

---

[47] Veja "Teoria", cap. 1 e 2, p. 33-40.

[48] H. Bergson, *Le Rire: Essai sur la Signification du Comique*, Paris, 1900, p. 153-61.

[49] Konrad Hermann, *Die Aesthetik in Ihrer Geschichte und als Wissenschaftliches System*, Leipzig, 1876.

na lógica não existe, como na estética, "uma categoria definida de objetos externos, exclusiva e especificamente adequados à faculdade do pensamento"; e, por outro lado, "as obras e os resultados do pensamento científico não são tão exteriores e sensivelmente intuitivos como os da invenção artística". Tanto a lógica quanto a estética referem-se não ao sentir ou pensar empírico da mente, mas ao pensamento puro e absoluto. A arte elabora uma representação que está a meio caminho entre o individual e o universal. O belo expressa a perfeição específica, o caráter próprio e, por assim dizer, devido (*seinsollend*) das coisas. A forma é "o limite externo sensível, ou o modo de aparição de uma coisa em contraposição ao núcleo da coisa em si e ao seu conteúdo essencial e substancial". Conteúdo e forma são ambos estéticos, e o interesse estético diz respeito à totalidade do objeto belo. Na verdade, a atividade artística não possui um órgão especial, como o pensamento tem o seu na linguagem. Se fosse assim, o esteta, como o lexicógrafo, teria a obrigação de compilar um dicionário de tons e cores, bem como dos vários significados que estes podem ter.[50] Como percebemos nesse florigélio, Hermann acolhe as proposições mais contrastantes. Aceita até mesmo a lei estética da seção áurea, e a aplica à tragédia: o maior segmento da linha seria o herói trágico, sendo a pena que o abate (a linha inteira) proporcional ao tamanho da sua culpa na mesma proporção em que ele excedeu a medida comum (o segmento mais curto da linha).[51] Mas isso só pode ser visto como piada. Sem referência direta a Baumgarten, um mísero opúsculo de Willi Nef (1898)[52] propunha uma reforma da estética, para que fosse tratada como "ciência do conhecimento intuitivo"; dentre outras coisas, ele diz que os animais irracionais participam do seu "conhecimento intuitivo", no qual distingue um lado formal (a intuição) e um conteúdo ou lado material (o conhecimento), considerando as relações sociais do dia a dia, os jogos e a arte como pertinentes à esfera do conhecimento intuitivo.

O historiador inglês B. Bosanquet (1892) esforçou-se para conciliar de alguma maneira conteúdo e forma na unidade da expressão. Diz ele na introdução da sua história: "O Belo é o que tem expressividade característica ou individual para a percepção sensível ou para a imaginação, sujeita às

---

[50] Ibidem, passim.
[51] Ibidem, § 56.
[52] Willi Nef, *Die Aesthetik als Wissenschaft der Anschaulichen Erkenntniss*, Leipzig, 1898.

condições da expressividade, geral ou abstrata, pelo próprio meio". Em outra passagem, observa: "O tormento da verdadeira estética está em mostrar como a combinação de formas decorativas nas representações características, por uma intensificação do caráter essencial imanente, presente desde o início, subordina-as a um significado central, que está para a sua complexa combinação, assim como o seu significado abstrato está para cada uma delas isoladamente".[53] Esse problema, proposto assim, mediante antítese entre as duas escolas da estética alemã (uma que valoriza o conteúdo e outra que valoriza a forma) torna-se, em nossa opinião, insolúvel.

Na Itália, De Sanctis não formou uma escola de ciência estética. Seu pensamento foi rapidamente incompreendido e mutilado pelos que pretendiam corrigi-lo, mas, de fato, acabaram voltando à desgastada concepção retórica da arte como algo constituído por um pouco de conteúdo e um pouco de forma. Somente nos últimos dez anos aconteceu uma renovação dos estudos filosóficos, resultantes de discussões sobre a natureza da história[54] e suas relações com a arte e a ciência, encontrando alimento nas polêmicas surgidas quando da publicação das obras póstumas de De Sanctis.[55] O mesmo problema das relações entre história e ciência, da diferença ou antítese entre ambas, reapareceu também na Alemanha, sem, no entanto, ser posto em justa relação com o problema estético.[56] Tais investigações e discussões, e o renascimento de uma linguística impregnada de filosofia por obra de Paul e alguns outros, ofereceram, em nossa opinião, um terreno muito mais favorável ao desenvolvimento científico da estética do que aquele que pode ser encontrado nas alturas do misticismo ou nas regiões baixas do positivismo e sensualismo.

---

[53] *A History of Aesthetics*, p. 4-6, 372, 391, 447, 458, 466.

[54] B. Croce, *La Storia Ridotta Sotto il Concetto Generale dell'Arte*, 1893 (atualmente em *Primi Saggi*, 3. ed., Bari, 1951). P. R. Trojano, *La Storia come Scienza Sociale*, vol. I, Napoli, 1897; G. Gentile, *Il Concetto della Storia* (in: *Studi Storici del Crivellucci*, 1889). Veja também F. de Sarlo, *Il Problema Estetico*. In: *Saggi di Filosofia*, vol. II, Torino, 1897; e depois, do mesmo autor: *I Dati dell'Esperienza Psichica*, Firenze, 1903, no capítulo da conclusão.

[55] *La Letteratura Italiana nel Secolo XIX*, ed. B. Croce, Napoli, 1896, e *Scritti Vari*, ed. B. Croce, Napoli, 1898, 2 vol. (Veja agora no volume de B. Croce, *Una Famiglia di Patrioti e altri Saggi Storici e Critici*, 3. ed., Bari, 1949, na parte III).

[56] H. Rickert, *Die Grenzen der Naturwissenschaftlichen Begrifsbildung*, Freiburg i.B., 1896-1902.

19. UM RELANCE NA HISTÓRIA DE ALGUMAS DOUTRINAS PARTICULARES

Chegamos ao fim da nossa história. Passamos em revista os trabalhos e as dúvidas que desvelaram o conceito estético; as vicissitudes dos esquecimentos, dos renascimentos e das redescobertas por que esse conceito passou, as várias oscilações e falhas quanto a sua exata determinação e o ressurgimento triunfal e intrusivo de velhos erros que pareciam superados. Resta-nos agora concluir que, sem parecer uma asserção arriscada, mesmo nos dois últimos séculos de intensa investigação falou-se muito pouco da estética propriamente dita. Raros engenhos conseguiram atingir o alvo e sustentar seus pontos de vista com energia, lucidez e plenitude de consciência. Seria possível, decerto, recolher outras afirmações verdadeiras que conduzem ao mesmo ponto de vista, partindo de autores que não eram filósofos, de críticos de arte e de artistas, da opinião comum e até mesmo de provérbios; e tal recolha mostraria que esses poucos filósofos não estão sozinhos, mas em numerosa companhia e perfeitamente de acordo com a vontade e o bom senso universal. Mas se Schiller estava certo ao dizer que o ritmo próprio da filosofia é justamente o de se afastar da opinião comum e reencontrá-la, depois, com maior vigor, é evidente que tal afastamento torna-se necessário, e que o processo da ciência, isto é, a própria ciência, consiste nesse afastamento. Ao longo desse cansativo percurso, surgiram, no âmbito da estética, certos erros que eram, ao mesmo tempo, desvio da verdade e tentativa de alcançá-la: o hedonismo dos sofistas e dos retores da antiguidade, dos sensualistas do século XVIII e da segunda metade do XIX; o hedonismo moralista de Aristófanes, dos estoicos, dos ecléticos romanos, dos escritores medievais e dos tratadistas do Renascimento; o hedonismo ascético e consequente de Platão e dos padres da Igreja, de um ou outro rigorista medieval e até mesmo moderníssimo; e, finalmente, o misticismo estético que apareceu pela primeira vez em Plotino e que ressurgiu de quando em quando até seus últimos e maiores triunfos no período clássico da filosofia alemã. Em meio a essas tendências, errôneas de diversas maneiras, que por todos os lados sulcam o campo do pensamento, parece correr um tênue veio de ouro formado pelo agudo empirismo de Aristóteles, pela poderosa penetração de Vico, pelas análises de Schleiermacher, Humboldt, De Sanctis e outros menos expressivos. Essa série de pensadores é suficiente para nos levar ao reconhecimento de que a ciência estética não é algo que precise ainda ser descoberto, mas o fato de esses autores serem tão poucos e frequentemente mal avaliados, ignorados, discutidos, prova que tal ciência está ainda no seu início.

O nascimento de uma ciência é semelhante ao nascimento de um ser vivo, e o desenvolvimento de uma ciência consiste, como todos os tipos de vida, na luta contra as dificuldades e os perigos, gerais e particulares, que por todos os lados a insidiam. Numerosas são as formas de erro e a mistura de uns com os outros, bem como suas mesclas com a verdade são de tal sorte que extirpado um surge outro, e os já extirpados ressurgem, aqui e ali, mas nunca com a mesma aparência. Daí a contínua necessidade da crítica científica, e a impossibilidade de que uma ciência seja tida como algo completo e definitivo, que não possa mais ser discutido. Dos erros que poderíamos chamar de "gerais", negações do conceito próprio da arte, já fizemos algumas menções ao longo desta História, e podemos concluir que a simples afirmação da verdade nem sempre foi acompanhada por um amplo reconhecimento do território adversário. Passando agora aos assim chamados erros particulares, é claro que, quando libertados da mistura híbrida de outras formas, e despidos das formas fantasiosas de que se revestiram, eles se reduzem a três pontos capitais que já foram criticados na parte teórica deste nosso trabalho. Ou seja, os erros podem ser: a) contra a qualidade característica do fato estético; b) contra sua característica específica; c) contra sua característica genérica, quer dizer, contradições que envolvem a negação do caráter intuitivo, teórico ou espiritual. Entre os erros que se enquadram nessas três categorias, indicaremos, em linhas gerais, a história dos que tiveram maior importância ou que ainda perduram. Mais que uma história, portanto, faremos um ensaio histórico suficiente para mostrar que, mesmo no que diz respeito à crítica dos erros particulares, a ciência estética está no seu início. Se entre esses erros alguns estão em declínio e como que esquecidos, não podemos dizer que estão mortos ou moribundos; sua morte legal não foi lavrada pela crítica científica. Esquecer ou rejeitar instintivamente não é a mesma coisa que negar cientificamente.

I. A RETÓRICA OU A TEORIA DA FORMA ORNAMENTADA

Seguindo agora por ordem de importância, não podemos nos furtar de conceder o primeiro lugar à teoria da Retórica, ou seja, a da forma ornamentada.

Não será inoportuno, antes de qualquer coisa, notar que aquilo que nos tempos modernos foi chamado de "Retórica", ou seja, a doutrina da forma ornamentada, difere bastante do que os antigos pensavam sobre ela. Por Retórica, no sentido moderno, entende-se principalmente uma teoria da elocução; a elocução (λέξις, φράσις, ἑρμηνεία, *elocutio*), porém, constituía apenas uma parte da Retórica antiga, não sendo sequer a principal. Tomada em seu conjunto, a Retórica consistia propriamente em um manual ou vade-mécum para advogados e políticos, e abrangia dois ou três "gêneros" (judicial, deliberativo e demonstrativo), e dava conselhos e oferecia modelos aos que quisessem produzir certos efeitos por meio da palavra. A definição dos primeiros retores sicilianos, dos estudiosos de Empédocles (Córax, Tísias, Górgias), inventores dessa disciplina, continua sendo a mais precisa. A Retórica cria a persuasão (πειθοῦς δημιουργός). Ela expõe os modos como a palavra serve de meio para levar alguém a aderir a certa crença ou estado de espírito; daí se compreende o sentido de "fortalecer a parte fraca" (τὸ τὸν ἥττω λόγον κρείττω ποιεῖν) próprio da eloquência, que "consiste no aumento ou diminuição conforme pedem a circunstâncias" (*eloquentia in augendo minuendoque consistit*), a advertência de Górgias de "tornar algo motivo de riso, se o adversário o leva a sério; e de levar a sério, se o adversário o faz motivo de riso",[1] e outras máximas similares que ficaram famosas. Quem age assim não é apenas esteta, que diz de modo belo o que quer dizer, mas é também, e antes de tudo, alguém prático que tem em vista um fim prático. Enquanto tal, no entanto, não pode fugir à responsabilidade moral por suas ações; e aqui se vem à baila a polêmica platônica contra a Retórica, isto é, contra os charlatães políticos dotados do dom da palavra e outros inescrupulosos. Platão estava certo ao condenar a Retórica, quando dissociada de um bom propósito, como arte censurável e desprezível, destinada à adulação das paixões, dieta ruinosa para o estômago, ou maquilagem desfigurante para o rosto. Mas, mesmo que a Retórica se aliasse à Ética, tornando-se um verdadeiro guia da alma (Ψυχαγωγία τις διὰ τῶν λόγων), mesmo que a

---

[1] Para a citação de Górgias, veja Aristóteles, *Rhetorica*, III, 18.

crítica de Platão fosse dirigida apenas contra o uso abusivo desta (é possível se abusar de tudo, diz Aristóteles, menos da virtude), mesmo que a Retórica fosse purificada, produzindo um orador, como desejava Cícero, *non ex rhetorum officinis sed ex academiae spatiis* [não das oficinas dos retores, mas dos amplos jardins da Academia],[2] e se impusesse, como Quintiliano queria, o dever de ser *vir bonus dicendi peritus* [homem de bem, hábil no falar],[3] no entanto, mesmo assim seria sempre verdade que a Retórica nunca poderia constituir-se como ciência regular, uma vez que é formada por um amontoado de conhecimentos de índole diversa. Tais eram as descrições dos afetos e das paixões, as comparações detalhadas das instituições políticas e jurídicas, as teorias do silogismo abreviado ou entimema, da prova que versa sobre elementos meramente prováveis, teorias da exposição pedagógica e popular, da elocução literária, da declamação e da mímica, das técnicas mnemônicas e assim por diante.

O rico e heterogêneo conteúdo da antiga Retórica, que teve seu maior brilho em Hermágoras de Temnos no século II a. C., foi pouco a pouco diminuindo por força da decadência do mundo Antigo e da mudança das condições políticas. Não iremos acompanhar suas vicissitudes na Idade Média, e a parcial transformação que dela se percebe nos manuais e *Artes dictandi*, e, mais tarde, nos tratados sobre a arte de pregar, nem é lugar de citar as razões dadas por autores como Patrizzi e Tassoni pelas quais a Retórica tornou-se quase desconhecida em sua época;[4] essa história mereceria ser narrada, mas não caberia bem aqui. Diremos apenas que, embora as condições de fato corroessem por todos os lados esse complexo de conhecimentos, Luis Vives, Ramus e Patrizzi puseram-se a criticá-lo enquanto sistema.

Vives destacava os métodos confusos dos antigos tratadistas, que abraçaram *omnia*, unindo eloquência e moral, impondo ao orador a obrigação de ser um *vir bonus*. Das cinco partes da Retórica antiga, rejeitava quatro como estranhas, a saber: a memória, que é necessária a todas as artes; a invenção, que é o assunto de cada arte em particular; a recitação, que é a parte extrínseca; a disposição, que diz respeito à invenção. Ele mantinha apenas

---

[2] Cícero, *Ad Brutum*, Introdução.

[3] Quintiliano, *Institutiones Oratoriae*, XII, 1.

[4] F. Patrizzi, *Della Rhetorica, Dieci Dialoghi*, Venezia, 1562, diálogo 7; Tassoni, *Pensieri Diversi*, livro X, cap. 15.

a elocução, que não trata do *quid dicendum*, mas do *quemadmodum*, estendendo-a não só aos três gêneros, mas também à história, ao apólogo, às epístolas, aos romances e à poesia.[5] Desse prolongamento, a Antiguidade nos apresenta poucas e irrelevantes tentativas de certos retores que, timidamente, incluem na Retórica justamente o γένος ἱστορικόν e o ἐπιστολικόν, e dão de frente com as oposições e as intermináveis questões, isto é, as meramente teóricas e sem aplicação prática, como o gênero científico ou filosófico de então.[6] Outros, por sua vez, concordaram com Cícero[7] ao dizer que quando se domina a mais difícil das artes, que é a eloquência forense, o resto fica fácil como uma brincadeira de criança (*ludus est homini non hebeti* [...] [isso é um jogo para quem não é tacanho (...)]). Ramus e seu pupilo Omer Talon censuraram Aristóteles, Cícero e Quintiliano pela confusão entre Dialética e Retórica, pois atribuíam a invenção e a disposição à Dialética e, de acordo com Vives, à Retórica, convenientemente entendida apenas a "elocução".[8] Patrizzi, ao contrário, negava a ambas o caráter de ciência, e lhes reconhecia como simples "faculdades" que não têm matéria própria (nem mesmo os três gêneros), e diferem entre si apenas pelo fato de a Dialética assumir a forma de diálogo e versar sobre o necessário, e a Retórica assumir a forma discursiva e tratar da persuasão em matéria opinativa. Patrizzi, por seu turno, notava que o "discurso conjugado" era usado por historiadores, poetas e filósofos, bem como por oradores, e, assim, ele se aproximava da mesma conclusão de Vives.[9]

Apesar disso, o corpo de doutrinas retóricas continuou a florescer nas escolas. Patrizzi foi esquecido. Se Ramus e Vives tiveram alguns seguidores, como Francisco Sanchez e Keckermann, eles, como de costume, serviram apenas como pedra de tropeço para os tradicionalistas. Até os filósofos mostraram consideração pela Retórica. Campanella, em sua *Filosofia Racional*, faz a seguinte declaração: "*quodammodo Magiae portiuncula quae affectus animi moderatur et per ipsos voluntatem ciet ad quaecumque vult*

---

[5] *De Causis Corruptarum Artium*, 1531, livro IV; *De Ratione Dicendi*, 1533.

[6] Cícero, *De Oratore*, I, 10-11; Quintiliano, *Institutiones Oratoriae*, III, 5.

[7] *De Oratore*, II, 16-17.

[8] P. Ramus, *Institutiones Dialecticae*, 1543; *Scholae in Artes Liberales*, 1555, etc.; Talaeus, *Institutiones Oratoriae*, 1545.

[9] *Della Rhetorica*, diálogo 10, e passim.

sequenda vel fugienda".[10] A ele Baumgarten devia a tripartição de sua estética em heurística, metodologia e semiótica (invenção, disposição e elocução), adotada tal qual por Meier. Dentre as inúmeras obras de Meier, há um opúsculo chamado *Doutrina Teorética da Comoção dos Afetos*,[11] por ele considerado uma introdução psicológica à doutrina estética. Por outro lado, Kant, em sua *Crítica do Juízo*, observa que a eloquência, no sentido de *ars oratoria* ou arte da persuasão mediante a bela aparência e forma dialética, deve ser diferenciada do bem falar (*Wohlredenheit*), e que a arte oratória, valendo-se da fraqueza dos homens para consecução de seus próprios fins, "não é digna de nenhuma estima" (*gar keiner Achtung würdig*).[12] Nas escolas, porém, a Retórica sobreviveu sob a forma de compilações que ficaram célebres, dentre as quais aquela atribuída ao jesuíta francês Dominique de Colonne, que estava em uso até poucas décadas atrás. Ainda hoje, nas chamadas instituições de literatura, deparamo-nos com vestígios da Retórica antiga, especialmente nos capítulos sobre a arte da oratória, e mesmo hoje ainda se redigem, embora raramente, manuais de eloquência forense ou sagrada (Ortloff, Whately, etc.).[13] Pode-se dizer, contudo, que a Retórica, no sentido antigo da palavra, desapareceu do sistema das ciências. Nenhum filósofo faria dela, como o fez Campanella em seu tempo, uma seção à parte dentro da filosofia racional.

Em compensação, nos tempos modernos, vem se afirmando e estruturando em corpo doutrinal a teoria da elocução e do bem falar. Mas, como vimos, a ideia de tal ciência é antiga, e igualmente antigo é o estilo de explicação, ou seja, a doutrina da dupla forma e o conceito de forma ornamentada.

O conceito de "ornamento" deve ter ocorrido espontaneamente à mente assim que se começou a valorizar a fala, ouvindo as récitas dos poetas[14] ou as disputas oratórias em assembleias públicas. Talvez tenha parecido que a diferença entre falar bem e falar mal, ou entre o falar que agradava

---

[10] *Rationalis Philosophia*, pars tertia, videlicet *Rhetoricorum* liber unus iuxta propria dogmata. Paris, 1636, cap. 3.

[11] *Theoretische Lehre von den Gemüthsbewegungen überhaupt*, Halle, 1744.

[12] *Kritik der Urtheilskraft*, § 53 e nota.

[13] H. F. Ortloff, *Die Gerichtliche Redekunst*, Neuwied, 1887; R. Whately, *Elementi di Rettorica*, trad. it., Pistoia, 1889.

[14] Aristóteles, *Rhetorica*, III, 1.

mais e o que agradava menos, entre o falar grave e solene e o falar comum ou coloquial, consistia em algo adicional que a habilidade do orador sabia aplicar, como um bordado, no tecido da fala comum. Essas considerações levaram os retores greco-romanos, pareando com os indianos, que espontaneamente chegaram à mesma conclusão, à distinção entre a forma nua (ψιλή) ou meramente gramatical e a forma que contém uma adição que eles chamaram de ornamento κόσμος. À guisa de exemplo, basta esta citação de Quintiliano: "*Ornatum est quod perspicuo ac probabili plus est*" [o ornato é algo a mais que a clareza e o verossímil].[15]

A ideia de ornamento como algo extrínseco acrescentado é o fundamento da teoria que Aristóteles, filósofo da Retórica, concedeu à rainha de todos os ornamentos, a metáfora. Segundo ele, a metáfora causa grande prazer porque, da aproximação de termos diversos e da descoberta das relações entre espécie e gênero, produz-se "aprendizagem e conhecimento por meio do gênero" (μάθησιν καὶ γνῶσιν διὰ τοῦ γένους), e essa fácil aprendizagem é muito agradável ao homem,[16] ou seja, a metáfora acrescentaria ao conceito um grupo de conhecimentos menores incidentais, como um tipo de diversão, de alívio e instrução que agrada à mente.

Costumam-se fazer muitas divisões e subdivisões do ornamento. Aristóteles (e, antes dele, com outra impostação, Isócrates) classificou os ornamentos, que diversificam a forma clara e nua, em formas dialetais, traslados e epítetos, prolongamentos, truncamentos e abreviações de vocábulos e em outras que se afastavam do uso comum, e, por fim, em ritmo e harmonia. Dos traslados ou substituições, distinguia quatro classes: de gênero a espécie, de espécie a gênero, de espécie a espécie, e por proporção.[17] Depois de Aristóteles, a elocução foi especialmente estudada por Teofrasto e Demétrio Falério; esses retores e seus sucessores solidificaram ainda mais a bipartição do ornamento em tropos e figuras (esquemas), das figuras em figuras de linguagem (σχήματα τῆς λέξεως) e de pensamento (τῆς διανοίας), das figuras de linguagem em figuras gramaticais e retóricas e as de pensamento em patéticas e éticas. Só das substituições enumeravam-se, para dizer pouco, catorze principais formas: metáfora, sinédoque, metonímia,

---

[15] Quintiliano, *Institutiones Oratoriae*, VIII, 3.
[16] *Rhetorica*, III, 10.
[17] *Poetica*, XIX-XXII; cf. *Rhetorica*, III, 2, 10.

antonomásia, onomatopeia, catacrese, metalepse, epíteto, alegoria, enigma, ironia, perífrase, hipérbato e hipérbole; cada uma delas é dividida em subespécies, sendo ainda contrastada com o respectivo vício. Havia mais ou menos vinte figuras de linguagem (repetição, anáfora, antístrofe, clímax, assíndeto, assonância, etc.); o mesmo tanto de figuras de pensamento (interrogação, prosopopeia, etiopeia, hipotipose, comoção, simulação, exclamação, apóstrofe, reticência, etc.). Pode ser que essas divisões tenham algum valor mnemônico para determinadas formas literárias, mas se consideradas racionalmente são apenas capricho, e isso tanto é verdade que alguns gêneros de ornamento ora são postos entre os tropos, ora entre as figuras, e ora entre as figuras de linguagem, ora entre as de pensamento, sem outra razão que a vontade ou capricho do rétor, que assim as ordena ou dispõe como bem lhe parece. E posto que uma das funções que as categorias retóricas podem exercer é a de apontar a divergência entre dois modos de exprimir a mesma coisa, assumindo livremente uma delas como adequada,[18] entende-se por que os antigos definiam a metáfora como "*verbi vel sermonis a propria significatione in aliam cum virtute mutatio*" [a hábil alteração do significado de uma palavra ou expressão que passa de seu sentido próprio a outro], e a figura como "*conformatio quaedam orationis remota a communi et primum se offerente ratione*" [certa configuração da oração que se distancia do sentido comum e imediato].[19]

Não se sabe se na Antiguidade houve algum motim contra a teoria do ornamento ou da dupla forma. Por vezes, ouvimos Cícero, Quintiliano, Sêneca e outros repetindo: "*Ipsae res verba rapiunt* [As coisas mesmas arrastam as palavras] – *Pectus est quod disertos facit et vis mentis* [Pois é o coração e a força da inteligência que nos fazem eloquentes] – *Rem tene, verba sequentur* [Que te atenhas aos fatos, as palavras virão] – *Curam verborum rerum volo esse sollicitudinem* [Quero diligência no uso das palavras, solicitude com os conceitos] – *Nulla est verborum nisi rei cohaerentium virtus* [As palavras não possuem força alguma sem a sua adesão às coisas]". Essas máximas, porém, não tinham o fecundo sentido que nós, modernos, lhes atribuímos; elas eram, se é justo pensar assim, contradições da teoria do ornamento, mas contradições não intencionais, e, portanto, ineficazes: eram

---

[18] "Teoria", cap. 9, p. 88.
[19] Quintiliano, *Institutiones Oratoriae*, VIII, 6; IX, 1.

protestos do bom senso, não servindo para combater as falácias da doutrina das escolas que era, além disso, protegida por uma válvula de segurança, artifício prudencial que impedia que o seu intrínseco absurdo voasse pelos ares. Se o ornamento consistia justamente em um *plus*, qual medida lhe cabia? Se causava prazer, não se devia concluir que, usando muito, ter-se-ia um grande prazer? Usando-o excessivamente, não daria um prazer extraordinário? Aqui está o perigo; e os retores, como por instinto, perceberam a ameaça e tomaram em defesa a arma do "conveniente" (πρέπον). O ornamento deve ser utilizado com cuidado, nem muito nem pouco, o quanto for conveniente (ἀλλὰ πρέπον): *in medio virtus*. Aristóteles recomendava um estilo temperado com "certa dose" (δεῖ ἄρα κεκρᾶσθαί πως τούτοις), advertindo que o ornamento deve ser um tempero e não o prato principal (ἥδυσμα οὐκ ἔδεσμα).[20] O conveniente era um conceito completamente alheio ao ornamento; era um rival, um inimigo que pretendia destruí-lo. De que serve, então, o conveniente? Para expressar. Mas o que é apropriado à expressão não pode ser chamado ornamento, que é um acréscimo externo, e coincide com a própria expressão. No entanto, os retores puseram o ornamento e o conveniente em tranquila convivência κόσμος e πρέπον, sem se preocuparem com um terceiro conceito. Apenas o Pseudo-Longino, em resposta à observação de seu predecessor Cecílio de que não se deve usar mais de duas ou três metáforas no mesmo lugar, disse que era preciso usá-las onde o afeto (τὰ πάθη) irrompe como uma torrente e leva, como algo necessário (ὡς ἀναγκαῖον), à multiplicidade dessas substituições.[21]

A teoria do ornamento, preservada nas compilações da Antiguidade tardia nas obras de Donato e Prisciano, no célebre tratado alegórico de Marciano Capella, nos compêndios de Beda, Rábano Mauro e de outros, passou à Idade Média. Como se sabe, ao longo desse período, a Retórica, a Gramática e a Lógica continuaram formando o *trivium* das escolas. Essa teoria era, de certa forma, favorecida pelo fato de que os escritores e literatos utilizavam uma língua morta, o latim; isso ajudou a reforçar a opinião de que a forma bela não era algo espontâneo, mas uma espécie de renda ou bordado aplicados a um tecido. No Renascimento, essa noção continuou prevalecendo e foi novamente estudada a partir das melhores fontes

---

[20] Aristóteles, *Rhetorica*, III, 2; *Poetica*, XXII.
[21] *De Sublimitate*. In: *Rhetorici Graeci*, ed. Spengel, vol. I, § 32.

clássicas: às obras de Cícero juntaram-se as *Institutiones* de Quintiliano e a *Retórica* de Aristóteles, circundadas por alguns retores latinos e gregos de menor importância, dentre os quais se destaca Hermógenes, com suas célebres *Ideias*, divulgadas por Giulio Camillo.[22]

Mesmo os autores que ousaram criticar a Retórica antiga deixaram intacta a teoria do ornamento. É verdade que Vives lamentava a "exagerada sutileza dos gregos", os quais multiplicaram as distinções sem conseguir esclarecer o assunto.[23] Apesar disso, Vives nunca assumiu uma posição definitiva contra a teoria do ornamento. Patrizzi, por seu turno, mostrava-se insatisfeito com os antigos, que não haviam definido adequadamente o ornamento; no entanto, admitia a existência de ornamentos e metáforas, bem como de sete modos diferentes do "discurso contínuo": narrativa, prova, ampliação, redução, ornamento com o seu contrário, elevação e depressão.[24] A escola de Ramus continuou confiando à Retórica o "embelezamento" dos pensamentos. A grande extensão e riqueza da literatura no século XVI nos permitem citar facilmente algumas sentenças que, à semelhança daquelas colhidas dos autores antigos, sustentavam a estreita dependência das palavras em relação às coisas a serem expressas; tais sentenças voltam-se abertamente contra os pedantes e contra as formas pernósticas prescritas pelo bem falar. Mas o que seria o uso? A teoria do ornamento estava sempre em segundo plano, tacitamente aceita por todos como algo indiscutível. Juan de Valdés, por exemplo, fez a seguinte profissão de fé estilística: "*Escribo como ablo: solamente tengo cuidado de usar de vocablos que signifiquen bien lo que quiero decir, y dígolo cuanto más llanamente me es posible, porque, a mi parecer, en ninguna lengua está bien la afectación*". Valdés também diz que o bem falar consiste "*en que digáis lo que queréis con las menos palabras que pudiéredes; de tal manera que [...] no se pueda quitar ninguna sin ofender a la sentencia, ó al encarescimiento, ó a la elegancia*".[25] Daí se vê como a ampliação e a elegância são concebidas como algo extrínseco à sentença ou ao conteúdo. Um lampejo brilha em Montaigne que, acerca

---

[22] Giulio Camillo Delminio, *Discorso sopra le Idee di Ermogene* (in: *Opere*, Venezia, 1560); e tradução de Hermógenes (Udine, 1594).

[23] *De Causis Corruptarum Artium*, loc. cit.

[24] *Della Rhetorica*, diálogo 6.

[25] *Diálogo de las Lenguas*, ed. Mayans y Siscar, *Orígenes de la Lengua Española*, Madrid, 1873, p. 115, 119.

das categorias ornamentais dos retores, observa: "*Oyez dire Metonymie, Metaphore, Allegorie, et aultres tels noms de la Grammaire; semble il pas qu'on signifie quelque forme de langage rare et pellegrin? Ce sont tiltres qui touchent le babil de vostre chambrière*" [Quando ouves falar de Metonímia, Metáfora, Alegoria, e outros termos semelhantes da gramática, não te parece que eles se referem a alguma forma de linguagem rara e exótica? No entanto, são categorias que se aplicam também à conversa fiada da tua camareira].[26] Ou seja, os ornamentos são tudo, menos linguagem afastada do *primum se offerente ratione* [sentido comum e imediato].

A impossibilidade de se sustentar a teoria do ornamento começou a ser notada na decadência literária italiana do século XVII, quando a produção literária se transformou em jogo de formas vazias, e o "conveniente", ignorado na prática, foi também deixado de lado na teoria e passou a ser visto como um limite arbitrariamente imposto ao princípio fundamental da ornamentação. Os opositores do conceptismo ou setecentismo (Matteo Pellegrini, Orsi e outros) notaram bem o vício da produção literária de seu tempo, percebendo que essa decadência provinha do fato de a literatura não conseguir ser mais a expressão confiável de um conteúdo; continuaram, no entanto, enredados pelos raciocínios dos defensores do mau gosto, os quais mostravam a coisa como totalmente compatível com a teoria literária do ornamento, que era o terreno comum do litígio. Em vão os opositores do conceptismo apelavam ao "conveniente", ao "moderado", à "fuga da afetação", à doutrina de que o ornamento deve ser "tempero e não o prato principal", e a todos os outros argumentos que, enfim, seriam suficientes nos tempos em que a vitalidade artística e o gosto estético refinado são corretivos naturais de teorias inexatas. Respondiam os conceptistas que não havia motivo de se economizar ornamentos, quando se os têm à disposição; e que não se deve evitar a ostentação do engenho, quando dele se tem uma fonte inesgotável.[27]

Verificou-se, na França, a mesma reação contra o abuso do ornamento, contra os "conceitos à espanhola e à italiana", cujos teóricos eram Gracián e Tesauro, respectivamente, na Espanha e Itália. "*Laissons à l'Italie De tous

---

[26] *Essais*, vol. I, cap. 51 (ed. Garnier, vol. I, p. 285): cf. cap. 10, 25, 39; vol. II, cap. 10.

[27] B. Croce, *I Trattatisti Italiani del Concettismo*, p. 8-22 (atualmente em *Problemi di Estetica*, 4. ed., Bari, 1949).

ces faux brillants l'éclatante folie" [Deixemos à Itália todos os falsos brilhantes da reluzente loucura]; "*Ce que l'on conçoit bien s'énonce clairement, Et les mots, pour le dire, arrivent aisément*" [O que bem se concebe, claramente se enuncia, e as palavras a dizer nos vêm com facilidade].[28] Dentre os críticos mais cáusticos do conceptismo estava o jesuíta Bouhours, já citado, autor do *Manière de Bien Penser dans les Oeuvres d'Esprit*. A polêmica sobre as Retóricas foi calorosa. Por razões nacionalistas, Orsi se fez adversário de Bouhours (1703), sustentando que todos os ornamentos engenhosos repousam sobre um meio-termo e podem ser reduzidos a um silogismo retórico, e que a engenhosidade consiste na verdade que parece falsa ou no falso que parece verdade.[29] Embora essa polêmica não tenha produzido nenhum grande resultado científico, ao menos preparara as mentes para maiores liberdades, e, como já observamos antes,[30] podem ter influenciado Vico, que, ao propor seu novo conceito de fantasia poética, reconhecia também, abertamente, que a partir dele seriam renovadas, de cima a baixo, as teorias da Retórica, pois suas figuras e tropos não seriam mais "caprichos do prazer", mas "necessidades da mente humana".[31]

Enquanto Baumgarten e Meier mantinham ciosamente as teorias retóricas sobre o ornamento, na França, no entanto, essas teorias eram vigorosamente atacadas por Cesar Chesneau, sr. Du Marsais, que em 1730 publicou um tratado *Sobre os Tropos*, a sétima parte de sua gramática geral,[32] em que expunha, a propósito das metáforas, a mesma observação já feita por Montaigne, embora não o mencione explicitamente. Diz Du Marsais que as figuras são modos de falar e usos expressivos não comuns no dia a dia. Ora, essa frase vazia vale tanto quanto dizer que "o figurado difere do não figurado, e as figuras são figuras e não são não figuras". Além disso, nem sequer é exato dizer que as figuras se afastam da fala comum, pois "nada é mais natural, ordinário e comum do que figuras: usam-se mais figuras de linguagem em um dia útil numa feira que em muitas jornadas acadêmicas".

---

[28] Boileau, *Art Poétique*, I, v. 43-44, 153-54.

[29] G. G. Orsi, *Considerazioni sopra la Maniera di Ben Pensare*, etc., 1703 (reimpressão de Módena, 1735, com todas as polêmicas relativas).

[30] Veja cap. 5 anterior, p. 223-25.

[31] Veja cap. 5 anterior, p. 220-21.

[32] *Des Tropes ou des Différens sens dans Lesquels on Peut Prendre un Même Mot dans une Même Langue*, Paris, 1730 (*Oeuvres*, Paris, 1797, vol. I).

Não existe um discurso, mesmo que muito breve, composto inteiramente de expressões não figuradas. Du Marsais dá exemplos de expressões óbvias e espontâneas que a Retórica não pode se escusar de reconhecer: apóstrofe, acumulação (*congérie*), interrogação, elipse, prosopopeia.

> Os apóstolos foram perseguidos e sofreram pacientemente as perseguições. O que pode ser mais natural do que a descrição dada por São Paulo? *Maledicimur et benedicimus, persecutionem patimur et sustinemus, blasphemamur et obsecramus* [Insultados, abençoamos; perseguidos, suportamos; caluniados, consolamos]. Os apóstolos também fizeram uso de belas antíteses: maldição é o oposto de bênção; perseguição, de sofrimento; blasfêmia, de oração".

O que mais? A própria palavra "figura" é figurada, já que é uma metáfora. Depois, porém, de tantas observações sagazes, Du Marsais acaba se confundindo e diz que as figuras são "maneiras de falar diferentes das outras por uma modificação particular, pela qual é possível reduzir cada uma delas a uma espécie à parte, tornando-as ou mais vivas, ou mais nobres ou mais agradáveis que as demais maneiras de expressar o mesmo conteúdo do pensamento sem tal modificação particular".[33]

No entanto, desde então, a interpretação psicológica das figuras, a primeira etapa da sua crítica estética, não foi mais permitida. Em seus *Elementos de Crítica*, Home diz ter duvidado por muito tempo que o tratado das figuras, na Retórica, pudesse ser reduzido a um princípio racional. Entretanto, a certa altura ele diz ter descoberto finalmente que as figuras consistem no elemento passional,[34] e se põe a analisar a prosopopeia, a apóstrofe e a hipérbole à luz da passionalidade. De Du Marsais e de Home deriva tudo o que há de valor nas *Lições sobre Retórica e as Belas-Letras*, de Hugh Blair,[35] professor na Universidade de Edimburgo a partir de 1759. Recolhidas em volume, essas lições tiveram grande sucesso em todas as escolas da Europa, inclusive as italianas, substituindo, vantajosamente, com seus elementos de "razão e bom senso" (*reason and good sense*), outras obras mais rudimentares. As figuras, segundo a definição genérica de Blair, são "linguagem sugerida pela imaginação ou pela paixão".[36] Na França, Marmontel, em seus

---

[33] Ibidem, parte I, art. 1, cf. art. 4.
[34] *Elements of Criticism*, vol. III, cap. 20.
[35] Hugh Blair, *Lectures on Rhetoric and Belles Lettres*, London, 1823.
[36] Ibidem, lição 14.

Elementos de Literatura,[37] divulgou ideias semelhantes. Na Itália, Cesarotti contrapunha à parte lógica e aos termos-número das línguas o elemento retórico, e, à eloquência racional, a eloquência fantástica.[38] Perspicaz em suas análises psicológicas, Beccaria, contudo, considerava o estilo literário como "ideias ou sentimentos acessórios acrescidos ao elemento principal de todo discurso"; ou seja, não conseguiu libertar-se da distinção entre a forma intelectual, destinada a exprimir as ideias principais, e a forma literária, transformando a primeira mediante o acréscimo de ideias acessórias.[39] Na Alemanha, Herder tentou interpretar os tropos e metáforas como Vico, isto é, como algo próprio da linguagem primitiva e da poesia.

O Romantismo arruinou a teoria do ornamento, que praticamente foi jogada fora, embora não se possa dizer que tenha sido vencida ou superada rigorosamente em termos teóricos. Os principais filósofos da estética – não só Kant, que, como sabemos ficou prisioneiro da teoria mecânica e ornamental; não só Herbart, cujo conhecimento de arte parece confinado a um pouco de música e muita Retórica, mas os próprios filósofos românticos como Schelling, Solger e Hegel – ainda mantiveram as seções dedicadas às metáforas, tropos, alegorias, aceitando-as, sem sutileza alguma, por mera tradição. Também o Romantismo italiano, tendo Manzoni à frente, destruiu a fé nas palavras belas e elegantes, e desferiu um golpe na Retórica: mas foi um golpe mortal? Parece que não, se julgarmos pelas concessões que, sem dar-se conta, ainda são feitas por Ruggero Bonghi, um tratadista escolástico, em cujas *Cartas Críticas* admite a existência de dois estilos ou formas, que, no fundo, são o nu e o ornamentado.[40] A teoria estilística de Gröber conseguiu algum sucesso nas escolas alemãs de filologia; Gröber divide o estilo em lógico (objetivo) e afetivo (subjetivo),[41] erro antigo esse, mascarado pela terminologia emprestada da filosofia psicológica em voga nas universidades. No mesmo espírito, um tratadista recente chama a

---

[37] Marmontel, *Éléments de Littérature*. In: *Oeuvres*, Paris, 1819, vol. IV, p. 559.

[38] Cesarotti, *Saggio sulla Filosofia del Linguaggio*, parte II.

[39] *Ricerche Intorno alla Natura dello Stile*, Torino, 1853, cap. 1.

[40] R. Bonghi, *Lettere Critiche*, 1856 (4. ed., Napoli, 1884), p. 37, 65-67, 90, 103.

[41] Gustav Gröber, *Grundriss der Romanischen Philologie*, Strasburg, 1888, vol. I, p. 209-50; K. Vossler, *B. Cellinis Stil in Seiner Vita, Versuch einer Psychologischen Stilbetrachtung*, Halle a. S., 1899. Cf. a autocrítica de Vossler, *Positivismus und Idealismus in der Sprachwissenschaft*, Heidelberg, 1904 (e em italiano, Bari, Laterza, 1908).

teoria retórica dos tropos e figuras de "doutrina das formas da apercepção estética", e a divide em quatro categorias (a antiga riqueza reduzida a quatro), da personificação, da metáfora, da antítese e do símbolo.[42] Biese dedicou um livro inteiro à metáfora, mas em vão se procura uma séria análise estética dessa categoria.[43]

A melhor crítica científica da teoria do ornamento é, talvez, a que se encontra dispersa nos escritos de De Sanctis, que, ensinando Retórica, expunha, como ele mesmo chamava, a Antirretórica.[44] Mas nem mesmo essa crítica é conduzida por um critério estritamente filosófico e sistemático. Parece-nos que a verdadeira crítica deveria ser deduzida negativamente a partir da própria natureza da atividade estética, que não se presta a partições; não existe atividade do modo A e do modo B, nem o mesmo conceito pode ser expresso ora de uma maneira, ora de outra. Esse é o único modo de exterminar o duplo monstro da forma nua, que seria, não se sabe como, privada de fantasia, e da forma ornamentada que conteria, não se sabe como, algo a mais em relação à outra.[45]

II. HISTÓRIA DOS GÊNEROS ARTÍSTICOS E LITERÁRIOS

A teoria dos gêneros artísticos e literários, e das leis ou regras próprias de cada gênero separado, seguiu, quase sempre, o destino da teoria retórica.

Certos vestígios da tríplice divisão em épica, lírica e dramática são encontrados em Platão. Aristófanes dá um exemplo de crítica de acordo com o cânone dos gêneros, em especial para a tragédia.[46] No entanto, o mais conspícuo tratamento teórico dos gêneros legado pela Antiguidade é, precisamente, a doutrina da Tragédia, que forma grande parte do fragmento da Poética aristotélica. Aristóteles definia tal composição como a imitação de uma ação séria e completa, dotada de grandeza, em linguagem adornada segundo as exigências das diferentes partes, exposta pela ação e não pela narração, e que, por meio da piedade e do terror tem a faculdade de

---

[42] Ernst Elster, *Principien der Literaturwissenschaft*, Halle a. S., 1897, vol. I, p. 359-413.

[43] Biese, *Philosophie des Metaphorischen*.

[44] *La Giovinezza di Francesco de Sanctis*, cap. 23, 25; *Scritti Vari*, vol. II, p. 272-74.

[45] "Teoria", cap. 9.

[46] *Repubblica*, livro III (394); veja E. Müller, *Geschichte der Theorie der Kunst*, vol. I, p. 134-206, e vol. II, p. 238-39, nota.

se libertar ou purificar dessas paixões.⁴⁷ E determinava minuciosamente as qualidades das seis partes de que se compunha, em especial o enredo e o personagem trágico. Tem-se dito muitas vezes, desde Vincenzo Maggio, no século XVI, que Aristóteles trata da natureza da poesia e das formas particulares de poesia, sem a pretensão de preceituar nada. Piccolomini, no entanto, contestou dizendo que "todas essas coisas e outras semelhantes são mostradas ou declaradas apenas para ver de que forma os seus preceitos e leis devem ser observados e cumpridos", assim como para se fazer um martelo ou uma serra começa-se pela descrição das partes que os compõem.⁴⁸ Tomamos Aristóteles como representante do erro que consiste na transmutação de abstrações e partições empíricas em conceitos racionais: isso era praticamente inevitável nos primórdios da reflexão estética. A teoria da poesia sânscrita, por exemplo, empregou espontaneamente o mesmo método, quando, por exemplo, define e dá regras para os dez principais gêneros dramáticos e dezoito secundários do drama, com quarenta e oito variedades de herói e não se sabe quantos gêneros de heroína.⁴⁹

Na Antiguidade, depois de Aristóteles, a teoria dos gêneros poéticos não parece ter sido completa e detalhadamente desenvolvida. Na Idade Média, pode-se dizer que esse assunto se expressou nos tratados conhecidos como "artes rítmicas" ou "métodos de composição". Um dos primeiros contatos com o fragmento aristotélico coube a Averróis que, em sua paráfrase, distorce a teoria dos gêneros, concebendo a tragédia como a arte do elogio, e a comédia como a arte da culpa, ou seja, identificando a primeira com o panegírico, e a segunda com a sátira; além disso, ele imagina que a peripécia seja o mesmo que a antítese; assim, para se descrever algo, começa-se apresentando o seu contrário.⁵⁰ Essa distorção confirma o caráter meramente histórico desses gêneros, ininteligíveis, por via meramente lógica, a um pensador que vive em tempos tão diferentes do mundo helênico, do qual não tinha conhecimento adequado. O Renascimento apoderou-se do texto de Aristóteles, comentando-o, distorcendo-o, repensando-o conforme o caso, e assim conseguiu estabelecer uma longa lista de gêneros e subgêneros

---

⁴⁷ *Poetica*, VI.

⁴⁸ *Annotazioni*, Introdução.

⁴⁹ Cf., para a poética sânscrita, S. Levi, *Le Théatre Indien*, p. 11-152.

⁵⁰ Cf. Menéndez y Pelayo, op. cit., vol. I, II, p. 126-54 (2. ed.).

rigidamente definidos e submetidos a um conjunto de leis inexoráveis. Surgiram, então, controvérsias acerca do modo de entender a unidade do poema épico ou dramático; sobre a qualidade moral e a posição social adequada aos personagens que entram num ou noutro gênero de poema; sobre a natureza da ação e se esta inclui também as paixões e pensamentos; se a poesia lírica deveria ou não ser incluída no rol das verdadeiras poesias; se a matéria da tragédia deveria ser de cunho histórico; se o diálogo da comédia poderia ser em prosa; se a tragédia poderia ter um final feliz; se o personagem trágico poderia ser um perfeito cavalheiro; quantos e quais episódios são admissíveis no poema, e como devem ser incorporados na trama principal; e assim por diante. A misteriosa regra da catarse, tal como se acha em Aristóteles, era causa de grande tormento, e Segni ingenuamente esperava que a poesia trágica fosse revivida em sua mais completa perfeição a fim de se verificar no espetáculo os efeitos daquela "purgação", de que fala Aristóteles, em que "nascem na alma tranquilidade e libertação de toda perturbação".[51]

Das muitas iniciativas levadas a bom termo pelos críticos e tratadistas do século XVI, a mais conhecida é a que fixou as três unidades de tempo, lugar e ação. Não se sabe por que foram chamadas "unidades", pois, quando muito, seria preciso falar de brevidade de tempo, de restrição de lugar e de limitação dos temas trágicos a determinado tipo de ação. Sabe-se que Aristóteles prescrevia apenas a unidade de ação, e tratava, como mero costume teatral, a limitação de um dia imposta à ação. Sobre este último ponto, os críticos do século XVI atribuíam seis, oito, ou doze horas, conforme o gosto ou humor de cada um: alguns, dentre eles Segni, propôs vinte e quatro horas, incluindo a noite, que é particularmente propícia aos assassinatos e outros atos de violência que normalmente formam o enredo das tragédias; outros estendiam esse limite para trinta e seis ou quarenta e oito horas. A última e mais curiosa unidade a ser pensada, a de lugar, foi lentamente preparada por Castelvetro, Ricconboni e Scaliger, até que o francês Jean de la Taille, em 1572, fixou-a como a terceira, ao lado das outras duas; anos depois, em 1598, Angelo Ingegneri tratou mais explicitamente desse assunto.

Os tratadistas italianos foram muito lidos e tiveram sucesso em toda a Europa, suscitando as primeiras tentativas no sentido de se ter uma Poética culta na França, Espanha, Inglaterra e Alemanha. Representante de todos

---

[51] Tradução da *Poetica*, Introdução.

esses autores é Scaliger, que tem sido considerado, com certo exagero, o verdadeiro fundador do pseudoclassicismo ou neoclassicismo francês, alguém que, como já foi dito, "lançou a pedra fundamental da Bastilha clássica". Embora não tenha sido nem o primeiro nem o único, decerto contribuiu muito para reduzir "em um corpo doutrinal as principais consequências do domínio da Razão nas obras literárias", com as suas minuciosas distinções e classificações de gêneros, com as intransponíveis barreiras erguidas entre elas, e sua desconfiança da inspiração livre e da fantasia.[52] De Scaliger descendem, além de Daniel Heinsius, d'Aubignac, Rapin, Dacier e outros tiranos da literatura e do drama francês. Coube a Boileau legar, em versos elegantes, as regras do neoclassicismo. Notou-se com acerto que também Lessing pertence a esse ambiente. Sua oposição às regras dos franceses (que era uma oposição pontual, antecipada, aliás, por escritores italianos, por exemplo, Calepio em 1732) não tem nada de radical. Lessing reputava que Corneille e outros autores tinham interpretado mal Aristóteles, em cujas leis entraria até mesmo o teatro de Shakespeare.[53] Lessing não pretendia abolir todas as regras, nem aprovava os que gritaram "gênio!", colocando o gênio acima das lei e dizendo que o gênio faz a regra. Ora, pela simples razão de o gênio ser a regra, respondeu ele, é que as regras têm valor e podem ser determinadas: negar-lhes implicaria o confinamento do gênio aos seus primeiros voos, como se fossem meros exemplos e exercícios que de nada servem.[54]

Entretanto, os "gêneros" e seus "limites" só poderiam ser mantidos indefinidamente por meio de interpretações infinitamente sutis, de liberdades analógicas e compromissos mais ou menos obscuros. A crítica italiana do Renascimento, enquanto trabalhava *more aristotelico* em suas Poéticas, teve de se confrontar com a poesia de cavalaria, e, procurando entender-se da melhor maneira possível com esta, inscreveu-a no gênero dos poemas não previstos pelos antigos (Giraldi Cintio).[55] É verdade que um ou outro rigorista não deixou de protestar dizendo que os romances de cavalaria são poesia heroica, sendo apenas um "heroico mal escrito" (Salviati). E uma vez que era impossível negar um lugar ao poema de

---

[52] Lintilhac, *Un Coup d'État*, etc., p. 543.

[53] *Hamburgische Dramaturgie*, n. 81, 101-04.

[54] Ibidem, n. 96, 101-04.

[55] G. B. Giraldi Cintio, *De' Romanzi, delle Comedie e delle Tragedie*, 1554 (ed. Daelli, 1864).

Dante na literatura italiana, Iacopo Mazzoni, em sua *Defesa de Dante*, remanejou mais uma vez as categorias da *Poética*, a fim de encontrar um lugar para a *Comédia*.[56] Começava, então, o tempo das farsas, e Cecchi (1585) declarou: "A farsa é uma terceira novidade, ocupando um lugar entre a tragédia e a comédia [...]".[57] O *Pastor fido* de Guarini não foi classificado nem como tragédia nem como comédia, mas tragicomédia. Jason de Nores, que não conseguiu descobrir um gênero deduzido pela filosofia moral e civil, condenou o intruso. Guarini, porém, defendeu valentemente seu filhinho preferido como um terceiro gênero, misto, representante da vida real.[58] Outro rigorista, Fioretti (Udeno Nisieli) condenou a tragicomédia como "monstro poético, tão grande e deformado que os centauros, hipogrifos e quimeras são graciosos e perfeitos quando comparados a ela [...] verdadeiro monstro formado à revelia das musas e por desprezo à poesia, uma mistura de ingredientes por si mesmos discordantes, hostis e incompatíveis".[59] Toda essa arrogância conseguiu tirar o delicioso *Pastor fido* das mãos dos amantes da poesia? O mesmo ocorreu com o *Adone* de Marino, descrito por Chapelain, por falta de definição melhor, como "um poema da paz", embora outros defensores tenham visto nele "uma nova forma de poema épico".[60] Igualmente aconteceu com a *commedia dell'arte* e o drama musical. Corneille, que enfrentou por seu *Cid* uma furiosa tempestade conjurada por Scudéry e pela Academia, observava, em seu discurso sobre a Tragédia, embora baseado em Aristóteles, que era preciso "*quelque modération, quelque favorable interprétation [...] pour n'être pas obligés de condamner beaucoup de poèmes, que nous avons vu réussir sur nos théâtres*" [alguma moderação, uma interpretação favorável (...) para não sermos obrigados a condenar muitos poemas cujo sucesso vimos sobre os nossos palcos]. "*Il est aisé de nous accommoder avec Aristote*" [é fácil nos acomodarmos a Aristóteles],[61] diz ele em outro lugar: hipocrisia literária que recorda, por sua semelhança de palavras,

---

[56] Iacopo Mazzoni, *Difesa della Commedia di Dante*, Cesena, 1587.

[57] G. M. Cecchi, no Prólogo da *Romanesca*, 1585.

[58] Cf., além dos dois *Veratti*, o *Compendio della Poesia Tragicomica*, Venezia, 1601.

[59] *Proginnasmi Poetici*, Firenze, 1627, vol. III, p. 130.

[60] Cf. A. Belloni, *Il Seicento*, Milano, 1898, p. 162-64.

[61] *Examens*, e também *Discours du Poème Dramatique, de la Tragédie, des Trois Unités*, etc.

"*les accommodements avec le Ciel*", da moral de Tartufo.[62] No século seguinte, ao lado dos gêneros comumente aceitos, admitiram-se a tragédia burguesa e a comédia comovente, satiricamente apelidada de "lacrimosa" por seus adversários; combatida por Chassiron,[63] ela foi defendida por Diderot, Gellert e Lessing.[64] Dessa forma, o esquematismo dos gêneros continuou a sofrer imposições e a decepcionar; no entanto, apesar das adversidades, esforçava-se para manter, se não a dignidade, ao menos algum poder: assim como um rei absoluto que se torna rei constitucional por força das circunstâncias, e prefere melhor conciliar o direito divino com a vontade da nação do que perder o trono.

Teria sido mais difícil conservar esse poder se tivessem prevalecido as vozes, ora fortes ora fracas, que se rebelavam contra todas as regras, contra a regra *in genere*, em fins do século XVI. No prólogo de uma de suas comédias, Pietro Aretino assim ironizava os mais sagrados preceitos: "Se vires os personagens saírem de cena mais de cinco vezes, não rias, pois nem mesmo as cadeias que amarram os moinhos não conseguem segurar os tolos de hoje em dia".[65] Um filósofo, Giordano Bruno, tomou resolutamente partido (1585) contra os "fazedores de regras de poesia". As regras, dizia ele, têm origem na poesia: "há tantos gêneros e espécies de regras verdadeiras quantos são os gêneros e espécies de verdadeiros poetas"; tal individualização dos gêneros equivalia a um golpe mortal. "Como, então, devem ser reconhecidos os verdadeiros poetas?", perguntava o adversário. Respondia Bruno: "Pelo canto de seu verso, por aquilo que, cantando, sirva para deleitar, ou instruir, ou a instruir e deleitar ao mesmo tempo".[66] Da mesma maneira, Guarini defendia o seu *Pastor Fido* (1588) declarando que "o mundo é o juiz dos poetas e contra sua sentença não há apelação".[67]

Dos países europeus, a Espanha foi, talvez, o mais resistente às teorias pedantes dos tratadistas. Ela foi a terra da liberdade crítica, de Vives a

---

[62] Falando com sua habitual astúcia, Tartufo quer dar a entender que sempre há um jeito de temperar o rigor das leis ou a severidade de certas pessoas. (N. T.)

[63] *Réflexions sur le Comique Larmoyant*, 1749 (trad. de Lessing, *Werke*, vol. VII).

[64] Gellert, *De Comoedia Commovente*, 1751; Lessing, *Abhandlungen von den Weinerlichen oder Rührenden Lustspiele*, 1754 (in: *Werke*, vol. VII).

[65] Prólogo da *Cortigiana*, 1534.

[66] *Degli Eroici Furori*. In: *Opere Italiane*, ed. G. Gentile, vol. II, Bari, 1908, p. 310-11.

[67] *Il Veratto* (contra Giason de Nores), Ferrara, 1588.

Feijóo, do Renascimento ao século XVIII, até que, arruinado o antigo espírito espanhol, foi implantada, por obra de Luzán e de outros, a poética neoclássica de origem italiana e francesa.[68] Que as regras mudem com o tempo e com condições reais; que a literatura moderna exija também uma poética moderna; que o trabalho realizado contra as regras estabelecidas não signifique trabalhar sem regra ou eximir-se de uma lei superior; que a natureza deva dar as leis, e não simplesmente recebê-las; que as leis das três unidades sejam tão ridículas quanto proibir a alguém de pintar uma grande paisagem numa tela pequena; que o prazer, o gosto, a aprovação dos leitores e dos espectadores sejam o elemento decisivo; que, não obstante as regras do contraponto, o ouvido seja o verdadeiro juiz da música: todas essas afirmações e outras semelhantes são frequentes na crítica espanhola daquele período. Francisco de la Barreda (1622) expressou sua compaixão pelos fortes engenhos da Itália que viviam *temerosos y acobardados* por medo das regras que, por todos os lados, os oprimiam;[69] talvez ele estivesse pensando em Tasso, um caso memorável de tal degradação. Lope de Vega, por sua vez, oscilava entre a inobservância prática das regras e o obséquio teórico delas, desculpando sua conduta prática com a necessidade de ceder às exigências do público, que paga por seus divertimentos teatrais. Dizia ele: "quando escrevo minhas comédias, tranco os preceitos a sete chaves a fim de que não venham testemunhar contra mim"; "a arte (isto é, a *Poética*) fala a verdade que, no entanto, é contrariada pelo povo ignorante"; "perdoem-nos os preceitos quando somos obrigados a violá-los".[70] No entanto, um defensor contemporâneo (1621) da obra de Lope de Vega, escreve que *"en muchas partes de sus escritos dice que el no guardar el arte antiguo lo hace por conformarse con el gusto de la plebe [...] dícelo por su natural modestia, y porque no atribuya la malicia ignorante a arrogancia lo que es política perfección"*.[71]

Também Giambattista Marino protestava: "Pretendo conhecer as regras mais profundamente do que todos os pedantes juntos, mas sei que a verdadeira regra é saber como, onde e quando quebrar as regras, e em conformidade

---

[68] Menéndez y Pelayo, op. cit., vol. III, I, p. 174-75 (1. ed.).

[69] Ibidem, vol. III, p. 648 (2. ed.).

[70] *Arte Nuevo de Hacer Comedias* (1609), ed. A. Morel Fatio, v. 40-41, 138-40, 157-58.

[71] Menéndez y Pelayo, op. cit., vol. III, p. 459.

com o costume e gosto em voga na época".[72] O drama espanhol, a *commedia dell'arte* as outras novidades literárias do século XVII fizeram com que fossem olhados com comiseração os "antiquários" de Minturno, Castelvetro e outros rígidos tratadistas do século anterior; isso pode ser visto em Andrea Perrucci (1699), que foi o teórico da comédia improvisada.[73] Pallavicino criticava os divulgadores das "disciplinas da bela elocução", porque "com frequência baseavam seus preceitos na observação experimental daquilo que de prazeroso há nos autores, ao invés de apontar o que naturalmente se conforma a alguns afetos e instintos implantados pelo Criador na alma dos mortais".[74] Uma nota de desconfiança contra os gêneros fixos se acham no *Discorso sull'Endimione* (1691), em que Gravina acusa severamente os "ambiciosos e mesquinhos preceitos" dos retores, notando, com argúcia, que

> nenhuma obra pode ser publicada sem logo ter que comparecer diante do tribunal dos críticos para ser examinada e interrogada, em primeiro lugar, sobre o seu nome e suas intenções. A seguir, começa a ação que os juristas chamam de instrução do processo, e começa-se a debater sobre sua natureza, se é um poema, um romance, uma tragédia, uma comédia, ou algum outro gênero prescrito. Se essa obra tiver ignorado o menor preceito [...] será banida e proscrita para sempre. No entanto, embora reformulem e ampliem os seus brocardos, esses juízes nunca poderão compreender os muitos gêneros que o variado e incessante movimento do engenho humano pode produzir de novo. Por isso, não sei por que devemos manter esse limite que cerceia a grandeza da nossa imaginação, abrindo caminho para percorrer os incomensuráveis espaços que ela está apta para explorar.

Sobre a obra de Guidi, que era o objeto de seu discurso, dizia ele:

> É, sem dúvida, uma representação do amor de Endímion e Diana, mas não sei se é tragédia, comédia, tragicomédia ou qualquer outra coisa sonhada pelos retores; se esses termos tiverem extensão suficiente, poderiam acolher esta obra; se não tiverem, que outro a enquadre, pois isso é fácil de conceder para um assunto tão irrelevante; se, enfim, não se encontra classificação alguma em que se enquadre, nem por isso vamos nos privar de coisa tão bela.[75]

---

[72] Marino, carta a Girolamo Preti. In: *Lettere*, Venezia, 1627, p. 127.

[73] *Dell'Arte Rappresentativa Meditata e all'Improvviso*, Napoli, 1699: cf. p. 47, 48, 65.

[74] *Trattato dello Stile e del Dialogo*, 1646, Prefácio.

[75] *Discorso sull'Endimione*. In: *Opere Italiane*, op. cit., vol. II, p. 15-16.

Essas proposições soam bastante modernas, mas parece que não foram pensadas com a devida lucidez e profundidade, e tanto isso é verdade que, mais tarde, o próprio Gravina exporia, em um tratado especial, as regras do gênero trágico.[76]Antonio Conti, por sua vez, declarou, algumas vezes, a sua oposição às regras, mas é preciso notar que ele estava se referindo às regras aristotélicas.[77] Na polêmica suscitada pelo livro de Orsi contra Bouhours, o conde Francesco Montani de Pesaro (1705) teve a coragem de escrever:

> Sei que há certas regras imutáveis e eternas que estão fundamentadas em um tal bom senso e em argumentos tão sólidos e firmes que elas deverão subsistir enquanto durar a humanidade. Mas essas regras, cuja incorruptibilidade lhes confere autoridade de guiar os nossos espíritos ao longo das eras, são tão poucas que não me parece justo se pretender sempre acomodar e pautar as nossas novas obras por velhas regras ab-rogadas e extintas.[78]

Na França, ao rigorismo de Boileau seguiu-se a rebelião de Du Bos, que, sem hesitar, declarou que "os homens preferem sempre as poesias que comovem àquelas feitas segundo as regras",[79] além de outras proposições tidas como heréticas pelos tratadistas. De la Motte combatia a ideia (1730) de unidade de tempo e de lugar, propondo como a unidade mais geral, e até mesmo superior à unidade de ação, a unidade de interesse.[80] Batteux mostrava-se bastante livre em relação às regras. Embora se opusesse a De la Motte e chamasse as três unidades de "três grandes leis do bom senso", Voltaire expôs ideias vigorosas em seu *Ensaio sobre Poesia Épica*, onde se lê que "*tous les genres sont bons hors le genre ennuyeux*" [todos os gêneros são bons, exceto os enfadonhos] e que o melhor gênero é "*celui qui est le mieux traité*" [aquele que é mais bem tratado]. Ao lado de Diderot, que, sob alguns aspectos, foi um romântico antecipado, convém lembrar o nome de Friedrich Melchior Grimm, que por ele foi influenciado. Metastasio, Bettinelli, Baretti e Cesarotti deram uma aura de liberdade à Itália de seu tempo. Em 1766, Buonafede dizia em sua *Epistola della Libertà Poetica* que os eruditos "definem a poesia épica, a

---

[76] *Della Tragedia*, 1715 (ibidem, vol. I).

[77] *Prose e Poesie*, op. cit., Prefácio e passim.

[78] Orsi, *Considerazioni*, op. cit., vol. II, p. 8-9.

[79] *Réflexions*, op. cit., seção 34.

[80] *Discours sur la Tragédie*, 1730.

comédia e as odes, mas eles gostariam de dar tantas definições quantos fossem as composições e os autores".[81] Na Alemanha, os representantes da escola suíça[82] polemizaram, inicialmente, contra as regras, em franca oposição a Gottsched e seus seguidores. Na Inglaterra, Home, depois de examinar as definições com que os críticos tentavam distinguir a poesia épica de outras composições, disse que

> não é pouca diversão ver tantos críticos profundos à caça do que não existe. Pressupõem, sem a mínima sombra de prova, que existe um critério preciso para distinguir a poesia épica das demais espécies de composição. Mas as obras literárias, à semelhança das cores, fundem-se umas às outras; se, por um lado, é fácil distinguir a cores em suas tonalidades mais fortes, por outro elas são suscetíveis de tal variedade e de tantos matizes diferentes que é impossível dizer onde termina uma e começa outra.[83]

O pensamento literário de fins do século XVIII e dos primeiros decênios do XIX, o "período do gênio" propriamente dito, voltou-se contra as regras individuais e contra a regra *in genere*. Narrar, porém, as batalhas então travadas e os seus episódios mais importantes, recordar os nomes dos capitães derrotados e vitoriosos, lamentar os excessos cometidos pelos vencedores, é algo que excede o nosso propósito atual. Sobre as ruínas dos gêneros estritos, os "*genres tranchés*", amados por Napoleão (romântico na arte da guerra, mas classicista na poesia),[84] triunfaram o drama, o romance e todos os outros gêneros mistos: sobre as ruínas das três unidades, prevaleceu a unidade do conjunto. A Itália fez seu protesto contra os gêneros e as regras na *Lettera Semiseria di Grisóstomo* (1816), de Berchet, e a França, um pouco mais tarde, no famoso prefácio de Victor Hugo ao *Cromwell* (1827). Não se falava mais de gêneros, mas de arte. E o que é a unidade de conjunto, senão a exigência de arte em si, que é sempre um "conjunto", uma síntese? O que é aquele princípio, introduzido por August Wilhelm Schlegel e adotado, na Itália, por Manzoni e por outros românticos, de que a forma das composições deva ser "orgânica e não mecânica, resultante

---

[81] *Opuscoli* de Agatopisto Cromaziano, Venezia, 1797.

[82] Danzel, *Gottsched*, p. 206 ss.

[83] *Elements of Criticism*, vol. III, p. 144-45, nota.

[84] Veja o colóquio de Napoleão com Goethe, in: Lewes, *The Life and Works of Goethe* (trad. alemã, Stuttgart, 1883), vol. II, p. 441.

da natureza do sujeito, de seu desenvolvimento interior [...] e não baseada numa impressão externa e estranha?".[85]

Mas erraria não pouco quem acreditasse que essa superioridade da retórica dos gêneros fosse consequência ou causa de uma supremacia definitiva de seus pressupostos filosóficos. Nenhum dos críticos acima mencionados abandonou, de todo e teoricamente, os gêneros e as regras. Berchet admitia quatro formas elementares, ou seja, quatro gêneros fundamentais de poesia: lírico, didático, épico e dramático, reivindicando para o poeta apenas o direito de "unir e fundir de mil modos as formas elementares".[86] Manzoni, na verdade, combatia apenas as regras "baseadas em fatos especiais e na autoridade de retores, e não em princípios gerais e na razão".[87] Mesmo De Sanctis contentou-se com o conceito, um tanto vago, mas no fundo verdadeiro, de que "as regras mais importantes não são as que se adaptam a todos os conteúdos, mas as que tiram sua força *ex visceribus causae*, das vísceras do próprio conteúdo".[88] Um espetáculo bem mais divertido do que aquele que encantara Home é ver, na filosofia alemã, as classificações empíricas dos gêneros feitas em honra da dedução dialética. Daremos dois exemplos, cada um representando os elos extremos de uma cadeia: no início do século, Schelling (1803); e no final dele (1890), Hartmann. Schelling, em uma seção da *Filosofia da Arte*, dedicou-se à "construção de cada um dos gêneros poéticos". Diz ele que se obedecesse à ordem histórica, a poesia épica viria em primeiro lugar, enquanto, se seguisse à ordem científica, então a poesia lírica seria a primeira: na verdade, se a poesia é a representação do infinito no finito, a poesia lírica, em que prevalece a diferença, o finito, o sujeito, viria em um primeiro momento, o que corresponderia à primeira potência da série ideal, à reflexão, ao saber, à consciência, ao passo que o epos corresponderia à segunda potência, à ação.[89] Do epos, gênero sumamente objetivo (uma vez que é a identidade do subjetivo com o objetivo), nascem a elegia e o idílio quando a subjetividade é posta no objeto e a objetividade no poeta; quando a objetividade

---

[85] Manzoni, *Epistolario*, ed. G. Sforza, op. cit., vol. I, p. 355-56: cf. *Lettera sul Romanticismo*, ibidem, p. 293-99.

[86] *Lettera di Grisostomo*. In: *Opere*, ed. Cusani, Milano, p. 227.

[87] *Lettera sul Romanticismo*, op. cit., p. 280.

[88] *La Giovinezza di Francesco de Sanctis*, cap. 26-28.

[89] *Philosophie der Kunst*, p. 639-45.

é posta no objeto e subjetividade no poeta, nasce a poesia didática.⁹⁰ A essas diferenciações do épico, Schelling acrescenta o epos romântico ou moderno ou poesia de cavalaria, o romance, os experimentos épicos de argumento burguês, como a *Luisa*, de Voss, e *Hermann und Dorothea*, de Goethe; coordenada com todas as formas precedentes, vem a *Comédia*, de Dante, que seria "um tipo épico em si" (*eine epische Gattung für sich*). Da união, realizada num plano superior, da lírica com a épica, da liberdade com a necessidade, surge, finalmente, a terceira forma, o drama, que é a conciliação das antíteses em uma totalidade, a "encarnação suprema da essência e do em-si de toda arte".⁹¹ Hartmann, em sua *Filosofia do Belo*, divide a poesia em poesia para declamar e poesia para ler. A primeira é subdividida em épica, lírica e dramática, com as subdivisões: da épica em épica plástica (ou épica estritamente épica) e épica pictórica (ou épica lírica); da lírica em lírica épica, lírica lírica e lírica dramática; da dramática em drama lírico, drama épico e drama dramático. A poesia para ler (*Lesepoesie*) é subdividida em: a) forma predominantemente épica, lírica ou dramática com as partições de comovente, cômica, trágica e humorística; b) poesia "para ser lida toda de uma só vez" (como o conto) ou "para se ler em muitas vezes" (como o romance).⁹² Sem poderem contar com essas trivialidades altamente filosóficas, as divisões dos gêneros ainda passeiam nos compêndios de literatura, da lavra de filólogos e literatos, e nos livros escolares da Itália, França e Alemanha. Não podemos esquecer os psicólogos e filósofos que ainda persistem em escrever sobre a estética do trágico, do cômico e do humorístico.⁹³ Seja como for, a objetividade dos gêneros literários é abertamente defendida por Ferdinand Brunetière, que considera a história literária como "a evolução dos gêneros",⁹⁴ conferindo forma bem definida a esse preconceito que, não sendo dito com tanta sinceridade nem aplicado com o mesmo rigor, acabou por infestar as histórias literárias hodiernas.

---

⁹⁰ Ibidem, p. 657-59.

⁹¹ Ibidem, p. 687.

⁹² *Philosophie des Schönen*, cap. 3, seção 2.

⁹³ Veja, por exemplo, Volkelt, *Aesthetik des Tragischen*, Monaco, 1897; Lipps, *Der Streit über Tragödie*, etc.

⁹⁴ Veja, dele, outros escritos: *L'Évolution des Genres dans l'Histoire de la Littérature*, Paris, 1890 ss; e *Manuel de l'Histoire de la Littérature Française*, Paris, 1898.

III. A TEORIA DOS LIMITES DAS ARTES

A Lessing coube o mérito e a glória singular de ter formulado a teoria da peculiaridade e dos limites invioláveis de cada arte. Esse mérito, no entanto, não lhe foi atribuído por causa dessa teoria, que, em si mesma, é pouco sustentável,[95] mas por ter iniciado, ainda que por acaso, a discussão em torno de algo muito importante, e até então descurado, da estética. Depois de algumas pistas dadas por Du Bos e Batteux, depois de o terreno ter sido preparado por Diderot[96] e por Mendelssohn,[97] depois das longas disquisições de Meier e de outros wolfianos sobre a natureza dos símbolos naturais e convencionais,[98] Lessing foi o primeiro a propor com clareza a questão acerca do valor que cabe à necessária distinção das várias artes. A Antiguidade, a Idade Média e o Renascimento enumeraram as artes de acordo com as denominações da linguagem então corrente, e muitos manuais técnicos que distinguem as artes maiores das menores foram publicados. Seja como for, procurar-se-ia em vão em Aristóxenes ou Vitrúvio, Marchetto da Padova ou Cennino Cennini, Leonardo da Vinci ou Leon Battista Alberti, em Palladio ou em Scamozzi, o problema proposto por Lessing: o espírito desses tratados técnicos é complemente diferente. Podemos, no entanto, entrever alguns rudimentos do assunto nas comparações e problemas que discutiam a prioridade entre poesia e pintura, e também pintura e escultura. Leonardo da Vinci, por exemplo, reivindicava a precedência para a pintura; Michelangelo, para a escultura. O assunto se tornou o tema favorito da discussão acadêmica, e como tal não foi ignorado nem mesmo por Galileu.[99] Lessing foi levado à questão a fim de contestar as estranhas ideias de Spencer sobre a estreita união entre a poesia e a pintura segundo os antigos; foi atraído também pelas divagações do conde de Caylus, que considerava tanto mais excelente um poema quanto maior número de quadros oferece à obra de um pintor. Lessing sentiu-se ainda mais instigado pelas comparações entre pintura e poesia, terreno onde se costumava justificar as regras

---

[95] "Teoria", cap. 15, p. 123.

[96] D. Diderot, *Lettre sur les Aveugles*, 1749; *Lettre sur les Sourds et Muets*, 1751; *Essai sur la Peinture*, 1765.

[97] M. Mendelssohn, *Briefe über Empfindungen*, 1755; *Betrachtungen*, op. cit., 1757.

[98] C. Wolff, *Psychologia Empirica*, § 272-312; Meier, *Anfangsgründe*, § 513-28, 708-35; *Betrachtungen*, § 26.

[99] Carta a Lodovico Cardi da Cigoli, 26 de junho de 1612.

mais absurdas da tragédia: a máxima *ut pictura poesis*, cujo motivo original era enfatizar o caráter representativo ou fantástico da poesia, e a natureza comum das várias artes, convertera-se, por conta de certas interpretações superficiais, em uma defesa dos piores preconceitos intelectualistas e realistas. Lessing, porém, argumentava assim:

> Se, em suas imitações, a pintura se vale, precisamente, de meios ou signos distintos da poesia (a saber, a pintura emprega formas e cores no espaço; a poesia, sons articulados no tempo), e se os signos devem ter uma fácil relação com aquilo que designam, os signos coexistentes podem apenas expressar objetos ou partes de objetos coexistentes, e os signos consecutivos podem apenas expressar objetos ou partes de objetos consecutivos. Objetos coexistentes entre si, ou cujas partes coexistem, chamam-se corpos. Os corpos, portanto, por suas qualidades visíveis, são os verdadeiros objetos da pintura. Os objetos sucessivamente consecutivos, ou cujas partes são consecutivas, chamam-se, em geral, ações. As ações, portanto, são o objeto conveniente à poesia.

É claro que a pintura pode representar uma ação, mas apenas por meio de corpos que lhe façam alusão; é claro que a poesia pode representar também os corpos, mas apenas quando os indica mediante as ações. Quando o poeta, servindo-se da linguagem, ou seja, de signos arbitrários, põe-se a descrever corpos, já não é poeta, mas prosador, porque o verdadeiro poeta não descreve os corpos senão pelos efeitos que produzem na alma.[100] Retocando brevemente e, depois, ampliando essa distinção, Lessing explicava a ação ou o movimento na pintura como uma adição introduzida pela imaginação de quem a contempla; tanto é verdade isso, dizia ele, que os animais, diante de uma pintura, percebem apenas a imobilidade. Estudava, além isso, as várias uniões de signos arbitrários com signos naturais, tais como a da poesia com a música (em que a primeira está subordinada à segunda), da música com a dança, da poesia com a dança e da música e poesia com a dança (união de signos arbitrários consecutivos audíveis com os signos visíveis), da pantomima dos antigos (união de signos consecutivos visíveis arbitrários com signos consecutivos visíveis naturais), da linguagem dos mudos (a única arte que emprega signos arbitrários consecutivos visíveis), e, por último, as uniões imperfeitas, como as da pintura com a poesia. Se nem todo uso da linguagem é poesia, da mesma maneira, segundo Lessing, nem todo uso

---
[100] *Laocoonte* (trad. it., op. cit.), § 16-20.

de signos naturais coexistentes é pintura: também a pintura, como a linguagem, tem a sua prosa. Os pintores prosaicos são os que representam objetos consecutivos, não obstante o caráter de coexistência de seus signos; os alegoristas, que fazem uso arbitrário dos signos naturais; e os que pretendem representar o invisível ou o audível por meio do visível. Desejoso de preservar a naturalidade dos signos, Lessing chegou a declarar que era defeito ou imperfeição pintar objetos em escala menor que seu tamanho real, e conclui: "Acho que a finalidade de uma arte deva ser apenas aquela para a qual esteja especialmente adaptada, não aquela que as demais artes possam fazer tão bem quanto ela. Em Plutarco, encontro uma comparação que ilustra isso admiravelmente: quem quer rachar a lenha com uma chave e abrir a porta com um machado não só estraga esses utensílios, mas também se priva da utilidade de cada um deles".[101]

Sobre esse princípio dos limites, ou seja, do caráter específico de cada arte, tal como Lessing o propôs, trabalharam os filósofos posteriores, que, sem discutir o princípio em si, empregaram-no na classificação e organização serial das artes. No fragmento sobre a *Plástica* (1769),[102] Herder aprofundou as pesquisas de Lessing; Heydenreich (1790) tratou detidamente os limites das seis artes (música, dança, artes figurativas, jardinagem, poesia e arte representativa), e criticou o *clavecin oculaire* do *père* Castel, que consistia em um artifício para a combinação de cores que deveriam se comportar da mesma forma que a série de notas musicais com a harmonia e a melodia.[103] Kant recorreu à analogia de um homem que fala, e classificou as artes de acordo com a fala, o gesto e o tom como artes da linguagem, artes figurativas e artes que apenas produzem um mero jogo de sensações (mimetismo e colorismo).[104] Schelling diferenciava a identidade artística, de acordo com a infusão do infinito no finito, ou do finito no infinito (arte ideal ou arte real), em poesia e em arte *strictu sensu*. Na série das artes reais, incluía as artes figurativas, música, pintura, plástica (que compreendia a arquitetura, o baixo-relevo e a escultura); na série ideal, as três formas

---

[101] Ibidem, Apêndice, § 43.

[102] *Plastik. Einige Wahrnehmungen über Form und Gestalt aus Pygmalions bildenden Traum*, 1778 (ed. das obras escolhidas de Herder, em *Deutsche Nationallitteratur*, vol. 76, parte III, sec. 2).

[103] *System der Aesthetik*, p. 154-236.

[104] *Kritik der Urtheilskraft*, § 51.

correspondentes da poesia – lírica, épica e dramática.[105] Com método semelhante, Solger, junto à poesia, colocava a arte universal, a arte *strictu sensu*, que é ou simbólica (escultura) ou alegórica (pintura), e, em ambos os casos, trata-se de união de conceitos e corpos: caso se tome apenas a corporalidade sem conceito, tem-se a arquitetura; se apenas o conceito sem matéria, a música.[106] Para Hegel, a poesia reúne os dois extremos, que são as artes figurativas e a música.[107] Tivemos já ocasião de mencionar que Schopenhauer rompia os limites rotineiros das artes para reconstruí-los segundo as ordens das ideias que representavam.[108] Mantendo os dois grupos de Lessing das artes simultâneas e sucessivas, Herbart definia as primeiras como as que "se deixam olhar por todos os lados", e as segundas como as que "não permitem a completa exploração e permanecem na sombra". Ao primeiro grupo pertencem a arquitetura, a plástica, a música de igreja e a poesia clássica; ao segundo, a jardinagem, a pintura, a música de entretenimento e a poesia romântica.[109] Herbart, portanto, era implacável contra os que numa arte procuram a perfeição de outra, e "consideram a música um tipo de pintura, a pintura um tipo de poesia, a poesia um tipo de plástica elevada e a plástica um tipo de filosofia estética",[110] embora admitisse que uma obra de arte concreta, tal como um quadro, contenha elementos pictóricos, poéticos e de outros gêneros, que são mantidos em conjunto pela habilidade do artista.[111] Weisse dividia as artes em três tríades, componentes de uma "enearquia" que devia recordar as nove musas.[112] Zeising fazia uma divisão cruzada: artes figurativas (arquitetura, escultura, pintura), artes musicais (música instrumental, canto, poesia), artes mímicas (dança, mímica do canto, arte representativa), artes macrocósmicas (arquitetura, música instrumental, dança), artes microcósmicas (escultura, canto, mímica do canto) e artes históricas (pintura, poesia e arte representativa).[113] Vischer, por seu

---

[105] *Philosophie der Kunst*, p. 370-71.
[106] *Vorlesungen über Aesthetik*, p. 257-62.
[107] Op. cit., vol. II, p. 222.
[108] Veja cap. 10 anterior, p. 292.
[109] *Einleitung*, § 115, p. 170-71.
[110] *Schriften zur Praktischen Philosophie*. In: *Werke*, vol. VIII, p. 2.
[111] *Einleitung*, § 110, p. 164-65.
[112] Cf. Hartmann, *Deutsche Aesthetik seit Kant*, p. 539-40.
[113] *Aesthetische Forschung*, p. 547-49.

turno, classificava-as segundo as três formas de fantasia (figurativa, sensitiva e poética): artes objetivas (arquitetura, plástica e pintura), arte subjetiva (música) e arte objetiva-subjetiva (poesia).[114] Gerber propôs uma "arte da linguagem" especial (*Sprachkunst*), que se distingue tanto da prosa como da poesia e consiste na expressão de movimentos simples da alma, a qual corresponderia à plástica segundo este esquema: artes do olhar (arquitetura, plástica, pintura) e artes do ouvir, (prosa, arte da linguagem, poesia).[115]

Os dois sistemas mais recentes de classificação foram propostos por Schasler e Hartmann, que também examinaram com detalhes os esquemas de seus antecessores. Schasler[116] organizou as artes em dois grupos, adotando o critério de simultaneidade e de sucessão: artes da simultaneidade (a arquitetura, a plástica e a pintura); artes de sucessão (música, mímica e poesia). Diz ele que, percorrendo a série na ordem indicada, percebe-se que a simultaneidade, originalmente predominante, cede lugar à sucessão, que se torna prevalente no segundo grupo e subordina a outra, sem, no entanto suprimi-la de todo. Paralelamente a essa divisão, desdobra-se outra, oriunda da relação entre o elemento ideal e o material em cada uma das artes, entre o movimento e o repouso, e, começando pela arquitetura, que "materialmente é a mais pesada, mas espiritualmente a mais leve de todas as artes", termina na poesia na qual se verifica a relação oposta. Dessa maneira, descobrem-se curiosas analogias entre as artes do primeiro e do segundo grupo: entre arquitetura e música; entre plástica e mímica; entre pintura em suas três formas (paisagem, gênero e história) e poesia em suas três formas – lírica (declamatória), épica (rapsódica) e dramática (arte representativa). Hartmann,[117] por sua vez, divide as artes em artes da percepção e artes da fantasia: as artes da percepção são divididas em artes espaciais ou visuais (plástica e pintura), em artes temporais ou auditivas (música instrumental, mímica da linguagem, canto expressivo) e temporais-espaciais ou mímicas (pantomima, dança mímica, arte do ator, arte operística); as artes da fantasia contém uma única espécie, que é a poesia. A arquitetura, a decoração, a jardinagem, a cosmética e os gêneros

---

[114] *Aesthetik*, § 404, 535, 537, 838, etc.

[115] Gustav Gerber, *Die Sprache als Kunst*, Bromberg, 1871-1874.

[116] *Das System der Künste*, 2. ed., Leipzig-Berlin, 1881.

[117] *Philosophie des Schönen*, cap. 9 e 10.

de prosa foram excluídos desse sistema de classificação e agrupados como artes não livres. Ao lado dessa busca de classificação das artes, os mesmos filósofos foram levados à procura da arte suprema. Alguns favoreciam a poesia, outros a música ou a escultura, outros ainda pensaram nas artes combinadas, especialmente na ópera, de acordo com a teoria prenunciada no século XVIII,[118] e depois mantida e desenvolvida por Richard Wagner.[119] Um dos últimos filósofos a levantar a questão – "o que tem mais valor: as artes individuais ou as artes combinadas?" – concluiu que as artes individuais, enquanto tais, têm sua própria perfeição, mas a perfeição das artes reunidas é ainda maior, não obstante as concessões e compromissos mútuos impostos pelo fato de estarem reunidas; concluiu também que as artes individuais, consideradas por um outro lado, têm mais valor, e, por fim, concluiu que as artes tanto individuais como as combinadas são necessárias à compreensão do conceito de arte.[120]

O capricho, a vacuidade, a infantilidade de tais problemas e suas soluções decerto suscitaram impaciência e desgosto, mas é raro encontrar um crítico que lance dúvida, mesmo que timidamente, sobre a sua validade. Um deles, Lotze, escreveu: "É difícil dizer de que servem tais tentativas. O conhecimento da natureza e das leis das artes individuais é bem pouco auxiliado pela eventual posição atribuída a cada uma no sistema". Notou, ainda, que na vida real as artes combinam-se de várias maneiras, mas não formam uma série sistemática, e que, no mundo do pensamento, é possível excogitar uma grande variedade de séries; portanto, quando se escolhe uma dessas séries possíveis, isso não quer dizer que ela seja a única legítima, mas a mais conveniente (*bequem*). Sua série começa com a música, "a arte da beleza livre, determinada apenas pelas leis do seu material, e não pelas condições impostas por um dado emprego de finalidade ou de imitação", e prossegue com a arquitetura, "que já não joga livremente com as formas, mas as põe a serviço de um fim", e assim por diante, passando pela escultura, pintura e poesia, embora exclua as artes menores, que não podem ser coordenadas com as outras, pois são incapazes de expressar a

---

[118] Por exemplo, Sulzer, *Allgemeine Theorie*, no verbete: "*Oper*".

[119] Richard Wagner, *Oper und Drama*, 1851.

[120] Gustav Engel, *Aesthetik der Tonkunst*, 1884; resumido em Hartmann, *Deutsche Aesthetik seit Kant*, p. 579-80.

totalidade da vida espiritual,[121] ainda que aproximativamente. Um crítico francês, Basch, abre seu tratado com esta excelente observação: "Será preciso demonstrar que não existe uma arte absoluta que se diferencia, posteriormente, por não se saber quais as leis imanentes? O que existem são formas de arte particulares, ou melhor, artistas que procuraram traduzir, do melhor modo possível, conforme os meios materiais de que dispunham, o ideal que cantava em suas almas". Mais tarde, porém, acredita ser possível chegar a uma divisão das artes, iniciando "não da arte em si, mas do artista", procedendo "de acordo com os três grandes tipos de imaginação: a visual, a motora e a auditiva"; e, naquilo que concerne ao debate sobre a arte suprema, opta pela música.[122]

Schasler, no entanto, não estava de todo errado ao contra-atacar vivamente a crítica de Lotze e protestar contra o princípio da indiferença e da conveniência; ele observa que "a classificação das artes deve ser considerada a verdadeira pedra de toque, a verdadeira medida que gradua o valor científico de um sistema estético, pois nessa classificação concentram-se todas as questões teóricas que se acumulam e demandam uma solução concreta".[123] O princípio de conveniência, excelente quando aplicado ao agrupamento aproximativo das classificações botânicas ou zoológicas, não é determinante em filosofia; e como Lotze, em comum com Schasler e outros estetas, assumiu o princípio, proposto por Lessing, da constância, dos limites e da natureza peculiar de cada arte, considerando assim que os conceitos das artes individuais não são conceitos empíricos, mas especulativos, e por isso não se podia subtrair-se ao dever de estabelecer as relações mútuas desses conceitos, de ordená-los em série, subordiná-los e coordená-los, deduzi-los ou tratá-los dialeticamente. Assim, para se evitar definitivamente essas tentativas estéreis de classificação e estabelecimento de precedência entre as artes, convinha criticar e dissolver o próprio princípio de Lessing; mas manter o princípio e recusar a necessidade de classificação, como Lotze fazia, era obviamente contraditório. Não obstante, dentre tantos estetas, nenhum investigou ou reexaminou o fundamento científico das distinções propostas por Lessing em sua prosa fluente e elegante; ninguém sondou a fundo a verdade

---

[121] Lotze, *Geschichte der Aesthetik*, p. 458-60; cf. p. 445.
[122] *Essai Critique sur l'Esthétique de Kant*, p. 489-96.
[123] *Das System der Künste*, p. 47.

fulgurante de Aristóteles, que se recusava a admitir que a diferença entre prosa e poesia consiste em algo extrínseco, a saber, a métrica.[124] Ninguém fez isso, exceto, talvez, Schleiermacher, que ao menos se deu conta das dificuldades da doutrina corrente, e, propondo que se começasse do conceito geral de arte a fim de se deduzir a necessidade de todas as suas formas, distinguiu dois lados na atividade artística: a consciência objetiva (*gegenstdändliche*) e a consciência imediata (*unmittelbare*), concluindo que a arte não está totalmente nem em uma nem em outra, e que a consciência imediata ou representação (*Vorstellung*) dá origem à mímica e à música, enquanto a consciência objetiva ou imagem (*Bild*) dá origem às artes figurativas. Assim, ao analisar uma pintura, Schleiermacher reconhecia como inseparáveis as duas formas de consciência, e obervava que "aqui chegamos a algo completamente oposto: procurando a distinção, encontramos a unidade". Nem a tradicional divisão das artes em simultânea e sucessiva parecia-lhe consistente, pois "quando olhada com atenção, evapora-se inteiramente"; em arquitetura ou jardinagem, a contemplação é sucessiva, enquanto nas artes ditas sucessivas, como a poesia, o que importa é a coexistência e o agrupamento: "a diferença, considerada por ambos os lados, é secundária, e o contraste entre as duas ordens da arte significa apenas que cada contemplação, como todo ato de produção, é sempre sucessiva, mas, ao pensar a relação entre os dois lados em uma obra de arte, ambos parecem indispensáveis: a coexistência (*das Zugleichsein*) e a existência sucessiva (*das Successivsein*)". Em outra passagem, observa: "A realidade da arte como aparência externa é condicionada pelo modo, lastreado em nosso organismo físico e corporal, com que o interno é exteriorizado: movimentos, formas, palavras [...]. Aquilo que é comum a todas as artes não é o externo, que, antes, é o elemento de diversificação". Quando tais observações são comparadas com a nítida distinção por ele estabelecida entre arte e técnica, fica fácil deduzir que ele considerava sem valor estético as divisões das artes e os conceitos das artes particulares. Schleiermacher, entretanto, não tira essa consequência lógica, e continua perplexo e hesitante: na poesia, ele reconhece a inseparabilidade do elemento subjetivo e objetivo, musical e figurativo, no entanto, esforça-se para formular as definições e encontrar os limites das artes individuais; por vezes, pensa na reunião das várias artes a partir da qual surgiria a

---

[124] *Poetica*, I.

arte completa. Ao compor o conteúdo de suas aulas de estética, organizava as artes em artes de acompanhamento (mímica e música), artes figurativas (arquitetura, jardinagem, pintura, escultura) e poesia.[125] Nebuloso, impreciso, contraditório nesse domínio, Schleiermacher teve, contudo, a perspicácia de duvidar da solidez da teoria de Lessing e perguntar-se com que direito, no âmbito da arte em geral, se distinguem as artes particulares.

IV. OUTRAS DOUTRINAS PARTICULARES

I. Schleiemiacher também negou o conceito de belo natural, prestando a Hegel uma homenagem que talvez não merecesse, porque a negação hegeliana desse conceito foi, como vimos, mais verbal que de fato. Em todo o caso, a tese radical de Schleiermacher contra a existência de um belo natural, externo e independente da mente humana, marcou a vitória sobre um grave erro, vitória que se mostra imperfeita e unilateral na medida em que parece excluir esses fatos estéticos da fantasia ligados a objetos dados na natureza.[126] Contribuições importantes para a correção da imperfeição e unilateralidade dessa asserção vieram, de certo modo, dos estudos históricos e psicológicos do "sentimento da natureza" apresentados por Alexander Humboldt na dissertação que se lê no segundo volume do *Cosmos*,[127] estudos que foram continuados por Laprade, Biese e outros em nossos dias.[128] Na autocrítica que fez à sua *Estética*, Vischer realiza a passagem da construção metafísica do belo natural à sua interpretação psicológica, e reconhece a necessidade de suprimir a seção dedicada ao belo natural contida em seu primeiro sistema estético, incorporando-a em sua teoria da fantasia; diz ele que esses tratamentos não pertencem à ciência estética, sendo um misto de zoologia, de sentimento, bizarrices e humor, dignos de constar em monografias como as do poeta G. G. Fischer sobre a vida dos pássaros.[129]

---

[125] *Vorlesungen über Aesthetik*, p. 11, 122-29, 137, 143, 151, 167, 172, 284-86, 487-88, 508, 635.

[126] "Teoria", cap. 13, p. 110-12.

[127] *Das Naturgefühl nach Verschiedenheit der Zeiten und Völkerstämme*. In: *Cosmos*, vol. II.

[128] V. Laprade, *Le Sentiment de la Nature avant le Christianisme*, 1866; e *Chez les Modernes*, 1867; Alfred Biese, *Die Entwicklung des Naturgefühls bei den Griechen und Römern*, Kiel, 1882-1884; *Die Entwicklung des Naturgefühls im Mittelalter und in der Neuzeit*, 2. ed., Leipzig, 1892.

[129] *Kritische Gänge*, vol. V, p. 5-23.

Hartmann, herdeiro da antiga metafísica, reprovou a exclusão feita por Vischer, e voltou a sustentar que, além da beleza de fantasia introduzida pelo homem nas coisas naturais (*hineingelegte Schönheit*), há a beleza formal e a beleza substancial da natureza, coincidentes com a realização dos fins imanentes ou das ideias da natureza.[130] Mas o caminho que em última instância Vischer indica é mesmo o único pelo qual a tese de Schleiermacher pode ser desenvolvida com sucesso, de modo a mostrar em que sentido se pode admitir um belo (estético) natural.

II. Há uma opinião muito antiga, segundo a qual há sentidos estéticos ou sentidos superiores, e que o belo é atribuído não a todos os sentidos, mas apenas a alguns. Vimos[131] que Sócrates, no *Hípias Maior*, menciona a doutrina da beleza como "o que agrada à audição e à visão" (τὸ καλόν ἐστι τὸ δι' ἀκοῆς τε καὶ ὄψεως ἡδύ). De fato, acrescentava ele, parece impossível negar que temos prazer em olhar para belos corpos e ornamentos, pinturas e belas figuras com os nossos olhos, e ouvir belos cantos ou belas vozes, a música, as declamações e as conversas com os nossos ouvidos. No entanto, Sócrates, no mesmo diálogo, refutou essa teoria com argumentos perfeitamente válidos, dentre os quais, além da dificuldade decorrente do fato de que coisas belas podem ser encontradas fora do alcance das impressões sensíveis de olhos e ouvidos, há também a dificuldade de que não há razão para se pensar em um tipo especial de prazer oriundo das impressões desses dois sentidos, separando-o do prazer decorrente dos demais sentidos. É preciso também levar em conta a objeção, sutilmente filosófica, segundo a qual o que agrada à vista nem sempre agrada à audição, e vice-versa; disso se deduz que a razão da beleza não deve ser procurada nas condições de visibilidade ou audibilidade, mas em algo diferente e comum a ambas.[132]

Talvez esse problema nunca tenha sido tratado com a perspicácia e a seriedade que aparece nesse antigo diálogo. No século XVIII, Home notava que a beleza diz respeito à visão, e que as impressões recebidas pelos outros sentidos podem ser agradáveis, mas não belas, e considerava a visão e a audição superiores às impressões do tato, paladar e olfato, as quais,

---

[130] *Deutsche Aesthetik seit Kant*, p. 217-18: cf. *Philosophie des Schönen*, livro II, cap. 7.
[131] Cf. cap. 1 anterior, p. 163-65.
[132] *Hippias Maior*, passim.

sendo meramente corporais, não possuem o refinamento espiritual dos outros dois. A seu ver, aquelas impressões produzem prazeres superiores aos prazeres orgânicos, mas são inferiores aos prazeres intelectuais: prazeres decorosos, isto é, elevados, doces, moderadamente estimulantes, destinados a restaurar e acalmar o espírito,[133] e alheios à turbulência das paixões e ao langor da indolência. Seguindo sugestões de Diderot, Rousseau e Berkeley, Herder chamou a atenção para a importância do sentido do tato (*Gefühl*) nas artes plásticas; desse "terceiro sentido, que talvez merecesse ser investigado antes dos demais, continua sendo o menos investigado de todos, injustamente relegado a um lugar entre os sentidos grosseiros". É verdade que "o tato nada entende de superfície ou de cor", mas "a visão não entende nada das formas e configurações".

> Assim, "o tato não deve ser um sentido tão grosseiro como se costuma dizer, se é propriamente o órgão pelo qual se sente os outros corpos, e tem para si um vasto reino de conceitos sutis e complexos. Assim como a superfície está para o corpo, assim, com igual importância, a visão está para o tato; e é apenas por um modo abreviado de discurso que se afirma que vemos os corpos como superfícies, e supõe-se que vemos com os olhos aquilo que, na verdade, tínhamos aprendido pouco a pouco, na infância, apenas pelo tato".

Toda beleza da forma e da corporeidade não é um conceito visível, mas palpável.[134] Da tríade dos sentidos estéticos, assim estabelecida por Herder (a visão para a pintura, a audição para a música, o tato para a escultura), Hegel voltava à conhecida díade: "a parte sensível da arte refere-se apenas aos dois sentidos teóricos da visão e da audição". Disse também que o olfato, o paladar e o tato deviam ser excluídos do prazer artístico, os quais têm relação com a matéria, como tal, e com as suas imediatas qualidades sensíveis (o odor com volatilização material, o gosto com solução material dos objetos, e o tato com o quente, o frio, o suave e assim por diante). Assim, eles não podem concernir aos objetos da arte, que devem manter-se em uma real independência, não aceitando qualquer relação com o meramente sensível. O que é agradável para esses sentidos não é o belo da arte.[135]

---

[133] *Elements of Criticism*, Introdução, e cf. cap. 3.
[134] Herder, *Kritische Wälder*. In: *Werke*, op. cit., vol. IV, p. 47-53: cf. *Kaligone* (Ibidem, vol. XXII), passim; e o fragmento sobre Plástica.
[135] *Vorlesungen über Aesthetik*, vol. I, p. 50-51.

Mais uma vez, Schleiermacher percebeu que esse assunto não poderia ser resolvido tão facilmente. Antes de tudo, ele recusou a distinção entre sentidos claros e confusos, admitindo, por um lado, que a superioridade da visão e da audição sobre os outros sentidos reside no fato de que os outros "não são capazes de qualquer atividade livre, mas, antes, representam o máximo da passividade, ao passo que a visão e a audição são capazes de uma atividade que procede de dentro, e podem produzir formas e notas sem receber impressões externas"; se os olhos e os ouvidos fossem simples meios de percepção, não existiriam artes visuais ou auditivas, mas eles também operam como movimentos voluntários que preenchem o domínio dos sentidos. De outro ponto de vista, no entanto, Schleiermacher pensa que "a diferença é sobretudo de grau ou de quantidade, e que convém conceder um mínimo de independência também aos outros sentidos".[136] Vischer se atém à tradição dos "dois sentidos estéticos", "órgãos livres e não menos espirituais que os órgãos sensíveis", que "não se referem à composição material do objeto", mas deixam que, em seu complexo, "este subsista e opere sobre eles".[137] Köstlin opinou que os sentidos inferiores não oferecem "nada que possa ser intuído separado deles, sendo apenas modificações nossas, mas que, além disso, paladar, olfato e tato não são destituídos de importância estética, uma vez que dão subsídios aos sentidos superiores: sem o tato, uma imagem não poderia revelar-se dura, resistente ou áspera ao olhar; sem o odor, certas imagens não se mostrariam saudáveis ou frescas".[138]

Não levaremos em conta as doutrinas relacionadas com os princípios sensualistas,[139] pois todos os sentidos são naturalmente aceitos como órgãos estéticos pelos sensualistas; para eles, "estético" é o mesmo que "hedonista": basta recordar a anedota do "douto" Kralik, que Tolstói ridicularizou por conta da sua teoria das cinco artes, a do paladar, do olfato, do tato, da audição e da visão.[140] As poucas citações feitas até agora, bastam para mostrar a dificuldade constrangedora causada pelo uso do termo "estético" como qualificação de "sentido", obrigando os autores a inventarem

---

[136] Ibidem, p. 92 ss.

[137] *Aesthetik*, vol. I, p. 181.

[138] Ibidem, p. 80-83.

[139] Por exemplo, Grant Allen, *Physiological Aesthetics*, cap. 4 e 5.

[140] Tolstói, *Qu'Est-ce que l'Art?*, p. 19-22. Kralik é o autor de *Weltschönheit, Versuch einer allgemeinen Aesthetik*, Viena, 1894.

distinções absurdas entre vários grupos de sentidos, ou a reconhecerem que todos os sentidos são estéticos, conferindo assim valor estético a toda impressão sensível enquanto tal. Não é possível sair desse labirinto senão quando se vê e se afirma claramente a impossibilidade de se reunir ordens de ideias totalmente díspares como são o conceito da forma representativa do espírito e o de órgãos fisiológicos específicos ou de uma matéria específica de impressões sensíveis.[141]

III. Uma variedade do erro dos gêneros literários é encontrada na teoria de modos, formas ou gêneros de estilo (χαρακτῆρες τῆς φράσεως), que na Antiguidade eram normalmente considerados sob as três formas de sublime, médio e tênue, tripartição devida, ao que parece, a Antístenes,[142] e modificada mais tarde em *subtile*, *robustum* e *floridum*, ou ampliada em uma divisão quádrupla, ou representada com adjetivos de origem histórica, como por exemplo, os três estilos, ático, asiático e ródio. Essa tripartição sobrevive na Idade Média, que, por vezes, interpreta-a de modo estranho, no sentido de que o estilo sublime trata de reis, príncipes e barões (por exemplo, a *Eneida*), o estilo médio, de pessoas de condições medianas (por exemplo, as *Geórgicas*), o estilo humilde, de pessoas de classe mais baixa (por exemplo, as *Bucólicas*). Por essa razão, os três estilos foram também chamados trágico, elegíaco e cômico.[143] Os gêneros de estilo estão presentes em todas as retóricas dos tempos modernos. Mesmo Blair, por exemplo, distinguia e definia o estilo mediante termos como difuso, conciso, nervoso, ousado, suave, elegante, florido, etc. Em 1818, o italiano Melchiorre Delfico, em seu livro sobre o belo, criticava vigorosamente as "muitas divisões de estilos", ou a superstição de "que poderia haver tantos gêneros de estilo", afirmando que "o estilo é bom ou ruim", e acrescentando que, para os artistas, o estilo "não pode existir como uma ideia preconcebida na mente", mas "deveria ser uma consequência da ideia principal, ou seja, da concepção que determina a invenção e a composição".[144]

IV. Esse mesmo erro corresponde, na filosofia da linguagem, à teoria das formas gramaticais, ou das partes do discurso,[145] iniciada pelos

---

[141] "Teoria", cap. 2, p. 41-43.
[142] Cf. Volkmann, *Die Rhetorik der Griechen und Römer*, p. 532-34.
[143] Comparetti, *Virgilio nel Medio Evo*, vol. I, p. 172.
[144] *Nuove Ricerche sul Bello*, cap. 10.
[145] "Teoria", cap. 18, p. 149-50].

sofistas (atribui-se a Protágoras a distinção do gênero dos substantivos), continuada pelos filósofos, especialmente por Aristóteles e pelos estoicos (o primeiro falava de duas ou três partes do discurso, os outros em quatro ou cinco), e desenvolvida e elaborada pelos gramáticos alexandrinos na célebre e secular controvérsia entre analogistas e anomalistas. Os analogistas (Aristarco) tendiam a introduzir logicidade e regularidade nos fatos linguísticos, condenando como desvios os que não lhes pareciam redutíveis à forma lógica, aos quais por vezes chamavam de pleonasmos, elipses, enálages, paralaxes e metalepses conforme o caso. A violência que os analogistas assim faziam à linguagem viva e ao próprio uso dos escritores era tal que, como nos conta Quintiliano, foi dito argutamente (*non invenuste*) que "uma coisa é falar latim, outra é falar conforme a gramática" (*aliud esse latine, aliud grammatice loqui*).[146] Aos anomalistas deve se reconhecer o mérito de terem reivindicado para a linguagem o seu livre movimento fantástico (imaginativo): o estoico Crisipo compôs um tratado para demonstrar que uma mesma coisa (conceito) pode ser expressa com sons diferentes, e um mesmo som pode expressar diferentes conceitos (*similes res dissimilibus verbis et similibus dissimiles esse vocabulis notatas*). Era anomalista também o insigne gramático Apolônio Discolus, que rejeitou a metalepse e outros artifícios com que os analogistas tentavam explicar o que não se encaixa em suas categorias, notando que usar uma palavra por outra, ou uma parte do discurso por outra, não seria recurso gramatical, mas despropósito, algo difícil de ser atribuído a um poeta como Homero. O resultado dessa disputa entre anomalistas e analogistas é a gramática (τέχνη γραμματική), como transmitida pelos antigos aos tempos modernos. A gramática foi considerada como uma espécie de compromisso entre as partes opostas, porque, se os esquemas de flexão (κανόνες) satisfazem aos analogistas, a sua variedade satisfaz aos anomalistas. Assim, a definição original de gramática como teoria da analogia foi posteriormente alterada para "teoria da analogia e da anomalia" (ὁμοίον τε καὶ ἀνομοίον θεωρία). O conceito de costume normativo, com o qual Varrão pretendia resolver a controvérsia, é, como sucede nas soluções de compromisso, a contradição elevada à condição de doutrina, algo semelhante ao ornamento conveniente da retórica ou aos gêneros a que se concede "certa licença" dos preceitos

---

[146] *Institutiones Oratoriae*, I, 6.

da literatura. Se a linguagem segue o costume (ou seja, a fantasia), não segue a razão (isto é, a lógica); se segue a razão, não segue o costume. Aos analogistas, os quais pensavam que a lógica valesse ao menos dentro dos gêneros individuais ou subgêneros, os anomalistas mostravam que nem mesmo isso era correto. O próprio Varrão foi levado a confessar que "essa parte era muito difícil" (*hic locus maxime lubricus est*).[147]

Na Idade Média, prestava-se à gramática um culto que poderia dizer-se supersticioso. Reconheceu-se, então, uma inspiração divina nas oito partes do discurso, pois *octavus numerus frequenter in divinis scripturis sacratis invenitur* [o número oito se encontra frequentemente na Sagrada Escritura]; e nas três pessoas da conjugação verbal *ut quod in Trinitatis fide credimus, in eloquiis inesse videatur* [de modo que o que cremos pela fé na Trindade esteja patente no discurso].[148] Do Renascimento em diante, os gramáticos puseram-se a meditar sobre os problemas linguísticos, e abusaram das elipses, pleonasmos, das licenças, das anomalias e das exceções. Apenas em tempos mais recentes, a linguística começou a pôr em dúvida o próprio valor do conceito de "partes do discurso" (Pott, Paul e outros).[149] Se, não obstante, essa divisão ainda subsiste, em parte isso se deve à gramática empírica ou prática que de nada serve sem ela, e em parte à sua venerável antiguidade, que disfarça sua origem ilegítima e sombria, de modo que seu triunfo deve-se apenas ao cansaço resultante de uma longa guerra.

V. A relatividade do gosto é uma tese sensualista, que nega o valor espiritual da arte. Essa doutrina, porém, quase nunca se encontra de modo ingênuo e categórico, conforme o antigo adágio: *De gustibus non est disputandum* (cuja origem se desconhece, e seria interessante investigar que sentido tinha inicialmente, isto é, se a palavra "*gustibus*" dizia respeito somente às impressões do paladar, e só depois foi estendida às impressões estéticas). Os sensualistas, como que percebendo vagamente a natureza superior da arte, não souberam se resignar à total relatividade do gosto. Dá pena ver os tormentos a que se entregavam nessa matéria. Batteux, por exemplo, perguntava: "Existe um bom gosto, e que seja o único bom?

---

[147] Cf., para todos esses pontos, as obras de Lersch e de Steinthal, que fornecem os textos mais importantes.

[148] Comparetti, *Virgilio nel Medio Evo*, vol. I, p. 169-70.

[149] Pott, *Introduzione allo Humboldt*; Paul, *Principien der Sprachgeschichte*, cap. 20.

Em que consiste? De que depende? Depende do objeto ou do gênio que age sobre ele? Há regras ou não? Qual é o órgão do gosto: o engenho, o coração, ou ambos? Quantas perguntas se fizeram sobre esse assunto, tantas vezes estudado, mas nunca claramente explicado!".[150] A mesma perplexidade é compartilhada por Home. Diz ele: "Gosto não se discute, e não apenas o do paladar, mas também de todos os outros sentidos". Essa sentença que, sob um ponto de vista, é muito razoável, por outro parece um tanto exagerada. Mas como pode ser contestada? Como dizer que algo não deve agradar a quem realmente agrada? A proposição, portanto, deve ser verdadeira. Mas não! Ninguém que tenha gosto concordará com isso. Fala-se de bom gosto e de mau gosto. São absurdas, então, as críticas que se fazem em nome dessa distinção? Essas expressões, tão frequentes, não têm sentido algum? Home conclui, admitindo um padrão comum de gosto (*standard of taste*), deduzindo-o da necessidade da convivência humana, ou, como ele diz, de uma "causa final", pois sem uniformidade de gostos, quem se aplicaria a produzir obras de arte, edifícios caros e elegantes, belos jardins e assim por diante? Além disso, ele não deixa de chamar a atenção para uma segunda causa final, ou seja, para a necessidade de atrair, aos espetáculos públicos, os cidadãos cujas diferenças de origem e profissão tendem a separar e causar mútua estranheza. De que modo, então, deve ser determinado esse padrão de gosto? Novas perplexidades, das quais não se escapa com a afirmação de que, assim como na elaboração de regras morais não se pede conselho aos selvagens, mas aos civilizados, assim, para se determinar o padrão do gosto, convém recorrer aos que não foram desgastados pelos trabalhos braçais que embrutecem, aos que não foram efeminados pela volúpia, mas àqueles que, tendo recebido, da natureza, o dom do bom gosto, levaram-no à perfeição pela educação e a prática da vida; e se, não obstante esses cuidados, surgem controvérsias, é preciso recorrer aos princípios da crítica, conforme estabelecidos pelo próprio Home em seu livro.[151] Contradições semelhantes e círculos viciosos reaparecem no *Ensaio sobre o Gosto*, em que David Hume tenta, em vão, definir as características do homem de gosto cujo julgamento deveria tornar-se regra, e embora sustente a uniformidade dos princípios gerais do gosto baseada na humana natureza, e advirta o

---

[150] Batteux, *Les Beaux Arts*, op. cit., parte II, p. 54.
[151] *Elements of Criticism*, vol. III, cap. 25.

leitor para que não leve em conta as perversões e a ignorância de cada um, ao mesmo tempo admite que as divergências de gosto são inconciliáveis e insuperáveis, mas não condenáveis (*blameless*).[152]

Mas a crítica do relativismo estético não pode ser baseada na doutrina oposta que, asseverando o caráter absoluto da estética, submete o gosto a conceitos e raciocínios. O século XVIII oferece exemplos desse erro em Muratori, um dos primeiros a sustentar a existência de um padrão de gosto e de um belo universal, cujas regras seriam dadas pela Poética.[153] Outro exemplo é o *père* André, para quem "o belo em uma obra de arte não é o que de imediato agrada à imaginação, mediante certas disposições particulares das faculdades da alma ou dos órgãos do corpo, mas o que tem direito de agradar à razão e à reflexão por sua própria excelência ou por sua adequação, e, se é lícito usar esse termo, por sua intrínseca afabilidade".[154] Voltaire reconhecia um "gosto universal" que era "intelectual",[155] e muitos outros dizem a mesma coisa. Esse erro intelectualista, não menos que o sensualista, foi atacado por Kant; mas mesmo Kant, fazendo do belo um simbolismo da moral, não conseguiu entender o conceito do absoluto fantástico do gosto.[156] A especulação filosófica superou essa dificuldade reduzindo-a ao silêncio.

No entanto, esse critério de um caráter absoluto da fantasia, ou, por outras palavras, a ideia de que o juízo sobre as obras de arte demanda que alguém se ponha no ponto de vista do artista no momento da produção, e que julgar é reproduzir, começou a ganhar peso a partir do início do século XVIII. Dele se originam os primeiros indícios na Itália no escrito já citado de Francesco Montani (1705), e, na Inglaterra, no *Ensaio sobre a Crítica*, de Alexander Pope ("*A perfect judge will read each work of wit with the same spirit that its author writ*" [Um bom crítico lerá cada obra com o mesmo espírito que seu autor a escreveu], dizia ele).[157] Pouco tempo depois, Antonio Conti reconhecia uma parte da verdade na *règle du premier*

---

[152] *Essays, Moral, Political and Literary*. London, 1862, cap. 23: "On the Standard of Taste".
[153] *Perfetta Poesia*, livro V, cap. 5.
[154] *Essai sur le Beau*, discurso 3.
[155] *Essai sur le Goût*, op. cit.
[156] Veja cap. 8 anterior, p. 270-71.
[157] *Essay on Criticism*, 1711, parte II, v. 233-34.

aspect,[158] aconselhado por Terrasson para julgar a poesia, embora salientasse que essa regra era mais aplicável aos escritores modernos que aos antigos: *"quand on n'a pas l'esprit prévenu, et que d'ailleurs on l'a assez pénétrant, on peut voir tout d'un coup, si un poète a bien imité son objet; car, comme on connait l'original, c'est à dire les hommes et les moeurs de son siècle, on peut aisément lui confronter la copie, c'est à dire la poésie qui les imite"* [quando não se tem preconceito, e, além disso, a mente é penetrante, é possível se ver, de uma só vez, se um poeta imitou convenientemente o seu objeto; porque, pelo fato de conhecermos o original, isto é, os homens e os costumes de seu tempo, podemos facilmente compará-lo à cópia, a saber, a poesia que os imita]. Para se julgar os poetas antigos, o caminho era mais longo:

> *cette règle du premier aspect n'est presque d'aucun usage dans l'examen de l'ancienne poésie, dont on ne peut pas juger qu'après avoir longtemps réfléchi sur la religion des anciens, sur leurs lois, leurs moeurs, sur leurs manières de combattre et d'haranguer, etc. Les beautés d'un poème, indépendantes de toutes ces circonstances individuelles, sont très rares, et les grands peintres les ont toujours évitées avec soin, car ils voulaient peindre la nature et non pas leurs idées"*

[a regra da primeira impressão é quase inútil na análise da poesia antiga, que não pode ser julgada senão depois de longa reflexão sobre a religião dos antigos, suas leis, seus costumes, suas maneiras de argumentar e discursar, etc. As belezas de um poema, independentes de todas essas circunstâncias individuais, são muito raras, e os grandes pintores sempre as evitaram com cuidado, porque queriam pintar a natureza e não as suas ideias].[159] O critério necessário, em suma, deveria ser encontrado na história. Em fins daquele mesmo século, o conceito de reprodução congenial foi convenientemente definido por Heydenreich:

> O crítico de arte filósofo deve ser dotado de gênio para a arte; a razão exige essa qualificação e não a dispensa, assim como não pode conceder a um cego o direito de julgar as cores. O crítico não deve pretender ser capaz de sentir os atrativos do belo por meio de silogismos (*Vernunftschlüsse*). O belo deve manifestar-se ao sentimento com irresistível evidência, e, atraída por seu fascínio,

---

[158] O sentido desta regra é: "a primeira impressão é a que fica". (N. T.)
[159] Carta a Maffei. In: *Prose e Poesie*, vol. II, p. CXX-CXXI.

a razão não deve ter tempo de percorrer uma série de porquês; o efeito, com a inesperada e deliciosa posse completa do ser, deve sufocar, desde o princípio, qualquer investigação sobre sua origem ou proveniência. Entretanto, esse estado de animação fanática não pode durar muito tempo; é preciso que a razão recupere a consciência de si mesma e volte a olhar, em sua memória, o estado em que estava durante a fruição do belo.[160]

Essa teoria, sadiamente impressionista, prevaleceu no romantismo e foi aceita até mesmo por De Sanctis.[161] No entanto, não houve até então nenhuma boa doutrina da crítica que exigisse, como condição de sua existência, um conceito preciso de arte e das relações da obra de arte com seus precedentes históricos.[162] A possibilidade de uma crítica estética foi questionada na segunda metade do século XIX, quando o gosto foi identificado com os caprichos do prazer individual, e uma pretensa crítica histórica foi proclamada a única crítica científica possível. Tal crítica foi exposta em obras de erudição meramente extrínseca ou viu-se presa em preconceitos positivistas e materialistas. Os que reagiram contra tal externação e materialismo não raro caíram no erro de se agarrarem, quais âncoras de salvação, a uma espécie de dogmatismo de cunho intelectualista[163] ou a um estetismo vazio.[164]

VI. Vimos que, no século XVII, quando as palavras "gosto" e "gênio" ou "engenho" estavam em voga, as faculdades que esses termos designavam eram, por vezes, trocadas entre si e consideradas como de mesma natureza, embora, em certos casos, fossem concebidas como distintas entre si, assumindo-se o gênio como faculdade de produção e o gosto como faculdade de julgamento, subdividindo-se o gosto em duas espécies, o estéril e o fecundo, terminologia esta adotada por Muratori[165] na Itália e por Ulrich König[166] na Alemanha. Dizia Batteux: *"le goût juge des productions du génie"* [o gosto julga as obras do gênio].[167] Kant falava de obras imperfeitas em que

---

[160] *System der Aesthetik*, Prefácio, p. XXI-XXV.
[161] Dentre outros lugares, *Saggi Critici*, p. 355-58.
[162] "Teoria", cap. 16 anterior, p. 127-34.
[163] Por exemplo, A. Ricardou, *La Critique Littéraire*, Paris, 1896.
[164] Veja, por exemplo, A. Conti, *Sul Fiume del Tempo*, Napoli, 1907.
[165] *Perfetta Poesia*, livro V, cap. 5.
[166] *Untersuchung von dem Guten Geschmack*, 1727.
[167] *Les Beaux Arts*, parte II, Introdução.

há gênio sem gosto ou gosto sem gênio, e de outras em que só o gosto basta.[168] Ora ele distingue conceitualmente uma faculdade julgadora e uma faculdade produtora; ora fala delas como se fossem uma mesma faculdade, subsistindo em graus diversos. Note-se, enfim, que a infundada distinção entre gosto e gênio foi aceita por autores de estética posteriores e assumiu sua forma mais rígida em Herbart e seus seguidores.

VII. A teoria evolucionista da arte apareceu propriamente no final do século XVIII. Esse foi o momento em que se fez, pela primeira vez, a distinção entre arte clássica e romântica, classificação esta que foi mais tarde reforçada por uma seção especial sobre arte oriental que foi suscitada pelo crescente conhecimento do mundo pré-helênico. Em seus últimos anos de vida, Goethe dizia a seu amigo Eckermann que ele e Schiller tinham formulado os conceitos de clássico e romântico, e que ele defendera o método objetivo em poesia, enquanto Schiller, a fim de defender o subjetivismo ao qual se inclinava, compusera o ensaio *Sobre a Poesia Ingênua e Sentimental*, onde "ingênuo" (*naiv*) expressa o estilo mais tarde chamado clássico, e "sentimental" (*sentimentalisch*) o estilo que se chama de romântico. Continua Goethe: "Schlegel apoderou-se dessa ideia e a divulgou, de modo que agora está espalhada por toda a parte e todos falam de classicismo e de romantismo, coisas desconhecidas cinquenta anos atrás" (Goethe expressava-se assim em 1831).[169] O ensaio de Schiller, no qual se notam também evidentes traços de Rousseau, é datado de 1795-1796.[170] Ele contém declarações como esta:

> Os poetas são, acima de tudo, os preservadores da natureza; quando não podem ser tais e experimentam em si a eficácia destrutiva das formas arbitrárias e artificiais, ou lutaram contra tais formas, apresentam-se como testemunhas e vingadores da natureza. Os poetas, portanto, ou são a natureza ou, tendo-a perdido, põem-se a procurá-la. Daí surgem dois gêneros totalmente distintos de composição poética que esgotam o domínio da poesia: todos os poetas dignos desse nome devem pertencer, de acordo com os tempos e as condições, à categoria de poeta ingênuo ou à de poeta sentimental.

Schiller distinguia três espécies de poesia sentimental: satírica, elegíaca e idílica; satírico é o poeta que "toma como objeto o afastamento da

---

[168] *Kritik der Urtheilskraft*, § 48.

[169] Eckermann, *Gespräche mit Goethe*, 21 de março de 1831.

[170] *Ueber Naive und Sentimentalische Dichtung*, 1795-1796. In: *Werke*, ed. Goedeke, vol. XII.

natureza e o contraste da realidade com o ideal". O ponto fraco dessa divisão é o próprio conceito de dois gêneros distintos de poesia, ou seja, reduzir a dois gêneros as infinitas formas em que a poesia se manifesta nos indivíduos. Se um desses dois gêneros for tomado como perfeição e o outro como imperfeição, cai-se no erro de se assumir o imperfeito como gênero ou espécie, o negativo como positivo. Wilhelm von Humboldt apontou que se a forma é própria da arte, não pode existir um tipo de poesia sentimental ou romântica em que a matéria prepondera sobre a forma, porque, assim, se teria uma falsa arte, e não mais um gênero de arte.[171] Por outro lado, Schiller não deu sentido histórico à sua classificação, declarando expressamente que, ao valer-se das palavras "antigo" e "moderno" como equivalentes de "ingênuo" e "sentimental", admitia que um poeta "antigo", no sentido que dava à palavra, podia designar também algum poeta moderno e contemporâneo. Poderia mesmo suceder que as duas espécies estivessem unidas no mesmo poeta e na mesma obra poética, como em *Werther*,[172] para citar o exemplo do próprio Schiller. Os primeiros a atribuir um sentido histórico a essa divisão foram Friedrich e Wilhelm von Schlegel: o primeiro, em 1795; o outro, no célebre curso de história literária ministrado em Berlim, no período de 1801-1804. Não obstante, os dois sentidos, sistemático e histórico, alternaram-se e mesclaram-se no uso dos literatos e críticos, e mais distinções foram introduzidas. "Clássico", por exemplo, foi por vezes usado para descrever poetas frios e imitadores, enquanto "romântico" designava os autores inspirados. Em alguns países, "romântico" significava o "reacionário político", ao passo que em outros, como na Itália, designava o "liberal", e assim por diante. Em 1815, quando Friedrich Schlegel falava de antigos poemas persas românticos, ou quando em nossa época pôs-se em relevo o romantismo dos clássicos gregos, latinos ou franceses, o sentido histórico perdeu-se no sentido teórico que Schiller dera originalmente.

O sentido histórico, porém, foi predominante no idealismo alemão, que tendia a construir a história universal calcada em um esquema de evolução ideal, nele incluindo a literatura e as artes. Schelling fez uma nítida divisão entre arte pagã e cristã: a arte cristã seria progressiva em relação

---

[171] Citado em Danzel, *Gesammelte Aufsätze*, p. 21-22.

[172] *Ueber Naive und Sentimentalische Dichtung*, op. cit., p. 155, nota.

à pagã, tida apenas como num grau inferior.[173] Hegel aceitou essa divisão e introduziu uma regressão final, dividindo a história da arte em três períodos: arte simbólica (oriental), clássica (helênica) e romântica (moderna). Além disso, assim como entendia, inspirado por Schiller, que a arte clássica se dissolvera na literatura romana quando do aparecimento da sátira e de outros gêneros que indicavam a ruptura da harmonia entre forma e conteúdo, assim também entendia que a arte romântica se dissolvera no humor subjetivo dos Ariostos e dos Cervantes,[174] considerando esgotada a arte no mundo moderno, embora alguns intérpretes opinem que ele não excluía, mesmo a preço de contradizer-se, a possibilidade de um quarto período, a saber, uma arte moderna ou do futuro. Na verdade, um de seus discípulos, Weiss, rejeita o período oriental a fim de salvar a divisão triádica, colocando em terceiro lugar o período moderno, síntese do antigo e do medieval.[175] Vischer também se mostrava favorável ao reconhecimento de um período moderno e progressivo.[176]

Essas construções arbitrárias reaparecem nas obras dos metafísicos positivistas sob a forma de história evolutiva ou progressiva da arte. Spencer sonhava com um tratado desse tipo, e no programa de seu sistema, publicado em 1860, lê-se que o terceiro volume de seu *Princípios de Sociologia* deveria conter, entre outras coisas, um capítulo sobre a evolução estética conforme "a gradual diferenciação das belas-artes, seja em relação às suas formações primitivas, seja em relação às artes entre si, com sua crescente variedade, seu progresso na realidade expressiva e na superioridade de seu fim". Não é de lamentar que o capítulo, assim esboçado, não tenha sido escrito, se nos lembrarmos de seu *Princípios de Psicologia*, já mencionado.[177]

O forte sentido histórico da nossa época nos leva cada vez mais longe das teorias evolucionistas ou abstratamente progressistas que falsificam o movimento livre e original da arte. Não sem razão, Fiedler comentou que a unidade e o progresso não podem ser considerados na história da arte, e que as obras dos grandes artistas devem ser julgadas de modo não contínuo,

---

[173] Veja cap. 9 anterior, p. 280-81.

[174] *Vorlesungen über Aesthetik*, vol. II e III.

[175] Cf. Von Hartmann, *Deutsche Aesthetik seit Kant*, p. 99-101.

[176] *Aesthetik*, parte III.

[177] Veja cap. 17 anterior, p. 365-67.

como tantos outros fragmentos da vida do universo.[178] Recentemente na Itália, Venturi, um egrégio estudioso da história das artes figurativas, tentou divulgar o evolucionismo, e ilustrou-o em sua *Storia della Madonna*, em que a figura da Virgem é concebida como organismo que nasce, cresce, alcança a perfeição, envelhece e morre. Outros reivindicaram para a história artística seu verdadeiro caráter, a saber, o de não suportar correntes e medidas extrínsecas, retirando da fantasia sua produção multiforme.[179]

Sejam suficientes as notas apressadas que aqui deixamos para mostrar quão estreito é o círculo em que até agora moveu-se a crítica científica dos erros estéticos que chamamos de "particulares". A estética precisa ser circundada e dilatada por uma vigilante e vigorosa literatura crítica, que, extraindo dela a sua força, lhe sirva, por seu turno, de salvaguarda.

---

[178] C. Fiedler, *Ursprung der Künstlerischen Thätigkeit*, op. cit., p. 136 ss.

[179] A. Venturi, *La Madonna*, Milano, 1899: cf. B. Labanca. In: *Rivista Politica e Letteraria*, Roma, outubro de 1899, e *Rivista di Filosofia e Pedagogia*, Bologna, 1900; B. Croce, em *Napoli Nobilissima*, revista de topografia e história da arte, VIII, p. 161-63, IX, p. 13-14 (atualmente em *Problemi di Estetica*, 4. ed., Bari, 1949, p. 270-77). Sobre o método da história artística e literária, cf. "Teoria", cap. 17, p. 135-44.

APÊNDICE BIBLIOGRÁFICO

A primeira tentativa de uma história da estética é o livro de J. Koller, mencionado anteriormente, p. 240, que Zimmermann (*Geschichte der Aesthetik als philosophischer Wissenschaft*, Wien, 1858, Prefácio, p. V) recorda dizendo nunca conseguir tê-lo visto, por ser sumamente raro. Tivemos a sorte de encontrar o livro na Real Biblioteca de Munique, na Baviera, com a ajuda de nosso caríssimo amigo Dr. Arturo Farinelli, da Universidade de Innsbruck, e conseguimos emprestada a obra, que possui o seguinte título: *Entwurf | zur | Geschichte und Literatur | der Aesthetik, | von Baumgarten auf die | neueste Zeit.* | Herausgegeben | Von | J. Koller. | Regensburg | in der Montag und Weissischen Buchhandlung | 1799 (p. VIII-107, in-oitavo pequeno); e no Prefácio, o autor declara a sua intenção de oferecer aos jovens, alunos do curso de crítica do gosto e de teoria das belas-artes, nas universidades alemãs, um "resumo lúcido da origem e dos sucessivos progressos desses estudos", admitindo como premissa que ele trata apenas de teorias gerais e que seus julgamentos são frequentemente tirados de comentários de revistas literárias. A introdução (parágrafos 1-7) aborda as teorias estéticas da Antiguidade até o início do século XVIII; Koller observa que "o nome e a forma de uma teoria geral das belas-artes e crítica do gosto eram desconhecidos para os antigos, cuja teoria ética imperfeita impediu a produção de algo nesse campo". O parágrafo 5 é dedicado aos italianos, "que produziram pouco na teoria"; de fato, os únicos livros italianos mencionados são o *Entusiasmo*, de Bettinelli, e o opúsculo de Jagemann, *Saggio sul Buon Gusto nelle Belle Arti Ove si Spiegano gli Elementi dell'Estetica*, de Frei G. Jagemann, regente agostiniano (Firenze, MDCCLXXI, Ed. Luigi Bastianelli e compagni; 60 p.; veja B. Croce, *Problemi di Estetica*, 4. ed., Bari, 1949, p. 389-91). A seção de "História e Literatura da estética" começa com a passagem frequentemente citada de Bülffinger ("*Vellem existerent, etc.*") e passa imediatamente para Baumgarten: "A época teórica teve seu começo inegavelmente com Baumgarten, a quem pertence o mérito inalienável de ter sustentado pela primeira vez a noção de estética fundada nos princípios da razão e totalmente desenvolvida a partir deles ao tentar pôr em prática com os meios que sua filosofia lhe oferecia". Logo após, Meier é mencionado, seguido dos títulos acompanhados por breves extratos e observações (uma espécie de catálogo *raisonné*) de muitos livros alemães de estética, de um de K. W. Müller (1759) a um de Ramier (1799), e, misturados a estes, alguns escritos franceses e ingleses, datados quando de suas traduções em alemão. Especial ênfase é colocada em Kant (p. 64-74), com a observação de que, antes do aparecimento da *Crítica do Juízo*, estetas eram divididos em céticos, dogmáticos e empiristas: as melhores cabeças do país tendiam para o empirismo, tanto que o próprio Kant, "se fosse convidado a declarar qual o crítico que o tinha mais fortemente influenciado no desenvolvimento de suas ideias, ele certamente reconheceria esse mérito aos sagazes autores empiristas da Inglaterra, França e Alemanha"; mas "nenhum método pré-kantiano possibilitava estabelecer um acordo (*eine Einhelligkeit*) sobre matéria de gosto". As últimas páginas chamam a atenção para o ressurgimento do interesse pelos estudos estéticos, que ninguém ousaria chamar de desperdício de tempo, como no passado. "Possam Jacobi, Schiller e Mehmel enriquecer em breve a literatura com a publicação de suas teorias!" (p. 104).

A raridade do livro de Koller nos levou a redigir esta nota um pouco mais extensa. Por outro lado, a primeira história geral da estética digna deste nome é aquela escrita por Robert Zimmermann, *Geschichte der Aesthetik als Philosophischer Wissenschaft*, Wien, 1858, que está dividida em quatro livros: "O primeiro deles contém a história dos conceitos filosóficos sobre o belo e a arte, desde os gregos até a constituição da estética como ciência filosófica por obra de Baumgarten"; o segundo vai de Baumgarten até a reforma da estética, realizada pela *Crítica do Juízo*; o terceiro, de Kant até a estética do idealismo; o quarto, desde os primórdios da estética do idealismo até a época do próprio autor (1798-1858). A obra, conduzida em linhas herbartianas, é notável pela solidez das investigações e lucidez de exposição, embora o critério errado e a negligência de todo o movimento estético que não seja greco-latino ou alemão a tornem defeituosa; além disso, ela representa o estado dos estudos há cerca de meio século.

Menos sólida e mais compilatória, mantendo todos os defeitos de Zimmermann, é a história de Max Schasler, *Kritische Geschichte der Aesthetik*, Berlin, 1872, dividida em três livros que tratam da estética antiga e a dos séculos XVIII e XIX. O autor, pertencente à escola hegeliana, concebe a história como uma propedêutica à teoria "para conquistar, isto é, um altíssimo princípio para a construção de um novo sistema"; ele esquematiza o material dos fatos para cada período no tríplice grau de estética da sensação (*Empfindungsurtheil*), do intelecto (*Verstandesurtheil*) e da razão (*Vernunftsurtheil*).

A literatura inglesa tem o livro de Bernard Bosanquet, *A History of Aesthetics*, London, 1892; um trabalho sóbrio e bem ordenado, escrito a partir de um ponto de vista eclético entre a estética do conteúdo e a estética da forma. O autor, no entanto, erra ao pensar que não se esqueceu de "nenhum autor de primeira ordem"; ele esqueceu não só autores, mas alguns movimentos importantes de ideias, e, em geral, mostra insuficiente conhecimento da literatura dos povos latinos. Outra história geral da estética em língua inglesa é o primeiro volume de *The Philosophy of Beautiful, Being Outlines of the History of Aesthetics*, de William Knight, London, Murray, 1895: consiste, principalmente, de uma rica coleção de extratos e resumos de livros antigos e modernos dessa ciência. A esse respeito, os capítulos mais notáveis são os que tratam da Holanda, Grã-Bretanha e América (10-13); o segundo volume, publicado em 1898, tem, em apêndice, p. 251-81, notícias sobre a estética na Rússia e na Dinamarca. Outra publicação é de George Saintsbury, *A History of Criticism and Literary Taste in Europe from the Earliest Texts to the Present Day*, Edimburgh/London, 1900. Vol. I: Crítica Clássica e Medieval; vol. II: 1902, crítica do Renascimento até o fim do século XVIII; vol. III: 1904, crítica moderna. O autor, que é hábil literato, mas ingênuo em filosofia, pensou que fosse possível excluir da sua história da ciência estética, em sentido estrito, "a estética mais transcendental, as ambiciosas teorias da beleza e do prazer artístico em geral, que parecem tão nobres e fascinantes, até descobrirmos que são nebulosas aparições de Juno", e limita seu tratado à "alta retórica e poética, à teoria e prática da crítica e do gosto literário" (livro I, cap. 1). Assim, produziu-se um livro instrutivo em alguns pontos particulares, mas totalmente deficiente em método e matéria determinada. O que é a alta retórica e poética, a teoria da crítica e do gosto literário, senão a estética pura e simples? Como pode se fazer história sem levar em conta a estética filosófica, ou metafísica que seja, e outras manifestações cuja interação e movimento são o tecido da própria história? Talvez a tendência de Saintsbury o levasse a uma "História da Crítica", ou, antes, história dos críticos, empiricamente distinta daquela da estética; mas, na verdade, ele não fez nem uma nem outra. Cf. a revista *La Critica*, II, 1904, p. 59-63 (publicada em *Conversazioni Critiche*, 4. ed., Bari, Laterza, 1950, vol. II, p. 280-86).

A Academia Húngara de Ciências gentilmente nos cedeu a *Az Aesthetika Története* (*História da estética*), de Béla Jánosi, Budapest, 1899-1901, em três volumes; o primeiro volume trata da estética grega; o segundo, da estética desde a Idade Média até Baumgarten; o terceiro, de Baumgarten até o início do século XX. Trata-se, para nós, de um livro fechado com sete selos, acerca do qual lemos alguns comentários no *Deutsche Litteraturzeitung*, Berlin, 25 de agosto de 1900, 12 de julho de 1902 e 2 de maio de 1903.

Entre os países latinos, a França não produziu nenhuma história especial de estética, não podendo nem considerar como tal o que consta no segundo volume (p. 311-570) da obra de Charles Leveque, *La Science du Beau* (Paris, 1862), que, sob o título "Examen des Principaux Systèmes d'Esthétique Anciens et Modernes", dedica oito capítulos a uma exposição das teorias de Platão, Aristóteles, Plotino e Santo Agostinho, Hutcheson, André e Baumgarten, Reid, Kant, Schelling e Hegel. A Espanha, por outro lado, possui o trabalho de Marcelino Menéndez y Pelayo, *Historia de las Ideias Esteticas en España*, 2. ed., Madrid, 1890-1901 (5 vol., subdivididos diferentemente na primeira edição, de 1883-1891, e também na segunda), que não se restringe, como o título sugere, nem só à Espanha, nem apenas à estética filosófica, mas compreende, como o próprio autor observa em seu prefácio (vol. 1, p. XX-XXI), as dissertações metafísicas sobre o belo, as especulações dos místicos sobre a beleza de Deus e sobre o amor, e as teorias sobre a arte dispersas nas páginas dos filósofos; as considerações estéticas encontradas nos tratados das artes individuais (poética e retórica, tratados de pintura, arquitetura, etc.); e, por fim, as ideias enunciadas pelos próprios artistas acerca de suas artes particulares. Esse trabalho é de capital importância no que concerne aos autores espanhóis, e também em sua parte geral, que contém boas abordagens de assuntos retirados de outros historiadores. Menéndez y Pelayo inclina-se para o idealismo metafísico, mas parece propenso a acolher elementos de outros sistemas, mesmo das teorias empíricas; em nossa opinião, sua obra padece dessa indefinição teórica do autor. Um ciclo de palestras ministrado por De Sanctis em Nápoles, em 1845, sobre a *Storia della Critica da Aristotele ad Hegel*, foi publicado em "Crítica", XVI, 1918 (reimpresso em *Teoria e Storia della Letteratura*, editado por

B. Croce, Bari, 1927). Sobre a história da estética na Itália, cf. Alfredo Rolla, *Storia delle Idee Estetiche in Italia*, Torino, 1904; cf. Croce, *Problemi di Estetica*, op. cit., p. 402-14.

Deixamos de lado as observações ou capítulos de história que geralmente ficam no início de muitos tratados de estética, dos quais especialmente importantes são os que precedem os volumes de Solger, Hegel e Schleiermacher. Antes do presente trabalho, não se tentou escrever uma história geral da estética, do ponto de vista do princípio da expressão.

Para a bibliografia estética, até o final do século XVIII, ver, em Sulzer, *Allgemeine Theorie der Schönen Künste*, 2. ed., com adições de Von Blankenburg, Leipzig, 1792, em quatro volumes, que se pode dizer completa, e é uma mina inesgotável de informações. Sobre o século XIX, há muito material reunido por C. Mills Gayley e Fred Newton Scott em *An Introduction to the Methods and Materials of Literary Criticism: The Bases in Aesthetics and Poetics*, Boston, 1899. Além de Sulzer, podemos citar dicionários estéticos de Gruber, *Wörterbuch zum Behuf der Aesthetik Schönen Künste*, Weimar, 1810; e Jeithles, *Aesthetisches Lexikon*, vol. I, A-K, Wien, 1835; Hebenstreit, *Encyklopädie der Aesthetik*, 2. ed., Wien, 1848.

Nas notas a seguir incluímos, para a conveniência dos estudiosos, vários livros que não conseguimos consultar.

I. Quanto à estética da antiguidade, o livro mais sério, abrangente e sensato é, em nossa opinião, *Geschichte der Theorie der Kunst bei den Alten*, de Eduard Müller, Breslau, 1831-1837, 2 vol. Para saber das investigações sobre o belo, é mais interessante Julius Walter, *Die Geschichte der Aesthetik im Altertum Ihrer Begrifflichen Entwicklung nach*, Leipzig, 1893. Veja também Émile Egger, *Essai sur l'Histoire de la Critique chez les Grecs*, 2. ed., Paris, 1886; Zimmermann, op. cit., livro I; Bosanquet, cap. 2-5; e Saintsbury, op. cit., vol. I. [Veja ainda os dois ensaios de A. Rostagni, "Per un'Estetica dell'Intuizione presso gli Antichi" (*Atene e Roma*, N. S., ano I, 1920), e "Aristotele e l'Aristotelismo nella Storia dell'Estetica Antica" (*Studi Italiani di Filologia Classica*, N. S., 1921, vol. II), que tendem a renovar em pontos essenciais a história da estética greco-romana.] Das quase inúmeras monografias especiais de estética. Sobre Platão: A. Ruge, *Die Platonische Aesthetik*, Halle, 1832. Para Aristóteles: Döring, *Die Kunstlehre des Aristoteles*, Jena, 1876; C. Bénard, *L'Esthétique d'Aristote et de ses Successeurs*, Paris, 1890: S. H. Butcher, *Aristotle's Theory of Poetry and Fine Art*, 3. ed., London, 1902. Sobre Plotino, E. Vacherot, *Histoire Critique de l'École d'Alexandrie*, Paris, 1846; E. Brenning, *Die Lehre vom Schönen bei*

Plotin im Zusammenhang Seines Systems Dargestellt, Göttingen, 1864. Sobre a Poética de Horácio: A. Viola, *L'Arte Poetica di Orazio nella Critica Italiana e Straniera*, 2 vol., Napoli, 1901-1907.

Sobre a história da psicologia antiga: H. Siebeck, *Geschichte der Psychologie*, 1880; A. E. Chaignet, *Histoire de la Psychologie des Grecs*, Paris, 1887; L. Ambrosi, *La Psicologia dell'Immaginazione nella Storia della Filosofia*, Roma, 1898. Para a história da filosofia da linguagem, veja H. Steinthal, *Geschichte der Sprachwissenschaft bei den Griechen und Römern mit Besonderer Rücksicht auf die Logik*, 2. ed., Berlin, 1890-1891, 2 vol.

II. Sobre as ideias estéticas de Santo Agostinho e autores cristãos: Menéndez y Pelayo, op. cit., vol. I, p. 193-266. Para Tomás de Aquino, L. Taparelli, "Delle Ragioni del Bello Secondo la Dottrina di San Tommaso d'Aquino" (*Civiltà Cattolica*, 1859-1860): P. Vallet, *L'Idée du Beau dans la Philosophie de St. Thomas d'Aquin*, 1883; M. de Wulf, *Études Historiques sur l'Esthétique de St. Thomas*, Louvain, 1896.

Para as doutrinas literárias da Idade Média: D. Comparetti, *Virgilio nel Medio Evo*, 2. ed., Firenze, 1893, vol. I; G. Saintsbury, op. cit., vol. I, p. 369-486. Sobre o primeiro Renascimento: K. Vossler, *Poetische Theorien in der Italienischen Frührenaissance*, Berlin, 1900. Para a Poética do alto Renascimento: J. E. Spingarn, *A History of Literary Criticism in the Renaissance, with Special Reference to the Influence of Italy*, New York, 1899 (trad. italiana com correções e acréscimos, Bari, 1905). Cf. passim: F. de Sanctis, *Storia della Letteratura Italiana*, Napoli, 1870.

Para a tradição das ideias platônicas e neoplatônicas na Idade Média e no Renascimento, a melhor e mais completa informação é de Menéndez y Pelayo, op. cit., tomo I, vol. II, e tomo II. Sobre os tratados italianos a respeito da beleza e do amor: Michele Rosi, *Saggio sui Trattati d'Amore del Cinquecento*, Recanati, 1889; F. Flamini, *Il Cinquecento*, Milano, Vallardi, s. d., cap. IV. p. 373-81. Para Tasso: Alfredo Giannini, *Il "Minturno" di T. Tasso*, Ariano, 1899; E. Proto, in: *Rassegna Critica della Letteratura Italiana*, VI, Napoli, 1901, p. 127-45. Para Leão Hebreu: Edmondo Solmi, *Benedetto Spinoza e Leone Ebreo, Studio su una Fonte Italiana Dimenticata dello Spinozismo*, Modena, 1903: cf. G. Gentile, in: *Critica*, II, p. 313-19.

Sobre J. C. Scaligero: E. Lintilhac, "Un Coup d'État dans la République des Lettres: Jules César Scaliger, Fondateur du Classicisme Cent Ans avant Boileau" *(Nouvelle Revue*, 1890, tomo LXIV, p. 333-46, 528-47); Sobre Fracastoro: Giuseppe Rossi, *Girolamo Fracastoro in Relazione all'Aristotelismo e alla Scienza nel Rinascimento*, Pisa, 1893. Sobre Castelvetro: Antonio Fusco,

La Poetica di Ludovico Castelvetro, Napoli, 1904. Sobre Patrizzi: Oddone Zenatti, F. *Patrizzi; Orazio Ariosto e Torquato Tasso, etc.* (Verona, per le nozze Morpurgo-Franchetti, s. d.).

III. Sobre esse período de efervescência: H. von Stein, *Die Entstehung der Neueren Aesthetik*, Stuttgart, 1886; K. Borinski, *Die Poetik der Renaissance und die Anfänge der litterarischen Kritik in Deutschland*, Berlin, 1886 (especialmente o último capítulo); do mesmo autor: *Baltasar Gracián und die Hofliteratur in Deutschland*, Halle a. S., 1894; B. Croce, "I Trattatisti Italiani del Concettismo e B. Gracián", Napoli, 1899 (in: *Atti dell'Accademia Pontaniana*, XXIX, reimpresso em *Problemi di Estetica*, op. cit., p. 313-48); *Elisabethan Critical Essays*, editada com uma introdução de G. Gregory Smith, Oxford, 1904, 2 vol.; *Critical Essays of the Seventeenth Century*, ed. de J. E. Spingarn, Oxford, 1908, 2 vol.; Leone Donati, *J. J. Bodmer und die Italienische Litteratur* (no vol. *J. J. Bodmer, Denkschrift zum CC. Geburtstag*, Zürich, 1900, p. 241-312); cf. *Problemi di Estetica*, op. cit., p. 373-82.

Para Bacon: K. Fischer, *Franz Baco von Verulam*, Leipzig, 1856 (2. ed., 1875), cap. 7; P. Jacquinet, *Fr. Baconis in re Litteraria Iudicia*, Paris, 1863. Para Gravina: E. Reich, "Gravina als Aesthetiker" (*Rendiconti dell'Accademia di Vienna*, CXX, 1890); B. Croce, "Di Alcuni Giudizi sul Gravina Considerato Estetico", Firenze, 1901 (in: *Miscellanea D'Ancona*, p. 456-64), reimpresso em *Problemi di Estetica*, op. cit., p. 363-72. Para Du Bos: Morel, *Étude sur l'Abbè Du Bos*, Paris, 1849; P. Peteut, *J. B. Dubos*, Tramelan, 1902. Para Bouhours: Doncieux, *Un Jésuite Homme de Lettres au XVIIe Siècle*, Paris, 1886. Sobre a polêmica Bouhours-Orsi: F. Fottano, *Una Polemica nel Settecento, Ricerche Letterarie*, Livorno, 1897, p. 313-32; A. Boeri, "Una Contesa Letteraria Franco-Italiana nel Secolo XVIII", Palermo, 1900 (cf. *Giornale Storico della Letteratura Italiana*, XXXVI, p. 255-56); "Varietà di Storia dell'Estetica" (*Rassegna Critica della Letteratura Italiana*, VI, 1901, p. 115-26; reimpresso em *Problemi di Estetica*, op. cit., p. 349-62).

IV. Sobre o cartesianismo na literatura: E. Krantz, *L'Esthétique de Descartes Étudiée dans les Rapports de la Doctrine Cartésienne avec la Littérature Classique Française au XVIIIe Siècle*, Paris, 1882; veja também o capítulo sobre André, p. 311-41, bem como a Introdução de V. Cousin às *Oeuvres Philosophiques du Père André*, Paris, 1843. Sobre Boileau: Borinski, *Poetik der Renaissance*, op. cit., cap. 6, p. 314-29; F. Brunetière, "L'Esthétique de Boileau", in: *Revue des Deux Mondes*, 1º de junho de 1899.

Sobre os estetas intelectualistas ingleses: Zimmermann, op. cit., p. 273-301; também Von Stein, op. cit., p. 185-216. Sobre Shaftesbury e Hutcheson: G. Spicker,

Die Philosophie des Grafen von Shaftesbury, Friburgo i. B., 1872, parte IV, sobre a arte e a literatura, p. 196-233; T. Fowler, *Shaftesbury and Hutcheson*, London, 1882; William Robert Scott, *Francis Hutcheson, His Life, Teaching and Position in the History of Philosophy*, Cambridge, 1900. [Sobre a estética de Shaftesbury: B. Croce, "Shaftesbury in Italia", in: *Uomini e Cose della Vecchia Italia*, 2. ed., Bari, 1943, vol. I.]

Sobre Leibniz, Baumgarten e os autores alemães: Th. W. Danzel, *Gottsched und Seine Zeit*, 2. ed., Leipzig, 1855; H. G. Meyer, *Leibniz und Baumgarten als Begründer der Deutschen Aesthetik*, Diss., Halle, 1874; J. Schmidt, *Leibniz und Baumgarten*, Halle, 1875; E. Grucker, *Histoire des Doctrines Littéraires et Esthétiques en Allemagne* (de Opitz aos autores suíços), Paris, 1883; Friedrich Braitmaier, *Geschichte der Poetischen Theorie und Kritik von den Diskursen der Maler bis auf Lessing*, Frauenfeld, 1888-1889. Neste último livro, a primeira parte trata dos primórdios da poética e da crítica na Alemanha, consideradas em sua relação com as doutrinas de autores clássicos, franceses e ingleses; a segunda trata das tentativas de fundar uma estética filosófica e uma teoria poética sobre o terreno da psicologia leibniziana-wolffiana, que inclui uma longa discussão de Baumgarten e citações de duas dissertações, de Raabe, *A. G. Baumgarten, Aesthetica in Disciplinae Formam Parens et Auctor*, e de Prieger, *Anregung und Metaphysische Grundlage der Aesthetik von A. G. Baumgarten*, 1875 (cf. vol. II, p. 2). [Posteriormente, B. Poppe, *A. G. Baumgarten: Seine Bedeutung und Stellung in der Leibniz-Wolffschen Philosophie und Seine Beziehungen zu Kant, Nebst Veröffentlichung Einer bisher Unbekannten Handschrift der Aesthetik Baumgartens*, diss., Borna-Leipzig, 1907; B. Croce, "Rileggendo l'Aesthetica del Baumgarten" (in: *Ultimi Saggi*, 2. ed., Bari, 1948). A obra de Baumgarten no texto original, precedida pelas *Meditationes*, foi reimpressa, Bari, apud Laterza et Filios, MCMXXXVI, em edição de luxo por ocasião dos setenta anos de Croce, a quem o volume foi dedicado. *In Fine*, p. 549-51, há uma bibliografia completa relativa à estética de Baumgarten.]

V. Sobre a estética de Vico: B. Zumbini, "Sopra Alcuni Principii di Critica Letteraria di G. B. Vico" (reimpresso em *Studi di Letteratura Italiana*, Florença, 1894, p. 257-68); B. Croce, *G. B. Vico Primo Scopritore della Scienza Estetica*, Napoli, 1901, incorporado no presente volume, como já foi mencionado; cf. também G. Gentile, in:*Rassegna Critica della Letteratura Italiana*, VI, p. 254-65; E. Bertana, in:*Giornale Storico della Letteratura Italiana*, XXXVIII, p. 449-51; A. Martinazzoli, "Intorno alle Dottrine Vichiane di Ragion Poetica", in: *Rivista di Filosofia e Scienze Affini*, Bologna, julho de 1902; também a réplica de B. Croce, ibidem, agosto de 1902; Giovanni Rossi, *Il Pensiero di G. B. Vico Intorno alla*

Natura della Lingua e all'Ufficio delle Lettere, Salerno, 1901. A importância de Vico em relação à estética já tinha sido observada anteriormente por C. Marini, *G. B. Vico al Cospetto del Secolo XIX*, Napoli, 1852, cap. 7, § 10. Para a influência exercida por Vico: B. Croce, "Per la Storia della Critica e Storiografia Letteraria", Napoli, 1903 (reeditado em *Problemi di Estetica*, op. cit., p. 421-24), e G. A. Borgese, *Storia della Critica Romantica in Italia*, Nápoles, 1905, passim. [Sobre o pensamento de Vico, em geral, bem como sobre a sua estética: B. Croce, *La Filosofia di Giambattista Vico*, 4. ed., Bari, 1947. Para copiosa literatura sobre Vico, ver também: B. Croce, *Bibliografia Vichiana, Nuova Edizione Ampliata e Riordinata da Fausto Nicolini*, Napoli, Ricciardi, 1947-48.]

VI. Sobre as doutrinas literárias de Conti: G. Brognoligo, "L'Opera Letteraria di A. Conti", in: *Archivio Veneto*, 1894, vol. I, p. 152-209. Sobre Cesarotti: Vittorio Alemanni, *Un Filosofo delle Lettere*, vol. I, Torino, 1894. Sobre Pagano: B. Croce, *Varietà di Storia dell'Estetica*, § 3, "Di Alcuni Estetici Italiani della Seconda Metà del Secolo XVIII" [in: *Problemi di Estetica*, op. cit., p. 383-87].

Sobre a estética alemã, além das várias histórias gerais já citadas, ver: R. Sommer, *Grundzüge einer Geschichte der Deutschen Psychologie und Aesthetik von Wolff-Baumgarten bis Kant-Schiller*, Würzburg, 1892. Muito inferior é a obra de M. Dessoir, *Geschichte der Neueren Deutschen Psychologie*, 2. ed., Berlin, 1897 (foi publicada apenas a primeira metade, até Kant exclusive).

Sobre Sulzer: Braitmaier, op. cit., vol. II,. p. 55-71. Sobre Mendelssohn, ibidem, p. 72-279. Sobre Elia Schlegel, op. cit., vol. I, p. 249 ss. Sobre Mendelssohn, veja também: T. W. Danzel, *Gesammelte Aufsätze*, ed. de O. Jahn, Leipzig, 1855, p. 85-98; Kannegiesser, *Stellung Mendelssohns in der Geschichte der Aesthetik*, 1868. Sobre Riedel: K. F. Wize, *F. J. Riedel und Seine Aesthetik*, Diss., Berlin, 1907. Sobre Herder: Ch. Joret, *Herder et la Renaissance Littéraire en Allemagne au XVIIIe Siècle*, Paris, 1875; R. Haym, *Herder nach Seinem Leben und Seinen Werken*, 2 vol., Berlin, 1880; G. Jacobi, *Herders und Kants Aesthetik*, Leipzig, 1907. Sobre as ideias de Hamann e Herder, a respeito das origens da poesia: Croce, in: *Critica*, IX, 1911, p. 469-72 (reimpresso em *Conversazioni Critiche*, op. cit., vol. I, p. 53-58). Sobre a história da linguística, consultar Th. Benfey, *Geschichte der Sprachwissenschaft in Deutschland*, München, 1869, introd.; H. Steinthal, *Der Ursprung der Sprache im Zusammenhange mit den Letzen Fragen Alles Wissens, Eine Darstellung, Kritik und Fortentwicklung der Vorzüglichsten Ansichten*, 4. ed., Berlin, 1888.

VII. Sobre Batteux: E. von Danckelmann, *Charles Batteux, Sein Leben und Sein Aesthetisches Lehrgebäude*, Rostock, 1902. Sobre Hogarth, Burke e Home: Zimmermann, op. cit., p. 223-73; Bosanquet, op. cit., p. 202-10. Sobre Home:

especialmente J. Wohlgemuth, *H. Homes Aesthetik*, Rostock, 1894; W. Neumann, *Die Bedeutung Homes für die Aesthetik, und Sein Einfluss auf der Deutschen Aesthetik*, Halle, 1894. Sobre Hemsterhuis: É. Grucker, *François Hemsterhuis, sa Vie et Ses Oeuvres*, Paris, 1866.

Sobre Winckelmann, Goethe, "Winckelmann und Seine Jahrhundert", 1805 (in: *Werke*, ed. de Goedeke, Stuttgart, s. d., vol. XXXI); C. Justi, *Winckelmann und Seine Zeitgenossen*, 2. ed., Leipzig, 1898. Sobre Mengs: Zimmermann, op. cit., p. 338-55. Sobre Lessing: T. W. Danzel, *G. E. Lessing, Sein Leben und Seine Werke*, Leipzig, 1849-1853; Kuno Fischer, *Lessing als Reformator der Deutschen Litteratur*, Stuttgart, 1881; Émile Grucker, *Lessing*, Paris, 1891; Erich Schmidt, *Lessing*, 2. ed., Berlin, 1899; K. Borinski, *Lessing*, Berlin, 1900.

Sobre Spalletti: B. Croce, *Varietà*, op. cit. [reimpresso em *Problemi di Estetica*, op. cit., p. 394-400]. Sobre Meier, Hirth e Goethe: Danzel, *Goethe und die Weimarsche Kunstfreunde in Ihrem Verhältniss zu Winckelmann*, in: *Gesammelte Aufsätze*, op. cit., p. 118-45. Sobre a estética de Goethe: especialmente Wilhelm Bode, *Goethes Aesthetik*, Berlin, 1901.

[Sobre a estética do século XVIII: B. Croce, "Iniziazione all'Estetica del Settecento" (in: *Ultimi Saggi*, op. cit.), e também ensaios especiais sobre Riedel, Szerdahely, e outros.]

VIII. Sobre a estética de Kant, há muitas exposições críticas, mesmo em italiano, por exemplo: O. Colecchi, *Questioni Filosofiche*, Napoli, 1843, vol. III; C. Cantoni, *E. Kant*, Milano, 1884, vol. III. Em alemão, especialmente H. Cohen, *Kants Begründung der Aesthetik*, Berlin, 1889; notável, também, é um capítulo de Sommer, op. cit., p. 337-52; o amplo tratado de Victor Basch talvez represente a todas: *Essai Critique sur l'Esthétique de Kant*, Paris, 1896. Veja também, acerca de uma tradução em italiano de *Kritik der Urtheils*: B. Croce, *Critica*, V, 1907, p. 160-64 [reimpresso em *Saggio sullo Hegel e Altri Scritti di Storia della Filosofia*: 4. ed., Bari, 1948, p. 326-33].

Sobre as lições de Kant e os antecedentes históricos da sua *Crítica do Juízo*, além das dissertações de A. Falkenheim, *Die Entstehung der Kantischen Aesthetik*, Heidelberg, 1890, e Richard Grundmann, *Die Entwicklung der Aesthetik Kants*, Leipzig, 1893, veja também o trabalho exaustivo de Otto Schlapp, *Kants Lehre vom Genie und die Entstehung der Kritik der Urtheilskraft*, Göttingen, 1901.

IX. Sobre todo esse período, além das histórias gerais já citadas que dele tratam com grande detalhe, veja T. W. Danzel: "Ueber den Gegenwärtigen Zustand der Philosophie der Kunst und Ihre Nächste Aufgabe" (em *Zeitschrift für Philosophie*, de Fichte, 1844-1845, e reimpresso em *Gesammelte Aufsätze*, op. cit., p. 1-84); trata de Kant, Schiller, Fichte, Schelling, Hegel e, mais particularmente, de Solger,

p. 51-84. Hermann Lotze, *Geschichte der Aesthetik in Deutschland*, München, 1868 (na coleção "História das Ciências na Alemanha", publicada pela Real Academia de Ciências de Munique, na Baviera: o primeiro livro, história dos conceitos gerais de Baumgarten aos herbartianos; o segundo livro, história dos conceitos estéticos fundamentais individuais; o terceiro livro, as contribuições para a história da teoria das artes). E. von Hartmann, *Die Deutsche Aesthetik seit Kant* (primeira parte, histórico-crítica da estética), Berlin, 1886, dividida em dois livros. O primeiro livro discute a doutrina dos princípios estéticos, e, depois de uma introdução sobre o fundamento da estética filosófica de Kant, trata da estética do conteúdo, subdividida em estética do idealismo abstrato (Schelling, Schopenhauer, Solger, Krause, Weisse, Lotze); estética do idealismo concreto (Hegel, Trahndorff, Schleiermacher, Deutinger, Oersted, Vischer, Zeising, Carriere, Schasler); estética do sentimento (Kirchmann, Wiener, Horwicz); estética da forma, subdividida em formalismo abstrato (Herbart, Zimmermann) e formalismo concreto (Köstlin, Siebeck). O segundo livro diz respeito aos problemas específicos mais importantes.

Sobre a estética de Schiller, veja especialmente, dentre inúmeras monografias: Danzel, "Schillers Briefwechsel mit Körner", in: *Gesammelte Aufsätze*, op. cit., p. 227-44; G. Zimmermann, *Versuch einer schillerschen Aesthetik*, Leipzig, 1889; F. Montargis, *L'Esthétique de Schiller*, Paris, 1890; o respectivo capítulo em Sommer, op. cit., p. 365-432; V. Basch, *La Poétique de Schiller*, Paris, 1901.

Sobre a estética do romantismo: R. Haym, *Die Romantische Schule, Ein Beitrag zur Geschichte des Deutschen Geistes*, 1870 (cf. sobre Tieck, livro I; sobre Novalis, livro III; sobre a crítica dos dois Schlegel, livros II e III, cap. 5); N. M. Pichtos, *Die Aesthetik A. W. von Schlegels in Ihrer Geschichtlichen Entwicklung*, Berlin, 1893.

Sobre a estética de Fichte: G. Tempel, *Fichtes Stellung zur Kunst*, Metz, 1901.

Sobre a estética de Hegel: Danzel, *Ueber die Aesthetik der Hegelschen Philosophie*, Hamburg, 1844; R. Haym, *Hegel und Seine Zeit*, Berlin, 1857, p. 433-43; J. S. Kedney, *Hegels Aesthetics: A Critical Exposition*, Chicago, 1885; Kuno Fischer, *Hegels Leben und Werke*, Heidelberg, 1898-1901, cap. 38-42, p. 811-947; J. Kohn, "Hegels Aesthetik", in: *Zeitschrift für Philosophie*, 1902, vol. 120, fasc. II. Veja também B. Croce, *Ciò che è Vivo e ciò che è Morto della Filosofia di Hegel*, Bari, 1907, cap. 6 [2. ed. no vol. cit., *Saggio sullo Hegel*; e do mesmo, *La "Fine dell'Arte" nel sistema hegeliano*, in: *Ultimi Saggi*, op. cit.; e *Indagini su Hegel e Schiarimenti Filosofici*, Bari, 1952].

X. Sobre a estética de Schopenhauer: F. Sommerland, *Darstellung und Kritik der Aesthetischen Grundanschauungen Schopenhauers*, Diss., Giessen, 1895; E. von Mayer, *Schopenhauers Aesthetik und ihr Verhältniss zu den Aesthetischen*

Lehren Kants und Schellings, Halle, 1897. Ettore Zoccoli, *L'Estetica di A. Schopenhauer: Propedeutica all'Estetica Wagneriana*, Milano, 1901. G. Chialvo. *L'Estetica di A. Schopenhauer, Saggio Esplicativo-Critico*, Roma, 1905. Sobre a estética de Herbart, além de Zimmermann, op. cit., p. 754-804, veja também O. Hostinsky, *Herbarts Aesthetik in ihrer Grundlegenden Theilen Quellenmässig Dargestellt und Erläutert*, Hamburg-Leipzig, 1891 [e B. Croce, *Discorsi di Varia Filosofia*, Bari, 1945, vol. I, p. 97-106].

XI. Da estética de Schleiermacher, o estudo mais completo é o de Zimmermann, op. cit., p. 609-34; Hartmann, op. cit., p. 156-69. [A estas obras, acrescentem-se agora, além de Dentice, *F. Schleiermacher*, Palermo, 1918, o ensaio especial de B. Croce, "L'Estetica di F. Schleiermacher" (in: *Ultimi Saggi*, op. cit.), que leva em conta a bibliografia posterior sobre o autor, bem como os cursos de 1819 e 1825 editados por Odebrecht em 1931.]

XII. Sobre a história da teoria da linguagem, além de Benfey, op. cit., Introdução, veja também M. L. Loewe, *Historiae Criticae Grammatices Universalis seu Philosophicae Lineamenta*, Dresden, 1839; A. F. Pott, *W. von Humboldt und die Sprachwissenschaft*, introdução para a reimpressão de *Verschiedenheit des Menschlichen Sprachbaues* (2. ed., Berlin, 1880, vol. I). Sobre Humboldt: especialmente Steinthal, *Der Ursprung der Sprache*, op. cit., p. 59-81, e a Introdução citada por Pott.

[Sobre as teorias e controvérsias relativas acerca da linguagem: B. Croce, "La Filosofia del Linguaggio e le Sue Condizioni Presenti", in: *Discorsi*, op. cit., vol. I, p. 235-50.]

XIII. Sobre esse período, também tratado com prolixidade: Von Hartmann, op. cit. livro I. De forma mais concisa, Menéndez y Pelayo, op. cit., tomo IV. (1. ed.), vol. I, cap. 6-8.

Para a doutrina das modificações do belo: Zimmermann, op. cit., p. 715-44; Schasler, op. cit., § 517-46; Bosanquet, op. cit., cap. 14, p. 393-440; em maior detalhe, Von Hartmann, op. cit., livro II, parte I, p. 363-461.

Sobre a história do Sublime: F. Unruh, *Der Begriff des Erhabenen seit Kant*, Königsberg, 1898. Para ver o humor: B. Croce, "Dei Vari Significati della Parola Umorismo e del Suo Uso nella Critica Letteraria", *Journal of Comparative Literature*, New York, 1903, fasc. III [reimpresso em *Problemi di Estetica*, op. cit., p. 280-89]; F. Baldensperger, *Les Définitions de l'Humour*, in: *Études d'Histoire Littéraire*, Paris, 1907. Para a história do conceito de gracioso: F. Torraca, "La Grazia Secondo il Castiglione e Secondo lo Spencer" (in: Morandi, *Antologia della Critica Letteraria Italiana*, 2. ed., Città di Castello, 1885, p. 440-44); F. Braitmaier, op. cit., vol., II., p. 166-67.

XIV. Para a história da estética francesa no século XIX, a melhor exposição é a de Menéndez y Pelayo, op. cit., tomo III, vol. II, cap. 3-9; ibidem, cap. 1-2, com boas informações sobre a estética na Inglaterra.

Para a estética na Itália na primeira metade do século XIX: Karl Werner, "Idealistische Theorien des Schönen in der Italienischen Philosophie des Neunzehnten Jahrhunderts", Viena, 1884 (*Atos da Imperial e Real Academia de Viena*). Sobre Rosmini: especialmente P. Bellezza, "Antonio Rosmini e la Grande Questione Letteraria del Secolo XIX" (na coleção: *Per Antonio Rosmini nel Primo Centenario*, Milano, 1897, vol. I, p. 364-85). Sobre Gioberti: A. Faggi, "Vincenzo Gioberti Esteta e Letterato", Palermo, 1901 (de *Atti della Reale Accademia di Palermo*, série III, vol. VI) [e recentes monografias de C. Sgroi, Firenze, 1921, e de S. Caramella, em *Giornale Critico della Filosofia Italiana*, II, 1920]. Sobre Delfico: G. Gentile, *Dal Genovesi al Galluppi*, Napoli, 1903, cap. II. Sobre Leopardi: E. Bertana, em *Giornale Storico della Letteratura Italiana*, XLI, p. 193-283; R. Giani, *L'Estetica nei Pensieri di G. Leopardi*, Torino, 1904 (cf. G. Gentile, *Critica*, II, p. 144-47). Veja também a recensão citada de B. Croce ao livro de A. Rolla mencionado acima, na qual se lê um catálogo de livros italianos sobre a estética do século XIX [*Problemi di Estetica*, op. cit., p. 402-14].

Sobre as teorias estéticas dos românticos italianos: F. de Sanctis, "La Poetica del Manzoni", in: *Scritti Vari*, ed. de B. Croce, op. cit., vol. I, p. 23-45, e do mesmo autor: *La Letteratura Italiana nel Secolo XIX*, ed. de B. Croce, Napoli, 1897. Sobre Tommaseo, p. 233-43; sobre Cantu, p. 244-73; sobre Berchet, p. 479-93; sobre Mazzini, p. 424-41. Sobre Mazzini em especial: F. Ricifari, *Concetto dell'Arte e della Critica Letteraria nella Mente di G. Mazzini*, Catania, 1896. Para todos eles: G. A. Borgese, *Storia della Critica Romantica in Italia*, op. cit.

XV. Sobre a vida de De Sanctis e a bibliografia de suas obras: *Scritti Vari*, ed. de B. Croce, op. cit., vol. II, p. 267-308, e também o volume *In Memoria di Francesco de Sanctis*, ed. por M. Mandalari, Napoli, 1884.

Sobre De Sanctis como crítico literário: P. Villari, *Commemorazione*, e A. C. de Meis, *Commemorazione*, no vol. cit., *In Memoria*; Marc Monnier, in: *Revue des Deux Mondes*, 1º de abril de 1884; Pio Ferrieri, *Francesco de Sanctis e la Critica Letteraria*, Milano, 1888; B. Croce, "La Critica Letteraria", Roma, 1896, cap. 5 [reimpresso em *Primi Saggi*, 3. ed., Bari, 1951]; "F. de Sanctis e i Suoi Critici Recenti" (in: *Atti dell'Accademia Pontaniana*, vol. XXVIII) [e outros escritos, todos reimpressos em *Saggio sullo Hegel*, op. cit., *e Una Famiglia di Patrioti e altri Saggi, ecc.*, 3. ed., Bari, 1949]; G. A. Borgese, op. cit., último capítulo e passim [para uma indicação mais completa e bem explicada: B. Croce, *Gli Scritti di F.*

de Sanctis e la Loro Varia Fortuna, Bari, 1917; para outras abordagens sobre o assunto, E. Cione, *Francesco de Sanctis*, Messina, 1938].

XVI. Sobre a última fase da estética metafísica, G. Neudecker, *Studien zur Geschichte der Deutschen Aesthetik seit Kant*, Würzburg, 1878, que expõe e critica em particular Vischer (autocrítica), Zimmermann, Lotze, Köstlin, Siebeck, Fechner e Deutinger. Sobre Zimmermann: Von Hartmann, op. cit., p. 267-304; Bonatelli, em *Nuova Antologia*, outubro de 1867. Sobre Lotze: Fritz Kogel, *Lotzes Aesthetik*, Göttingen, 1886; A. Matragrin, *Essai sur l'Esthétique de Lotze*, Paris, 1901. Sobre Köstlin: Von Hartmann, op. cit., p. 304-17. Sobre Schasler: ibidem, p. 248-52, e também Bosanquet, op. cit., p. 414-24. Sobre Hartmann: A. Faggi, *E. von Hartmann e l'Estetica Tedesca*, Firenze, 1895. Sobre Vischer: M. Diez, *Friedrich Vischer und der Aesthetische Formalismus*, Stuttgart, 1889.

Sobre a estética francesa e inglesa: Menéndez y Pelayo, loc. cit. Sobre Ruskin: J. Milsand, *L'Esthétique Anglaise, Étude sur J. Ruskin*, Paris, 1864; R. de la Sizeranne, *Ruskin et la Religion de la Beauté*, 3. ed., Paris, 1898, cf. parte III. Sobre Fornari: V. Imbriani, "Vito Fornari Estetico" (reimpresso em *Studi Letterari e Bizzarrie Satiriche*, ed. de B. Croce, Bari, 1907). Sobre Tari: Nicolò Gallo, *Antonio Tari, Studio Critico*, Palermo, 1884; Croce, in: *Critica*, V, 1907 [reeditado em *Letteratura della Nuova Italia*, 5. ed., 1947, vol. I].

XVII. Sobre estética positivista: Menéndez y Pelayo, op. cit., (1. ed.), tomo IV, vol. II, p. 120-36, 326-69; N. Gallo, *La Scienza dell'Arte*, Torino, 1887, cap. 6-8, p. 162-216.

XVIII. Sobre Kirchmann: Von Hartmann, op. cit., p. 253-65. Por outros estetas alemães da virada do século XX: Hugo Spitzer, *Kritische Studien zur Aesthetik der Gegenwart*, Leipzig, 1897. Sobre Nietzsche, Ettore G. Zoccoli, *Federico Nietzsche*, Modena, 1898, p. 268-344; Julius Zeitler, *Nietzsches Aesthetik*, Leipzig, 1900. Sobre Flaubert: A. Fusco, *La Teoria dell'Arte in G. Flaubert*, Napoli, 1907; cf. *Critica*, VI, 1908, p. 125-34. Sobre os livros de estética publicados durante a última década do século XIX: L. Arréat, *Dix Années de Philosophie, 1891-1900*, Paris, 1901, p. 74-116. Sobre estética contemporânea, há indicações em: K. Groos, *Die Philosophie im Beginn des XX Jahrhunderts*, editado por W. Windelband, Heidelberg, 1904-1905. Sobre os livros de estética dos últimos anos do século XIX: a revista *La Critica*, dirigida por B. Croce, Napoli, I (começa em 1903), que versa sobre tal produção [cf. *Conversazioni Critiche*, 3. ed., Bari, 1942, série I, p. 1-113, cf. também séries III e V]. Iniciada em 1906, publica-se em Stuttgart (ed. de F. Enke) uma *Zeitschrift für Aesthetik und Allgemeine Kunstwissenschaft*, dirigida por Max Dessoir. [Sobre a *Teoria da Finfühlung*, sobre "Roberto Vischer e a Contemplação estética da Natureza" e sobre a "Disputa sobre a Arte Pura": B. Croce, *Ultimi Saggi*, op. cit.]

XIX. A história de problemas particulares é usualmente omitida, ou, na melhor das hipóteses, erroneamente tratada nas histórias da estética. Veja, por exemplo, a dificuldade em que se enreda E. Müller, *Geschichte*, op. cit., vol. II, Prefácio, p. VI-VII, ao relacionar a história da retórica com a da poética. Alguns autores associam a retórica às artes individuais ou à técnica artística; outros tratam as doutrinas das modificações do belo e do belo natural (em sentido metafísico) como problemas especiais; outros, ainda, discutem os tipos ou classificações das artes de forma meramente incidental, sem indicar o seu nexo com o problema principal estético.

§1. Sobre a história da retórica, no sentido antigo, veja Richard Volkmann, *Die Rhetorik der Griechen und Römer in Systematischer Uebersicht Dargestellt*, 2. ed., Leipzig, 1885, de capital importância; A. E. Chaignet, *La Rhétorique et Son Histoire*, Paris, 1888, rico em material, mas mal organizado e eivado do preconceito de que a retórica é ainda um corpo científico coerente. Para um especial tratamento, veja C. Benoist, *Essai Historique sur les Premiers Manuels d'Invention Oratoire jusqu'à Aristote*, Paris, 1846; Georg Thiele, *Hermagoras, Ein Beitrag zur Geschichte der Rhetorik*, Strasburg, 1893. Faltou-nos uma história da retórica nos tempos modernos. Sobre a crítica de Vives e de outros espanhóis: Menéndez y Pelayo, op. cit., vol. III, p. 211-300 (2. ed.). Para Patrizzi: B. Croce, *F. Patrizzi e la Critica della Rettorica Antica, nel Volume di Studi in Onore di A. Graf*, Bergamo, 1903 [*Problemi di Estetica*, op. cit., p. 301-12].

Sobre a Retórica como teoria da forma literária na Antiguidade: Volkmann, op. cit., p. 393-566; Chaignet, op. cit., p. 413-539; Egger, op. cit., passim; Saintsbury, op. cit., livros I e II. Para fins de comparação, veja Paul Reynaud, *La Rhétorique Sanskrite Exposée dans Son Développement Historique et Ses Rapports avec La Rhétorique Classique*, Paris, 1884. Para a Idade Média, Comparetti, *Virgilio nel Medio Evo*, op. cit., vol. I; Saintsbury, op. cit., livro III. Há necessidade de um trabalho sobre as vicissitudes da retórica nos tempos modernos, nesse sentido também. Para a última forma que assumiu, segundo a teoria de Gröber: B. Croce, "Di Alcuni Principii di Sintassi e Stilistica Psicologiche del Gröber", in: *Atti dell'Accademia Pontaniana*, vol. XXIX, 1899; K. Vossler, *Litteraturblatt für Germanische und Romanische Philologie*, 1900, 1; B. Croce, "Le Categorie Rettoriche e il Prof. Gröber", in: *Flegrea*, abril de 1900; K. Vossler, *Positivismo e Idealismo nella Scienza del Linguaggio*, trad. ital., Bari, 1908, p. 48-61 (sobre todas essas questões: *Problemi di Estetica*, op. cit., p. 141-72). Observações muito incompletas sobre a história do conceito de metáfora são feitas por A. Biese, *Philosophie des Metaphorischen*, Hamburg-Leipzig, 1893, p. 1-16; contudo, esse livro tem o mérito de chamar a atenção para a importância das ideias e influência de Vico.

§ 2. Para a história dos gêneros literários na Antiguidade veja as obras acima citadas de Müller, Egger, Saintsbury, e a vasta literatura sobre a poética de Aristóteles. Para efeito de comparação com a poética sânscrita: Sylvain Levi, *Le Théâtre Indien*, Paris, 1890, especialmente p. 11-152. Para a poética medieval: Giovanni Mari, *I Trattati Medievali di Ritmica Latina*, Milano, 1899; e edição da *Poetica Magistri Iohannis Anglici*, 1901.

Sobre a história dos gêneros na Renascença: principalmente Spingarn, op. cit., vol. I, cap. 3-4; vol. II, cap. 2; III. cap. 3; também as obras citadas por Menéndez y Pelayo, Borinski, Saintsbury, passim [e ainda Trabalza, *La Critica Letteraria*, Milano, 1915].

Obras especiais. Sobre Pietro Aretino: De Sanctis, *Storia della Letteratura Italiana*, op. cit., vol. II, p. 122-44; A. Graf, *Attraverso il Cinquecento*, Torino, 1888, p. 87-167; K. Vossler, *Pietro Aretinos Künstlerisches Bekenntniss*, Heidelberg, 1901. Sobre Guarini: V. Rossi, *B. Guarini e il Pastor Fido*, Torino, 1886, p. 238-50. Sobre Scaliger, Lintilhac, *Un Coup d'État*, op. cit. Para as três unidades, L. Morandi, *Baretti contro Voltaire*, 2. ed., Città di Castello, 1884. Breitinger, *Les Unités d'Aristote avant le Cid de Corneille*, 2. ed, Genève-Basel, 1895. J. Ebner, *Beitrag zur einer Geschichte der Dramatischen Einheiten in Italien*, München, 1898. Na polêmica espanhola sobre a comédia: A. Morel Fatio sobre os defensores da comédia e sobre "Arte Nuevo", em *Bulletin Hispanique* de Bordeaux, vol. III e IV; sobre as teorias dramáticas: Arnaud, *Les Théories Dramatiques au XVIIe Siècle, Étude sur la Vie et les Oeuvres de l'Abbé d'Aubignac*, Paris, 1888. Paul Dupont, *Un Poète Philosophe au Commencement du XVIIIe Siècle, Houdar de la Motte*, Paris, 1898. Alfredo Galletti, *Le Teorie Drammatiche e la Tragedia in Italia nel Secolo XVIII*, primeira parte: 1700-1750, Cremona, 1901. Sobre a história da poética francesa: F. Brunetière, *L'Évolution des Genres dans l'Histoire de la Littérature*, Paris, 1890, vol. I, Introdução: "L'Évolution de la Critique depuis la Renaissance jusqu'à nos Jours". Sobre a história inglesa, Paulo Hamelius, *Die Kritik in der Englischen Litteratur des 17 und 18 Jahrhundert*, Leipzig, 1897. Também o denso capítulo de Gayley-Scott, op. cit., p. 383-422, esboço de um livro sobre o assunto. Sobre o período romântico: Alfred Michiels, *Histoire des Idées Littéraires en France au XIXe Siècle, et de Leurs Origines dans les Siècle Antérieurs*, 4. ed., Paris, 1863. Para a Itália: G. A. Borgese, op. cit.

§ 3. Para a história inicial da distinção e classificação das artes, veja a literatura citada em relação a Lessing, e o seu *Laokoon*, com as notas de Blümner. Para a história subsequente: H. Lotze, *Geschichte*, op. cit., livro III; Max Schasler, *Das System der Künste auf Cinem Neuen, im Wesen der Kunst Begründeten Gliederungsprincip*, 2. ed., Leipzig-Berlin, 1881, Introdução; E. von Hartmann,

Deutsche Aesthetik seit Kant, op. cit., livro II, parte II, especialmente p. 524-80; V. Basch, *Essai sur l'Esthétique de Kant*, op. cit., p. 483-96.

§ 4. Para a doutrina dos estilos na Antiguidade: Volkmann, op. cit., p. 532-66. A história da gramática ou das partes do discurso foi tratada amplamente, naquilo que concerne à Antiguidade greco-romana, nas obras de L. Lersch, *Die Sprachphilosophie der Alten*, Bonn, 1838-1841, e, melhor ainda, por Steinthal, *Geschichte*, op. cit., vol. II. Sobre Apolônio Díscolo, cf. Egger, *Apollon-Dyscole*, Paris, 1854. Sobre a história da gramática na Idade Média: C. Thurot, *Extraits de Divers Manuscrits Latins pour Servir à l'Histoire des Doctrines Grammaticales au Moyen Âge*, Paris, 1869. Sobre os tempos modernos, C. Trabalza, *Storia della Grammatica Italiana*, Milano, 1908 [cf. Croce, *Conversazioni Critiche*, op. cit., vol. I, p. 97-105]. Para a história da crítica de vários livros mencionados no § 2 pode ser consultado, além desses, B. Croce, *Per la Storia della Critica e Storiografia Letteraria*, que contém exemplos concernentes à Italia [*Problemi di Estetica*, op. cit., p. 425-54]; sobre as teorias da recente crítica francesa: É. Hennequin, *La Critique Scientifique*, Paris, 1888; Ernest Tissot, *Les Évolutions de la Critique Française*, Paris, 1890. Sobre o conceito de "romantismo", veja G. Muoni, *Note per una Poetica Storica del Romanticismo*, Milano, 1906; cf. B. Croce, "Le Definizioni del Romanticismo", in: *Critica*, IV, p. 241-45 [e em *Problemi di Estetica*, op. cit., p. 292-98].

NOTA DO EDITOR

I

Abril de 1902. Em um *plano de estudo* que leva essa data, escrevia Croce: "Irei publicar o meu livro sobre a teoria e a história da *estética*. Talvez esteja enganado, mas acho que, com ele, entro na plena maturidade de meus estudos e de minha produção científica".[1] Ele não estava enganado. O livro, de fato, correspondia plenamente à sensação de maturação da sua fisionomia e atividade intelectual. Concluída a redação, Croce esperava a publicação da obra. Na verdade, passados alguns anos, viria a ser o primeiro volume da sua *Filosofia dello Spirito*, ou seja, da completa exposição do sistema filosófico crociano. Sua estreia, que se deu em 1902, foi marcada por um acolhimento transformado num fato memorável da cultura italiana, dividindo-a em um antes e um depois, tornando-se, imediatamente, uma referência obrigatória na discussão dos problemas estéticos na cultura internacional.[2]

Um grande sucesso, portanto, um dos mais originais, também no âmbito editorial, dentre muitos outros do próprio Croce, cuja reputação de mestre dos estudos de estética firmou-se como a parte mais reconhecida ou a menos discutida de sua obra por seus adversários intelectuais, ou por meros diletantes, ao longo dos duros embates que enfrentou sua imensa herança cultural, cuja apreciação, como se sabe, está longe de ser pacífica e indiscutível. No entanto, não podemos reconstruir a concepção e redação da *estética*, assim como é possível se fazer no caso das obras posteriores a maio de 1906. Com efeito, somente a partir de 27 de maio daquele ano, Croce começaria a usar cadernos de notas, com a finalidade de, como confessou, "vigiar a mim mesmo" (sendo esta uma das frases mais reveladoras de seu caráter intelectual); de fato, por cerca de 35 anos, Croce manteve esse tipo de diário intelectual anotando, dia a dia, com invulgar pontualidade e precisão – não saberia dizer se há outros exemplos dessa prática na

---

[1] Cf. Croce, *Memorie della Mia Vita*, ed. pelo Instituto Italiano de Estudos Históricos, Napoli, 1966, p. 25.

[2] Indicações bibliográficas sobre esse assunto estão no Apêndice I, p. 693-94.

vida das grandes personalidades do pensamento – suas leituras, pesquisas, redação de livros e demais escritos, correções, preparação e revisão do que iria publicar,[3] nada era esquecido. Assim, o que nesses cadernos de notas encontra-se de maneira sintética, mas também com a máxima fidelidade desejável, deve, no caso da *estética*, ser completado, na medida do possível, a partir de outras fontes crocianas.

A isso se some o fato de que a *estética*, de 1902, foi o ponto de desembarque de uma reflexão sobre os problemas da arte, que, na verdade, remontava aos primórdios dos interesses filosóficos de Croce. Dois anos antes, como veremos, o autor dera a primeira forma a um texto que teve uma importância fundamental. O tempo da redação propriamente dita da obra se soma, portanto, quase que imediatamente ao anterior, e pode ser entendido na sua relativa rapidez (de resto, costumeira em Croce) apenas se os escritos anteriores, mas menos próximos, forem levados também em consideração.

II

A cronologia essencial da redação da *estética* foi fixada pelo próprio Croce nas notas autobiográficas, que, depois, seriam esclarecidas pelo *Contributo alla Critica di Me Stesso*. Diz ele: "Desde novembro de 1898, com poucos intervalos e longos períodos de atividade contínua no inverno de 1898-1899, do outono de 1899 até o verão de 1900, e, depois, de novo, de junho de 1901 a dezembro do mesmo ano, trabalhei na minha obra sobre estética, que agora está próxima de ser publicada". Uma nota aposta a essa passagem adverte que "a impressão se deu de meados de novembro de 1901 até abril de 1902".[4] Cabe perguntar, entretanto, quando surgiu o impulso fundamental que levou Croce a iniciar em novembro de 1898 a sua obra?

Como veremos doravante, indicações esclarecedoras e de particular relevo podem ser obtidas em sua correspondência.

De fato, em 10 de agosto de 1899, Croce escrevia a Giovanni Vailati: "Estou ocupado com um trabalho sobre estética, há um longo tempo

---

[3] Para os cadernos de notas, veja G. Sasso, *Per Invigilare Me Stesso. I Taccuini di Lavoro di Benedetto Croce*, Bologna, 1989.

[4] Croce, *Memorie della Mia Vita*, op. cit., p. 22.

desejado, mas que agora está perto de acabar".⁵ Ora, o que ele quis dizer com "um longo tempo" pode ser entendido a partir do que Croce escreveu a Gentile em novembro e dezembro de 1898. Pedindo-lhe desculpas por não ter escrito "mais longamente", Croce anunciava drasticamente em um bilhete de 25 de novembro: "Agora, estou estudando filosofia!".⁶ Mas em uma carta posterior, do mesmo mês, ele precisava:

> Disse-lhe que estava estudando filosofia. Eis do que se trata. Até agora, ocupei-me de questões filosóficas motivadas por uma irresistível necessidade intelectual, embora o tenha feito um tanto ocasionalmente: *sicut cannes ad Nili fontes bibentes et fugientes*. Agora, quero beber com mais calma: por isso, tenho trabalhado para alcançar o ócio necessário e assim ocupar-me, por um ano ou mais, apenas de filosofia. Confesso que gostaria, dentre outras coisas, de levar a termo um tratado de estética e, portanto, preciso aprofundar todas as questões filosóficas que têm relação com a estética, ou seja, toda a filosofia. É isso que estou fazendo, e pode ser que daqui a alguns meses poderei lhe falar sobre os frutos colhidos. Por algum tempo, não escreverei sequer uma linha, salvo a resenha de seu livro.⁷

"Um longo tempo" significava, então, que ao escrever a Vailati, Croce já estava trabalhando havia muitos meses e que, quando escreveu a Gentile, já tinha a clara intenção de fazer um "tratado" de estética. Assim, particularmente importante o reconhecimento da necessidade de "aprofundar todas as questões filosóficas que têm relação com a estética" e ocupar-se, pois, de "toda a filosofia". Em uma carta anterior a Gentile, de 18 de outubro de 1898, Croce dissera que não poderia concordar com ele "na visão fundamental sobre a filosofia", e acrescentou:

> Depois de ter-me posto a par das questões gerais, confesso que sempre me ocupei preferencialmente de problemas específicos de modo a não cair no erro de muitos: ignorar ou desconhecer-lhes a existência. Sempre me pareceu – embora não tenha conseguido formular isso com a devida clareza ou precisão – que a *filosofia* não pertence ao círculo das ciências; que a maior parte do

---

⁵ G. Vailati, *Epistolario 1891-1909*, ed. G. Lanaro, Torino, 1971, p. 609.

⁶ Cf. B. Croce, *Lettere a Giovanni Gentile*, ed. G. Sasso, Milano, 1981 (doravante: B. C., *Lettere a Gentile*), p. 36.

⁷ Ibidem, p. 37. O livro citado é: G. Gentile, *Rossini e Gioberti*, tirado dos "Annali della Regia Scuola Normale Superiore di Pisa", 1898.

que antes se chamava filosofia tenha sido, ou deva ser absorvido, nas ciências especiais. Pode existir o *filosofar*, para indicar um alto grau de elaboração científica, mas não a filosofia como ciência.

E concluiu:

> Acho que a filosofia só *pode nos trazer à consciência* aquilo que é o pressuposto de qualquer atividade racional do homem, de toda a atividade teórica e prática. Isso a distingue da religião e da ciência; mas também a torna infecunda (ou, o que é o mesmo, universalmente fecunda). Em suma, para mim a filosofia se reduz a um: *Memento, homo*... Lembra-te o que és, e não pretendas reencontrar-te naquilo que não és. Isso não é conhecimento, mas consciência; e a filosofia tem valor contra os inconscientes e os danos da inconsciência.[8]

In nuce, percebe-se já aqui a concepção metodológica da filosofia, que, aliás, será a mesma do Croce maduro. A ênfase recai, no entanto, de maneira evidente, na distinção entre a filosofia em geral e cada uma das ciências filosóficas ou ciências especiais. Em sua carta de novembro, entretanto, a filosofia é claramente entendida como um todo: ocupar-se de estética significa ocupar-se de toda a filosofia. Isso não quer dizer apenas ocupar-se de todas as "ciências especiais", nas quais, para Croce, consiste o filosofar, assumindo assim relevância para a estética. Quer dizer, também, que houve, em Croce, uma concepção geral da própria filosofia, uma exigência muito mais determinada e específica da qual não havia sinal algum apenas um mês antes. Portanto, é de esperar que entre 1898 e 1899 o trabalho de reflexão sobre a estética não apenas estivesse em pleno andamento, mas já tivesse levado Croce a uma organização filosófica mais consciente de seu pensamento.

III

Na mesma carta de novembro, Croce exortava o amigo que não se maravilhasse por ele ter "abandonado a ideia de escrever um livro sobre Marx, do qual já havia feito o esboço e para o qual já tinha recolhido material". De tal livro, diz ele, "não aproveitarei nada, ou quase nada", e se perguntava se alguém teria conseguido aprender e "se vale a pena agora, com tanto a se fazer, explicar e criticar detalhadamente as teorias científicas de Marx".

---

[8] B. C., *Lettere a Gentile*, p. 28-29.

Seguindo-se daí a conclusão de que insistir no propósito de escrever tal livro "seria, no mínimo, uma perda de tempo" e "talvez na metade do livro me faltassem estímulos externos e internos para continuá-lo".⁹

Esse tipo de confidência aparece claramente nas cartas que Croce e Gentile trocaram por cerca de dois anos, e nas quais discutiram principalmente sobre marxismo e socialismo e, na mesma linha, sobre tradição spaventiana. Só em fins de 1897, o assunto estético foi casualmente tratado em suas cartas. Gentile se referiu a uma discussão que teve com Pasquale Villari "acerca do conceito da história". Villari rejeitara drasticamente a afirmação de "uma relação do conceito de história com o de arte". Gentile achava impossível discutir com ele, com quem não encontrava um "ponto firme" ou um "princípio de entendimento" comum, pois Villari "confundia o *avanço* histórico com a *obra* de história".¹⁰ Croce respondeu dizendo que achava "divertido" aquele "encontro", e chamou a atenção para o seu trabalho sobre *crítica literária*, no qual ele havia "formulado com exatidão o *crasso erro lógico* cometido pelos que supõem que o belo consiste na *expressão* ou na *forma*, e, em seguida, põem ao lado do belo formal um belo de conteúdo estético, mas isso é o mesmo, dizia eu, que buscar uma *forma* na *forma*".¹¹ Gentile não compreendeu exatamente o fundo da discussão. Limitou-se a pedir a Croce o esquema sobre o *conceito de história*, que precedia o de *crítica literária*; Croce lhe enviou imediatamente.¹² A seguir, enviou também o opúsculo sobre *Francesco de Sanctis e Seus Críticos Recentes*;¹³ e assim começava uma troca de ideias que contribuiu para aproximar bastante os dois amigos no plano da estética. Gentile, de fato, não só agradeceu o opúsculo, mas escreveu também, amplamente, uma série de considerações, cujo ponto mais importante foi a ênfase com que sublinhou o caráter filosófico

---

⁹ Ibidem, p. 37.

¹⁰ Cf. G. Gentile, *Lettere a Benedetto Croce*, ed. S. Giannantoni, Firenze, 1972-1990, vol. I-V (doravante: G. G., *Lettere a Croce*), vol. I, p. 62-64 (30 de dezembro de 1897).

¹¹ B. C., *Lettere a Gentile*, p. 15 (1º de janeiro 1898). O opúsculo citado de Croce saiu em primeira edição em 1894, e em segunda edição em 1896.

¹² G. G., *Lettere a Croce*, vol. I, p. 71 (31 de dezembro de 1898); e B. C., *Lettere a Gentile*, p. 16 (4 de fevereiro de 1898).

¹³ B. C., *Lettere a Gentile*, p. 19 (30 de março de 1898). O opúsculo crociano foi tirado dos "Atti dell'Accademia Pontaniana" do mesmo ano, 1898. O texto aparece também na edição, aos cuidados de Croce, de F. de Sanctis, *Scritti Vari Inediti o Rari*, Napoli, 1898, vol. II, p. 311-52.

do pensamento de De Sanctis em relação aos interesses da crítica em voga na Itália.[14] Croce considerou-a uma "bela carta".[15] Quando, passados alguns meses, lhe enviou também duas séries de suas pesquisas sobre as relações entre Espanha e Itália no Renascimento,[16] Gentile imediatamente considerou "perigosa" a sua "distinção de *vícios* concernentes à *forma* e vícios concernentes ao *conteúdo*",[17] e, depois de algumas semanas, movido pela leitura das páginas de Croce sobre De Sanctis, explicou com mais detalhes o seu ponto de vista.

Uma vez mais, a polêmica com Villari nos permite registrar um ponto de grande convergência entre os dois amigos, por exemplo, acerca do caráter filosófico a ser tributado às ideias de De Sanctis. Referindo-se a este, Gentile retomou a questão do *vício literário*. O vício, dizia, poderia indubitavelmente dizer respeito à forma, "mas", acrescentava, "o que tem a ver o conteúdo?". Para Croce, o conteúdo poderia ser *não interessante*. Gentile recordava que, para De Sanctis, "a escolha do conteúdo é fatal", e que o conteúdo em si, quando "se tornou uma forma [...] é imortal". Visto que Croce havia falado de vício literário do século XVII, Gentile concluiu que, "sejam quais forem os argumentos tratados no século XVII, o vício do seiscentismo só pode consistir no modo com que foram tratados". Em suma: "quando se entende a forma com o rigor que é necessário em estética", os vícios literários podem ser relativos à *forma*, e não propriamente ao *conteúdo*. Portanto, a "dicitura" [expressão] usada por Croce para indicar o conteúdo ("temas, argumentos, invenções") parecia "perigosa" e "contradizia a doutrina tipicamente desanctisiana de que o conteúdo é um antecedente, um pressuposto da arte". Gentile explicou, ainda, que no próprio De Sanctis poderiam ser encontradas, a esse respeito, expressões suscetíveis de causar mal-entendidos sobre a "beleza natural" e, em abstrato, sobre um conteúdo "belo e importante" *de per si*; mas que esse "belo" devia ser

---

[14] G. G., *Lettere a Croce*, vol. I, p. 85-89 (19 de abril de 1898).

[15] B. C., *Lettere a Gentile*, p. 19 (1º de maio de 1898).

[16] Ibidem, p. 22 (agosto de 1898). As duas "memoriette" (assim Croce as definiu) eram as *Ricerche Ispano-Italiane*. I. "Appunti sulla Letteratura spagnola in Italia alla fine del secolo XV e nella prima metà del secolo XVI"; e II, 1-6, in: "Atti dell'Accademia Pontaniana", 1898 (recolhidas e modificadas, constam agora em *La Spagna nella Vita Italiana durante la Rinascenza*, Bari, 1917).

[17] G.G., *Lettere a Croce*, vol. I, p. 102 (8 de setembro de 1898).

considerado "sobretudo como um primeiro grau da forma, no que concerne à arte, do qual pode provir, enquanto belo, o conteúdo". E dessa mesma forma Gentile pensava que se devia entender o "conteúdo interessante" de Croce, a não ser que se quisesse reconhecer a vitória dos adversários que o filósofo pretendia combater, os quais se firmavam à ideia de um fundamento objetivo, natural, do que é "bom" ou "interessante".[18]

A provocação intelectual era muito forte, e não poderia ser ignorada. Croce fez dela o tema de uma "separata" *ad hoc* da sua carta de resposta. Nela, rebateu-se a ideia de que "toda a patologia estética se esgota no caso da forma inadequada ao conteúdo". Isto é, "se falta o *quid* que se quer exprimir, falta a condição necessária do problema estético; se falta o *quomodo*, não se tem a solução do problema". E, "portanto, todo defeito estético é defeito de forma, e o conteúdo é irrelevante".

Croce arrancava assim, e de imediato, a possível raiz de todos os possíveis equívocos sobre a convergência, sua e de Gentile, acerca da doutrina de De Sanctis. Não obstante, ele chamava a atenção para o caso de "artistas que expressam muito bem o que eles sentem, embora tais conteúdos de seu espírito, bem assentados, nos deixem indiferentes". Por exemplo, "os belíssimos versos de Petrarca nos deixam indiferentes, porque seu *imaginário erótico* tornou-se estranho para nós"; ou "os belíssimos versos do século XVII", cujo conteúdo "consiste na visão de *relações superficiais entre as coisas e sutilezas engenhosas cujo interesse se esgota na própria engenhosidade*". E a explicação não poderia ser, para a Croce, "senão extraestética". Mas ele não temia que isso desse "vitória a Zumbini e companheiros", seus adversários. Estes reconheciam uma diferença entre os vários conteúdos possíveis: os conteúdos "estéticos" e os "não estéticos"; além disso, caíam "no outro erro de querer determinar esses conteúdos, afirmando que o conteúdo da arte é, por exemplo, o típico, o comovente, o trágico e cômico, o humorístico, etc.". Para Croce, no entanto, "a determinação do *interessante* [...] só pode ser histórica e relativa, e o que interessa em um período não interessa em outro". Podemos declarar subjetivamente não interessante, para nós, certo conteúdo, mas isso só vale para outros "que estão ou gostaríamos que estivessem nas mesmas condições espirituais e culturais que nós". O "conteúdo interessante" de que falava

---

[18] Ibidem, p. 102-11 (1º de outubro de 1898).

era tal enquanto interessava não só o artista, mas também "os outros, em seus mais altos interesses", e, portanto, fundava-se em uma base eminentemente extraestética, tanto assim que "o conceito de *interessante*", que "não aparece na *estética pura*", foi levado "em consideração como matéria da *estética aplicada*, matéria à qual se aplica a força estética".

A redução de todo o problema a um problema de estética gerava em Croce, como podemos perceber, um completo desacordo. Ante uma obra de arte não surgia apenas a pergunta "é bela?", mas também outra: "vale a pena vê-la?". A arte é "um fato complexo, força estética aplicada a uma matéria", não "um fato simples"; ela "é feita pelo homem, pelo homem inteiro, não pelo abstrato *homo aestheticus*". Se o "homem estético" é "satisfeito pela perfeição da forma", continua sendo verdade, no entanto, que "tudo o que há em nós aspira por algo que toque nossa humanidade". É claro que, "cientificamente", não se pode dizer qual conteúdo é mais "humano" e qual é menos "humano", cada um resolve o problema "do seu jeito"; mas "certo acordo aproximativo é [...] possível, e em nome desse acordo eu batizei de *conteúdos não interessantes* alguns daqueles prediletos no século XVII", disse Croce. Seu amigo Vittorio Pica, "que ama Mallarmé", dissera que "esse julgamento vale para mim e para os que pensam como eu, e isso se justifica porque essa questão não é matéria de demonstração ou de prova; é matéria de sentimento".[19]

Gentile não se convenceu com essa elaborada explicação, e escreveu uma réplica ainda mais longa que as contidas nas cartas anteriores. Para ele, valia a absoluta irredutibilidade do fato estético a elementos externos a ele. O que era interessante para o artista, era por ele resolvido em forma de arte, e assim deve ser também para nós, se realmente quisermos percorrer o itinerário do artista e compreender sua obra, recriando-a em nós. Se "os belíssimos versos de Petrarca nos deixam indiferentes, porque seu *imaginário erótico* tornou-se estranho para nós", observava Gentile, devemos crer "fortemente que esses belíssimos versos que nos deixam indiferentes, deixariam indiferente também o próprio Petrarca, precisamente porque, nesse caso, ele pretendia expressar um imaginário erótico ao invés de um sentimento de amor, e tal imaginário não o poderia interessar como um sentimento, de

---

[19] B. C., *Lettere a Gentile*, p. 25-27 ("foglietto aggiunto" à carta de 8 de outubro de 1898). Sobre o "amigo" cf. U. Piscopo, *Vittorio Pica*: *La Protoavanguardia in Italia*, Napoli, 1982.

sorte que ele não podia dar vida a tal conteúdo, revestindo-o de uma forma. Tinha-se aí um conteúdo falso, isto é, um conteúdo não adequado à sua alma, e faltava-lhe, portanto, a condição, que é o pressuposto necessário do *fazer* artístico", como se o poeta pretendesse "cantar o amor sem amar". Por isso, em Petrarca "falta a *forma*, porque faltava o conteúdo, pois não há forma sem conteúdo, e vice-versa".

Gentile exibia assim uma solução conforme a proposta alternativa, negada por Croce, a saber, que as questões críticas por ele indicadas (Petrarca, seiscentistas, etc.) eram questões de forma e não de conteúdo, e, portanto, a ineficácia de uma obra de arte (o seu "deixar-nos indiferentes") ocorria por razões estéticas, não extraestéticas, e "o conteúdo *não interessante* [era] uma expressão metafórica para dizer *forma anestética*". As implicações teóricas não eram irrelevantes. "O conteúdo", concluía Gentile, "é relativo em todos os sentidos, como o é a psicologia humana, todo o conteúdo, enfim, da alma humana. Mas em meio a toda essa variedade desenvolvia-se uma tríplice atividade, igual em todas as almas, constante em todos os tempos, imutáveis em todos os lugares: a atividade teórica, ética e estética, cujos produtos não seguem o destino da variedade, embora convivam com a variedade e na variedade." E acrescentava que "apenas a sadia relatividade do gosto corresponde precisamente [...] àquela relatividade kantiana do conhecimento, que também inclui em si a *férrea necessidade* da ciência".[20]

O alcance dessas implicações teóricas não poderia escapar a Croce, como de fato não escapou. Ao responder, "depois de pensar nisso com calma", ele aceitava amplamente muitas observações de Gentile, mesmo porque as achava conformes ao seu pensamento. No entanto, ele insistia em sustentar que – embora fosse verdade que "o juízo sobre o conteúdo suprime o juízo estético, e vice-versa, ou seja, que as *duas* vozes são ouvidas, não em *coro*, mas *alternadamente*" – "ambas as vozes [...] *se fazem ouvir conjunta e distintamente*". A seu ver, Gentile contemplava apenas o caso do crítico, ao qual a distinção qualitativa do conteúdo não se aplicava. Mas, para o homem, há sempre uma "*escala de necessidades* que responde ao desenvolvimento global da personalidade e da civilização"; e "nessa escala algumas obras artísticas (esteticamente perfeitas) ocupam os últimos graus,

---

[20] G. G., *Lettere a Croce*, vol. I, p. 112-20.

ou melhor, permanecem fora dessa escala". A distinção entre *interessante* e *não interessante* tem, portanto, valor: "1) como fato histórico; 2) como critério prático subjetivo, e, portanto, também *meio*". Algo completamente diferente seria "estabelecer um conteúdo *absolutamente* não interessante": estranho erro para a visão subjetivista e relativista das diferenças entre os conteúdos proposta por Croce.

Gentile, contudo, fora ainda mais longe. E escreveu a Croce: "Como bom kantiano reunis a atividade teorética, ética e *estética*"; e não negava que entre as duas primeiras e a terceira havia semelhanças (bem como, de resto, havia semelhança com outras atividades da vida "na variedade e com a variedade", como atividade econômica). Houve também, no entanto, "uma diferença que torna impossível realizar atividades da mesma ordem", porque a teorética e a ética "dão lugar a um ideal absoluto com um conteúdo determinado", para o qual "a *verdade* e o *bem* não é o que *parece*, mas o *belo* é o que *parece* belo", respondeu ele, ou seja, não corresponde "a um ideal objetivo", mas "um ideal subjetivo". Até então, Croce não conseguira "encontrar um critério de beleza que pudesse parear com o critério do bem".[21]

Por sua vez, Gentile registrava os esclarecimentos ocorridos na "interessante discussão (essa que de fato possuía um conteúdo verdadeiramente *interessante* para nós que somos obstinados teóricos!) com que nos entretemos há um mês". Restavam, é verdade, algumas dúvidas: quanto ao valor da opinião extraestética em matéria estética ou sobre uma "possível definição dos vícios do seiscentismo". Entretanto, para ele, a referência a Kant introduzia uma "nova discussão" em que pretendia entrar "não sem alguma hesitação", porque se tratava de argumentos que "talvez não nos custassem menos que um livro para resolver", como o da "analogia da atividade estética com as outras duas principais atividades do espírito humano, a teorética e a ética". Ele se recusou, a esse respeito, a considerar a atividade econômica em pé de igualdade com as outras três, "porque não se trata de uma atividade fundamental do espírito, possuindo um aspecto teorético e outro ético". Acima de tudo, porém, não podia admitir que "depois de Kant" o caráter formal reconhecido à categoria do Belo fosse negado às categorias da Verdade e do Bem: todas eram formais e subjetivas. Era

---

[21] B. C., *Lettere a Gentile*, p. 31-33 (6 de novembro de 1898).

preciso, antes, "compreender bem esse formalismo" de que Kant foi muitas vezes acusado ("e os primeiros a acusá-lo foram os meus hegelianos", ou seja, Spaventa e outros de mesma linhagem, nos quais Gentile se inspirara em seu filosofar), e em cuja exata compreensão ele declarava estar "toda a essência da filosofia moderna". O critério do bem era "forma pura, sem determinação real alguma", assim como o critério do belo, ao qual Croce afirmara não ter encontrado igual.[22]

Aqui os esclarecimentos e o consenso mútuo que os dois jovens amigos e filósofos procuravam construir com a sua densa, meditativa e laboriosa correspondência, alcançaram, evidentemente, um ponto limite. Emergia cada vez mais clara, embora ainda *in nuce* e implícita, a radical diferença de inspiração de suas respectivas filosofias. Entretanto, a comum adesão ao idealismo, contrariamente às suas próprias intenções, acabava por reforçar tal diferença ao invés de diminuí-la. Na resposta à "carta filosófica" de Gentile que acabamos de citar, já podemos perceber com clareza essa divergência. Croce deixaria para outra oportunidade uma réplica detalhada, mas adiantou dois pontos: "1) não me parece que o imperativo ético de Kant seja verdadeiramente *formal*; parece-me convincente a demonstração, várias vezes feita, do conteúdo *material* do mesmo; 2) não creio que o conceito de útil tenha sido bem elaborado até agora pelos filósofos", de modo que seria necessário "estabelecer um conceito filosófico do útil, a ser coordenado com o de ética, de estética, etc.". E aqui, em particular, "pode acontecer", anunciava ele, que "neste inverno chegarei ao fim de algumas pesquisas sobre o assunto, e as discutiremos juntos".[23]

Uma discussão cada vez mais rica de distinções e de pontos críticos. Não é por acaso que, na mesma carta em que falou de Kant, e que levara Croce à réplica que acabamos de citar, Gentile tratasse também de outro tema fundamental: a concepção de filosofia, com os problemas concernentes à sua relação com as ciências, com a história da filosofia e com a história em geral.[24] Isto é, como podemos notar, outro ponto alto e acidentado da discussão filosófica entre os dois autores.

---

[22] G. G., *Lettere a Croce*, vol. I, p. 128-32 (10 de novembro de 1898).

[23] B. C., *Lettere a Gentile*, p. 34 (23 de novembro de 1898).

[24] G. G., *Lettere a Croce*, vol. I, p. 132-34.

IV

Não obstante, Croce, como prometera, efetivamente dedicou o inverno de 1899 a uma reflexão sistemática sobre os problemas filosóficos levantados na correspondência trocada com Gentile. Em dezembro de 1898, ele pôde de fato escrever: "Estou trabalhando em meu livro *estética*"; e "será muita sorte se não me imbecilizar lendo esses extensos tratados de estética dos metafísicos alemães". Estava já definido o plano da obra: "Dividirei meu trabalho em três partes: 1) Teoria da estética, 2) Os desvios da estética, 3) História da estética". Mas a exposição de um "plano mais detalhado" foi adiada para quando o trabalho estivesse "mais avançado".[25]

Pouco depois, em 25 de janeiro de 1899, Croce confirmava que nos últimos três meses havia se "ocupado apenas da história da estética", e dizia não ter "escrito uma linha", mas "apenas folheado alguns livros de conteúdo exótico"; além disso, devia interromper "por necessidade" o trabalho por conta do "prazo de vários compromissos".[26] De fato, retomou a redação apenas em 2 de junho, escrevendo a seu amigo:

> Retomei agora os meus estudos sobre estética. Sabes de uma coisa? Repensei aquela questão: se é possível um *seiscentismo do conteúdo*, ou, mais abrangentemente, um vício do conteúdo (vício não estético), e estou prestes a lhe dar toda a razão. O conteúdo deve ser concebido como um *fato* – uma necessidade de fato, diria De Sanctis –, um *estado de ânimo*, etc. E, assim entendido, não apenas não é assunto de discriminação estética, mas não é assunto de nenhum tipo de avaliação: ele não pode ser considerado nem verdadeiro nem falso, nem moral nem imoral, etc. Que, depois, seja considerado como uma *afirmação* e um juízo lógico, ou como uma *ação* (moral), é evidente que se exorbita do assunto. Talvez formule mal o meu pensamento, mas tratarei dele mais detidamente noutra ocasião. Entenderás, provavelmente, porque escrevo apenas uma breve nota sobre o chamado *seiscentismo do conteúdo*, a fim de esclarecer sua natureza.[27]

Em 12 de junho, Gentile anotava "com muito prazer" que Croce havia "retomado e prosseguia ardorosamente" em seus estudos de estética. Previa que o livro poderia "chamar a atenção dos que estudam esse tipo de

---

[25] B. C., *Lettere a Gentile*, p. 39-40.

[26] Ibidem, p. 45.

[27] Ibidem, p. 51-52.

problema na Itália, o que por si só poderia revitalizar e revigorar a nossa debilitada crítica literária". As "novas observações e considerações" sobre o seiscentismo davam-lhe "muito prazer", parecendo que "em um tratado de estética [...] esse ponto era de capital importância". Uma "estética da forma" não poderia, de fato, ser estabelecida antes de se ter "elaborado, com todo o rigor, o conceito de forma, ou o conceito correlativo de conteúdo, o que dá na mesma". Ele concordava que "o conteúdo deve ser concebido como um *fato*, como um *estado de ânimo*", e pedia que Croce "meditasse longamente sobre aquela unidade em que conteúdo e forma são concebidos realisticamente", expondo algumas reflexões suas sobre o assunto. E concluiu: "Mas basta: foste muito mais longe que eu nessa matéria"; e desejava "mais luz em minhas ideias".[28]

Croce aceitou essas recomendações, e em 14 de junho anunciava "uma dissertação" que conteria "o material de um dos capítulos da *História da estética*, que acompanhará o Tratado", e também "uma retratação precisa" do seu modo de ver "a questão do seiscentismo do conteúdo", reconhecendo que "devo-te o favor de ter-me convidado a meditar novamente sobre o assunto". Em 10 de agosto, escrevia achar-se "totalmente imerso" para "rejuntar a ossatura de meu livro de estética". Por isso, não tinha "a cabeça livre" para outra coisa. Desejava, antes, que Gentile lesse seu trabalho "sob a forma de manuscrito", tão logo estivesse pronto. Acreditava "que havia encontrado com sucesso o nexo sistemático das teorias estéticas; e também o da história da estética" que, no livro, viria depois da parte teórica, planejando "desenvolvê-la a partir de diferentes pontos de vista" que lhe pareciam "novos". Apenas a "História da estética na Itália" seria tratada "em um volume à parte".[29]

Assim, o plano da obra foi alterado em relação ao que se previra em dezembro de 1898: em vez de três, continha apenas duas partes, e na história da estética havia uma seção à parte, dedicada à Itália. A carta seguinte, de 21 de agosto, esclarece: "Estou preparando o meu livro de estética, que compreenderá uma parte *teórica*, na qual me esforço para que seja

---

[28] G. G., *Lettere a Croce*, vol. I, p. 179-81. Vale a pena observar os detalhes finais desta passagem: "Por favor, peço-te que o faças o mais rapidamente possível; pois és o único que podes me dar o prazer de tão interessantes conversações. Ao nosso redor, todos estão dormindo; pelo menos nesses estudos de que me ocupo".

[29] B. C., *Lettere a Gentile*, p. 52 e 57.

inteiramente objetiva, sem citações e controvérsias; e uma parte *histórica*, na qual pretendo escrever do meu modo uma história geral da estética, que não foi escrita ainda [...]. Já esbocei a parte teórica, mas agora estou penando para recolher o material da parte histórica", pois "convém reler todas as obras importantes no original [...] os comentários não ajudam". Foi difícil, em particular, obter uma "cópia de Baumgarten". A melhor história da estética era considerada a de Bosanquet, ao passo que "a passagem de Baumgarten para Kant, a relação de Baumgarten com tratadistas do século XVII e com o pensamento filosófico anterior, bem como sua relação com Vico" pareciam-lhe "as partes mais obscuras, até agora não exploradas" da matéria.[30]

Croce achava que podia enviar a Gentile a primeira parte do livro, a parte teórica, já no próximo setembro, e queria ouvir a sua opinião. "Não tenho", concluía ele, "nenhuma pressa de publicar o trabalho; não pretendo começar a impressão, senão após ter acabado a parte histórica, e depois de ter escrito uma série de ensaios para publicar em um pequeno volume, em forma de apêndice, sobre a *estética na Itália*".[31] Gentile lhe respondeu: "Congratulo-me vivamente pelo progresso de tua *estética*, que ardentemente desejo ler. Sei perfeitamente que hás de trabalhar bastante na parte histórica, estudando obras extensas, mas feliz és tu que tens os meios de obtê-las". No entanto, Gentile confessava que a ele apenas restava dar "um tropeço a cada passo por causa disso", o que lhe causava "uma dor indescritível".[32]

Como tantas vezes, além da intrincada malha de suas reflexões e pensamentos, suas cartas punham em relevo as condições e as dificuldades materiais dos estudos na Itália. A carta de setembro revelava, no entanto, um prazo pouco provável. O assunto foi retomado apenas no final do ano. Em 14 de dezembro, Croce escreveu que na *estética* havia tratado o problema da linguagem como "um fato *de valor*", e não como "um fato psicológico"; como "uma categoria particular do fato estético, ou melhor, como o próprio fato estético na medida em que se serve de sons articulados".[33] A posição

---

[30] Ibidem, p. 58.

[31] Loc. cit.

[32] G. G., *Lettere a Croce*, vol. I, p. 198-99.

[33] B. C., *Lettere a Gentile*, p. 67.

crociana sobre um ponto fundamental da *estética* foi, assim, mais do que explicitamente enunciada. Gentile escreveu-lhe, por sua vez, no dia 19, expressando consenso, mas também certas reservas sobre o escrito dedicado aos *princípios da sintaxe e estilística psicológicas* sustentados por Gustav Gröber. "O problema", respondeu Croce, "é importantíssimo para mim que estou escrevendo sobre estética e me acostumei a dar muito peso às tuas observações"; mas pareceu que a discussão era *"uma questão em família*, entre nós que queremos entender com precisão o fato estético", e que, "no que diz respeito a Gröber e os autores de igual categoria", ambos estavam em pleno acordo,[34] isto é, Gentile concordava com esse último ponto, mas quanto ao ponto em discussão com Croce ("a questão do conteúdo da forma literária", que "é muito delicada"), ele detalhava, com grande escrúpulo, uma série de aspectos do problema, que configuravam uma relevante divergência levando-o a pedir a Croce que "refletisse sobre o conceito de forma *estética*" para chegar à conclusão, que seu amigo relutava aceitar, de que "o belo é a verdade (não a verdade em si, metafísica, mas a verdade psicológica, aquilo que parece verdade)". Se Croce dizia com acerto que "o belo está na forma, isto é, na expressão literária adequada", era preciso saber, porém, quando tal expressão era adequada. Para Gentile isso acontecia "quando o conceito, o pensamento corresponde precisamente, claramente à realidade (de um conteúdo qualquer). E essa correspondência é precisamente a verdade, a equação entre o ser e o pensamento", ainda que "o *ser* da verdade seja absolutamente subjetivo". Sob esse aspecto, há também um "feio que se faz belo em arte", e este era "o *verdadeiro* feio". De fato, "também o falso lógico enquadra-se nessa categoria de verdade", posto que "conceber artisticamente, isto é, de maneira bela, é o mesmo que conceber segundo a verdade, conceber o que se concebe, nos seus caracteres essenciais".[35]

Em suma, quanto mais durava a troca de correspondência, mais apareciam, ao lado da convergência idealista que os unia, as diferenças substanciais entre os dois amigos. A carta de Croce de 23 de dezembro e a de Gentile de 27 de dezembro são uma prova eloquente. O nível da discussão

---

[34] Ibidem, p. 67-68; e G. G., *Lettere a Croce*, vol. I, p. 222-23. Os escritos sobre Gröber foram coligidos em B. Croce, *Problemi di Estetica e Contributi alla Storia dell'Estetica Italiana*, Bari, 1910, p. 143-62.

[35] G. G., *Lettere a Croce*, vol. I, p. 225-28 ("Mas", concluía Gentile, "dissesse muito bem: é *uma questão em família*, que em família deve ficar").

alcançava níveis de análise que levaram Croce a notar que "quando escrevo sobre essas coisas, acho sempre que digo coisas sem propósito. São questões sutis, nas quais é fácil tomar um vaga-lume como lanterna. Mas porei à prova esses pensamentos, desenvolvendo-os por mais tempo, e assim um vaga--lume será um vaga-lume e uma lanterna, lanterna".[36] Por sua vez, Gentile escreveu: "Sinto que minhas observações não conseguiram te persuadir. Deveríamos discutir o assunto juntos, a viva voz". Alarmava-o muito o fato de que Croce, assim como distinguia o belo da verdade na esfera teorética, distinguisse também a vontade da ação, o bem do útil na esfera prática.[37] Inevitavelmente, as diferenças específicas no âmbito da estética deixavam transparecer as que eram mais comumente filosóficas.

Dali em diante, Croce, que se esforçara para suavizar, ou talvez desfazer, o dissenso, começou a render-se à evidência. "Li com atenção", escreveu em 28 daquele mês, "a tua carta e reli a precedente, ficando agitado o dia inteiro; reli também o teu texto sobre o conceito de história. Tentei não refutar tuas objeções, mas como poderia me convencer delas, se não as compreendi?". E terminou dizendo: "Eis os portões que não consigo transpor; tentei apresentá-los com toda a sua solidez. Se me ajudares a transpô-los, sairei de boa vontade para olhar as estrelas. Mas, por favor, nota que o meu problema é encontrar a distinção entre *forma lógica* e *forma estética*, e não entre *forma estética* e *conteúdo*". Assim também afirmou claramente que a sua "distinção" não supunha absolutamente que "a forma lógica possa existir sem a forma estética"; que "a distinção análoga" por ele "introduzida na atividade prática" levava a considerar "a forma *econômica* da ação", como distinta da ética, qual "necessidade espiritual, como a necessidade estética". Solicitava, então, que Gentile tivesse "a atenção de responder a todas essas 'chatices'". Disse também: "Procuro luz e fujo das trevas, e não amo as trevas, mesmo quando as aumentei à custa de muita fadiga".[38] Gentile, ao final de uma resposta ainda mais longa sobre problemas de filosofia geral e de lógica (bem mais do que estética), insistia: "Talvez todas essas outras chatices minhas te tragam ainda menos satisfação que as anteriores; mas peço-te que voltes

---

[36] B. C., *Lettere a Gentile*, p. 69.

[37] G. G., *Lettere a Croce*, vol. I, p. 234 (27 de dezembro de 1899).

[38] B. C., *Lettere a Gentile*, p. 70-72.

a escrever-me. Há, decerto, um ponto importante a ser esclarecido nas nossas ideias: vislumbro, ou parece que vislumbro uma verdade; mas não consigo compreendê-la, e muito menos demonstrá-la".[39]

A essa altura, Croce estava chegando ao fim de seus esforços. Em 1º de março de 1900, anunciou estar dando os últimos retoques à parte teórica da sua estética. Já estava claro, além disso, que pretendia redigir "uma dissertação para a Academia Pontaniana, uma extensa dissertação de 120 ou 140 páginas divididas em oito capítulos e uns oitenta parágrafos", cuja impressão começaria naquela mesma semana. E acrescentou: "Não fiquei insatisfeito com o trabalho. Ao escrever, consegui esclarecer ou alterar alguns pontos. A necessidade me conduziu a uma concepção de graus de concretude das atividades humanas, que antes rejeitava por força de certos hábitos de oposição, ou melhor, de divisão de conceitos que aprendi quando jovem, estudando Herbart".[40]

A carta assumia, por isso, sobre esse assunto, um alívio fora do comum. Merece ser enfatizada a definição de "concepção de graus de concretude das atividades humanas" como uma das mais felizes da reflexão crociana em seu todo. Nem menos importante é o destaque para a sua formação herbartiana. Vemos como Croce tinha plena consciência do avanço teórico por ele realizado. A continuação do trabalho era um sintoma; mesmo assim, apesar de ter terminado a primeira parte e de estar preparando a sua impressão, ele achava que ainda deveria voltar ao assunto: "Tu me perguntas", escrevia de novo, "por que resolvi imprimir assim mesmo a parte teórica", e apresentou duas razões: "1) preciso ouvir a opinião de um amigo; 2) preciso adquirir certa liberdade em relação às ideias que expus: e isso só pode acontecer se elas forem publicadas. Só mais tarde poderei voltar ao esquema para ilustrá-lo com exemplos, passagens polêmicas ou questões secundárias, por ora deixadas de fora". No entanto, concluída com a impressão essa parte da obra, esperava "trabalhar daqui a um mês na história da estética, para a qual" já recolhera "material suficiente". Terminada essa segunda parte, retomaria e corrigiria a primeira, "e quem sabe em outubro consiga entregar a um editor o livro completo com as duas partes".[41]

---

[39] G. G. *Lettere a Croce*, vol. I, p. 241.
[40] B. C., *Lettere a Gentile*, p. 79.
[41] Loc. cit.

Esses propósitos indicavam uma modificação do que foi dito em uma carta anterior, do mesmo mês de fevereiro, na qual, anunciando ter "esboçado toda a parte teórica da estética", Croce pretendia fazer "uma publicação de poucas cópias, como um ensaio",[42] em vez de uma dissertação para a Academia Pontaniana. Na verdade, seriam necessários ainda dois anos antes que o livro estivesse pronto e fosse publicado. Eis os marcos importantes e reveladores do assíduo trabalho que a obra lhe custou, um esforço além da reflexão teórica. Como podemos ver, o perfil definitivo que a obra assumiu não continha a parte sobre a história da estética na Itália que se previra antes, e o trabalho que Croce escrevera a respeito foi incluído depois no *Problema di Estetica e Contributi alla Storia dell'Estetica Italiana*, de sua autoria (1910).

Gentile aprovava e aplaudia as sucessivas alterações que seu amigo fazia.[43] Mesmo a dissertação escrita para a Academia Pontaniana levaria mais tempo que o previsto. Esse tempo, escrevia Croce em 18 de março, é "um período de intensa atividade. Devo enviar à tipografia a minha dissertação sobre estética, mas ainda não o fiz. Ainda ontem me dei conta de que certos assuntos, postos no início, deviam ficar no fim, e tive que reestruturar o trabalho. Agora acho que está bom, e, ao longo da próxima semana, espero que tudo já esteja no prelo".[44] Entretanto, passado mais de um mês, em 27 de abril, precisou dizer: "Na última semana, estive ocupado em finalizar a dissertação que escrevi sobre a estética. Ontem à noite, terminei. Preciso apenas corrigir e copiar. Na segunda-feira, espero levar ao prelo uma boa parte do manuscrito. De resto, não acho que essa dissertação excederá oitenta ou noventa páginas in-quarto".[45]

Finalmente estava pronta. Croce, no entanto, não leu o texto definitivo na Academia Pontaniana. A leitura deu-se em três sessões: 18 de fevereiro, 18 de março e 6 de maio.[46] Assim, é de presumir, considerando as datas das cartas trocadas com Gentile sobre esse trabalho, que o texto lido na Pontaniana não correspondia exatamente àquele posteriormente

---

[42] Ibidem, p. 42.

[43] G. G., *Lettere a Croce*, vol. I, p. 258 (14 de março de 1900).

[44] B. C., *Lettere a Gentile*, p. 81.

[45] Ibidem, p. 83.

[46] Assim declara o próprio Croce no Prefácio da primeira edição da *estética*.

publicado nos *Atos* daquela Academia; e que Croce tenha lido aos poucos as redações das três partes ainda não definitivamente estabelecidas por ele e nas quais continuou a trabalhar até quando a obra inteira respondesse às suas exigências conceituais, e o texto, em seu conjunto, fosse entregue à tipografia. Em 11 de maio, avisou que a dissertação estava no prelo, mas não ficaria pronta antes de quinze dias; de fato, em 27 de maio, ele podia anunciar: "Minha Dissertação está impressa, na quinta-feira eu a entregarei a ti". Gentile, por sua vez, lhe responderia de Campobasso, em 10 de junho, dizendo que "faz dois dias que terminei de ler a tua belíssima e importantíssima dissertação".[47]

V

A publicação da dissertação nos anais da Academia Pontaniana reacendeu parcialmente a discussão filosófica entre os dois autores, cujo fio condutor seguimos até agora. Gentile declararia, em 18 de junho, que "os pontos fundamentais foram plenamente entendidos na primeira leitura, e me parecem certíssimos. Mas preciso pensar ainda sobre algumas partes secundárias, e voltar a ler".[48] Além disso, é importante notar que, por essa ocasião, Gentile estava escrevendo uma dissertação sobre pedagogia, mas que essa redação não o "distrai da ordem dos pensamentos" de Croce,[49] o que era bem compreensível, já que o próprio texto de Gentile demandava também, no âmbito pedagógico, uma ordem mais abrangente de ideias.

Em 27 de junho, ele expôs sua avaliação. Croce colocava a estética "no *caminho certo*". O conceito de expressão "como um fato espiritual, interior, de livre atividade" era "uma verdade capital e incontestável de altíssimo valor", e também "uma segura aquisição para a filosofia", e assim por diante para "toda a parte essencial" da teoria crociana. Seguiram-se várias anotações de detalhes importantes.[50] Croce registrava tudo com satisfação; e acrescentou: "Ao escrever, pensei muitas vezes na impressão que terias ao ler. Não foi sem forte emoção que te entreguei o opúsculo um mês atrás, quando estiveste em Nápoles. Em assuntos tão sutis, nos quais tanto

---

[47] B. C., *Lettere a Gentile*, p. 87 e 88; G. G., *Lettere a Croce*, vol. I, p. 291.
[48] G. G., *Lettere a Croce*, vol. I, p. 292-93.
[49] Ibidem, p. 293.
[50] Ibidem, p. 297-98.

se errou, é difícil sentir-se seguro".[51] Essa "forte emoção" é verossímil. Superando o plano da amizade, Croce tinha em alta conta a avaliação de Gentile, por causa do respeito que tinha por sua alma de filósofo: um fato bem conhecido, que, todavia, é importante lembrar para melhor compreender a real natureza e os limites do acordo entre os dois, bem como a gênese substancialmente autônoma de seus respectivos modos de filosofar, muito embora Croce declarasse ter "aproveitado" as "observações" de Gentile, recordando-se especialmente da discussão já referida "sobre a relação entre o estético e o lógico".[52]

Conforme o prometido, Croce havia "começado a trabalhar no resumo histórico da estética, e a repensar o que já estava escrito", e marcou com Gentile um encontro em Nápoles para trocarem ideias sobre a "estética transcendental de Kant, sobre as *categorias* e outros assuntos",[53] quando da passagem de seu amigo por aquela cidade. Na realidade, Croce não avançou efetivamente no trabalho sobre a história da estética até o verão do ano seguinte, 1901. Em 19 de agosto, estando em Perúgia, Croce escreveu a Gentile dizendo: "Faz três dias que me pus a escrever a história da estética; o trabalho segue facilmente, e espero acabar tudo ao longo do mês de setembro". Mas "precisava passar ainda algumas semanas lendo e tomando notas". Ele descobrira Schleiermacher como teórico de estética, e manifestava ter "tido a agradável surpresa por conhecer o maior esteta do século XIX, superior a Hegel em muitos pontos".[54]

A "descoberta" não surpreendia Gentile, que apreciava Schleiermacher por seus estudos de Platão, mas não sabia "nada dele como esteta", e estava curioso para saber de que modo ele seria superior a Hegel em estética, conforme a opinião de Croce.[55] Este escreveria novamente ao amigo, em 24 de agosto: "Estou muito ocupado na história da estética; em uma semana escrevi 120 páginas, e espero terminar até os dez primeiros dias de setembro". Estava também "muito contente com o trabalho cujo resultado é modesto, mas também claro e completo", e

---

[51] B. C., *Lettere a Gentile*, p. 91 (28 de junho de 1900).
[52] Ibidem, p. 74 (janeiro de 1900); G. G., *Lettere a Croce*, vol. I, p. 297.
[53] B. C., *Lettere s a Gentile*, p. 91.
[54] Ibidem, p. 108.
[55] G. G., *Lettere a Croce*, vol. II, p. 6 (25 de agosto de 1901).

por ter "encontrado uma ordenação natural e conspícua". Esperava em novembro "completar essa série de pesquisas e corrigir tudo". Em 4 de setembro, depois de uma breve indisposição de saúde, retomou o trabalho; e "estava contente", dizia ele, "por ter insistido na ideia de tratar, na história da estética, também das *críticas* de teorias errôneas", apresentando-as "como um apêndice que serve para mostrar a densa selva de erros que é preciso desmatar para fazer valer a verdade". E também nessa matéria contou com a aprovação de Gentile, cada vez mais interessado na estética de Schleiermacher.[56]

Por fim, e ainda em Perúgia, Croce anunciava que terminara seu livro em 3 de outubro. Escrevia ele:

> A parte histórica já estava terminada fazia duas semanas. Reescrevi, desde o princípio, toda a parte teórica, empregando, no entanto, muitos trechos já impressos. Alterei um pouco a ordem, que agora está mais rigorosa e também mais simples. Fiz muitos acréscimos, e desenvolvi todos os pontos que me incomodavam na primavera passada. Estou bastante satisfeito com o que escrevi. Resta-me agora corrigir, corrigir muito. Para a parte histórica, tenho de fazer algumas pesquisas, quando voltar a Nápoles, a fim de preencher as lacunas.

Ele estava surpreso com a rapidez que seu trabalho adquirira no fim: "Veja o que significa uma vida tranquila: de 17 de agosto a 3 de outubro consegui escrever *700* páginas. E neste mês e meio, precisei me distrair alguns dias com outras ocupações, ou com algum divertimento".[57]

Nascia, assim, a *estética*. Em novembro, presumivelmente, Croce enviou a Gentile os rascunhos de "quase toda a parte teórica", menos "umas quarenta páginas que continham os três últimos capítulos".[58] A correção continuaria nos meses seguintes. Croce recomendou que desse atenção "às palavras gregas, uma vez me escapam facilmente os erros de acentuação". Gentile renovou os elogios e as palavras de apreço em medida ainda maior do que fizera até então. As anotações que ainda fazia sobre este ou aquele problema deviam-se, segundo ele, ao fato de que "o que nos agrada e

---

[56] B. C., *Lettere a Gentile*, p. 108.

[57] Ibidem, p. 111.

[58] Ibidem, p. 113 (a datação, imprecisa, é "outono de 1901"; nossa indicação de novembro é inferida a partir do confronto com as cartas de Gentile).

amamos, queremos que esteja perfeito".⁵⁹ Em 12 de maio de 1902, Gentile comunicava que Alessandro d'Ancona lhe pedira "uma resenha 'justa' da *Estética*", pedido que foi recusado. No entanto, pensou em escrever uma para o *Giornale Storico della Letteratura Italiana*, em que, dizia, "tentei anunciar a partir do promontório do famoso 'método histórico' a necessidade de uma nova era de ideias e de uma verdadeira satisfação do espírito". A extensão do texto criava dificuldades, mas, reservando-se o direito de persuadir o diretor do *Giornale*, pensava consigo que "em vinte páginas não se pode dizer nada sobre tantas questões" abordadas no livro de Croce. Por isso, sentia "a necessidade de escrever um artigo de revista que fuja aos moldes das recensões comuns, de maneira que possa me sentir à vontade".⁶⁰ Croce lhe agradeceu, ficando "um pouco confuso com as chateações" que o seu livro estava trazendo a Gentile, e achava já ser "um fardo mais que insuportável" as duas resenhas que Gentile se propunha escrever.⁶¹

VI

A importância da correspondência trocada por Croce e Gentile, de dezembro de 1897 a maio de 1902, é portanto múltipla: em relação aos problemas de estética que foram discutidos e à evolução do pensamento de Croce em especial, em relação aos debates então em curso no mundo cultural italiano, em relação à verdadeira natureza e aos limites objetivos e originários do acordo entre os pontos de vista dos dois amigos. No que concerne, entretanto, à redação da *estética*, a correspondência com Gentile é relevante também porque confirma inteiramente a origem e a cronologia delineada, posteriormente, pelo próprio Croce, no *Contributo alla Critica di Me Stesso*, redigido em 1915.

Depois de 1895, Croce escreveu que se achava em uma nova temporada intelectual. Nela, dentre outras coisas,

---

⁵⁹ Ibidem, p. 118 (primavera e 5 de abril de 1902); G. G., *Lettere a Croce*, vol. II, p. 25-26 (10 de dezembro de 1901): "[...] fizeste um belíssimo trabalho, uma obra verdadeiramente filosófica, como não se vê há muito tempo na Itália, e que continuará a honrar-te, bem como aos nossos estudos".

⁶⁰ G. G., *Lettere a Croce*, vol. II, p. 36 (12 de maio de 1902) e p. 38 (maio de 1902). Na verdade, Gentile escreveu depois a resenha no *Giornale Storico della Letteratura Italiana*, 22, 1903 (LVI), p. 89-99, reeditada, depois, sob o título "La Prima Edizione dell'*Estetica*", em G. Gentile, *Frammenti di Estetica e di Letteratura*, Lanciano, 1921, p. 136-52.

⁶¹ B. C., *Lettere a Gentile*, p. 120 (16 de maio de 1902).

renovou-se em mim a necessidade de dar forma às minhas antigas meditações sobre arte, antes mesmo de redigir outros trabalhos especiais, que, em meio a tantas interrupções e distrações, tinham me acompanhado constantemente desde os anos do liceu, quando lia as páginas de De Sanctis, e que ao longo dos meus estudos mais recentes haviam perdido seu caráter isolado e monográfico, estabelecendo relação com os outros problemas do espírito. Parecia-me que, pondo por escrito o que tinha na cabeça, ficaria aliviado de um fardo, do qual não poderia me livrar de modo algum pelo esquecimento. E determinei-me na intenção de compor uma estética e uma história da estética; para a estética, pus-me a imaginar em ter, de imediato, todas ou quase todas as doutrinas a expor. Formei esse propósito no outono de 98, mas deveria adiá-lo até o verão seguinte.

Iniciado o trabalho, prossegue Croce,

me dei conta de que era muito ignorante: as lacunas se multiplicaram ante os meus olhos; aqueles assuntos, que achava bem estabelecidos, passaram a oscilar e se confundiram; problemas insuspeitos surgiram e pediam resposta; por cinco meses, não li quase nada, caminhei por longas horas, passei metade dos dias e dias inteiros estirado no sofá; procurava respostas diligentemente, em mim mesmo, rabiscando no papel anotações e pensamentos que se combatiam mutuamente. Esse tormento aumentou ainda mais quando, em novembro, tentei esquematizar, em breve resumo, as teses fundamentais da estética, porque, ao menos por uma dúzia de vezes, conduzido pelo trabalho até este ou aquele ponto, dava-me conta de que certa passagem precisava ser completada, embora não de todo justificada, e punha-me novamente no início para descobrir, nos princípios, a obscuridade ou o erro que me havia conduzido àquela passagem obscura; punha-me de novo a caminho, e novamente deparava com coisas semelhantes. Só depois de seis ou sete meses pude enviar ao prelo aquela dissertação, na forma em que se acha impressa com o título de *Tesi Fondamentali di un'Estetica come Scienza dell'Espressione e Linguistica Generale*, decerto árida e abstrusa, mas da qual saí não só completamente orientado sobre os problemas do espírito, mas sobretudo com a inteligência desperta e segura sobre quase todos os grandes problemas em que trabalharam os filósofos clássicos: entendimento que não se adquire com a mera leitura de seus livros, mas ao repetir em si mesmo, sob o estímulo da vida, o seu drama mental.[62]

---

[62] Cf. B. Croce, *Contributo alla Critica di Me Stesso*, ed. G. Galasso, Milano, 1989, p. 36-38.

O julgamento acerca das *Tesi* pode parecer surpreendente, mas revela um grande equilíbrio, e dá o sentido correto também àquilo que Croce dizia a Gentile, em dezembro de 1901, recomendando à avaliação do "ponderado e prudente" amigo; procurava assim confortar-se, pois reconhecia "que há tempos aumenta em mim, e cada vez mais, a *hipercrítica*".[63]

Seja como for, continua a autobiografia, "o esboço da parte teórica deveria ter seguido a parte histórica do livro", e Croce, depois de ter "descansado um pouco lendo outros escritos e trabalhos quando do retorno das férias", recebeu diversas incumbências relativas à cidade de Nápoles (em novembro de 1900), e só "depois de seis meses, livre do peso daquelas obrigações, recomecei e levei a termo, em setembro, o livro de teoria e história da estética, que, em novembro, foi enviado ao prelo e publicado em abril de 1902".[64]

Por outro lado, a perfeita verossimilhança cronológica e crítica da reconstrução autobiográfica crociana não se limitou às páginas do *Contributo* aqui referidas. Em numerosas passagens de suas obras, Croce retornou, meditando e escrevendo, ao primeiro grande livro de sua vida filosófica; elas são coerentes com a breve reconstrução, não muito reflexiva, que vimos emergir da correspondência trocada com Gentile.[65] Também não podemos esquecer que, a despeito da consideração afetuosa daquele livro, que compreensivelmente lhe era tão caro, Croce sempre teve uma consciência crítica dos seus limites mais evidentes. Mesmo no Prefácio da terceira edição – que também já apresentava "algumas alterações conceituais, especialmente nos capítulos X e XII da primeira parte, conforme me aconselharam a reflexão e a autocrítica ulteriores" – o autor, depois de apenas cinco anos da primeira

---

[63] B. C., *Lettere a Gentile*, p. 115.

[64] Croce, *Contributo alla Critica di Me Stesso*, op. cit., p. 38-39.

[65] Limitamo-nos à indicação de uma série de passagens das obras de Croce em que há remissões ou menções relativas à gênese, ao significado e aos desenvolvimentos da *estética* no quadro de suas obras. Cf.: *Primi Saggi*, Bari, 1919, Pref. e p. 165; *Ultimi Saggi*, Bari, 1935, p. 101; *Discorsi di Varia Filosofia*, Bari, 1945, vol. I, p. 254-56; *Indagini su Hegel*, Bari, 1952, p. 197-98; *Pagine Sparse*, 2. ed., Bari, 1960, vol. I, p. 147, 277 ss, 334, 336, 511, e vol. II, p. 98, 408, 511-13, 523; *Terze Pagine Sparse*, Bari, 1959, vol. I, p. 28-31, 181-82, 266-68, e vol. II, p. 8-9, 90-91, 157-58, 167-68, 194-96, 198-201, 293-94, 316; *Conversazioni Critiche*, Bari, 1918, vol. I, p. 25-26, e vol. II, p. 89-90 e 264-66. Devem ser lidos, naturalmente, os *Nuovi Saggi di Estetica*, os *Problemi di Estetica* e *La Poesia*. Cf., também, *Aneddoti di Varia Letteratura*, Bari, 1954, vol. IV, p. 406-07 (com uma carta a B. Bosanquet de 28 de janeiro de 1920) e p. 459 (com carta de Carducci). Enfim: G. Castellano, *Benedetto Croce: il Filosofo, lo Storico etc.*, Bari, 1936, p. 28 e 31-37.

edição, declarava que, ao completar-se o seu sistema filosófico com a *lógica* e com a *filosofia da prática*, "muitas coisas" eram vistas "com mais clareza e nexo ou de maneira um pouco diferente", e que "não teriam mais lugar certa perplexidade e até mesmo algum conceito inexato que apareciam esparsamente na *estética*, especialmente onde se abordam questões de natureza não propriamente estética".[66]

A mesma coerência cronológica e crítica pode facilmente ser encontrada em outras correspondências de Croce, além daquela trocada com Gentile.[67] Dentre elas, a mais importante é a correspondência trocada com Vossler, sem esquecer, por força de sua singular importância, as cartas trocadas com Antonio Labriola,[68] então a caminho da morte, ocorrida em 1904. Croce considerava Vossler "um jovem inteligentíssimo e sério", como chegou a mencionar em uma carta a Renier, acrescentando que "por dois meses discutimos filosofia quase todos os dias durante uma estada comum em Perúgia",[69] ocasião, aliás, em que a *estética* foi concluída. Vossler considerou histórico o "livro sobre estética", como descrito na dissertação entregue à Academia Pontaniana, e saudou sua publicação pelo editor Sandron dois anos mais tarde como "uma festa", como "um acontecimento de suma importância" para "a história do pensamento".[70]

---

[66] Como se vê, e como já se disse outras vezes em nosso texto, Croce retoma aqui as observações sobre a contextualidade dos problemas filosóficos, da qual já mostrara consciência na correspondência com Gentile. Acrescentemos apenas que é importante a percepção de Croce, que no Prefácio citado ele manifesta de modo tão claro, de não ter insistido, de uma maneira ou de outra, na passagem das *Tesi* à *estética*, na ideia de contextualidade a que já chegara enquanto trabalhava em sua redação.

[67] Podem ser vistas, a esse respeito, no arquivo de Croce, as cartas a Rodolfo Renier, de 15 de maio de 1903, a Augusto Franchetti, no mesmo ano, a M. Losacco, em 1909 e 1910, a Corrado Zacchetti, de abril de 1908, a Douglas Ainslie, de novembro de 1920, a Ciro Trabalza, de dezembro de 1909 e março de 1916, a Francesco S. Nitti, de agosto de 1899, a Joel Elias Spingarn, de fevereiro de 1900, a Corrado Ricci, de novembro de 1900, a Ernesto Masi, de abril de 1902, a Alessandro d'Ancona, de 4 de junho de 1902, a Giuseppe Lombardo Radice, de 16 de julho de 1902, a Francesco Montalto, de 19 de agosto de 1902, a Emilio Bertana, de 4 de maio de 1903, a Miguel de Unamuno, de 5 de junho de 1911, a Alberto Caracciolo, de 14 de outubro de 1946. Damos aqui uma amostra no Apêndice II, p. 595 e ss.

[68] Cf. A. Labriola, *Lettere a Benedetto Croce. 1885-1904*, Napoli, 1975, p. 370 e 359. Entretanto, mais importante é a carta de 2 de janeiro de 1904, em que Labriola (p. 375-76) se serve da ocasião da segunda edição da *estética* para mover uma série de observações bem severas acerca da filosofia de Croce em geral.

[69] Da carta a Renier, supracitada, de 15 de maio de 1903.

[70] Cf. *Carteggio Croce-Vossler, 1899-1949*, Bari, 1951, p. 9, 11, 13, 19.

VII

Assim, a correlação encontrada entre os distintos testemunhos acerca da concepção e redação da *estética*, e a posterior versão autobiográfica, não é, entretanto, um mero dado filológico. Nessa correlação podemos entrever os sinais de uma aventura intelectual que não se limita especificamente ao interesse na filosofia.

No plano filosófico, Croce acabou por se posicionar de maneira abrangente e consciente a partir de um ângulo visual teórico mais específico e restrito. Vimos, como ele declara no *Contributo*, que fora levado à sua reflexão estética por força da necessidade de esclarecer para si mesmo os problemas da arte, organizando de forma coerente os pensamentos que lhe assomaram à mente. Croce não revela, contudo, por que o problema da arte lhe chamava a atenção àquela época. Ele estava completamente imerso nos problemas do marxismo e da economia: tão imerso que precisou explicar detalhadamente a Gentile, na citada carta de novembro de 1898, o abandono desses estudos, também eles de grande relevância no desenvolvimento de seu pensamento, porque é a eles que remonta a origem da categoria de útil, a qual, depois, seria definida como um dos pontos mais importantes e originais de seu "sistema".[71] Mas quem refizer a cronologia de suas publicações ao longo daqueles anos e as confrontar com as indicações do *Contributo* e das fontes epistolares que mencionamos, poderá facilmente deduzir, também nesse caso, a veracidade da versão autobiográfica, e reconhecer a importância que teve para Croce, ao longo de 1898, a sensação de haver esgotado o impulso mais profundo que o atraía ao marxismo e à economia. Na mesma medida, porém, é fácil perceber o papel relevante que teve a continuidade de seus interesses críticos e literários. Entre o opúsculo sobre a *Critica Letteraria* (1. ed., 1894; 2. ed., 1896) e as *Tesi di Estetica*, em 1900, tal continuidade se explicitaria principalmente nos estudos sobre De Sanctis, por ocasião da edição dos dois volumes da *Letteratura Italiana nel Secolo XIX*, em 1897, e dos *Scritti Vari, Rari e Inediti*, cuja nota editorial é de sua autoria, bem como outras páginas não menos específicas redigidas em 1898. Percorrendo as sendas indicadas pelo próprio Croce ao mencionar as reflexões e a gênese de suas ideias, é fácil reconhecer que De Sanctis

---

[71] B. C., *Lettere a Gentile*, p. 37. Cf. também G. Pezzino, *L'Economico e l'Etico-Utile nella Formulazione Crociana dei Distinti (1893-1908)*, Pisa, 1983.

foi o centro de gravidade daqueles tempos em que se formaram e foram apuradas as categorias fundamentais de seu pensamento.[72]

Isso já de alguma maneira era verdade para o conceito de útil.[73] Com maior razão deveria sê-lo no caso da estética. De fato, por volta de 1898, a economia passou ao segundo plano no rol dos interesses de Croce, não só pelas razões por ele indicadas, mas também porque, *ao lado* desta, havia-lhe amadurecido, e ele estava cada vez mais consciente disso, um novo pensamento sobre arte; isso pode ser percebido na republicação de seu ensaio sobre *crítica literária* e nas edições dos textos de De Sanctis por ele coordenadas. É também do ano de 1896, além da segunda edição do ensaio de crítica citado, o opúsculo de Gentile (*"informe opuscoletto"*, como o próprio autor o definiria mais tarde) sobre a *Arte Social*, que, enviado a Croce, serviria de ocasião para que se conhecessem e começassem a trocar correspondência. Em um trecho desse opúsculo, Gentile afirmava que a obra de arte é ou não é tal "graças apenas à expressão que se soube dar ao conteúdo, nascido do mesmo parto com ela na mente do artista".[74] Ele dá a impressão de reivindicar certo tipo de direito de paternidade sobre a ideia da "estética como ciência da expressão" (embora tenha sempre recusado o acréscimo "e linguística geral" feito por Croce). No entanto, tal reivindicação não teria muito sentido, se fosse realmente pretendida por Gentile. A contribuição de Gentile para a *Estética* de Croce é a que vimos emergir do epistolário acima citado: estímulo e apelo à coerência e ao aprofundamento conceitual, mas nenhum traço de concepção ou de elaboração. No entanto, não há dúvida de que ver o corajoso esforço no sentido de esclarecer o conceito geral de arte, vindo de um intelectual mais jovem (Gentile tinha 21 anos, Croce, 30), pode ter contribuído para que também Croce se *lançasse*,

---

[72] De resto, esse ponto foi esclarecido em boa parte, senão completamente, na literatura sobre Croce. Dentre os mais recentes, veja, por exemplo, Ch. Boulay, *Benedetto Croce jusqu'en 1911*, Genève, 1981, p. 334 ss, 345 ss, 373 ss.

[73] Bem sintomática, a propósito, é a discussão sobre o "célebre *problema Maquiavel*" e as respectivas posições de De Sanctis e Villari a respeito: G. G., *Lettere a Croce*, vol. I, p. 103-04 (1º de outubro de 1898). Cf. B. C., *Lettere a Gentile*, p. 24 (8 de outubro de 1898): "Agrada-me que tenhas achado justa a minha réplica a Villari. Essa parte estava bastante desenvolvida, mas eu a abreviei, porque talvez tenha de abordar de novo, acerca de Marx, isso que Villari chama de o *problema Maquiavel*".

[74] G. Gentile, "Arte Sociale", in: *Helios*, 2, 1896, n. 3, p. 17-21. Croce manifestou viva aprovação (cf. B. C., *Lettere a Gentile*, p. 2, novembro de 1896). Veja também G. G., *Lettere a Croce*, vol. I, p. 13-14.

como ele se expressou, no amadurecimento do propósito de dar forma sistemática e refletida ao seu pensamento sobre o assunto.

De todo modo, é certo que esse pensamento encontra no próprio Croce a sua matriz mais genuína, ligando-se a um rio subterrâneo de reflexões que remontavam aos seus "primeiros ensaios" sobre a história e sobre a arte de alguns anos anteriores, e também para além destes. Eis por que se sustentou decididamente que "as *Tesi di Estetica* são genuinamente suas, e que só depois, investigando as obras de outros cultores dessa ciência, ele tenha se encontrado, à exceção de De Sanctis", nos clássicos da estética.[75] Como vimos, a parte histórica da *estética* foi escrita por Croce depois da parte teórica e trouxe-lhe descobertas tão inesperadas quanto gratificantes (como no caso de Schleiermacher), bem como problemas histórico-teóricos não menos árduos (como os relacionados ao nó central formado pelo pensamento estético de Kant). Em suma, por volta de 1898, um pensamento (a estética) expulsou o outro (a economia), impondo-se com uma improrrogável urgência no espírito do jovem filósofo, não só por causa do esgotamento de certos interesses recentes, aflorados em seu espírito e expressos nos estudos sobre o marxismo, mas também por conta da contínua acumulação e sedimentação dos interesses literários cultivados desde a adolescência e da sua precipitação, no sentido químico desse termo, em uma necessidade de esclarecimento teórico tão forte a ponto de se lhe configurar como um ato de bravura a ser manifestado no longo e cansativo caminho que o levou às *Tesi*.

VIII

Os testemunhos dos tempos da redação e os posteriores nos fazem perceber claramente quão laboriosa foi a escrita das *Tesi di Estetica*. Não está tão claro, porém, nos estudos sobre o assunto, que um trabalho não menos importante, embora menos documentável talvez, tenha custado a Croce a passagem das *Tesi* ao "tratado", que acabou constituindo o primeiro volume da "filosofia do espírito".

Para termos ideia, basta, entretanto, comparar os sumários de um e de outro: esses sumários que, para todos os trabalhos mais desafiantes, especialmente para os teóricos, Croce elaborava com muito cuidado e aos quais atribuía tanta importância como exposição, ilustração e síntese de seu pensamento a ponto de

---

[75] Cf. R. Garbari, *Genesi e Svolgimento Storico delle Prime Tesi Estetiche di B. Croce (1893-1900)*, Firenze, 1949, p. 71.

colocá-los em evidência na margem externa das páginas de seus livros, quando decidiu que Laterza seria o seu editor e estudou com ele os elementos gráficos (dos tipos a serem usados à paginação, cor e gramatura do papel do miolo e da capa) de uma série editorial dedicada exclusivamente às suas obras.

A diferença entre os dois sumários é notável.[76] Um estudo analítico, que ainda não foi feito (nem mesmo por Attisani e por Garbari, que realizaram estudos *ad hoc* sobre a "primeira forma" da *Estética*, estando Croce vivo ainda), poria em relevo as diferenças, não apenas em termos de apresentação e distribuição da matéria, que existem entre as *Tesi* e o volume de dois anos mais tarde. Essas diferenças não estão de modo algum relacionadas ao espírito do novo conceito estético a que Croce então chegara. São, todavia, diferenças que não podem ser negligenciadas, pois dão um vivo sentido da fluidez e do dinamismo que animavam o pensamento crociano daqueles anos: fluidez e dinamismo que, longe de diminuírem na passagem das *Tesi* à *estética*, caracterizariam também a passagem dos *Lineamenti di Logica* (1904) à *Logica* e à *Filosofia della Pratica*, em 1908-1909. Essa complementação do "sistema", em última instância, foi valorizada pela *estética*, e originou algo mais que uma "revisão" do "sistema" verificada em *Teoria* e *Storia della Storiografia*, entre os anos de 1912 e 1915.[77]

Será suficiente, contudo, evidenciar que o ponto capital da diferença entre as *Tesi* e a *Estetica* não está tanto nas divergências sobre este ou aquele problema, mas na diferente abordagem do problema filosófico em geral. Nas *Tesi* fala-se da "diferença entre espírito e natureza, entre atividade e passividade" a serem superadas "espiritualizando a natureza, ou melhor, considerando atividade e passividade como dois modos de uma atividade de caráter mais geral"; mas isso, segundo ele, "está além do nosso objetivo atual". Inclusive, em outra passagem, diz-se que as *Tesi* "investigam a natureza da expressão e não a natureza da realidade". Em outras palavras, a estética ainda é vista como uma disciplina crítica e filosófica *a se*. Na *estética*, porém, desde o Prefácio fica claro que "filosofia é unidade; e, quando se trata de estética ou de lógica ou de ética, trata-se sempre de toda a filosofia, mesmo quando se dá relevo, por conveniência didática, a certa área daquela unidade indivisível".[78]

---

[76] Os dois sumários foram comparados no Apêndice III, às p. 505 ss.

[77] Para todos esses assuntos, cf. G. Galasso, *Croce e lo Spirito del suo Tempo*, Milano, 1990.

[78] Cf. B. Croce, *La Prima Forma della "Estetica" e della "Logica"*, ed. A. Attisani, Messina-Roma, 1925, p. VI ss e XVIII ss.

Não se trata apenas do fato de que na *estética* o núcleo do sistema crociano tenha sido elaborado em um nível mais avançado, nem se trata apenas da percepção de uma unidade fundamental do problema filosófico que Croce formulava, como vimos, na correspondência com Gentile, enquanto trabalhava nas *Tesi*. Na verdade, naqueles anos, como ele mesmo observou, persistiam ainda em seu pensamento certos elementos de formalismo e de naturalismo. Além disso, "as distinções, nas *Tesi* e na grande *estética*", como o próprio autor reconheceu mais tarde, "são colocadas um tanto abstratamente; em vão se procuraria uma dedução dialética que evidenciasse a racionalidade e a ordem necessária".[79] Mais do que nunca, está distante ainda o conceito de dialética como síntese das relações de distinção e de oposição entre as várias fases e graus da vida do espírito.[80] Em suma, não ocorreu ainda o encontro com Hegel e com Vico que dará ao sistema de Croce a sua forma mais completa.[81] Mas a maneira com que as *Tesi* foram emendadas e desenvolvidas na *estética* nos dá uma clara indicação do caminho que seguiria seu pensamento doravante, com consciência cada vez maior, apesar da grande variedade de fases e atitudes que o caracterizaram, e, por vezes, com verdadeiras e reais reviravoltas e rupturas ao longo dos cinquenta anos seguintes.

IX

A virada que a *estética* assinalaria na história da cultura contemporânea foi acompanhada por outra, que ela determinou, não só no pensamento, mas em toda a atividade cultural de Croce. Se bem refletirmos, de fato, a verdadeira virada foi não tanto a que o levou à redação do livro, mas a que se seguiu à sua publicação. Mais uma vez, o *Contributo* nos dá uma indicação mais que precisa.

Diz Croce:

> Ao reler as provas da impressão daquele livro, tornaram-se evidentes duas coisas: a primeira é que não podia deixá-lo como estava, sem desenvolvimentos particulares, aplicações, exemplos e relativas discussões e aspectos polêmicos; a segunda, que aquele livro, em que o meu cérebro parecia ter se esvaziado de

---

[79] Ibidem, p. XIX.
[80] Loc. cit. e nota 1.
[81] Esse ponto é tratado, entre outros, por R. Garbari, op. cit., p. 113 ss.

todos os acúmulos da filosofia, o tinha, entretanto, preenchido de nova filosofia, isto é, de dúvidas e de problemas, especialmente acerca das outras formas do espírito, das quais traçara as teorias em relação com a estética, bem como acerca da concepção geral da realidade. Resolvi, portanto, considerar aquele livro como uma espécie de programa ou esboço, a ser realizado, em parte, mediante a publicação de uma revista, e, em outra, com uma série de obras, de cunho teórico e histórico, que determinassem mais particularmente o meu pensamento filosófico.[82]

A passagem fala por si. Como já tive ocasião de notar e é bem sabido, *estética* foi a matriz da *Lógica* e da *Filosofia da Prática*. Foi também a matriz da "Crítica" e de toda a atividade editorial que junto à Ed. Laterza, e também outras, determinou o estabelecimento de uma imponente série de publicações, que devem ser levadas em conta quando se visa reconstruir a influência de Croce no debate cultural italiano; a esse assunto, todavia, pode-se dizer que não se dedicou ainda toda a atenção necessária.

Como mencionamos, a terceira edição da *estética* saiu pela Ed. Laterza, em 1908; as duas primeiras edições saíram em 1902 e em 1904, pela Ed. Sandron. Em 1950, estando Croce ainda vivo, chegou-se à nona edição da obra: um percurso destinado a consagrar, pelo sucesso editorial, o grande lugar que lhe cabe e foi imediatamente reconhecido no pensamento do século XX. O próprio Croce, no Prefácio da edição de 1941, não se conteve, quarenta anos depois, em dizer que "olhando retrospectivamente para o meu livro de 1901, sou tomado por um duplo sentimento, misto de desapontamento pelo que de insuficiente ele me parece hoje, e de afeto por aquilo que então ele foi para mim: como que um reencontro comigo mesmo e minha primeira orientação no mundo do pensamento". De resto, comentando certa vez uma observação de Bergson, ele a subscreveu inteiramente: "*un philosophe digne de ce nom n'a jamais dit qu'une seule chose; encore a-t-il plutôt cherché à la dire qu'il ne l'a dite véritablement*".[83] De fato, se fosse preciso indicar *une seule chose* dita por Croce, a *estética* ainda seria a "coisa" crociana que viria à mente em primeiro lugar, bem antes de qualquer outra.

---

[82] B. Croce, *Contributo alla Critica di Me Stesso*, op. cit., p. 39.

[83] Cf. B. Croce, "Fare al Mondo una Cosa Sola". In: *Discorsi di Varia Filosofia*, 2. ed., Bari, 1959, vol. II, p. 294-95.

APÊNDICE I

Sobre as discussões suscitadas pela *estética* de Croce, citamos a mero título de exemplo: G. Pagliano Ungari, *Croce in Francia*, Napoli, 1967; G. H. Douglas, "Croce's Early Aesthetics and American Critical Theory", in: *Comparative Literature Studies*, 7, 1970, p. 204-15; L. Russo e A. Parente, "La Polemica fra Croce e Dewey e l'Arte come Esperienza", in: *Rivista di Studi Crociani*, 5, 1968, p. 201-27; J. L. Steinman, "Santayana and Croce: An Aesthetic Reconciliation", in: *Journal of Aesthetics and Art Criticism*, 30, 1971, p. 251-53; G. R. Dimler S. J., "Creative Intuition in the Aesthetic Theories of Croce and Maritain", in: *The New Scholasticism*, 37, 1963, p. 472-92; F. Flora, "Occasioni e Aperture: De Sanctis, Croce e la Critica Contemporanea", in: *Letterature Moderne*, 2, 1961, p. 5-33; M. E. Moss, "The Enduring Values in the Philosophy of Benedetto Croce", in: *Idealistic Studies*, 10, 1980, p. 46-66; V. Stella, *Il Giudizio su Croce*, Pescara, 1971; C. G. Seervelt, *Benedetto Croce's Earlier Aesthetic Theories and Literary Criticism*, Kampen, 1958; C. Sgroi, *Gli Studi Estetici in Italia*, Firenze, 1932; D. Pesce, *L'Estetica dopo Croce*, Firenze, 1962; M. E. Brown, *Neo-Idealistic Aesthetics: Croce, Gentile, Collingwood*, Detroit, 1966; E. Garin, *Cronache di Filosofia Italiana*, 2. ed., Bari, 1966; A. Attisani, *Cinquant'Anni di Vita Intellettuale Italiana (1896-1946). Scritti in onore di B. Croce per il suo Ottantesimo Anniversario*, ed. de C. Antoni e R. Mattioli, Napoli, 1950, vol. I, p. 325-400. Na Alemanha são particularmente interessantes: Th. Poppe, in: "Jahresbericht für Neuere Deutsche Literaturgeschichte", III, 1905, p. 129-44, 248-54; in: *Berliner Tagblatt*, 23 de outubro de 1905 (a propósito da tradução alemã da *estética*); e in: *Der Tag*, 15 de junho de 1910 (em relação à conferência de Croce, realizada em Heidelberg, sobre *intuição pura e a natureza lírica da arte*); K. Vossler, in: *Beilage zur Deutschen Allgemeine Zeitung*, 207, 10 de setembro de 1902; R. Eisler, in: *Kunstgeschichtliche Anzeige*, III, 1906; A. Wurm, in: *Literarischer Ratgeber für die Katholiken Deutschlands*, VI, 1907; *Basler Zeitung*, 22 de setembro de 1905 (resenha sem assinatura da tradução alemã da *estética*); I. von Schlosser, *Randglossen zu einer Stelle Montaigne*, Wien, 1903; Th. Lindemann, in: *Zeitschrift für Philosophie und Philosophische Kritik*, 128, p. 193-97; R. M. Meyer, in: *Euphorion*, XIV, 618 e in *Zeitschrift für Aesthetik*, 1910; S. Witasek, apêndice à tradução italiana de seu livro *Principii di Estetica Generale*, Palermo, 1912; H. Cohen, *Aesthetik des Reinen Gefühls*, Berlin, 1912, 2 vol., cf. p. 30-34; E. Utitz, *Grundlegung der Allgemeinen Kunstwissenschaft*, vol. I, Stuttgart, 1914, e in: *Deutsche Literaturzeitung*, 1914, p. 1.838-39; R. Hamann, in: *Deutsche Literaturzeitung*, 1915, 11; Fritz Medicus, *Grundfragen der Aesthetik*, Jena, 1917. Sobre o autor, são fundamentais as indicações de G. Castellano, *Introduzione allo Studio delle Opere di Benedetto Croce*, Bari, 1920; veja também *L'Opera Filosofica, Storica e Letteraria di B. Croce*, Bari, 1942. Seja como for, a discussão internacional sobre Croce e sua *estética* (acerca da qual demos aqui, como foi dito, um elenco meramente exemplificativo) mereceria, pela relevância que teve, uma cuidadosa e completa reconstrução, ao menos no que diz respeito aos estudos publicados nas duas primeiras décadas do século XX.

APÊNDICE II

Afora as passagens que citamos na "Nota do Editor", Croce escreveu a Giovanni Vailati, em 10 de agosto de 1899, anunciando que retomava felizmente a redação das *Tesi*, confirmando a sua desistência de prosseguir nos estudos marxistas:

> Entendo a estética como simples *teoria da expressão*, e, portanto, afasto de seu domínio todas as questões metafísicas, históricas e críticas que até agora a obstruíram. Além disso, concluí que a *linguística* deve ser reabsorvida na *estética* (naquilo que a linguística tem de teórico, não quando se reduz a anotações de fisiologia e de filologia histórica). Não estou insatisfeito com o que reuni em meu pensamento, e não me amedronta muito o *quis leget haec?*, porque ao menos o senhor e algum outro amigo lerão com interesse o meu trabalho. Quanto a Marx, tenho o prazer de estar de acordo com o senhor acerca da natureza *comparativa* de que ele faz uso em seu método. Creio que ele foi o primeiro a usar o termo "comparativo" com esse fim, e acho que isso possibilita a orientação naquela floresta selvagem. Acho também que o senhor tem razão de dizer que Marx *postula* aquilo mesmo em que *pretende* chegar. Na verdade, sua obra não tem tanto valor para a *ciência* quanto o tem para a *consciência*. Ele dá a *consciência* de certas verdades, que cientificamente se reduzem a *tautologias*, mas também iluminam a consciência; daí vem a sua eficácia histórica, que nenhuma análise teórica poderá destruir, porque é fato realmente acontecido. A tolice pura e simples, os despropósitos e os sofismas não conseguem produzir esses efeitos. De resto, encerrei agora os meus estudos sobre Marx, de quem nada mais tenho a aprender. Publico, reunidos em um volume pela Ed. Sandron, os *sete ensaios* que foram publicados separadamente sobre o assunto.

Em 26 de agosto do mesmo ano de 1899, Croce explicava a F. S. Nitti, dentre outras coisas, sua postura em relação a De Sanctis, como destacamos na "Nota do Editor":

> Na Itália, ninguém se ocupou de estética, digo da estética feita por não diletantes. A bibliografia estética italiana pode ser vista nos meus dois pequenos

livros sobre o *Concetto della Storia* e sobre *Critica Letteraria*. Tenho a profunda convicção de que uma estética não pode nascer senão baseada nos princípios que De Sanctis fixou para a literatura.

O plano de trabalho inicial da *estética*, dividido em três partes, é confirmado na carta a Spingarn, de 2 de fevereiro de 1900:

> Falarei do meu trabalho. Ele ainda está em fase de preparação. Tenho quase concluída a preparação da *parte teórica*, que é a mais difícil. A esta seguirá uma parte histórica, que será composta por uma história muito sintética e resumida da estética, e por uma série de monografias sobre a história da estética na Itália. Terei assim a oportunidade de me ocupar bastante de sua obra e também da de Vossler.

Em novembro de 1900, escreveu a Corrado Ricci sobre seu trabalho e sobre o fundo *liberal* de sua *estética*:

> Não publiquei nada neste inverno: com exceção de dois opúsculos de *estilística*, que não sei se te interessam, mas que de qualquer modo te envio. Em vez disso, escrevi a parte teórica da minha *estética*, que será publicada nos *Atos* da Academia Pontaniana; vou te enviar essa parte também. No momento, trabalho na *história* da estética. Não acho que meu trabalho sobre estética seja de fácil leitura, mas não me culpo. O assunto, quando levado a sério, está repleto de dificuldades, e eu fui consciencioso de não omitir nenhuma delas. Minha estética é *liberal* ao máximo, e exclui qualquer tipo de *conselho* aos artistas. Nesse ponto, talvez você simpatize com o meu trabalho.

Em 27 de abril de 1902, escreveu a Ernesto Masi acerca das ideias de *progresso* e de *leis históricas*, concluindo:

> Falei muito melhor desses assuntos em certas páginas do meu livro de *estética*, cuja impressão está pronta agora, e do qual tinha poucos exemplares antes de partir, sendo que um deles enviei ao amigo Franchetti. Se tomares emprestado esse exemplar de Franchetti, gostaria que lesses especialmente os capítulos XVII, III e V, ou seja, as páginas 29-32, 42-44, 134-40.

Em 4 de junho de 1902, escreveu em tom muito respeitoso a Alessandro d'Ancona, um ilustre expoente da "escola histórica":

> Não gostaria que meu livro de *estética* vos tivesse causado má impressão. Nele, tentei provar que são igualmente respeitáveis as investigações especulativas e as de erudição: valho-me do método erudito na parte histórica.

De fato, acho possível auferir benefício do trabalho de duas gerações precedentes: a anterior à década de 1860, e a que veio depois dessa data.

De grande interesse é a carta de 16 de julho de 1902 a Giuseppe Lombardo Radice, que escreveu uma resenha da *estética* para a *Rassegna Critica della Letteratura Italiana*, Napoli, 7, 1902:

> Resumistes, em poucas páginas, todos os pontos substanciais do livro, e fizestes observações pertinentes e sérias acerca das quais terei oportunidade de voltar a falar. No entanto, respondo prontamente a uma delas: a que concerne ao *subtítulo*. Ora, que o subtítulo não seja muito preciso, também eu o reconheço à p. 143. Mas fui levado a mantê-lo por razões *editoriais*, pois queria chamar a atenção, no mesmo frontispício, para a identidade da linguística filosófica com a estética. Em uma segunda edição, porém, removerei o subtítulo, que pode dar origem a equívocos. Depois deste livro de estética, proponho-me escrever um de *História* e outro de *Lógica*. Começarei a trabalhar neles nos próximos meses. Enquanto isso, preparo uma pequena revista, junto com meu amigo Gentile. Quando tiver saído o primeiro fascículo, e virdes o índice, me permitirei solicitar a vossa colaboração. Um pedido. Na resenha não se faz qualquer menção à *parte histórica* de meu livro, que de fato é secundária para quem se interessa pela parte filosófica. Mas, sendo a revista de Percopo uma publicação de *História* literária, seria melhor inserir, em algum trecho da resenha, dez ou doze linhas relativas ao conteúdo da parte histórica. Podereis fazer isso, oportunamente, nas provas de impressão.

Em 19 de agosto de 1902, escreveu a Francesco Montalto, que lhe enviara um "opúsculo sobre a intuição":

> Lamento não ter vos conhecido antes, porque não só teria dado a vós a devida importância no meu trabalho, mas teria sido para mim um conforto nas horas de meditação, mostrando-me que também havíeis chegado às mesmas conclusões minhas sobre a importância fundamental da intuição. Se pudesse reler o opúsculo convosco, teria algumas observações pontuais a fazer, especialmente sobre o que dizeis sobre o caráter abstrato e intelectual da linguagem, pois isso não parece exato. Geralmente, no opúsculo pretende-se uma abordagem explícita do problema da arte. Mas, lendo e meditando a vossa carta, percebo um pleno acordo entre nós, uma vez que as observações que fazeis ou respondem inteiramente ao meu pensamento, ou não são tais que possam contradizer-vos. Dizeis que aquém do limite intuitivo não há sensação, mas crise nervosa. Dissestes muito bem: a diferença é meramente terminológica, porque a *sensação*

pode ser entendida como *mera matéria* e, nesse caso, é sinônimo de perturbação nervosa, ou pode ser entendida como *sensação formada*, e, nesse outro caso, é intuição. Eu a entendia no primeiro sentido, porque me pareceu mais conforme ao uso linguístico, mas isso não tem importância. Tendes razão também ao dizer que a intuição é sempre real; mas observo que, na medida em que nela não foi introduzida ainda qualquer distinção intelectual, o *real*, de que falais, não é o mesmo que aquele *real*, oposto ao irreal, que surge numa fase posterior. Mesmo o *irreal* da segunda fase é *real* na primeira. Não diria que na intuição há o momento prático, mas, sim, que ela é o pressuposto necessário do momento prático. O *fazer* do espírito teorético não é um *querer*: é um fazer sem querer. Como já vos disse quando tive o prazer de encontrar-vos, não acho que a distinção de expressão simples e expressão estética possa se colocar no grau de perfeição, que é maior na segunda, porque, como vós mesmo chamais a atenção, a intuição defeituosa é, basicamente, não intuição, ausência de força intuitiva, deficiência da força intuitiva que ocorre. Nem me parece que a diferença possa surgir numa *maior complexidade*, uma vez que uma maior complexidade não leva à diferença formal, mas apenas material; e é a diferença formal ou qualitativa que deveria ser encontrada. Além disso, *empiricamente* é verdade que a expressão estética distingue-se da comum, ora pelo grau de perfeição, ora por maior complexidade. Mas essa distinção *empírica* não pode ser introduzida na ciência. Assim, a partir de vossas observações, concluo que estais de acordo comigo quando nego os tipos de expressões.

Quanto à diferença entre psique animal e psique humana, parece-me, como mencionei às páginas 26-27 do meu livro, que é necessário distinguir entre o animal, o feio, como *fictio* filosófica que coincide com o conceito de mera matéria informe, e os animais reais, aos quais não acho que se possa negar uma espiritualidade rudimentar, algumas simples intuições, etc.; a menos que se queira considerá-los *máquinas*, como queria Descartes! Reitero que fiquei muito contente ao reconhecer tanta afinidade de ideias entre nós (ao lado de muita diferença de temperamentos!). Faço votos de que retomeis o trabalho iniciado, que vos trará grande honra (e sei que isso pouco vos importa), mas também poderá auxiliar os nossos estudos filosóficos; e isso vos deve importar. Também retomarei o tema da *intuição* para estudar a intuição *distinta*, a do *real*, em um livro sobre a *Teoria della Conoscenza Storica*.

Como se vê, são esclarecimentos de grande interesse teórico. Em 4 de maio de 1903, Croce escreveu em termos não menos interessantes a Emilio Bertana, autor do ensaio "Di una Nuova Estetica", publicado nos *Atti della Regia Accademia delle Scienze*, Torino, 38, 1903:

Agradeço o seu opúsculo sobre a minha *estética*, que li imediatamente. De dizer, contudo, que todas ou quase todas as objeções que me são feitas vieram-me à mente nos muitos anos em que passei meditando e trabalhando em meu livro; estou convencido de tê-las respondido, explícita ou implicitamente, ao longo do trabalho. Por isso, ainda me parece que, ao se pensar melhor, acaba-se reconhecendo que as questões estéticas são resolvidas daquele modo, ou ao menos, seguindo o caminho que tentei percorrer. A menos que se queira negar até mesmo a possibilidade de uma estética: nesse caso, não se pode discutir se uma é melhor ou pior, pois estaremos todos no escuro, e boa noite. Quanto a Fogazzaro, confesso que me enganei, mas a bem da verdade devo dizer que minha crítica é crítica estética, e se resume em acusar aquele escritor de *incoerência estética*. Fogazzaro é um sensual que quer se dar o ar de austero moralista. Mas as cores de suas pinturas gritam. A outros parecerá que não gritam, e, repito, posso estar errado, como disse Renzo; o problema, entretanto, é de crítica estética. Por que Manzoni, cujas ideias filosóficas e religiosas não me parecem aceitáveis, me seduz com sua arte? Uma vez que ele sempre foi muito bom e gentil para comigo, não me sentiria bem se não lhe contasse o que tenho na alma. Sua crítica, *ora* publicada, me desagradou porque assumiu o aspecto de revide aos comentários que fiz acerca do seu *Alfieri*. Esse caráter de revide foi acentuado pelo nervosíssimo amigo comum, Renier, que, após a publicação do segundo fascículo da minha "Crítica", não me deu nenhuma trégua, manifestando de mil modos o seu mau humor e anunciando muitas e temíveis desgraças. "Assim, aplico a lei do talião!", parece que ele me dizia. Entendo: são ninharias, nem vou guardar o mínimo rancor de coisas assim. Mas a maneira de não guardar rancor é *esvaziar* rapidamente a própria mente.

Estas últimas indicações não estão fora de contexto, mas servem para reconstruir também o *clima* da discussão daquele tempo, ou ao menos alguns de seus aspectos. Isso é confirmado pela carta de 15 de maio de 1903 a Renier:

> Como acontece nessas situações, um mal-entendido surgiu entre nós. Com Novati me incomodava apenas o teu mau humor para comigo, que parece ter surgido dos comentários que fiz ao livro de Bertana. E a mesma crítica de Bertana, vinda *logo depois* daquela que escrevi sobre o seu *Alfieri*, e por ti anunciada de antemão, me confirmou esse teu sentimento, decerto momentâneo, em relação a mim. Como não sou mais um menino (infelizmente!), me precavi bem em atribuir ao meu desabafo com Novati outra importância além de um *nervosismo* que respondia a outro. A amizade é algo sério, e como não nasce

de extravagâncias, da mesma maneira não pode ser destruída ou abalada por mau-humor passageiro ou por miudezas. Quanto a todas as outras coisas que me dizes, te agradeço pela maioria delas, pois são afetuosas e gentis; e sobre as demais, declaro-te que seria um tolo, ou, como dizes muitíssimo bem, estaria obrigado a viver numa constante instabilidade se me incomodasse com as críticas ou quisesse que não fossem criticadas as coisas que publico. Sou *experiente* em matéria de crítica porque, de duas, uma: ou me dou conta de que cometi um erro, aproveito-me dela e me corrijo, ou concluo que estou certo, e a refuto. Naturalmente, não quero *impor* as minhas ideias a ninguém, mas tenho o dever de defendê-las enquanto me parecerem verdadeiras. Se forem errôneas, paciência! Da leal e decidida defesa que fizer, surgirá uma oposição proveitosa aos estudos. Eis o meu programa, isto é, o programa de qualquer pessoa de bom senso. Não é verdade que o meu livro não tenha recebido qualquer crítica séria antes da que fez Bertana. Crítico, embora favorável, foi mesmo o artigo de Vossler, jovem inteligentíssimo e sério, com quem discuti quase todos os dias durante dois meses, quando de nossa estada comum em Perúgia; e, da maneira que sintetizou o meu livro, mostrou que escrevia com completa liberdade de espírito. O artigo de Gentile também insinuou alguma objeção relevante; Gentile, quando concorda comigo, o faz porque sua mente o exige: ele tem um espírito independente e franco, e por isso o estimo: sei que me dirá sempre a verdade. De resto, foram publicados também alguns artigos desfavoráveis à minha tese; o mais importante deles foi a longa recensão de Lalo no *Bulletin Italien*, saída há cinco meses. Falei de Vossler e de Gentile porque não gostaria que os considerasses amigos complacentes, pois eles não o são: não penses que estimo meus amigos apenas por serem complacentes para comigo.

Uma pequena curiosidade é o bilhete para Gabriele d'Annunzio, quando Croce lhe enviou a *estética* em troca do primeiro volume das *Laudi*, em 28 de fevereiro de 1904:

Pro thesauro carbonem: em troca de um belo livro de poesia, envio-lhe este livro de raciocínios áridos.

Interessante sob um ponto de vista bem mais substancial é a breve carta de 23 de janeiro de 1909 a Michele Losacco, que havia falado de seus livros sobre Hegel (em *Il Marzocco*, Firenze, 10 de fevereiro de 1907) e sobre a "Filosofia della Pratica" (em *Nuova Antologia*, XLIII, 220, fasc. 880, 16 de agosto de 1908, e também em *Biblioteca degli Studiosi*, Napoli, I, 3-4, 1909), bem como na *Rivista Filosofica*:

Aceito vossas observações. Na verdade, passados oito anos, tinha uma grande vontade de reescrever a *estética* a partir do início, e não me faltaria coragem para isso, como não me faltou no caso da *Logica*, que terminei de reescrever e que resultou num livro totalmente novo. Detive-me na consideração de que o livro foi muito discutido e traduzido em quatro idiomas até agora; por isso, é como se não me pertencesse mais. Remediei os problemas, quando era possível remediá-los, com o livro *Problemi di Estetica* que estou preparando.

Pode-se dizer bela a carta de Croce a Unamuno – o qual lhe enviara um opúsculo – sobre o Prefácio que este escrevera à tradução espanhola da *estética*, em 5 de junho de 1911:

> O que dizeis no Prefácio, agrada-me não só na parte em que concorda comigo (e concorda com íntima inteligência das questões tratadas), mas também na que discorda, quando o dissenso me parece quase sempre instrutivo. Só em alguns pontos parece-me que não tendes razão de objetar, uma vez que não lestes ainda os desenvolvimentos posteriores de meu pensamento na *Logica* e na *Filosofia della Pratica*. Relativamente, a *estética* é um livro juvenil. É o meu primeiro livro de filosofia, porque durante muitos anos me ocupei de história; e, dentre outras relações históricas da Itália com a Espanha, sobre as quais escrevi cerca de vinte ensaios breves (naquela época, de fato, mantive uma amistosa correspondência com Menéndez y Pelayo, Rodriguez Marín, Rodríguez y Villa, Cotarelo, Menéndez Pidal, etc.). Nos livros posteriores, o meu pensamento amadureceu. No âmbito da estética, no livro *Problemi di Estetica* e, com mais propriedade, na conferência que fiz em Heidelberg, vereis o progresso do conceito de *intuição*.

A definição da *estética* como um livro relativamente juvenil, cujas teses foram levadas à maturidade sistemática com os seus trabalhos posteriores, foi poucas vezes expressa tão claramente por Croce.

Ciro Trabalza, a seu turno, estava interessado em gramática. A carta que Croce lhe escreveu em 4 de março de 1916 diz respeito, no entanto, aos problemas de história da estética, mas traz certos detalhes autobiográficos importantes:

> Trata-se [...] de um fenômeno todo meu, individual, que chamarei de *saturação*. Estive tão ocupado nos últimos anos com esses posicionamentos mentais que, ao retornar a eles, sinto o peso do exaurimento. Conseguiria falar de novo da história da estética apenas se me fosse possível expô-la novamente conforme as minhas atuais disposições mentais, isto é, sem polemizar, e emitindo apenas

juízos *positivos*, colocando-a em harmonia com o meu *Breviario di Estetica* e com a minha *Storia della Storiografia*. Mas, a propósito de vosso livro, digo que se me propusesse a desenvolver um esboço histórico dessa natureza, teria sido injusto para com ele, que tem uma intenção e um valor inteiramente próprio. Então, depois de dois dias de incerteza, resolvi pedir que Gentile fizesse a resenha; contudo, decidi acrescentar à lista dos ensaios que escreverei em data mais ou menos próxima o seguinte: *Breve Storia dell'Estetica*. Sou-vos devedor, portanto, desta inspiração!

Em suma, sempre se verifica em Croce o máximo cuidado de considerar a própria reflexão um *work in progress*, perenemente aberto. Isso se constata muito claramente na carta, de 27 de novembro de 1920, endereçada a Douglas Ainslie (o qual, em 1909, traduziu a *estética* para o inglês, e escreveu várias vezes sobre ela: cf. *Anglo-Italian Review*, London, outubro de 1918; *The English Review*, London, 26, 1918; *The Nineteenth Century*, London, 472, 1916; *The North American Review*, New York, 198, 4 de outubro de 1913, etc.):

> Uma vez que preparastes a nova edição da *estética*, peço-vos que reviseis a tradução da quarta edição (1912), que é definitiva e contém várias correções. Além disso, será oportuno que, no prefácio, citeis o volume *Nuovi Saggi di Estetica*, que sairá em algumas semanas, e que é um complemento e, em parte, uma correção da *estética*. Recomendo-vos essas duas coisas, porque são importantes.

Muito tempo depois, movido pelas mesmas preocupações, Croce escrevia aos estudiosos que publicavam livros e pesquisas sobre o seu pensamento estético. Assim, escreveu a Alberto Caracciolo (veja sua obra *L'Estetica di Benedetto Croce nel Suo Svolgimento e nei Suoi Limiti*, Torino, 1948) em 14 de outubro de 1946:

> Tendes seguido com muita atenção os conceitos de arte em meus escritos juvenis. Depois de mais de cinquenta anos de novas meditações sobre a arte no exercício da crítica e da história da poesia, direi que senti uma espécie de aversão ao pensar no livro de estética. Mas, tendo agora que reler, por conta da nova edição, de certo modo me reconciliei com ele, porque essa obra é resultado de um esforço que me custou grandes fadigas, a fim de que pudesse desembaraçar o campo da estética de tantos assuntos grosseiros e inúteis. O posterior aperfeiçoamento e a correção de algumas incertezas ou o

esclarecimento de certas sentenças provisórias podem ser vistos no livro sobre *Poesia*. Mas, mesmo depois deste livro, continuei a me propor, e resolver, novos problemas, até agora com os *Discorsi di Varia Filosofia* e os *Quaderni della "Critica"* que estão em andamento. A vida é uma contínua [...] correção de si mesma e esse dever é o mesmo para velhos e jovens.

Quanto à orientação geral, sabeis que considero a metafísica uma ciência bastarda, mistura de naturalismo e de mitologia, e considero que todos os problemas filosóficos, mesmo os que se chamam metafísicos, têm o seu núcleo e a sua solução na filosofia do espírito. Quanto à estética em especial, recordareis que, em meu ensaio sobre *Due Scienze Mondane*, assinalei-a como uma das ciências que contribuíram de modo conspícuo para preencher certo hiato entre os conceitos que alimentavam a ideia do transcendente. Mantenho-me firme nessa convicção.

Pouquíssimos anos antes de encerrar sua longa e operosa militância de intelectual e de filósofo, Croce encerrava, uma vez mais, com seu atentíssimo e fortemente dialético senso de unidade, bem como com suas características mais marcantes, o campo de interesses de pensamento que o tinham inquietado, antes mesmo que se abrisse em seu espírito aquela flor, ainda juvenil, da *estética*.

APÊNDICE III

SUMÁRIOS DAS *TESI* E DA *ESTÉTICA*

SUMÁRIO DAS *TESI*

1. A EXPRESSÃO COMO ATIVIDADE

Impressão e expressão – Expressão no sentido estético e expressão no sentido naturalista – Expressão e fato psíquico – Expressão e representação – Os fatos de atividade. A expressão como atividade – A expressão (belo) natural – Conteúdo e forma – Crítica da teoria dos *sentidos estéticos* – Expressão e beleza – Crítica da falsa objetividade e do relativismo – O gênio e o gosto – O progresso – Indivisibilidade do belo – A arte libertadora.

SUMÁRIO DA *ESTÉTICA*

1. INTUIÇÃO E EXPRESSÃO

O conhecimento intuitivo – Sua independência em relação ao conhecimento intelectual – Intuição e percepção – Intuição e os conceitos de espaço e tempo – Intuição e sensação – Intuição e associação – Intuição e representação – Intuição e expressão – Ilusão sobre sua diferença – Identidade da intuição e expressão.

2. INTUIÇÃO E ARTE

Corolários e esclarecimentos – Identidade de arte e conhecimento intuitivo – Não diferença específica – Não diferença de intensidade – Diferença extensiva e empírica – O gênio artístico – Conteúdo e forma na estética – Crítica da imitação da natureza e da ilusão artística – Crítica da arte concebida como fato sentimental e

2. A EXPRESSÃO COMO ATIVIDADE TEORÉTICA

Teorética e prática – A prática como um segundo grau – O técnico – A expressão como atividade teorética – Crítica da teoria da *escolha de conteúdo* – Crítica da sentença: *o estilo é o homem* – Crítica da *técnica estética* e dos *meios de expressão*.

3. A EXPRESSÃO COMO ATIVIDADE TEORÉTICA ESPECIAL

Teorético-estético e teórico-lógico – Indissolubilidade do pensamento lógico da expressão – Dissolubilidade da expressão do pensamento lógico – A expressão como primeiro grau – História e arte – História e fé – Os dados históricos nas ciências – Arte, história e ciência – A crítica da estética intelectualista. O *alegórico* e o *típico* – Crítica do *verossímil* – Crítica da teoria dos *gêneros* artísticos e literários – O caráter da beleza – A *origem* da arte – estética e lógica.

não como ato teorético. A aparência estética e o sentimento – Crítica da teoria dos sentidos estéticos – Unidade e indivisibilidade da obra de arte – A arte libertadora.

3. A ARTE E A FILOSOFIA

Indissolubilidade do conhecimento intelectual do intuitivo – Crítica das negações desta tese – Arte e ciência – Conteúdo e forma: outro significado. Prosa e poesia – A relação de primeiro e segundo grau – Inexistência de outras formas cognitivas – A historicidade. Identidade e diferença no que diz respeito à arte – A crítica histórica – O ceticismo histórico – A filosofia como ciência perfeita. As chamadas ciências naturais e seus limites.

4. HISTORICISMO E INTELECTUALISMO NA ESTÉTICA

Crítica do verossímil e do naturalismo – Crítica das ideias em arte, da arte na teoria e do típico – Crítica do símbolo e da alegoria – Crítica à teoria dos gêneros artísticos e literários – Erros derivados dessa teoria nos juízos sobre arte – Sentido empírico das partições dos gêneros.

5. ERROS ANÁLOGOS NA TEORIA DA HISTÓRIA E DA LÓGICA

Crítica da filosofia da história – Invasões estéticas na lógica – A lógica em sua essência – Distinção dos juízos lógicos dos não lógicos – A silogística

4. INEXISTÊNCIA DE TIPOS DE EXPRESSÕES

Unicidade da expressão – As traduções – As categorias retóricas – O sentido possível das categorias retóricas – As semelhanças dos fatos estéticos – A retórica da lógica.

5. ANALOGIA DAS ATIVIDADES PRÁTICAS COM AS TEORÉTICAS

Analogia entre o teorético e o prático – O útil econômico como atividade – Vontade econômica e vontade moral – A pura economicidade – O princípio econômico – O sistema das atividades humanas – As formas de genialidade – O útil e a tríade dos valores.

– Falso lógico e verdadeiro estético – A lógica reformada.

6. A ATIVIDADE TEORÉTICA E A ATIVIDADE PRÁTICA

A vontade – A vontade como grau ulterior em relação ao conhecimento – Objeções e esclarecimentos – Crítica dos juízos práticos ou de valor – Exclusão do prático no âmbito da estética – Crítica da teoria do fim da arte e da escolha do conteúdo – Ausência de culpabilidade prática da arte – A independência da arte – Crítica da sentença: o *estilo é o homem* – Crítica do conceito de sinceridade em arte.

7. ANALOGIA ENTRE O TEORÉTICO E O PRÁTICO

As duas formas de atividade prática – O útil econômico – Distinção entre o útil e o técnico – Distinção entre o útil e o egoístico – Vontade econômica e vontade moral – O meramente econômico – O lado econômico da moralidade – O puramente econômico e o erro do moralmente indiferente – A crítica do utilitarismo e a reforma da ética e da economia.

8. EXCLUSÃO DE OUTRAS FORMAS ESPIRITUAIS

O sistema do espírito – As formas da genialidade – Inexistência de uma quinta forma de atividade. O direito; a sociabilidade – A religiosidade – A metafísica – A fantasia mental e o

6. A ATIVIDADE EM GERAL E A ATIVIDADE ESTÉTICA ESPECIAL EM SUAS RELAÇÕES COM O FATO PSÍQUICO

O lado natural da atividade humana e o preconceito do naturalismo – A teoria patológica do gênio – Valor e prazer. Crítica das teses hedonistas – Prazeres imediatos e mediados – O cômico e o sublime. Outros conceitos mais complexos – Crítica da teoria dos *sentimentos aparentes* – estética e psicologia.

7. A REPRODUÇÃO DAS EXPRESSÕES

1.a) Os subsídios da memória ou o belo físico.

A memória e as suas deficiências – O *belo natural* e o *belo artificial* – Os escritos – O *belo misto* – Crítica ao conceito de que *o belo não é livre* – Os estímulos da produção – O belo físico e a atividade prática.

intelecto intuitivo – A estética mística – Mortalidade e imortalidade da arte.

9. INDIVISIBILIDADE DA EXPRESSÃO EM MODOS OU GRAUS E CRÍTICA DA RETÓRICA

As notas distintivas da arte – Inexistência de modos de expressão – Impossibilidade de traduções – Crítica das categorias retóricas – Sentido empírico das categorias retóricas – Uso delas como sinônimos do fato estético – Uso delas para indicar as várias imperfeições estéticas – Uso que transcende o fato estético, e está a serviço da ciência – A retórica nas escolas – As semelhanças das expressões – A possibilidade relativa das traduções.

10. SENTIMENTOS ESTÉTICOS E A DISTINÇÃO ENTRE O BELO E O FEIO

Vários significados da palavra "sentimento" – O sentimento como atividade – Identificação do sentimento com a atividade econômica – Crítica do hedonismo – O sentimento como concomitante de toda forma de atividade – Significado de algumas distinções comuns de sentimentos – Valor e desvalor: os contrários e sua união – O belo como valor da expressão, ou a expressão sem mais – O feio e os elementos de beleza que o constituem – Ilusão de que se dão expressões que não são belas nem feias – Sentimentos estéticos próprios e sentimentos concomitantes e acidentais – Crítica dos sentimentos aparentes.

11. CRÍTICA DO HEDONISMO ESTÉTICO

Crítica do belo como algo agradável aos sentidos superiores – Crítica da teoria do jogo – Crítica das teorias da sexualidade e do triunfo – Crítica da estética do simpático. Que sentido tem conteúdo e forma na estética do simpático – Hedonismo estético e moralismo – A negação rigorista e a justificação pedagógica da arte – Crítica da beleza pura.

7. A REPRODUÇÃO DAS EXPRESSÕES

1.b) Consequências da falta de distinção entre o físico e o estético.

Crítica do *associacionismo* estético – A *física estética*. A beleza do *corpo humano* e das *figuras geométricas* – Crítica da teoria da *imitação da natureza* – Crítica da teoria da *idealização da natureza* – Crítica da teoria das *formas elementares do belo* – A técnica da exteriorização – As teorias *técnicas* das artes – Crítica das teorias *estéticas* das *artes* – Crítica da investigação das *condições objetivas* do belo – Crítica das teorias sobre as relações entre arte e moral.

12. A ESTÉTICA DO SIMPÁTICO E OS CONCEITOS PSEUDOESTÉTICOS

Os conceitos pseudoestéticos e a estética do simpático – Crítica da teoria do feio na arte e da superação do feio – Os conceitos pseudoestéticos e a sua pertença à psicologia – Impossibilidade de definições rigorosas – Exemplos: definições do sublime, do cômico, do humorístico – Relação entre esses conceitos e os conceitos estéticos.

13. A "BELEZA FÍSICA" NA NATUREZA E NA ARTE

A atividade estética e os conceitos físicos – Expressão em sentido estético e expressão em sentido naturalista – Representação e memória – A formação de subsídios para a memória – O belo físico – Conteúdo e forma: outro significado – O belo natural e o belo artificial – O belo misto – A escrita – O belo livre e o não livre – Crítica do belo não livre – Os estímulos da produção.

7. A REPRODUÇÃO DAS EXPRESSÕES

2. A educação dos sentidos e a interpretação histórica.

Objeções baseadas na variação do órgão e do estímulo – Crítica da distinção dos sinais em *convencionais* e *naturais* – A superação da variedade – O exercício dos sentidos e a interpretação histórica – A riqueza estética.

14. ERROS QUE NASCEM DA CONFUSÃO ENTRE FÍSICA E ESTÉTICA

Crítica do associacionismo estético – Crítica da física estética – Crítica da teoria da beleza do corpo humano – Crítica da beleza das figuras geométricas – Crítica de outro aspecto da imitação da natureza – Crítica da teoria das formas elementares do belo – Crítica da investigação das condições objetivas do belo – Astrologia da estética.

15. A ATIVIDADE DE EXTERIORIZAÇÃO. A TÉCNICA E A TEORIA DAS ARTES.

A atividade prática de exteriorização – A técnica de exteriorização – As teorias técnicas das artes individuais – Crítica das teorias estéticas das artes individuais – Crítica das classificações das artes – Crítica da teoria da unificação das artes – Relação da atividade de exteriorização com a utilidade e a moralidade.

16. GOSTO E REPRODUÇÃO DA ARTE

O juízo estético. Sua identidade com a reprodução estética – Impossibilidade de divergências – Identidade de gosto e gênio – Analogia com outras atividades – Crítica do absolutismo (intelectualismo) e do relativismo estéticos – Crítica do relativismo relativo – Objeção fundada na variação do estímulo e da disposição psíquica – Crítica da distinção dos sinais em naturais e convencionais – A superação da variedade – Os restauros e a interpretação histórica.

8. IDENTIDADE DA LINGUÍSTICA COM A ESTÉTICA

Identidade da linguística com a estética – Impossibilidade de uma gramática *normativa* – Linguística e filologia – Formulação estética dos problemas linguísticos. Natureza da linguagem – A relação entre gramática e lógica – As partes do discurso e as categorias gramaticais – A individualidade das palavras e a classificação das línguas – Os fatos linguísticos elementares e as raízes – O uso linguístico e a questão da unidade da língua.

9. IMPOSSIBILIDADE DE UMA ESTÉTICA QUE NÃO SEJA CIÊNCIA DA EXPRESSÃO

Incapacidade de uma estética que não seja *ciência da expressão* – Inexistência da *beleza pura* – Crítica das ciências de categorias hedonistas especiais – Crítica da ciência do *simpático* (belo simpático) – As modificações do belo e a superação do feio – Conteúdo e forma na estética do simpático. A estética do simpático como uma *ciência imperativa* – Conclusão.

17. A HISTÓRIA DA LITERATURA E DA ARTE

A crítica histórica na literatura e na arte. Sua importância – A história artística e literária. Sua distinção da crítica histórica e do juízo estético – A metódica da história artística e literária – Crítica do problema da origem da arte – O critério do progresso e a história – Inexistência de uma única linha progressiva na história artística e literária – Erros contra essa lei – Outros significados da palavra "progresso", em fato de arte.

18. CONCLUSÃO:. IDENTIDADE DE LINGUÍSTICA E ESTÉTICA

Resumo da investigação – Identidade da linguística com a estética – Formulação estética dos problemas linguísticos. Natureza da linguagem – Origem da linguagem e seu desenvolvimento – Relação entre gramática e lógica – Os gêneros gramaticais ou partes do discurso – A individualidade da fala e a classificação das línguas – Impossibilidade de uma gramática normativa – Trabalhos de índole didática – Os fatos linguísticos elementares ou as raízes – O juízo estético e a língua modelo – Conclusão.

GIUSEPPE GALASSO

Posfácio do Tradutor

*Jusqu'à quel point le chant appartient à la voix,
et la poésie au poète?*
Victor Hugo

Filósofo, historiador, crítico literário e político, Benedetto Croce (Pescasseroli, 25 de fevereiro de 1866 – Nápoles, 20 de novembro de 1952) é o intelectual mais evidente na Itália da primeira metade do século XX. Sua vida cobre o arco que vai dos primeiros anos da unificação italiana ao Pós-Guerra. De berço abastado, conservador e monárquico, ainda bastante ligado aos Bourbon pelo ramo paterno, foi levado, criança, para Nápoles e matriculado no colégio dos padres barnabitas, onde se educava a aristocracia local. Aluno brilhante, nos tempos de liceu lançou-se na leitura de Carducci (1835-1907) e De Sanctis (1817-1883). Teve, àquela altura, algum propósito de "vida devota", logo abandonado, mantendo-se hostil à religião por toda a vida.[1] Em 1883, foi morar em Roma, com o irmão Alfonso (1867-1948), na casa de um parente paterno, Silvio Spaventa, que superava, ao acolhê-lo, antigas desavenças de família. Nesse *soggiorno* romano, conheceu políticos, frequentou bibliotecas e, o mais determinante então, conheceu Antonio Labriola (1843-1904), que fora aluno, em Nápoles,[2] de Bertrando Spaventa (1817-1883), irmão de Silvio. Socialista, Labriola correspondia-se com Engels (1820-1895) e era *habitué* do *salotto* de Silvio Spaventa, onde, segundo Croce, reinava "o mais obscuro e pessimista ambiente que se possa imaginar". Deixando para trás a "politiqueira sociedade romana", Croce retorna a Nápoles em

---

[1] Em 1949, solicitou expressamente à esposa, católica, que não lhe chamasse um padre na hora da morte, "pois é coisa horrenda aproveitar da enfermidade de alguém para arrancar-lhe uma palavra que, sadio, ele nunca teria dito".

[2] "Os estudos filosóficos, nunca interrompidos ou abandonados na Itália meridional, e àquela época em processo de renovação [...]. Desejosos de renovação intelectual, os jovens italianos puseram-se a aprender alemão: o próprio De Sanctis (preso por ter sido liberal no governo dos Bourbon) traduziu no cárcere a *Lógica*, de Hegel, e a *História das Literaturas*, de Rosenkranz." Ver, neste volume, p. 340

1886.[3] Sua fortuna pessoal garantia-lhe os meios de manter-se como escritor independente, transcorrendo quase toda a vida em sua *"Napoli nobilissima"*, no primeiro andar do Palácio Filomarino. Viajou pela Espanha, Alemanha, França e Inglaterra e aprendeu-lhes o idioma, entregando-se, desde logo, a uma austera rotina de autodidata. A partir de 1893, atraído pelas ideias de Giambattista Vico (1668-1744), Croce começa a apostar na filosofia. Um dos sinais dessa nova orientação é a sua memória *La Storia Ridotta Sotto il Concetto Generale dell'Arte* (1893). Entre 1895 e 1899 – data dessa época o início de sua correspondência com Giovanni Gentile –, pôs-se a estudar Marx e outros economistas, bem como periódicos de esquerda, alemães e italianos; dedicou-se também aos escritos de Labriola, a quem deve, aliás, a sugestão de publicar sua série de ensaios *Materialismo Storico de Economia Marxistica* (1900). Às instâncias de Croce, por sua vez, Labriola deve a publicação de seus *Saggi sul Materialismo Storico* (1895), que marcam o início do marxismo teórico na Itália. Croce, então, por causa de Marx, viu-se na contingência de confrontar-se diretamente com a filosofia de Hegel. Tivera, é verdade, outro contato com esse autor a partir da obra de Bertrando,[4] o qual, tendo abandonado o sacerdócio, não conseguiu, todavia, deixar de teologizar; a leitura de Bertrando, como Croce confessou, longe de o aproximar acabou por afastá-lo de Hegel. Que Hegel o tenha atraído, do início ao fim de sua produção intelectual, mostra-o o seu notável *Ciò che è Vivo e Ciò che è Morto della Filosofia di Hegel* (1907), logo traduzido para o francês e o alemão, bem como um de seus últimos trabalhos: *Una Pagina Sconosciuta della Vita di Hegel* (1950). Cabe mencionar que, além de Hegel, também Vico mereceu, enquanto fonte de inspiração, um estudo monográfico: *La Filosofia di G. Vico* (1911). Contudo, não é a Hegel, nem a Vico, mas a Francisco De Sanctis que Croce deve o principal influxo de sua formação, considerando-o expressamente seu mestre.[5] Entre 1896 e 1898, Croce curou a publicação

---

[3] Sua estada em Roma lhe valeu também pelos estudos de história literária e política da Itália meridional, dos tempos aragoneses ao fim do século XVIII.

[4] Spaventa persuadira-se de que os pensadores italianos da Renascença foram os verdadeiros iniciadores da filosofia moderna, cuja maturação se dera fora da Itália, com Espinosa, Kant e Hegel. Ligado ao grupo de Spaventa, temos Donato Jaia (1839-1914), que ganhou fama por ter Gentile entre seus alunos em Pisa. O atualismo de Gentile provém, mediatamente, do hegelianismo napolitano.

[5] "De Sanctis foi meu mestre ideal; o meu aprendizado junto a ele, atento e respeitoso, durou mais de trinta anos; e só depois de ter me deixado instruir por tanto tempo e tão

de três volumes de seus escritos, divulgando também a imagem de um De Sanctis "educador" no ensaio *Francesco De Sanctis e i Suoi Critici Recenti* (1898). Em sua monumental *Storia della Letteratura Italiana* (1870-1872), De Sanctis, também ele da universidade de Nápoles, inspirou-se no conceito hegeliano de espírito, vendo, na poesia, a realização do espírito universal. Em contraste com seu "mestre", Croce, por força de sua irrenunciável adesão ao mundo da experiência comum, encaminhou seu pensamento à margem do Idealismo clássico. Seja dito que a primeira forma da presente *estética*, a saber, as *Tesi Fondamentali di un'Estetica come Scienza dell'Espressione e Linguistica Generale* (1900), provém, justamente, da necessidade de sistematização filosófica dos princípios literários de De Sanctis. Havendo deixado Marx para trás, depois do crivo por que passou sua doutrina na tentativa frustrada de reformá-la, continuou Croce a inebriar-se com a "concretude histórica da filosofia hegeliana", apesar de seus "tantos arbítrios e artifícios". Apaixonara-se de vez pela política. Não obstante toda essa agitação intelectual, esses anos da juventude de Croce, até cerca de 1900, pareceram-lhe "os mais dolorosos".[6] Pensou em suicídio; em que pesem as suas múltiplas ocupações, mantinha-se solitário como o será pela vida afora. Seu ambicioso projeto cultural, apenas começado, sugere, sem dúvida, alguma expectativa de reconhecimento *político*.

Em 1903, começou ele a publicar seu periódico bimestral *La Critica: Rivista di Letteratura, Storia e Filosofia*, contando, desde o início, e por vinte anos, com a colaboração de Gentile. Por três anos, bancou o periódico do próprio bolso. Em 1906, Giovanni Laterza, que conhecera em 1901, tornou-se o editor da *Critica* e das obras de Croce. Durou a revista 41 anos,[7] marcando a época que precedeu a Primeira Guerra. Seus fascículos,

---

sabiamente por ele, só depois desses mais de trinta anos de servidão voluntária como aprendiz, é que adquiri a consciência de ir adiante sem ele. Repito e insisto, portanto, nas palavras com as quais encerrei o capítulo a ele dedicado neste livro: que a sua filosofia é um 'pensamento vivo, que se dirige a homens cheios de vida, dispostos a elaborá-lo e continuá-lo'." Ver, neste volume, p. 21.

[6] G. Galasso (ed.), *Contributo alla Critica di Me Stesso*. Milano, 1989, p. 23.

[7] Quando a *Crítica* parou de circular, em fins de 1944, sucederam-na os *Quaderni della "Crítica"* (1945-1951), sem periodicidade fixa. No "obituário" da revista, publicado na *Time*, lê-se o seguinte: "For 22 Fascist years, the only Italian in all Italy who dared openly badger Mussolini was famed Philosopher Benedetto Croce. Through his brilliant, semimonthly philosophical magazine *La Critica*, Croce continued saying what he felt to be eternally true, even though these truths often contained political implications insupportable to

então aguardados com ansiedade, tratavam de vários ramos do saber – de crítica literária à história política, incluindo uma seção de resumos de filosofia e filosofia do direito. Se a *Critica* teve algum "programa", este decerto foi o ideal de cultura e de moralidade do *Risorgimento*, sem esquecer o decidido combate ao positivismo, ao filologismo, ao estetismo em suas várias vertentes; sem lhe exagerar a importância, a revista provocou a rápida dissolução do positivismo, que levou consigo sua principal chaga: o displicente desdém pela história da filosofia. Por essa mesma época, Croce começa a coordenar uma coleção de filosofia, provendo o público erudito com traduções de Descartes, Leibniz, Espinosa, Hume, Kant, Hegel, Fichte, Schelling, Herbart e Berkeley. Sob os cuidados de Gentile lançou-se também uma coleção de filosofia antiga e medieval. Lançaram-se também novas edições de Dante, Ariosto e outros nomes da literatura nacional. Feito senador em 1910, Croce tornou-se ministro da Instrução Pública dez anos depois, no quinto e último governo Giolitti. Aceitou o encargo a contragosto, como um "serviço militar", disse ele. Propôs, então, uma reforma escolar, mas não a levou a termo porque, ferrenho opositor do fascismo, retirou-se da vida pública depois do caso Matteotti. Coube a Gentile implementar a reforma escolar. Croce rompeu então sua amizade com esse filósofo, que se tornara a vedete intelectual do regime Mussolini; seguiu-se à ruptura uma polêmica acre e miúda, velada ou expressa, que se estenderia por anos. A pedido de Giovanni Amendola (1882-1926), Croce redigiu, em réplica a um panfleto de Gentile, o "Manifesto dos Intelectuais Antifascistas", garantindo, de antemão, ao amigo que o solicitara, que o texto seria breve para não aborrecer ninguém com arengas acadêmicas. Lançou-o em 1º de maio de 1925.[8] Amendola morreria, pouco depois, em consequência de complicações de saúde advindas de uma emboscada dos fascistas. Já em 1924, Croce denunciava o contubérnio de fascismo e futurismo, recrudescendo sua oposição à ditadura. Dada sua projeção internacional,

---

Fascism". [Durante os 22 anos de fascismo, o único italiano em toda a Itália que ousou enfrentar abertamente Mussolini foi o famoso filosófo Benedetto Croce. Com sua brilhante revista filosófica quinzenal, *La Critica*, Croce continuou a dizer o que julgava eternamente verdadeiro, ainda que essas verdades com frequência contivessem implicações políticas insuportáveis para o fascismo.] (*Time Magazine*, 16 de outubro de 1944).

[8] Dentre os signatários, encontravam-se o filósofo Rodolfo Mondolfo e o escritor Eugenio Montale.

os fascistas concederam a Croce alguma liberdade de crítica política, da qual o autor se valeu efetivamente em suas obras.⁹ A única agressão perpetrada foi a destruição de sua casa, em Nápoles, em novembro de 1926. No início da década seguinte, apoiou brevemente o movimento de Lauro De Bosis (1901-1931), jovem professor de literatura em Harvard que, em voo solitário, lançou milhares de panfletos antifascistas sobre Roma. Em setembro de 1930, proferiu, em Oxford, uma célebre conferência intitulada Antistoricismo,¹⁰ em que denunciava o perigo de uma nova "barbárie" como consequência do abandono do passado "europeu"; emblematicamente, na ocasião Croce evocou Boécio como testemunha daqueles tempos bestiais.¹¹ Em 1938, de fato, promulgou-se a legislação antissemita. Croce foi um dos poucos a protestar publicamente.¹²

Desiludido também com os liberais herdeiros do *Risorgimento*, Croce retornaria à vida pública somente em 1943, quando se tornou presidente do Partido Liberal.¹³ Em 15 de abril de 1944, em Florença, Gentile pagou

---

⁹ Em menos de dez anos, Croce publicou: *Storia del Regno di Napoli* (1925), que muitos consideram sua obra prima; *Storia d'Italia dal 1871 al 1915* (1928); *Storia dell'Età Barocca in Italia* (1929); *Storia d'Europa nel Secolo Decimonono* (1932). Croce foi a única exceção tolerada pelo regime. Mussolini o odiava, chamando-o de "emboscado da História".

¹⁰ Croce sustenta que a cepa totalitária fermenta no anti-historicismo (Cf. *La Storia come Pensiero e come Azione*, Laterza, Bari, 1943, p. 35-37). Diz ele em outro lugar: "O anti-histórico cristianismo levou à virtude da *caritas*, o anti-histórico Iluminismo elanguescia de humanitarismo e sensibilidade afetada, mas o atual anti-historicismo é uma completa depravação de egoísmo ou dureza de comando que parece celebrar uma orgia ou um culto satânico" (*Ultimi Saggi*, Laterza, Bari, 1963, p. 251). Croce condenou duramente o compromisso de Heidegger com o nazismo, chamando-o de escritor de "sutilezas genéricas", um "Proust catedrático" que cedeu a um "falso historicismo", segundo o qual "o movimento da história é crua e materialisticamente concebido como a afirmação de etnicismos e de racismos, como uma celebração das gestas de lobos e raposas, leões e chacais, ausente o único e verdadeiro ator: a humanidade". E conclui denunciando aquele que se prontificou "a prestar serviços filosófico-políticos que nada mais são que um modo de prostituir filosofia" (*Conversazioni Critiche*, 5. série, Laterza, Bari, 1939, p. 362).

¹¹ A denúncia da "barbárie" ocupou-o por um bom tempo. Pense-se no breve ensaio "*La Fine della Civiltà*", aparecido em 1946 no segundo dos *Quaderni della "Critica"*, sem esquecer do ensaio *Difesa della Poesia* (1933), em que faz apologia do caráter civilizatório da arte.

¹² Outro protesto veio da Igreja. A "Sagrada Congregação dos Seminários e das Universidades" emitiu a "Instrução sobre os erros atuais: racismo, panteísmo, etc., aos Reitores das Universidades Católicas" (13 de abril de 1938).

¹³ Mussolini, destituído em 25 de julho de 1943, foi substituído por Pietro Badoglio como chefe de governo.

com a vida sua adesão ao fascismo. Em 1944, Croce foi ministro sem pasta nos gabinetes Badoglio e Bonomi. No confuso pós-guerra, o país derrotado voltou-se para suas reservas morais e ouviu ainda o octagenário "papa leigo da cultura italiana", como o definiu Gramsci. Foi membro, então, da Consulta Nacional (1945-1946) e da Assembleia Constituinte (1946-1948), opondo-se, com veemência, à aprovação do artigo 7º da Constituição, que regulava as relações de Igreja e Estado. Em fevereiro de 1947, fundou o Instituto de Estudos Históricos, para cuja direção convidou Federico Chabod. Em 1948 voltou ao Senado em sua primeira legislatura republicana; entretanto, no ano seguinte, sequelado por um *ictus* cerebral, retirou-se da vida pública. Morreu em Nápoles, em sua biblioteca do Palácio Filomarino, às 10h50 de 20 de novembro de 1952. Em 1955, sua esposa, Adele Rossi (+1954), com quem casara em 1914, e suas filhas Elena, Alda, Silvia e Lidia criaram a *Fondazione Biblioteca Benedetto Croce*, uma das mais importantes dentro de sua especialidade, a fim de garantir a conservação do acervo, bem como cuidar das edições e traduções de sua obra.

A obra de Croce cobre três períodos: i) os estudos históricos, literários e investigações sobre o marxismo; ii) as obras filosóficas sistemáticas; iii) a revisão da filosofia do espírito em chave historicista. Moldada no esquema de um Idealismo *sui generis*, quatro obras do segundo período consignam a filosofia do espírito crociana.[14] São elas: *Estetica como Scienza dell'Espressione e Linguistica Generale* (1902); *La Logica come Scienza del Concetto Puro* (1909); *Filosofia della Pratica: Economica ed Etica* (1909); *Teoria e Storia della Storiografia* (1917). Note-se que o período entre a publicação da *estética* e a dos três outros volumes da filosofia do espírito corresponde àquele em que Croce traduziu e estudou intensamente Hegel. A esses quatro títulos, segue-se extensa bibliografia que procura exemplificar

---

[14] Obras filosóficas. A filosofia do espírito em quatro volumes: *Estetica come Scienza della Espressione e Linguistica Generale* (1902); *Logica come Scienza del Concetto Puro* (1909); *Filosofia della Pratica* (1909); a estas três soma-se, depois, a *Teoria e Storia della Storiografia* (1917) (publicada, dois anos antes, em alemão *Zur Theorie und Geschichte der Historiographie*). Outros escritos filosóficos: *Materialismo Storico ed Economia Marxista* (1900), *Problemi di Estetica* (1910); *La Filosofia di G. B. Vico* (1911); *Breviario di Estetica* (1913); *Cultura e Vita Morale* (1914); *Nuovi Saggi di Estetica* (1920); *Etica e Politica* (1931); *Ultimi Saggi* (1935); *La Poesia* (1936); *La Storia come Pensiero e come Azione* (1939); *Il Carattere della Filosofia Moderna* (1941); *Discorsi di Varia Filosofia* (2 vol., 1945); *Filosofia e Storiografia* (1949); *Storiografia e Idealità Morale* (1950); *Indagini su Hegel e Schiarimenti Filosofici* (1952).

os princípios que neles se enunciam.[15] Convém que o leitor atente para o fato de que a proposta filosófica da *estética* é a fonte primeira das análises posteriores, e sobretudo nisso consiste a sua importância.[16] Grande sucesso na Itália, cuja tradição artística dispensa comentário, a *estética* foi logo traduzida para o inglês,[17] francês e alemão. A obra apresenta, em pequeno ponto, a teoria crociana do espírito. Na *estética*, encontra-se também a parte concernente à linguística, adentrando Croce nesse ramo de investigação em que pontua, na esteira do pensamento de Vico, o valor estético da linguagem. Ciente, porém, dos motivos discordantes que se sobrepõem e entrecruzam em seus escritos, o autor se lança em um contínuo aprofundamento de seus temas principais. Assim, ao longo dos anos, Croce explicitou certos aspectos concernentes ao *conteúdo* da expressão artística. A ele se deve uma das versões contemporâneas mais conhecidas da distinção entre as funções expressiva e representativa da arte. Seus principais títulos de teoria estética são os seguintes: *Problemi di Estetica* (1910); *Nuovi Saggi di Estetica* (1920); *Aesthetica in Nuce* (1928); *Ultimi Saggi* (1935); *La Poesia* (1936). A esses títulos devem se somar as quatro lições do *Breviario di Estetica* (1912), originalmente redigidas para a inauguração do Instituto Rice, em Houston. Não se pode esquecer também o artigo *Aesthetics* da 14ª edição da *Encyclopædia Britannica*. Sem renunciar explicitamente ao seu projeto

---

[15] Obras de crítica e história literária: *Saggi sulla Letteratura Italiana del Seicento* (1911); *La Letteratura della NUOVA ITALIA* (6 vol., 1914-1940); *Goethe* (1919); *Ariosto, Shakespeare e Corneille* (1920); *La Poesia di Dante* (1921); *Poesia e Non Poesia* (1923); *Storia dell'Età Barocca in Italia* (1929); *Nuovi Saggi sulla Letteratura Italiana del Seicento* (1931); *Poesia Popolare e Poesia d'Arte* (1933); *Nuovi Saggi sul Goethe* (1934); *Poesia Antica e Moderna* (1941); *Poeti e Scrittori del Pieno e Tardo Rinascimento* (3 vol., 1945-1952); *La Letteratura Italiana del Settecento* (1949); *Letture di Poeti e Riflessioni sulla Teoria e la Critica della Poesia* (1950).

[16] "Relativamente, a *estética* é um livro juvenil. É o meu primeiro livro de filosofia, porque durante muitos anos ocupei-me de história; [...]. Nos livros posteriores, o meu pensamento amadureceu. No âmbito da estética, no livro *Problemi di Estetica* e, com mais propriedade, na conferência que fiz em Heidelberg, vereis o progresso do conceito de *intuição*." Ver, neste volume, p. 501

[17] Seu mais prolífico tradutor, o escocês Douglas Ainslie (1865-1948), admirador confesso de Croce, o chamava de "Leverrier da filosofia", numa referência ao famoso astrônomo que descobriu Netuno. R. G. Collingwood (1889-1943) traduziu *La Filosofia di Giambattista Vico*, violando, assim, o direito exclusivo de Ainslie. Para evitar alguma ação penal, Collingwood fez uma barganha: traduziu a segunda edição da *estética*, publicando-a em 1922 sob o nome de Ainslie, que publicara, em 1909, uma tradução parcial da primeira edição.

filosófico inicial, Croce repensou também as suas teses de historiografia à luz das novas exigências metodológicas de suas investigações. E, de fato, ao final de seu percurso filosófico, a história tornou-se o princípio único de mediação para todos os momentos da manifestação do espírito. Essa nova inflexão, Croce a sinalizou em *La Storia come Pensiero e come Azione* (1938) e a nomeia "Historicismo Absoluto", proclamando-a como a forma definitiva de seu pensamento.[18] Essa denominação significa, antes de tudo, dentro do Idealismo crociano, que a vida do espírito se faz história e evolui, não no devir dialético de uma Ideia ou Absoluto abstrato, mas no processo da realidade histórica.[19] Estamos em face do racionalismo absoluto de Hegel, que postula o princípio da identidade entre o real e o racional: por ser realização da atividade do espírito, a história é, sem mais, uma realidade racional e perfeita. De fato, Croce louva em Hegel o seu "ódio contra o abstrato e imóvel".

***

A envolvente obra de Benedetto Croce manifesta um temperamento crítico e cerebrino. Sua fecundidade é desconcertante: são mais de 4 mil títulos reunidos em 54 volumes de "Escritos de História Literária e Política" e outros 12 volumes de "Escritos Diversos", publicados quase todos pela Editora Laterza, de Bari. Sua paixão pela erudição, muito ao gosto do século XVIII, era secundada por uma memória extraordinária. Não raro, entrega-se à polêmica e à ironia, mantendo, porém, a sobriedade de estilo. Sua escrita coloquial,[20] límpida e precisa, por vezes refinadamente arcaizante, distribui-se, na *estética*, por longos parágrafos de forte cunho unitário que denotam sua invulgar capacidade de síntese. Ensaísta vivaz,

---

[18] Outros escritos históricos entram também em cena: *La Storia come Pensiero e come Azione* (1938), *Il Carattere della Filosofia Moderna* (1941), *Filosofia e Storiografia* (1949), *Storiografia e Idealita Morale* (1950).

[19] O autor assume expressamente que o verdadeiro sujeito da história é sempre o espírito: "A história *não* é a obra impotente e a cada instante interrompida do indivíduo empírico e ideal, mas a obra daquele indivíduo verdadeiramente real que o espírito individua a si mesmo eternamente. Por isso, ela não tem nenhum adversário, mas todo adversário seu é, ao mesmo tempo, seu súdito, isto é, um dos aspectos daquela dialética que constitui o seu ser íntimo" (*La Storia come Pensiero e come Azione*, Bari, Laterza, 1954, p. 148, grifo nosso).

[20] "Na minha forma expositiva e literária [...] preferi adotar [...] um modo desenvolto, descritivo e popular como o que usaram os filósofos ingleses no *Settecento*" (*La Critica*, XII, 1914, p. 448).

Croce sabia enfeixar suas habilidades de escritor em uma firmeza que talvez incomode a sensibilidade atual.

* * *

Em 28 de julho de 1883, poucos dias depois de receber sua licença liceal, Benedetto Croce perdeu o pai, a mãe e uma irmã no terremoto de menos de um minuto que arruinou Casamicciola, na ilha de Ischia, onde passavam as férias. Ficou "sepultado muitas horas sob os escombros", diz ele, "com muitas partes do corpo quebradas". Na *Estética*, que o leitor tem em mãos, o filósofo italiano gravou a seguinte dedicatória: "Em memória de meus pais, Pasquale e Luisa Sipari, e de minha irmã Maria".

A *ESTÉTICA* E SUA PROPOSTA FILOSÓFICA

Na linha inicial da *estética*, distinguem-se duas formas de conhecimento: o conhecimento intuitivo, que produz imagens, e o conhecimento lógico, que produz conceitos. A intuição, tal como Croce a entende, é uma atividade mental específica que consiste no conhecimento das coisas singulares. Sendo a mais simples e imediata forma de conhecimento, "a imagem em seu valor de mera imagem, a pura idealidade da imagem", a intuição não distingue o verdadeiro do falso, a realidade da irrealidade, não define nem classifica o seu objeto. Tais distinções, no sistema da filosofia do espírito crociana, são próprias do conhecimento conceitual ao qual compete abstrair, comparar e classificar.[21] Embora radicalmente distintos, o conhecimento intuitivo e o conceitual mantêm certa relação, pois se o primeiro não depende do segundo, a recíproca não é verdadeira.[22] Diz-se, de fato, que

---

[21] "O que é o conhecimento por conceitos? É o conhecimento das relações entre as coisas, e as coisas são intuições. Sem as intuições, os conceitos não são possíveis, assim como sem a matéria das impressões não é possível a própria intuição. As intuições são: este rio, este lago, este riacho, esta chuva, este copo d'água; o conceito é: a água, não esta ou aquela aparência e exemplo particular de água, mas a água em geral, em qualquer tempo ou lugar possível; matéria de intuições infinitas, mas de um único e permanente conceito." Ver, neste volume, p. 45.

[22] "As duas formas de conhecimento, a estética e a intelectiva ou conceitual, são realmente distintas, mas não atuam separadas e desconexas, como duas forças que agissem em sua própria direção. Se demonstramos que a forma estética é totalmente independente da intelectiva e a si mesma basta sem qualquer apoio externo, não dissemos, todavia, que a forma intelectiva possa manter-se sem a forma estética, isto é, não há reciprocidade nesse quesito da independência. Ver, neste volume, p. 45.

a intuição é *anterior* ao conceito; essa anterioridade, porém, não deve ser tomada em sentido temporal, mas em sentido lógico, segundo o qual a condição da existência de um conceito é a existência da intuição. Croce concebe a intuição como momento ativo e autônomo da mente,[23] balizado por dois limites, conceito e sensação, que estabelecem, respectivamente, o seu limite superior e o inferior. Sendo o primeiro momento de todo o processo cognitivo, a intuição objetiva impressões, reais ou não, e as integra em uma singularidade, distinguindo-se, assim: da *sensação*, que é pura passividade, algo que a mente processa, mas não produz; da *imaginação*, que jamais se alça ao plano do conhecimento teorético; da *percepção*, que é a apreensão de fatos ou acontecimentos reais e supõe a efetiva existência de seu objeto. O conhecimento lógico ou conceitual, por seu turno, faz da intuição o momento da percepção do real em que se inserta o juízo. Em contraposição à intuição, que é o conhecimento do singular, o conceito é o conhecimento do universal, próprio da filosofia.

A segunda proposição fundamental da *estética* está indicada no título mesmo da Obra: "Ciência da Expressão".[24] Para Croce, a atividade intuitiva é necessariamente expressão;[25] intuir é exprimir: "É impossível

---

[23] "O primeiro ponto que deve estar bem estabelecido na mente é que o conhecimento intuitivo não precisa de um patrão; nem tem necessidade de se apoiar em nada; não precisa pedir emprestados os olhos dos outros, pois tem olhos próprios, excelentes. E se é indiscutível que em muitas intuições podem-se encontrar conceitos misturados, em outras não há nenhum vestígio de tal mistura, o que vem provar que ela não é necessária. A impressão de um luar, retratado por um pintor; o contorno de um país, delineado por um cartógrafo; um tema musical, suave ou enérgico; as palavras de uma lírica suspirante, ou aquelas com as quais pedimos, mandamos e nos lamentamos na vida diária, podem muito bem ser todos fatos intuitivos sem sombra de referências intelectuais. Seja o que for que se pense desses exemplos, e admitindo também que se queira e se deva sustentar que a maior parte das intuições do homem civilizado está impregnada de conceitos, resta algo ainda mais importante e conclusivo a ser observado." Ver, neste volume, p. 27-28.

[24] "O núcleo desse primeiro estudo consistia, por um lado, na crítica da estética fisiológica, psicológica e naturalista sob todas as suas formas e, por outro, da estética metafísica, com a consequente destruição de falsos conceitos, por ela formados ou corroborados, na teoria e na crítica de arte, contra os quais fiz triunfar o simples conceito de que a arte é expressão, expressão, é claro, não imediata e prática, mas teorética, ou seja, intuição." Ver, neste volume, p. 19-20.

[25] "Às variantes verbais indicadas no princípio, com as quais se designa o conhecimento intuitivo, podemos ainda acrescentar que o conhecimento intuitivo é o conhecimento expressivo. Ele é independente e autônomo em relação à intelecção; indiferente às discriminações posteriores de realidade e irrealidade e às formações e percepções, também posteriores, de espaço e de tempo; a intuição ou representação distingue-se do que se sente

distinguir, nesse processo cognitivo, a intuição e da expressão. Ambas surgem no mesmo instante, porque não são dois, mas um só ato".[26] Essa peculiaridade expressiva da intuição entra em conflito com as nossas noções comuns. Quem nunca se deu conta de que sua habilidade expressiva esteve aquém do que se pretendeu expressar? Isso se dá, diria nosso autor, porque estamos pensando na *exteriorização* da expressão, enquanto ele a concebe como algo estritamente mental, e o fato de sê-lo não a torna menos "expressiva". Indo, agora, um pouco além, é preciso considerar que Croce, seguindo de perto a *Scienza Nuova* de Vico, concebe a arte como forma autossuficiente e não conceitual de conhecimento que nos "abre para a vida teorética numa ingênua e maravilhosa contemplação da realidade". Segundo nosso autor, Vico teria sido o primeiro a reconhecer tais características da atividade estética.[27] Ora, havendo completa identidade do conhecimento intuitivo com a atividade estética, vale, para arte, o que acima se disse da intuição: sendo o primeiro momento da atividade mental, ela engendra realidades singulares; não se interessa pela realidade ou a irrealidade de algo; não se ocupa da dimensão espaçotemporal e, por estar aquém do domínio da lógica, não expõe conceitos ou doutrinas. Esse ponto nos conduz a uma conhecida tese da crítica literária crociana segundo a qual não existem gêneros literários (cômico, épico, lírico, etc.) e artísticos em geral, pois admiti-los seria dar guarida à lógica em um ambiente que não é o seu. A Croce parece-lhe infundada a doutrina dos gêneros literários[28] porquanto,

---

e recebe, da onda ou fluxo sensitivo, da matéria psíquica, como forma; e essa forma, essa tomada de posse, é a expressão. Intuir é exprimir, e nada mais que exprimir (nada a mais e nada a menos)." Ver, neste volume, p. 35.

[26] Ver, neste volume, p. 33.

[27] "O verdadeiro revolucionário foi o italiano Giambattista Vico, que, deixando de lado o conceito de verossímil e entendendo a imaginação de maneira nova, conseguiu penetrar a verdadeira natureza da poesia e da arte, descobrindo, por assim dizer, a ciência estética." Ver, neste volume, p. 215.

[28] "A condenação filosófica dos gêneros artísticos e literários é a demonstração e a formulação rigorosa daquilo que a atividade artística sempre fez, assim como do bom gosto sempre reconhecido. O que devemos fazer se o bom gosto e o fato real, quando reduzidos a fórmulas, assumem, por vezes, o aspecto de paradoxos?
"Não é incorreto discorrer sobre tragédias, comédias, dramas, romances, imagens do cotidiano, quadros de batalhas, paisagens, ambientes marinhos, poemas e poemetos. Não é cientificamente incorreto falar de lírica e coisas afins, se for apenas para se fazer entender, genérica e aproximadamente, e chamar a atenção, por um motivo ou outro, para certos grupos de obras; não resta dúvida de que nada diz de cientificamente errôneo,

a seu ver, ela acaba identificando o universal com o particular, isto é, confunde intuição ou *arte* com obra de arte; as obras de arte, de fato, representam infinitas intuições originais e intraduzíveis.[29] Note-se, contudo, que tal classificação não é rejeitada de modo absoluto, pois reconhece nela ao menos o valor didático, segundo o qual criações individuais são agrupadas conforme certo grau de parentesco ou semelhança. O mesmo se pense das distinções da retórica.[30] Na verdade, Croce critica a impertinência de alçar tais distinções ao nível de categorias ou modos categoriais da expressão, como se fossem determinações intrínsecas do fazer artístico, fora de cujos parâmetros a obra de arte não teria valor algum. O autor estava em aberta polêmica contra a estética intelectualista.[31]

---

pois empregar vocábulos e frases não é estabelecer leis e definições. O erro surge apenas quando se dá a uma palavra o peso de uma definição científica; quando, em suma, ingenuamente, se cai nas malhas que aquela fraseologia costuma oferecer. Ora, permita-me uma comparação. Os livros em uma biblioteca devem ser organizados de algum modo. No passado, isso era geralmente feito mediante uma classificação grosseira por assuntos (sem esquecer-se das misceláneas e das obras que não cabiam em classificação alguma); atualmente, os livros são geralmente organizados por série de editores ou tamanho. Quem poderia negar a utilidade e a necessidade de tais divisões? Mas o que se diria se alguém se pusesse a indagar seriamente acerca das leis literárias das misceláneas e das obras que não se encaixam em classificação alguma, isto é, acerca daqueles agrupamentos completamente arbitrários, cuja única justificativa seria a mera necessidade prática de acomodação? No entanto, quem se entregasse a essa empreitada ridícula, faria exatamente o mesmo que os pesquisadores das leis estéticas, que, segundo eles, deveriam governar os gêneros artísticos e literários." Ver, neste volume, p. 60.

[29] "As impressões ou conteúdos variam; cada conteúdo difere de todos os outros, uma vez que nada se repete na vida; e à variação contínua do conteúdo corresponde a variedade irredutível das formas expressivas, que corresponde à síntese estética das impressões." Ver, neste volume, p. 85.

[30] "Embora alguns admitam a insubsistência estética das categorias retóricas, fazem, porém, uma reserva quanto à sua utilidade e a utilidade que poderiam ter, especialmente nas escolas literárias. Confessamos não entender de que modo o erro e a confusão podem educar a mente a realizar distinções lógicas, ou facilitar o ensino dos princípios de uma ciência que por eles são perturbados e obscurecidos. Talvez se pretenda dizer que tais distinções, enquanto classes empíricas, podem ajudar no aprendizado e na memória, tal como se admitiu acima a respeito dos gêneros literários e artísticos: sobre isso, não há qualquer objeção." Ver, neste volume, p. 89.

[31] "A partir da teoria dos gêneros artísticos e literários derivam certos modos errôneos de julgamento e de crítica, graças aos quais, em vez de perguntar se uma obra de arte é de fato expressiva e o que ela exprime, se ela fala, balbucia ou se cala, pergunta-se então 'se ela obedece às leis do poema épico ou da tragédia, às leis da pintura histórica ou as da paisagem'. Embora pareçam obedecer e aceitar tais regras de gêneros, os artistas, na verdade, sempre as desconsideram." Ver, neste volume, p. 59.

Havendo identificado a intuição com a expressão, expressão não naturalista, mas mental, Croce propôs, em seu *Breviário de estética*, a tese de que seu conteúdo é o *sentimento*, estado de ânimo ou paixão e disso se segue sua definição de arte: síntese *a priori* de intuição e sentimento. Note-se, de imediato, o parentesco terminológico desta definição com a "síntese *a priori*" kantiana. Dois, portanto, são os constitutivos da arte: intuição (conhecimento, imagem) e lirismo (sentimento, estado de espírito). A explicitação do caráter *lírico* da arte, declara-o expressamente o autor, volta-se "contra todo o tipo de falsa arte, de natureza imitativa ou realista".[32] A coerência e a unidade da intuição, conferida, pois, pelo sentimento, fazem com que, na arte, todos os elementos conceituais (*v.g.*, máximas filosóficas nas falas dos personagens) sejam subsumidos no elemento intuitivo geral, passando a integrá-lo.[33] Isso tudo entende-se melhor à luz do critério da unidade da obra de arte.[34] Diz Croce: "outro corolário da concepção de expressão como atividade é a indivisibilidade da obra de arte". Cada expressão, de fato, é única. Sendo a atividade estética fusão das impressões em um todo orgânico, ela é sempre *una*, apesar de empregar cores, linhas, sons, palavras. A teoria da intuição lírica propõe, consequentemente, a resolução do antagonismo forma *versus*

---

[32] Ver, neste volume, p. 20.

[33] "Os conceitos que se acham mesclados e fundidos nas intuições, na medida em que estão realmente mesclados e fundidos, deixam de ser conceitos, pois perderam toda a sua independência e autonomia. Eles foram conceitos, mas por ora tornaram-se simples elementos de intuição. As máximas filosóficas, postas na boca de um personagem de tragédia ou de comédia, realizam aí a função, não de conceitos, mas de características daqueles personagens; da mesma maneira como, em uma figura pintada, o vermelho não está como conceito da cor vermelha dos físicos, mas como elemento caracterizante daquela figura." Ver, neste volume, p. 28.

[34] "Outro corolário da concepção de expressão como atividade é a indivisibilidade da obra de arte. Cada expressão é uma expressão única. A atividade estética é a fusão das impressões em um todo orgânico. Eis o que se quis notar quando se disse que a obra de arte deve ter unidade, ou, e isso quer dizer a mesma coisa, deve ter unidade na variedade. A expressão é uma síntese do vário, do múltiplo, no uno.
"A essa afirmação parece opor-se o fato de dividirmos uma obra de arte em suas partes – um poema em cenas, episódios, semelhanças, sentenças; um quadro em figuras e objetos isolados em primeiro plano, fundo, etc. Mas tal divisão aniquila a obra, assim como a divisão em coração, cérebro, nervos, músculos, etc., transforma o ser vivo em cadáver. É verdade que existem organismos nos quais a divisão dá origem a outros seres vivos, mas, nesse caso, deve-se concluir que, transportando a analogia ao fato estético, também se verificam inúmeros germes de vida e rápidas reelaborações das partes individuais em novas expressões únicas." Ver, neste volume, p. 43.

conteúdo no âmbito da arte:[35] a arte não é arte só por seu conteúdo ou só por sua forma. Assim, a expressividade que não leva ao sentimento é uma "forma vazia" e o sentimento que não leva a uma forma expressiva é um "sentimento cego", ou, ao menos, um sentimento que não tem nada a ver com a estética. Se, como vimos, a arte intui e exprime o sentimento, isso não quer dizer que o fato artístico se reduza a seu conteúdo – impressões, estados de ânimo – mas que a arte é condicionada por esses estados, sem que, com isso, se dê a entender que a obra de arte é a mera representação de "estados de alma". Muito ao contrário, Croce sustenta que não se deve entendê-la como manifestações ou reflexos do sentimento (expressão naturalista) nem como "remodelação" do sentimento calcada sobre um conceito (idealização). Em vista disso, a expressão estética não deve ser pensada, por exemplo, por analogia com a dor ou tristeza que o pranto expressa. Esse tipo de expressão, para o autor, é um "fenômeno psicofísico" cuja natureza é investigada pelas "ciências naturais"; mais que tudo, por força do seu horror às teorias naturalistas da arte, Benedetto Croce insiste na distinção entre expressão artística e expressão natural.

Vimos de que modo a definição de atividade intuitiva nos conduziu à atividade artística. A arte, contudo, segundo a filosofia do espírito, não é uma intuição ou expressão de natureza particular, isto é, a diferença entre a intuição comum e a artística é tão somente de ordem empírica. Este último aspecto entende-se melhor se, considerado o Idealismo crociano, estivermos atentos ao fato de que, para ele, a obra de arte é algo inteiramente mental. O Idealismo, de fato, reduz o ser ao pensamento, parecendo negar a existência autônoma à realidade fenomênica, considerada reflexo da atividade interna ao sujeito.[36] Convém não confundir, portanto, a expressão

---

[35] "Um dos problemas mais debatidos na estética é a relação entre matéria e forma, ou, como geralmente se diz, conteúdo e forma. O fato estético consiste apenas no conteúdo ou apenas na forma, ou em ambos conjuntamente? Essa questão assumiu vários significados, que serão mencionados oportunamente. Mas quando essas palavras são tomadas segundo o significado definido acima, sempre que por matéria se entenda a emotividade não elaborada esteticamente, ou as impressões, e por forma se entenda a elaboração, ou seja, a atividade espiritual da expressão, então não pode haver dúvida no que pensamos. Devemos, portanto, rejeitar a tese de que o ato estético consiste apenas no conteúdo, isto é, nas simples impressões, bem como a outra que o faz consistir na adjunção da forma ao conteúdo, ou seja, nas impressões somadas às expressões." Ver, neste volume, p. 39-40.

[36] Por vezes, não se trata tanto da negação de *existência* do mundo fenomênico quanto da negação de sua *cognoscibilidade*. Poderia-se dizer, claro, que de tal ceticismo epistemológico radical para a tese solipsista da inexistência do mundo exterior geralmente falta pouco.

com sua exteriorização "física". De fato, a materialização da expressão demanda a intervenção da vontade, e, com isso deixamos para trás a teorese. As técnicas, de fato, dizem respeito à exteriorização e não à expressão artística propriamente dita que é *o todo unido à intuição*. Ora, a intuição é teorese ou puro conhecer, distinguindo-se, necessariamente, de qualquer atividade prática. Por conseguinte, as técnicas não pertencem à atividade estética enquanto tal, mas à atividade prática: fala-se de *técnica artística* de modo meramente metafórico e elíptico, certo conjunto de expedientes mnemônicos que servem à intuição-expressão. Não sendo atividade *prática*, mas puramente teorética e cognitiva, a arte não pode ser inscrita, portanto, no âmbito da moral e da ética, nem ter função pedagógica ou hedonista, em que se confunde o belo com o útil e o prazer. Não lhe cabem também os conceitos "pseudoestéticos" de sublime, majestoso, por exemplo, que pertencem à psicologia.[37]

Todas essas restrições apontam para a autonomia da arte, a "arte pela arte", a arte enquanto fim em si mesma, reivindicada por Croce com muita insistência. Esta última tese justifica-se plenamente em seu sistema, uma vez que a atividade estética, sendo uma das quatro fundamentais atividades do espírito, não pode, por hipótese, ser reduzida a nenhuma das outras. A arte, portanto, vista a partir do sistema crociano, não pode ser associada a nenhuma atividade lógica, econômica ou ética. Na esteira do Idealismo precedente, e muitas vezes em polêmica com este, a estética está rigorosamente inserida dentro da unidade de um sistema filosófico. Na verdade, a reivindicação da autonomia da arte se insere no quadro mais amplo da polêmica que Croce move contra a estética positivista e sua pretensão "científica";

---

[37] Dessas classificações, diz Croce, "algumas têm um significado prevalentemente positivo, como o belo, o sublime, o majestoso, o solene, o sério, o grave, o nobre, o elevado; outras, um significado essencialmente negativo, como o feio, o doloroso, o horrível, o medonho, o assombroso, o monstruoso, o insípido, o extravagante; finalmente, em outras, um significado misto prevalece, como o cômico, o delicado, o melancólico, o humorístico, o tragicômico. As complicações são infinitas, pois infinitas são as individuações; pelo que não é possível construir os conceitos senão à maneira arbitrária e aproximada própria das ciências naturais, satisfeitas em fazer a melhor classificação possível daquela realidade que elas não podem nem esgotar por enumeração, nem entender e dominar especulativamente. E uma vez que a psicologia é a ciência naturalista que se compromete a construir padrões e esquemas da vida espiritual do homem (uma ciência cujo caráter meramente empírico e descritivo torna-se mais evidente dia a dia), esses conceitos não pertencem à estética, nem à filosofia em geral, mas devem ser simplesmente entregues à psicologia". Ver, neste volume, p. 102-03

ele insiste, como temos visto aqui, no caráter ingênuo e alógico da arte.[38] De resto, como é natural se inferir, a arte é expressão integral da personalidade do artista, de todo o seu mundo filosófico, moral, etc.; tais insumos, como já nos é lícito cogitar, não se ajustam como peças de um mosaico, mas resolvem-se e se unificam na pureza da forma estética; assim, embora na *Comedia* ache-se disperso todo o mundo intelectual, ético e político de Dante, a personalidade ou a pessoa do poeta é que é subsumida pela obra: o poeta nada mais é que a sua obra.

A relação intuição-expressão nos levou a entender a perfeita distinção entre expressão, em si mesma considerada, e a expressão artística que é a tradução "técnica" daquela, servindo o objeto físico de estímulo para a reprodução da intuição-expressão mental, que é a única verdadeira "obra de arte". Isso porque, para o Idealismo crociano, não há nada exterior à mente; tudo é mental e resolve-se em formas mentais. Por isso mesmo, ao ouvirmos a *Suíte Francesa* nº 5 de Bach estamos a criá-la, em ato, atualmente, em nossa mente.[39] Tal deveria ser a postura do crítico de arte, ao participar da intuição do artista em sua obra. Vê-se aí uma clara condenação da crítica normativa. Seja como for, uma vez formada, a intuição é, ela própria, expressão. Sua exteriorização sob a forma de pintura, escultura, melodia e o que mais for nada lhe acrescenta. Segundo essa distinção, alguém pode ser um bom artista

---

[38] A distinção do domínio da arte do da filosofia deve-se, sobretudo, aos trabalhos de Vico e De Sanctis que consagraram o tema da autonomia da arte. Leitor assíduo desses autores, Croce operou uma síntese muito pessoal e harmônica de suas ideias.

[39] É sempre a nossa própria intuição que expressamos quando fruímos uma bela obra de arte, a obra do gênio. Croce quer dizer que, do ponto de vista filosófico, o ato de produzir a Obra e o ato de desfrutá-la são idênticos, porque a filosofia considera a qualidade e não com quantidade. Diz ele: "Toda a diferença, então, é quantitativa, e, como tal, indiferente à filosofia, *scientia qualitatum*. Há pessoas que têm maior aptidão, uma disposição mais frequente, para exprimir plenamente certos estados complexos da alma. Na linguagem corrente, tais pessoas são chamadas de artistas: algumas expressões, assaz complexas e difíceis, não são sempre alcançadas, e estas se chamam obras de arte. É impossível definir os limites das expressões-intuições que são chamadas de arte, ao contrário das que vulgarmente se chamam não arte: eles são empíricos. Se um epigrama é arte, por que não o seria uma simples palavra? Se uma história é arte, por que não o seriam as anotações de uma crônica jornalística? Se uma paisagem é arte, por que não um esboço topográfico? Estava certo o professor de filosofia da comédia de Molière: 'Sempre que falamos, fazemos prosa'. Mas sempre haverá eruditos, como Monsieur Jourdain, que ficarão espantados por terem feito prosa durante quarenta anos sem o saber, e que terão dificuldade em se convencer de que, ao chamar o servo João para que traga os seus chinelos, também isso deve ser considerado nada menos do que 'prosa'" (*Estética*).

e um mau técnico. Desses conceitos, Croce deriva que a diferença entre gênio artístico e não gênio *não* é qualitativa,[40] vale dizer, não há uma *qualidade* especial inerente a certas intuições que as faça artísticas:[41] a arte está em toda parte e a diferença entre a intuição comum e a da "obra de arte" é apenas uma diferença *quantitativa*.[42] Eis um dos pontos em que a teoria de Croce mais diverge do senso comum. Muitos, de fato, não nos consideramos artistas, mas costumamos dizer que certas pessoas nascem artistas. Croce não pensa assim. Para ele, todos nascemos artistas, uns grandes outros pequenos. Sob o nome artista, consta a verdade de que "cada homem, porque participa da humanidade, é artista de fato". É artista mesmo que se limite a "manifestar bem os sentimentos mais simples e comuns". Assim, a distinção entre arte e não arte reside no grau de intensidade da intuição-expressão. Todos

---

[40] "Ao determinar o significado da palavra "gênio", ou "gênio artístico", enquanto ideia distinta do não gênio, do homem comum, não podemos admitir nada além de uma diferença quantitativa. Diz-se que grandes artistas são capazes de nos revelar a nós mesmos. Mas como isso seria possível se não houvesse identidade de natureza entre a sua imaginação e a nossa, e se a diferença não fosse apenas uma quantidade? Melhor que dizer *poeta nascitur*, seria *homo nascitur poeta*; uns nascem pequenos poetas, outros grandes. O culto ao gênio, com todas as superstições que o acompanham, surgiu ao se fazer dessa diferença quantitativa uma diferença qualitativa. Esqueceu-se de que a genialidade não é algo caído do céu, mas a própria humanidade. O homem de gênio que se coloca ou é representado como alguém distante da humanidade, encontrará a sua punição ao se tornar ou parecer um ridículo. Exemplos disso são o gênio do período romântico e o super-homem do nosso tempo." Ver, neste volume, p. 39.

[41] "Devemos defender firmemente a nossa identificação, pois entre as principais razões que impediram a estética, que é a ciência da arte, de revelar a verdadeira natureza e as verdadeiras raízes da arte na natureza humana, estava justamente sua separação da vida espiritual comum, inscrevendo-a em um tipo de círculo aristocrático ou atividade especial. Ninguém se surpreende quando a fisiologia ensina que cada célula é um organismo e cada organismo é uma célula ou síntese de células. Ninguém se surpreende ao encontrar em uma rocha imensa os mesmos elementos químicos que estão em uma pedrinha. Não há uma fisiologia dos animais de pequeno porte e outra dos grandes animais, nem uma teoria química de pedrinhas e outra das montanhas. Da mesma forma, não há uma ciência de menor intuição e outra de maior intuição, uma da intuição comum e outra da intuição artística. Há apenas uma só estética, a ciência do conhecimento intuitivo ou expressivo, que é o fato estético ou artístico. E essa estética é o verdadeiro análogo da lógica, que inclui, como elementos de mesma natureza, a formação do menor e mais comum dos conceitos e a construção do mais complicado sistema científico e filosófico." Ver, neste volume, p. 38-39

[42] "A intuição da mais simples canção popular de amor, que diz a mesma coisa, ou quase, que uma declaração de amor que brota a cada momento dos lábios de milhares de homens comuns, pode ser intensamente perfeita em sua pobre simplicidade, embora, extensivamente, seja muito mais limitada que a complexa intuição existente num poema de amor de Giacomo Leopardi." Ver, neste volume, p. 38.

intuímos e exprimimos: mas o artista é tal porque tem uma intuição mais forte, que lhe confere uma expressão adequada.

A teoria da intuição-expressão nos conduziu ao entendimento de que, enquanto expressão, a atividade intuitiva é também linguagem, vale dizer, que todo tipo de expressão é, *de per si*, criação estética. Daí também o título da obra, *Estética como Ciência da Expressão e Linguística Geral*. Verifica-se, assim, no sistema da filosofia do espírito crociana, a identidade entre arte e linguagem, entre estética e linguística. Atribui-se a Vico a tese da identificação entre a estética e a linguística, entre a filosofia da linguagem e a filosofia da arte. Em vista do que se disse do conhecimento intuitivo, entende-se o motivo por que a ciência filosófica da linguagem *não* se confunde com a gramática, que consiste na abordagem lógica da linguagem, enquanto a essência da linguagem é ser intuição expressiva, isto é, expressão em que a intuição se dá em um momento pré-lógico. A linguagem, como a arte, é criação espontânea antecedente aos conceitos, sendo assim uma produção artística como outra qualquer. Convém notar que os três termos *intuição*, *expressão* e *linguagem* denotam, no sistema do Autor, elementos puramente mentais, independentemente da sua veiculação em meio físico (sons, movimentos, combinações de linhas e cores, etc.). A linguagem compreendida em toda a sua extensão é expressão. Em particular, a linguagem artística é definida em termos de "expressões não verbais, que se manifestam por linhas, cores e tons". Neste sentido, a expressão não é redutível à expressão verbal. Em suma, a linguagem, para Croce, é uma forma de conhecimento e ao mesmo tempo atividade criativa, arte. Por isso, estética e linguística não são duas ciências, mas uma só e mesma ciência. Assim, quem se ocupa de linguística trata de estética e vice-versa; para Croce, filosofia da linguagem e filosofia da arte são a mesma coisa.[43]

Omayr José de Moraes Júnior
25 de fevereiro de 2016
150 anos do nascimento de Benedetto Croce

---

[43] "Se a linguística fosse uma ciência realmente diferente da estética, não teria como seu objeto a expressão, que é o fato essencialmente estético; isto é, teríamos de negar que linguagem é expressão. Mas uma emissão de sons que não expressa nada não é linguagem. A linguagem é o som articulado, circunscrito e organizado para fins de expressão. Se, por outro lado, a linguística fosse uma ciência especial em relação à estética, ela teria necessariamente como seu objeto uma classe especial de expressões. Mas a inexistência de classes de expressões é um ponto que já foi demonstrado." Ver, neste volume, p. 147.

Índice Onomástico da "História"

A

Abelardo, Pedro, 176
Accarisio, Alberto, 339
Addison, Joseph, 190, 198, 213
Agostinho, Aurélio, 173, 178, 201, 231, 446, 448
Alberti, Leon Battista, 177, 419
Alembert, Jean-Baptiste Le Rond d', 234, 246
Algarotti, Francesco, 340
Alison, Archibald, 252
Allen, Grant, 367, 430
Alunno, Francesco, 339
Anacársis, 217
André, Yves-Marie, le père, 435, 449
Anstrutter-Thomson, C., 367
Antístenes, 431
Apolônio Díscolo, 459
Aquino, Tomás de, 173, 448
Aretino, Pedro, 412, 458
Ariosto, Ludovico, 21, 83, 141-42, 146, 187, 191, 343, 361, 449, 516, 519
Aristarco, 432
Aristófanes, 161, 385, 393, 407
Aristóteles, 62-64, 105, 161, 165, 168-73, 175, 178-79, 181-84, 189, 206, 211, 213, 215, 218, 221-23, 230-31, 240, 242, 249, 258, 301, 325, 394-402, 407-11, 426, 432, 446-47, 458
Aristóxenes, 419
Arnauld, Antoine, 204, 223
Arnold, D. E., 213
Arteaga, Esteban, 234, 259
Ast, Friedrich, 287, 326-27
Aubignac, François Hedelin abade de, 249, 410, 458
Averróis, 176, 408
Avicebron, 173
Azara, José Nicolás de, 259-60

B

Bacon, Francesco, 63, 190, 198, 204, 224, 449
Bain, Alexander, 367
Balestrieri, Pasquale, 334
Balzac, Jean-Louis Guez de, 199, 231
Barante, Prosper Brugière de, 332
Baretti, Giuseppe, 415, 458

Barreda, Francesco de La, 413
Bartoli, Daniello, 339
Baruffaldi, Girolamo, 194
Basch, Victor, 425, 452-53, 459
Batteux, Charles, 249-50, 415, 419, 433-34, 437, 451
Baudelaire, Charles, 14, 385-86
Baumgarten, Alexander Gottlieb, 12, 114, 206-10, 212-13, 215, 224, 232-33, 235, 237, 239, 241-44, 253-54, 264-65, 269, 278, 287, 301, 321, 353, 390-91, 398, 404, 443-44, 446, 450-51, 453, 474
Beauzée, N. de, 246, 339
Beccaria, Cesare, 406
Becker, C. F., 313
Beda, 401
Belloni, Antonio, 411
Bembo, Pietro, 177, 234, 339
Bénard, Charles, 340, 359, 447
Benfey, T., 310, 451, 454
Beni, Paolo, 224
Berchet, Giovanni, 336, 416-17, 455
Bergmann, E., 253
Bergson, Henri, 390, 491
Berkeley, George, 429, 516
Bernhardi, A. G., 309
Bet, Jean-Jacques, 200
Bettinelli, Saverio, 200, 234-35, 340, 415, 443
Betussi, Giuseppe, 177
Biese, Alfred, 382, 407, 427, 457
Blair, Hugh, 405, 431
Blankenburg, Senhor de, 240, 447
Bobrik, E., 320
Boccaccio, Giovanni, 75, 175
Bodmer, Johann Jakob, 190-91, 194, 206, 449

Boileau, Nicolas, 199, 205, 249, 325, 404, 410, 415, 448-49
Bonacci, G., 333
Bonald, Louis-Gabriel-Ambroise de, 332
Bonghi, Ruggero, 406
Bonstetten, Charles Victor de, 331
Borinski, K., 181, 187, 192, 206, 449, 452, 458
Bosanquet, Bernard, 391, 445, 447, 451, 454, 456, 474, 484
Bouhours, Dominique, 186, 189, 194-95, 203, 404, 415, 449
Bouterweck, Friedrich, 334
Bratranek, F. T., 324
Breitinger, Johann Jakob, 190-91, 206, 213, 224, 458
Bríson, 172
Brosses, Charles de, 246-47
Brücke, Ernst Wilhelm von, 368
Brunetière, Ferdinand, 418, 449, 458
Bruno, Giordano, 280, 412
Bücher, Karl, 212, 376
Bülffinger, Georg Bernhard, 205-06, 212, 224, 443
Buonafede, Appiano, 415
Buonarroti, Michelangelo, 34, 112, 120, 146, 177, 187, 250, 385, 419
Buonmattei, Benedetto, 339
Burke. *Ver* Monboddo Calepio
Burke, Edmund, 251, 276, 325-26, 451

C
Campanella, Tommaso, 178-79, 224, 397-98
Cantù, Cesare, 344
Carlyle, Thomas, 333
Carriere, Moritz, 353, 356, 453
Cartaut de la Villate, 191-92

Cartesio. *Ver* Descartes
Casa, Giovanni della, 234
Castel, L. B., 421
Castelvetro, Lodovico, 178-79, 182, 189, 219, 221, 230, 234, 249, 339, 409, 414, 448-49
Castiglione, Baldassarre, 118, 177, 454
Cattani, Francesco, 177
Caylus, Anne-Claude-Philippe conde de, 419
Cecchi, Giovanni Maria, 411
Cecco d'Ascoli, 174
Cecílio, 325, 401
Cennini, Cennino, 419
Cervantes, Miguel de, 142, 440
Cesarotti, Melchiorre, 229, 233-34, 243, 247, 340, 406, 415, 451
Chapelain, Jean, 411
Chassiron, 412
Cherbuliez, 359
Chesnau. *Ver* Du Marsais
Chiabrera, Gabriello, 196
Cícero, Marco Tullio, 165-66, 170, 173, 188, 211, 213, 241, 325, 396-97, 400, 402
Cicognara, Leopoldo, 333
Clerico, G.. *Ver* Leclerc
Colao Agata, D., 247
Colecchi, Ottavio, 334, 452
Coleridge, Samuel Taylor, 333
Colonne, Dominique de, 398
Comparetti, Domenico, 174, 431, 433, 448, 457
Condillac, Étienne Bonnot de, 243, 246, 253, 331, 333, 339
Conti, Antonio, 199, 230-33, 415, 435, 437, 451
Córax, 395

Corneille, Pierre, 21, 410-11, 458, 519
Corso, Rinaldo, 339
Corticelli, Salvatore, 339
Court, Gébelin R. de, 246-47
Cousin, Victor, 140, 331-32, 449
Creuzens, C. de, 273
Crisipo, 432
Croce, Benedetto, 9-16, 207, 229, 337, 340, 343-44, 392, 403, 441, 443, 447, 449-57, 459, 461-95, 498, 500-03, 513-30
Crousaz, Jean-Pierre de, 194, 200, 322

D

Dacier, André, 249, 410
Dacier, Anne, 193
Dante, 21, 42, 72, 105-06, 129, 132, 142, 146, 174-76, 217, 244, 385, 411, 418, 516, 519, 528
Danzel, G. T., 209, 212, 237, 274, 278-79, 287, 321, 416, 439, 450-53
Delfico, Melchiorre, 333-34, 431, 455
Delminio, Giulio Camillo, 402
De Meis, Camillo, 340, 360
Demétrio, Falério, 399
de Sanctis, Francesco, 339-40, 342, 344, 348, 407, 417, 448, 455-56, 465
De Sanctis, Francesco, 12, 21, 337, 339-48, 360, 392, 394, 407, 417, 437, 446, 455, 458, 466-67, 472, 483, 486-88, 493, 495-96, 513-15, 528
Descartes, René, 199, 201-02, 205, 212, 339, 449, 498, 516
Deutinger, Martin, 317-18, 356, 453, 456
Diderot, Denis, 412, 415, 419, 429
Diez, Max, 381, 456
Diógenes Laércio, 165, 172

Dionísio Areopagita, 173
Dolce, Ludovico, 177, 187
Donato, 401, 514
Du Bos, Jean-Baptiste, 191-92, 198, 200, 213, 230, 243, 415, 419, 449
Du Marsais, César Chesneau, 246, 339, 404-05
Duns Scot, João, 176, 202

E
Eberhard, Johann Augustus, 241
Eckardt, L., 317-19
Eckermann, Johann Peter, 438
Elster, Ernst, 407
Eméric-David, 331
Empédocles, 395
Engel, Gustav, 424
Epicuro, 172
Equicola, Mario, 177
Eratóstenes, 162
Eschenburg, Johann Joachim, 241
Escoto Erígena, João, 173, 534
Ésquilo, 385
Estoicos, 161, 172, 393, 432
Estrabão, 162
Ettorri, Camillo, 188, 190, 194, 197
Euclides, 258
Eupompo, 171
Eurípides, 385

F
Faber, 240
Fechner, Gustav Theodor, 370-73, 381, 456
Feijóo, Benito, 195, 413
Fichte, Johann Gottlieb, 279, 284, 301, 452-53, 516
Ficino, Marsílio, 177

Ficker, Franz, 334
Fiedler, Konrad, 388-90, 440, 441
Filóstrato, 170-71
Fioretti, Benedetto, 411
Firenzuola, Agnolo, 177
Fischer, G. G., 427, 449, 452-53
Flaubert, Gustave, 14, 347, 385-86, 456
Fontenelle, Bernard le Bovier de, 199
Fornari, Vito, 360, 456
Fortunio, Giovan Francesco, 339
Foscolo, Ugo, 333
Fracastoro, Girolamo, 181-82, 231, 448
Franco, Niccolò, 177, 449
Fulgêncio, 174

G
Galilei, Galileu, 63, 224, 419
Gallo, Nicolò, 360, 456
Galluppi, Pasquale, 334, 455
Gäng, F., 240
Gellert, Christian, 412
Gentile, Giovanni, 15, 392, 412, 448, 450, 455, 463-82, 484-87, 490, 493, 497, 500, 502, 514-16, 518
Gérard, Alexandre, 193, 196, 252, 339
Gerber, Gustav, 423
Gioberti, Vincenzo, 334-36, 340, 344, 455, 463
Giraldi Cintio, Giambattista, 410
Goethe, Johann Wolfgang, 21, 142, 229, 261, 263, 278, 280, 313, 416, 418, 438, 452, 519
Goguet, Antoine, 243
Górgias, 159, 163, 395
Gottsched, Johann Christoph, 205, 209, 212-13, 237, 416, 450
Gracián, Baltasar, 186-87, 192, 195, 403, 449

Gravina, Gian Vincenzo, 190, 197, 222, 230, 340, 414-15, 449
Griepenkerl, F. C., 320
Grimm, Friedrich Melchior, 415
Gröber, Gustav, 406, 457, 475, 535
Groos, Karl, 382-84, 456
Grosse, Ernst, 373-74
Grotius, Ugo, 219
Guarini, Battista, 411-12, 458
Guidi, Alessandro, 414
Guyau, Jean-Marie, 375-76, 384

H

Hamann, Johann Georg, 243, 246, 248, 263, 451, 494
Hanslick, Eduard, 386-89
Harris, Joseph, 246
Hartmann, Heinz von, 300-01, 308, 319, 326, 328, 356-58, 360, 384, 417-18, 422-24, 428, 440, 453-54, 456, 458
Hegel, Georg Wilhelm Friedrich, 12, 22, 140, 261, 273, 280, 285-91, 299, 301, 303, 317-20, 323-24, 335, 340-42, 344, 353-54, 356, 360, 406, 422, 427, 429, 440, 446-47, 452-53, 455, 480, 484, 490, 500, 513-14, 516, 518, 520
Heinsius, Daniel, 410
Helmholtz, Hermann Ludwig Ferdinand von, 368
Hemsterhuis, Franciscus, 253, 452
Herbart, Johann Friedrich, 63, 294-97, 299, 315, 320, 324, 327, 349-50, 354, 360, 381, 387, 406, 422, 438, 453-54, 477, 516
Herder, Johann Gottfried, 229, 242-48, 263, 265, 271, 273-74, 322, 326, 361, 378, 406, 421, 429, 451
Hermágoras, 396

Hermann, Konrad, 176, 313, 390-91, 418, 453
Hermann Paul, 377
Hermógenes, 402
Herwigh, G. G., 240
Heydenreich, Karl Heinrich, 241-242, 326, 421, 436
Hildebrand, Adolf, 389
Hippias, 164, 428
Hirt, Ludwig, 261
Hobbes, Thomas, 105, 190, 219
Hogarth, William, 250-51, 253, 263, 451
Home, Henry, 252, 263, 325, 405, 416-17, 428, 434, 451
Homero, 56, 146, 159, 180, 216-17, 219, 222, 233-34, 243-44, 284, 346, 432
Horácio, 117, 162, 222, 249, 448
Huarte, G., 190
Hugo, Victor, 332, 337, 416, 456, 513
Humboldt, Alexander von, 309-17, 324, 357, 377-78, 394, 427, 433, 439, 454
Humboldt, Wilhelm von, 309-17, 324, 357, 377-78, 394, 427, 433, 439, 454
Hume, David, 234, 253, 434, 516
Hutcheson, Francis, 201, 230-31, 239, 446, 449-50

I

Ibsen, Henrik, 385
Ingegneri, Angelo, 409
Isócrates, 399

J

Jacobi, Friedrich Heinrich, 240, 253, 263, 444, 451
João de Salisbury, 174
Jodl, Friedrich, 381, 536
Jouffroy, Théodore, 332, 381

K

Kames, Lord. *Ver* Home
Kant, Immanuel, 12, 63, 105, 193, 263-74, 276-79, 281, 283-86, 291, 294, 297, 301, 319, 322, 326, 328, 331, 334, 353, 356, 375, 379, 381, 398, 406, 421-22, 424-25, 428, 435, 437, 440, 444, 446, 450-54, 456, 459, 470-71, 474, 480, 488, 514, 516
Keckermann, B., 397
Kirchmann, Julius Hermann von, 193, 264, 266, 268, 379, 453, 456
Klopstock, Friedrich Gottlieb, 191
Koch, 309-10
Koller, J., 240-41, 443-44
König, G. C., 194, 240
König, J. U., 194, 437
Körner, O. G., 277-78, 453
Köstlin, Karl, 354-55, 430, 453, 456
Kralik, 430
Krause, Karl Christian Friedrich, 300, 317, 356, 453

L

Labanca, Baldassarre, 441
La Bruyère, Jean de, 187, 325
Ladrone, C., 240
La Harpe, Jean François de, 347
La Menardière, L. G. de, 180
Lamennais, Hugues-Félicité Robert de, 332
La Motte, Antoine Houdar de, 199, 233
Lancelot, Claude, 204
Lang, Andreas, 376
Lange, Friedrich Albert, 379
Lange, Konrad, 382
Laprade, Victor, 427
Latius, Wolfgang, 213
Lazarus, M., 315, 353, 378
Leão Hebreu, 177, 448
Le Bossu, René, 180, 222, 249
Le Clerc, Jean, 223, 536
Lee, Vernon, 367
Leibniz, Gottfried Wilhelm, 65, 202-05, 208-09, 212-13, 224, 269, 273, 287, 293, 339, 353, 450, 516
Leopardi, Giacomo, 38, 111, 117, 337, 343, 455, 529
Lersch, 433, 459
Lessing, Gotthold Ephraim, 257-59, 263, 267, 325-26, 347, 410, 412, 419-22, 425, 427, 450, 452, 458
Levêque, C., 359
Levi, Sylvain, 408, 458
Lichtenthal, P., 334
Lipps, Theodor, 381-82, 384, 418
Locke, John, 201, 205, 377
Loewe, 310, 454
Lomazzo, Giovanni Paol, 177, 250
Lombroso, Cesare, 376
Longino, Pseudo, 325, 401
Lopez Pinciano, Alfonso, 183
Lotze, Hermann, 352-53, 356, 424-25, 453, 456, 458
Lucrécio, 162, 179
Luigini, Federico, 177
Luzán, Ignacio de, 413

M

Macaulay, Thomas Babington, 140, 347
Maggi, Vincenzo, 179
Malaspina, L., 333-34
Malebranche, Nicolas, 191, 199, 231-32
Manzoni, Alessandro, 28, 336, 344, 406, 416-17, 455, 499
Marchetto da Padova, 419

Marciano Capella, 401
Marino, Giambattista, 57, 196, 411, 413, 414
Marmontel, Jean-François, 405-06
Maroncelli, Pietro, 337
Masci, Filippo, 360
Mazzini, Giuseppe, 337, 344, 455
Mazzoni, Jacopo, 222, 411
Mazzuchelli, Giovanni Maria, 188
Meier, Georg Friedrich, 235-39, 241-42, 263-65, 398, 404, 419, 444, 452
Meiners, Christoph, 240
Mendelssohn, Moses, 239, 254, 325, 419, 451
Menéndez y Pelayo, Marcelino, 408, 413, 446, 448, 454-58, 501
Mengs, Anton Raphael, 256-57, 259-61, 263, 452
Metastasio, Pietro, 415
Meyer, Heinrich, 209, 261, 349, 450, 494
Michelet, Jules, 362
Milizia, Francesco, 259
Minturno, Antonio, 178, 234, 414, 448
Molière, Jean-Baptiste, 38, 185, 249, 528
Monboddo, Lord, 247
Montaigne, Michel Eyquem de, 402, 404, 494
Montani, Francesco, 415, 435
Montesquieu, Charles-Louis de Secondat de, 195, 234
Montfaucon, Villars de, 188
Morato, Fulvio Pellegrino, 177
Moritz, Karl Philipp, 241, 353
Müller, Ernst, 162, 164
Müller, Maximilian, 377
Muratori, Ludovico Antonio, 187-88, 190, 193, 195, 197, 222, 322, 340, 435, 437

N
Nahlowsky, 353
Napoleão Bonaparte, 49, 416
Navagero, Bernardo, 231
Nef, Willi, 391
Neoptolemo de Pário, 162
Newton, Isaac, 201, 224, 447
Nietzsche, Friedrich, 385-86, 456
Nifo, Agostino, 178
Nobili, Flaminio de', 177
Nordau, Max, 376
Nores, Jason de, 411-12
Novalis, 280, 285, 453

O
Oersted, Hans Christian, 317-18, 356, 453
Orsi, Gian Giuseppe Felice, 186, 189, 194, 224, 403-04, 415, 449
Ortloff, H. F., 398
Ossian, 233, 243

P
Paciolo, Luca, 177
Pagano, Mario, 186, 235, 451
Palladio, 419
Pallavicino, Pietro Sforza, cardinale, 189, 196, 224, 414
Paradisi, Agostino, 234
Parini, Giuseppe, 333
Pascal, Blaise, 191
Pasquali, Lodovico, 333
Patrizio, Francesco, ou Patrizzi, 183-84, 221-22, 230, 396-97, 402, 449, 457
Paul, Hermann, 9, 11, 105, 278-79, 326, 377, 382, 392, 433, 457-58
Pellegrini, Matteo, 185, 192, 224, 325, 403
Pellico, Silvio, 337
Perizonio, Jacopo, 204

Perrucci, Andrea, 414
Petrarca, Francesco, 343-46, 467-69
Pica, Vittorio, 363, 468
Piccolomini, Alessandro, 179, 183, 189, 408
Pico della Mirandola, Giovanni, 177
Pictet, 359
Pitágoras, 177, 217
Platão, 105, 159-61, 163-64, 167-68, 170, 177, 181, 201, 215-17, 221-22, 232, 280, 289, 291-92, 359, 374-75, 393, 395-96, 407, 446-47, 480
Platner, Ernst, 253
Plinio, 171
Plotino, 163, 166, 168, 171, 173, 178, 289, 292, 393, 446-47
Ploucket, C. M., 273
Plutarco, 159, 162, 165-66, 421
Policleto, 165, 177
Pope, Alexander, 193, 265, 435
Port-Royal, 204, 223
Pott, August Friedrich, 310, 433, 454
Prisciano, 401
Protágoras, 432
Proudhon, Pierre-Joseph, 374
Puffendorf, Samuel, 219
Puoti, Basilio, 339

Q
Quadrio, Francesco Saverio, 233-34
Quatremère de Quincy, 331
Quintiliano, 188, 325, 396-97, 399-00, 402, 432
Quistorp, T. J., 212, 235

R
Rábano, Mauro, 401
Rafael, 34, 142, 146, 181, 257, 370, 385

Ramus, Pietro, 396-97, 402
Rapin, René, 410
Reid, Thomas, 202, 446
Reimarus, Hermann Samuel, 273
Reinbeck, 309
Ricardou, A., 437
Riccoboni, Antonio, 409
Richter, Johann Paul, 105, 278-79, 326
Rickert, Heinrich, 392
Riedel, F. G., 240, 326, 451-52
Ritter, Heinrich, 140, 208, 320
Robespierre, 240
Robortelli, Francesco, 178-79, 183
Rollin, Charles, 249
Rosenkranz, Karl, 328-29, 340, 513
Rosmini, Antonio, 157, 334-35, 337, 455
Roth, 309
Rousseau, Jean-Jacques, 246, 429, 438
Ruge, Arnold, 328, 356, 447
Ruskin, John, 359-60, 385, 456

S
Sainte-Beuve, Charles Augustin de, 347
Saisset, E., 359
Salviati, Leonardo, 339, 410
Salvini, Anton Maria, 188, 195
Sanchez, Francisco, 204, 222, 339, 397
Sand, George, 347
Santillana, Iñigo López de Mendoza, marquês de, 175
Sarlo, F. de, 392
Savonarola, Gerolamo, 174
Scaligero, Júlio César, 179, 221-23, 448
Scamozzi, Vincenzo, 419
Schasler, Max, 355-57, 360, 371, 384, 423, 425, 444, 453-54, 456, 458
Schelling, Friedrich Wilhelm Joseph, 273, 280-81, 284-87, 291-93, 299, 301,

Índice Onomástico da "História" | 539

310, 317, 319, 322, 326-27, 334-36, 341, 356, 369, 406, 417-18, 421, 439, 446, 452-53, 516
Schiller, Friedrich, 273-81, 286, 299, 301, 307, 326, 334, 340, 365, 393, 438-40, 444, 451-53
Schlapp, Otto, 265, 268-71, 326, 452
Schlegel, August Wilhelm, 334, 337, 342, 416, 438-39, 453
Schlegel, Elias, 239-40, 334, 451, 453
Schlegel, Friedrich, 279-80, 328, 439
Schleiermacher, Friedrich Daniel Ernst, 12, 300-09, 317, 320, 324, 327, 354, 356, 394, 426-28, 430, 447, 453-54, 480-81, 488
Schmidt, Johann, 208-09, 287, 353, 450
Schmidt, Valentin, 343
Schneider, Eulogio, 240
Schopenhauer, Arthur, 28, 65, 291-94, 299, 343-44, 356, 386, 422, 453-54
Schott, A. E., 240
Schubart, Christian Friedrich Daniel, 240
Schütz, C. G., 240
Scioppii, Gasperis., 204
Scot, Duns, 176
Scudéry, George de, 411
Segni, Bernardo, 179-80, 409
Sêneca, 171, 400
Shaftesbury, Anthony Ashley Cooper, conde de, 201, 449-50
Shakespeare, William, 21, 75, 105, 142, 146, 243, 385, 410, 519
Shelley, Percy Bysshe, 333
Siebeck, E., 380-81, 448, 453, 456
Simônides, 158
Smith, Adam, 202, 449
Soave, Francesco, 247

Sócrates, 159, 163-64, 170, 218, 359, 428
Sofistas, 171, 393, 432
Sófocles, 158, 385
Solger, Karl Wilhelm Ferdinand, 273, 284-86, 291, 299, 323, 328, 356, 406, 422, 447, 452-53
Sommer, Ferdinand, 273, 451-53
Spalletti, Giuseppe, 260-61, 452
Spaventa, Bertrando, 140, 263, 471, 513-14
Spencer, G., 419
Spencer, Herbert, 365, 440
Speroni, Sperone, 234
Spitzer, Hugo, 287, 456
Staël, Anne-Louise-Germaine Necker, Madame de, 332
Steinthal, Heymann, 172, 248, 309-10, 313-17, 357, 377-78, 433, 448, 451, 454, 459
Stern, Paul, 382
Stewart, Dugald, 333
Stumpf, Karl, 368
Sully, James, 367
Sulzer, Johann Georg, 193-94, 200, 234, 240-41, 259, 325, 424, 447, 451
Süssmilch, Johann Peter, 247
Szerdahely, G., 240, 452

T

Taille, Jean de la, 409
Taine, Hippolyte, 347, 368,-70, 373-74, 384
Tales, 217
Talia, G. B., 211, 333
Talon, Omer, 397
Tari, Antonio, 360-63, 456
Tassoni, Alessandro, 59, 180, 396

Tasso, Torquato, 55, 60, 128, 178-79, 187, 191, 195, 218, 230, 339, 385, 413, 448-49
Telésio, Bernardino, 224
Teodulfo, 174
Teofrasto, 399
Terrasson, G., 199-200, 436
Tertuliano, 174
Tesauro, Emanuele, 186, 192, 224, 322, 325, 403
Thomasius, Christian, 188
Tieck, Ludwig, 279-80, 285, 453
Tiedemann, Dietrich, 247
Tísias, 395
Tolstói, Liev, 385, 430
Tommaseo, Niccolò, 337, 344, 455
Töpffer, Rodolphe, 359
Trahndorff, Karl Friedrich Eusebius, 317-18, 356, 453
Trevisano, B., 187-88, 192-94, 206, 212, 233
Trojano, Paolo Raffaele, 392
Trublet, N. C. G., 191-92

V
Valdés, Juan de, 402
Varchi, Benedetto, 187, 339
Varrão, Marco Terêncio, 432-33
Vater, G. S., 309
Vega, Lope de, 187, 413
Venturi, Adolfo, 441
Véron, E., 384, 385
Vettori, Piero, 179
Vico, Giambattista, 12, 17, 47, 63, 215, 217-27, 229, 231-33, 235, 243-44, 247, 263, 269, 294, 316, 340, 342, 394, 404, 406, 450-51, 457, 474, 490, 514, 518-19, 523, 528, 530

Vinci, Leonardo da, 419
Virgílio, 163, 174, 178
Vischer, Friedrich Theodor, 319-20, 324, 329, 342-43, 351-56, 361, 379, 422, 427-28, 430, 440, 453, 456
Vischer, Robert, 380, 456
Visconti, Ermes, 333, 336
Vitrúvio, 123, 419
Vives, Luigi, 396-97, 402, 412, 457
Volkelt, Johannes, 380, 418
Volkmann, G. F., 353, 431, 457, 459
Voltaire, 59, 140, 151, 193, 234, 325, 415, 435, 458
Voss, Johann Heinrich, 418
Vossler, Karl, 406, 448, 457-58, 485, 493, 496, 500

W
Wagner, Adolf, 343
Wagner, Richard, 343, 386, 424
Webb, Daniel, 260
Weisse, Christian Hermann, 317-19, 328, 356, 422, 453
Weisshuhn, 274
Werenfels, G. L. de, 213
Westenrieder, L., 240
Whately, Richard, 398
Whitney, William Dwight, 377-78
Wilkins, Ernest, 205
Winckelmann, Johann Joachim, 253-59, 261, 263, 267, 270, 280, 312, 331, 452
Windelband, Wilhelm, 176, 456
Wirth, G. U., 319
Wolff, Christian, 205-06, 209, 212-13, 264-65, 269, 419, 451
Wolf, Friedrich August, 9, 229
Wordsworth, William, 333
Wundt, Wilhelm Max, 378

X
Xenofonte, 163, 170

Z
Zanotti, Francesco Maria, 233
Zeising, Adolf, 317-18, 329, 356, 422, 453
Zenão, 185, 213, 221
Zimmermann, Robert von, 208, 253, 261, 279, 287, 300, 308, 313, 327, 349-53, 355, 387, 443-44, 447, 449, 451-54, 456
Zola, Émile, 385

CONHEÇA OUTRAS OBRAS DA COLEÇÃO:

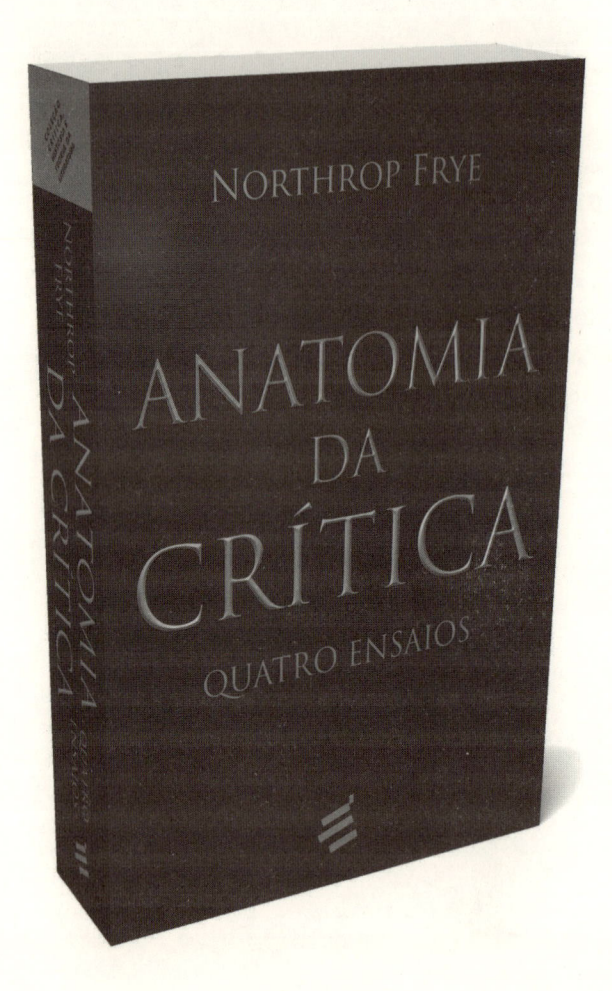

Anatomia da Crítica é considerada a obra mais influente de Northrop Frye. Em quatro ensaios, o autor formula um tratado a respeito dos objetivos, dos princípios e das técnicas da crítica literária, assim como das convenções da literatura. Para ele, a literatura não consiste numa série de obras individuais, mas sim num conjunto integrado de formas. A tarefa do crítico seria identificá-las, reconhecendo seus padrões e recorrências.

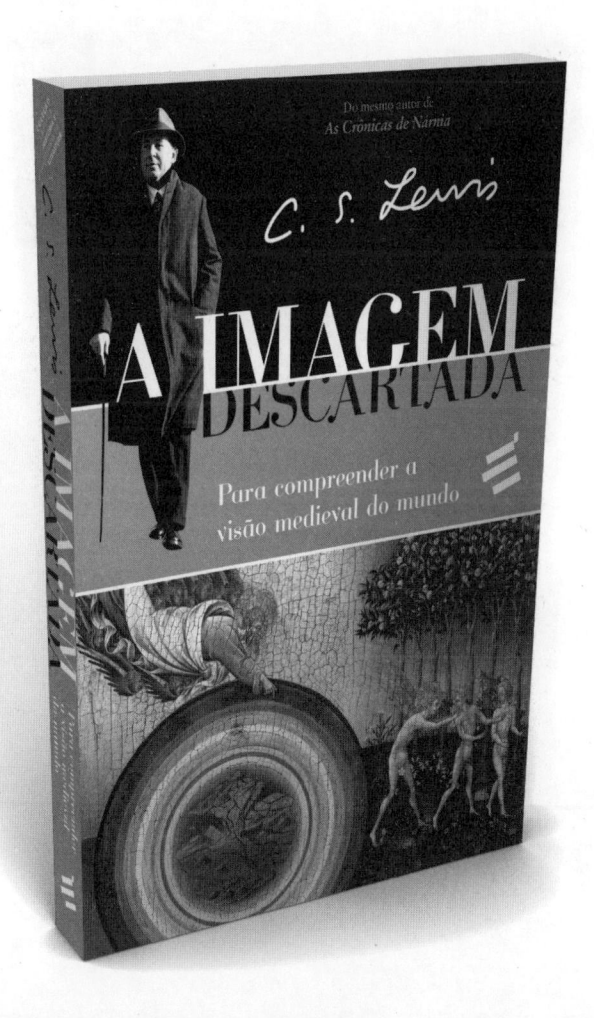

Uma reunião de conferências proferidas por C. S. Lewis na Universidade de Oxford. Trata-se de uma obra de suma importância para aqueles que pretendem compreender o imaginário medieval – e assim aprofundar-se no estudo da literatura, da filosofia ou mesmo da história da Idade Média –, mas também para aqueles que desejam conhecer as fontes, os métodos e o Modelo por trás da ficção do próprio C. S. Lewis.

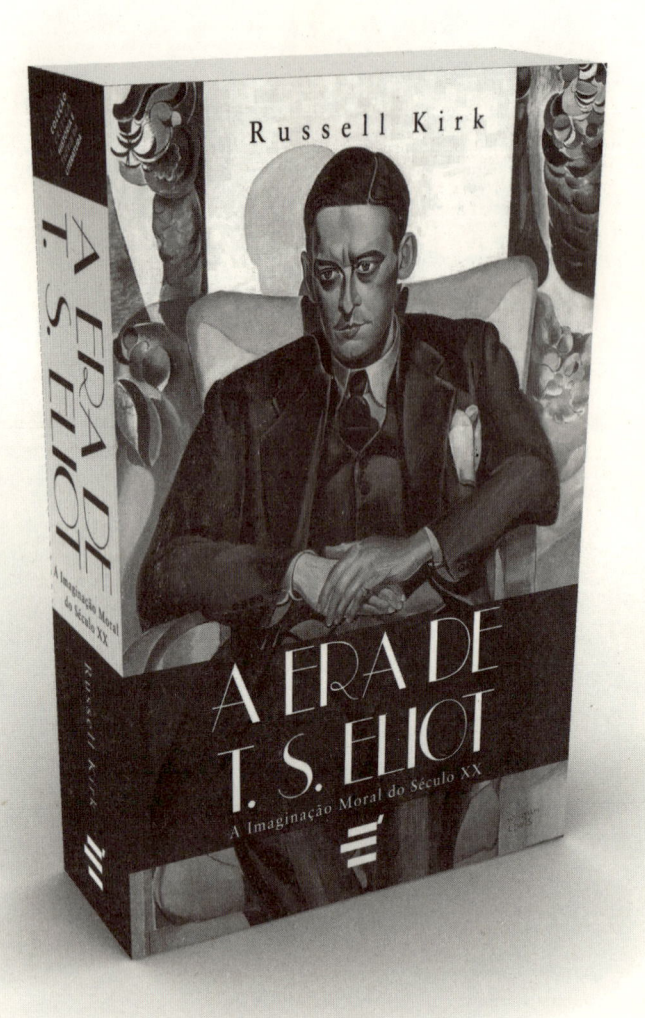

Este livro é a melhor introdução à vida, às ideias e às obras literárias de T. S. Eliot. A clara percepção de Russell Kirk dos escritos de Eliot é enriquecida com uma leitura abrangente dos autores que mais influenciaram o poeta, bem como por experiências e convicções similares. Kirk segue o curso das ideias políticas e culturais de Eliot até as verdadeiras fontes, mostrando o equilíbrio e a sutileza de seus pontos de vista.

facebook.com/erealizacoeseditora
twitter.com/erealizacoes
instagram.com/erealizacoes
youtube.com/editorae
issuu.com/editora_e
erealizacoes.com.br
atendimento@erealizacoes.com.br